한국불교연구 100년 논문선

한국불교학연구

세존학술총서 7

한국불교연구 100년 논문선

한국불교학연구

고영섭 엮음

민족사

2022

간행사

1.

불교는 약 2500년 전 바라문교의 폐해를 비판하며 등장한 붓다에 의해 성립된 종교다. 불교는 인도에서 '신흥종교'로 발생하여 세계적인 종교로 발전하였고, 그 불교가 한국에 전해진 지도 1600여 년이 지났다. 불국사와 석굴암, 해인사 고려대장경 등 국가지정 문화재 가운데 불교 문화재가 압도적인 것은 매우 자랑할 만한 일이다.

그럼에도 불구하고 통계청에서 10년마다 실시하는 조사에 의하면, 2005~2015년 사이에 불교신도 수가 760만 명으로 무려 300만 명, 15%나 줄었다. 원인은 여러 면에서 분석해야 하겠지만, 그 책임은 일차적으로 승가에 있다고 해도 과언이 아니다.

종교인은 사실상 전문 교육자와 같은 역할을 할 때, 종교와 신도 또한 사회에 모두 이익이 된다. 그런 면에서 승가가 공적公的 스승으로서의 역할을 충실히 해왔는지에 대해서는 아쉬움이 든다. 이에 나 역시 승가의 일원으로 책임을 통감하며 한국불교의 취약한 부분을 조금이라도 보완할 수 있는 효율적 방법을 모색하였다. 마침 박찬호 거사가 나의 뜻에 공감하며 화주化主를 자처해 극적으로 이루어질 수 있었다.

이런 연유緣由로 '세존학술총서'라는 이름으로 학술서 간행 불사가 시작되었다.

2.

고려시대(1237~1252년간) 때 국가의 명운을 걸고 판각된 팔만대장경의 결집 이후 거의 800년이 지난 지금까지도 대장경에 대한 외형적 분석 이외의 내용에 대한 심층적인 연구는 터무니없을 정도로 빈약하다. 또한 대장경에 수록된 경장經藏과 율장律藏, 논장論藏의 내용 중에는 서로 상치하는 부분이 많아 설사 대장경을 완독한다 해도 불법에 대한 모든 의문이 해결되는 것도 아니다. 우선 붓다의 가르침은 무려 2500여 년 전에 설해졌고, 이를 기록한 경전 또한 거의 2000년 전 중생들의 제도濟度를 염두에 둔 기술이라는 사실을 잊어서는 안 된다.

인간의 본질과 절대적 진리는 시공에 따라 변할 수 없지만, 그것은 가치의 상대성을 뛰어넘은 경지에서 논할 수 있는 말이지 감각기관마다 욕망을 추구하는 보통의 인간들에게는 시시각각의 현실에 맞는 진리의 해석이 필요하다. 붓다께서도 이를 방편과 대기설법對機說法이란 이름으로 활용하지 않으셨던가?

'세존학술총서'는 이러한 긴박한 상황의 인식에서 기획되었기에 출간할 학술서 선정에 정말 심혈을 기울일 수밖에 없었다. 즉, 현대판 논장을 결집한다는 각오와 원력으로 많은 외부적 어려움은 고려하지 않았다. 그 결과 제7권인 『한국불교학연구』의 출간에까지 이르게 되었다.

3.

본 학술총서의 성격을 분명하게 밝히기 위해 이미 출간된 학술서를 살펴보겠다.

제1권 송대 선종사연구, 제2권 북종과 초기 선불교의 형성, 제3권 불교의 기원, 제4권 대승불교, 제5권 화엄사상의 연구, 제6권 한국불교사 연구이다. 제목만 보아도 한국불교를 위한 맞춤 선정이었음을 짐작할 수 있을 것이다. 당대 최고 학자들의 대표적 논문으로 세계 불교학자들에게 검증 받고 피인용 횟수도 타논문에 비해 압도적인 평가를 받는 명저들이다. 다만 모두 번역서라는 안타까움과 아쉬움이 있었기에 이 문제를 해소하는 방법을 찾아야 했다.

이런 과정에서 30여 년 전부터 한국불교 교학과 불교문화사에 걸출한 연구를 남기신 학자들의 논문을 선정하였다. 각 21편의 논문이 수록된 세존학술총서 제6권과 제7권이 후학들에게는 물론 한국불교를 연구하는 모든 이들에게 필독의 연구서가 되길 바란다.

개인적으로는 오래전 작고하셨지만 깊이 있는 강의를 해 주셨던 교수님들을 상기할 수 있는 의미의 헌정집이기도 하다.

이 소중한 논문들을 선정하고, 게다가 당혹스런 조건일 수도 있는 선정 이유와 그 의미, 가치를 기술해 일반 불자들도 이해할 수 있는 길을 열어 주신 고영섭 선생님께 존경의 마음을 표한다. 본 '세존학술총서'가 몇 권까지 출간되는가는 전적으로 불자들의 원력과 동참에 달렸다.

4.

2015년에 학술서 불사를 기획한 이후, 사실상 유일한 조언자인 윤창화 사장님과 수많은 논의와 고민을 했던 시간이 어느덧 7년이 되었다. 그 7년간 세간世間은 과거 어느 때보다도 빠르게 변했고, 그 변화는 달갑지 않은 쪽으로 가속화할 것 같다.

2019년 발병이 시작돼 무려 3년 이상 전 세계를 훑으며 빠르게 변종 개체를 증식해 가고 있는 '코로나19'라 불리는 바이러스성 호흡기질환으로 사람들의 일상은 물론 정신적으로도 상당한 변화를 강요당하고 있다.

다른 한편에서는 4차 산업혁명(2016년 세계경제포럼에서 명명됨)이라는 용어로 환상적인 미래의 이미지 확산에 마치 사활을 건 듯한 분위기를 형성해 가고 있다. 그 주장들의 핵심 용어인 인공지능과 메타버스(Metaverse) 두 가지에 대해 불교적인 시각으로 비판하고자 한다. 지능知能은 단순한 지적 능력을 넘어 인간만이 갖춘 최고의 지혜, 불교적으로는 붓다를 이룰 수 있는 심성인 불성佛性도 전제로 한다. 여기에 인간이 조작해서 만든 인공人工이라는 개념이 합성된다는 것은 언어의 장난을 넘어서는 매우 위험한 발상이 아닐 수 없다. 또한 메타버스는 가상, 혹은 증강현실이라는 말인데, 단순한 뇌의 착각을 유도한 가짜 세계로 인간의 생각을 엮겠다는 대단히 불순한 의도가 숨어 있는 발상이다. 이것은 종교적 윤리로 판단할 거리도 아니고, 인간의 정체성을 혼란시키려는 마약을 뇌에 접속시키겠다는 인성人性 파괴를 목적으로 하는 대단히 악의적인 의도를 의심하지 않을 수 없는 발상이다.

다행히 순수 과학자들에게 확인한 결과 일부에서 흥분하듯 인간이 매트리스나 아바타 같은 기술을 만들어 내는 일은 원천적으로 불가능하다고 한다.

5.

난데없이 불교 논문집 간행사에 4차 산업혁명을 거론한 것에 어색한 마음을 숨길 수 없다. 하지만 붓다의 가르침인, 눈앞의 인과를 무한 확장시켜 사사무애事事無碍의 연기적 세계를 관찰하는 것을 근본적으로 믿는 나로서는, 이제 과학이 물질의 가장 큰 세계인 우주와 가장 작은 세계인 원자와 전자를 넘어 쿼크(quark)까지 연구 결과를 내고 있다는 사실에 주목하며, 존재 자체를 신의 의지에 맡기는 것이 아니라 모든 존재의 인과성을 투과하는 지혜를 삶의 목표로 해야 진정한 불자佛子라는 사실을 새삼 인식해야 하는 현실에 직면해 있다는 것을 강조하고자 한다.

　본 '세존학술총서'를 간행하며 어려움이 많았지만 초심을 잃지 않게 해준 것은 세존사이트 불자 회원들의 무주상無住相 보시였다. 수년 이상 매월 보시를 하는 일은 액수를 불문하고 결코 쉬운 일이 아니다. 그 거룩한 신심의 불자들 이름을 나는 평생 기억할 수밖에 없을 것이다. 바람이 있다면 내 능력의 한계를 넘어서는 누군가가 더 훌륭한 논장 시리즈를 남겨 미래 한국불교가 명품 불교로 거듭날 인연을 심어 주길 바란다.

2022년 정월
세존학술연구원장　성법 합장

서문

　19세기 말엽부터 20세기 초엽의 한국불교사는 파란만장하였다. 조선 말엽에 이르러 한반도를 둘러싸고 열강과 외세의 침탈이 끊임이 없자 고종은 청나라의 간섭에서 벗어나기 위해 대한제국으로 국호를 바꾸고(1897) 대한민들의 주권을 수호하고자 했다. 하지만 일본은 제물포조약(1876) 이래 거침없는 공세 끝에 미국과 프랑스 및 영국과 청나라와 러시아를 제치고 최종적으로 조선을 병탄(1910)하였다.

　이러한 시기에 불교계는 원종을 창종(1908)하였으나 이내 종정 이회광이 일본 조동종과 연합 체맹을 맺었고, 이에 반발하여 민족주의 계열의 박한영, 진진응, 한용운 등은 임제종을 창종(1911)하여 조선의 선풍을 지키고자 하였다. 하지만 경술병탄으로 대한제국을 삼킨 총독부는 사찰령의 반포(1911)와 시행규칙에 입각해 주지 인사권과 사찰 재정권을 박탈하였다.

　이즈음 불교교단은 불교청년회와 불교유신회의 활동을 배경으로 조직된 자주적 민족적 성향의 조선불교중앙총무원이 갖은 노력을 기울였으나 조선총독부가 지지하는 친일적 성향의 조선불교중앙교무원과의 대립 끝에 결국 재단법인 조선불교중앙교무원으로 흡수 통합되었다. 이러한 시기에 만해는 『조선불교유신론』(1910; 1913)을 간행하여 조선불교의 유신을 역설하였고, 이어 한 일련의 노력 속에서 권상로는 『조선불교약사』(1917)를, 이능화는 『조선불교통사』(1918)를 기술하여 한국불교를 열람할 수 있는 시야를 열었다. 비록 국한문혼용체로 된 『약사』였고, 한문으로 된 『통사』였으나 이 두 저술은 이후 한국불교 연구의 시금석이 되었다.

이에 편자는 도서출판 민족사의 의뢰를 받아 위의 두 저술 간행 이후 지난 100년간 연구된 한국불교 관련 논문들 중 '한국불교사 연구'와 '한국불교학 연구'로 방향성을 정하고 한국불교 전체를 열람할 수 있는 논문을 조사하고 분류하여 '논문의 의미'와 '학문적 가치'를 기준으로 '한국불교 역사연구'와 '한국불교 철학연구'의 두 편으로 선정하여 엮었다.

『한국불교학연구』는 고대의 불교 전래 이래 중세와 근세 및 근대의 불교철학의 지형을 중심으로 관련 논문을 선정하여 한국불교철학을 일목요연하게 조망할 수 있도록 엮었다. 먼저 동아시아 불교사상사의 관점에서 김성철, 「신삼론 약교이제설의 연원에 대한 재검토」, 조윤경, 「『대승현론』 길장 찬술설에 대한 재고찰-「이제의」를 중심으로」, 안성두, 「원측의 『해심밀경소』에 나타난 알라야식과 그 특색」, 이종철, 「원측과 티베트불교-쫑까빠의 꾼쉬깐델을 중심으로」, 권오민, 「원효교학과 아비달마-화쟁론을 중심으로」, 고영섭, 「분황 원효의 일심사상-기신학의 일심과 삼매론의 일미와 관련하여」, 전호련(해주), 「일승법계도에 나타난 의상의 법계관」, 장진영(진수), 「신라 의상이 일본 화엄학에 미친 영향」, 이수미, 「『대승기신론』의 알라야식에 대한 대현의 이해: 원효와 법장과의 관련을 중심으로」 고대 사국의 불교철학을 엿볼 수 있게 하였다.

이어 동아시아 불교사상사의 관점에서 이병욱, 「의천의 균여 화엄사상 비판의 정당성 검토」, 김영미, 「의천의 아미타신앙과 정토관」, 강건기, 「지눌의 돈오점수 사상」, 길희성, 「지눌의 심성론」, 고익진, 「원묘 요세의 백련결사와 그 사상적 동기」, 권기종, 「혜심의 선사상 연구-지눌의 선사상과 비교하면서」, 김방룡, 「여말 삼사(태고 보우·나옹 혜근·배운 경한)의 간화선 사상과 그 성격」, 김호귀, 「청허 휴정의 선교관과 수증관」, 김용태, 「조선 후기 불교의 심성 인식과 그 사상사적 의미」, 이종수, 「조선 후기 삼문수학과 선 논쟁의 전개」, 박재현, 「구한말 한국 선불교의 간화선에 대한 한 이해-송경허의 선사상을 중심으로」, 류승주, 「일제의 불교정책과 친일불교의 양상」을 중심으로 고려시대와 조선시대 및 대한시대의 불교철학을 엿볼 수 있게 하였다.

한국불교연구에 대한 민족사의 애정 어린 시선과 논문 수록을 허락해 주신 선학 동학 후학의 필자들에게 감사의 마음을 전하고 싶다.

2022년 3월 20일
고영섭 합장

일러두기

1. 이 책 『한국불교학연구』는 지난 1세기 동안 발표된 한국불교학 관련 논문 가운데 학문적 역할을 검토하여 21편의 논문을 모은 것이다.
2. 시기는 1918년 1월 1일~2018년 12월 31일까지로 약 100년의 기간이지만 주로 1970년대 이후의 논문들이 많이 수록되었다.
3. 편집 체제, 특히 각주 인용방식을 통일하고자 했으나 워낙 다양하고 복잡해서 논문에 따라 당시 발표지에 수록된 방식을 유지하기로 하였다.
4. 발표한 지 오래된 논문의 경우는 국문 초록 등이 없다.

목차

신삼론 약교이제설의 연원에 대한 재검토
/ 김성철

⟨선정 이유⟩

Ⅰ. 신삼론의 약교이제설 – 무엇이 문제인가?

  1. 삼론학의 전파와 약리이제설

  2. 신삼론 약교이제설과 그 기원에 대한 논란

Ⅱ. 신삼론 약교이제설의 대량 기원설에 대한 비판적 검토

  1.『대승현론』중의 '今不同此等諸師'는 어떻게 해석해야 할까?

  2. 대량의 '지월指月 비유'는 섭령홍황 전통에 그대로 수용되었나?

  3. 대량은 '이제의 역할'에 대해 부정적이었다

  4. 대량의 약교이제설은 유소득有所得의 교견敎見이다

Ⅲ. 신삼론 약교이제설의 특징과 전개

● 김성철, 「신삼론 약교이제설의 연원에 대한 재검토」, 『한국불교학』제
45집, 2006, pp.41~71.

선정 이유

이 논문은 신삼론의 대성자인 고구려 요동 출신 섭산 승랑의 약교이제설의 연원에 대해 재검토하고 있는 점에 주목하여 선정한 것이다. 삼론학은 구마라집의 구역 이후 그 제자들에 의해 널리 유포되었다. 하지만 종래에 성실학과 삼론학을 함께 배우는 풍습 때문에 소승인 성실학에 가려 대승인 삼론학이 온전히 이해되지 못했다.

저자는, 섭산 승랑은 당시 이제에 삼대법사, 즉 개선사 지장과 광택사 법운, 그리고 장엄사 승민의 이론인 '약리이제설約理二諦說' 혹은 '약경이제설約境二諦說' 즉 '이제를 이법 또는 경계로 간주하는 이론'을 비판하고 '약교이제설約敎二諦說' 즉 '이제를 교법으로 간주하는 이론'을 주장하여 '교법을 통해 이법인 중도를 드러내었다'고 하였다. 요서백제 출신인 혜균의 『사론현의』에서 정리하듯이 저자는 양나라 삼대법사들의 이제설은 '유소득의 약리이제설'이고, 광주 대량의 이제설은 '유소득의 약교이제설'인 반면 섭령흥왕 전통의 이제설은 '무소득의 약교이제설'이라고 하였다.

섭산 서하사에 주석하던 승랑에 의해 형성된 신삼론은 지관사의 승전과 금릉 흥황사의 법랑에 의해 계승되어 '섭령흥황의 전승'이라 불리며 '약교이제설'로서 길장에 의해 널리 확산되었다. 저자는 양나라 삼대법사와 광주 대량 법사는 모두 '분별적 이제관'인 '유소득의 이제관'을 견지했던 인물로 분류되긴 하지만 성격이 달랐다고 보았다. 저자는 양나라 삼대법사는 이제를 '이법'으로 간주하면서 속제인 '유'와 진제인 '무'에 대해 유소득의 입장을 취했으며, 길장은 이와 같은 이제관을 '이견理見'이라고 불렀다고 하였다.

저자는, 광주 대량 법사가 이제를 '교법'으로 보는 약교이제설을 견지하면서 '유'와 '무'의 이제를 무소득의 관점에서 조망한 점에서는 양나라 삼대법사와 차별되지만, 이것은 '교견敎見'일 뿐이라고 보았다. '유'와 '무'의 이제는 물론이고, '교법과 이법'에 대해서도 무소득의 관점을 견지하는 섭령흥황 전통의 이제설이야말로 이들의 '이견'과 '교견'을 모두 넘어선 무소득의 약교이제설이었다고 주장하고 있다. 그리하여 저자가 중도 종지의 체득을 위한 도구로 이제의 역할을 긍정하면서 무소득의 정신에 철저했던 섭령흥황 전통의 약교이제설은 변증법적 이제설인 '삼중이제설' 또는 '사중이제설'을 탄생시켰다고 주장하는 지점에서 이 논문의 의미와 학문적 가치를 찾을 수 있다.

〈요약문〉

구마라집의 역경 이후 그 제자들에 의해 삼론이 중국 전역에 유포되긴 했지만, 성실론과 삼론을 함께 배우는 풍습 때문에 한동안 삼론학의 이제설이 바르게 이해되지 못했다. 그 대표적인 예로 양의 삼대법사라고 불리는 지장, 법운, 승민의 약리이제설約理二諦說을 들 수 있다. 그러나 고구려 요동 출신의 승랑이 금릉 북동쪽의 섭산에 들어와 가르침을 펴면서 이제에 대한 오해는 바로잡히게 된다. 승랑이 금릉 불교계에 소개한 이제설을 약교이제설約教二諦說이라고 부른다.

그런데 일본의 사토 테츠에이(佐藤哲英)는 「三論學派おける約教二諦說の系譜」라는 논문을 통해서 신삼론의 약교이제설이 승랑 이전의 광주 대량 법사에게 그 기원을 갖는다고 주장하였고, 『中國般若思想史』의 저자 히라이 슌에이(平井俊榮) 역시 이런 주장에 적극 동조한 바 있다. 그러나 사토 테츠에이가 논거로 삼았던 문장들을 면밀하게 다시 해독해 보면 신삼론 전통에서 광주 대량의 이제설을 수용한 것이 아니라 오히려 그에 대해 비판적이었음을 알게 된다.

요컨대 양의 삼대법사의 이제설은 '유소득有所得의 약리이제설'이고, 광주 대량 법사의 이제설은 '유소득의 약교이제설'인 반면에, 승랑에게서 기원하는 신삼론의 이제설은 '무소득無所得의 약교이제설'이라고 정리된다. 양의 삼대법사와 광주 대량 모두 유소득의 이제관을 견지하긴 했지만 그 맥락은 다르다. 양의 삼대법사의 이제설의 경우 속제인 '유有'와 진제인 '무無' 각각을 별개의 이법으로 간주한다는 점에서 유소득의 이론이었지만, 광주 대량 법사의 이제설의 경우 '교법敎法'인 이제와 '이법理法'인 중도를 구분한다는 점에서 유소득의 이론이었다. 그러나 신삼론의 이제설은 '유'와 '무', '교법'과 '이법' 모두에 대해 고착하지 않는 진정한 무소득의 이론이었다. 또 신삼론 전통에서는 '교법'인 이제가 '이법'인 중도를 구현하는 궁극적 원인이 될 수 있다고 본 반면, 광주 대량은 그럴 수 없다고 본 점에서 양측의 이제관은 차별된다. 신삼론 전통에서 '삼중三重이제설(또는 사중四重이제설)'이 창출된 것도 신삼론의 약교이제설이 무소득의 정신에 철저했기 때문에 가능했을 것이다.

I. 신삼론 약교이제설 – 무엇이 문제인가?

1. 삼론학의 전파와 약리이제설

용수龍樹(150~250경)에 의해 인도에서 창안된 중관학은 구마라집鳩摩羅什(344~413)[1]의 역경과 함께 중국에 전해진 후 200여 년이 지나 길장吉藏(549~623)에 이르러 삼론학으로 집대성된다. 인도 북부의 구자국 출신인 구마라집이 요진姚秦의 수도였던 내륙의 장안(지금의 西安)에 들어와 역경과 전법을 시작하자 수많은 인재들이 장안으로 모여들었다. 구마라집에게는 3천여 명에 달하는 문하생이 있었다고 하는데, 그중 대표적인 제자로 관내關內[2]의 사철四哲이라고 불리는 승조僧肇, 승예僧叡, 도생道生, 도융道融, 그리고 여기에 도항道恒, 담영曇影, 혜관慧觀, 혜엄慧嚴을 더한 팔숙八宿을 들 수 있다.

구마라집 사후 수차례에 걸친 전란으로 인해 장안의 불교계는 피폐해졌고, 불교의 중심지는 남조南朝의 수도인 금릉金陵(지금의 南京)으로 이동하였으며, 그 제자들이 흩어짐에 따라 삼론의 가르침 역시 중국 전역에 전파되었다. 위에 열거한 사철 가운데 도생道生(?~434)이 남조의 불교계에 삼론의 가르침을 전한 최초의 인물일 것으로 짐작된다. 도생

---

1 또는 350~409.
2 관내는 관중을 의미한다. 장안은 지금의 西安으로 關中이라고 불리었다. 관중은 남북으로 긴 분지인데, 四關 안에 들어 있기에 '관중'이라고 부른다. 북쪽의 蕭關, 서쪽의 大散關, 동쪽의 函谷關, 남쪽의 武關으로 둘러싸인 곳이라는 의미이다.

은 원래는 여산 혜원廬山慧遠(334~416[3])의 제자였는데 장안 유학 이후
서력기원 408년에 다시 강서의 여산으로 돌아오면서 승조의 「반야무지
론般若無知論」을 유유민劉遺民과 혜원에게 전하였다고 한다.[4] 도생 이외
의 인물로는 역시 사철 가운데 하나로 금릉의 기원사祇洹寺에 머물렀던
승예僧叡,[5] 수춘壽春(지금의 安徽省 壽縣)에 위치한 팔공산 동사東寺의 승
도僧導(362~457),[6] 금릉 북쪽 다보사의 혜정慧整,[7] 수춘에 머물다가 금
릉의 중흥사中興寺로 이동한 승종僧鍾(430~489),[8] 『삼종론三宗論』의 저
자인 주옹周顒(440~494경)[9]이 그 비문을 썼다는 현창玄暢(416~484),[10]
금릉의 사사謝寺에 주석했던 혜차慧次(434~490),[11] 북조北朝의 팽성彭城
에서 담도曇度에게 삼론을 배운 후 금릉의 중흥사에서 활동했던 승인
僧印(435~499)[12] 등이 있으며 승경僧慶,[13] 지빈智斌[14] 등도 삼론에 능했다
고 전한다.

---

3 또는 417.
4 이후 승조와 隱士 유유민 사이에 오간 서간문이 『肇論』에 실려 있다. 「劉遺民書
   問附」, 「答劉遺民書」, 『肇論』(『대정장』 45, pp.154下~155中).
5 『高僧傳』에 실린 승예와 慧叡의 동일인 여부, 승예의 강남 이주 여부에 대해 논란
   이 있을 수 있으나[平井俊榮, 『中國般若思想史研究』(東京: 春秋社, 1976), p.94],
   『고승전』의 다음과 같은 구절을 보면 승예가 강남의 건업, 즉 금릉에서 활동했던
   것이 확실하다. "後染孔熙先謀逆 厥宗同潰 後 祇洹寺 又有 釋僧叡 善三論 爲宋
   文所重"[『高僧傳』(『대정장』 50, p.369上)]; "融恒影肇 德重關中 生叡暢遠 領宗建業
   曇度僧淵 獨擅江西之寶"(같은 책, p.383上).
6 『고승전』, 위의 책, p.371中.
7 위의 책, p.374下.
8 위의 책, p.375下.
9 주옹의 생몰 연대에 대해서는 다음의 논문을 참조하기 바람. 김성철, 「승랑의 생애
   에 대한 재검토 Ⅱ-강남에서의 행적 및 주옹과의 관계-」, 『보조사상』 제23집, 보
   조사상연구원, 2005.
10 『고승전』, 앞의 책, p.377上.
11 위의 책, p.379中.
12 위의 책, p.380中.
13 위의 책, p.373上.
14 위의 책, p.373下.

구마라집이 삼론을 번역하여 중국에 소개하긴 했지만, 그 후 약 100
여 년 동안 삼론 연구는 중국불교계의 주류가 되지 못했다. 천태종 소
속의 담연湛然(711~782)이 전하는 바에 의하면 하북에서는 『비담毘曇』
이 숭상되었고, 강남에서는 『성실론成實論』이 주로 연구될 뿐이었다. 그
러나 고구려 요동 출신의 승랑僧朗(450~530경)[15]의 등장과 함께 과거 장
안에서 성행하던 삼론학의 전통이 남조의 불교계에서 다시 일어나게 된
다.[16]

위에서 소개했듯이 승랑 이전에도 남조의 불교계에서 삼론이 보급되
고 연구되긴 했지만, 아비달마적인 법 체계를 갖는 불교 이론서인 『성실
론』과 함께 삼론이 학습되었기 때문에 삼론의 가르침 가운데 많은 부분
이 왜곡, 오해되고 있었다. 그 가운데 대표적인 것이 진제와 속제의 이
제二諦의 해석과 관련한 것이었다. 그 당시 남조의 중심지인 금릉에서
활동했던 대표적인 인물로 개선사開善寺의 지장智藏(458~522)과 광택사
光宅寺의 법운法雲(467~529), 그리고 장엄사莊嚴寺의 승민僧旻(467~527)
을 들 수 있는데[17] 이들 셋은 함께 '양梁의 삼대법사'라고 불린다. 그런
데 이들 모두 진제와 속제의 이제를 '실재하는 이법(理)이나 경계(境)'라
고 간주하였다. 예를 들어 법운의 『법화경의기(法華義記)』를 보면 다음
과 같은 구절들이 보인다.

진실한 법인 '이제의 이법(二諦之理)'을 모아 놓았기에 "가죽이 충실

---

15 승랑의 생몰 연대에 대해서는 '김성철, 앞의 논문'을 참조하기 바람.
16 湛然, 『法華玄義釋籤』(『대정장』 33, p.951上).
17 서력기원 후 514년 寶志(또는 保志) 선사가 천화하자, 금릉의 남쪽 외각의 鍾山
獨龍 언덕에 개선사가 건립되고 지장이 거주하였다(『續高僧傳』, p.466上). 1381년
명 태조 주원장이 그 자리에 명효릉을 만들면서 개선사는 지금의 영곡사 자리로
옮겨진다. 광택사와 장엄사는 금릉 안에 위치한다.

하다."고 말하며, 본질 그대로를 명확하게 설하여 티끌이나 오물이 없이 청정하기에 "빛깔이 청결하다."고 말하고, 또 무명이라는 고질병을 끊어 제거할 수 있기에 "엄청난 근육의 힘을 가졌다."고 말하며, 마음으로 '이제의 이법'의 길을 체득하고 있기에 "걸음이 평온하고 올바르다."고 말한다.[18]

여래께서는 무외無畏의 자리에 앉아 계신데 그 자리는 마치 사자가 앉아 있는 자리와 같다. '보배로 만든 책상'과 이를 받치는 '다리'에 대해서 두 가지 해석이 있다. 첫째는 '지계와 선정'이 양 다리에 해당하고, '이제의 경계(二諦境)'가 '보배로 만든 책상'에 해당한다고 해석한다. 일가에서는 '권지와 실지라는 두 가지 지혜'가 '양 다리'에 해당하고 '이제의 경계'가 '보배로 만든 책상'에 해당한다고 해석한다.[19]

두 가지 인용문 중 앞의 것은 『법화경』 내의 "駕以白牛 膚色充潔 形體姝好 有大筋力 行步平正"[20]이라는 경문을 해설한 내용이며 뒤의 것은 "遙見其父 踞師子床 寶机承足"[21]이라는 경문에 대한 해석인데, 여기서 법운은 '이제'에 대해 이법(理)이나 경계(境)라는 표현을 사용하고 있다. 법운을 포함하여 양의 삼대법사 모두 젊은 시절 승유僧柔

---

18 "會二諦之理是眞實之法故言膚充也 卽體明說淨無諸塵染 故言色潔也 又能斷除無明巨患故言有大筋力也 心會二諦之理路故言行步平正也"[法雲 『法華經義記』 (『대정장』 33, p.621中)].
19 "如來處在無畏之座如師子床也 寶机承足者有二種解 一解戒定爲脚足 二諦境爲寶机 一家言 權實二智爲脚足 二諦境爲寶机 如來二智常照二諦境如寶机承足也"(위의 책, p.635下).
20 『妙法蓮華經』(『대정장』 9, p.12下).
21 위의 책, p.16下.

(431~494)와 혜차慧次의 문하에서 공부했지만,[22] 그 불교관이 동일한 것은 아니었다.[23] 그러나 진속이제를 대하는 이들의 견해에 근본적 차이는 없었다. 길장은 진속이제에 대한 이들의 견해를 다음과 같이 정리한다.

세 법사의 말은 서로 다르다. 개선사 지장은 "이제는 법성의 종착점이고 일진불이의 지극한 이법(理)이다."라고 말하며, 장엄사 승민은 "이제는 의혹을 제거하는 뛰어난 경계(境)이며 도에 들어가는 참다운 나루터다."라고 말하고, 광택사 법운은 "이제는 성스러운 가르침의 원천이며 영묘한 지혜의 연원이다."라고 말한다. 이 세 가지 이론이 똑같지는 않아서 어떤 이는 지혜와 이해를 말하고 다른 이는 성스러운 가르침을 말하고 있지만, 이 모두 경계(境)나 이법(理)을 진리로 삼는다는 점에서는 마찬가지다.[24]

지장이나 승민이나 법운 모두 이제를 경계나 이법으로 보았다는 말이다. 이 인용문에서 이제에 대한 법운의 정의에는 이법(理)이나 경계(境)라는 표현이 씌어 있지 않지만, 앞에서 소개했던 『법화경의기』에서 법운 역시 이법이나 경계라는 표현을 사용하고 있기에 이러한 길장의 평가는 타당하다고 생각된다. 이제에 대한 이들 삼대법사의 이론을 약

---

22 승민과 법운은 동갑으로 승유, 혜차, 혜달, 도량에게 함께 배웠다고 한다(『高僧傳』, 앞의 책, p.462上). 지장은 이들보다 10세 연상이었으나, 젊은 시절에 승유와 혜차에게 배웠다고 한다(같은 책, p.465下).

23 길장의 저술이나 혜균의 『사론현의』 도처에서 이들의 사상적 차이가 비교되고 있다.

24 "常途三師置辭各異 開善云 二諦者 法性之旨歸 一眞不二之極理 莊嚴云 二諦者 蓋是祛惑之勝境 入道之實津 光宅云 二諦者 蓋是聖敎之遙泉 靈智之淵府 三說 雖復不同 或言含智解 或辭兼聖敎 同 以境理爲諦"[『大乘玄論』(『대정장』 45, p.15上)].

리이제설約理二諦說, 또는 약경이제설約境二諦說이라고 부른다. '이제를 이법 또는 경계로 간주하는 이론'이라는 의미이다.

2. 신삼론의 약교이제설과 그 기원에 대한 논란

이렇게 약리이제설을 소개한 길장은, 이를 비판하면서 이제에 대한 올바른 이해는 '섭령흥황攝嶺興皇 전통의 약교이제설'이라고 강변한다. '약교이제설約敎二諦說'은 '이제를 교법으로 간주하는 이론'이다. "이제는 교법일 뿐이며 이런 교법을 통해 이법인 중도를 드러낸다."는 것이 약교이제설의 골간이다.

또, '섭령흥황'에서 섭령은 '섭산攝山 서하사의 승랑과 지관사의 승전'을 가리키고 '흥황'은 금릉에 있었던 흥황사의 법랑을 지칭한다. 승랑이 남하한 후 말년에 섭산의 서하사에 주석했고, 승랑의 직제자인 승전僧詮(~512~)은 주로 섭산의 지관사에 있었으며, 승전의 제자 법랑法朗 (507~581)은 금릉성城의 건양문建陽門 밖에 있었던[25] 흥황사에서 가르침을 폈기 때문에, 승랑 이후 일관되게 이어져 온 이들의 가르침을 '섭령흥황의 전승'이라고 부르는 것이다. 삼론학을 고古삼론과 신新삼론으로 구분할 때, 신삼론의 시발점은 승랑에 있으며,[26] '섭령흥황의 전승'이란 바로 신삼론을 가리킨다. 길장이 어떤 사상에 대해 '섭령흥황의 전승'에 연원을 둔다고 기술하고 있어도, 그것이 승랑에게서 유래한 것인지, 아니면 그 제자인 승전에게서 유래한 것인지 분명히 구별할 수 없다는 논란이 있기는 하지만,[27] 약교이제설의 경우 길장은 그 창시자로서

---

25 『高僧傳』, 앞의 책, p.374上
26 平井俊榮, 앞의 책, pp.232~233 참조.
27 佐藤哲英, 「三論學派おける約敎二諦說の系譜-三論宗の相承論に關する疑問-」,

명확하게 승랑을 지목한다.[28]

과거 일본의 삼론종 전통에서도 이는 정설로 수용되었고, 승랑의 강남 도래 시기에 대해 의혹을 제기하면서 승랑의 역할을 격하시켰던 일본의 사카이 노코요(境野黄洋: 1871~1933)와 중국의 탕용통(湯用彤: 1893~1964)[29]조차 이에 대해서는 별다른 문제를 제기하지 않았다. 그런데 1966년 일본의 사토 테츠에이(佐藤哲英: 1902~1984)는 약교이제설과 관련된 자료들을 비교, 분석한 후 삼론학파의 약교이제설은 승랑이 아니라 광주의 대량大亮(또는 道亮: 400~470경)[30]에 기원을 둔다고 주장하였으며,[31] 현대 삼론학 연구서의 전범인 『중국반야사상사연구』의 저자 히라이 슌에이(平井俊榮) 역시 사토 테츠에이의 이러한 연구성과에 대해 극찬하면서 그의 논지를 그대로 수용한 바 있다.[32]

『고승전』에 의하면, 대량[33]은 금릉 북쪽의 다보사에 주석했던 인물로 주옹에게 『삼종론』의 출간을 권유했던 지림智林(409~487)[34]의 스승인데, 멸빈을 당해 유송劉宋 원가元嘉(424~453) 말기에 지림 등 제자 12명

『龍谷大學論集』第380号(京都, 龍谷學會, 1966), p.12.

28 "山中興皇和上 述 攝嶺大朗師言 二諦是教"(『大乘玄論』, 앞의 책, p.22下).

29 일본의 사카이 노코요는 승랑이 주옹을 가르쳐 『삼종론』을 짓게 했다는 길장의 전언이 허구인 근거로, 지림이 주옹에게 『삼종론』의 출간을 권유하는 편지를 보낸 시기(480년대)가, 담연의 『법화현의석첨』에 기술된 승랑의 강남 도래 시기(490년대)보다 이르다는 점을 드는데, 탕용통 역시 이를 그대로 수용한다. 사카이 노코요와 탕용통의 논지에 대해서는 다음 논문을 참조하기 바람. 朴商洙, 「僧朗의 三論學과 師弟說에 대한 誤解와 眞實(I)」, 『불교학연구』 창간호, 불교학연구회, 2000, pp.7~39; 이들의 논지에 대한 비판은 '김성철, 앞의 책'을 참조하기 바람.

30 원래의 법명은 道亮이지만, 梁의 靈味寺 寶亮을 小亮이라고 부르는 것에 대비시켜 大亮이라고 부른다(鎌田茂雄, 鄭舜日 譯, 『中國佛敎史』, 경서원, 1985, p.116). 대량이 송 태시(465~471) 연중에 69세로 천화했다는 『고승전』의 기사(『대정장』 50, p.372中)에 의거할 때, 대량의 탄생 연대는 397~403년경일 것으로 추정된다.

31 佐藤哲英, 앞의 논문.

32 平井俊榮, 앞의 책, pp.461~462.

33 『高僧傳』에는 道亮으로 되어 있다.

34 저술로 『二諦論』, 『毘曇雜心記』가 있고, 『十二門論』과 『中論』에 대한 주석이 있다.

과 함께 남월南越의 광주廣州로 가 6년간 머물면서 교화활동을 하다가 대명大明(457~464) 초에 금릉으로 돌아와『성실론의소成實論義疏』8권을 저술한 후 태시太始(465~471) 연간에 69세로 천화했다고 한다.[35]

이제二諦에 대한 대량의 생각이 소개된 문헌 중 현존하는 것은 길장의『대승현론』과『이제의』그리고 혜균의『사론현의』인데 사토 테츠에이가 논거로 삼았던 이들 문장들을 피상적으로 읽어 볼 경우, 대량의 약교이제설이 그대로 신삼론 전통에 수용된 것같이 보이기도 한다. 그러나 그런 문장들 전후의 맥락을 염두에 두면서 이를 면밀하게 다시 해독해 보면 사토 테츠에이와는 정반대의 결론이 도출된다. 신삼론 전통에서 광주 대량의 이제설을 수용한 것이 아니라, 오히려 그에 대해 비판적이었으며, 특히 '삼중三重이제설(또는 사중四重이제설)' 등은 '대량의 이제 이해'를 극복한 신삼론의 '새로운 약교이제설'에 근거하여 탄생한 이론임을 알게 된다.

II. 신삼론 약교이제설의 대량 기원설에 대한 비판적 검토

사토 테츠에이가 약교이제설의 기원을 대량에게서 찾는 근거는 두 가지로 요약된다. 첫째는 "『대승현론』에 기술된 이제에 대한 길장의 정의가『사론현의』에 소개된 이제에 대한 대량의 정의와 거의 같다."는 점이고, 둘째는 "대량이 교법으로서의 이제를 달을 가리키는 손가락에 비유하는데, 길장 역시 이를 그대로 수용한다."는 점이다. 그러면 사토 테츠

---

35 『高僧傳』, 앞의 책, p.372中.

에이가 논거로 삼는 문장을 하나하나 인용하면서 그 논지의 타당성에 대해 검토해 보자.

1. 『대승현론』 중의 '今不同此等諸師'는 어떻게 해석해야 할까?

사토 테츠에이는 먼저 다음과 같은 문장을 인용한다.[36]

> 『대승현론』(1): ① 常途三師置辭各異 開善云 二諦者 法性之旨歸 一眞不二之極理 莊嚴云 二諦者 蓋是祛惑之勝境 入道之實津 光宅云 二諦者 蓋是聖敎之遙泉 靈智之淵府 三說 雖復不同 或言含智解 或辭兼聖敎 同 以境理爲諦 ② 若依廣州大亮法師 定以言敎爲諦 ③ 今不同此等諸師 [④ 問 攝嶺興皇 何以言敎爲諦耶 答 其有深意 爲對由來 以理爲諦故 對緣仮說 問 中論云 諸佛依二諦 說法 涅槃經云 隨順衆生故 說二諦 是何諦耶 答 能依是敎諦 所依是於諦][37]

이 문장 가운데 밑줄 친 부분 중 ①은 본고 앞 장에서 번역, 소개한 바 있다. 그에 이어지는 ② 이하를 번역하면 다음과 같다.

> ② 광주 대량 법사의 경우는, 정定히 언교로써 '제諦'로 삼았다. ③ 지금의 경우는 이런 법사들과 같지 않다. [④ 묻는다. 섭령흥황 전통

---

36 문장 가운데 밑줄 친 부분은 사토 테츠에이의 논문에 인용된 부분이고, [ ] 괄호 친 부분은 문장의 분석을 위해 필자가 추가 인용한 부분이다. 또, 분석의 편의를 위해서 인용한 문장 중에 ①, ②, ③ 등의 원문자를 삽입하였다.

37 『大乘玄論』, 앞의 책, p.15上.

에서는 어째서 언교言教로써 '제'로 삼았는가? 답한다. 거기에는 깊은 뜻이 있다. 그 당시에 유포되어 있던 이론에서 이법理法을 '제'로 삼는 것에 대응하기 위한 것이다. 상황에 대응하여 가립假立하여 설한 것이란 말이다. 묻는다. 『중론』에서는 "제불은 '두 가지 제(二諦)'에 의거하여 설법하신다."고 말하며, 『열반경』에서는 "중생에 따라 순응하기 때문에 '두 가지 제'를 설한다."고 말한다. 이는 어떤 '제諦'인가? 답한다. 능의能依는 '교제敎諦'이고 소의所依는 '어제於諦'이다. … (이하 어제와 교제의 이론과 사종이제설에 대한 설명이 이어짐)]

  사토 테츠에이는 이 문장 가운데 ②의 "만일 광주의 대량 법사에 의한다면, 정定히 언교로써 '제諦'로 삼았다."는 문장을 염두에 두면서 "여기서 길장이 약교이제의 제창자라고 거론하는 사람이 광주의 대량 법사인 점은 주목할 가치가 있다."[38]고 기술한다. 그러나 위의 인용문에서 문제가 되는 것은 두 가지인데, 하나는 "③ 지금의 경우는 이런 법사들과 같지 않다."는 문장이고, 다른 하나는 이어지는 ④ 이하의 [ ] 괄호친 부분의 내용이다.

  먼저 ③의 의미에 대해 검토해 보자. 논문에서 드러내놓고 기술하지는 않지만 사토 테츠에이는 ③에 기술된 '지금의 경우(今)'의 의미 속에 '섭령흥황 전통'과 함께 '광주 대량' 역시 포함되는 것으로 보았고, '이런 법사들(此等諸師)'이 가리키는 것은 '양의 삼대법사'일 뿐이며 '광주 대량'은 그 속에 포함되지 않는 것으로 보았던 것 같다. 그러나 위의 ③에서 '지금의 경우'라고 번역한 '금今'의 용례들을 길장의 저술 다른 곳에서 찾아보면,[39] '금今'이라는 말과 함께 문맥이 전환됨을 알 수 있다. 그

38 佐藤哲英, 앞의 논문, p.13.
39 『大乘玄論』의 다음과 같은 구절들이 그 예이다: "與他家異有十種異 一者 理教

렇다면 이 구절은, 먼저 '양의 삼대법사'와 '광주 대량'에 대해 설명한 다음에, '이런 법사들(此等諸師)'이라는 대명사로 이들을 함께 모아 비판하고, 이어서 '지금의 경우(今)'라는 말로 대변되는 '섭령흥황 전통'의 이론은 이들의 이론과 '다르다(不同)'고 설명하는 구절이라고 해석되어야 한다. 다시 말해, "③ 지금의 경우는 이런 법사들과 같지 않다(今不同此等諸師)"라는 문장 중의 '이런 법사들(此等諸師)' 속에 광주 대량 법사 역시 포함되며, 길장이 대량의 약교이제설을 소개한 것은 이를 수용하기 위한 것이 아니라, 양의 삼대법사의 약리이제설과 함께 묶어서 대량의 이론을 비판하기 위한 것이었다.

또, ②에 사용된 '정定히'라는 수식어를 이어지는 [ ] 괄호 속의 ④의 내용과 비교해 보면 광주 대량 법사가 길장에게 비판의 대상으로 취급되었다는 점이 보다 분명해진다. '정定히'라는 수식어에서 보듯이 대량의 약교이제설에서는 이제를 '확고부동하게(정定히)' 언교言敎로 간주한 반면, 섭령흥황 전통의 약교이제설은 위에서 기술하듯이 "그 당시에 유포되어 있던 이론에서 이법理法을 '제諦'로 삼는 것을 대치하기 위해서 설해진 것"이며 "상황에 대응하여 가립假立하여 설한 것(對緣假說)"일 뿐이었다.

2. 대량의 '지월指月 비유'는 섭령흥황 전통에 그대로 수용되었나?

이어서 사토 테츠에이는, "대량이 약교이제설을 '달을 가리키는 손가락'의 비유로 설명하는데, 길장 역시 이런 비유로 '중도'와 '이제'의 관계

異 彼明 二諦是理三仮是俗 四絶是眞 今明 二是敎 不二是理(p.15中) ⋯ 二者 相無相異 他家 住有無故是有相 今明 有表不有 無表不無 不住有無故名無相 ⋯."

에 대해 설명한다는 점에서 대량의 영향이 보인다."[40]고 주장한다. 그러나 '달'과 '손가락'의 비유는 구마라집 번역의 『대지도론』[41]이나 구나발타라(394~468)가 번역한 『능가아발다라보경楞伽阿跋多羅寶經』[42]에 이미 등장하기에,[43] 길장 또는 섭령흥황 전통에서 '달'과 '달을 가리키는 손가락'의 비유를 사용했다고 해서 그것이 반드시 광주의 대량에게서 유래한 것이라고 단정할 수는 없을 것이다. 더욱이 사토 테츠에이가 근거로서 제시하는 문장의 전후 맥락을 면밀히 검토해 보면, 길장이 광주 대량 법사의 '지월指月 비유'를 '수용'하기 위해서가 아니라 '비판'하기 위해 소개한 것으로 보는 것이 보다 자연스럽다고 생각된다. 그러면 사토 테츠에이가 번역 소개하는 대량의 '지월指月 비유' 원문을 인용해 보자.

> 『이제의』: ① 廣洲大高[44] 釋二諦義 亦辨二諦是敎門也 彼擧指爲喩 爲人不識月 擧指令得月 彼云 不識月故 尋指得月 ② 雖尋指知所指 所指竟非指 所指竟非指 指月未嘗同 ③ 尋指知所指 所指因指通 ④ 所指所指通 ⑤ 通之由神會 ⑥ 指月未嘗同 所指恒指外

이 가운데 ①과 ②는 다음과 같이 번역된다.

---

40 佐藤哲英, 앞의 논문, p.14.

41 404년(또는 405년)에 역출됨. 山崎宏·笠原一男 監修, 『佛敎史年表』(京都: 法藏館, 1979), p.27.

42 『入楞伽經』 또는 『大乘入楞伽經』의 이역본으로 445년 번역됨. 위의 책, p.31.

43 『大智度論』: 如人以指指月 不知者 但觀其指 而不視月 是故佛說 諸法平等 相亦如是 皆是世諦 世諦非實 但為成辦事故說(『대정장』 25, p.726上); 『楞伽阿跋多羅寶經』: 甚深如來藏 而與七識俱 二種攝受生 智者則遠離 如鏡像現心 無始習所薰 如實觀察者 諸事悉無事 如愚見指月 觀指不觀月 計著名字者 不見我眞實 心為工伎兒 意如和伎者 五識為伴侶 妄想觀伎衆(『대정장』 16, p.510下).

44 '亮' 자의 誤寫.

① 광주의 대량 법사가 이제의 뜻을 해석할 때에도 이제가 교법이라고 설명한다. 그는 손가락 드는 것에 비유한다. 달에 대해 모르는 사람을 위해서 손가락을 들어서 달을 알게 한다. 그는 다음과 같이 말한다. 달을 모르기 때문에 손가락을 찾아서 달을 안다. ② 비록 '손가락'을 찾아서 '가리키는 곳'을 알지만 '가리키는 곳'이 '손가락'인 것은 아니다. '가리키는 곳'은 결코 '손가락'이 아니라서 '손가락'과 '달'이 원래 같을 수는 없다.

대량은 '이법理法'을 달에 비유하고, '교법教法'인 '이제'를 손가락에 비유한다. 그런데 특기할 것은 ②에서 보듯이 '달을 가리키는 손가락'과 '손가락이 가리키는 곳인 달'이 결코 같지 않다고 본다는 점이다. 다시 말해 대량은 '이법'과 '교법'이 유리되어 있는 것으로 보았다. 이어서 문장 ③, ④, ⑤, ⑥이 계속되는데, 사토 테츠에이의 경우 ④에 대한 해석은 빠뜨리고 있다.[45] ④의 해석이 참으로 난감하기 하지만, 이를 포함하여 ③, ④, ⑤, ⑥을 직역하면 다음과 같다.

③ '손가락'을 찾아서 '가리키는 곳'을 알게 되는 경우, '가리키는 곳'은 '손가락'으로 인해서 통달된다. ④ '가리키는 곳'이 '가리키는 곳'으로 통달되는 경우, ⑤ 그것에 통달하는 것은 '정신적 회득會得'에 기인한 것이다. ⑥ '손가락'과 '달'은 원래 같은 것은 아니며 '가리키는 곳'은 언제나 '손가락' 밖에 있다.

이는 다음과 같이 풀이될 수 있다: "길장이 소개하는 대량의 이제설

---

45 앞의 책.

에 의거할 때 달에 비유되는 이법理法을 파악하는 방법은 두 가지가 있다. 하나는 손가락을 보고 그것이 가리키는 달을 알게 되듯이, 교법인 이제를 통해서 이법인 중도를 아는 것이다. 위의 인용문 가운데 ③은 이에 대한 설명이다. 그리고 다른 하나는 손가락에 의지하지 않고 달을 직접 보고 알듯이 '정신적 회득'을 통해 이법인 중도를 아는 것이다. 위에서 ④와 ⑤가 이에 대한 설명이다." 원문에 오류가 없다고 간주하고서 이렇게 해석하긴 했지만, 그 맥락이 자연스럽지 못하다.

그런데 문장의 맥락과 문체를 보면 ④의 '所指所指通'이 '所指因指通'의 오사일 수 있다고 생각된다. 왜냐하면 앞의 문장인 "② 雖尋指知所指 所指竟非指 所指竟非指 指月未嘗同"를 보면 전반부에서 '所指竟非指'라는 구절로 귀결을 지은 이후, 후반부에서 이 구절을 다시 되풀이하면서 '所指竟非指 指月未嘗同'이라고 쓰고 있는데, 이어지는 ③과 ④의 문장도 이와 같은 문체를 가질 것으로 짐작되기 때문이다. 그래서 ③, ④, ⑤를 '③ 尋指知所指 所指因指通 ④ 所指因指通 ⑤ 通之由神會'라고 고쳐 쓸 경우 의미가 보다 분명해진다. 이렇게 수정된 문장을 번역하면 다음과 같다.

③ '손가락'을 찾아서 '가리키는 곳'을 알게 되는 경우, '가리키는 곳'은 '손가락'으로 인해서 통달된다. ④ '가리키는 곳'이 '손가락'으로 인해서 통달되지만 ⑤ 그것을 통달하는 것은 '정신적 회득會得'으로 말미암는다.

어쨌든 이상의 인용문들에 근거하여 사토 테츠에이는, "대량의 약교이제설에서 '달을 가리키는 손가락'의 비유를 통해 이제를 설명하였고 길장 역시 이제에 대해 설명할 때 '달과 그것을 가리키는 손가락'의 비

유를 들기에 신삼론의 약교이제설은 대량에게서 비롯되었다."고 주장하
는 것이다. 그런데 다음과 같은 문장을 보면 사토 테츠에이와 다른 해
석이 가능할 것으로 생각된다. 위에 인용한 대량의 '지월指月의 비유'를
모두 소개한 후 길장은 다음과 같이 말한다.

> 이제(今) 밝힌다. 이제二諦는 손가락과 같아서 달을 모르는 어린아
> 이를 위한 것이다. [그러나] 이는 어린아이를 위한 것이지 노인을 위
> 한 것이 아니다. 노인은 달을 아는데 어찌 필요하겠는가. 달을 모르
> 는 어린아이를 위하기 때문에 손가락을 들어 달을 가리키는 것이다.
> 범부중생도 역시 이와 같다. 이법을 모르기 때문에 이제의 가르침
> 이 필요하다. 그래서 경전에서는 다음과 같이 말한다. 중생은 어리
> 석어서 어린아이와 같으며 또한 집착하는 자라고 이름 한다. 그러므
> 로 앞에서 설했던 불이의 법을 포착할 수 없다.[46]

길장이 '달을 가리키는 손가락'의 비유를 사용하긴 했지만, 그 맥락
은 대량의 경우와 동일하지 않았다. 앞에서 인용했던 문장 ⑥에서 "손
가락'과 '달'은 원래 같은 것은 아니며 '가리키는 곳'은 언제나 '손가락'
밖에 있다."고 기술하듯이 대량의 경우는 손가락에 비유되는 '교법인 이
제'와 달에 비유되는 '이법인 중도'를 별개의 것으로 간주했던 반면, 길
장의 경우는 위에 인용한 문장에서 "달을 모르는 소아에게는 손가락
을 들어 달을 가리켜 줘야 하지만, 달의 존재를 아는 노인에게는 손가
락으로 달을 가리켜 줄 필요가 없다."고 기술하듯이 '불이不二 중도'인

---

46 "今明 二諦如指 爲小兒不識月 此爲小兒 不爲大老子 大老子知月 何須爲 爲小兒
　　不識月故 擧指令識月 凡夫衆生亦爾 不識理故 須二諦教 故經云 衆生癡如小兒
　　亦名著者 故不得前說不二之法也"[『二諦義』(『대정장』 45, p.90中)].

'이법'을 모르는 범부중생에 한해서만 교법이 사용되는 것이라고 설명 했던 것이다. 대량은 이제가 '이법과 유리된 불변의 교법'이라고 본 반면, 길장은 이제란 '교화 대상에 따라 그 쓰임이 달라지는 교법'이라고 보았다. 대량이 이제를 '이법과 유리된 불변의 교법'이라고 본 점은 대량이 "정定히 언교로써 제로 삼았다."는 앞에서의 설명과 그 의미가 통한다. 또 앞에서, "섭령흥황 전통의 약교이제설은 상황에 대응하여 가립假立하여 설한 것(對緣假説)일 뿐"이라는 길장의 설명을 소개한 바 있는데, 여기서 말하는 '상황'에는 시대상황과 함께 그 교화 대상도 포함된다. 이 점에서 섭령흥황 전통의 약교이제설은 대량의 그것과 차별된다. 대량의 약교이제설에서는 이법과 교법이 분리되어 있었으며, 이제는 확고부동한(定) 교법으로서의 이제였는데, 섭령흥황 전통의 약교이제설의 경우 이제는 '시대상황'과 '교화 대상'에 따라 가립된 것일 뿐이었다. 혜균의 『사론현의』에 실린 설명을 보면 광주 대량의 이제관과 섭량흥황 전통의 이제관의 차이가 보다 분명히 드러난다.

3. 대량은 '이제의 역할'에 대해 부정적이었다

혜균의 『사론현의』에서 기술하는 '섭령흥황 전통'과 '광주 대량' 간의 이제관二諦觀의 차이를 검토하기 전에, 다시 사토 테츠에이의 논문으로 돌아가 보자. 사토 테츠에이는 『대승현론』에 실린 이제에 대한 정의와 『사론현의』에서 소개하는 이제에 대한 대량의 정의를 번역 없이 다음과 같이 비교한다.[47]

---

47 佐藤哲英, 앞의 논문, p.14.

『대승현론』

二諦者 蓋是言敎之通詮 相待之仮稱 虛寂之妙實 窮中道之極
號[48]

『사론현의』

第四 宗[49] 國多寶寺 廣州大亮法師云

二諦者 蓋是言敎之通詮 相待之仮稱 非窮宗之實因也[50]

　여기서 보듯이 이제의 정의定義 중 앞부분인 "二諦者 蓋是言敎之通
詮 相待之仮稱(이제는 언교의 통전이고 상호의존적인 거짓 호칭이다)"라는 구
절의 경우, 약교이제관約敎二諦觀을 제시하는 것으로, 두 문헌에 소개된
정의가 그대로 일치한다. 사토 테츠에이는 이에 근거하여 이제에 대한
『대승현론』에 실린 길장의 정의가 광주 대량에게 그 연원을 둔다고 주
장한다. 그러나 문제가 되는 것은 이어지는 뒤의 구절이다. 『대승현론』
에 소개된 섭령흥황 전통의 이제설에서는 "허적虛寂의 묘실妙實이고 중
도를 궁구窮究하는 지극한 호칭이다."라고 이제에 대해 긍정적으로 정
의하는 데 반해 『사론현의』에 실린 대량의 이제설에서는 "종지를 궁구
하는 참된 원인이 아니다."라고 부정적으로 이제를 정의한다. 이렇게 약
교이제관을 제시한 후 이어지는 정의의 경우 '섭령흥황 전통'과 '광주 대
량'은 그 관점이 상반된다. 이제를 교법이라고 기술하는 점에서는 '섭령
흥황 전통의 길장'과 '광주 대량'의 정의는 일치하지만, '중도 종지'의 체
득을 위한 이제의 역할에 대해 섭령흥황 전통에서는 긍정했던 반면에,
광주 대량은 부정적이었다. 위에서 쓰인 '허적', '중도', '종지'라는 말은

---

48 『大乘玄論』, 앞의 책, p.15上.
49 '宋' 자의 誤寫로 추정됨.
50 慧均, 『四論玄義』, 『만속장경』 74, p.36中.

모두 이법을 가리키는데, "교법인 이제가 이러한 이법을 궁구하는 참다운 원인이 될 수 없다."고 본 점에서 광주 대량의 정의는 길장의 그것과 달랐던 것이다.

이제의 역할에 대한 대량의 부정적 평가는 본고 제Ⅱ장 제2절에서 소개했던 『이제의』에 실린 '달과 달을 가리키는 손가락의 비유'에서도 찾을 수 있다. 앞에서 보았듯이, 대량은 '교법인 이제'를 '달을 가리키는 손가락'에 비유한 후 "④ 가리키는 곳이 '손가락'으로 인해서 통달되지만 ⑤ 그것을 통달하는 것은 '정신적 회득會得'으로 말미암는다."라고 말한다. 다시 말해, 손가락에 의지해서 달을 보더라도 달을 자각하게 만드는 근본적인 원인으로 손가락보다 '정신적 회득'을 중시한다. 대량이 이제에 대해 "종지를 궁구하는 참된 원인이 아니다."라고 부정적으로 표현한 것은, 이러한 '정신적 회득'의 역할을 염두에 두었기 때문일 것으로 짐작된다.

4. 대량의 약교이제설은 유소득有所得의 교견敎見이다

더욱이 『사론현의』에서 대량의 이제관을 소개하는 문장의 전후 맥락을 면밀히 검토해 보면, 혜균慧均 역시 이제에 대한 '섭령흥황 전통'의 해석과 '광주 대량'의 해석을 확연히 구별하였음을 알 수 있다. 혜균은, 그 생몰 연대는 알 수 없지만 법랑 문하에서 수학한 길장과 동학이었으며[51] 균정均正이라고 불리는 것[52]으로 보아 승정僧正의 지위에 있었던 것

---

51 三桐慈海, 「慧均の三論學」, 『三論敎學の硏究』(東京: 春秋社, 1990), p.224.; 伊藤隆壽, 「『大乘四論玄義』逸文の整理」, 『駒澤大學佛敎學部論集』 第5号(東京, 駒澤大學佛敎學部硏究室, 1974), p.64.
52 『만속장경』 74, 앞의 책, p.1.; 作者未詳, 『三論祖師傳集』(『大日本續藏經』 111, p.519上).

으로 짐작된다. 『사론현의』 제5권 「이제의」 서두에서 혜균은 다음과 같이 기술한다.

[① 대략 다섯 가지 이론가들이 있다. 유소득의 성실론 소승사. ② 첫째는 광택사의 법운 법사인데 다음과 같이 말한다. "이제는 성스러운 가르침의 궁극이며 영묘한 지혜의 원천이다." ③ 둘째는 장엄사의 승민 법사인데 다음과 같이 말한다. "이제는 미혹을 제거하는 뛰어난 경계이며 도에 들어가는 중요한 출발점이다." ④ 셋째는 개선사의 지장 법사인데 다음과 같이 말한다. "이제는 법성의 귀착지이며 일진불이의 지극한 이법이다."] ⑤ 넷째는 송나라 다보사의 광주 대량 법사인데 다음과 같이 말한다. "이제는 언교의 통전이고 상호의존적인 거짓 호칭이며 종지宗旨를 궁구窮究하는 참된 원인이 아니다." [⑥ 다섯째는 섭령 서하사의 무소득 삼론대의대사인 승전 법사인데 다음과 같이 말한다. "이제는 이법을 나타내는 지극한 교설이며 글과 말로 이루어진 오묘한 교법으로 실체는 유나 무가 아니지만 '유'와 '무'는 체에서 벗어나지 않으며, 이법은 '일'이나 '이'가 아니지만 '일'과 '이'는 이법과 어긋나지 않는다." ⑦ 지금의 경우 대사의 교설에 의거한다. 진속이제라고 말한 것은 바로 '유'와 '무'이다. '유'와 '무'는 모두 하나의 도를 나타낸다. 부처님은 교화 대상에 따라서 '유'와 '무'의 두 가지 교법을 설하신다.][53]

---

53 [① 略有五家 有所得成實論小乘師 ② 第一 光宅寺 雲法師云 二諦者乃是聖教之幽宗 靈智之淵府也 ③ 第二 莊嚴寺 旻法師云 二諦者蓋是却惑之勝境 入道之要津也 ④ 第三 開善寺 藏法師云 二諦者蓋是法性之旨歸 一眞不二之極理也] ⑤ 第四 宗['宋'의 오사]國多寶寺 廣州大亮法師云 二諦者蓋是言敎之通詮 相待之假稱 非窮宗之實因也 [⑥ 第五 攝嶺西霞寺 無所得 三論大意大師 詮法師云 二諦者蓋是表理之極說 文言之妙敎 體非有無 有無不離於體 理非一二 一二不違於理之 ⑦ 今依大師說 所言 眞俗二諦者 卽是有無 有無共顯一道 佛隨緣說有

여기서 혜균은 이제에 대한 다섯 가지 이론을 소개하고 있는데, 첫째는 광택사 법운 법사의 이론이고, 둘째는 장엄사 승민 법사의 이론이고, 셋째는 개선사 지장 법사의 이론이며, 넷째는 금릉 북쪽의 다보사에 주석했던 광주 대량 법사의 이론이고, 다섯째는 섭산 서하사 승전 법사[54]의 이론이다. 이 인용문의 서두를 보면 '유소득有所得의 성실론 소승사'라는 호칭이 씌어 있다. 그 후 '양의 삼대법사'와 '광주 대량'의 이제관二諦觀이 차례대로 소개되고, 이어서 '무소득無所得의 삼론대의대사'라는 호칭과 함께 마지막 다섯 번째로 이제에 대한 섭령흥황 전통의 제2조인 승전僧詮의 정의가 소개되어 있다. 혜균은, 섭령흥황 전통의 승전만을 '무소득의 삼론대의대사'로 규정하였고, 양의 삼대법사와 광주의 대량 모두 '유소득의 성실론 소승사'로 분류하였다. 길장은 물론이고, 혜균 역시 이제에 대한 '섭령흥황 전통의 해석'과 '광주 대량의 해석'을 구분하였던 것이다. 그러나 사토 테츠에이는 혜균의 『사론현의』에 씌어진 '유소득'과 '무소득'의 구분을 간과하였다.

여기서 잠시 논의에서 벗어나 '유소득'과 '무소득'의 의미에 대해 살펴보자. 길장은 『이제의』에서 '섭령흥황 전통'과 '다른 학파의 전통'을 대비시키면서 '유소득'과 '무소득'을 다음과 같이 비교 설명한다.

> 셋째는 유소득과 무소득의 이치, 다른 학파의 유소득 이치, 이제(今) [섭령흥황 전통의] 무소득의 이치를 밝힌다. '다른 학파(他)'의 경우 포착(得)할 수 있는 '유有'가 존재하고 포착할 수 있는 '무無'가

無二敎][慧均, 앞의 책(『만속장경』74, pp.36中~37上)].

54 승전은 승랑의 제자로 지관사에 오래 주석했기에 지관사 승전이라고 불린다. 그러나 위의 인용문은 물론이고 『삼론조사전집』(p.44中)에도 '서하사 승전'이라고 기술되어 있다. 이는 승랑 사후 승전이 서하사로 옮겨 주석했기 때문에 붙여진 호칭이었을 것으로 짐작된다.

존재한다. 만일 포착할 수 있는 '유'가 존재하지 않고 포착할 수 있는 '무'가 존재하지 않는다면 이제二諦는 존재하지 않는 꼴이 된다. 따라서 포착할 수 있는 '유'와 '무'가 존재한다. 이를 유소득이라고 이름 한다. '섭령흥황 전통(今)'에서는 다음과 같이 밝힌다. '유'가 '유'에 머물지 않고, '유'는 '불유不有'를 나타내며, 포착(得)할 수 있는 '유'는 존재하지 않는다. '무'가 '무'에 머물지 않고, '무'는 '불무不無'를 나타내며, 포착할 수 있는 '무'는 존재하지 않는다. 그래서 이를 '무소득'이라고 이름 한다. '유'와 '무'를 포착할 수 없기 때문에 '유'와 '무'는 교법인 것이다.[55]

여기서 말하는 '소득所得'이란 '포착된 것, 고착된 것, 집착된 것' 등을 의미하며, '다른 학파(他)'는 그 당시 금릉 불교계의 주류였던 성실학파成實學派를 가리킨다. '유소득有所得'의 관점에서 볼 때 '유'와 '무'는 별개의 실체이다. 양의 삼대법사로 대변되는 성실학파의 경우 '유소득'의 관점에서 이제를 조망하기에 '속제인 유'는 언제나 '유'일 뿐이고 '진제인 무'는 언제나 '무'일 뿐이다. 그러나 무소득無所得의 관점에서 '유'와 '무'를 조망하는 '섭령흥황 전통'의 경우, '유'는 '유'에만 머물지 않고 중도인 '불유不有'를 나타내고 '무' 역시 '무'에만 머물지 않고 중도인 '불무不無'를 나타낸다.

『사론현의』에서 규정하듯이, 광주 대량이 위의 인용문에 설명된 유소득의 관점에서 이제를 조망했다면 문제는 간단하다. 광주 대량은 양

---

55 "三者 得無得義 他有得義 今明 無得義 他有有可得 有無可得 若無有可得 無無可得 卽無二諦 旣有二諦 故有有無可得 名爲有得 今明 有不住有 有表不有 無有可得 無不住無 無表不無 無無可得故 名無得義 以無得有無 有無名爲教也"(『이제의』, 앞의 책, p.88上).

의 삼대법사와 마찬가지로 속제인 '유'와 진제인 '무'를 별개의 실체로 간
주했다고 결론을 내리면 되기 때문이다. 그러나 『이제의』에서 길장이 인
용하는 대량의 이제관을 보면 우리는 혼란스럽지 않을 수 없다. 대량이
무소득의 이제관을 견지했던 것으로 생각되기 때문이다. 길장은 대량
의 '지월의 비유'를 설명한 후 곧이어 다음과 같이 대량의 이제관을 소
개한다.

> 또 [대량은] 다음과 같이 말한다. "진제는 '본무本無'라고 불리고 속
> 제는 '가유仮有'라고 불린다. '가유'는 '유'이지만 '불유不有'임을 나타
> 내는 것이어서 '단견斷見'을 쉬기 위한 것이지 '유'를 말하고자 하는
> 것이 아니다. '본무'는 '무'이지만 '불무不無'임을 나타내는 것이어서
> '상견常見'을 없애기 위한 것이지 '무'를 말하고자 하는 것이 아니다.
> '유'라고 말하지만 전적으로 '유'인 것은 아니며, '무'라고 말하지만 전
> 적으로 '무'인 것은 아니다. '명상名相'은 전혀 다르지만 '나타낸 것'은
> 결코 다르지 않다." 여기서는 "이제二諦의 교법으로 인해서 불이不二
> 를 깨닫는다."는 점을 밝히고 있다. '불이'가 바로 '나타낸 것'이다. 마
> 치 손가락으로 인해서 달을 볼 때, 달이 '나타낸 것'이듯이…. 옛사
> 람의 해석은 지금의 뜻과 동일하다.[56]

여기서 진제인 '본무本無'와 속제인 '가유仮有'에 대한 대량의 설명은
앞에서 소개했던 '무소득'의 조망과 다르지 않다. 혜균의 『사론현의』에서

---

[56] "又云 眞諦以本無受秤 俗諦以仮有得名 仮有表有不有 爲息斷見 非謂有也 本無
表無不無 爲除常見 非謂無也 言有不畢有 言無不畢無 名相未始一 所表未始殊
此意明 因二諦教 悟不二 不二是所表 如因指得月 月是所表也 古人釋 與今意同
也"(위의 책, p.90中).

는 대량을 '유소득의 성실론 소승사'로 분류하였고, 길장 역시 광주 대량의 이제관에 대해 비판적이었는데, 위에 인용한 대량의 이제관을 보니 대량이 실제는 섭령흥황 전통과 마찬가지로 '무소득'의 입장을 취했던 것 같다. 이런 상충을 어떻게 해명해야 할까?

이에 대한 해답을 우리는 길장의 『중관론소中觀論疏』에서 찾을 수 있다. 『중관론소』에서는, "섭령흥황 전통에서 대량을 유소득의 소승성실론사로 간주하는 것은 양의 삼대법사를 그렇게 보는 것과 성격을 달리하는 것"이라는 점을 알게 하는 구절이 발견된다. 앞의 본고 제Ⅱ장 제1절 서두에서 보았듯이 『대승현론』에는 섭령흥황 전통에서 이제를 교법으로 간주하는 이유에 대해 질문하고 그에 대해 답하는 구절이 있었는데, 이를 다시 인용하면 다음과 같다.

④ 묻는다. 섭령흥황 전통에서는 어째서 언교言敎로써 '제'로 삼았는가? 답한다. 거기에는 깊은 뜻이 있다. 그 당시에 유포되어 있던 이론에서 이법理法을 '제'로 삼는 것에 대응하기 위한 것이다. 상황에 대응하여 가립假立하여 설한 것이란 말이다.

그런데 이와 같은 맥락의 문답이 『중관론소』에도 등장한다. 이는 다음과 같다.

묻는다. 섭산 대사는 어째서 이제를 교법으로 삼았는가? 답한다. 그 뜻에 대해 깊이 이해할 필요가 있다. [첫째,] 정도正道는 결코 '진眞'이나 '속俗'인 적이 없지만 중생을 위해서 '진'이나 '속'이라는 이름을 만들어 설명하는 것이다. 그래서 '진제'와 '속제'는 교법이 된다. 이는 정도正道와 관련하여 말한 것이다. 둘째, 이제에 대한 전통적인 견해를 제거하고자 이제가 교법敎法임을 밝힌다. … [이제가] 두 가지 이법理法이라고 보는 견해를 제거하기 위해서 '진제'나 '속제' 모두 교법이라고 말하는 것이다. 지극한 도에 결코 '진'이나 '속'이 없으나 말단末端의 학자들은 이제가 교법이라는 말에 고착하여 다시 말을 내뱉고 생각을 만들어낸다. 일반적 전통에서 이제를 이법으로 보는 것은 '이견理見'이 되고 지금 이제를 교법으로 삼는 것은 다시 '교견敎見'을 이룬다. 만일 그 진정한 뜻을 터득한 사람이라면 경계라고 하든 교법이라고 하든 문제될 것이 없다. … [57]

여기서 길장은 섭령흥황 전통에서 '이제를 교법으로 본 이유'에 대해 설명하는데, "이제에 대한 전통적인 견해를 제거하고자 이제가 교법敎法임을 밝힌다."라는 둘째 구절은 앞에 인용한 "… 상황에 대응하여 가립假立하여 설한 것"이라는 『대승현론』의 설명과 일치한다. 그리고 "정도正道는 결코 '진眞'이나 '속俗'인 적이 없지만, 중생을 위해서 '진'이나 '속'이라는 이름으로 설명하는 것이다."라는 첫째 구절은 본고 제Ⅱ장 제2절에서 인용했던 "이제二諦는 손가락과 같아서 달을 모르는 어린아이를 위한 것이다. [그러나] 이는 어린아이를 위한 것이지 노인을 위한 것이 아니다. 노인은 달을 아는데 어찌 필요하겠는가?"라는 구절과 맥락을 같이한다.

그리고 이어지는 문장에서 길장은 이제에 대한 조망을 '이견理見'과 '교견敎見'으로 구분하면서 이 두 가지 견해 모두를 비판한다. '이견'이란

---

57 "問 攝山大師何故以二諦爲敎也 答 須深得此意 正道未曾眞俗 爲衆生故作眞俗名說 故以眞俗爲敎 此是望正道而言也 二者 拔由來二諦之見 故明二諦爲敎 由來理二諦根深 … 爲拔二理之見故 言 眞之與俗皆是敎也 至道未曾眞俗 卽末學者遂守二諦是敎 還是投語作解 由來二諦是理爲理見 今二諦爲敎復成敎見 若得意者境之與敎皆無妨也"[『中觀論疏』(『대정장』 42, p.28下~29上)].

'이제를 이법理法이라고 집착하는 견해'이고 '교견'은 '이제를 교법敎法이라고 집착하는 견해'라고 풀이되는데, 양의 삼대법사가 견지하던 약리이제설約理二諦說은 분명히 '이견理見'일 것이다. 그리고 지금까지의 논의를 종합해 볼 때 광주 대량의 약교이제설約敎二諦說이 바로 여기서 말하는 '교견敎見'이라고 생각된다. 섭령흥황 전통의 약교이제설에서, 이제가 교법이라고 말하긴 하지만, 원래는 교법이랄 것도 없다. 중생교화를 위해서, 또 그 당시 유포되어 있던 약리이제설을 비판하기 위해서 약교이제설이라는 이론을 제시한 것일 뿐이다. 다시 말해 섭령흥황 전통에서는 유와 무의 이제에 대해서도 무소득의 입장을 견지했을 뿐만 아니라 교법에 대해서도 무소득의 입장을 취하였다. 그런데 광주 대량의 경우는, '각주 55'의 인용문에서 보듯이 '유'와 '무'의 이제二諦에 대해서는 무소득의 조망을 토로했으나, '달과 손가락의 비유'에서 보듯이, 이제를 '이법'과 유리된 불변의 '교법'으로 보는 점에서는 유소득의 관점을 버리지 못했던 것이다.

Ⅲ. 신삼론 약교이제설의 특징과 전개

사토 테츠에이는 신삼론의 약교이제설이 광주 대량에게 그 연원을 둔다고 주장했지만, 지금까지 면밀히 분석해 보았듯이 길장이 광주 대량의 약교이제설을 소개한 것은 그것을 수용하기 위한 것이 아니라 비판하는 데 목적이 있었다. '교법인 이제'와 '이법인 중도'를 확연히 분리했다는 점, '교법인 이제'가 '이법인 중도 종지'의 체득을 위한 실질적 원인이 될 수 없다고 보았다는 점에서 광주 대량의 이론은 섭령흥황의 이론과 달랐다.

혜균이 『사론현의』에서 정리하듯이 양의 삼대법사의 이제설은 '유소득의 약리이제설'이고 광주 대량의 이제설은 '유소득의 약교이제설'이었던 반면, 섭령흥황 전통의 이제설은 '무소득의 약교이제설'이었다. 양의 삼대법사와 광주 대량 모두 '분별적 이제관'인 '유소득의 이제관'을 견지했던 인물로 분류되긴 하지만 그 성격은 달랐다. 양의 삼대법사는 이제를 '이법'으로 간주하면서 속제인 '유'와 진제인 '무'에 대해 유소득의 입장을 취했다. 길장은 이와 같은 이제관을 '이견理見'이라고 부른다. 한편 광주 대량의 경우 이제를 '교법'으로 보는 약교이제설을 견지하면서, '유'와 '무'의 이제를 무소득의 관점에서 조망한 점에서는 양의 삼대법사와 차별되지만, 이는 교견敎見일 뿐이다. '유'와 '무'의 이제는 물론이고, '교법과 이법'에 대해서도 무소득의 관점을 견지하는 섭령흥황 전통의 이제설이야말로 이들의 '이견'과 '교견'을 모두 넘어선 무소득의 약교이제설이었다.

또, 『대승현론』에서 "이제는 … 허적虛寂의 묘실妙實이고 중도를 궁구窮究하는 지극한 호칭이다."라고 규정하고 있으며, 『사론현의』에서도 "이제는 이법을 나타내는 지극한 교설이며 글과 말로 이루어진 오묘한 교법으로 실체는 '유'나 '무'가 아니지만 '유'와 '무'는 체體에서 벗어나지 않으며, 이법은 '일一'이나 '이二'가 아니지만 '일'과 '이'는 이법과 어긋나지 않는다."라고 소개하고 있듯이, 섭령흥황 전통에서는 이제를 '이법인 중도 종지의 체득을 위한 실질적 도구'로서 긍정하였다. 그러나 광주 대량은 "중도 종지의 체득은 [이제가 아니라] 정신적 회득(神會)을 통해 이루어지는 것"(『이제의』)이며, "이제는 … 종지宗旨를 궁구窮究하는 참된 원인은 아니다."(『사론현의』)라고 말하면서 이제의 역할을 격하시켰다. 이제의 역할에 대한 광주 대량의 평가 역시 섭령흥황 전통의 그것과 달랐다.

중도 종지의 체득을 위한 도구로 이제의 역할을 긍정하면서 무소득 無所得의 정신에 철저했던 섭령흥황 전통의 약교이제설은 변증법적 이 제설인 '삼중이제설三重二諦說', 또는 '사중이제설四重二諦說'을 탄생시킨 다. 광주 대량의 이제설은, 이제로서 '유·무'가 제시되고 중도로서 '비유 비무'가 제시되는 단층적單層的 이제설이었다. 이 경우 '유·무'는 언제나 교법인 '이제'를 의미하고 '비유비무'는 언제나 이법인 '중도'를 의미할 뿐 이다. 이는 '교법'과 '이법'을 양분하는 유소득의 '교견敎見'일 뿐이다. 그 러나 섭령흥황 전통의 이제설은, 이제에 대한 집착이 발생하면 이를 타 파하고 '무소득의 진정한 진제'의 구현을 향해 변증법적으로 상승하는 중층적重層的 이제설이다.

삼중이제설은 다음과 같이 도시된다.

삼중이제

제3중 이제	속제		진제
	유·무·비유비무		비이非二·비불이非不二
제2중 이제	속제	진제	
	유·무	비유비무	
제1중 이제	속제	진제	
	유	무	

제1중 이제에서는 속제인 '유'를 타파(破邪)하는 '무'의 조망을 통해 진 제가 드러나지만(顯正), 다시 그 '무'에 고착될 때에는 속제인 '유'와 함께 그렇게 고착된 '무'를 모두 타파하는 '비유비무'의 조망을 통해 진제를 드 러내는 제2중의 이제로 향상하며, 이렇게 '유'와 '무'에 대한 고착을 비판 하면서 진제를 드러내었던 '비유비무'라는 언설言說에 다시 고착될 때에 는 앞의 '유·무(二)'와 이러한 '비유비무(不二)' 모두를 타파하는 '비이非二

비불이非不二'의 중도적 조망을 통해 다시 새롭게 진제를 드러내는 제3중 이제로 향상하는 것이다. 이것이 삼중이제설이다. 진정한 무소득의 경계境界를 구현하기 위해 이제에 대한 조망이 변증법적으로 상승한다. 그리고 제3중 이제에서 진제를 드러내는 데 사용되었던 '비이非二 비불이非不二'라는 언설에 고착될 때에는 다시 이를 타파하면서 언망여절言忘慮絶의 진제를 드러내는 제4중의 이제로 향상한다. 이러한 삼중·사중이제설이 탄생한 것은 섭령흥황 전통에서 '무소득無所得의 이제관二諦觀'에 철저했기에 가능했다고 생각된다.

2

『대승현론』 길장 찬술설에 대한 재고찰
– 「이제의」를 중심으로 / 조윤경

〈선정 이유〉

● 조윤경, 「『대승현론』 길장 찬술설에 대한 재고찰-「이제의」를 중심으로」, 『선문화연구』 제16집, 한국선리연구원, 2014.6, pp.321~360.

선정 이유

이 논문은 종래에 삼론종의 정수를 간명하게 담고 있는 길장의 후기 대표작으로 높이 평가된 『대승현론』의 길장 찬술설에 대해 특히 제1권의 「이제의」를 중심으로 촘촘히 분석한 결과 길장의 저술이 아니라 혜균 등의 저술을 참고하여 후대에 창조적으로 변용한 저술임을 밝혀내고 있는 점에 주목하여 선정하였다.

저자는 『대승현론』 제1권 「이제의」는 편찬 과정에서 혜균의 『대승사론현의기』 제5권 「이제의」의 구조를 참조하여 전체적인 틀을 세우고, 길장의 『중관론소』, 『정명현론』 그리고 혜균의 『대승사론현의기』 「이제의」, 「팔불의」의 문장을 부분적으로 차용하여 편집된 것으로 보고 있다. 또 저자는 「이제의」의 각 장마다 기존의 길장 사상과 모순되거나 불일치되는 부분이 군데군데 보이기 때문에 현존하는 『대승현론』이 길장의 찬술일 가능성은 희박하며, 길장의 제자들의 편집이라고 보기에도 무리가 따른다고 보았다.

저자는 『대승현론』(5권)의 각 권차의 구성을 제시한 뒤 동일한 문장이 실려 있는 삼론 관련 저술을 제시하고, 길장의 『이제의』, 혜균의 『대승사론현의기』, 그리고 『대승현론』 「이제의」 세 문헌의 과단을 정리 비교한 뒤 『대승현론』 제1권 「이제의」의 과단에 따라 혜균의 『대승사론현의기』 제5권 「이제의」의 원본 비교를 대의, 석명, 입명, 유무, 이제체, 중도, 상즉, 섭법, 변교, 동이의 10장으로 시도하고 있다. 그리하여 『대승현론』에서 발견이 안 되는 부분을 적시하면서 나머지는 모두 길장의 『이제의』, 『중관론소』, 『정명현론』과 혜균의 『대승사론현의기』 「이제의」, 「팔불의」의 문장을 차용한 것임을 밝혀내고 있다. 그리고 중복되는 문헌을 발견하지 못한 부분이나 원본이 있었으나 소실되어 버린 부분도 있을 것으로 예상하고 있으며, 그 외에 편집자가 문헌을 편집하는 과정에서 직접 가필한 부분도 있을 것으로 추정하고 있다.

저자는『대승현론』「이제의」에서 나타나는 의문점을 10장으로 밝혀내어 길장의 해석과 혜균의 해석에 부합하는 부분과 부합하지 않는 부분을 비교하는데, 이 저술을 길장과 동시대의 것이라 볼 수 없고, 불공가명不空假名을 조소한 서루율 이제鼠䏑栗二諦와 공가명空假名을 풍자한 안고 이제案苽二諦처럼 근본 의미가 퇴색되고 사상사적 맥락이 변화한 후대의 창조적 변용으로서 이 저술의 문헌적 가치를 결론짓고 있는 지점에서 이 논문의 의미와 학문적 가치를 찾을 수 있다.

〈요약문〉

『대승현론大乘玄論』은 이제껏 삼론종의 정수를 간명하게 담고 있는 길장吉
藏의 후기 대표작으로 높이 평가되어 왔다. 하지만 여러 연구들에 의해 『대
승현론』이 길장의 저술이 아니라는 의문이 끊임없이 제기되었다. 오늘날
『대승현론』이 전반적으로 다른 여러 문헌들의 편집으로 이루어져 있다는
사실에 대해서는 이견이 없지만 그럼에도 불구하고 길장이나 길장의 제자
들이 길장의 문헌을 편집하여 이 저술을 완성했을지도 모른다는 가능성 때
문에, 그동안 『대승현론』을 넓은 범위에서 길장의 저술로 간주하고 인용하
는 연구들이 많았다.

『대승현론』 제1권 「이제의二諦義」는 편찬 과정에서 『대승사론현의기大乘四論
玄義記』 제5권 「이제의」의 구조를 참조하여 전체적인 틀을 세우고, 길장의
『이제의』, 『중관론소中觀論疏』, 『정명현론淨名玄論』, 그리고 혜균의 『대승사론
현의기』 「이제의」, 「팔불의八不義」의 문장을 부분적으로 차용하여 편집된 것
으로 보인다. 또한 「이제의」의 각 장마다 기존의 길장의 사상과 모순되거나
불일치하는 부분이 군데군데 보이기 때문에, 현존하는 『대승현론』이 길장
의 찬술일 가능성은 희박하며, 길장의 제자들의 편집이라고 보기에도 무리
가 따른다.

마지막으로 『대승현론』의 구조와 사상 등을 통합적인 시각으로 해석하던
기존의 연구 경향에서 벗어나, 객관적이고 분석적인 시각에서 『대승현론』을
접근한다면 삼론종 사상의 새로운 지평이 열릴 것이라 기대한다.

I. 『대승현론大乘玄論』 길장 찬술설에 대한 의문

『대승현론』은 전통적으로 삼론종의 정수를 담은 길장吉藏(549~623)의 후기 대표작으로 간주되어, 고금을 통틀어 가장 중시된 삼론 문헌 가운데 하나라고 해도 과언이 아니다. 하지만『대승현론』이 길장의 저술이 아니라는 학설은 오래전부터 끊임없이 제기되었고, 그 반작용으로 『대승현론』이 길장의 찬술임을 유보하려는 목소리도 높아졌다.

무라나카 유쇼(村中祐生)는『대승현론』에서「이제의二諦義」는『이제의』·『중관론소中觀論疏』·『정명현론浄名玄論』과, 「일승의一乘義」는『법화현론法華玄論』과, 「열반의涅槃義」는『중관론소』와 중복되고, 「이지의二智義」는『정명현론』과 중복 대응된다는 사실 등을 지적했으나,[1] 아쉽게도 「이지의」에서 일관되게『유마경維摩經』을 가리키는 "이 경전(此經)"[2]을『대품반야경大品般若經』으로 오판해서, 『대승현론』은 길장이 자신의 저술을 가져와서 편집한 작품이라는 결론을 내렸다.[3]

---

1 村中祐生,「大乘玄論について」,『印度学仏教学研究』第14巻 第2号(東京: 日本印度学仏教学会, 1966), p.240.

2 "이 경전(此經)"은『大乘玄論』곳곳에서 보이는 표현인데,『大乘玄論』이 어떻게 편집되어 있는지 알 수 있는 주요 단서가 되는 표현이다. "이 경전(此經)"은『大乘玄論』에서 차용한 원본이 주로 다루고 있는 경전에 따라 그 지시 대상이 달라지는데, 예를 들면『浄名玄論』을 인용한 부분에서는『維摩經』을 지칭하고,『法華玄論』을 인용한 부분에서는『法華經』을 가리키고 있어,『大乘玄論』전체에서는 지시하는 경전이 일관되지 않는다. 만약 길장이나 길장의 제자들이 의도적으로『大乘玄論』을 편집했다면, 이 표현을 구체적인 경명으로 수정하지 않은 채 그대로 남겨 두지는 않았을 것이다.

3 村中祐生, 앞의 논문, pp.241~242.

일본에서 혜균慧均의 『대승사론현의기大乘四論玄義記』「팔불의八不義」의 필사본이 새롭게 발견되고, 이 문헌과 현행하는 『대승현론』의 「팔불의」가 기본적으로 같은 텍스트임이 드러남에 따라 『대승현론』이 길장의 찬술이 아닐 가능성이 제기되었다. 특히, 이토 타카토시(伊藤隆壽)는 「팔불의」의 텍스트 구성과 사상적 맥락이 길장보다는 혜균의 『대승사론현의기』와 일치한다고 밝혔고,[4] 「팔불의」가 길장의 제자에 의해 수정이 가해져 『대승현론』에 편입되었을지언정, 길장이 편입시킨 것은 아닐 것이라고 주장했다.[5]

반면, 히라이 슌에이(平井俊榮)는 「팔불의」가 길장의 찬술이 아님을 인정하면서도, 『대승현론』 자체가 길장의 찬술이 아니라고 확증할 수는 없으며, 길장 자신이 찬술한 것인지 제자들이 후세에 편찬한 것인지와 관계없이, 『대승현론』은 길장 교학의 대표작이자 그의 사상을 가장 잘 표명한 것 중 하나라는 점에서는 이견이 없다고 하면서,[6] 전통적인 관점으로 회귀하는 태도를 취했다.

최연식 교수는 일본에서 각 시대별로 유통되었던 삼론학 강요서에 대한 사경 기록과 불전 목록 등을 비교 검토하여 백제 불교학과 일본 불교학의 영향 관계를 나타내는 가운데,[7] 『대승현론』은 헤이안 시대에 이르러서야 새롭게 유통되었으며, 길장의 본래 저술이 아니라 후대에 새롭게 찬술되거나 재편집된 문헌임을 밝혔다.[8] 그동안 『대승현론』의 위

---

4 伊藤隆壽,「『大乘玄論』八不義の眞僞問題」,『印度学仏教学研究』第19巻 第2号 (東京: 日本印度学仏教学会, 1971), pp.148~149.
5 伊藤隆壽,「『大乘玄論』八不義の眞僞問題(二)」,『駒澤大学佛教学部論集』第3号 (東京: 駒澤大学, 1972), p.115.
6 平井俊榮,『中国般若思想史研究: 吉藏と三論学派』(東京: 春秋社, 1976), p.356.
7 최연식,「三論學 綱要書의 유통을 통해 본 百濟 불교학의 日本 불교에의 영향」, 『백제문화』 제49호, 공주대학교 백제문화연구소, 2013, pp.41~63.
8 위의 논문, p.59.

작설을 다루었던 연구들이 주로 텍스트의 내적 구조나 사상에 초점을 맞추었다면, 이 논문은 역사적 사료를 참고하여 삼론종 문헌의 변천 과정을 통시적으로 조망하고 있다. 또한 『대승현론』이 기존의 『대승사론현의기』를 모델로 하여, 길장의 저술에 기초하여 일본에서 새롭게 편집되었을 것이라는 학설을 제기하여[9] 『대승현론』의 편찬 배경과 목적에 관한 단서를 제공하고 있다.

선행 연구에서 보이는 바와 같이 『대승현론』은 결코 길장이 저술하거나 편집한 문헌이라고 할 수 없으며, 심지어 길장의 사상을 계승하는 제자들의 편집이라고 보기도 어려운 실정이다. 그럼에도 불구하고 아직까지도 『대승현론』을 길장의 대표작, 나아가 삼론종의 정수를 간명하게 나타낸 저서로 보는 시각이 만연한 것이 삼론종 연구의 현주소이다.

예를 들면, 다카노 준이치(高野淳一)는 2011년에 출판된 그의 저서에서 다음과 같이 말했다.

> 『大乘玄論』 전체가 길장 자신의 손으로 이루어진 것인지 어떤지는 모르지만, 적어도 길장 사상의 대강大綱을 가장 잘 보여 주고 있는 저작임을 인정하고, 그 위에서 살펴보도록 할 것이다.[10]

그는 이 저서에서 『대승현론』의 구조 자체가 길장의 사상적 면모를 대변하고 있다고 보았다.[11] 『대승현론』에서 길장의 저작을 주로 차용하

---

9 최연식, 위의 논문, pp.57~59.

10 高野淳一, 『中国中観思想論: 吉蔵における「空」』(東京: 大蔵出版株式会社, 2011), p.29.

11 그는 제2장을 마무리하면서 "적어도 그의 장안 시기의 저작이 논하는 바에 입각해서 완성된 것이라는 점은 확실하다고 할 수 있을 것이다. 그러므로 이 『大乘玄論』은 會稽 시기, 揚州 시기를 지나서 長安 시기에 이르러 길장 사상이 어디에 도달했는지를 보여 주고 있다고 보아도 좋은 것은 아닐까?"(高野淳一, 위의 책, pp.30~92)라고 다시 한 번 자신의 입장을 강조하고 있다. 간노 히로시(菅野博史)

고 있는 만큼 텍스트 속에 길장의 사상적 면모가 어느 정도 반영되어 있다는 사실은 부정할 수 없지만, 편집된 구조 자체가 길장의 사상을 반영하고 있는지는 의문이다.

또한, 대만 학자 천핑쿤(陳平坤)은 2016년에 출판된 『대승현론』 교감본 서론에서 다음과 같이 말했다.

> 학계에서 혹자는 『대승현론』을 섭산 삼론학파이자 '가상 대사'라고 불렸던 길장의 친작이 아니라고 여긴다. 그렇지만 길장이 찬술했다고 주장하는 학자도 있다. 어쨌든 그것은 길장의 작품으로 이름 붙여진 현존하는 26권의 논서 가운데 대승불교의 법의法義에 관한 길장의 인식과 고견을 가장 간명하게 개설한 편찬서(集錄)다.[12]

그는 『대승현론』이 길장의 친작이 아니라는 학계의 주장에 대해 알았지만, 설령 길장의 친작이 아니라고 하더라도 『대승현론』의 위상은 변함없을 것이라고 생각했다. 따라서 그도 『대승현론』 텍스트에 대한 비판적 성찰 없이 문헌의 구성과 내용에 따라 문장을 교감하고 정리하는 것에 그쳤다.

그러나 이제는 삼론종 연구에서 『대승현론』 속에 담긴 길장의 사상과 기타 삼론종 논사들의 사상, 그리고 편집자[들]의 시각을 구별하고, 나아가 이를 하나의 목소리로 치부함에서 야기되었던 삼론종 사상에 관한 선입견들을 객관적으로 재검토해야 할 시점이 아닌가 생각한다.

는 그의 논문 「書評 高野淳一著 『中国中観思想論: 吉蔵における「空」』」, 『集刊東洋学』 第108號(中国文史哲研究会, 2013)에서 다카노 준이치(高野淳一)가 『大乘玄論』을 길장의 저작으로 간주하는 것에 대해 비판했다.

12 吉藏大師 著, 陳平坤 點校, 『《大乘玄論》點校』(臺北: 法鼓文化, 2016), p.16.

본 논문은『대승현론』총 5권 가운데 제1권 「이제의」를 중심으로 텍스트의 전반적인 구성을 살펴본 다음, 「이제의」의 각 장별로 길장의 사상과 모순되는 지점들을 세부적으로 짚어 보고, 이를 통해『대승현론』의 길장 찬술설에 의문을 제기했던 선행 연구들에 구체적인 근거를 보태고자 한다.

II.『대승현론』「이제의」의 구조

현존하는『대승현론』은 총 5권으로 이루어져 있으며, 간략하게 각 권의 구성을 살펴보면 〈표 1〉과 같다.

표 1

제1권	「二諦義」	『大乘四論玄義記』,『二諦義』,『中觀論疏』,『浄名玄論』등을 편집
제2권	「八不義」	『大乘四論玄義記』「八不義」에 해당[13]
제3권	「佛性義」	
	「一乘義」	『勝鬘寶窟』,『法華玄論』,『法華遊意』등을 편집[14]
	「涅槃義」	『中觀論疏』,『浄名玄論』등을 편집
제4권	「二智義」	『浄名玄論』제4권에서 제6권 득실문得失門의 도입부까지에 해당
제5권	「教迹義」	『浄名玄論』,『維摩經義疏』,『中觀論疏』,『法華玄論』,『法華義疏』등을 편집
	「論迹義」	『龍樹菩薩傳』의 편입

---

13 이 주제를 다룬 연구는 다음과 같은 논문이 있다. 三桐慈海, 「慧均撰『四論玄義』八不義について:『大乘玄論』八不義との比較対照(一)」, 『佛教學セミナー』第12號(京都: 大谷大学佛教学会, 1970), pp.31~45; 伊藤隆寿, 「『大乘玄論』八不義の眞偽問題」, 『印度学仏教学研究』第19巻 第2号(東京: 日本印度学仏教学会, 1971), pp.148~149; 伊藤隆寿, 「『大乘玄論』八不義の眞偽問題(二)」, 『駒澤大学佛教学部論集』第3号(東京: 駒澤大学, 1972), pp.98~118; 三桐慈海, 「大乘玄論の八不義: 慧均撰八不義について(2)」, 『佛教學セミナー』第17號(京都: 大谷大学佛教学会, 1973), pp.30~37.

위와 같이 『대승현론』 5권은 대부분 길장의 저술을 중심으로 『대승사론현의기』나 『용수보살전龍樹菩薩傳』 등과 같은 길장의 저술이 아닌 문헌과 함께 편집된 문헌이다. 그중, 제2권 「팔불의」는 『대승사론현의기』 「팔불의」와 전편이 일치하고, 제4권 「이지의」는 『대승현론』 제4권에서 제6권의 득실문得失門 도입부까지의 내용을 거의 그대로 옮겨 왔으므로 그 구조가 비교적 간명하게 드러난다. 그 외에 제1권, 제3권, 제5권은 좀 더 세밀한 분석이 필요한데, 제3권에서 「일승의」의 경우는 오쿠노 미츠요시(奧野光賢)가 정밀하게 그 편집 구성을 드러내는 동시에, 다른 길장 저작과 「일승의」가 『법화경』에 대한 관점이 불일치함을 근거로, 길장 찬술설에 대해 의문을 제기한 적이 있다.[15] 본고에서는 『대승현론』 제1권 「이제의」를 중심으로 『대승현론』의 편집을 재고찰해 보고자 한다. 「이제의」는 『대승현론』 위작설 논의에서 꼭 필요한 부분이지만, 그 구성이 복합적이고 문자상의 변형과 생략도 비교적 많아서 그동안 전문적으로 다루어지지 않았다.

우선 『대승현론』 「이제의」는 총 열 장으로 구성되어 있다. 그 세부 목차는 길장의 초기 저작인 『이제의』(3권본) 및 혜균의 『대승사론현의기』 「이제의」의 구성과 상당히 유사하다. 다만 『이제의』에서는 일곱 장으로 구성되어 있고, 『대승사론현의기』 「이제의」는 『대승현론』과 마찬가지로 열 장으로 구성되어 있다. 이 세 문헌의 목차는 다음과 같다.

---

14 자세한 내용은 오쿠노 미츠요시(奧野光賢)의 『大乘玄論』 一乘義対照表를 참고. 奧野光賢, 「『大乘玄論』に関する諸問題: 「一乘義」を中心として」, 『불교학리뷰』 제5호, 금강대학교 불교문화연구소, 2009, pp.103~114.
15 奧野光賢, 앞의 논문, pp.91~116.

표 2

	(1)	(2)				(3)	(4)	(5)	(6)	(7)
『二諦義』	大意	釋名 (立名 내용 포함)				相卽	體	絶名	攝法	同異
	(1)	(2)	(3)	(4)	(5)	(6)	(7)	(8)	(9)	(10)
『大乘四論玄義記』「二諦義」	大意	釋名	立名	有無	觀行(=中道)	相卽	體相	絶名	攝法	同異
『大乘玄論』「二諦義」	大意	釋名	立名	有無	二諦體	中道	相卽	攝法	辨教	同異

위의 〈표 2〉에서 드러나듯이 길장의 『이제의』와 혜균의 「이제의」에서 설정한 장의 수는 다르지만, 길장의 『이제의』 각 장의 표제가 모두 혜균의 「이제의」에 대응됨을 알 수 있다. 『이제의』 중권의 (2) 이제석명二諦釋名이 실질적으로는 『대승사론현의기』의 (3) 입명立名에 해당하는 내용을 포함하고 있고, 『이제의』 하권의 (4) 이제二諦의 체體를 다루는 부분에서 『대승사론현의기』의 (5) 관행觀行(=中道)의 내용도 약간 언급되고 있는 것을 고려한다면 두 문헌의 구조는 매우 유사하다고 할 수 있다.

이렇듯 길장과 혜균의 이제의의 구조가 일치하게 된 까닭은 그들 모두 명시하고 있는 것처럼, 스승 법랑法朗(507~581)의 『이제의』에서 비롯된다. 길장은 법랑이 이제를 열 장으로 전개한 것은 개선사開善寺 지장智藏(458~522)의 『이제의』의 열 장을 하나하나 바로잡으려는 특수한 맥락이 있었다고 밝히고,[16] 혜균도 『대승사론현의기』 「이제의」 (1) 대의大意를 밝히는 첫 구절에서 이제를 열 장(十重)으로 밝히는 이유는 지장의 열 장(十重)을 타파하기 위해서임을 명시하였다.[17] 따라서, 법랑 『이제의』의 열 장은 만약 혜균이 법랑의 구조를 그대로 계승했다면 정확히

---

16 『二諦義』上卷(『대정장』 45, 78b), "所以爲十重者, 正爲對開善法師二諦義, 彼明二諦義有十重, 對彼十重, 故明十重, 一一重以辨正之. 師唯遵此義有重數, 所餘諸義, 普皆不開. 若有重數者, 非興皇所(者: 『대정장』의 '者'는 '所'의 오기)說也."

17 『大乘四論玄義記』卷5 「二諦義」(『만속장』 46, 573b~573c), "二諦者, 實是非前非後, 復非一時, 豈有重數! 但對破開善寺十重, 故無差別差別十重釋之."

위에서 명시한 열 장이었을 것이고, 아니면 혜균이 부분적으로 수정을
가했다고 하더라도 현존하는 『대승사론현의기』 「이제의」와 그 구조가 크
게 다르지 않을 것으로 추정할 수 있다. 하지만, 법랑은 "도의 뜻은 장
단章段을 나누지 않는다(道義不作章段)."[18]는 산문의 전통을 계승하여 다
른 곳에서는 장단을 나누지 않았다고 전해지기에, 이 열 장 자체는 법
랑의 사상적 특질이라기보다는 오히려 지장의 『이제의』의 사상적 구조
를 대변하고 있는 것으로 이해해야 마땅하다.[19]

또한 『대승현론』 「이제의」의 각 장도 『대승사론현의기』의 구조와 매
우 흡사한데, 『대승사론현의기』의 일곱째 (7) 체상體相이 『대승현론』에서
는 다섯째 (5) 이제체二諦體로 순서가 바뀌었고, 『대승사론현의기』의 여
덟째 (8) 절명絶名 대신에[20] 『대승현론』에서는 아홉째 (9) 변교辨敎가 있
는 것이 다를 뿐, 나머지는 동일하다. 이것은 『대승현론』 「이제의」의 편
찬 과정에서 『대승사론현의기』 「이제의」의 구조를 참조하여 전체적인 틀
을 세우고, 여러 문헌을 부분적으로 차용하여 편집했기 때문이 아닐까
추측된다.[21] 그렇다면 『대승현론』 「이제의」를 다루는 데 있어, 우선 어떤

---

18 『大品經義疏』卷1(『만속장』 24, 196a), "然山門已來, 道義不作章段, 唯興皇法師
作二諦講開十重者, 此是對開善二諦十重故作, 其外並無. 後人若作章段者, 則非
興皇門徒也."
19 이 점에 대해서는 김성철, 「開善寺 智藏과 三論學의 성립」, 『한국불교학』 제54
집, 한국불교학회, 2009, p.160에서 상세히 다루고 있다. 또한 아래 인용한 혜균
의 문답을 보면 이와 같은 과단이 삼론종 고유의 것이 아니라, 삼론종 이전에 널
리 통용되고 있었음을 확증할 수 있다. 『大乘四論玄義記』卷6 「感應義」(『만속
장』 46, 588a), "問: 成實論等師言第一, 釋大意, 第二, 釋名, 第三, 出體, 第四, 簡
科, 與彼何異耶? 答: 語言雖同, 其意大異. 實錄語言亦不同, 但一往明之, 言同也.
他家義宗, 有字可名, 此是名名, 非謂無名名, 有體可體, 此是體體, 非謂無體體.
此名體皆不可得, 如虛空."
20 『大乘玄論』 「二諦義」에서는 (3) 立名의 중간 부분에 '이름이 끊어짐을 변별함(辨
絶名)'이 소절로 편입되어 있다.
21 『大乘玄論』이 『大乘四論玄義記』를 모델로 하여 편집된 것에 관해서는 최연식,
앞의 논문에서 상세히 다루고 있다.

문헌들의 편집인지 살펴보는 것이 가장 급선무일 것이다. 이를 위해, 필자가 찾아낸 범위 안에서 다른 문헌과 중복되는 부분들을 도표로 정리해 보았다.

표 3

『大乘玄論』卷第一「二諦義」 (T45)			원본	
과단	①	15a10 二諦義有十重 | 15a13 第十同異	『大乘四論玄義記』卷第五「二諦義」 (X46)	573b21 二諦義有十重 | 573b23 第十明同異
(1) 大意	①	15a14 二諦者 | 15b07 答:論文自解	미발견	
	②	15b07 諸法性空 | 15b14 是故名諦	『二諦義』上卷 (T45)	86c02 諸法性空 | 86c13 是故名諦
	③	15b14 與他家異 | 15c05 故名了義	『二諦義』上卷 (T45)	87b29 明他家辨 | 88b16 故名了義
	④	15c05 他但以有爲世諦 | 15c13 問:何故作此四重二諦耶	『中觀論疏』卷第二 (T42)	28b01 他但以有爲世諦 | 28b11 問:何故作此四重二諦耶
	⑤	15c13 答:對毘曇事理二諦 | 16a09 凡夫人應是聖人	미발견	
(2) 釋名	①	16a10 若如他釋 | 16c03 不須他釋	미발견	
	②	16c03 次更明於諦敎諦合論 | 16c14 故能所皆諦	『二諦義』中卷 (T45)	100b26 次更明於諦敎諦合論 | 100c25 故能所皆諦也
	③	16c14 於諦有三句 | 16c21 敎境卽轉也	『二諦義』中卷 (T45)	93c23 答:今明佛說於諦有三句 | 94a10 敎境卽轉境
(3) 立名	①	16c22 三門分別 | 17b24 此卽是不絶假義	미발견	

(3) 立名	②	17b24 若言二諦俱絕者 | 17c19 假眞亦爾	『二諦義』下卷 (T45)	112a18 言二諦俱絕者 | 112b13 假眞亦爾
	③	17c19 就借與不借故 | 18b09 因緣假說故言借	미발견	
(4) 有無	①	18b10 今先辨假有 | 19a05 四十二字皆歸阿字也	미발견	
(5) 二諦體	①	19a06 常解不同 | 19b06 此是開善所用	미발견	『大乘四論玄義記』卷第五와 내용 유사
	②	19b06 攝山高麗朗大師 | 19b11 得語不得意	『二諦義』下卷 (T45)	108b03 山中法師之師 | 108b16 還以眞諦爲體也
	③	19b11 今意有第三諦 | 19b14 故言異	미발견	
	④	19b14 雖復有五解 | 19b17 何得扶道	『大乘四論玄義記』 卷第五「二諦義」 (X46)	583a14 雖有五解 | 583a17 往求得也
	⑤	19b17 問:何處經文 | 19b25 故知有第三諦	『二諦義』下卷 (T45)	108c29 問:何處有經文 | 109a06 故不有無爲有無體也 108c23 故涅槃經云 | 108c28 故有三諦也
	⑥	19b25 問:教諦爲是一體 | 19c12 方是圓假圓中耳	미발견	
(6) 中道	①	19c13—19c14 初就八不明中道, 後就二諦明中道	미발견	
	②	19c14 初中師有三種方言 | 20b14 故世諦中卽是眞諦假	『中觀論疏』卷第一 (T42)	10c07 就初牒八不述師三種方言 | 12a03 故世諦之中卽是眞諦之假
	③	20b14 問:此與上何異 | 20b20 第二就二諦明中道	미발견	

(6) 中道	④	20b20 此中有三意 | 21c06 假說名爲有	「八不義」 (T45)	32b15 第五辨單複中假義有三意 | 33c10 假說爲有也
(7) 相卽	①	21c07 次辨二諦相卽 | 21c14 不足難也	미발견	『二諦義』下卷,『大乘四論玄義記』卷第五와 내용 유사
	②	21c14 今問:開善色卽空時 | 21c18 不得卽也	『二諦義』下卷 (T45)	105c01 第一難云:色卽空時 | 105c06 故不得卽也
	③	21c19 若言常無常一體者 | 21c23 我亦言一體故俗常眞無常	미발견	『二諦義』下卷과 내용 유사
	④	21c23 次難:汝色卽空 | 21c27 若爲通耶	『二諦義』下卷 (T45)	105c08 第二難云:汝色卽空時 | 106a29 作若爲解耶
	⑤	21c27 龍光二諦異體 | 22a05 定境定理定一定異	미발견	
	⑥	22a05 今明於諦如空華 | 22a11 言色卽空耳	『二諦義』下卷 (T45)	107b04 如空華 | 107b16 言色卽空也
	⑦	22a11 有一方言云 | 22a16 故有空卽空有	『二諦義』下卷 (T45)	105c15 大師舊云 | 105c20 故有空卽空有也
(8) 攝法	①	22a17 論二諦攝法 | 22b12 卽失機照之能也	미발견	『涅槃經遊意』와 내용 유사
	②	22b12 問:今時所明二諦攝法 | 22b22 無有出二諦	『二諦義』下卷 (T45)	114a16 問:今時所明二諦攝法 | 114a26 則無出二諦
	③	22b22 問:學佛二諦 | 24b12 故以十門分別他今二義也	『浄名玄論』卷第六 (T38)	891c20 問:學佛二諦 | 897b12 卽是涅槃
(9) 辨教	①	24b13 常途諸師 | 24c04 故言舍那爲本釋迦是迹耳	미발견	
(10) 同異	①	24c05 有兩師 | 25a12 故言不生不滅	미발견	

※ 원문은 지면 관계상 전문을 표기하지 않았고, 시작하는 구절과 끝나는 구절, 그리고 그에 해당하는 대정장과 속장경의 페이지 번호만을 표기하였다.
※ (8) 攝法에서 ③의 자세한 구성은 〈표 4〉에서 별도로 나타내었다.

이렇듯 (4) 유무有無, (9) 변교辨敎, (10) 동이同異 세 장을 제외하고는 나머지 일곱 장의 여러 곳에서 길장의『이제의』·『중관론소』·『정명현론』, 그리고 혜균의『대승사론현의기』「이제의」·「팔불의」의 문장을 차용한 것을 볼 수 있다. 그리고 중복되는 문헌을 발견하지 못한 부분에서도 원본이 현존하지만 필자가 미처 발견하지 못한 부분이나 원본이 있었으나 소실되어 버린 부분도 있을 것으로 예상한다. 그 외에 편집자가 문헌을 편집하는 과정에서 직접 가필한 부분도 있을 것으로 추측한다.

Ⅲ.『대승현론』「이제의」의 문제점

이렇듯『대승현론』이 다른 여러 문헌들의 편집으로 이루어져 있다는 사실에 대해서는 이견이 없다. 다만 그럼에도 불구하고 길장이나 길장의 제자들이 길장의 문헌을 편집하여 이 저술을 완성했을지도 모른다는 가능성 때문에, 그동안『대승현론』을 넓은 범위에서 길장의 저술로 간주하고 인용하는 연구들이 많았다.
　그러나 길장이『대승현론』을 직접 편집했을 가능성은 없다. 우선,『대승현론』의 편집을 냉정하게 살펴보면, 이 저술의 편집 방향이 길장의 중심 사상과 일치하지 않음을 알 수 있다. 또한, 다른 저술과 중복되지 않는 부분에서는 길장의 저술이나 다른 삼론 문헌에서 쓰이지 않는 용어들이 출현하기도 하고, 무엇보다 기존의 길장의 사상과 모순되거나 불일치하는 점들이 군데군데 보인다는 점이 가장 큰 문제라고 할 수 있다. 본고에서는 「이제의」의 각 장별로 주요 문제점들을 간략히 짚어 보고자 한다.

1. 대의大意

1) 편집상의 문제점

이 장은 이제의 (1) 대의大意를 서술한 『이제의』 상권과 『중관론소』 제2권(末)을 축약하여 발췌한 부분이 중간에 놓이고, 그 앞뒤로 출처를 찾을 수 없는 부분이 함께 편집되어 있다. 편집상 가장 눈에 띄는 부분은 『이제의』에서 상대방과 삼론종의 이제의를 열 가지 득실得失로 논의하는 가운데 요의了義와 불료의不了義를 비교하는 부분(③)과 『중관론소』에서 사중이제四重二諦를 다루는 부분(④)이 한 단락으로 연결되어 있고, 사중이제의 유래를 묻는 물음까지는 『중관론소』의 문장(④)인데, 물음의 답은 『중관론소』의 답이 아니라는 점이다(⑤).

2) "이제는 교문일 뿐이고, 경계나 이치와 관련이 없다(二諦唯是教門, 不關境理)"에 관한 문제점

(1) 대의大意에서 가장 핵심적인 논의 대상은 도입부①의 "이제는 교문일 뿐이고, 경계나 이치와 관련이 없다."[22]라는 구절이다. 이 구절은 지금까지 길장의 이제 사상을 가장 대표하는 말로 여겨져 길장의 이제 연구에서 어김없이 인용되었던 구절이라고 해도 과언이 아니다. 하지만

---

22 『大乘玄論』 卷1(『대정장』 45, 15a).

이 구절이 놓인 문맥과 논조를 고려한다면, 과연 길장의 이제의를 대표하는 말로서 대의大意의 도입부를 장식할 만한 자격이 있는지 의문이다.

주지하다시피, 이제가 교문敎門이라는 것은 삼론종의 기본 전제이지만, "경계나 이치와 관련이 없다(不關境理)."는 말에 대해서는 좀 더 살펴볼 필요가 있다. 왜냐하면, 삼론종의 이제교문에서 가르침(敎)은 결코 이치(理)나 경계(境) 등과 단절된 표상적 언어이거나 일상적인 언어 체계에 속한 것이 아니라, 그 자체로 이치·경계·지혜와의 상관성을 이미 내재하고 있는 역동적인 개념이기 때문이다.[23] 여래가 중생을 교화할 때 불이不二의 이치를 나타내어, 중생이 불이의 중도를 깨달으면 불이의 정관正觀을 발생시키게 되는데, 이것이 바로 삼론종에서 말하는 "中發於觀"[24]의 의미이다. 이 불이의 깨달음은 이제와 불가분의 관계이기 때문에, 이제는 권지와 실지(二智)를 발생시킬 수 있고, 이지二智와의 맥락 속에서 두 가르침이었던 이제는 두 경계(二境)로 자연스럽게 전변한다.[25]

뿐만 아니라, 길장의 『십이문론소』의 교문에 관한 정의와도 상충된다. 여기에서 그는 '교문敎門'이 '문門'이라고 불리는 세 가지 이유를 명시하였는데, 첫째는 무애한 가르침이 그 자체 비어서 통하기 때문이고(當體虛通), 둘째는 가르침은 이치로 통하는 문이기 때문이며, 셋째는 가르침(경계)은 정관을 발생시키는 지혜의 문이기 때문이다.[26] 이것으로 미루어

---

23 이치(理), 가르침(敎), 경계(境), 지혜(智) 사이의 상관성에 관해서는 김성철, 「三論學의 二諦說에 대한 재조명: 理, 敎, 境, 智의 관계 및 於諦와 敎諦의 의미 분석」, 『불교학연구』 제30호, 불교학연구회, 2011, pp.213~240에서 상세히 다루고 있다.

24 『中觀論疏』 卷3(本)(『대정장』 42, 41b).

25 『二諦義』 上卷(『대정장』 45, 86a), "大師舊語云, '稟敎得悟, 發生二智, 敎轉名境. 若不悟, 卽不生智'."

26 『十二門論疏』 上卷(『대정장』 42, 175a), "敎稱爲門, 亦具三義: 一者, 無礙之敎, 當

보면, '교문'이라는 표현 자체가 이미 이치나 경계로의 전변과 그로 인한 지혜의 발생을 함축하고 있는 표현임을 알 수 있다. 그러므로 『대승현론』에서 "오직 교문일 뿐, 경계나 이치와 관련이 없다."라는 구절은 표면적으로는 그럴듯하게 보일 수 있을지 모르지만, 실제로는 자기모순을 떠안고 있는 명제인 것이다.

하지만, 길장 이전에 삼론종에서 "이제는 가르침이요, 이치가 아니다(二諦是敎, 非是理)."[27]라고 말했던 경우가 적잖이 있었던 것은 사실이다. 길장은 『이제의』[28]와 『정명현론』[29]에서 기본적으로 동일한 논조로 이 구절에 대해서 해명한다. 즉, 이러한 말들은 성실론사의 이제를 두 이치(二理)로 보는 견해를 뿌리 뽑으려는 특수한 상황 속에서 제기된 방편적 교설이었다는 것이다. 또한 그는 맥락에 따라서 이제를 가르침(敎)이라고 할 수도 있고 경계(境)라고 할 수도 있으니 어느 한쪽만을 고수하면 안 된다는 자신의 입장을 분명히 밝히고 있다. 길장은 일부 삼론사들이 "이제는 가르침이다(二諦是敎)."라는 구절에 집착하여 교견敎見을 야기할 수 있는 위험성이 충분히 있다고 판단하고, 이에 대해 분명하게 대처하고 있다.[30] 그러나 『대승현론』에서는 "경계나 이치와 관련이 없다

體虛通, 故名爲門. 二, 敎能通理, 敎爲理門. 三, 因敎發觀, 則境爲智門."
27 『二諦義』上卷(『대정장』 45, 87c).
28 『二諦義』上卷(『대정장』 45, 87c), "然今明二諦是敎門者, 正爲拔二理之見. 彼理二理見深, 有此二理, 終不可改. 爲是故今明唯有一理, 無有二理. 何者? 如來說有說無, 爲表一道. 此之有無, 乃是道門, 非是理. 爲是故明二諦是敎, 非是理也."
29 『淨名玄論』卷3(『대정장』 38, 868c), "問: 若爾, 何故恒(垣: '垣'은 '恒'의 오기)言'二諦爲敎, 非是境理'? 答: 此約'依二諦說法', 故二諦名敎, 若據發生二智, 則眞俗名境. 又眞俗表不二理, 則眞俗名敎, 若對二智, 則稱爲境, 不可偏執."
30 『中觀論疏』卷2(本)(『대정장』 42, 28c~29a), "大師無生內充, 慈風外扇, 爲拔二理之見, 故言'眞之與俗, 皆是敎'也. 至道未曾眞俗, 卽末學者, 遂守'二諦是敎', 還是投語作解. 由來二諦是理爲理見, 今二諦爲敎, 復成敎見. 若得意者, 境之與敎, 皆無妨也. 以眞俗通理, 故名稟敎, 眞俗生智, 卽名卽境. 如來說二諦, 故二諦稟敎, 如來照二諦, 卽二諦爲境. 然二諦未曾境敎, 適時而用之."

(不關境理)."라는 명제를 제시한 다음에 가르침(敎)·이치(理)·경계(境)·지혜(智) 네 범주 간의 상관성을 밝히지 않았으며, 『정명현론』이나 『중관론소』[31]처럼 가르침과 경계가 상황에 따라서 서로 전변한다는 언급도 없었으므로, 길장의 사상적 입장을 충분히 대변하지 못한 편집이다.

한편으로는 『대승현론』에서 이 구절이 출현한 다음에 머지않아 양대 삼대법사의 이제에 관한 정의를 기술한 부분이 나오고, 마지막에 "모두 경계와 이치를 [이]제라고 여긴다(同以境理爲諦)."라고 서술한다.[32] 따라서 이 구절을 특수한 문맥에 한정해서 "이제는 교문일 뿐이고, [양대 삼대법사가 말하는] 경계나 이치와 관련이 없다(二諦唯是敎門, 不關境理)."라고 해석하는 것도 충분히 가능하다. 이렇게 해석하면 앞에서 열거했던 모순은 면하지만, 교문敎門의 해석에 관해서는 여전히 아쉬움이 남는다.

이 해석에 의하면, 이 구절은 교문과 경계·이치(境理)를 상대하여, 교문으로서 이제를 말함으로써 '선천적인 경계(天然之境)'나 '선천적인 이치(天然之理)'라고 여기는 상대방의 유소득의 이제관을 부정하는 차원에서 그치게 된다. 다시 말해, '유소득' 견해의 뿌리가 너무 깊은 까닭에 먼저 자성에 대한 집착을 흔들어 뿌리가 쉽게 빠질 수 있게끔 하는 준비가 필요한데, 바로 이 구절을 통해 양대 삼대법사의 경계나 이치에 대한 집착을 흔들어 놓을 수 있다. 그렇지만 이렇게 상대의 견해를 대치하는 의미로 해석할 경우, 격절된 언교나 이치로 이제를 해석하는 '유소득' 견해를 완전히 벗어나서, 궁극적으로 교문과 이치가 서로 막힘이 없는 심층적 차원의 이제를 현시하기에는 부족하다. 실제로 필자의 이

---

31 앞의 주석 참조.
32 『大乘玄論』卷1(『대정장』 45, 15a), "故常途三師置辭各異: 開善云, '二諦者, 法性之旨歸, 一眞不二之極理'. 莊嚴云, '二諦者, 蓋是祛(祛: '祛'는 '袪'의 이체자)惑之勝境, 入道之實津'. 光宅云, '二諦者, 蓋是聖教之遙泉, 靈智之淵府'. 三說雖復不同, 或言含智解, 或辭兼聖教, 同以境理爲諦."

전 논문[33]을 포함하여 기존의 연구들 가운데 상당수가 이 구절에 근거하여 가르침과 이치의 차원을 나누는 데 치중하여, 길장의 이제 교문을 단순한 언교로 환언하는 과오를 범하고 있다.

3) "이치는 있지만 가르침은 없다(有理無敎)"에 관한 문제점

이 외에도, (1) 대의大意에서 열 가지 득실得失을 따지는 부분(③)과 (8) 섭법攝法에서 『정명현론』 제6권을 인용한 곳(③)에서 각각 한 번씩 상대방이 "이치는 있지만 가르침은 없다(有理無敎)."[34]라고 기술하고 있는데, 이는 『이제의』나 『정명현론』의 원문에는 존재하지 않는 구절이 삽입된 것으로, 명백한 논리적 오류이다.

삼론종에서는 방편 교문이 이치를 나타내는 작용을 적극적으로 긍정하므로, "이제는 가르침이다(二諦是敎)."라는 명제는 궁극적으로 이치를 담보하는 데 초점이 있는 것이지, 가르침의 표상적 차원에 머무는 것이 결코 아니다. 또한, 이때의 이치는 불이不二의 궁극적 이치를 지칭하는 것으로, 상대방이 겉으로 표방하고 있는 이제의 두 이치를 말하는 것이 아니다. 따라서 삼론종은 상대방이 "[표상적] 가르침은 있지만 이치가 없기(有敎無理)"[35] 때문에, 이치를 벗어나서(理外) 결국 "이치도 없고 가르침도 없게 된다(無理無敎)."[36]고 일관되게 비판해 왔다. 반면 자신의 교문敎門으로서의 이제는 이치 안에서(理內) "가르침도 있고 이치도 있다(有敎有理)."[37]고 주장한다. 이것은 이교의理敎義에서 교문과 이문理門

---

33 趙允卿, 「境界二諦与言教二諦理论结构之比较」, 『중국학논총』 제38집, 한국중국문화학회, 2013, p.249.
34 『大乘玄論』 卷1(『대정장』 45, 15b, 24a).
35 『二諦義』 上卷(『대정장』 45, 87c, 88b); 『二諦義』 中卷(『대정장』 45, 94b); 『大品經遊意』(『대정장』 33, 65b).
36 『二諦義』 上卷(『대정장』 45, 89b).
37 『二諦義』 上卷(『대정장』 45, 89b).

이 서로 소통해야만 서로를 성립시킬 수 있는 필연적 이유이기도 하다.

반면, 『대승현론』의 "이치는 있지만 가르침은 없다(有理無敎)."는 길장이 상대방을 비판하는 중심 맥락에서 벗어나 있다.[38] 물론 『대승현론』이 여러 경로로 유통되는 과정에서 잘못 필사되었을 가능성도 전혀 배제할 수는 없겠지만, 앞에서 가르침과 이치를 대립적으로 설정하였던 편집자의 견해가 "이치는 있지만 가르침은 없다(有理無敎)."라는 구절에 반영된 것은 아닌지 의심스럽다.

2. 석명釋名

1) 편집상의 문제점

이 장의 전반부(①)는 출처를 찾을 수 없고, 후반부(②, ③)는 이제석명을 밝힌 『이제의』 중권을 부분적으로 발췌하여 인용하고 있다. 이 장 전반부는 주로 '이름에 따라 뜻을 해석하는 것(隨名釋義)'과 '뜻에 따라 이름을 해석하는 것(以義釋名)'을 대립적인 구도로 파악하는 특징이 있다.[39] 이것은 혜균이 '글자에 따라 이름을 해석하는 것(按字釋名)'과 '뜻에 따라 이름을 해석하는 것(以義釋名)'으로 나누어 (2) 석명釋名을 전개했던 구조를 모방한 것은 아닌가 생각된다.[40]

---

38 『二諦義』上卷(『대정장』 45, 88c), "又他無不有無, 有有無, 今有不有無, 無有無, 反之也! 他唯有有無二理, 無不二之道, 今卽唯有不二之道, 無有無也." 앞의 『二諦義』에서 "단지 둘이 아닌 이치만 있을 뿐, 유와 무는 없다."고 한 말에 비추어 본다면, 길장의 교학에서 "이치는 있지만 가르침은 없다(有理無敎)."는 말은 상대방이 이제에 집착해서 "가르침만 있고 이치가 없는(有敎無理)" 것에 대해, 삼론종의 입장에서 상대방을 비판하는 표현이라고도 볼 수 있다.

39 『大乘玄論』卷1(『대정장』 45, 16a), "此是隨名釋義, 非是以義釋名. 若爾, 可謂'世間諸法者, 有字無義'."

40 『大乘四論玄義記』卷5 「二諦義」(『만속장』 46, 575b~575c).

하지만, 이 이름과 뜻을 이원대립적으로 파악하는 구조는 길장이 『이제의』에서 이름과 뜻의 관계를 '한 이름에 한 뜻(一名一義)', '한 이름에 셀 수 없는 뜻(一名無量義)', '한 뜻에 한 이름(一義一名)', '한 뜻에 셀 수 없는 이름(一義無量名)'이라는 네 구절로 전개시키고,[41] 다시 '한 이름에 셀 수 없는 뜻'에서 네 가지 해석, 즉 '이름에 따른 해석(隨名釋)', '인연에서의 해석(就因緣釋)', '도를 드러내는 해석(顯道釋)', '한 곳에 국한됨이 없는 해석(無方釋)'을 전개했던[42] 유기적이고 복합적인 이름 해석(釋名) 체계와는 대조적이다.

2) "이름에 따라 뜻을 해석하는 것(隨名釋義)"에 관한 문제점

『대승현론』에서는 속俗을 거짓(浮虛)으로, 진眞은 진실眞實로 해석하는 것[43]과 같이 이름에 따라 뜻을 해석하는(隨名釋義) 방식 자체를 "글자는 있지만 뜻은 없다(有字無義)."라고 비판한다. 이는 길장이나 혜균의 이름 해석과는 달리 이름을 과도하게 비하하는 것이다. 길장의 『이제의』에 의하면, "有字無義"는 앞에서 언급한 "有敎無理"와 상통하는 표현이다.[44] 혜균도 마찬가지로 "有字無義"를 인용하여 이치와 가르침(理敎)의 관계를 논하고 있다. 그러므로 (1) 대의大意에서 "이치는 있지만 가르침은 없다(有理無敎)."고 한 발언과 이곳((2) 釋名)에서 "글자는 있지만 뜻은 없다(有字無義)."라는 비판이 동시에 출현하는 것은 『대승현론』 「이제의」 텍스트 내부에 논리적인 부조화가 있음을 말한다.

---

41 『二諦義』中卷(『대정장』 45, 94c).
42 『二諦義』中卷(『대정장』 45, 95a).
43 『大乘玄論』卷1(『대정장』 45, 16a), "若如他釋, 俗以浮虛爲義, 眞以眞實(固: '固'는 '實'의 오기, 삼론종 문헌에서 '眞固'라는 표현은 찾아볼 수 없음)爲名, 世是隔別爲義, 第一莫過爲旨."
44 『二諦義』上卷(『대정장』 45, 87c), "唯他有二無不二, 則唯有敎無理, 可謂世閒法者, 有字無義."

길장은 『법화현론』에서 방편과 실상이 서로의 문이 되는 관계뿐만 아니라, 방편이 방편문이고, 실상이 실상문인 것에 대해서도 충분히 긍정하면서, 후자가 바로 "이름이 의미의 문이 되고 의미가 이름의 문이 되는(名爲義門, 義爲名門)" 지점이라고 해석했다.[45] 따라서 이름과 의미를 유기적인 관계로 파악했던 길장이 이름에 따라 뜻을 해석하는 방식 자체를 부정했다고 보기는 어렵다.

덧붙여서, 『대승현론』에서는 '제諦'를 이름에 의거해 "실재를 살핀다(審實)."라고 해석하는 것에 대해서도 그 의미의 범주를 어제於諦와 교제敎諦의 일부 의미로 국한시키고 있다.[46] 이는 "실재를 살핀다(審實)."고 '제諦'를 해석했던 관중關中의 전통을 계승하고,[47] 그 속에서 의미 체계를 확장하고 변형시켜 나갔던 『이제의』 등의 맥락과는 분명 다른 점이 있다.

3. 입명立名

1) 편집상의 문제점

이 장은 '이름을 세움을 변별하고(辨立名)', '이름이 끊어짐을 변별하고(辨絶名)', '이름을 빌림을 변별하는(辨借名)' 세 부분으로 이루어져 있다. 특이하게도 『이제의』의 다섯째 장에 해당하고, 『대승사론현의기』「이제

---

45 『法華玄論』 卷5(『대정장』 34, 397b), "問: 方便實相旣互得爲門, 亦得實相爲實相門, 乃至方便爲方便門不? 答: 具有四句: 一者, 方便爲實相門. 二, 實相爲方便門. 此二如前. 三, 實相爲實相門. 四, 方便爲方便門. 如名爲義門, 義爲名門: 由方便名, 顯方便義, 故名爲義門. 由方便義, 顯方便名, 故義爲名門. 實相亦爾. 『中論·序』云, '實不名不悟, 故寄中以宣之', 卽其事也."

46 『大乘玄論』 卷1(『대정장』 45, 16b), "今明此眞俗是如來二種敎門. 能表爲名, 則有二諦. 若從所表爲名, 則唯一諦, 故非只以審實爲義."

47 『大般涅槃經集解』 卷32(『대정장』 37, 489b)에서 道生(335~434)은 "'제(諦)'는 실재를 살핀다(審實)는 뜻이다(諦者, 審實爲義)."라고 풀이하고 있는데, 남북조 시대 "실재를 살핀다(審實)."는 해석은 이미 널리 통용되고 있었던 것으로 추정된다.

의」의 여덟째 장에 해당하는 '절명絶名'이 『대승현론』「이제의」에서는 (3) 입명立名 부분에 편입되어 있음을 알 수 있다. 그중 필자는 절명絶名의 네 구절(四句) 중 "이제가 모두 이름이 끊어짐(二諦俱絶)"을 기술하는 데 있어 『이제의』 하권의 점진적으로 버리는 뜻(漸捨)과 평도平道의 작용이라는 두 측면에서 이제구절二諦俱絶을 밝힌 부분을 차용한 것을 제외하고는 다른 부분의 출처는 발견하지 못하였는데, 앞으로 더 진전된 연구가 필요한 부분이다.

2) "세世와 제일第一은 작용에서 찬탄(褒)과 폄하(貶)를 일컬은 것이다"에 관한 문제점

한 가지 짚고 넘어가야 할 부분은 앞에서(①) "다음으로 상대相待를 밝히자면, 진眞과 속俗은 있는 그대로(當體) 이름을 받은 것이고, 세世와 제일第一은 작용에서 찬탄(褒)과 폄하(貶)를 일컫은 것이다."[48]라고 한 문장이 『이제의』에서 표명한 길장의 관점과 상반된다는 점이다.

소명태자昭明太子(501~531)의 『영지해이제의슈旨解二諦義』[49]에서도 잘 드러나듯이 그 당시 진제眞諦와 속제俗諦는 있는 그대로(當體)의 해석으로, 세제世諦와 제일의제第一義諦를 찬탄하거나 폄하하는(褒貶) 해석으로 여기는 관점은 매우 보편적이었으며, 혜균도 『대승사론현의기』「이제의」에서 '세世'와 '제일第一'을 찬탄과 폄하로 해석하는 방식을 채택하고 있다.[50] 그렇지만 길장 『이제의』에서는 이제를 찬탄과 폄하로 구분하는

---

48 『大乘玄論』卷1(『대정장』45, 17a), "次明相待者, 眞俗當體受名, 世與第一, 用中褒貶爲稱也."

49 『廣弘明集』卷21「슈旨解二諦義」(『대정장』52, 247c), "眞諦俗諦以定體立名, 第一義諦世諦以褒貶立目."

50 『大乘四論玄義記』卷5「二諦義」(『만속장』46, 576a), "世是代((伐: '伐'은 '代'의 오기)謝爲義, 第一莫過爲旨, 故眞俗是虛實相待, 世與第一從褒貶爲名也."

것에 대해 반대하고, '속俗'과 '세世', '진眞'과 '제일第一'이 모두 있는 그대로(當體)나 찬탄과 폄하(褒貶)의 기준에서 본질적으로 차이가 있을 수 없다고 힐난한다.[51] 길장은 법랑이 세世와 제일第一이 찬탄과 폄하를 나타낸다고 말했던 본래 의도는 중생이 자신의 이해를 최고라고 여기는 것을 바로잡기 위해 "그대의 이해는 궁극적인 제일의제가 아니라 세인의 견해일 뿐"이라고 말했던 것이며,[52] 다른 뜻으로 오해하면 안 된다고 밝혔다. 길장은 이제의 '이름'에 관한 당시의 선입견을 부정한다.

뿐만 아니라, 『대승현론』 「이제의」에서 있는 그대로의 해석 방식과 찬탄하거나 폄하하는 해석 방식을 체용 구도로 파악하고 있는 점 또한 기존에 보이지 않았던 『대승현론』만의 독창적 해석이라 할 수 있다.

4. 유무有無

이 장에서 필자는 중복되는 문헌을 전혀 발견하지 못하였다. 이 장은 전체적으로 삼가三假 가운데 명가名假[53]와 상대가相待假[54]를 부각시키고

---

51 『二諦義』 中卷(『대정장』 45, 96b), "且難之: 俗當體浮虛, 世亦當體隔別. 俗體是浮虛, 既是當體得名, 世體是隔別, 亦當體得名! 若便貶世是隔別, 非第一, 我亦貶俗是浮虛, 非眞實! 俗實是浮虛既非貶, 世實是隔別那忽是貶耶! 然俗之與世, 世乍可是當體, 俗應是貶毀! 何者? 知世隔別. 今言'世隔別', 豈非當體! 俗不知浮虛. 今名其是浮虛, 豈非是貶! 若爾, 那得言俗浮虛是當體得名, 世隔別是貶毀爲稱耶! 次難: 眞與第一, 眞當體眞實, 第一亦當體第一! 若對凡非第一, 褒聖爲第一, 亦對凡非眞實, 褒聖是眞實. 若言'褒眞爲第一', 亦褒第一爲眞. 何得言'眞是當體, 第一爲褒'耶!"

52 『二諦義』 中卷(『대정장』 45, 97a), "復有衆生謂'其所解是第一無過'者, 聖人誑云 '汝所解非第一, 乃是世人所解'耳."

53 『大乘玄論』 卷1(『대정장』 45, 18b), "名假本通: 就名假中, 取能成義爲法假, 所成義爲受假. 不如他家法假爲體, 餘二爲用. 故『大品』云, '波若及五陰爲法假, 菩薩爲受假, 一切名字爲名假'. 內法如此, 外法可知: 四微四大爲法假, 世界爲受假, 一切名字爲名假."

54 『大乘玄論』 卷1(『대정장』 45, 18b~18c), "今明相待爲本者, 欲明大士觀行, 凡有三

있는데, 이러한 태도가 과연 길장의 사상과 부합하는지는 의문이다. 여기서 성실론사들의 상대相待와 관련하여 '개피상대開避相待'와 '상탈상대相奪相待'라는 용어가 등장하는 것에 주목할 필요가 있다.[55] 길장의『백론소百論疏』에 의하면 이는 장엄사莊嚴寺 승민僧旻(467~527)의 관점으로,『백론소』에서는 '상개피대相開避待'와 '상경탈대相傾奪待'라고 인용하고 있다.[56] '개피상대'와 '상탈상대'는 용어의 명칭 자체로만 본다면, 길장의『백론소』와는 차이가 있고 혜균의『대승사론현의기』「팔불의」에 등장하는 '개피상대'와 '상탈대相奪待'와 기본적으로 일치한다.[57] 물론『대승현론』필사 과정에서 문자상의 변형이 일어날 수도 있고 다른 여러 가능성이 존재하지만, 이 텍스트가『대승사론현의기』와 관련되었을 가능성도 생각해 볼 수 있다.

5. 이제체二諦體

1) 편집상의 문제점

이 장은 이제의 체를 다룬『이제의』하권의 문장(②, ⑤)과『대승사론현의기』제5권「이제의」의 문장(④)을 부분적으로 차용했다. 도입부(①)

義: 一者, 相待假通無非是待, 因續二假, 未必盡假. 二者, 相待假無有實法, 遣病卽淨, 因續二假, 卽有實法, 遣病有餘. 三者, 相待假無礙: 長既待短, 短還待長, 因續二假, 卽成義有礙: 唯以四微成大, 不以大成四微, 唯得續前, 不得續後. 故用相待假."

55 『大乘玄論』卷1(『대정장』45, 18c), "從來有通別相待: 通是開避相待, 別是相奪(集: '集'은 '奪'의 오기)相待. 如人瓶衣柱是通相待, 長短方圓等是別相待."

56 『百論疏』中卷(『대정장』42, 276b), "開善有定待如色心, 有不定待如長短, 莊嚴云, '有相開避待如色心, 有相傾奪待如長短', 並入今門所責."

57 『大乘玄論』卷2(『大乘四論玄義記』)「八不義」(『대정장』45, 26a), "三, 相待假明中道, 卽是有開避相待, 如色心等法, 名爲通待, 亦名定待也. 如長短君臣父子等法, 短不自短, 形長故短, 長不自長, 形短故長, 如此相奪待, 乃至君臣父子等, 名爲別待, 亦名不定待也."

에서는 이제의 체에 대한 기존의 다섯 가지 해석 방식을 소개하고 있는
데, 그 내용이 길장의 『이제의』의 해석보다는 혜균의 『대승사론현의기』
「이제의」의 해석에 더 가깝다.

2) "가명은 중도가 아니고, 중도는 가명이 아니다(假非中, 中非假)"에
   관한 문제점

이 장에서 무엇보다 문제의 소지가 있는 부분은 마지막 부분(⑥)에
등장하는 아래의 문답이다.

> 문: 가명으로서의 유(假有)와 가명으로서의 무(假無)는 이제이고,
> 유도 아니고 무도 아님(非有非無)은 중도이다.
> 답: 일단은 중가의中假義를 전개했기 때문에, 가명은 중도가 아니고
> 중도는 가명이 아니다. 궁극적으로 말하면, 가명 또한 중도이다. 그
> 러므로 『열반경』의 경문에서 "유무有無가 바로 유도 아니고 무도 아
> 님(非有非無)이다."라고 했다. 또한 중도도 가명이 될 수 있는데, 일
> 체의 언설이 모두 가명이기 때문이다.[58]

위의 인용문에서 "가명은 중도가 아니고, 중도는 가명이 아니다(假非
中, 中非假)."라는 구절이 나오고 이를 삼론종의 중가의中假義와 연결시
키고 있다. 하지만 이는 길장의 사상과 정면으로 대치되는 것이어서 그
출처가 의심된다. 삼론종, 특히 법랑 문하의 중가의는 중도와 가명을 절
대 분리하지 않는다. 이어지는 구문에서 궁극적으로는 가명 또한 중도

---

58 『大乘玄論』卷1(『대정장』45, 19c), "問: 假有假無爲二諦, 非有非無爲中道也. 答:
一往開中假義, 故假非中, 中非假也. 究竟而言, 假亦是中. 故『涅槃經』文'有無卽
是非有非無'. 亦得中爲假, 一切言說, 皆是假故."

라고 덧붙이고 있지만, 이와 같이 중도와 가명을 구분하는 것은 '이교理教', '중가中假', '체용體用'이 상즉하여 어떠한 걸림도 없다는 삼론종의 기본 종지에 위배된다. 중도(中)와 가명(假)을 구분하여 어떤 식으로든 양자 사이의 간극을 허용하는 것이야말로 법랑과 길장이 중가사中假師를 "영원히 부처를 보지 못할 것이다(永不見佛)."[59]라고 신랄하게 비판했던 지점이다.

중가사中假師는『속고승전續高僧傳』[60]과 혜균[61]의 진술을 참고하면, 그 당시 승전僧詮의 네 제자(詮公四友) 가운데, 선중사禪衆寺 혜용慧勇과 장간사長干寺 지변智辯을 중심으로 법랑과는 다른 학풍을 형성했던 논사들을 가리키는 명칭이었음을 알 수 있다. 길장에 의하면, 그들은 초장初章과 중가中假의 언어 형식을 고수하여,[62] 가명(假)을 들으면 가명에 대한 견해를 내고,[63] 가명과 구별되는 중도(中) 개념을 세워서, 기존의 성실론사의 자성은 파기하였지만, 끝내 중도와 가명을 이원적으로 구분하는 결과를 초래했다. 중가사는 결국 삼론종의 비판 대상이었던 옛 학설들과 다르지 않을 뿐만 아니라, 새로운 견해를 덧붙였으므로 타 학파의 논사보다 그 과실이 더 크다고 길장은 비판했다.[64]

법랑과 길장 계통의 사상적 입장에 비추어 보면, '궁극적인 차원에서

---

59 『中觀論疏』卷2(本)(『대정장』42, 25c).

60 『續高僧傳』卷7(『대정장』50, 477c).

61 『大乘四論玄義記』卷1「初章中假義」(최연식 교주,『校勘 大乘四論玄義記』, 불광출판사, 2009, p.79), "一家有時, 破中假義, 謂破長干, 禪衆等, 爲中假師, 未必一向爾."

62 『中觀論疏』卷2(末)(『대정장』42, 28a), "故初章中假, 爲破性病, 性病若去, 此語亦不留. 若守初章中假者, 是中假師耳."

63 『中觀論疏』卷2(本)(『대정장』42, 25b~25c), "又中假師, 聞假作假解, 亦須破此假. 師云, '中假師罪重, 永不見佛'."

64 『中觀論疏』卷2(本)(『대정장』42, 27b~27c), "又須破中假者, 人未學三論, 已懷數論之解, 今聽三論, 又作解以安於心. 既同安於心, 即俱是有所得, 與舊何異! 又過甚他人. 所以然者, 昔既得數論舊解, 今復得三論新智, 即更加一見."

가명이 중도가 되는 것'이 아니라, 중도와 가명(中假)은 절대 떨어질 수 없는 불가분의 관계다. 이를 방증하듯, 후대 문헌 가운데서도 정확히 이 구절을 인용한 것을 제외하면 다른 어떤 삼론종 문헌에서도 이러한 구절이 출현하지 않는다. 이와 더불어, '중가中假'에 대해 논하면서 가명을 언설로 환원하는 관점도 길장의 것으로 보기에 무리가 있다.

6. 중도中道

1) 편집상의 문제점

이 장은 대부분 다른 문헌의 편집으로 구성되어 있는데, 전반부는 『중관론소』 제1권에서 요약하여 발췌한 것(①)이고, 후반부는 『대승사론현의기』「팔불의」 가운데 다섯째 장인 "단복중가의單複中假義를 판별함"을 그대로 옮겨온 것(②)이다. 그중 후자(②)는 『대승현론』 제2권 「팔불의」와도 중복되므로, 이를 통해 『대승현론』 텍스트의 편집 자체도 통일성이 없고 각 부분 간의 내부 균열이 존재함을 알 수 있다.

앞에서도 언급하였듯이, 「팔불의」는 길장의 저술이 아니라 혜균의 『대승사론현의기』의 일부분이라는 것이 이미 밝혀졌다. 이에 대해 지카이 미츠기리(三桐慈海)는 길장의 제자들에 의해 『대승사론현의기』「팔불의」가 나중에 『대승현론』에 편입되었거나, 길장 자신이 혜균의 「팔불의」를 차용했거나, 아니면 「팔불의」가 길장과 혜균의 스승인 법랑의 저작일 수도 있다고 하면서, 여러 가능성을 제기하였다.[65] 하지만, 삼론종에서 가장 전형화된 표현이라고 할 수 있는 '초장初章'과 '중가中假'의 구절조차도 문헌마다 표현이 완전히 동일하게 기록되지 않았던 것을 고려한

---

65 三桐慈海, 「慧均撰『四論玄義』八不義について: 『大乘玄論』八不義との比較対照 (一)」, 『佛教學セミナー』 第12號(京都: 大谷大学佛教学会, 1970), p.45.

다면, 각기 다른 저자의 저술에서 한 장 전체가 완전히 일치하는 것은 결코 자연적으로 발생할 수 없는 일이다. 뿐만 아니라, 한 문헌 안에서 이 정도의 분량이 중복되어 출현하는 것 또한 분명 예외적인 현상이다.

「이제의」(「八不義」)에서 단복 중가의 뜻(單複中假義)을 전개하는 방식은 혜균의 『대승사론현의기』「초장중가의初章中假義」의 다섯째 장에서 단층과 중층(單複)을 전개하면서 '단층적 가명(單假)과 단층적 중도(單中) 간의 나가고 들어옴(出入)', '중층적 가명(複假)과 중층적 중도(複中) 간의 나가고 들어옴', '단층적 가명(單假)과 중층적 중도(複中) 간의 나가고 들어옴', '중층적 가명(複假)과 단층적 중도(單中) 간의 나가고 들어옴'으로 사구四句를 밝히는 이론적 구조[66]와 정확히 일치한다. 하지만 길장의 저술에서는 이와 같은 논리 전개는 보이지 않는다. 뿐만 아니라, 「초장중가의」에서 혜균이 "모두 「팔불의」에서 말한 대로이니, 지금은 간략히 사구四句로 나가고 들어옴(出入)을 밝힌다."[67]라고 언급한 부분은 「초장중가의」와 「팔불의」의 정합성을 확증한다. 이렇듯 「팔불의」가 혜균의 『대승사론현의기』에 속한다는 사실은[68] 단순히 『대승현론』의 다섯 장 가운데 「팔불의」한 장이 잘못 편입된 정도의 문제가 아니라, 『대승현론』 전체 편집에 관해 의심하게 하는 중대한 문제다.

---

66 『大乘四論玄義記』卷1 「初章中假義」(최연식 교주, 『校勘 大乘四論玄義記』, 불광출판사, 2009, p.110).

67 『大乘四論玄義記』卷1 「初章中假義」(최연식 교주, 『校勘 大乘四論玄義記』, 불광출판사, 2009, pp.109~110), "問: 既有單複中假, 辨其出入不? 答:具如「八不義」中説, 今略四句, 明出入也."

68 이토 타카토시(伊藤隆壽)는 『大乘四論玄義記』卷5 「二諦義」(『만속장』46, 585a)에서 "三種中道, 如「八不義」中説"이라고 하는 부분이 「八不義」의 해석과 상응하고, 역으로 『大乘玄論』卷2 「八不義」(『대정장』45, 30c)에서 "其如「二諦」中説"이라고 한 부분도 『大乘四論玄義記』卷5 「二諦義」에 상응함 등을 근거로 「八不義」는 혜균의 저작임을 밝혔다[伊藤隆寿, 「『大乘玄論』八不義の眞偽問題」, 『印度学仏教学研究』第19巻 第2号(東京: 日本印度学仏教学会, 1971), p.149].

7. 상즉相卽

1) 편집상의 문제점

이 장은 이제의 상즉相卽을 서술한 『이제의』 하권의 셋째 장을 축약하여 발췌한 부분들과 출처를 찾을 수 없는 부분들이 합쳐져서 구성되어 있다. 따라서 전반적으로는 『이제의』의 이제 상즉의 뜻과 궤를 같이 하고 있지만, 이 장은 『이제의』에서 법랑이 상즉의 뜻(相卽義)을 해석했다고 밝히고 있는 구절로 마무리하는 등 『이제의』에 비해서 길장의 견해가 충분히 개진되지 못했다.

2) 이제가 '서로 떨어지지 않는다(不相離)'는 '즉卽' 해석에 관한 문제점

이 장의 도입부에서 『열반경』에서 "세제가 곧 제일의제다."라고 하였으므로 제일의제도 곧 세제이고, 이때 '즉卽'은 이제가 서로 떨어지지 않는다는(不相離) 뜻이라고 밝히고 있는 점에 주목할 필요가 있다.[69] 그런데 길장은 『이제의』에서 『열반경』은 "세제가 곧 제일의제다."라고만 하였지, "제일의제가 곧 세제다."라고는 하지 않았으므로 사론奢論이라고 정의한다.[70] 그러므로 두 텍스트 간에 『열반경』의 이제를 바라보는 시각 및 '즉卽'에 대한 해석상의 차이가 분명하게 존재한다. 『대승현론』에서 『열반경』의 이제를 쌍방으로 해석하는 시각은 그 구조적인 측면에서 보면 오히려 혜균의 『대승사론현의기』의 설명과 가깝다고 볼 수 있다.

혜균은 『열반경』과 『대품반야경』과 관련하여, "진제가 곧 속제이고,

---

69 『大乘玄論』卷1(『대정장』 45, 21c), "若使『大經』云, '世諦者卽第一義諦', 第一義諦卽是世諦. 此直道'卽', 作不相離, 故言'卽', 此語小寬('小寬'은 '奢'의 단순 오기이거나 '奢'를 곡해한 표현으로 보인다)."
70 『二諦義』下卷(『대정장』 45, 104c), "『涅槃經』奢者, 『涅槃』云, '世諦卽第一義諦', 不云'第一義諦卽世諦', 故『涅槃』言'奢'."

속제가 곧 진제다."라고 말하면 사론奢論이고, "색이 바로 공이고 공이 바로 색이다."라고 말하면 절론切論이라고 해석하고 있다.[71] 이곳에서 혜균이 언급한 '절론'은 문제와 밀접한 요점을 간추려 정리한 '핵심적 논의(혹은 개념)'이고, '사론'은 개념이나 논변을 응용하여 보다 거시적으로 풀어내는 '확장된 논의(혹은 개념)'이다. 『대승현론』의 편집자는 『대승사론현의기』의 "진제가 곧 속제이고, 속제가 곧 진제다."를 참조하여 논변을 구성한 듯 보이지만 길장이나 혜균과는 다른 방식을 취하고 있다. 왜냐하면 그는 '사론'인 까닭에 대해 공과 색 개념을 확장한 진제와 속제 개념의 상즉이 아니라, '서로 떨어지지 않는다(不相離)'는 의미의 상즉이기 때문이라고 언급하고 있다.

뿐만 아니라, 『이제의』에서 사론奢論과 절론切論은 언어표현 형식의 차이이고, 『열반경』과 『대품반야경』, 그리고 『유마경』의 의미는 같다고 밝혔다.[72] 『대승현론』에서는 서로 떨어지지 않는다(不相離)는 의미의 '즉卽'의 유래를 『열반경』에서 찾고 있는데, 그렇다면 과연 『대품반야경』과 『유마경』의 '즉卽'은 서로 떨어지지 않는다(不相離)는 의미인지 반문해 볼 수 있다. 길장은 '서로 떨어지지 않는다(不相離)' 등으로 '즉卽'의 의미를 한정하는 것을 거부한다. 또한, 『대승현론』 뒷부분에서 승작僧綽이 불상리不相離의 '즉卽'을 사용하여 이제의 체가 각기 다르다고 주장했던 것은 경론에 위배되므로 힐난할 가치조차 없다고 했는데,[73] 앞뒤 텍스트의 내용이 상충된다.

---

71 『大乘四論玄義記』卷5「二諦義」(『만속장』 46, 581c), "若言'眞卽俗, 俗卽眞'者, 此是奢論. 若言'色卽是空, 空卽是色', 此卽是切論. 雖復奢切, 同辨相卽義."
72 『二諦義』下卷(『대정장』 45, 104c), "此三經來意是同, 言不無奢切."
73 『大乘玄論』卷1(『대정장』 45, 21c), "今難: 若二諦各體如牛角, 并違諸經論, 不足難也!"

8. 섭법攝法

1) 편집상의 문제점

이 장의 전반부는 출처를 찾을 수 없는 부분 및 이제가 제법을 통섭하는지를 논의하는 『이제의』하권의 (6) 섭법攝法에서 삼론종의 입장을 밝히고 있는 마지막 부분을 발췌한 부분으로 구성되어 있다. 그리고 이 장의 대부분을 차지하고 있는 후반부는 『정명현론』에서 이지二智를 개별적으로 해석하는 열한 가지 문[74] 가운데 마지막 득실의 문(得失門)에 해당한다. '종지宗旨'에 해당하는 『정명현론』 4권에서 6권까지 이지를 개별적으로 해석하는(別釋二智) 열한 가지 문이 있고, 이 가운데 마지막 득실문의 도입부까지는 『대승현론』 제4권 「이지의」에 편입되고, 그 나머지 부분인 득실을 구체적으로 전개한 세부 항목과 내용은 「이제의」에 편입되었다는 사실이 흥미롭다. 사실, 여러 득실문들 가운데 첫째 성가문性假門에서 진제의 이름이 이제 가운데 어느 쪽에 통섭되는지를 논의한 부분과 둘째 유무문有無門에서 '다섯 구절을 얻을 수 없음(五句不可得)'이 이제에 통섭되지 않는다는 간단한 언급을 제외하고는, 나머지 내용은 이제가 제법을 통섭하는지 여부와 직접 연관되지 않는다.

구체적으로 득실문에 해당하는 부분(앞의 〈표 3〉에서 (8) 攝法-③ 부분에 해당)의 구성은 다음의 〈표 4〉에서 상세히 표기하였다.

---

74 『浄名玄論』卷4(『대정장』 38, 876b), "二, 別釋二智, 有十一門: 一, 翻名門. 二, 釋名門. 三, 境智門. 四, 同異門. 五, 長短門. 六, 六智門. 七, 開合門. 八, 斷伏門. 九, 攝智門. 十, 常無常門. 十一, 得失門."

표 4

『大乘玄論』卷第一「二諦義」 (T45) (8) 攝法 ③	『淨名玄論』卷第六 (T38)	원본 순서
22b22 問:學佛二諦 | 22c07 何得攝名	891c20 問:學佛二諦 | 892b14 何得攝名	Ⓐ
22c07 問:相待假者 | 22c10 故無前後之失	ⓐ 미발견	
22c10 二者有無門 | 22c18 故言遠離一切趣	893a01 二有無門 | 893b13 故云遠離一切趣	Ⓑ
22c18 問:何故以二諦爲敎門 | 23b23 故名爲敎	894a18 何故以二諦爲敎 | 895a01 卽是敎義	Ⓓ
23b23 問:他亦云 | 23b28 云何言是敎	ⓑ 미발견	
23b28 答:是因緣有無 | 24a14 而眞說也	895a04 答:此因緣有無 | 895b24 而眞諦說也	Ⓔ
24a14 問:中論云 | 24a19 故言眞俗耳	ⓒ 미발견	
24a19 四者顯不顯 | 24a21 五者理敎得失門	893c12 四者顯道不顯道門 | 893c26 五者理敎門分得失	Ⓒ
24a21—24a22 他但有理無敎, 今有理敎[75]	ⓓ 미발견	
24a22 六者淺深門 | 24b05 二無我眞如	896b08　七淺深門 | 897b12 卽是涅槃	Ⓕ
24b05 三無性者 | 24b07 故眞實無生性	ⓔ 미발견	
24b08 三論云, 無性法亦無	897b04—897b05 故論云, 無性法亦無	Ⓕ에 포함
24b08 他家不遣三無性 | 24b12 故以十門分別他今二義也	ⓕ 미발견	

---

75 이 구절의 문제점에 대해서는 앞의 (1) 大意에서 이미 언급하였다.

원래 『정명현론』의 과단에서는 열두 가지 득실문을 제시하고 있었다.[76] 『대승현론』에서는 그 가운데 마지막 체용문體用門을 제외시키고, 여섯째 설불설문說不說門이 셋째 유본무본문有本無本門에 포함되어, 총 열 가지 득실문을 이루었다. 한 가지 흥미로운 점은, 『정명현론』에서는 앞 과단의 표기와는 달리 열한 번째 민득실문泯得失門과 열두 번째 체용문을 표제로 전개하는 부분이 실제로는 보이지 않았던 반면, 『대승현론』에서는 간략하게나마 열 번째 민득실문에 관해 언급하고 있는 점이다(ⓕ). 앞서 다른 문들의 경우를 고려한다면, 이 부분도 실제 『정명현론』에서 소실된 부분을 요약 발췌하였을 가능성을 배제할 수 없으므로, 대장경 밖의 다른 판본들을 검토해 볼 필요성이 제기된다.

9. 변교辨敎

1) 편집상의 문제점

변교辨敎는 앞서 언급한 바와 같이, 『이제의』나 『대승사론현의기』 「이제의」에는 존재하지 않는 『대승현론』 「이제의」만의 고유한 장이다. 그리고 앞의 (4) 유무有無 장과 마찬가지로 중복되는 부분을 전혀 발견하지 못하였다. 그런데 이 장의 전체적인 짜임새가 매우 엉성하다. 예를 들어, 성실론사들의 교판에는 돈교頓敎·점교漸敎·무방교無方敎가 있다[77]고 하면서, 구체적으로는 점교 속에 오시이제五時二諦가 있다고만 소개하고, 돈교와 무방교에 대해서는 언급조차 없다. 또한, 보살장과 성문

---

76 『浄名玄論』 卷6(『대정장』 38, 891c), "今須論眞俗: 眞俗之本若成, 權實之末自正, 故開十二門, 詳其得失: 一, 性假門. 二, 有無門. 三, 有本無本門. 四, 顯不顯門. 五, 理敎門. 六, 說不說門. 七, 淺深門. 八, 理內外門. 九, 無定性門. 十, 相待門. 十一, 泯得失門. 十二, 體用門."

77 『大乘玄論』 卷1(『대정장』 45, 24b), "常途諸師, 頓, 漸, 無方, 三種判敎."

장에 대한 충분한 논의도 없이 갑자기 뒤에서 '사중이제四重二諦'의 경
증을 찾거나, 또『화엄경』에서 비로자나불과 석가불의 관계를 논의하는
데, 이러한 내용도 본 장의 주제와 관련성이 떨어진다.

2) '사리이제事理二諦'와 '공유이제空有二諦'에 관한 문제점

또한 삼론종의 교판은 보살장菩薩藏과 성문장聲聞藏이라고 하고, 소
승경전과 대승경전을 각각 '사리이제'와 '공유이제'에 배당한 것[78]도 문맥
상 앞에서 언급한 오시이제五時二諦 중 첫째 사제교시四諦敎時의 '사리
이제'와 둘째 반야교시般若敎時의 '공유이제'에 내용을 한정시키기 때
문에 적절하지 않다. 길장의 다른 저작에서도 모든 대승경전이 공통
적으로 공空과 유有를 밝히고 있다고 말한다.[79] 그러나『법화현론』에
서 대승경전이 공유空有뿐 아니라 동정動靜의 측면도 관통한다고 한
것이나,[80]『정명현론』에서 각각의 대승경전이 '삼장이지三藏二智', '공유이
지空有二智', '삼일이지三一二智', '상무상이지常無常二智', '지병식약知病識
藥'을 모두 포함하고 있음을 증명했던 것과 달리,[81] 본문은 '공유이제'의
측면만을 언급하고 있다. 이는 길장의 경전관을 온전하게 드러내기에는
부족한 논의라고 할 수 있다. 혹시 이 장 대부분이 소실된 것은 아닌가
하는 의심이 들 지경이다.

여기서 한 가지 주목해야 할 부분은,『대승현론』제4권「이지의二智義」

---

78 『大乘玄論』卷1(『대정장』45, 24b), "今明小乘明事理二諦. 一切大乘經, 通明空有
二諦."
79 『法華玄論』卷4(『대정장』34, 394c), "照空爲實, 鑒有爲權, 蓋是契中道之妙觀, 離
斷常之要術, 法身之父母, 菩薩之本行. 從『波若』已上, 涅槃已還, 乃至『華嚴』, 諸
方等敎, 皆通用之, 不得偏屬『大品』."
80 『法華玄論』卷4(『대정장』34, 394c), "次, 動靜分二智者, 一切方等敎, 辨菩薩行,
皆以內靜鑒爲實, 外動用爲權, 貫通衆經, 亦非屬『淨名』也."
81 『淨名玄論』卷5(『대정장』38, 884c~885a).

에서 『정명현론』 제4권을 옮겨오는 과정에서 앞서 열거한 다섯 가지 이지二智를 나타낸 문단도 포함되었다는 점이다. 따라서 『대승현론』 제4권 「이지의」에서는 소승경전은 '삼장이지', 즉 '사리事理'만을 나타내지만, 대승경전은 소승의 '삼장이지'를 포함한 다섯 가지 이지二智를 모두 나타낸다고 주장한 반면,[82] 「이제의」에서는 소승경전과 대승경전을 각각 '사리이제'와 '공유이제'로 구분하므로, 결과적으로 「이제의」와 「이지의」 두 장의 내용이 상충된다.

10. 동이同異

1) '안고 이제'의 부분적 수용에 관한 문제점

이 장도 앞의 (4) 유무有無나 (9) 변교辨敎와 마찬가지로 다른 문헌과 중복되는 부분을 전혀 발견할 수 없었다. 이 장에서는 주옹周顒이 지은 『삼종론三宗論』에 나오는 불공가명不空假名과 공가명空假名을 중심으로 당시 다른 학파의 이제와 삼론종의 이제를 비교하고 있다. 이 장에서 불공가명은 '서루율鼠嘍栗 이제'에, 공가명은 '안고案苽 이제'에 비유한다. 그리고 이어지는 세 단계의 논의에서 처음은 양자를 모두 부정하고, 그다음으로 양자를 모두 수용하고, 마지막으로 '서루율 이제'는 부정하지만 '안고 이제'는 수용한다. 특이하게도, 마지막 논의에서 성실론사의 이제는 서로 분리되어 있으므로 결코 '안고 이제'가 될 수 없다고 하였는데, 이는 삼론종의 사상에서 '안고 이제'를 부분적으로 수용하는 발언이다.[83]

---

82 『大乘玄論』 卷4(『대정장』 45, 57a~57b); 『浄名玄論』 卷5(『대정장』 38, 885a).
83 『大乘玄論』 卷1(『대정장』 45, 24c), "第三階, 一取一捨: 碩乖食栗, 取用案苽(爪: '爪'는 '瓜'의 오기, '瓜'는 '苽'의 이체자). 從來二諦不成案苽(爪)義. 從來有二理各

'안고 이제'는 과연 어떤 이제를 지칭하는 것일까? '고菰(Zizania latifolia)'는 물가에서 흔히 자라는 줄풀인데, 장초蔣草나 고장초菰蔣草라고도 부른다. 송대 나원羅願(1136~1184)은 "전당강錢塘江(兩浙) 하류 늪에서 생장한 줄풀 뿌리들은 이미 서로 얽힌 채 오랜 세월이 흘러, 흙과 함께 수면 위로 뜨게 되었는데, 토착민들이 이를 '봉전葑田'이라 불렀다."[84]라고 기록했다. '안고 이제'에서 '고菰'는 줄풀의 열매인 '고미菰米'[85]가 아니라, 줄풀이나 줄풀의 뿌리를 가리킨다. 그리고 '안案'은 책상 등 장방형의 나무판을 가리키는데, '안고案菰'는 앞에서 언급한 봉전葑田과 연관시켜 볼 수 있다.[86] 줄풀은 뿌리가 잘 번성하여 서로 얽히는 성질을 가지고 있는데, 늪 바닥에 내린 뿌리들이 서로 뒤엉키고 또 이것이 늪 속 진흙과 오랜 시간 섞여 넓은 층을 이룬다. 이것이 진흙 바닥에서 일단 떨어지게 되면 수면으로 떠오른 봉전을 이루는데, 당 이전 강남에는 줄풀이 과도하게 많이 자라서 봉전이 많이 형성되었다.[87] 이 봉전을 제

別, 豈得稱爲案菰(爪)二諦! 今始得用此義, 以唯是一菰(爪), 本非出沒. 譬如唯是一道, 非有非無, 而菰(爪)用中, 有時而出, 有時而沒. 譬二諦用, 或時說俗, 或時說眞. 所以始是案菰(爪)義.'

84 羅願, 『爾雅翼』卷1, "菰者, 蔣草也. 生水中葉, 如蔗荻. 江南人呼爲'茭'. 草刈以飼馬甚肥, 其生兩浙下澤者, 根既相結歲久, 則并土浮於水上, 土人謂之'葑田'. 刈去其葉, 便可耕植, 其苗有莖梗者, 謂之'菰蔣', 至秋則爲此米, 大抵葑是其根, 菰是其葉耳."

85 菰米는 고대의 여섯 곡식(六谷) 중 하나로서, 여러 문학 작품의 소재가 되기도 했다.

86 이전의 연구들 가운데 '菰'를 '瓜'로 보고, 案瓜는 오이나 참외와 같은 열매를 손으로 들어올려 물에 띄우거나 눌러서 가라앉히는 것을 의미한다고 보는 해석이 많았다. 이와 같은 해석은 『大乘玄論』卷1(『대정장』45, 24c)의 "손으로 열매를 들어 올려 체를 나오게 한 것이 세제이고, 손으로 열매를 눌러 체를 가라앉히는 것이 진제(手擧瓜(爪)令體出, 是世諦, 手案瓜(爪)令體沒, 是眞諦)"라는 구절에 근거하고 있다. 그러나 인연의 모임과 흩어짐을 손으로 들어 올리거나 누르는 인위적 행위로 비유하는 『大乘玄論』의 해석은 부자연스러울 뿐만 아니라 空假名의 의미에 부합하지 않는다.

87 王建革, 「江南早期的葑田」, 『青海民族研究』, 25(03), 2014, p.146.

때 치우지 않으면 크기가 점점 확장되어 산소를 차단하고 어류를 감소시키는 등의 문제가 발생하기에, 봉전을 치우고 수면을 깨끗하게 하는 것이 여러 위정자들의 사업이었다.[88]

길장은 공가명을 일체 제법이 여러 인연으로 이루어져서 체가 있는 것이 세제이고, 인연을 분석하여 체를 구해 보려 해도 구해지지 않는 것이 진제라고 풀이한다. 그리고 또 후대 사람들이 그것을 '안고 이제'라고 풍자하여 줄풀의 뿌리가 흩어져 늪 속에 가라앉아 있는 모습을 진제에, 줄풀이 뒤엉켜 떠 있는 모습을 속제에 비유했다고 전한다. 그리고 공가명의 이제 해석이 먼저 가법假法의 존재를 상정한 다음에 그것을 공하다고 주장하는 점에서, 격의불교의 육가칠종 가운데 '연회緣會'에 비견될 수 있다고 보았다.[89]

길장은 그의 저서에서 불공가명과 공가명에 대해서는 일관되게 부정적 태도를 견지했다. 그는 오직 주옹이 주장했다는 가명공假名空만을 관중關中의 중관학, 특히 승조僧肇(384~414)의 「부진공론不眞空論」과 상통한다고 평가해서[90] 삼론종의 첫 단계의 이제(初節二諦)에 대응시켰다.[91] 혹자는 삼론종 교학 체계 속에 기존의 불공가명이나 공가명적인 요소가 전혀 없지 않다고 주장할지도 모르겠지만, 『대승현론』에서 제한적 범위에서라도 직접적으로 '안고 이제'를 긍정하는 목소리는 실로 길장의 것으로 보기 어렵다. '서루율 이제'나 '안고 이제'는 그 명칭에서도

---

88 王建革, 앞의 논문, p.146.
89 『中觀論疏』卷2(本)(『대정장』42, 29b), "空假名者, 一切諸法, 衆緣所成, 是故有體, 名爲世諦, 折緣求之, 都不可得, 名爲眞諦. 晚人名之爲安芯二諦: 芯沈爲眞, 芯浮爲俗. 難曰: 前有假法, 然後空之, 還同緣會, 故有推散卽無之過也."
90 『中觀論疏』卷2(本)(『대정장』42, 29b~29c), "第三, 假名空者, 卽周氏所用. 大意云, '假名宛然, 卽是空'也. 尋周氏假名空, 原出僧肇「不眞空論」."
91 『二諦義』下卷(『대정장』45, 115a), "今家所辨初節二諦是假空義. 假故空, 雖空而假宛然, 空故假, 雖假而空宛然, 空有無礙."

이미 풍자와 조소를 포함하고 있으며, 길장을 비롯한 삼론사들이 일관되게 비판해 온 사유 체계다. 뿐만 아니라, 이는 삼론종의 창시자인 승랑僧朗이 불공가명과 공가명으로 대표할 수 있는 당시의 이제 해석을 극복하고 새로운 이제 사상을 제시했던 삼론종의 사상사적 맥락과도 충돌한다.

위의 사실에 근거하면, 『대승현론』에서 '서루율 이제를 부정하고 안고 이제를 수용하는' 논의는 길장과 동시대에 만들어진 논의라고 볼 수 없다. 이와 같은 명제는 '안고 이제'가 지닌 본래의 의미가 퇴색되고 사상사적 맥락이 변화한 다음에 비로소 가능한, 후대의 창조적 변용이라고밖에 볼 수 없다.

Ⅳ. 『대승현론』의 문헌적 가치

앞에서 『대승현론』 「이제의」의 구조와 여러 의문점들을 간략히 살펴보았다. 필자는 여러 사실들을 종합할 때, 현존하는 『대승현론』이 길장의 찬술일 수 있는 가능성은 거의 없다고 판단한다. 그러나 『대승현론』이 길장의 저술이나 편집이 아니라고 해서 그 문헌적 가치를 완전히 상실하는 것은 아니다. 길장의 여러 저작들의 내용을 편집하여 구성한 『대승현론』은 길장의 소실된 저서의 일부분을 담고 있을 가능성도 높고, 원문의 출처가 발견된 각 부분들은 일차문헌의 또 다른 판본을 제공하고 있으므로, 삼론종을 연구하는 데 있어 귀중한 보고임이 틀림없다.

대표적인 예로 스에마츠 야스마사(末光愛正)가 『대승현론』 제3권 「일승의」에서 『법화현론』 제4권을 차용한 부분 가운데 일부분이 신수대장경의『법화현론』에서는 보이지 않는 것에 착안하여, 고야산高野山 대학 도서관의 사본 조사 등을 진행한 결과 신수대장경의『법화현론』은 약 680자의 결락이 있음을 밝힌 적이 있다.[92] 이와 같은 맥락에서, 앞의 (8) 섭법攝法에서『정명현론』의 민득실문泯得失門을 간략히 언급한 부분도 원본『정명현론』의 내용을 어느 정도 반영하고 있을 것으로 추정했다. 이러한 문헌적 가치 외에도,『대승현론』과 이를 중심으로 삼론종을 해석했던 주석적 전통의 해석학적 가치도 부정될 수 없음은 두말할 나위가 없다.

하지만『대승현론』「이제의」에서 보이는 바와 같이, 현존하는『대승현론』이 길장의 찬술일 가능성은 희박하므로, 더 이상『대승현론』의 텍스트를 무분별하게 수용하는 태도는 지양되어야 할 것이다. 이 글을 마무리하며,『대승현론』의 구조와 사상 등을 통합적인 시각으로 해석했던 기존의 연구 경향에서 벗어나, 객관적이고 분석적인 시각에서『대승현론』에 접근한다면 삼론종 사상의 새로운 지평이 열릴 수 있을 것이라 기대한다.

---

92 末光愛正,「吉蔵の『法華玄論』卷第四「一乘義」について」,『印度学仏教学研究』第33巻 第1号(東京: 日本印度学仏教学会, 1984), pp.78~81.

참고문헌

吉藏, 『二諦義』(『대정장』 45).

吉藏, 『法華玄論』(『대정장』 34).

吉藏, 『浄名玄論』(『대정장』 38).

吉藏, 『中觀論疏』(『대정장』 42).

吉藏, 『百論疏』(『대정장』 42).

道宣, 『廣弘明集』(『대정장』 52).

羅願, 『爾雅翼』.

寶亮等, 『大般涅槃經集解』(『대정장』 37).

慧均, 『大乘四論玄義記』(『만속장』 46).

慧均, 『大品經遊意』(『대정장』 33).

미상, 『大乘玄論』(『대정장』 45).

최연식 校注, 『校勘 大乘四論玄義記』, 불광출판사, 2009.

平井俊榮, 『中国般若思想史研究: 吉蔵と三論学派』(東京: 春秋社, 1976).

高野淳一, 『中国中観思想論: 吉蔵における「空」』(東京: 大蔵出版株式会社, 2011).

吉藏大師 著, 陳平坤 點校, 『《大乘玄論》點校』(臺北: 法鼓文化, 2016).

김성철, 「開善寺 智藏과 三論學의 성립」, 『한국불교학』 제54집, 한국불교학
　　　회, 2009, pp.157~183.

_____, 「三論學의 二諦說에 대한 재조명: 理, 教, 境, 智의 관계 및 於諦
　　　와 教諦의 의미 분석」, 『불교학연구』 제30호, 불교학연구회, 2011,
　　　pp.213~240.

최연식, 「三論學 綱要書의 유통을 통해 본 百濟불교학의 日本불교에의 영향」, 『백제문화』 제49호, 공주대학교 백제문화연구소, 2013, pp.41~63.

王建革, 「江南早期的葑田」, 『青海民族研究』 25(03), 2014, pp.145~150.

赵允卿, 「境界二谛与言教二谛理论结构之比较」, 『중국학논총』 제38집, 한국중국문화학회, 2013, pp.247~262.

伊藤隆寿, 「『大乗玄論』八不義の眞偽問題」, 『印度学仏教学研究』 第19卷 第2号(東京: 日本印度学仏教学会, 1971), pp.148~149.

_____, 「『大乗玄論』八不義の眞偽問題(二)」, 『駒澤大学佛教学部論集』 第3号(東京: 駒澤大学, 1972), pp.98~118.

奥野光賢, 「『大乗玄論』に関する諸問題:「一乗義」を中心として」, 『불교학리뷰』 제5호, 금강대학교 불교문화연구소, 2009, pp.91~116.

三桐慈海, 「慧均撰『四論玄義』八不義について: 『大乗玄論』八不義との比較対照(一)」, 『佛教學セミナー』 第12號(京都: 大谷大学佛教学会, 1970), pp.31~45.

村中祐生, 「大乗玄論について」, 『印度学仏教学研究』 第14卷 第2号(東京: 日本印度学仏教学会, 1966), pp.240~243.

末光愛正, 「吉蔵の『法華玄論』卷第四「一乗義」について」, 『印度学仏教学研究』 第33卷 第1号(東京: 日本印度学仏教学会, 1984), pp.78~83.

원측의 『해심밀경소』에 나타난 알라야식과 그 특색
/ 안성두

〈선정 이유〉

I. 들어가는 말

II. 청변의 알라야식 비판과 이에 대한 원측의 반박

III. 보리유지의 식설과 그 비판

IV. 진제의 9식설九識說과 그 비판

V. 삼성설의 맥락에서 본 원측의 아말라식 비판의 의미

VI. 맺는 말

● 안성두, 「원측의 『해심밀경소』에 나타난 알라야식과 그 특색」, 『불교연구』 제35집, 한국불교연구원, 2011, pp.43~78.

선정 이유

이 논문은 문아 원측의 대표 저작 중 하나인 『해심밀경소』에 나타난 알라야식의 구명을 통하여 원측의, 청변과 보리유지 및 진제학파의 알라야식과 식설 및 구식설에 대한 비판적 검토를 다루고 있으며, 이를 통해 삼성설의 맥락에서 원측의 아말라식 비판의 의미를 구명하고 있다는 점에 주목하여 선정하였다.

저자는 원측의 알라야식 해석의 특징을 원측의 논서에 의거하여 논의 맥락을 검토하고 있다. 원측은 유식학파의 창의적 개념인 알라야식의 '표준적' 해석에 따르면서 현장의 학설을 충실히 따르고 있다는 점에서 그의 입장은 규기의 것과 크게 다르지 않다고 보았다. 이어 저자는 『해심밀경소』의 「심의식상품」 주석의 설명을 중심으로 해서 원측의, 청변과 보리유지 및 진제의 식의 숫자에 대한 비판적 논의를 주로 검토하고 있다. 그 결과 청변의 식설은 포용적으로 다루어지며, 보리유지의 경우도 큰 비판 없이 포용적인 태도로 다루고 있다고 보았다.

이어 저자는, 원측은 진제의 식설을 여섯 가지 점으로 구분하면서 매우 비판적으로 논의하고 있다고 보았다. 원측의 진제에 대한 강한 비판은 당시 진제의 이론이 현장의 유식학이 극복하고자 했던 잘못된 유식설로서 취급되었기 때문으로 보고 있다. 그것은 진제가 하나의 진여(一眞如)에 대해 삼성을 제거함에 의해 독립적으로 존재하는 삼무자성을 긍정하고, 또 독립된 원리로서 삼무성을 일무성리一無性理로서 인정하는 태도를 보여 주고 있기 때문이며, 이는 상相을 떠난 성性을 인정하는 것이 될 것이며, 이는 연기하는 사태를 떠나 연기의 원리를 세우려는 것이 되기 때문이라고 보았다.

저자가 원측의 『해심밀경소』에 나타난 알라야식과 그 특색을 청변과 보리유지 및 진제와의 비교를 통해 현장을 계승하고 있는 규기와 상통하는 부분을 밝히고 있는 지점에서 이 논문의 의미와 학문적 의미를 찾을 수 있다. 저자는 원측과 규기의 상이한 지점은 앞으로의 연구 과제로 남겨 두고 있다.

〈요약문〉

이 논문은 원측의 알라야식 해석의 특징을 원측의 논서에 의거하여 그 논의 맥락을 검토하고자 한 것이다. 주로 그의 『해심밀경소』에서 「심의식상품」 주석의 설명을 중심으로 해서 원측의, 청변과 보리유지 및 진제의 식설에 대한 비판적 논의를 주로 다루었다.

청변의 식설은 포용적으로 다루어지며, 보리유지의 경우도 큰 비판 없이 포용적인 태도로 다루고 있다. 반면 원측은 진제의 식설을 여섯 가지 점으로 구분하면서 매우 비판적으로 논의하고 있다. 진제에 대한 강한 비판은 당시 진제의 이론이 현장의 유식학이 극복하고자 했던 잘못된 유식설로서 취급되었기 때문일 것이다.

그것은 진제가 하나의 진여(一眞如)에 대해 삼성을 제거함에 의해 (독립적으로 존재하는) 삼무자성을 긍정하고, 또 독립된 원리로서 삼무성을 일무성리一無性理로서 인정하는 태도를 보여 주고 있기 때문이며, 이는 상相을 떠난 성性을 인정하는, 다시 말해 연기하는 사태를 떠나 연기의 원리를 세우려는 것이 되기 때문이다.

I. 들어가는 말

알라야식(ālaya-vijñāna) 개념이 인도 유식학의 창의적이고 종합적 성격을 보여 주는 것이라는 데 대해서는 이론의 여지가 없을 것이다. 나아가 사상사적 관점에서 이 개념은 유식학의 자기정체성을 확보하는 데 결정적 중요성을 가졌을 뿐 아니라, 남북조 시대 이후 동아시아 불교의 전개에 있어서도 중요한 불교사적 관련성을 보여 주고 있다고 말할 수 있다. 하지만 우리는 동아시아에서 알라야식이 인도 유식 전통이 보여 주는 바와 같이 어느 정도 그 의미가 공유되고 비슷한 함축성을 가진 철학적인 용어로 사용되고 있었다고 말할 수는 없다. 여기에는 여러 가지 이유가 있을 수 있지만, 적어도 넓은 의미에서 유식학파로 묶을 수 있는 지론종과 섭론종 및 법상종이 직면했던 상이한 사상사적·해석학적 입장에 기인하고 있다고 생각된다. 물론 이러한 차이를 인도 유식학의 다양한 전통 자체에서 찾으려는 시도도 있지만,[1] 현재 인도불교의 자료에 의거하는 한 그러한 해석을 위한 자료나 증거는 아직 찾기 어려운 실정이다. 여하튼 알라야식 이해를 둘러싸고 벌어진 다양한 논의들이 적어도 학파적 정체성을 확인하는 데 주요한 증거로 사용될 수 있음

---

1 하나의 예로서 아말라식(amala-vijñāna)의 교의를 Sthiramati(安慧) 학파에게서, 또 알라야식(ālaya-vijñāna)의 교의를 Dharmapāla(護法) 학파에게서 찾고자 하는 Frauwallner(1951: 149)의 시도나, 또는 인도 유식학의 계보에서 아상가(Asaṅga)의 권위를 인정하지 않는 그룹이 있었고, 보리유지는 그 그룹에 속하는 학승이 아니었을까 하는 大竹晋(2010: 89ff.)의 가설을 거론할 수 있다.

은 분명할 것이다.

이런 관점에서 본고에서는 알라야식 개념에 대한 원측의 해석을 통해 그의 구체적인 사상적 입장이나 특징을 파악하고자 하는 것이다. 왜냐하면 알라야식의 해석에서 원측의 입장이 명확히 나타난다면, 우리는 이 개념이 유식학에서 가진 중요성에 비추어 원측의 사상적 입장이 무엇인지에 대해 보다 근접하게 이해할 수 있을 것이라고 보이기 때문이다. 원측의 사상적 입장이라는 말로 필자가 생각하는 것은 원측이 자은慈恩과 다른 해석적 전통에 서 있으며, 이것은 후대 현장 문하의 양대 학파로 전개되었다고 하는 전통적인 평가가 타당한가 하는 것이다. 더욱 이 문제는 근래에 학계에서도 논란의 주제가 되었다.[2] 원측에 대한 기존 한국학계의 연구는 그의 사상이 자은계의 입장과 큰 차이를 보여 주고 있다는 것으로 정리할 수 있지만, 반면 그의 사상적 입장이 현장 전통을 충실히 계승한 것으로 해석하는 입장도 존재한다. 이런 상반된 학계의 평가에 직면하여 만일 원측의 해석적 관점이 어떤 것인지를 파악할 때, 그와 자은학파의 차이가 과연 어느 정도이며 또 그 차이는 주로 어떤 점에 기인하고 있는지도 보다 분명히 드러날 것이라고 기대하기 때문이다. 이를 위해 본고에서는 원측의 저작 중에서 알라야식을 독립적으로 다루고 있는 『해심밀경소』「심의식상품」의 관련 개소를 보다 분석적으로 다루고자 하며, 필요할 경우 「일체법상품」이나 『인왕경소』 등의 다른 개소도 논의할 것이다.

---

2 이 논의는 주로 원측이 皆成論者인가 아니면 五性各別論者인가 하는 문제를 둘러싸고 벌어졌다. 이 종성론의 문제가 유식학의 핵심적인 주제라는 것은 이미 지적되어 왔지만, 원측에 대한 초기 연구는 주로 그를 개성론자로 간주하는 것이었다. 이에 대해 橘川智昭(1999; 2001)는 『成唯識論了義燈』에 의거하여 그를 오성각별론자라고 주장했고, 이에 대해 吉村誠(2000년 발표글)도 비슷한 논지를 펼치고 있다. 반면 정영근(2001; 2002)은 이에 대해 비판적으로 응답하고 있다.

먼저 논의의 자료가 되는 『해심밀경』 「심의식상품」의 주제를 간략히 소개해 보자. 「심의식상품」의 주제는 초기불교 내지 아비달마불교에서 동의어로 사용되었던 심·의·식(citta-māno-vijñāna)을 세 개의 다른 층위로 구분하려는 데 있다. 경은 이를 "심의식의 비밀에 대한 능숙함(心意識秘密善巧)"이라고 부르고 있는데, '심의식의 비밀'이란 표현에서 알 수 있듯이 이곳의 주제는 인도 불교사상사에서 유식학파의 알라야식으로 대변되는 잠재의식의 발견과 그 의미의 해명과 직접적으로 관련되어 있다. 알라야식 개념의 사용과 관련하여 『해심밀경』의 성립 연대가 『유가론』의 비교적 신층에 속한다고 보는 슈미트하우젠의 연구[3]를 고려한다면, '심의식의 비밀'을 밝히려는 「심의식상품」의 시도는 알라야식 개념이 도입된 후 이러한 잠재적 심의 흐름으로서의 알라야식을 새로운, 또는 기존의 인정된 여러 동의어들과 연관하여 이해하고 재해석하려는 것으로 보인다.

『해심밀경』에 대한 가장 상세한 주석서로서 원측의 『해심밀경소』는 「심의식상품」에 대한 주석에 있어서도 기대에 어긋나지 않게 알라야식 및 그와 관련된 문제들을 상세하게 다루고 있다. 따라서 이 부분이 현존 문헌에 의거하는 한 원측의 알라야식 이해를 위해 가장 중요한 부분일 것이다. 『해심밀경』 「심의식상품」에서 가장 중요한 역할을 하는 개념은 아다나식阿陀那識으로서 일체종자식一切種子識과 알라야식, 심心은 아다나식의 동의어로 제시되고 있지만, 원측은 주석에서 이 품의 주

---

3 Schmithausen(1987: 14)은 『유가론』을 알라야식의 언급 여부에 따라 대략 세 개의 층으로 분류하고 있다 : 1. 最古의 층은 알라야식에 대한 어떤 언급도 없는 개소로 「성문지」와 「보살지」, 「섭사분」이 여기에 해당한다. 2. 알라야식이 가끔 언급되는 「본지분」의 나머지 부분. 3. 알라야식을 구체적으로 다루고 있고, 『해심밀경』을 인용하는 「섭결택분」의 개소. 그 밖에 荒牧典俊의 구별 기준과 그 분류에 관해서는 R. Kritzer(1999), fn. 17 + 200 f; Aramaki(2000), fn. 2 참조.

제가 잠재의식으로서의 알라야식의 문제를 해명하려는 것으로 정리하고 있다. 알라야식으로 주제를 단일화시킨 것은 아다나식이 이전의 섭론학파 등에서 제7식을 가리키는 것으로 사용되고 있어 혼란을 피하기 위한 것으로 보이며, 따라서 알라야식이 이미 제8식을 지칭하는 것으로 널리 사용되고 있었기 때문일 것이다.

「심의식상품」의 주석에서 원측의 설명은 크게 두 부분으로 나뉘는데, 앞부분에서 알라야식을 독립적으로 다룬 후에 뒷부분에서 경의 문장에 따라 내용을 주석하면서 설명하고 있다. 내용의 주석과 관련하여 원측이 다루고 있는 중요한 개념들은 크게 세 가지 정도라고 보인다. 첫 번째는 '집수執受(upādāna)'로서 『해심밀경』에서 알라야식이 2종의 집수에 의거해서 작용한다고 말하고 있는 부분의 해석이다. 이 개념은 알라야식의 대상과 관련하여 설명되고 있는데, 원측은 『순정리론』을 인용하여 집수의 의미에 대한 여러 논사들의 해석을 제시하고 있다. 두 번째는 앞의 집수와 관련해 언급되는 '습기(vāsanā)' 개념이다. 원측은 『성유식론』을 인용하여 이를 3종 습기로 분류하면서 설명하고 있는데, 이 개념은 유식학에서 삼성설의 도입과 깊은 연관이 있지만 여기서는 다만 분류적 설명만이 시도되고 있다. 마지막은 동분同分과 비동분非同分에 대한 비교적 상세한 설명이다. 그렇지만 필자는 이미 출판된 다른 논문4에서 원측의 알라야식 이해와 관련된 집수 및 습기 개념에 대해 논의했기 때문에, 여기서는 알라야식에 대한 당시 중국불교계에서의 다양한 논의를 원측이 어떻게 비판하고 정리했는지를 중점적으로 다루면서, 삼성설과 관련해 알라야식의 문제를 덧붙여 논의하는 방식으로 서술하고자 한다.

---

4 이 연구는 「원측의 '執受(upādāna)' 개념의 이해」라는 제목으로 2011년 출간된 〈상월원각대조사 탄신 100주년 기념논문집〉에 게재되었다.

II. 청변의 알라야식 비판과 이에 대한 원측의 반박

원측은 「심의식상품」의 주석에서 식의 종류가 몇 개인가를 다루는 항목(種數)에서 여러 가지 식설을 논의하고 있다. 여기서 학파들의 전통적인 식설이 나열되고 있는데, 6종 식설을 주장했던 유부('聲聞藏'으로 표기)와 중관학파의 설명에 대한 원측의 해석이 있고, 다음으로 유식학파('彌勒宗'으로 표기) 내에서 제기된 세 가지 주장을 다루고 있다. 첫 번째가 보리유지菩提留支(Bodhiruci)의 해석이며, 두 번째가 진제眞諦 (Paramārtha)의 해석이고, 세 번째가 원측이 찬동하고 있는 현장의 해석이다. 첫 번째가 지론계의 해석을 보여 준다면 두 번째는 섭론계의 해석을 보여 주는 것으로서 취급되고 있다고 보인다. 이 항목은 원측의 식설을 다루는 학자들에 의해 많이 주목되어 왔지만, 이를 분석적으로 취급한 경우는 드물었다고 보인다. 따라서 본고는 원측의 서술과 그 숨은 의도를 보다 명확히 하기 위해 이를 단락별로 나누어 논의하고 그 의미를 제시하고자 한다. 이를 통해 원측이 극복하고자 했던 당시 불교 사상사의 맥락을 재구성하여 이해할 수 있을 것이다.

여기서 원측은 먼저 부파불교의 아비달마 논장에서는 다만 전통적으로 인정된 6식의 존재만이 설해지고 있다고 지적할 뿐 다른 언급이나 비판은 없다. 6식설이 불교의 공통된 이론임을 감안하면 당연한 것으로 보이지만, 『섭대승론』에서 알라야식의 선구이론으로 지적된 미세식微細識이나 궁생사온窮生死蘊 등은 언급되지 않고 있다. 반면 6식을 설하는 용수와 중관학파에서 알라야식이 비판되고 있다는 사실을 원측은 청변의 『중관심론』「입진감로품」을 인용하여 지적하고 있다. 청변에 따르면 "6식을 떠나 별도로 알라야식은 존재하지 않는다. 마치 허공의 꽃처럼 [그것은] 안식 등의 6식에 포함되지 않기 때문이다."[5]

원측은 이러한 청변의 주장이 '확정된 인식수단과 관련하여 자신들의 교설과 다른 오류'를 범했다고 생각한다. 왜냐하면『능가경』등의 경전들은 모두 제8 알라야식을 설하고 있기 때문이다.『대품경』등의 대승경에서도 다만 6식만이 설해지고 있을 뿐이라는 반론에 대해 원측은 이 경이 다만 [식이] 생겨나는 방식(隨轉理門)이나 의지처로서의 6근에 따라(隨所依六根) 교설했기 때문에 6식만을 설한 것이라고 주장한다. 또 용수가 6식을 설한 이유도 실제로 그는 초지를 획득한 보살로서 제7식과 제8식의 존재를 알았지만 그의 논서에서는 다만『대품경』등의 의도를 서술하고 있었기 때문이라고 해석한다.[6]

원측은『인왕경소』에서 용수가 6식만을 설한 이유를 다른 방식으로 설명하기도 한다. 즉『반야경』에서 설하는 6식에는 상·중·하의 3품이 있고, 그것이 순차적으로 알라야식, 마나스, 6식이라 불리며, 이들 3품은 모두 의근意根에 의지하여 생겨나기 때문에 의식이라는 것이다.[7] 원측의 해석은『반야경』의 6식은 비록 8식을 명시하지는 않았지만 8식을 의도(abhiprāya)하고 있다는 해석이며, 따라서 원측은『해심밀경』「무자성상품」에서의 요의·미요의의 설명 방식을 전제하면서 6식설을 미요의라고 간주했던 것으로 보인다.

---

5 『해심밀경소』 217b13~16: 是故淸辨菩薩所造 中觀心論 入眞甘露品云 離六識外 無別阿賴耶識 眼等六識 所不攝故 猶如空華.
6 『해심밀경소』 217c16~218a2: 破淸辨云 所立量中 便有自敎相違之失 楞伽等經 皆說第八阿賴耶故. 問若爾 如何大品經等 唯說六識 護法會釋 如成唯識 第五卷 說 然有經中 說六識者 應知彼是 隨轉理門 或隨所依 六根說六 而識類別 實有八種 問豈不龍猛唯立六耶 解云 據實龍猛等信有七八 位在極喜大菩薩故 而彼論中 說六識者 述大品經等意 故不相違.
7 『인왕경소』 80c4~7: 諸般若所說六識 自有三品 謂上中下. 上品細者 名爲賴邪, 中末那, 下名六識. 如是三品 從意根生 故名意識.

하지만 이런 요의·미요의의 기준과 관련하여 청변과 호법의 삼무성에 대한 이해의 차이를 다루고 있는『인왕경소』의 앞부분의 설명은 조금 다른 뉘앙스를 보여 준다. 여기서 청변은 공을 긍정함에 의해 삼성을 제거하고 공리空理를 무상無相이라고 설하는 반면에 호법은 변계소집만을 무상無相으로서 제거한다고 설명한다.[8]『해심밀경』에서『반야경』의 핵심을 '一切諸法 無生無滅 本來寂靜 自性涅槃'이라고 요약하면서 붓다는 삼무자성을 의도해서 이를 설했다고 하는데, 그렇다면 그것은 단지 상무자성에 의지한 것이거나 또는 상무자성과 승의무자성 양자에 의지한 것이라고 말할 수 있다. 그렇다면『반야경』의 교설을 유식에서 주장하듯이 미요의라고 볼 수 없는 것은 아닌가 하는 질문에 대해 원측은 "실질적으로 말하면 3종 무자성에는 이치상 심천深淺의 차이가 없다. [다만『반야경』과 같이] 함축적으로(以隱密相) '일체법 무자성' 등을 설하면서 삼무성에 배대하지 않거나, [또는]『해심밀경』처럼 널리 3종 무자성을 드러낸 것도 있다. 그러므로 제3법륜에서 무자성성의 네 글자를 추가하여 삼무성리三無性理가 별도로 존재한다는 것을 드러낸 것이다. 그런 이유로 요의·미요의라고 이름한 것이지 이치상의 심천深淺 때문에 요의·미요의라고 부른 것은 아니다."[9]라고 말한다. 이 해석에 따르면 원측은 요의·미요의의 구분에 있어서 은밀상隱密相이 미요의이며 현료상顯了相이 요의라는 전통적인 유식학의 입장을 따르면서도 중관과 유식의 이해에는 이치상 심천의 차이가 있는 것은 아니라는 절충

---

8 『인왕경소』17a13~16: 西方諸師 分成兩釋 一者淸辨 其遣三性 以立爲空 卽說空理 以爲無相 其如掌珍 二者護法 但遣所執 以爲無相 如深密等 三無性中 淸辨護法 皆依三種無自性 亦以爲無相.

9 『인왕경소』17b17~23: 據實具說 三種無自性性 理無淺深 以隱密相 言一切法 無自性等 而不分別配三無性 深密經等 廣顯三種無自性性 是故第三法輪門中 加無自性性四字 意顯別有三無性理 由是名爲不了義 非理淺深名了不了.

적인 입장을 보여 준다고 평가할 수 있다.

Ⅲ. 보리유지의 식설과 그 비판

원측은 유식학파(=彌勒宗) 내에서 지론종 북도파에 속하는 보리유지 菩提留支와 섭론종에 속하는 진제의 상이한 식설을 제시하고 비판한 후에, 세 번째로 현장의 설명이『능가경』과 호법의 학설에 부합된다고 말한다. 그가 현장설을 유식학파의 정통설로 간주하고 있는 것은 의심할 여지가 없다. 먼저 원측은 보리유지의 식설을 간략히 제시하고 있다.

보리유지의 식설은 2종으로 전해지고 있다. 오타케 스스무(大竹晋)는 전승되고 있는 그의 식설을 전6식에 아다나식을 가한 7식설 및 전6식 과 아다나식에 진여(空理)를 가한 8식설로 요약한다.[10] 특히 아다나식은 제7 알라야식, 진여(空理)는 제8 알라야식으로 불린다는 지적은 주목된다. 이제 원측이 파악하는 보리유지의 식설을 보자. 원측은 보리유지가 『유식론』에서 2종의 심을 주장하고 있음을 지적한다.

> 첫 번째는 法性心으로, 진여를 본질로 한다. 바로 이것은 진여를 심 의 본질로 하기 때문에 심이라고 하지만 [이것은] 인식주체(能緣)[의 측면에서의 설명은] 아니다. 두 번째는 상응심으로 信·貪 등의 심소 와 상응한다.[11]

---

10 大竹晋(2010: 92)에 따르면 이들 해석은 모두 지금은 산실된 道基의『攝大乘論義 章』에서 유래하는데, 전자는 凝然의 인용에서, 후자는 眞興의 저작에서 발견된다.
11 『해심밀경소』217b19~22: 菩提留支唯識論云 立二種心 一法性心 眞如爲體 此

인용문의 내용을 논의하기 전에 먼저 인용문의 법성심法性心이란 표현이 『유식론』의 용어와 다르다는 점을 지적하는 것이 순서일 것이다. 『유식론』(T31: 64b24f.)에 따르면 2종의 심은 법성심과 상응심이 아니라 불상응심과 상응심이다. 즉 원측이 말하는 법성심에 해당되는 『유식론』의 용어는 불상응심이다.

이제 『유식론』 자체의 설명을 보자. 『유식론』에 따르면 "상응심이란 모든 번뇌의 결사結使(*anuśaya)가 수·상·행 등의 제심諸心이 상응하는 것이며, 따라서 심·의·식·요별은 의미는 동일하고 명칭만 다르다."[12]고 말한다. 이런 설명에 의거해 볼 때, 상응심은 의식작용과 연결된 심의 측면을 가리키고 있고, 이런 현재 작용하고 있는 심의 측면에서 "심·의·식·요별의 4종 개념은 의미는 동일하고 명칭만 다르다." 여기서 보리유지가 인용하는 심·의·식·요별의 4종 개념이 어디에서 유래했는지는 불분명하지만, 적어도 앞의 세 항이 아비달마 문헌에서 종종 동의어로서[13] 간주되고 있기 때문에, 여기에 요별(vijñapti)을 더해 심·의·식·요별의 4종의 심, 즉 제심이 여러 심소들과 상응하는 것으로 간주했다고 보인다.

반면 "불상응심이란 즉 제일의제第一義諦로서, 상주불변하고 자성청

卽眞如 心之性故 名之爲心 而非能緣 二相應心 與信貪等心所相應.

12 『유식론』(T31: 64b24~27): 心有二種. 何等為二. 一者相應心, 二者不相應心. 相應心者, 所謂一切煩惱結使受想行等 諸心相應. 以是故言. 心意與識及了別等 義一名異故. 위의 번역에서 결사를 anuśaya의 번역어로 풀이했고, 또 이런 이해 위에서 『煩惱結使』를 『구사론』(AKBh) 5장에서의 rāga-anuśaya의 해석에 준해 '번뇌의 잠재성 내지 미세성'으로 풀이할 수 있다고 보았다.

13 아비달마에서 심·의·식은 식의 다른 표현으로 6식의 그룹을 지칭하고 있다. 『품류족론』(T26: 692b27~29)과 『대비바사론』(T27: 371a19ff.) 등을 참조. 후자에 따르면 "심을 증대하는 것, 의를 사량하는 것, 식을 분별적으로 이해하는 것"이란 방식으로 마음의 기능에 따른 의미 차이는 인정되지만 체는 동일한 것으로 설명된다. 이런 해석에 『구사론』(T29: 21c)도 동의하고 있다.

정한 심이다. 그러므로 삼계는 비존재하고 단지 일심에 의해 산출되었다."[14] 여기서 이들 심작용과 상응하지 않는 것으로서의 불상응심은 본질적인 어떤 존재로서 자성청정하고 상주하는 것이라고 파악되고 있다. 흥미로운 것은 이런 불상응심이 『십지경』의 유명한 "三界虛妄 但是一心作"[15]의 유심게와 연결되어 '일심一心'과 동일시되고 있다는 사실이다. 원래 『십지경』의 유심게에서 일심이 한 찰나의 허망한 심작용이라는 것은 잘 알려져 있지만, 보리유지는 이런 '일심'을 [번뇌들과] 상응하지 않는, 상주불변하는 존재로서 간주하고 있는 것이다.

보리유지의 2종 심의 구분에서 양자는 전혀 다른 질적 차원에 속하고 있는 것으로 파악되고 있다. 상응심은 번뇌나 다른 심소와 함께 작용한다는 점에서 현기現起하는 의식작용의 차원에서의 심으로 보인다. 반면 불상응심은 알라야식처럼 다른 심작용과 종자의 형태로 연결되어 있는 하나의 잠재의식적인 심으로서가 아니라, 그것과는 전혀 질적으로 다른 계기를 가진 청정한 종류의 심으로 파악되고 있다. 그런 청정한 일심이 외적 대상의 존재를 전제하지 않는, 순수한 내적인 존재[16]로서 일종의 심일원론의 근거로서 제시되고 있다.

하지만 원측의 보리유지 해석은 이와는 다른 시각을 보여 준다. 원측은 보리유지의 불상응심을 법성심으로 환언하고, 이를 "진여를 심의 본질로 하기 때문에 심이라고 하지만 [이것은] 인식주체(能緣)[의 측면에서의 설명은] 아니다."라고 부연설명하고 있다. 상주불변하고 자성청정한

---

14 『유식론』(T31: 64b27~29): 不相應心者. 所謂第一義諦 常住不變 自性清淨心故. 言三界虛妄 但是一心作. 是故偈言. 唯識無境界故.

15 『십지경』(DaBh VI. E)에 따르면 이 한역에 대응하는 범문은 cittamātram idaṃ yad idaṃ traidhātukam이며, 그 의미는 "삼계에 속하는 것 그것은 다만 심일 뿐이다." 이다.

16 『유식론』(T31: 64b19~21): 如大乘經中 說三界唯心. 唯是心者 但有內心 無色香等 外諸境界.

심의 측면은 다른 어떤 심리적 요소와도 상응할 수 없는 것으로서, 그런 한에 있어 이를 '인식 주체(能緣)'와 관련시킬 수 없기 때문일 것이다.

또 보리유지의 상응심에 대해 원측은 "다만 의意(manas)의 성질/본질이고 [또] 식識(vijñāna)의 성질/본질이기 때문에 의식意識(mano-vijñāna)이라고도 부를 수 있으므로, 이치상 차이가 없다."[17]고 해석한다. 여기서 원측의 해석은 보리유지의 상응심이 신信 등의 선심이나 탐貪 등의 불선심과 상응하는 작용을 하는 것이라면, 이러한 상응심을 의意 또는 식識의 본질로 볼 수 있으며, 따라서 심·의·식 중에서 식에만 해당되는 것이 아니라 의와 식 양자 모두에 해당된다는 취지로 보인다. 원측의 이런 해석에 따른다면, 법성심은 심·의·식 중에서 심에 해당될 것이고,[18] 상응심은 나머지 의·식 양자에 대응될 것이다. 이러한 원측의 해석은 당시 보리유지의 식설이 8식설의 한 형태로 간주되고 있었음을 보여 준다. 『유식론』의 설명은 엄밀히 말하면 전6식과 아다나식阿陀那識에 진여(空理)를 가한 원래의 [또는 변형된] 8식설의 형태로 보인다. 왜냐하면 『유식론』에서 공리空理로서의 진여는 상응심과 다른 차원에 있다는 것을 말하는 것이지 8식이라는 계열에서 이해되듯이 다른 식의 상위식이라는 것을 말하는 것이 아니기 때문이다. 이렇게 본다면 원측의 해석은 진여를 제8식으로 간주해서 알라야식으로 불렀다는 [眞興이 인용하는 道基의 설명에서 보이는] 보리유지의 식설과 어느 정도 비슷할 것이다. 그렇지만 원측이 이치상 부합한다고 말하는 의미는 보리유지의 식설이 상응심·불상응의 구분을 통해 법상종에서 설하는 심·의·식의

---

17 『해심밀경소』 217b22~24: 解云 唯釋意之性故 識之性故 亦名意識 於理無違.
18 상응심이 의·식을 가리킨다면, 당연히 법성심은 제8식에 배대되게 될 것이다. 하지만 '인식주체'와 연결될 수 없는 법성심이 어떤 점에서 식의 범주에 포섭될 수 있는가가 문제될 것이다.

8식설과 숫자의 일치라는 점에서 논리상으로 8식설에 대응될 수 있다는 것이지, 그의 8식설이 형식적인 차원을 넘어 내용상으로도 법상종의 설에 부합한다고 하는 설명은 아닐 것이다.

Ⅳ. 진제의 9식설九識說과 그 비판

여러 식설 중에서 진제의 9식설에 대한 논의와 비판이 가장 상세하다. 원측은 진제의 주장을 다음과 같이 요약하고 있다.

> 진제 삼장은 『決定藏論』「九識品」에 의거하여 설한 것과 같이 九識義를 주장했다. 9식은 [다음과 같다:] 眼 등의 6식은 [다른 학파에서] 식을 논하는 바와 동일하다. 중국에서 執持라고 번역하는 제7 阿陀那(ādāna)[식]은 제8[식]을 자아와 자아에 속한 것으로 집지한다. [그렇다면 여기에] 번뇌장만 있고 법집은 없어 확정적으로 성불하지 못한다.
> 제8 阿梨耶識(ālaya-vijñāna)에는 세 종류가 있다. 첫 번째는 解性梨耶로서 성불의 뜻이 있고, 두 번째는 果報梨耶로서 18계를 대상으로 하며, 세 번째는 染汚梨耶로서 진여를 대상으로 하여 4종의 謗을 일으킨다. 바로 이것은 法執이지 人執은 아니다. [그는] 安慧(Sthiramati)의 학파에 의지해서 그러한 주장을 했다.
> 중국에서 無垢識이라고 번역하는 제9 阿摩羅識(amala-vijñāna)은 진여를 본질로 하는 것이다. 하나의 진여에 대해 두 가지 의미가 있다. 첫 번째로 대상이나 영역의 측면에서 眞如(tathatā) 또는 實際

(bhūtakoṭi)라고 부른다. 두 번째로 인식 주체의 측면에서 無垢識이라 부른다. 九識章이 『결정장론』의 「九識品」을 인용하여 설한 것과 같다.[19]

이와 같이 진제의 주장이 요약되고 있지만, 그 의미가 명확한 것은 아니다. 교리적인 문제에 관해서는 원측 자신에 의해 제기된 진제 주장의 오류를 다룰 때에 다시 논의하기로 하고, 여기서는 원측에 의해 다루어지지 않은 섭론사의 기본적 입장인 알라야식의 진망화합적 성격에 대해 간단히 언급하기로 하자.

이것은 해성리야解性梨耶, 과보리야果報梨耶, 염오리야染汚梨耶라는 3종의 아리야식阿梨耶識의 구분에서 나타나 있다. 이런 구분이 섭론종에서 기본적인 도식으로 받아들여졌다는 것은 『속고승전』의 「도종전道宗傳」에 섭론사 영윤靈潤의 스승인 도장道奘이 알라야를 문문, 훈熏, 해성解性, 불과佛果의 4종으로 구분하고 있는 것에서도 나타난다.[20] 여하튼 이것은 각기 하나의 알라야식에 성불 가능성으로서의 해탈성의 측면, 외부세계를 대상으로 해서 일어나는 업의 과보를 받는 측면, 그리고 진여를 대상으로 해서 일으키는 번뇌에 의해 염오된 세 가지 측면이 있다는 것을 말하는 것으로, 해성이 진여에, 나머지 둘이 생멸에 관련되고

---

19 『해심밀경소』 217b24~c15: 眞諦三藏 依決定藏論 立九識義 如九識品說. 言九識者 眼等六識 大同識論 第七阿陀那 此云 執持 執持第八爲我我所 唯煩惱障 而無法執 定不成佛. 第八阿梨耶識 自有三種 一解性梨耶 有成佛義 二果報梨耶 緣十八界 故中邊分別偈云 根塵我及識 本識生似彼 依彼論等 說第八識 緣十八界. 三*染汙阿梨耶 緣眞如境 起四種謗 卽是法執 而非人執 依安慧宗 作如是說. 第九阿摩羅識 此云無垢識 眞如爲體 於一眞如 有其二義 一所緣境 名爲眞如 及實際等 二能緣義 名無垢識 亦名本覺 具如九識章 引決定藏論 九識品中說.(* 텍스트에서는 '二'로 오기.)

20 吉村誠(2003), p.225 참조.

있기 때문에 이런 진제의 관점이 갖는 중요한 사상사적인 의미는 알라야식을 진망화합식眞妄和合識으로 간주하고 있다는 점이다. 여하튼 원측은 이런 알라야식의 진망화합식으로서의 이해를 섭론종의 기본 태도라고 간주하고 있는데, 그는 이를 현장학파의 관점에서 지속적으로 비판하고 있다고 보인다.

이런 원측의 기본 입장을 염두에 두면서, 진제의 해석이 갖는 문제점이 무엇인가에 대한 원측의 비판을 보자. 원측(HB 1: 218a2~b2)은 제7 아다나식에서 제9 아말라식까지 세 종류의 식을 설정하는 진제의 설명에는 여러 오류들이 있다고 지적하며, 그것들에 대한 비판을 행하고 있다. 이하에서는 이들 오류를 6종으로 구분하고, 이에 대한 원측의 설명과 비판을 묶어 제시한 후에, 그 의미를 살펴보기로 하자.

① 원측은 진제의 제7 아다나식의 설명에 명칭상의 오류가 있다고 지적한다. 즉 진제가 아다나阿陀那라는 용어를 제7식을 가리키는 것으로 사용하고 있는 오류이다.

[원측의 비판:] 진제는 아다나라는 용어를 제7식을 가리키는 것으로 사용하고 있지만, 이 용어는 『해심밀경』에 의하는 한 제8식의 동의어라는 비판이다.

아다나식이 일체종자식과 알라야식 및 심의 동의어로서 사용되고 있는 『해심밀경』의 설명에 의거하는 한, 원측의 비판에는 하자가 없을 것이다. 문제는 현장 이전의 중국 유식학계에서 아다나식이 제7식을 가리키는 것으로 일정 기간 사용되었다는 사실이다. 이는 지론종 북도파인 보리유지[21]에서뿐 아니라 남도파인 혜원慧遠(523~591)이나 또는 섭론사

---

21 大竹晋(2010: 92)에 따르면 지론종 북도파인 보리유지에 있어서도 아다나식이 제7식을 가리키고 있다. 제7식은 종종 알라야식이라고 불리기도 한다. 동시에 다른

인 영윤靈潤, 도기道基(577~637)에게서 찾아볼 수 있다. 특히 섭론사들은 8식에 의거하든 아니면 9식설에 의거하든 아다나식을 제7식으로[22] 간주하고 있다. 하나의 문제는 과연 이들 섭론사들의 주장을 진제의 주장과 동일시할 수 있는가 하는 점이다. 왜냐하면 적어도 진제의 번역인 『섭대승론』(T31: 114a06~17)은 『해절경解節經』을 인용하여 아다나식이 알라야식을 의미하는 것으로 번역했기에, 진제는 아다나식과 알라야식과 동의어로서 파악했다고 보이기 때문이다. 물론 이 문제는 단순한 것이 아니다. 왜냐하면 동일한 진제의 번역인 『전식론轉識論』에서 3종 능연으로서 1. 과보식果報識=아리야식, 2. 집식執識=아다나식, 3. 진식塵識=육식六識을 제시하면서, 앞의 텍스트와는 달리 알라야식과 아다나식을 구별하고 있기 때문이다.[23] 따라서 무엇이 진제의 이해였는지를 확정적

─────────

자료에서는 제8식이 알라야식이라고 명명되지만, 이것은 식이 아닌 空理로서의 진여로 파악되고 있다. 따라서 보리유지에 따르면 2종의 알라야식이 명칭상 설정되게 된다.

22 상세한 설명은 吉村誠(2003), pp.226~232를 볼 것. 특히 p.231 도표 참조. 필자가 생각하기에 섭론계 학자들이 아다나식을 제7식으로 간주했던 이유는 여러 가지가 있겠지만, 무엇보다 제7식 마나스(manas)의 명칭이 『유가론』 등 초기의 인도 유식학 문헌에서 나타나지 않는다는 사실 때문이라고 생각한다.[染汚意의 성립에 관한 문제에 대해서는 L. Schmithausen(1979) 참조]. 『해심밀경』의 경우도 마나스를 전제하지 않고 있는데, 아마 이것이 '심의식의 비밀'을 밝힌다는 이 장의 주제와 관련하여 당시 동아시아의 불교학자들 사이에 혼란을 야기시킨 원인이 아니었을까 생각된다. 불교사상의 역사성을 인정할 수 없었던 학자들이 후대 『섭대승론』 이후의 문헌을 기준으로 초기 유식문헌에 나타난 심식설을 이해하고자 했을 때, 『해심밀경』이 설하는 심의식의 비밀을 밝히는 작업은 제8식뿐 아니라 제7식의 존재증명을 포괄해야 한다고 받아들였을 것이다. 이런 전제 위에서, "阿陀那識에 의지하여 6식이 생겨난다."는 『해심밀경』의 표현은 문자 그대로 다양하게 해석될 여지가 있었을 것이며, 阿陀那識을 제7식으로, 그리고 알라야식을 제8식으로 비정하는 해석도 나타나게 되었을 것이다.

23 『轉識論』 T31: 61c6~62a16: 次明能緣有三種. 一果報識 即是阿梨耶識 二執識 即阿陀那識 三塵識 即是六識 果報識者 爲煩惱業所引故名果報 亦名本識 一切有爲法種子所依止 亦名宅識 一切種子之所栖處 亦名藏識 一切種子隱伏之處 … 依緣此識 有第二執識 此識以執著爲體 與四惑相應 一無明 二我見 三我慢 四我愛 此識名有覆無記. 여기서 설해지는 8식설은 신유식의 그것과 숫자나 용

으로 단언하기는 어렵지만, 적어도 이 논서의 번역 시 이미 제7식의 명칭에 관한 착종이 진제의 제자 사이에서 널리 퍼져 있었던 것을 반영하고 있다고 보인다.

② 아다나식을 제7식이라고 간주할 경우의 의미상의 모순이다. 이 설명은 앞부분에서 "중국에서 집지執持라고 번역하는 제7 아다나阿陀那(ādāna)[식]은 제8[식]을 자아와 자아에 속한 것으로 집지한다. [그렇다면 여기에] 번뇌장만 있고 법집은 없어 확정적으로 성불하지 못한다."는 설명의 요약이다.

[원측의 비판:] 진제는 제7식으로서의 아다나식에 단지 번뇌장만이 있다고 설명하지만 이는 『해심밀경』에서 8지 이상에 염오된 마나스가 있어 성불하지 못한다는 설명이나 『장엄경론』에서 8식을 전환하여 4지를 얻는다는 설명과 모순된다고 지적한다.

유식학에서 번뇌장이 견소단과 수소단이기 때문에 7지에서는 완전히 제거되지만, 8지 이상에도 염오된 마나스가 존재한다면[24] 진제의 이런 설명은 타당하지 않을 것이라는 비판이다.

③ 제8 알라야식과 관련해 알라야식이 법집을 일으킨다고 하는 진제

어의 사용에서 큰 차이가 없다고 보인다. 다만 執識이란 표현이 뒤따르는 阿陀那識과 관련하여 執持識이라는 인상을 주지만, 집식의 정의에서 그 기능을 '집착'이라고 명시했기 때문에 이를 manas의 기능으로 해석한 것이라고 볼 여지도 있을 것이다. 그렇다면 왜 執識=阿陀那識이라고 동일시했는가가 문제인데, 필자는 阿梨耶識, 阿陀那識, 六識이라는 등치된 표현이 당시 불교계에서 통용되던 명칭을 진제나 그의 제자들이 추가했던 것은 아닐까 하고 추정한다.

24 『성유식론』(24b29~c2)에도 "경에서 설하듯이 8지 이상에 일체 번뇌는 다시금 현행하지 않고 다만 所依(=알라야식)에 소지장만이 있다. … 그렇지 않다면 [8지 이상에] 번뇌가 존재해야만 할 것이다."

설의 오류이다. 이 설명을 원측은 염오리야染汚梨耶가 진여를 대상으로 하여 4종의 방誘[25]을 일으킨다는 진제의 주장(HB 1: 217c8~10)과 관련시키고 있다.

[원측의 비판:] 원측은 염오리야가 진여를 대상으로 하여 4종의 방을 일으키며, 이 [4종의] 방은 법집法執이지 인집人執은 아니라고 하는 진제의 주장을 비판적으로 언급하면서, 진제의 이해는 안혜의 학설에 근거하고 있다고 부연한다. 그리고 뒤에서 다시 이 논점을 취급하면서 그렇다면 "심소법 중에서 무명과 무명에 속하는 요소가 어떻게 법집과 동시에 생겨날 수 있겠는가?(心所法中 無明 無明數 如何得與法執俱起)"[26]라고 간략히 부정적으로 반문하고 있다.

4종의 방은 『대승광백론석론』[27](T30: 234c10~235b2)에서 존재(有)와 비존재(非有), 존재하면서 존재하지 않는 것(俱許)과 존재하는 것도 아니고 비존재하는 것도 아닌 것(俱非)이라고 하는 4종의 사집邪執으로서, 또는 제법에 대해 4종 방을 일으키는 것으로서 각기 수론(Sāṃkhya)과 승론(Vaiśeṣika), 무참외도無慚外道(Nirgrantha)[28]와 사명외도邪命外道(Ājīvika)에

---

25 티베트역(P 253a2)에서는 誘을 nga rgyal(=慢, māna)로 달리 번역하고 있다. 티베트역의 이해에 따르면 알라야식의 염오된 측면은 바로 마나스가 알라야식을 영원한 자기 자신의 본질이라고 항시 '思量'하면서 그것을 자아라고 간주하기 때문일 것이다. 그렇지만 이 맥락에서 慢은 제7식과 관련된 작용이기 때문에, 이를 통해 왜 알라야식이 염오되는지를 이해하기 어렵기 때문에 티베트역은 타당하다고 보이지 않는다.

26 이 문장은 티베트역 대응개소(P 254a3)에 누락되어 있지만, 원측의 진제설 비판에서 불가결한 점이기 때문에 티베트역의 누락일 것이다.

27 이들 4종 방에 대한 『대승광백론석론』의 설명은 원효의 『대승기신론소』(T44: 207c19~208a19)에서도 상세히 인용되고 있다. 『유가론』(603c9ff)에 誘因, 誘果, 誘作用, 誘善事라는 다른 유형의 4종 방이 제시되어 있지만 이것들은 모두 損減見에 속하는 것으로 여기서의 논의와 동떨어져 보인다.

28 무참외도는 『유가론』(YBh 142ff., 특히 143,4)의 16종의 異論 중에서 제6 宿作因論 항목에서 자이나교도인 Nirgrantha로 설해진다.

배대되고 있다. 이들 4종 방은 각기 증익과 손감, 상위와 희론에 대응하기 때문에 세간에 의해 집착되는 것은 진실이 아니라고 말해진다.[29] 이제 원측은 진제가 염오된 알라야식이 진여를 대상으로 해서 일으키는 4종 방謗이 법집이지 인집은 아니라고 하는 주장을 안혜와 연결시킨다. 이런 원측의 해석은 안혜와 호법의 차이를 설하는『성유식론』의 논의에 의거하고 있다.『성유식론』은 이를 삼성설과 연관시켜 설명하는데, 안혜는 유루의 8식과 심소가 모두 능변계라고 주장했다. 왜냐하면 허망분별을 자성으로 하고, 또 소취와 능취로서 현현하기 때문이다. 그러므로 알라야식은 변계소집성의 종자를 대상으로 한다고 설해지는데,[30] 즉 유루의 모든 8식이 능변계라는 사실은 알라야식이 모든 변계소집의 종자를 가진다는 것에서도 분명할 것이다.『성유식론술기』에 따르면 그 의미는 알라야식이 법집이지만 인집은 아니라는 것이다.[31] 반면 호법에 따르면 유루의 심·심소 중에서 대상에 대한 변계소집의 작용을 하는 것, 즉 대상에 대해 집착하는 작용을 일으키는 것은 제6식과 제7식뿐이지 알라야식은 아니다. 왜냐하면 (a) 능변계란 대상에 대해 계탁분별計度分別하는 것인데, 오직 의와 의식만이 이런 작용을 할 수 있기 때문이다. 하지만 알라야식은 무부무기無覆無記로 판정되어 법집을 일으

---

29 『대승광백론석론』 235b1f.: 於諸法中起四種謗 謂有非有雙許雙非 增益損減相違戲論 是故世間所執非實.

30 『성유식론』(T31: 45c22ff.): 遍計自性云何 (1) 有義八識及諸心所有漏攝者 皆能遍計 虛妄分別爲自性故 皆似所取能取現故 説阿頼耶 以遍計所執自性妄執種 爲所緣故 (2) 有義 第六第七心品 執我法者 是能遍計 (a) 唯説意識 能遍計故 意及意識 名意識故 計度分別 能遍計故 (b) 執我法者 必是慧故 (c) 二執必與 無明俱故 不説無明有善性故 癡無癡等不相應故.『성유식론술기』(T43: 540c17ff.)에서 (1)은 안혜, (2)는 호법의 설로 비정되고 있다.『해심밀경소』233b14ff.에서도 이 구절은 인용되고 있으며, 술기에 따라 각기 안혜설과 호법설로 배정되고 있다.

31 『성유식론술기』(T43: 540c17ff.): 此安惠等 執即通三性 有漏之心無非執者 五·八識 唯有法執 七唯有人 六通二種.

키지 않는 것이다. (b) 알라야식이 법집을 가지는가 하는 문제와 관련하여『성유식론』은 심소의 문제, 즉 알라야식과 심소의 상응 문제를 통해 또 안혜의 주장이 가진 문제점을 드러낸다. 잠재의식으로서의 알라야식이 다만 5종의 변행심소와 동시에 생겨난다는 것이 유식의 기본입장이다. 그런데 안혜가 말하듯이 알라야식이 자아든 대상이든 집착을 가진다면, 집착은 사물에 대한 판단을 포함하기에 알라야식이 별경심소에 속하는 혜慧(prajñā) 심소와 상응하고 있다는 사실을 함축하고 있다. 하지만 알라야식은 혜와 상응하지 않기 때문에, 능변계로는 될 수 없다는 비판일 것이다. (c) 마지막으로 원측은 무명과 법집은 동시에 일어날 수 없다고 비판한다. 이런 비판은 안혜가 이를 긍정했다는 것을 함축하지만, 그 의미는 분명치 않다.『성유식론술기』는 만일 아·법의 2집이 무명과 동시에 일어난다면, 선심 중에도 무명이 있게 될 것이며, 또 그 [무명]은 무치선근과 본성상 모순되기 때문에 [타당하지 않을 것]이라고 말한다.[32]

이와 같이 원측은 진제의 입장을 안혜와 등치시킨 후에,『성유식론』등에서 제시된 안혜에 대한 비판이 진제의 경우에도 타당하다고 간주하는 듯하다. 그런 점에서 진제가 알라야식이 진여를 대상으로 해서 4종 방을 일으킨다고 주장하는 것은 알라야식이 법집을 일으킨다는 의미가 될 것이지만, 이것은 가능하지 않다는 원측의 반박이다.

④ 진제의 번역에 따르면 알라야식은 18계를 대상으로 가진다는 오해에 빠질 수 있다는 지적이다.

[원측의 비판:] 원측은 "과보리야果報梨耶로서 18계를 대상으로 한

---

32 『성유식론술기』(T43: 541b29~c4): 我法二執 必無明俱 非善心中 有無明故 彼無癡善根性相違故 彼前師言此有何失 我如汝小乘尋伺俱起 尋伺性順 可許俱起 善心無明 性便相返.

다."는 진제의 주장을 아리야식이 곧 18계를 대상으로 한다는 의미로 받아들이면서, 그것은 진제 역 『중변분별론』의 게송(根塵我及識³³ 本識生 似彼: I. 3ab)에 대한 잘못된 이해에서 나왔다고 지적한다. 원측의 지적 은 당시 학계에서 근진아급식根塵我及識이라는 진제의 번역이 알라야 식의 대상이 18계라고 이해되고 있었음을 보여 주는 것이다. 반면 현 장 역 『변중변론』(識生變似義 有情我及了 此境實非有 境無故識無)³⁴은 알라 야식이 18계를 대상으로 한다고 이해될 여지가 없음을 보여 주는 것으 로서 제8식은 결코 심소법 등을 대상으로 하지 않는다. 원측은 이 게 송의 의미를 산문 주석을 인용해서 다음과 같이 밝힌다: "대상으로 현 현함이란 물체 등의 존재로 현현한다. 유정으로 현현함이란 자타 상속 의 5근으로서의 현현이다. 자아로서 현현함이란 염오의 마나스이다. 아 치我癡 등과 상응하기 때문이다. 표상으로 현현함이란 6식이다. 대상을 거칠게 요별하기 때문이다."³⁵ 그리고 이런 [변중변론의] 설에 의거해서, "제8[식]이 심[소법] 등을 대상으로 갖지 않는다(第八不緣心等)."³⁶고 하면

---

33 진제 역에는 塵根我及識으로 순서가 바뀌어 있다.

34 MAV I. 3: artha-satvātma-vijñapti-pratibhāsaṃ prajāyate/ vijñānaṃ nāsti cāsyārthas tad-abhāvāt tad apy asat //. "대상과 중생, 자아와 표상으로 현현하는 식이 생겨난 다네. 그러나 그 [식]의 대상은 존재하지 않는다네. 그 [대상]이 비존재하기에 그 [식] 역시 비존재한다네."

35 MAVBh 18,23ff: tatrārtha-pratibhāsaṃ yad rūpādibhāvena pratibhāsate/ satvapratibhāsaṃ yat pañcendriyatvena svaparasantānayor [/] ātmapratibhāsaṃ kliṣṭaṃ manaḥ/ ātmamohādisaṃprayogāt/ vijñaptipratibhāsaṃ ṣaḍ vijñānāni [/] nāsti cāsyārtha iti/.

36 "第八不緣心等"의 표현은 이해하기 힘들다. 『해심밀경』(VIII. 37)이나 섭결택분, 『유식삼십송』 등에서 알라야식의 대상을 "*asaṃvidita-sthira-bhājana-vijñapti"라 고 설하는 것과 관련해 볼 때, 여기서 알라야식이 심 등을 대상으로 하지 않는다 는 것은 이해하기 어려우며, 특히 '등'이 무엇을 가리키는가는 명확하지 않다. 티 베트역은 심을 sems pa=cetanā로 이해하고 있고, 이렇게 본다면 '등'은 다른 변행 심소를 가리키는 것으로 이해하고 있다고 보이지만, 그것들이 알라야식의 대상 이 아니라는 점은 자명하기에 꼭 명시해야 할 필요는 없을 것이다. 이 문장의 의 미는 아마 『성유식론』 11a23ff.에서 설하는바, 알라야식은 심과 심소 등의 작용

서, 상세한 설명은 『성유식론』에 미루고 있다.

⑤ 진제에 따르면 "중국에서 무구식無垢識이라고 번역하는 제9 아말라식은 진여를 본질로 하는 것"이다. 원측은 진제가 "진여가 인식 대상과 관련해서는 진여, 실제實際라고 불리고, 인식 주관과 관련해서는 무구식, 본각"이라고 파악하면서, 이를 아말라식阿摩羅識 반조자체返照自體("아말라식은 스스로를 반조한다."[37])라는 명제로 설한다고 지적한다.

[원측의 비판:] 원측은 "아말라식은 스스로를 반조한다."는 진제의 설명에는 믿을 만한 교증이 없다고 비판한다. 나아가 그의 아말라식의 존재 주장은 "여래의 무구無垢한 식識은 청정한 무루를 본질로 한다. 일체의 장애로부터 벗어나 대원경지와 상응한다."는 『여래공덕장엄경』의 설과도 모순된다고 지적하면서, 무구식이란 청정분에 속하는 제8식을 가리키는 것[38]이라고 해석하고 있다.

"아말라식은 스스로를 반조한다."는 진제의 주장이 담고 있는 함의는 아말라식이 다른 외적인 어떤 것도 인식 대상으로 갖지 않는다는 것이다. 그렇지만 아말라식도 식인 이상 대상을 갖지 않으면 안 되기 때문에, 자기 자신을 대상으로 가진다는 것이다. 하지만 문제는 그럴 경우 인식 주체로서의 식이 동시에 인식 대상으로 기능해야 한다는 것이다. 진제는 이 문제를 청정한 식으로서의 아말라식이 소연과 능연의 두 가지 측면을 가진다고 해석함으로써 해결했다.[39] 이러한 진제의 주장은

을 대상으로 갖지 않는다는 의미로 보인다.
37 自體返照를 法成은 "자체를 대상으로 한다."(bdag nyid la dmigs par byed)라고 번역하고 있다.
38 원측의 이 지적은 『해심밀경소』의 다른 개소(HB I, 226b8ff.)에서 알라야식의 7종 동의어의 하나로서 아말라식을 거론할 때에도 반복되고 있다.
39 이러한 진제의 설명을 자성청정심으로서의 불상응심은 결코 인식 주체(能緣)의 의미에서 사용될 수 없다고 하는 보리유지의 언급과 비교할 것.

원측의 다른 저서인 『인왕경소仁王經疏』[40]에서도 언급되고 있기 때문에 당시 진제의 설로서 확정된 것으로 보인다. 흥미로운 것은 이런 관점이 『대승기신론』의 진여·본각의 이론과 상통한다는 점이다.[41]

그리고 『여래공덕장엄경』의 설과 모순된다는 비판과 관련해서 기基도 원측과 동일한 이유와 근거를 대면서[42] 제9 아말라식이 청정분의 알라 야식을 가리킨다고 설명한다. 이것은 『유가론기』에서 언급된, 아말라식 은 알라야식과 동일한 존재론적 기반을 갖고 있지만 기능은 다른 것으 로 보는 원효의 입장과도 통할 것이다.[43]

⑥ 「9식품」의 존재에 대한 논점.

[원측의 비판:] 형식적인 면에서 『결정장론』은 『유가론』의 한 부분이지 만 여기에 원래 「9식품」이란 [章名은] 없었다고 원측은 비판한다.[44] 원 측은 진제의 9식설을 인용할 때에, 위의 경우나 또는 『인왕경소』에서 모

---

40 『인왕경소』 80b20~23: 真諦三藏 總立九識. 一阿摩羅識 真如本覺為性 在纏名 如來藏 出纏名法身 阿摩羅識 此云無垢識 如九識章.

41 이것은 吉村誠(2003: 225)에 의해 지적된 것이다. 그는 논거로 定賓의 『四分律 疏 飾宗記』의 "阿摩羅識 有二種 一所緣 卽是眞如 二者本覺 卽眞如智"(속장경 1-66, 43좌상)를 제시하고 있다.

42 『유가론기』 T42, 318a17~23(HB 13, 21a11~19): 基師云 依無相論同性經中 彼取 真如 為第九識 真一俗八 二合說故 今取淨位 第八識本 以為第九 染淨本識 各別 說故 如來功德莊嚴經云 如來無垢識 是淨無漏界 解脫一切障 圓鏡智相應 此中 旣言 無垢識與圓鏡智俱 第九復名阿末羅識 故知 第八識染淨別說 以為九也.

43 『유가론기』(HB 13, 21a22f.)에 따르면 원효 역시 "자성청정심을 아말라식이라고 도 부르며, 제8 알라야식과 체는 같고 의미는 다른 것"(新羅曉法師云 自性清淨心 名為阿摩羅 與第八賴耶識 體同義別 今存此釋 善順彼經)으로 설명했다고 인용하면 서, 그의 해석이 『해심밀경』을 잘 따르고 있다고 평가하고 있다.

44 그의 이러한 지적은 후대 현장학파에서 널리 수용되었다고 보인다. 왜냐하면 『유 가론기』에 동일한 지적이 섭론사 慧景을 비판하는 구절 중에 나오기 때문이다. 『유가론기』 T42, 318a11~13(HB 13, 21a3~6에 약간 다르게 교감되어 있음): 此中 景 擬真諦師 引決定藏論九識品 立九識義 然彼決定藏 卽此論第二分 曾無九識品 [吉村誠(2003) p.234에도 인용됨].

두 「9식장」[45]이란 진제 자신의 저작을 원용하고 있는데, 「9식품」이란 장명章名이 본래 『결정장론』이나 『유가론』에는 존재하지 않는다고 지적함으로써 섭론학파에서 9식설의 증거로서 삼고 있는 텍스트의 근거 자체를 박탈하고자 한다.

그렇지만 이러한 원측의 비판은 현존하는 『유가론』의 장명을 고려할 때 반박할 여지는 없겠지만 일면적이란 느낌을 준다. 단지 「9식품」이란 장명이 현존하는 『유가론』에 존재하지 않는다는 이유만으로 9식설의 근거가 박탈될 것으로 보이지 않는다. 왜냐하면 인순印順 법사가 지적하고 있듯이 『결정장론』의 「9식품」이 실은 「오식신상응지五識身相應地」와 「의지意地」에 대응하는 「심지품心地品」으로 비정될 수 있다면,[46] 「9식품」은 「심지품」의 내용상의 특징을 보여 주는 별칭으로서 당시 불교계에서 통용되었다고 보이기 때문이다.

이와 같이 원측은 알라야식의 숫자 및 그 대상과 관련해 진제설의 오류를 상세히 지적하며 비판하고 있다. 이들 비판은 현장의 신역에 의거해서 진제 역의 오류를 제시하거나(①, ④, ⑥), 또는 진제 역의 내용상의 모순을 지적함에 의해(②, ③, ⑤) 수행되고 있다. 이렇게 보리유지

---

45 이 텍스트는 의천이 편찬한 『新編諸宗教藏總錄』卷三에 진제의 저술로 언급되어 있기에 의천 당시까지 현존했던 것으로 보인다.

46 唐阿美(1999), p.93에서 재인용. 그의 인용에 의하면 印順 법사는 세 가지 점에 의거해서 이렇게 주장하고 있다. 첫째, 『결정장론』은 논의 총칭이고 「9식품」은 현존하는 이 텍스트에 해당된다. 둘째, 「심지품」에서 阿梨耶識을 중심으로 8식과 9식을 설명하는데, 이는 「9식품」과 같다. 셋째 『轉識論』(T31: 62a3~4)에서 '就此識中 具有八種異 謂依止處等 具如九識義品說'(*각주에서 '品'을 '中'으로 읽는 판본도 있다고 제시)의 설명이 『결정장론』「심지품」의 내용으로서, 『결정장론』에서 8종의 인연법에 阿羅耶識이 있다고 하는 구절이 바로 위의 인용문의 내용과 같다. 8식 중에서 제1종이 의지처며 이것이 『결정장론』의 '若離此識根有執持 實無此理'를 가리키는 것이다.

의 식설에 비해 상세히 진제의 알라야식설을 비판하는 이유는 지론종의 설명이 원측이 활동하던 7세기에는 당시 불교사상계에서 이미 영향력을 잃은 반면에, 진제설은 아직 지속적인 영향을 갖고 있었기 때문일 것이다. 여하튼 이들 6종의 문제점들에 대한 원측의 비판은 당시 알라야식설과 관련해 진제설과 법상종 간의 이론적 차이를 지적한 것이지만, 그중에서 특히 사상사적으로 흥미로운 것은 다섯 번째 아말라식의 존재와 관련된 문제일 것이다. 앞에서 보았듯이 원측은 아말라식을 독립된 제9식으로 간주하지 않고 알라야식의 청정분으로 간주했다. 이제 그것이 함축하는 의미를 원측의 다른 자료를 통해 보자.

V. 삼성설의 맥락에서 본 원측의 아말라식 비판의 의미

진제의 식설에서 가장 특징적인 것은 아말라식을 독립적인 제9식으로서 세우는 것이지만 이런 개념이 과연 인도 유식학의 문헌에서 사용되었는지는 현존 자료에 의하는 한 부정적이다. 진제가 아말라식의 증득이라고 여겼던 부분이 현장에 의해 전의轉依(āśrayaparivṛtti)라는 술어로 번역되었다는 것은 잘 알려져 있다.[47] 다시 말해 아말라식을 새로운 제9식으로 세우는 대신 현장은 전의 개념을 갖고 번뇌의 낡은 의지처로서의 알라야식이 새로운 존재 기반으로 질적으로 변모되는 것으로서 이해한 것이다. 이것이 가능한 이유는 말할 것도 없이 알라야식 내의 청정분이 존재하기 때문이며, 그런 한에 있어 이것은 위의 『여래공덕

---

47 예를 들어 『결정장론』(T30: 1020b11~b26)에서 진제가 阿摩羅識으로 번역하고 있는 것을 현장은 「섭결택분」에서 모두 轉依라는 개념으로 대체하고 있다.

장엄경如來功德莊嚴經』이 비유적인 의미에서 말하는 여래무구식如來無
垢識이 될 것이다. 이것이 유형적이고 경전적인 근거에서 원측이 진제의
아말라식을 논박하는 가장 중요한 이유일 것이다.

이제 원측이 알라야식이나 아말라식을 삼성설의 맥락에서 어떻게 다
루는가를 보자. 유식학에서 식이 의타기성에 해당된다는 것은 잘 알려
져 있는데, 이하에서는『해심밀경소』에서 진제의 식설의 논의를 통해 그
의 아말라식 비판의 의미가 무엇인지 보다 분명해질 수 있을 것이다.

진제의 삼성, 삼무자성에 대한 원측의 비판을 보자. 원측은 승의무자
성성에 대한『해심밀경』(SNS VII. 6)의 설명을 주석하는 중에 진제의 삼
성과 삼무자성 이해가 현장의 설명과 다르다고 지적한다. 경의 설명은
다음과 같다. "제법의 법무아를 그 [제법]의 무자성성이라고 한다. 그것
이 바로 승의이다. 승의란 일체법의 무자성에 의해 특징지어지기 때문
에 승의무자성이라고 한다."[48]

원측은 이 구절의 이해는『현양성교론』의 설명에 따라 이해해야 한
다고 간주한다. 즉 "원성실성은 승의의 측면에서 무자성이다. 그 [원성
실성]의 자성이 자체적으로 바로 승의이기 때문이다(圓成實勝義無性 由
此自性體是勝義)." 또한 "이는 제법이 무자성이기 때문이며(是諸法無性性
故)", 또 "그 [원성실성]의 자성이 바로 승의이며, 또 이것이 무자성이기
때문이다(由此自性卽是勝義 亦是無性)." 이런 해석에 따른다면 원성실성이
승의무자성이라는『해심밀경』의 선언의 의미는 제법의 원성실성이 자체

---

48 『해심밀경』(T16: 694a27~b1; SNS VII. 6): 一切諸法 法無我性 名爲勝義 亦得名爲
無自性性 是一切法 勝義諦故 無自性性之所顯故; chos rnams kyi chos bdag med
pa gang yin pa de ni/ de dag gi ngo bo nyid med pa nyid ces bya ba ste/ de ni don
dam pa yin la/ don dam pa ni chos thams cad kyi ngo bo nyid med pa nyid kyis
rab tu phye ba yin pas de'i phyir don dam pa ngo bo nyid med pa nyid shes bya'o
//.

적으로 무자성이라는 것이다. 이는 무자성을 제법을 떠난 어떤 존재론적 원리로 이해하는 것이 아니라 제법 자체가 본래 자성을 여의고 있다는 사실을 가리킬 뿐이라는 지적이다. 따라서 삼성에 의거해서 삼무성이 설해진 것으로 삼무성 자체가 삼성이라는 것이다. 원측은 이를 진제의 『삼무성론』의 다음과 같은 설명과 대비시키고 있다.

> 진실성의 관점에서 보면 진실은 무자성이기 때문에 무자성이라고 설한다. [이러한 논의 설명에서] 이 진실성은 다른 실체적 존재성을 가진 것이 아니다. [분별성과 의타성] 양자의 비존재가 바로 진실성인 것이다. 진실이란 바로 무상, 무생이기 때문이다. 일체 유위법은 분별성과 의타성 양자를 벗어나지 않는다. 이 [분별, 의타]가 이미 무상, 무생이란 점에서 진실이다. 이런 도리로 인해 일체법은 하나의 무자성(一無性)이란 점에서 동일하다. 이러한 하나의 무자성에 [의거할 때] 진실이 바로 유이고 진실이 바로 무이다. 진실이 무일 때, 이 분별성과 의타성은 무가 되며, 진실이 유일 때, 분별성과 의타성은 무가 된다. 그러므로 무라고도, 유라고도 설할 수 없는 것이다.[49]

한역만으로 진제의 설명을 이해하기 어렵지만, 적어도 진제는 무상으로서의 분별성과 무생으로서의 의타성 양자를 제거할 때 진실성이 증득된다고 이해한 것으로 보인다. 왜냐하면 법의 전체성은 분별성과 의

---

49 『해심밀경소』 247c3~12: 約眞實性 由眞實無性 故說無性者 此眞實性 更無別性 還卽前兩性之無 是眞實性 眞實是無相無生故 一切有爲法 不出此分 別依他兩性 此*二性旣眞實無相無生 由此理故 一切諸法 同一無性 此一無性 眞實是無 眞實是有 眞實無 此分別依他二有 眞實有 此分別依他二無 故不可說無 不可說有(*: 『해심밀경소』에는 三으로 되어 있지만 『삼무성론』에 따라 수정). 이 구절은 『삼무성론』 T31: 867c13ff.에 나온다.

타성에 지나지 않기 때문에, 진실성이란 분별성과 의타성이 무상·무생이라는 사실을 인식하는 것에 지나지 않는 것이다. 진제는 이를 '일체법이 하나의 무자성이란 점에서 동일하다'는 것으로 생각한다. 그렇지만 이어지는 문장, 즉 "此一無性 眞實是無 眞實是有 眞實無 此分別依他二有 眞實有 此分別依他二無"의 의미는 언뜻 이해하기 어렵지만 아마 다음과 같이 해석할 수 있지 않을까 한다. 진제는 '眞實是無'라면 분별성과 의타성 양자는 무가 된다고 이해한다. 앞 문장에서 진실이 무상·무생으로 설명되었기에, 여기서 진실을 무상·무생으로 대체한다면 '진실시무'는 '무상·무생이 바로 무'라는 의미가 될 것이다. 그렇다면 '眞實無 此分別依他二有'라는 의미는 '무상·무생의 무가 바로 분별성과 의타성 양자의 유'를 가리키는 것으로 해석할 수 있을 것이다. 마찬가지로 '眞實有 此分別依他二無'도 '무상·무생의 유가 바로 분별성과 의타성 양자의 무'로 해석할 수 있을 것이다.

만일 필자의 이러한 해석이 옳다면, 진제는 삼성을 제거한 후에 남아 있는 어떤 것이 있고, 이것을 하나의 존재론적 원리(一無性理)로서의 삼무성이라고 설정했다고 말할 수 있다. 원측은 『인왕경소』에서 이런 방식으로 하나의 진여와 관련하여 삼성을 버리고 삼무성을 세우는 것은 청변淸辨이 말하는 공성의 이치, 즉 '공리空理'에 지나지 않을 것이라고 비판하고 있다.[50] 그의 비판은, 진제와 같이 비안립제의 방식이건 아니면

---

50 『인왕경소』 17a13~b2: 西方諸師 分成兩釋 一者淸辨 *其遣三性 以立爲空 卽說空理 以爲無相 具如掌珍 … 眞諦三藏 如其次第 其遣三性 立三無性 一遣分別性 立分別無相性 二遣依他 立依他無生性 三遣眞實性 立眞實無性性 於一眞如遣三性故 立三無性 具如三無性論 是故眞諦大同淸辨 而差別者 淸辨菩薩 立而無當 眞諦師意 存三無性 非安立諦(*: 판본에 '其'로 되어 있지만 교감에 따라 '其'로 수정). 장규언(2010)은 청변과 진제의 설이 대략 비슷하다는 원측의 해석에 촉발되어 원측의 삼성·삼무성설을 논구하고 있는데, 관련된 원측의 자료를 포괄하고 있어 유용하다.

청변과 같이 공성이라는 원리이건, 궁극적인 것을 제법과 분리된 하나의 존재론적 원리로 설정하는 태도를 향하고 있다고 보인다. 이렇게 이해할 때, 우리는 원측이 진제설의 의도를 "하나의 진여(一眞如)에 대해 삼성을 제거함에 의해 [독립적으로 존재하는] 삼무자성을 긍정하려는 것"이며,[51] 나아가 "이런 삼무성을 하나의 무자성의 원리(一無性理)로 설정한 것"[52]이라고 주장한 이유를 이해하게 된다.

이제 우리는 원측이 어떤 점에서 진제의 제9 아말라식을 비판했는지에 대해 조금 구체적으로 접근하게 된다. 앞에서[53] 인용했듯이 진제는 하나의 진여(一眞如)에 대해 대상의 측면에서는 진여眞如나 실제實際라고 부르고, 인식 주체의 측면에서는 무구식無垢識이나 본각本覺이라고 부른다. 그런데 바로 이 일진여一眞如가 바로 일무성리一無性理라고 한다면,[54] 진제는 아말라식이 바로 일무성리로서 제법의 소멸 후에 얻어지는 독립된 어떤 존재론적 원리로 간주하는 것이다. 진제는 아말라식을 알라야식의 소멸 후에 증득되는 불변한 상태로 보고 있다. 그것은 알라야식 속에 있는 진여를 대상으로 하는 지智를 수습함에 의해 알라야식을 소멸시킬 수 있는 상태로서 간주되며, 그런 점에서 알라야

---

51 『해심밀경소』247c22~24: 此經意 卽依三性 立三無性 體卽三性 何故三無性論 於一眞如 立三無性; 248a6~9: 眞諦三藏云 於一眞如 遣三性故 說爲三種 無自性性 於中圓成實性 安立諦攝 三無性者 皆非安立.
52 『해심밀경소』247a2: 由三無性 應知是一無性理.
53 각주 19를 보라.
54 이에 대해서 장규언(2010: 각주 41)이 인용하는 길장의 『淨名玄論』의 구절은 매우 명확하다. 여기서 길장은 일체법이 공하기 때문에 무자성법조차 존재하지 않는다는 중관의 관점과 대척점에 있는 학설로서 섭론사와 유식론사들을 지적하면서, 그들이 삼성을 三無性理로서 인정하지 않을 뿐 아니라 삼무성리를 아말라식으로 해석하고 있다는 점을 지적하고 있다. 『淨名玄論』T38: 897b5~9: 論云 無性法亦無 一切法空故 知非假非性 畢竟淸淨 始名爲得 問此對何所爲耶 答凡有二義 一爲學攝大乘及唯識論人 不取三性爲三無性理 三無性理 卽是阿摩羅識 亦是二無我理.

식의 대치라고 설해진다.[55] 여기서 진제는 명시적으로 알라야식의 소멸, 즉 의타성의 소멸에 대해 말하고 있다.[56] 이 알라야식이 진여를 대상으로 하는 지智에 의해 소멸된 후에 증득되는 것이 바로 아말라식인 것이다. 하지만 이런 주장은 법상종 전통에서 의타성의 소멸은 인정되지 않고 단지 그것의 질적 전환(=轉依)만이 인정되고 있으며, 또 독립된 식체로서의 아말라식은 결코 인정될 수 없다는 사실과 상위할 것이다. 원측도 이 점에서 충실히 법상종의 전통에 따르고 있다는 것은 말할 나위도 없다.

마지막으로 아말라식의 존재론적 상태에 대해 간단히 언급하면서 논의를 마치고자 한다. 아말라식은 알라야식의 제거를 통해 증득되는 어떤 새로운 청정성의 경험인가? 아니면 원래 청정한 상태에 있는 것이 알라야식의 제거를 단초로 해서 현현하는 것인가? 진제는 이에 관해 후자의 입장을 취하는 듯하다. 왜냐하면 그는 7종 여여 중에서 식여여 識如如(현장 역의 '了別眞如')에 대한 설명에서 "분별성이 영원히 없기 때문에 의타성도 존재하지 않는다. 이 양자가 존재하지 않는 것이 바로 아말라식이다. 오직 아말라식이 변이함이 없기에 여여如如라고 부른다."[57]

---

55 『결정장론』 T30: 1020a28ff.: 如是阿羅耶識 而是一切煩惱根本 修善法故 此識則滅 聚在阿羅耶識中 得眞如境智 增上行故 修習行故 斷阿羅耶識 即轉凡夫性 捨凡夫法 阿羅耶識滅 此識滅故 一切煩惱滅 阿羅耶識對治故 證阿摩羅識 阿羅耶識 是無常 是有漏法 阿摩羅識是常 是無漏法 得眞如境道故 證阿摩羅識.

56 의타기상의 소멸에 대해 명시하는 경전은 『해심밀경』(SNS VII. 13)이다. 여기서 "그 [생무자성]에 대해 상무자성성과 승의무자성성으로서 믿을 때, 세간언설에 의해 훈습되지 않은 지 등에 의해 의타기상이 소멸한다."고 설해진다. 또 『변중변론』(MAV I. 4)은 "그 [허망분별]이 소멸하기에 해탈이 인정된다."고 말한다. 이와 관련하여 유식학은 性·相의 존재론적 구별을 의도하는 것은 아닌가 하는 생각이 들지만 본고의 범위를 넘어서기에 다루지는 않겠다. 이와 관련된 논의는 안성두(2005) 및 정호영(2010)을 참조할 것.

57 『삼무성론』 T31, 872a5~7: 由分別性永無故 依他性亦不有 此二無所有 即是阿摩羅識 唯有此識 獨無變異 故稱如如.

라고 말하고 있기 때문이다. 이것은 아마 「보살지」의 선취공의 설명에서 제시되었던 공성 속에 남아 있는 것을 가리킬 것이다. 이런 공성 속에 남아 있는 것이 미륵논서에서 궁극적인 것을 암시하는 것으로 받아들여진 데 비해, 『섭대승론』의 관점에서는 의타기에 지나지 않았을 것이다.

VI. 맺는 말

이상에서 우리는 원측의 『해심밀경』 「심의식상품」에 대한 주석을 중심으로 해서 그가 다른 학파들의 식설을 어떻게 비평하는지를 살펴보았다. 특히 식의 숫자에 관한 부분에서 원측은 청변과 보리유지, 진제의 식설을 언급하고 있다. 여기서 청변의 식설은 포용적으로 다루어지며, 보리유지의 경우도 큰 비판 없이 포용적인 태도로 다루고 있다. 반면 진제의 식설은 여섯 가지 점으로 구분하면서 매우 비판적으로 논의되고 있다. 여기서 원측이 유식학파의 창의적 개념인 알라야식의 '표준적' 해석에 따르고 있고, 그럼으로써 충실히 현장의 학설에 따르고 있다는 점은 의심할 여지가 없으며. 이 점에서 그의 입장은 기基의 그것과 크게 다르지 않다고 보인다.

청변에 대한 비판이 강하지 않은 이유는 인도의 대승논사에 대한 직접적 비판을 자제하려는 경향과 또한 그가 전통적인 6식설에 머물렀다는 점에 있었기 때문으로 보인다.[58] 반면 지론종에 속하는 보리유지의

---

58 또는 인도의 논사에 대한 직접적 비판이 거의 시도되지 않고 그들의 견해의 차이를 다른 각도에서 문제에 접근하고 있는 데서 찾으려는 것이 원측의 기본적인 입

식설이 결과적으로 8식에 의거하고 있다고 말하는 등 그에 대한 비판이 강력하지 않은 주 이유는 이미 그의 학설이 원측의 시대에는 힘을 잃었기 때문으로 보인다. 하지만 진제에 대한 강한 비판은 당시 진제의 이론이 현장의 유식학이 극복하고자 했던 잘못된 유식설로서 취급되었기 때문일 것이다.

본고에서는 진제의 아말라식이 가진 의미를 삼성설과의 연관하에서 조망하면서, 진제가 하나의 진여(一眞如)에 대해 삼성을 제거함에 의해 [독립적으로 존재하는] 삼무자성을 긍정하고, 또 독립된 원리로서 삼무성을 일무성리一無性理로 인식하는 태도를 원측이 어떤 의미에서 비판하는지를 보았다. 만일 진제의 이해에 따른다면 상相을 떠난 성性을 인정하는 것이 될 것이며, 이는 연기하는 사태를 떠나 연기의 원리를 세우려는 것이 될 것이다. 이것이 진제가 아말라식을 건립하려는 태도의 배후에 있는 의도라고 보는 것이지만, 이런 해석을 현장의 해석을 따르는 원측이 인정할 수 없다는 것은 말할 나위도 없을 것이다.

이런 진제설의 비판에 대해서는 원측은 자은과 하등 차이가 없었을 것이다. 그렇다면 원측의 해석에 대한 자은학파의 비판은 어떻게 이해되어야 하는 것인가의 문제가 남지만 이는 추후의 연구로 남겨 놓겠다.

_____

장인지도 모른다. 예를 들어 알라야식에 3성 모두를 배대하는가 또는 의타기성만을 배대하는가에 대한 세친과 무성의 차이에 대해 원측은 세친이 의타가 [삼성] 모두에 통한다는 관점에 서 있기 때문이고, 무성은 의타 자체에 대해서만 인정하기 때문에 모순이 없다는 해석이 그것이다. 『해심밀경소』 226a9~b1 참조.

참고문헌

瑜伽論記 T42 (遁倫)=韓國佛教全書(=HB) 13.

仁王經疏 韓國佛教全書 I. 서울, 1979.

解深密經 T676, vol. 16.

解深密經疏 韓國佛教全書 I. 서울, 1979.

MSg   攝大乘論 上 (長尾雅人), 東京, 1982.

MSgBh Theg pa chen po bsdus pa'i 'grel pa (Mahāyānasaṃgraha-Bhāṣya).
        sDe dge판 서장대장경, 東北目錄 No. 4050.

MSgU   Theg pa chen po bsdus pa'i bshad pa (Mahāyānasaṃgraha-
        Upanibandhana). sDe dge판 서장대장경, 東北目錄 No. 4051.

SNS   Saṃdhinirmocanasūtra (ed. E. Lamotte) Louvain 1935.

SNST   'Phags pa dGongs pa zab mo nges par 'grel pa'i mdo'i rgya cher 'grel
        pa (聖解深密經疏). 北京版 西藏大藏經 vol. 106, No. 5517.

N. Aramaki(荒牧典俊)(2000), "Toward an Understanding of the Vijñaptimātratā".
        Wisdom, Compassion, and the Search for Understanding, ed. Jonathan
        A. Silk, Honolulu.

E. Frauwallner(1951), "Amalavijñāna und Ālayavijñāna-Ein Beitrag zur
        Erkenntnislehre des Buddhismus". Beiträge zur indischen Philologie
        und Altertumskunde. Hamburg (reprint in: Erich Frauwallner.
        Kleine Schriften, hrsg. von Ernst Steinkellner, Wiesbaden 1982:
        637~648).

R. Kritzer(1999), Rebirth and Causation in the Yogācāra Abhidharma. Wiener

Studien zur Tibetologie und Buddhismuskunde Heft 44, Wien.

L. Schmithausen(1979), 「我見に關する若干の考察－薩迦耶見, 我慢, 染汚意」, 『佛敎學』 7.

_____(1987), *Ālayavijñāna: On the Origin and Early Development of a Central Concept of a Yogācāra Philosophy, Part I + II* (The International Institute for Buddhist Studies), Tokyo.

橘川智昭, 「『成唯識論了義燈』の圓測說引用における問題點」, 『印度學佛敎學研究』 47-1, 1998.

_____, 「円測による五性各別の肯定について－円測思想に対する皆成的 解釈の再検討」, 『佛敎學』 40, 1999.

_____, 「円測の真諦説批判」, 『불교학연구』 9, 2002.

吉村誠, 「摂論学派の心識説について」, 『驅澤大學校佛敎學部論集』 34, 2003.

_____, 「円測の三轉法輪説について」, 『불교학연구』 9, 2004.

남동신, 「현장의 인도구법과 玄奘像의 추이」, 『불교학연구』 20, 2008.

唐阿美, 『圓測의 解深密經疏 研究』, 동국대학교 대학원 박사학위논문, 1999.

백진순 옮김, 『인왕경소』, 동국대학교출판부, 2010.

석길암, 「地·攝論學派 교섭과 심식설의 착종」, 『불교학연구』 23, 2009.

안성두, 「유식문헌에서의 삼성설의 해석과 그 유형」, 『인도철학』 19, 2005.

오타케 스스무(大竹晋), 「지론종의 유식설」, 『지론사상의 형성과 변용』, 금강대학교 불교문화연구소편, 2010.

장규언, 「진제의 삼성·삼무성론에 대한 원측의 이해와 비판」, 『불교학보』 55,

2010.

정영근, 「『成唯識論了義燈』의 원측설 비판」, 『불교학연구』 3, 2001.

_____, 「一切衆生의 成佛에 대한 원측의 입장」, 『불교학연구』 5, 2002.

정호영, 「초기유식 삼성설의 두 형태와 불가분리성」, 『불교연구』 34, 2010.

기츠카와 토모아키, 「圓測思想의 재검토와 과제─一乘解釋의 논의를 중심으
로」, 『보조사상』 16, 2001.

4

원측과 티베트불교 – 쫑카빠의『꾼쉬깐델』을 중심으로
/ 이종철

〈선정 이유〉

● 이종철, 「원측과 티베트불교 – 쫑카빠의『꾼쉬깐델』을 중심으로」, 『정신
문화연구(신 한국학)』제33(3), 2010.9, pp.143~170.

선정 이유

이 논문은 신라 출신의 유식학승 원측의 『해심밀경소』에 의거하여 유식학을 이해한 티베트 학승 쫑카빠의 『꾼쉬깐델』을 중심으로 진제의 9식설 관련 부분을 검토하고 있는 점에 주목하여 선정하였다. 저자는 쫑카빠의 『꾼쉬깐델』에 인용된 원측의 『해심밀경소』를 실마리로 삼아 원측에서 쫑카빠로 이어지는 불교사상사의 한 단면을 살펴보고 있다.

저자는 현장이 한역한 『해심밀경』(674)에 대해 원측이 주석을 단 『해심밀경소』의 9식설 관련 부분에 대한 티베트 학승 쫑카빠의 『꾼쉬깐델』을 중심으로 두 사람 사이의 상통점과 상이점을 찾아내고 있다. 저자는 원측이 가한 진제의 7식에 대한 비판과 8식에 대한 비판, 그리고 9식에 대한 비판을 소개하면서 특히 9식에 대한 비판을 쫑카빠가 수용하는 측면과 수용하지 않는 측면을 구분해 제시하고 있다.

저자가 지적하고 있는 것처럼 진제의 7식·8식·9식에 대한 비판 중 특히 원측의 8식 비판에서 진제 자신의 한역인 『중변분별론』 제1장 세 번째 게송인 "본식 즉 알라야식이 생겨날 때 그 알라야식은 '감관(根=전5근), 인식대상(塵=6경), 자아(我=염오식=의근), 인식(識=6식)'으로, 즉 18계로서 현현한다(根塵我及識 本識生似彼)"에 의거하여 '본식本識'을 현장이 다시 '식識'으로 수정한 부분을 지적하여 진제와 현장의 이해의 차이를 밝혀내는 지점은 주목되는 부분이다.

저자는 쫑카빠가 9식설에 대한 소개 부분에서 원측의 『해심밀경소』를 전재全載하면서도 9식설 비판 부분에서 원측의 9식설 비판 부분을 거의 고려하지 않은 채 독자적인 비판을 개진하고 있다고 밝히고 있다. 저자가 쫑카빠의 『꾼쉬깐델』을 우리말로 번역하고, 췌둡(吳法成)의 티베트어 번역 『해심밀경소』의 교정본, 그리고 원측의 한문본 『해심밀경소』의 교정본을 상호 대조 작업을 통해 제시한 지점에서 이 논문의 의미와 학문적 가치를 찾을 수 있다.

〈요약문〉

이 논문은 쫑카빠의 『꾼쉬깐델』에 인용된 원측의 『해심밀경소』를 실마리로 삼아 원측이 티베트불교에 끼친 영향의 한 단면을 살펴보고자 하였다.

쫑카빠는 원측의 『해심밀경소』에 의거해서 진제眞諦의 9식설을 이해하고 있으며, 이 부분에 관해서는 전면적으로 『해심밀경소』를 인용한다. 그렇지만 『중변분별론』의 게송에 대한 메모, 『중관심론中觀心論』에 관한 기술은, 쫑카빠가 원측이 전해 주는 정보를 맹목적으로 인정하지는 않는다는 사실을 보여 준다. 관련 문헌이 등장할 때마다 쫑카빠는 티베트어 번역으로 당시 현존하고 있던 문헌들을 하나하나 대조해 보고 있으며 이러한 치밀한 고증 작업을 통해 원측이 전하는 정보의 정당성을 재음미하는 비판적 지식인의 면모를 보여 주고 있다.

쫑카빠의 비판적 태도는 9식설 비판에서 두드러진다. 9식설에 관한 소개에서 원측의 『해심밀경소』를 전재全載한 것과 달리, 9식설의 비판에 관련해서, 쫑카빠는 원측의 9식설 비판 부분을 거의 고려하지 않은 채 독자적인 비판을 개진한다.

이 논문에서는 위와 같은 결론을 도출해 내기 위해서, 『해심밀경소』 중 9식설에 관련된 부분의 전면 교정을 꾀했다. 쫑카빠의 『꾼쉬깐델』의 교정본과 우리말 번역을 꾀했고, 췌둡의 티베트어 번역 『해심밀경소』의 교정본, 그리고 원측의 한문본 『해심밀경소』의 교정본을 상호 대조 작업을 통해 제시해 보았다. 교정 작업을 통해 다음과 같은 사실이 드러났다. 첫째, 현존 한문본과 티베트어 번역 『해심밀경소』는 둘 다 텍스트의 불안정성이 두드러진다. 둘째, 췌둡의 번역은 비교적 한문 원문에 충실한 직역으로 9세기 초반에 전래된 한문 사본의 모습을 보여 주고 있다. 셋째, 『해심밀경소』의 완전한 텍스트 교정을 위해서는 현존 한문본과 췌둡의 티베트어 번역본의 끊임없는 상호 대조 작업이 필수이다.

I. 들어가는 말

원측圓測(613~696)의 『해심밀경소解深密經疏』는 현장玄奘(602~664)이 한역한 『해심밀경解深密經』(647년 번역)에 대해서 원측이 주석註釋을 단 주석문헌이다.[1] 『해심밀경소』는 모두 10권으로 이루어진 텍스트이지만, 18세기 후반에 필사된 현존 한문 사본에서는 제8권의 첫 부분과 제10권 전부가 결락된 상태로 일본의 속장경續藏經 제1편 34투套(1~7卷)·35투套(8~9卷), 만속장경卍續藏経 제21권 가운데 수록된다. 『한국불교전서』 제1권에 수록돼 있는 『해심밀경소』는 약간의 교감작업을 거쳤다고는 하나 속장경본을 거의 그대로 재수록한 것이고, 때로는 속장경본에는 없는 오자誤字까지 들어 있다.

주목할 만한 일은, 10권 한문본 『해심밀경소』의 전문이 9세기 초반에 돈황의 유명한 불교학자 췌둡(Chos grub 法成, 780?~860?)에 의해 티베트어로 전역되어, 이후 티베트대장경(Peking No.5517; Derge No.4016) 가운데 수장돼 있다는 사실이다. 일본의 불교학자 이나바 쇼쥬(稲葉正就)는 30년 이상의 세월에 걸쳐 『해심밀경소』의 현존 한문 사본과 티베트어 번역의 대조 연구를 수행한 뒤, 티베트어 번역으로부터 제8권의 첫 부분과 제10권 전부의 한문본을 복원하여 그 연구 성과를 『圓測解深密経疏

---

1 남무희, 『신라 원측의 유식사상 연구』(민족사, 2009), p.120 참조. 남무희는 681년 (지파가라가 西京으로 옮긴 해) 이후 690년(측천무후가 周를 세운 해) 이전을 『해심밀경소』의 찬술 시기로 상정한다.

散逸部分の研究』(1972)로 출판했다. 이나바 쇼쥬의 뒤를 이어 중국의
불교학자 관공觀空도 『해심밀경소』의 티베트어 번역으로부터 제10권의
한문본을 복원하였다.(1981) 이후 이나바 쇼쥬의 한문 복원본은 속장경
의 현존 판본과 더불어 『해심밀경소』의 전문으로서 『한국불교전서』 제
1권에 재수록되고, 관공의 한문 복원본은 『한국불교전서』 제11권에 재
수록된다.

티베트대장경 Peking판 『해심밀경소』의 후기(colophon)를 보면,

> 중국의 아짜리야(slob dpon, ācārya) Wen Tshig(=圓測)이 저술한 聖
> 解深密經疏(ārya-gambhīra-saṃdhinirmocanasūtra-ṭīkā)가 끝나다. 吉祥
> 대왕(dPal lha btsan po)(=렐빠쩬)의 명을 받들어 大譯師·比丘 Ḥgos
> Chos grub(管法成)이 한문본에서 번역한 뒤 교감 확정했다.(p.349,
> 1.3~4)

라고 쓰여 있으니, 『해심밀경소』의 티베트어 번역본은 티베트의 국왕 렐
빠쩬의 재위 기간(815~841) 즉 9세기 전반부에 티베트대장경에 수록된
셈이다. 학계의 연구를 참조해 보면,[2] 『해심밀경소』는 아마도 820년 전
후에 번역되었을 것으로 추정된다. 속장경에 수록된 『해심밀경소』의 모
태가 된, 일본 교토대 소장 장경서원본藏經書院本의 필사 연대가 '안영
安永 5년'(1776)이라는 사실을 고려해 보면, 지금 우리가 접할 수 있는
현존 한문 사본과 티베트어 번역 사이에는 거의 1천 년의 세월이 끼어
있음을 알 수 있다. 따라서 췌둡이 티베트어로 번역할 때 의거한 한문

---

2 췌둡의 생존연대 및 『해심밀경소』의 티베트어 번역 연대에 관해서는 吳其昱, 「大
   蕃國大德·三藏法師·法成傳考」, 『敦煌と中国仏教』講座敦煌 7(東京: 大東出版社,
   1984), pp.383~414 참조. 특히 p.402 참조.

본과 현존 한문 사본도 천 년의 세월만큼이나 많은 변모를 거쳤으리라고 미루어 짐작할 수 있다.

한편, 『해심밀경소』의 티베트어 번역이 이루어진 이후, 『해심밀경소』는 티베트 불교사상가들의 유식사상 이해에 많은 영향을 끼치게 된다. 유식사상은 중관사상과 더불어 대승불교의 한 축을 담당하고 있지만 티베트에서 유식사상 계통의 문헌은 중관사상 관련 문헌에 비해 적은 분량밖에 번역되지 않았다. 『해심밀경소』가 티베트 불교사상가의 주목을 받게 된 이유로, 원측 자신의 정심방대精深尨大한 학식을 들 수밖에 없지만, 그 이외에도 유식 관련 문헌이 부족했던 티베트 지식계의 굶주린 인식욕도 한몫을 했으리라고 생각한다.

원측의 『해심밀경소』가 티베트 불교사상계에 끼친 영향을 살펴볼 때, 우리는 그 대표적인 실례로, 티베트불교의 가장 유력한 종파인 게룩파(dGe lugs pa)의 창시자인 쫑카빠(Tson kha pa, 1357~1419)를 들 수 있을 것이다. 쫑카빠는 소위 현교 및 밀교 전 분야에 걸쳐 수많은 저서를 남긴 대사상가이지만 그의 저서 중 유식사상에 관련해서 학계의 주목을 끄는 저술로 『꾼쉬깐델』(yid dan kun gśihi dkah bahi gnas rgya cher hgrel pa)(Peking. No.6149, Derge. No. 5414)과 『렉쉐닝뽀』(dran ba dan nes pahi don rnam par hbyed pahi bstan bcos legs bśad sñin po)(Peking. No.6142, Derge. No.5396) 두 가지가 거론된다.

이미 학계에서 보고된 바 있지만,[3] 쫑카빠는 『꾼쉬깐델』에서 유식사상의 8식설을 지지하는 한편, 그 이외의 6식설이나 9식설을 소개하며 이를 부정하는데, 그 논거 대부분을 원측의 『해심밀경소』의 관련 부분에 의거하고 있으며, 『렉쉐닝뽀』에서는 『해심밀경』의 삼시법륜三時法輪에

---

3 長尾雅人, 「西藏における唯識学」, 『中観と唯識』(東京: 岩波書店, 1978), pp.413~425 참조.

관해서 상당 부분을 원측의『해심밀경소』에 의거해서 해석하고 있다. 이 논문은『꾼쉬깐델』에서 쫑카빠가 논거로 활용하고 있는 원측의『해심밀경소』의 관련 부분을 재검토하여, 원측에서 쫑카빠로 이어지는 불교사상사의 한 단면을 살펴보고자 한다.

II. 쫑카빠의『꾼쉬깐델』

『꾼쉬깐델』에서 9식설의 부정은 제3장(leḥu gsum pa)에서 이루어진다. 『꾼쉬깐델』제3장에서 쫑카빠가 비판하고 있는 9식설의 주창자는 인도 출신의 진제眞諦(499~569)이다.

쫑카빠는 먼저 췌둡의 티베트어 번역『해심밀경소』를 장문에 걸쳐 인용하면서 원측의『해심밀경소』에서 소개되고 있는 진제의 9식설을 제시한 뒤, 진제의 9식설에는 그 주장을 뒷받침할 만한 경전적 근거(敎證)나 논리적 근거(理證)가 없다고 해서 이를 부정한다.『해심밀경소』에서도 원측은 현장의 견해를 좇아 9식설을 비판하고 있는데, 특이하게도 쫑카빠는 원측의 9식설 비판 부분을 극히 일부분만 원용하고 전면적으로 채용하지는 않는다. 다시 말해서 쫑카빠의 9식설에 대한 대응 방식은, 9식설 소개는 원측의『해심밀경소』에 따르고 9식설의 비판은 쫑카빠 나름의 독자적인 비판 방식을 취하고 있다는 점에 그 특색이 있다고 볼 수 있는 것이다.

1. 『꾼쉬깐델』 중 9식설 관련 부분의 번역[4]

먼저 『꾼쉬깐델』 중 9식설 관련 부분을 필자 나름의 단락 나누기에 따라 소개하겠다.

(가)

세 번째 즉 9식신識身설의 부정에는 [상대편의 주장과 그것에 대한 부정] 2가지가 있다. 그 2가지 중 [첫 번째] 상대편의 주장(pūrvapakṣa)에 관해서는,

제7[識] 아다나식識, 3유형으로 설명되는 [제8識] 알라야식,
제9[識] 아말라식, [이와 같은 9識說]을 인정하는 것이
진제眞諦의 학설이다.

대승의 스승들은 식識의 다수설多數說 또는 소수설少數說을 취하는 데, [이 점에 관해서는] 중국의 스승(slob dpon)(=ācārya) 원측(wen tsheg)(= 圓測)의 설명에 따라 소개하겠다.

(나)(=『해심밀경소』 인용)

『해심밀경소』(dgoṅs ḥgrel gyi ḥgrel chen) 제5권[5]에는 [다음과 같이 쓰여

---

4 『꾼쉬깐델』의 저본으로 Tsul khrims skal bzaṅ·小谷信千代 共譯, 『ア―ラや識とマ
ナ識の研究―クンシ·カンテル―』(京都: 文榮堂, 1986) 권말에 실린 라싸(lha sa)판
을 사용하였다. 라싸판 52a6~54b3에 해당하는 부분이 9식설 관련 부분으로,
〈부론 1〉로 교정본을 제시하겠다. 교정본에서 라싸판은 'Lha'로 표시하고 췌둡의
티베트어 번역 『해심밀경소』는 'SNST'로 표시하였고, 양본의 대조하에서 교정본
이 이루어졌다. 교정자 본인의 주관적인 판단에 따라 교정이 필요하다고 인정될
시는 이를 별도로 표시하였다.
5 쫑카빠는 티베트어 번역 『해심밀경소』의 '제5권'을 출전으로 명시하지만 현존 티
베트대장경에서는 '제19권(bam po bcu dgu pa)'이 출전으로 되어 있다.

있다.]

여러 성문장聲聞藏에서는 식識은 6가지라고만 나와 있지 7가지나 8가지라고는 나와 있지 않다. [자세한 것은] 그 [성문장]에 설한 바와 같다.

이제 대승의 설을 살펴보면, 2가지 설이 있다.

첫 번째, 스승 용수龍樹 등은 식은 6가지라고만 설한다. 따라서 스승 청변淸辨(Bhavya)이 지은 『중관심론中觀心論』 중 「입진감로품入真甘露品」에는 "6식을 떠나 별개의 알라야식은 없다. 안식眼識 등의 6식에 포함되지 않기 때문이다. 마치 허공에 핀 꽃과 같다."라고 설해져 있다. 그러므로 그들의 학설에 따르면 [識에 관해서] 6식만 정립된다고 알아야 한다.

두 번째, 성자聖者 미륵彌勒의 학설은 『금광명경金光明經』 등[의 경전]에 의거해서 8식 전부를 정립한다. 그렇지만 이 [미륵의] 학설에 의거하여 인도의 스승들은 3가지 설을 취한다.

첫 번째 [설]을 말하면, 스승 보리유지菩提留支는 『유식론唯識論』에 의거해서 2가지 심心을 정립한다. [즉 보리유지는] "그중 첫 번째는 법성심法性心으로 그 [법성심]은 또한 진여眞如를 본질로 한다. 진여심眞如心을 본질로 하는 바로 이 [법성심]은 '심心'이라고 불리기도 하지만 능연能緣(인식 대상을 취하는 것)은 아니다. 두 번째는 상응심相應心으로 신신이나 탐貪 등의 심소心所와 상응한다. [즉 인식 대상을 취하는 마음(能緣心)이다.]"라고 설한다. 다시 말해서, 그 [相應心]은 유식唯識의 의意를 본질로 하기 때문에, 또한 유식의 식識을 본질로 하기 때문에 '의意'라 설해도, 또는 '식識'이라 설해도 모순은 없다는 말이다.

두 번째 설을 말하면, 스승 진제眞諦는 『결정장론決定藏論』에 의거해서 9식을 정립하는데 [『決定藏論』의] 「9식품九識品」에서 설하는 바와 같다.

그 경우에, '9식'이라 하더라도 안식眼識 등의 6식은 대체로 다른 논서에서 설하는 바와 같다.

제7[식]은 아다나(ādāna)식으로, 제8식을 '나' 혹은 '내 것'으로 집착하기 때문에 오직 번뇌장만을 지닐 뿐 법집法執은 없으며, [아다나識이 있는 한] 결코 성불할 수 없다.

제8[식]은 알라야(ālaya)식으로 이 [알라야식]도 3종류가 있다. 어떤 사람은 말하기를 "첫째인 자성自性알라야(解性梨耶)는 성불成佛을 뜻한다. 둘째인 과보果報알라야(果報梨耶)는 18계를 인식 대상으로 삼는데, 이 때문에『중변분별론송中邊分別論頌』에, [*메모: 티베트어 번역 중에는 보이지 않지만 漢譯에는 있음이 분명하다.]

감관, 대상, 자아, 그리고 인식 [이 4가지]는

[그것으로] 현현하는 [알라야]식으로부터 마치 그것인 것처럼 생겨난다고 설하고 있고, 따라서 이들 논서에 의거해서 제8[식]은 18계를 인식 대상으로 삼는다고 설하는 것이다. 셋째인 염오染汚알라야(染汚阿梨耶)는 진여라는 대상을 인식 대상으로 취해 4종류의 만慢을 일으킨다. 이 [염오알라야]는 법집法執이기는 하지만 인집人執은 아니다."라고, 스승 안혜(Sthiramati)의 학설에 의거해서 이상과 같이 설명한다.

제9[식]은 아말라(amala)식으로 진여 그 자체이다. 하나인 진여 그 자체에 2가지 뜻이 있는데, 첫째는 인식 대상으로서의 대상으로 '진여眞如' 또는 '실제實際' 등으로 불리는 것이고, 둘째는 인식 대상을 취하는 것으로 '무구식無垢識'으로 불리기도 하고 '본각本覺'으로 불리기도 하는 것이다. [아말라식에 관해] 자세한 사항은『9식장九識章』이나『결정장론』의「9식품」에서 설하는 바와 같다.

세 번째 [설]을 말하면, 스승 현장은 [8식만을 정립하는데]『입능가경』가운데 "제8식은 알라야식이다."라고 설해져 있기 때문이다.

그렇다면『대품반야경』등[의 반야부 경전]에서는 무엇 때문에 6식만을 설하고 있는가?

스승 호법護法은『성유식론成唯識論』에서 회석會釋해서 설하기를 "경전에서 6식을 설하고 있는 것은 [어떠한 대상에] 따라 [識이] 전변하는가 하는 관점[에서 6식을 설하는 것]이거나 혹은 [識의] 의지처인 6가지 인식기관에 따라 6[식]을 설하는 것이지, 식의 종류는 실제로는 8종이다."라고 한다.

스승 용수는 6식만을 설하고 있지 않은가?

실제로는 스승 용수는 제7[식]이나 제8[식]도 존재한다고 확신하고 있는 것이다.

(다)

위와 같이 [유식사상의 識論에 관한] 3가지 학설을 소개한 뒤, 원측 자신은 현장[의 학설]을 따른다.

[중관사상의 식론에 관해서] 스승 청변(legs ldan ḥbyed)[6]의 학설을 소개하고 있지만 현재 티베트어로 번역된『중관심론』가운데에는 알라야식을 그와 같이 [곧 원측이 설명하는 바와 같이] 부정하는 [구절은] 보이

---

6 淸辨을 티베트어로 번역할 때 췌둡은 'Bha-bya' 곧 산스크리트어 'Bhavya'로 옮기고 있는데, 쫑카빠는 췌둡의 번역어 'Bhavya'를 다시 통상의 티베트어 번역 'legs ldan ḥbyed'와 동일시하고 있다. 한역 淸辨은 산스크리트어로 환원하면 'Bhāviveka'이고, 'legs ldan ḥbyed'는 산스크리트어로 환원하면 Bhavya-viveka이다. 그렇다면 이 자료를 통해,『中觀心論』의 저자 淸辨의 산스크리트어 원명은 7세기(원측)의 'Bhāviveka', 9세기(췌둡)의 'Bhavya', 15세기(쫑카빠)의 'Bhavyaviveka'의 변화 과정을 겪고 있음을 알 수 있다. 이 자료는 淸辨의 산스크리트어 원명 및 변화 과정에 관한 에지마 야스노리(江島惠敎)의 가설을 지지하고 있다. 江島惠敎,「Bhāviveka/ Bhavya/ Bhāvaviveka」(江島惠敎,『空と中観』, 東京: 春秋社, 2003), pp.509~520 참조.

지 않고 장절章節의 이름도 그와 같이 [곧 '入眞甘露品'으로] 되어 있지 않다.

따라서 스승 원측의 [티베트어] 이름 ['rdsogs gsal']에 관해서, "『팡탕목록』(ḥphaṅ thaṅ gi dkar chag)에 '쫙쎌(rdsogs gsal)'이라고 나와 있기 때문에 아말라식을 [제]9[식]으로 인정한 것은 'rdsogs gsal'[곧 원측]이"라는 릭 뻬랄(Rig paḥi ral)의 설명은 옳지 않다. 'rdsogs gsal'[곧 원측]은 중국인이고 9[식설]을 취하는 것은 진제의 학설인데, 그 [진제]는 인도인이기 때문이다.

(라)

[두 번째] 이상과 같은 9[식]신설의 부정에 관해서는,

　　　8[식]신과는 별개의 근본식이 존재한다고 한다면,

　　　[그 근본식은] 상주하는 실재가 되기 때문에,

　　　9[식]신설은 [그 주장을 뒷받침하는] 근거가 없다.

8[식]신과는 별개의 근본식根本識(=pradhāna-vijñāna)이 존재한다고 한다면, [한편으로는] 상주常住하는 것이기도 하고 [다른 한편으로는] 실재(dṅos po)(=bhāva) [곧 無常한 法(dharma)이기도 한 [근본식이] 존재한다는 오류에 빠지게 된다. 왜냐하면 그 [근본식]은 [상주하는 것인 한] 유위有爲[法]이 아니며 [다른 한편으로는 識인 한] 인식 대상을 취하는 식[곧 유위법]이기 때문이다.

[근본식은] 8[식]신에는 속하지 않지만 유위[법]이라고 인정한다고 한다면, [그러한 주장은] 타당하지 않다. [근본식이 8식신에 속하지 않는 유위법이라고 한다면, 근본식은 마땅히 色法이나 心不相應行法이 되어야 하는데, 만약에 근본식이] 색色[法]이나 [심]불상응[행법]이라면 [근본식은] 대상을 인식한다는 점에서 모순이 생기며, [색법이나 심불

상응행법은] 심소心所도 아니며 심心도 될 수 없기 때문이다. 다시 말해서 8[識]신身에 속하지 않는 식이 [별개로] 존재한다는 설은 [그 설을 뒷받침해 주는] 올바른 교敎[證]과 이리[證]이 없기 때문에, 또한 제7식을 아다나식으로 [보는 설]은 여래의 경전과 모순되고 미륵의 논서 어느 곳에도 설해져 있지 않기 때문에, 또한 큰 수레(大車)인 형제(=아상가와 와수반두)의 교설도 아니며 그 [두 형제]의 학설을 올바른 인식 근거로 삼는 안혜(Sthiramati) 자신[의 학설]과도 일치하지 않기 때문에 [9식설은 성립할 수 없다.]

2. 『꾼쉬깐델』 9식설 관련 부분의 특기사항

(가)부분의 특기사항으로 다음과 같은 점을 들 수 있을 것이다.

첫째, 쫑카빠는 원측을 '중국인'으로 보고 있으며 신라 출신의 승려라는 사실을 전혀 모르고 있다. 둘째, 쫑카빠는 원측을 'slob dpon wen tsheg' 즉 '아짜리야(ācārya) 웬첵'으로 부르고 있는데, 이를 한자로 옮기면 '원측사圓測師'로 된다. 원측에 대한 호칭이 상당한 존칭이었음을 알 수 있다. 첫째와 둘째 사항은 췌둡이 원측을 '중국의 아짜리야 웬칙'으로 불렀던 것과 동일한 맥락으로 이해할 수 있겠다.

셋째, 쫑카빠는 9식설을 진제眞諦의 학설로 이해하고 있으며 그 문헌 근거를 원측의 『해심밀경소』에 두고 있다.

(나)부분은 췌둡의 티베트어 번역 『해심밀경소』를 전면적으로 인용한 것이기 때문에 쫑카빠의 생각이 개입될 여지는 없다. 그렇지만 진제의 한역 『중변분별론』에 나오는 게송 "根塵我及識 本識生似彼"에 대한 쫑카빠의 메모, 즉 "티베트어 번역 중에는 보이지 않지만 한역漢譯에는 있음이 분명하다."는 언급은 주목할 만한 가치가 있다. 이 게송은 산스크

리트어본『중변분별론』제1장 세 번째 게송에 해당하는데 산스크리트어 원문 게송에 나오는 '식識(vijñāna)'을 진제는 '본식本識(mūlavijñāna)' 곧 알라야식으로 한역하고 있다. 이후 현장은『변중변론』에서 진제의 번역어 '본식'을 정정해서 다시 '식'으로 바꿔 놓는다. 이 게송은 제8식 알라야식의 인식 대상이 18계 전체인가 아닌가 하는 문제와 관련해서 전거로 인용되는 중요한 게송이며, 따라서 진제와 현장의 한역에 얽힌 이야기는 별도의 치밀한 고찰이 필요하지만 여기서는 이 문제에 관해서 할애하기로 한다. 쫑카빠의 메모를 보면, 췌둡의 티베트어 번역은 원래 게송 중의 'snaṅ baḥi rnam par śes pa'가 'rtsa baḥi rnam par śes pa'로 돼 있었다가 후에 티베트어 번역『중변분별론』과 대조하여 'snaṅ baḥi rnam par śes pa'로 고쳤을 가능성을 시사해 주고 있으며, 또 한편으로는 쫑카빠가 티베트어 번역으로 당시 현존하고 있던 문헌들을 일일이 대조해 보는 등 치밀한 고증 작업을 하고 있음을 방증하고 있다.

(다)부분의 특기사항은 다음과 같다.

첫째, 쫑카빠가 보기에, (나)의 부분에서 소개된, 유식사상의 식론識論에 관한 3가지 학설 즉 보리유지, 진제 그리고 현장의 식론 가운데 원측은 현장의 식론을 따르고 있다.

둘째, 원측은『해심밀경소』에서, "청변清辨의『중관심론』중「입진감로품」에 '6식을 떠나 별개의 알라야식은 없다. 안식眼識 등의 6식에 포함되지 않기 때문이다. 마치 허공에 핀 꽃과 같다.'라고 설해져 있다."라고『중관심론』「입진감로품」에 관한 문헌 정보를 전해 주고 있다. 쫑카빠는 이러한 원측의 언급에 대해 티베트어 번역『중관심론』을 일일이 대조한 뒤, "현재 티베트어로 번역된『중관심론』가운데에는 알라야식을 그와 같이 [곧 원측이 설명하는 바와 같이] 부정하는 [구절은] 보이지 않고 장절章節의 이름도 그와 같이 [곧 '入真甘露品'으로] 되어 있지 않다."라고, 원측이 전해 준 정보가 잘못되었음을 지적한다.

청변의 『중관심론』은 한역된 일이 없기 때문에 원측은 아마도 현장으로부터 『중관심론』에 관한 정보를 들었을 터이고 이 정보를 출처 표시 없이 『해심밀경소』에 기록했을 것이다. 지금까지 학계에 보고된 바로는 '입진감로入真甘露'란 『중관심론』의 이명異名이고,[7] 『중관심론』의 제5장 「입유가행진실결택入瑜伽行眞實決擇」 가운데 유식사상에 대한 비판이 개진되고 있다.[8] 『중관심론』의 제5장에서, 원측이 제시한 바와 같은 청변의 논증식은 확인할 수 없는 것이 사실이기 때문에 쫑카빠의 지적은 전적으로 옳다. 그렇지만, 명시적인 형태는 아니라고 하더라도 내용상 알라야식에 관련된 언급(특히 『中觀心論』의 제5장 제41게송 부분)과 부정이 나오기 때문에, 청변이 알라야식을 부정했다는 원측의 정보는 부분적으로 일리가 있다고 할 수 있다.

셋째, 쫑카빠는 원측의 중국식 이름 '웬첵(Wen tsheg)' 이외에 『팡탕목록』에 나오는 원측의 티베트식 이름 '족쎌(rdsogs gsal)'을 소개하고 있다.

(라)부분은 9식설에 대한 쫑카빠의 비판을 개진하고 있다. 9식설은 그 설을 뒷받침해 주는 경전적 근거와 논리적 근거가 없기 때문에 성립할 수 없다고 보는 것이 쫑카빠의 기본 논지이다.

첫째, 쫑카빠는 8식설의 입장을 견지하며, 만약 8식 이외에 별도로 아말라식과 같은 제9식을 인정하게 되면 그 제9식은 '상주하는 무상한 현상' 곧 '상주법常住法'이 돼 자기모순에 빠진다고 9식설을 비판한다. 이는 『해심밀경소』에서 원측이 개진하고 있는 9식설 비판 논리가 아니고 쫑카빠 나름의 독자적인 9식설 비판으로, 기본적으로 아비다르마 불교

---

7 江島惠教, 『中觀思想の展開－Bhāvaviveka研究』(東京: 春秋社, 1980), p.263.
8 『中觀心論』의 제5장 「入瑜伽行眞實決擇」의 연구에 관해서는 山口益, 『仏教における無と有との対論』(東京: 山喜房, 1941) 참조.

시대 이래 인도불교에서 익숙한 법상法相 체계에 근거한 비판이다.

둘째, 진제의 9식설은 알라야식의 또 다른 이름 '아다나식'을 제7식으로 상정하는 데 그 특색이 있지만, 쫑카빠는 그 어떠한 경전에도, 미륵·무착·세친의 유식 논서 그 어느 곳에도 '아다나식'을 제7식으로 상정하는 구절이 없다고 비판한다. 한 가지 주목할 만한 점은 그와 같이 아다나식을 제7식으로 상정하는 학설은 안혜(Sthiramati)의 학설과도 상치된다고 쫑카빠가 지적하고 있는 일이다. 원측은『해심밀경소』에서, 진제의 9식설에서 제8 알라야식을 해성리야解性梨耶, 과보리야果報梨耶 그리고 염오리야染汙梨耶의 3유형으로 나누는 것은 안혜의 학설에 따른 것이라고 평하고 있다. 원측이 아다나식을 제7식으로 상정하는 것까지 안혜의 학설에 따른 것으로 보고 있는지는 명확하지 않다. 그렇지만 안혜의 저서 중 티베트어 번역『유식삼십송석釋』이나『중변분별론석소釋疏』를 이미 익혔을 쫑카빠가 9식설의 핵심 부분에 대해서 '안혜의 학설과 상치'된다고 내리는 평은 원측의 평이 과연 정당한 것인가 그 정당성을 의심하게 만든다. 그뿐만 아니라 세친-안혜-진제로 이어지는 유식사상의 한 계보를 설정하는 가설 자체의 정당성도 다시 한 번 되묻지 않을 수 없게 만든다. 쫑카빠의 평에 따른다면 안혜에서 진제로 이어지는 유식사상의 한 갈래는 상정될 수 없기 때문이다.

Ⅲ. 원측『해심밀경소』의 9식설 관련 부분 검토

앞 장에서 살펴본『꾼쉬깐델』의 (나)부분은 전적으로 췌둡의 티베트어 번역본『해심밀경소』를 인용한 것이다. 그렇다면 췌둡의 티베트 역본은 원측의 한문본 『해심밀경소』를 충실하게 재연한 것인지 그 정당성 여부를 검토하지 않을 수 없다. 그렇지만 현존 한문 사본과 티베트어 번역본 사이에 놓인 천 년의 세월을 감안할 때 어느 한쪽만의 절대적 신뢰는 『해심밀경소』의 학문적 이해를 저해할 뿐 결코 고문헌을 다루는 올바른 태도로 받아들일 수 없는 노릇이다. 따라서 여기서는 『해심밀경소』의 학문적 이해를 위한 기초 작업으로서, 췌둡의 티베트어 번역본 『해심밀경소』의 교정본을 제시하는 한편,[9] 그 교정본과 대조하면서 한문본 『해심밀경소』의 교정본을 꾀해 본다.

1. 한문본 『해심밀경소』의 9식설 관련 부분의 교정본[10]

[0240b05] 廣慧當知。於六趣生死彼彼有情眾中 或在卵生 或在胎生 或在濕生 或在化生 身分生起。

[0240b07] 釋曰。自下第二對問正答。此心意識即是八識故 今先辨八識差別 後方正釋心意識義(SNST:義=差別相)。八識差別 略辨六義。一種數多少。二釋名字。三出體性。四所依根。五所緣境。六心所相應。

[0240b11] 言種數(SNST:種數=種數多少)者。

9　췌둡의 티베트어 번역본 『해심밀경소』의 교정본은 〈부록 2〉로 싣는다. 교정 시 저본으로 Derge판과 Peking판을 사용하였으며, 그 외 〈부록 1〉로 제시한 쫑카빠의 『꾼쉬깐델』의 9식설 관련 부분 교정본을 참조하여 부분적인 추가 교정을 시도하였다. 『꾼쉬깐델』은 'KG'로 표시한다. 관련 부분은 P.251b5~254b5; D.213b7~216b1.

10　만속장경본 『해심밀경소』는 'GS'로, 금릉각경처본 『해심밀경소』는 'JS'로, 한국불교전서본 『해심밀경소』는 'HS'로 표기한다. 여기서는 CBETA를 이용하기 위한 편의상 만속장경본의 쪽수 및 행수를 사용하겠다. 교정의 기준으로 췌둡의 티베트어 번역본을 사용했는데 이는 'SNST'로 표기한다. 관련 부분은 『만속장경』(제21권, 240b5~241a9); 『한불전』(제1권, 217b3~218b2).

⑴ 諸聲聞藏 但說六識 而無七八。具如諸敎。

⑵ 今依大乘 自有兩釋。

(2-1) 一龍猛等 但說六識。是故淸辨菩薩所造中觀心論入眞甘露品云 離六識外無別阿賴耶識 眼等六識所不攝故 猶如空華。故知彼宗唯立六識。

(2-2) 二彌勒宗 依金光明等 具立八識。然依此宗 西(HS:西=四)方諸師 有其三說。

(2-2-1) 一菩提留支 依唯識論(acc. to SNST; GS·HS:依唯識論=唯識論云) 立二種心。[11] 一法性心。眞如爲體。此卽眞如心之性故 名之爲心 而非能緣。二相應心。與信貪等心所相應。解云。唯識(acc. to SNST·JS; GS,HS:唯識=唯釋)意之性故 識之性故 亦名意識 於理無違。

(2-2-2) 二眞諦三藏 依決定藏論 立九識義 如九識品說。

言九識者。眼等六識 大同餘(acc. to SNST; GS·HS:餘=識; JS:餘=攝)論。

第七阿陀那 此云執持。執持第八爲我我所。唯煩惱障 而無法執。

定不成佛。

第八阿梨耶識 自有三種。

---

11 心有二種。何等爲二。一者相應心。二者不相應心。相應心者。所謂一切煩惱結使受想行等諸心相應。以是故言心意與識及了別等義 一名異故。不相應心者。所謂第一義諦常住不變自性淸淨心故言三界虛妄但是一心作。是故偈言。唯識無境界故。(보리유지 역『유식론』,『대정장』제31권, 64b24~29).『유식론』은 세친의 저서『유식이십론』에 대한 보리유지의 한역이다. 진제나 현장의 한역에는 이 구절이 없고, 현존 산스크리트어 원전에도 이 구절이 없다. 그렇다면 원측의 언급과 더불어서 생각해 볼 때, 현『유식론』의 이 구절은 실제로는 번역이 아니라 보리유지의 해설 부분일 것이고 그것이 후세에 번역문에 삽입된 것으로 추정할 수 있겠다.『유식론』은 현재의 한역대장경에서는 반야유지의 번역으로 되어 있지만, 실제는 이미 학계에서 정설로 굳어져 있듯이 보리유지의 번역이다.

一解性梨耶。有成佛義。二果報梨耶。緣十八界。故中邊分別偈云。[12]

　　根塵我及識。

　　本識生似彼。

依彼論等說 第八識緣十八界。三(HS:三=二)染汙阿梨耶。緣真如境起四種謗(SNST:謗=慢)。[13] 即是法執 而非人執。依安慧宗 作如是說。

第九阿摩羅識 此云無垢識。真如為體。於一真如 有其二義。一所緣境。名為真如及實際等。二能緣義。名無垢識 亦名本覺。具如九識章及(acc. to SNST; GS·JS:及=引)決定藏論九識品中說。

(2-2-3) 三大唐三藏 依楞伽等及護法宗 唯立八識 不說第九。破清辨云 所立量中 便有自教相違之失。楞伽等經 皆說第八阿賴耶故。

(3-1) 問。若爾 如何大品經等 唯說六識。護法會釋 如成唯識第五卷說 然有經中說六識者 應知彼是隨轉理門 或隨所依六根說六而識類別 實有八種。

(3-2) 問。豈不龍猛唯立六耶。解云。據實 龍猛等信有七八 位在極喜大菩薩(SNST.菩薩=涅槃)故。而彼論中說六識者 述大品經等意

---

12 Cf. 舊云 根塵我及識本識生似彼者。不然。所以者何。非是本識能緣變我及與識也。若許變者。即違彼舊論長行。長行自釋云。似我者。謂意識與我見無明等相應故。似識者。謂六種識此猶不然。應言變爲所了。所了者。謂六境。相麤故。若許緣我識者。又違瑜伽決擇說阿賴耶識緣有根身相名分別種子及器世間。此則違敎。若違理者。應所緣心不能緣慮。相分心故。如化心等。又緣我者。第八本識應許亦與見癡相應。入見道等無漏觀時。此識應轉。違無漏故。由此理故。舊頌說非。長行乃是。然眞諦法師似朋一意識師意。所以頌中但言本識。長行乃別開之。餘釋頌文。長行自屬。不勞煩。(규기,『변중변론술기』,『대정장』제44권, 3b2~14).

13 Cf. 諸法無言說故。於無言說中強立言說。故名戲論。言說有四種。即是四謗。若說有。即增益謗。若說無。即損減謗。若說亦有亦無。即相違謗。若說非有非無。即戲論謗。菩薩得無分別智。不可以言說顯示故。稱無戲論無分別。(진제 역,『섭대승론석』,『대정장』제31권, 244a3~8).

故不相違。

(4) 真諦師說九種識中 後之三識 皆有多失。(SNST.真諦師…皆有多
失: "slob dpon yaṅ dag bden pas rnam par śes pa ni dguḥo ṣes bśad pa yaṅ/
bar daṅ ri rab kyi sde snod gsum po de dag (?) la skyon maṅ du yod de/")

(4-1) 且如第七 有二種失。一阿陀那者 第八異名 而非第七。故此
經等 說第八識 名阿陀那。二義相違。所謂唯煩惱障 便違此經八
地已上有染末那。或不成佛 違莊嚴論等轉八識成四智義也。

(4-2) 第八賴耶 能起法執 或云緣十八界 皆不應理。心所法中 無
明無明數 如何得與法執俱起。又新翻辨中邊論云。頌曰。

識生變似義　　有情我及了
此境實非有　　境無故識無

[0241a01] 長行釋云。論云變似義者 謂似色等諸境性現。變似有
情者 謂似自他身五根性現。變似我者 謂染末那與我癡等恒相應
故。變似了者 謂餘六識了相麤故。具說如彼。故知第八不緣心等。
若廣分別 如成唯識也。

(4-3) 又真諦云 阿摩羅識反照自體 無教可憑。復違如來功德莊嚴
經。彼云。

如來無垢識　　是淨無漏界
解脫一切障　　圓鏡智相應

准經可知 無垢識者即是淨分第八識也。又決定藏論即是瑜伽 彼
論本無九識品也。

2. 원측의 9식설 비판

진제의 9식설에 대한 원측의 비판은 위에서 제시한 교정본 (4)단에서 이루어진다. 내용을 살펴보면 원측의 비판이 진제가 상정한 제7식, 제8식 그리고 제9식에 초점이 맞추어져 있음을 볼 수 있다.

먼저 (4-1)부분에서는, 진제의 제7식에 대한 비판이 이루어지는데 그 요점을 살펴보면 다음과 같다.

첫째, 아다나식은 제8식의 이명이기 때문에 제7식을 아다나식으로 상정하는 것은 잘못이다. 이 점은 유식사상 관련 논서에 자주 등장하는 상식에 속하는 사항이므로 쫑카빠도 익히 알고 있는 사안이었을 것이고 『꾼쉬깐델』에서도 진제의 9식설에 대한 비판의 한 축을 담당한다.

둘째, 진제는 제7식은 오직 번뇌장만을 지닐 뿐 법집은 없다고 주장하지만 이는 『해심밀경』에서 "8지 이상[의 보살]에게 염오의染汚意가 있다."라고 설하는 바와 모순되고, 제7식이 있는 한 성불할 수 없다고 하지만 이는 『대승장엄경론』의 전식득지설轉識得智說과 모순된다. 둘째 사항에 관해서, 원측의 의도를 정확하게 파악하기는 힘들다. 『해심밀경』에 과연 이런 취지의 구절이 있는지 확인할 수 없고, 도대체 무슨 뜻에서 『대승장엄경론』을 인용하는지 필자의 식견으로는 이해할 수 없기 때문이다. 당분간 문제거리로 남겨둘 수밖에 없다.

(4-2)부분에서는, 진제의 제8식에 대한 비판이 이루어진다.

첫째, 진제는 세 번째 알라야식인 염오알라야(染汗阿梨耶)가 법집을 일으킨다고 하지만 알라야식은 촉觸·수受·상想·사思·작의作意의 변행심소遍行心所와 상응할 뿐 무명無明 등 다른 심소心所하고는 상응하지 않는다.

둘째, 진제는 두 번째 알라야식인 과보알라야(果報梨耶)가 18계를 인식 대상으로 취한다고 주장한다. 이 주장은 진제 자신의 한역 『중변분별론』의 제1장 세 번째 게송 "根塵我及識 本識生似彼"에 의거한 것이다. 이 게송은, "본식本識 즉 알라야식이 생겨날 때 그 알라야식은 감관(根=前5根), 인식 대상(塵=6境), 자아(我=染汚意=意根), 인식(識=6識)으로, 즉 18계로서 현현한다."는 뜻이다. 그렇지만 산스크리트어본에 보이는 전체 게송은 다음과 같다.

"arthasattvātmavijñaptibhāsaṃ prajāyate/

vijñānaṃ nāsti cāsyārthastadabhāvāttadapyasat//"

진제의 번역어 '본식本識'은 산스크리트어본에서는 단지 'vijñāna' 즉 '식識'으로만 되어 있을 뿐이다.

한편, 현장은 진제의 한역을 "識生變似義 有情我及了"로 수정한다. 현장의 이 게송에 대한 해석에 따르면, 알라야식은 감관(有情=前5根)과 인식 대상(義=6境)으로, 제7식인 마나식은 자아(我=意根)로, 전6식은 인식(了=6識)으로 현현하는 것이기 때문이다. 진제와 현장의 이해가 전혀 다르다는 것을 알 수 있다.

원측은 현장의 해석을 지지하는바, 현장 해석의 문헌적 근거를 『성유식론』및『유가사지론』「섭결택분」에서 찾는다. 즉 제8식 알라야식은 유근신有根身, 상명분별종자相名分別種子, 기세간器世間만을 인식 대상으로 삼을 뿐 염오의染汚意(곧 意根)나 6식識 곧 마음이나 심리현상을 인식 대상으로 삼지는 않는다고 보는 것이다.

셋째, 원측은 진제의 첫 번째 알라야식 곧 자성알라야(解性梨耶)에 관해서는 가타부타 아무런 언급도 하고 있지 않다. 아무런 비판도 가하지 않고 있다는 것은 긍정을 뜻하는 것이 아닐까? 이 점도 문제거리로 남겨 놓는다.

(4-3)부분에서는, 진제의 제9식에 대한 비판이 행해지는데 그 요점은 다음과 같다.

첫째, 진제는 아말라식이 한 면으로는 인식 주관(能緣)이지만 다른 한 면으로는 인식 대상(所緣)이기 때문에 '자기 자신을 돌이켜 비춘다'고 하지만, 이는 아무런 경전적 근거도 없다. 『여래공덕장엄경』과 같은 경전에 의거하면 아말라식 곧 무구식은 제8식과 별개의 제9식이 아니라 제8식의 정분淨分을 뜻하기 때문이다.

둘째, 진제는 『결정장론決定藏論』의 「9식품九識品」에 의거해서 아말라식을 제8식과 별개의 것으로 인정한다고 하지만, 『결정장론』은 『유가사지론』을 가리키며 『유가사지론』에는 「9식품」이 없다. 따라서 진제의 9식설은 경전적 근거가 없다.

Ⅳ. 나가는 말

종카빠의 『꾼쉬깐델』에 인용된 원측의 『해심밀경소』를 실마리로 삼아 원측에서 종카빠로 이어지는 불교사상사의 한 단면을 살펴보았다.

티베트에서 원측은 중국인으로 통하고 있었다. 췌둡의 티베트어 번역 『해심밀경소』에서 원측의 중국식 이름은 'Wen chig'으로 종카빠는 'Wen tsheg'으로 부르고 있으며, 한편 원측의 티베트식 이름은 『팡탕목록』에 나오듯이 'rDsogs gsal'로 표기된다. 종카빠는 원측을 호칭할 때 'slob dpon' 즉 '스승(ācārya)'으로 부르고 있는데, 이러한 호칭을 통해서 원측을 상당히 존중했음을 알 수 있다.

종카빠는 원측의 『해심밀경소』에 의거해서 진제眞諦의 9식설을 이해하고 있으며 이 부분에 관해서는 전면적으로 『해심밀경소』를 인용한다. 그렇지만 『중변분별론』의 게송에 대한 메모, 『중관심론』에 관한 기술은,

쫑카빠가 원측이 전해 주는 정보를 맹목적으로 인정하지는 않는다는 사실을 보여 준다. 관련 문헌이 등장할 때마다 쫑카빠는 티베트어 번역으로 당시 현존하고 있던 문헌들을 하나하나 대조해 보고 있으며, 이러한 치밀한 고증 작업을 통해 원측이 전하는 정보의 정당성을 재음미하는 비판적 지식인의 면모를 보여 주고 있는 것이다.

쫑카빠의 비판적 태도는 9식설 비판에서 두드러진다. 앞서 9식설에 관한 소개에서 원측의『해심밀경소』를 전재全載했던 것과 달리 9식설의 비판 부분은 원측의 9식설 비판 부분을 거의 고려하지 않은 채 독자적인 비판을 개진하고 있기 때문이다. 9식설에 관해서 아무런 정보도 없었던 탓에 쫑카빠로서는 원측의『해심밀경소』에서 9식설에 관한 정보를 취합할 수 있었지만 9식설에 대한 비판까지 원측의 입장에 동조할 수는 없었던 그 어떤 사정이 있지 않았을까 추정해 본다.

이 논문에서는 위와 같은 결론을 도출해 내기 위해서,『해심밀경소』중 9식설에 관련된 부분의 전면 교정을 꾀했다. 쫑카빠의『꾼쉬깐델』교정본과 우리말 번역을 꾀했고, 췌둡의 티베트어 번역『해심밀경소』교정본, 그리고 원측의 한문본『해심밀경소』의 교정본을 상호 대조 작업을 통해 제시해 보았다. 교정 작업을 통해 다음과 같은 사실이 드러났다. 첫째, 현존 한문본과 티베트어 번역『해심밀경소』는 둘 다 텍스트의 불안정성이 두드러진다. 둘째, 췌둡의 번역은 비교적 한문 원문에 충실한 직역으로 9세기 초반에 전래된 한문 사본의 모습을 보여 주고 있다. 셋째,『해심밀경소』의 완전한 텍스트 교정을 위해서는 현존 한문본과 췌둡의 티베트어 번역본의 끊임없는 상호 대조 작업이 필수이다.

〈부론 1〉 쫑카빠의 『꾼쉬깐델』 중 9식설 관련 부분 교정본

(가)

gsum pa rnam śes tshogs dgur ḥdod pa dgag pa la gñis las/ phyogs sṅa ma ni/

bdun pa len paḥi rnam śes daṅ/
/kun gṣi gsum du ḥchad pa daṅ/
/dgu pa dri med rnam śes su/
/ḥdod pa yaṅ dag bden paḥi lugs/

/ ḥdir theg pa chen poḥi slob dpon rnams rnam śes graṅs maṅ ñuṅ du ḥdod pa rnams rgyaḥi slob dpon wen tsheg gis bśad pa ltar dgod do//

(나)

de yaṅ dgoṅs ḥgrel gyi ḥgrel chen bam po lṅa pa(Lha.lṅa pa=don lṅa pa) las/

ñan thos kyi sde snod rnams las rnam par śes pa ni drug kho naḥo(SNST. naḥo=na) ṣes ḥbyuṅ gi bdun daṅ brgyad ces pa(SNST. omits 'pa') ni mi ston te de ñid(SNST. inserts 'ṣib tu ni' before 'de ñid') las bstan pa bṣin no//

ḥdir theg pa chen poḥi bstan pa daṅ sbyar na bśad pa rnam pa gñis yod de/

de la daṅ po ni slob dpon klu sgrub la sogs pas(Lha. pas=pa) rnam par śes pa ni drug kho naḥo ṣes bśad de/ deḥi phyir slob dpon bha byas mdsad paḥi bstan bcos dbu maḥi(Lha. maḥi=ma) sñiṅ poḥi naṅ nas de kho na ñid kyi bdud rtsi la ḥjug paḥi leḥu las rnam par śes pa drug las gud na gsan kun gṣi rnam par śes pa med de/ mig la sogs paḥi rnam par

śes pa drug gis ma bsdus paḥi phyir nam mkhaḥi me tog daṅ mtshuṅs

so(Lha. so=pa) ṣes bśad do//(SNST. do//=pas) deḥi phyir de dag gi gṣuṅ gis

rnam par śes pa drug kho na rnam par bṣag par rig par byaḥo//

    gñis pa ḥphags pa byams paḥi gṣuṅ gis ni/ ḥphags pa gser ḥod dam

paḥi mdo sde la sogs pa la brten nas rnam par śes pa brgyad tshaṅ bar

ḥjog paḥi(SNST. paḥi=pas) gṣuṅ ḥdi(Lha. omits 'ḥdi) la brten nas/ rgya gar

yul paḥi slob dpon rnams rnam pa gsum du bśad de/

    daṅ po ni/ slob dpon bo dhe(Lha. dhe=de) leḥu cis(Lha. cis=ces) bstan

bcos rnam par rig pa tsam du grub pa la brten nas sems rnam pa gñis

rnam par ḥjog go// de la daṅ po ni chos ñid kyi sems te de yaṅ de bṣin

ñid kyi ṅo bo ñid do//(SNST. do//=de/) de bṣin ñid kyi sems kyi(Lha.

omits 'sems kyi') ṅo bo ñid ḥdi ñid la sems ṣes bya yaṅ dmigs pa can ni

ma yin no// gñis pa ni mtshuṅs par ldan paḥi sems te dad pa daṅ ḥdod

chags la sogs paḥi sems las byuṅ ba rnams daṅ mtshuṅs par ldan paḥo

ṣes bśad de/ de ni ḥdi skad du rnam par rig pa tsam gyi yid kyi ṅo bo

ñid yin paḥi phyir daṅ/ rnam par rig pa tsam gyi yid kyi ṅo bo ñid yin

paḥi phyir/(Lha. omits 'daṅ/ rnam par rig pa tsam gyi yid kyi ṅo bo ñid yin paḥi

phyir/') yid daṅ rnam par śes pa ṣes bśad kyaṅ ḥgal ba med do ṣes bya

baḥi tha tshig go //

    gñis pa ni/ slob dpon yaṅ dag bden pas rnam par ṅes paḥi mdsod ces

bya baḥi bstan bcos la(SNST.la=las) brten nas rnam par śes pa dguḥi(SNST.

dguḥi=rnam pa dguḥi) don ḥjog ste/ rnam par śes pa dguḥi(SNST.

dguḥi=rnam pa dguḥi) leḥu las bstan pa bṣin no//

    de la rnam par śes pa dgu ṣes bya ba yaṅ mig la sogs paḥi rnam par śes pa drug ni phal cher bstan bcos gźan dag las bśad pa daṅ(SNST. daṅ=daṅ yaṅ) mthun no//

bdun pa ni len paḥi rnam par śes pa ste brgyad pa la bdag daṅ bdag gir ḥdsin pas ñon moṅs pa kho naḥi sgrib pa daṅ ldan gyi chos kyi ḥdsin pa ni med de ṅes par saṅs rgyas su mi ḥgrub bo//

brgyad pa ni kun gźi rnam par śes pa ste ḥdi yaṅ rnam pa gsum mo// kha cig na re/

daṅ po ṅo bo ñid kyi kun gźi ni saṅs rgyas su(Lha. omits 'su') ḥgrub paḥi don daṅ ldan paḥo//

gñis pa rnam par smin paḥi kun gźi ni khams bco brgyad po dag la dmigs pa ste deḥi phyir bstan bcos dbus daṅ mthaḥ rnam par ḥbyed paḥi tshig leḥur byas pa las/ [*Tsong-kha-pa's Note: ḥdir bsgyur ba las mi snaṅ yaṅ rgya nag tu ḥgyur ba la yod par gsal]

dbaṅ po don daṅ bdag rnam rig /

/snaṅ baḥi rnam par śes pa las/

/de daṅ ḥdra bar rab tu(SNST. omits 'rab tu') skye/

/ṣes ḥbyuṅ bas bstan bcos ḥdi dag la sogs pa la brten nas brgyad pa khams bco brgyad la dmigs par byed do ṣes bśad do//

gsum pa kun nas ñon moṅs paḥi kun gźi ḥdi ni de bṣin ñid kyi yul la dmigs nas ṅa rgyal rnam pa bṣi ḥbyuṅ ste/ de ni chos su(Lha. omits 'su') ḥdsin pa yin gyi gaṅ zag tu ḥdsin pa ni ma yin(Lha. ma yin=min) no ṣes slob dpon blo brtan(SNST. brtan=brten) gyi gṣuṅ la brten nas de skad du ḥchad do//

dgu pa ni dri ma med paḥi rnam par śes pa ste de bṣin ñid kyi bdag ñid do// de bṣin ñid kyi bdag ñid gcig la don gñis daṅ ldan pas/ daṅ

po ni dmigs par bya baḥi yul te/ de bṣin ñid daṅ yaṅ dag paḥi mthaḥ
ṣes bya ba la sogs paḥo// gñis pa ni dmigs par byed paḥi don(Lha. paḥi
don=pa) ste de ni dri ma med paḥi rnam par śes pa ṣes kyaṅ bya gzod
ma nas rig pa ṣes kyaṅ bya ste ṣib tu rnam par śes pa dgu bstan pa daṅ/
bstan bcos rnam par ṅes paḥi mdsod kyi naṅ nas rnam par śes pa dgu
bstan paḥi leḥu las ḥbyuṅ ba bṣin no ṣeḥo//

gsum pa ni/ slob dpon hyan tsaṅ gis de[14] ḥphags pa laṅ kar gśegs
paḥi mdo kun las brgyad pa ni kun gṣi rnam par śes paḥo ṣes gsuṅs
paḥi phyir ro//

gal te de ltar na ciḥi phyir śes rab kyi pha rol tu phyin paḥi mdo leḥu
chen po la sogs pa las rnam par śes pa ni drug kho naḥo ṣes gsuṅs/
slob dpon chos skyoṅ gi bstan bcos rnam pa rig pa tsam du grub pa las/
brda sprad de bśad pa las ji skad du/ mdo las rnam par śes pa ni drug
go ṣes gsuṅs pa de ni rjes su ḥgyur baḥi don gyi sgo yin no// yaṅ na
rten du gyur paḥi dbaṅ po drug gi rjes su rnam pa drug go ṣes gsuṅs pa
yin te rnam par śes paḥi rnam paḥi bye brag ni yaṅ dag par na rnam pa
brgyad do//

ci slob dpon klu sgrub kyis rnam pa drug kho naḥo ṣes ma bṣag gam
ṣe na/ smras pa yaṅ dag par na slob dpon klu sgrub kyis bdun daṅ
brgyad pa yaṅ yod par yid ches mod kyi ṣes so//[15]

---

14 췌둡의 티베트어 번역 『해심밀경소』와 대조해 보면, 'de'의 자리에 다음 구절을
대체해야 한다. "ḥphags pa laṅ kar gśegs paḥi mdo la sogs pa daṅ/ slob dpon chos
skyoṅ gi gṣuṅ la brten nas rnam par śes pa brgyad kho na rnam par ḥjog gi/ dgu
ṣes ni mi ḥchad de/ slob dpon bha byaḥi gṣuṅ gṣig paḥi phyir/ ḥdi skad du tshad
ma rnam par gṣag pa de ñid la raṅ gi luṅ daṅ ḥgal baḥi skyon yod de/ ḥdi ltar".

15 췌둡의 티베트어 번역 『해심밀경소』와 대조해 보면, 'ṣes so//'의 자리에 다음 구
절을 대체해야 한다. "rab tu dgaḥ baḥi mya ṅan las(P.gyis) ḥdas pa chen po la gnas

(다)

de ltar ḥdod pa gsum bkod nas wen tsheg raṅ ñid hyan tsaṅ gi rjes su

ḥbraṅ śiṅ slob dpon legs ldan ḥbyed kyi bṣed pa bkod pa ni da lta bod

du ḥgyur baḥi dbu ma sñiṅ poḥi naṅ na kun gṣi de ltar bkag pa mi snaṅ

la leḥuḥi miṅ ḥdogs kyaṅ de ḥdra mi ḥdug go//

des na slob dpon wen tsheg gi miṅ la ḥphaṅ thaṅ gi dkar chag tu

rdsogs gsal zer ba ḥdug pas na rig paḥi ral gri dri ma med paḥi rnam

śes dgur ḥdod mkhan rdsogs gsal du bṣed pa mi ḥthad de rdsogs gsal

rgya nag yin ṣiṅ/ dgur yaṅ dag bden pa ḥdod la/ de rgya gar ba yin

paḥi phyir ro//

(라)

de ltar tshogs dgur ḥdod pa dgag pa ni/

    tshogs brgyad dag las logs pa yi/

    /gtso bo rnam śes yod gyur na/

    /rtag paḥi dṅos por ḥgyur baḥi phyir/

    /tshogs dgur ḥdod la sgrub byed med/

tshogs brgyad las logs su gyur paḥi gtso bo rnam śes yod na rtag pa

yaṅ yin la dṅos po yaṅ yin pa yod par ḥgyur te/ de ḥdus byas ma yin

ṣiṅ yul dmigs par byed paḥi rnam śes yin paḥi phyir ro//

ci ste tshogs brgyad du mi ḥdu yaṅ ḥdus byas su ḥdod do ṣe na/ mi

ruṅ ste gzugs daṅ ldan min yin na dmigs byed du ḥgal ṣiṅ sems byuṅ

---

paḥi phyir bstan bcos de dag las/ rnam par śes pa ni drug go ṣes bstan pa ni ḥphags
pa śes rab kyi pha rol tu phyin paḥi leḥu chen poḥi mdo la sogs paḥi dgoṅs pa bstan
paḥi phyir ḥgal ba med do//"

yaṅ min la sems su yaṅ mi ruṅ ste/ tshogs brgyad du mi ḥdu baḥi rnam

śes yod par ḥdod pa la luṅ rigs yaṅ dag med paḥi phyir daṅ/ rnam

śes bdun pa len paḥi rnam śes su de bźin gśegs paḥi mdo daṅ rgyal ba

byams paḥi gsuṅ gi cha gaṅ du yaṅ ma gsuṅs paḥi phyir daṅ/ śiṅ rta

chen po sku mched kyi bṣed pa min la de dag gi gsuṅ la tshad mar gyur

pa blo brtan raṅ daṅ yaṅ mi mthun paḥi phyir ro//

blo gros yaṅs pa ḥdi ltar śes par (D.214a) bya ste/ ḥgro ba drug gi
ḥkhor ba ḥdi na sems can gaṅ daṅ gaṅ dag sems can gyi rigs de daṅ
de dag tu gtogs pa yaṅ na sgo ṅa las skyes paḥi skye gnas sam/ yaṅ na
mṅal nas skyes paḥam/ yaṅ na drod gśer las skyes paḥam/ yaṅ na rdsus
te skye baḥi skye gnas su lus kyi yan lag skye ṣiṅ ḥbyuṅ ba ṣes bya ba
ḥdi man chad ni gñis pa ṣu ba gsol ba bṣin du lan yaṅ dag par gsuṅs
pa ston te sems daṅ yid daṅ rnam par śes pa ḥdi ñid rnam par śes pa
brgyad yin pas deḥi phyir ḥdir sṅar rnam par śes pa brgyad kyi bye brag
bstan nas/ deḥi ḥog tu sems daṅ yid daṅ rnam par śes paḥi bye brag gi
mtshan ñid yaṅ dag par bśad pa yin no// de yaṅ [P.252a] mdor bsdu na
don rnam pa drug gis bstan te/ graṅs kyi rnam par maṅ ñuṅ bstan pa
daṅ/ ṅes tshig rnam par bśad pa daṅ/ ṅo bo ñid bstan pa daṅ/ gnas daṅ
dbaṅ po bstan pa daṅ/ dmigs paḥi yul bstan pa daṅ/ sems las byuṅ ba
du ma daṅ mtshuṅs par bstan paḥo//

de la graṅs kyi rnam pa maṅ ñuṅ bstan pa ni

(1) ñan thos kyi sde snod rnams las rnam par śes pa ni drug kho
naḥo(DP. naḥo=na, but acc. to KG) ṣes(P.ces) ḥbyuṅ gi/ bdun daṅ brgyad ces
ni mi ston te/ ṣib tu ni de ñid las bstan pa bṣin no//

(2) ḥdir theg pa chen poḥi bstan pa daṅ sbyar na bśad pa rnam pa
gñis yod de/

(2-1) de la daṅ po ni slob dpon klu sgrub la sogs pas/ rnam par śes pa ni drug kho naḥo ṣes bśad de/ deḥi phyir slob dpon bha byas mdsad paḥi bstan bcos dbu maḥi sñiṅ poḥi naṅ nas/ de kho na ñid kyi bdud rtsi la ḥjug paḥi leḥu las/ rnam par śes pa drug las gud na gẓan kun gẓi rnam par śes pa med de/ mig la sogs paḥi rnam par śes pa drug gis ma bsdus paḥi phyir/ nam mkhaḥi me tog daṅ mtshuṅs so ṣes bśad do//(D. do//=pas/, but acc. to KG) deḥi phyir de dag gi gẓuṅ gis rnam par śes pa drug kho na rnam par gẓag par rig par byaḥo//

(2-2) gñis pa ḥphags pa byams paḥi gẓuṅ (D.214b) gis ni/ ḥphags pa gser ḥod dam paḥi mdo la sogs pa la(P.las) brten nas/ rnam par śes pa brgyad tshaṅ bar rnam par ḥjog paḥi(DP. paḥi=pas, but acc. to KG) gẓuṅ ḥdi la brten nas rgya gar yul paḥi slob dpon rnams rnam pa gsum du bśad de/

(2-2-1) daṅ po ni slob dpon bo dhe leḥu cis bstan bcos rnam par rig pa tsam du grub pa la brten nas/ sems rnam pa gñis rnam par ḥjog go/ /de la daṅ po ni [P.252b] chos ñid kyi sems te/ de yaṅ de bẓin ñid kyi ṅo bo ñid do//(DP. do//=de/, but acc. to KG) de bẓin ñid kyi sems kyi ṅo bo ñid ḥdi ñid(D. omits 'ḥdi ñid') la sems ṣes(P.śes) bya yaṅ dmigs pa can ni ma yin no// gñis pa ni mtshuṅs par ldan paḥi sems te/ dad pa daṅ ḥdod chags la sogs paḥi sems las byuṅ ba rnams daṅ mtshuṅs par ldan paḥo ṣes bśad de/ de ni ḥdi skad du/ rnam par rig pa tsam gyi yid kyi ṅo bo ñid yin paḥi phyir daṅ/ rnam par rig pa tsam gyi rnam par śes paḥi(DP. omit 'rnam par śes paḥi' but insert according to my opinion) ṅo bo ñid yin paḥi

phyir/ yid daṅ rnam par śes pa ṣes bśad kyaṅ ḥgal ba med do ṣes bya
baḥi tha tshig go//

(2-2-2) gñis pa ni slob dpon yaṅ dag bden pas rnam par ṅes paḥi
mdsod ces bya baḥi bstan bcos la(DP. la=las, but acc. to KG) brten nas
rnam par śes pa dguḥi(DP. dguḥi=rnam pa dguḥi, but acc. to KG) don rnam
par ḥjog ste/ rnam par śes pa dguḥi(DP. dguḥi=rnam pa dguḥi, but acc. to
KG) leḥu las bstan pa bṣin no//

de la rnam par śes pa dgu ṣes bya ba yaṅ/ mig la sogs paḥi rnam par
śes pa drug ni phal cher bstan bcos gṣan dag las bśad pa daṅ(DP. daṅ=daṅ
yaṅ, but acc. to KG) mthun no//

bdun pa ni len paḥi rnam par śes pa ste/ brgyad pa la bdag daṅ bdag
gir ḥdsin pas/ ñon moṅs pa kho naḥi sgrub pa daṅ ldan gyi/ chos kyi
ḥdsin pa ni med de/ ṅes par saṅs rgyas su mi ḥgrub bo//

brgyad pa ni kun gṣi rnam par śes pa ste/ ḥdi yaṅ rnam pa gsum
mo// kha cig na re daṅ po ṅo bo ñid kyi kun gṣi ni/ saṅs rgyas su
ḥgrub paḥi don daṅ ldan paḥo// gñis pa rnam par smin paḥi kun gṣi ni/
khams bco brgyad po dag la dmigs pa ste/ deḥi phyir bstan bcos dbus
daṅ mthaḥ rnam par ḥbyed paḥi tshig leḥur byas pa las/

dbaṅ po don (D.215a) daṅ bdag [P.253a] rnam rig/

/snaṅ baḥi rnam par śes pa las/

/de daṅ ḥdra bar rab tu(DP. omits 'rab tu', but inserts acc. to KG) skye/

/ṣes byuṅ bas bstan bcos ḥdi dag la sogs pa la brten nas/ brgyad pa
khams bco brgyad la dmigs par byed do ṣes bśad do// gsum pa kun
nas ñon moṅs paḥi kun gṣi ni de bṣin ñid kyi yul la dmigs nas ṅa rgyal

rnam pa bṣi ḥbyuṅ ste/ de ni chos su ḥdsin gyi/ gaṅ zag tu ḥdsin pa ni ma yin no ṣes slob dpon blo brtan(DP. brtan=brten, but acc. to KG) gyi gṣuṅ la brten nas de skad du ḥchad do//

dgu pa ni dri ma med paḥi rnam par śes pa ste/ de bṣin ñid kyi bdag ñid do// de bṣin ñid kyi bdag ñid (P. inserts 'la' after ñid) gcig la don gñis daṅ ldan pas/ daṅ po ni dmigs par bya baḥi yul te/ de bṣin ñid daṅ/ yaṅ dag paḥi mthaḥ ṣes bya ba la sogs paḥo// gñis pa ni dmigs par byed paḥi don te/ de ni dri ma med paḥi rnam par śes pa ṣes kyaṅ bya/ gzod ma nas rig(P.rigs) pa ṣes kyaṅ bya ste/ ṣib tu rnam par śes pa dgu bstan pa daṅ/ bstan bcos rnam par ṅes paḥi mdsod kyi naṅ nas rnam par śes pa dgu bstan paḥi leḥu las ḥbyuṅ ba bṣin no ṣeḥo//

(2-2-3) gsum pa ni slob dpon hyan tsaṅ gis(DP. gis=gi, but acc. to KG)/ ḥphags pa laṅ kar gśegs paḥi mdo la sogs pa daṅ/ slob dpon chos skyoṅ gi gṣuṅ la brten nas rnam par śes pa brgyad kho na rnam par ḥjog gi/ dgu śes ni mi ḥchad de/ slob dpon bha byaḥi gṣuṅ gṣig paḥi phyir/ ḥdi skad du tshad ma rnam par gṣag pa de ñid la raṅ gi luṅ daṅ ḥgal baḥi skyon yod de/ ḥdi ltar ḥphags pa laṅ kar gśegs pa la sogs paḥi mdo kun las brgyad pa ni kun gṣi rnam par śes paḥo ṣes gsuṅs [P.253b] paḥi phyir ro//

(3-1) gal te de lta na ciḥi phyir śes rab kyi pha rol tu phyin paḥi mdoḥi leḥu chen po la sogs pa las/ rnam par śes pa ni drug kho naḥo ṣes gsuṅs/ slob dpon chos skyoṅ gis(P.gi) bstan bcos rnam par rig pa tsam du grub pa las/ brda sprad de bśad pa las ji skad du/ mdo dag

(D.215b) las rnam par śes pa ni drug go ṣes gsuṅs pa de ni rjes su ḥgyur baḥi don gyi sgo yin no// yaṅ na rten du gyur paḥi dbaṅ po drug gi rjes su rnam pa drug(P.omits 'gi rjes su rnam pa drug') go ṣes pa yin te/ rnam par śes paḥi rnam paḥi bye brag ni yaṅ dag par na rnam pa brgyad yod do// (P.de/)

(3-2) ci slob dpon klu sgrub kyis(P.kyi) rnam pa drug kho naḥo ṣes rnam par gṣag gam ṣe na/ smras pa/ yaṅ dag par na slob dpon klu sgrub kyis(P.kyi) bdun pa daṅ brgyad pa yaṅ yod par yid ches mod kyi/ rab tu dgaḥ baḥi mya ṅan las(P.gyis) ḥdas pa chen po la gnas paḥi phyir bstan bcos de dag las/ rnam par śes pa ni drug go ṣes bstan pa ni ḥphags pa śes rab kyi pha rol tu phyin paḥi leḥu chen poḥi mdo la sogs paḥi dgoṅs pa bstan paḥi phyir ḥgal ba med do//

(4) slob dpon yaṅ dag bden pas rnam par śes pa ni dguḥo ṣes bśad pa yaṅ/ bar daṅ ri rab kyi sde snod gsum po de dag la skyon maṅ du yod de/

(4-1) de la re ṣig rnam par śes pa bdun pa bstan pa la skyon rnam pa gñis yod de/ daṅ po len pa ṣes bya ba ni rnam par śes pa brgyad paḥi miṅ gi rnam graṅs yin gyi/ bdun pa ma yin pas deḥi phyir mdo ḥdi ñid la sogs pa las/ rnam par śes pa brgyad pa ni len paḥi rnam par śes pa ṣes byaḥo ṣes gsuṅs so/ /gñis pa ni don ḥgal ba yin te/ ñon moṅs paḥi sgrib pa daṅ ldan no [P.254a] ṣes bśad pa ñid mdo sde ñid ḥgal te/ sa brgyad pa yan chad la ñon moṅs pa can gyi yid yod do ṣes bstan pas so// saṅs rgyas su mi ḥgrub bo ṣes bstan pa yaṅ bstan bcos mdo sdeḥi brgyan la sogs pa las/ rnam par śes pa brgyad gnas gyur pas/ ye śes bṣi mṅon par ḥgrub bo ṣes bśad paḥi don daṅ ḥgal bar ḥgyur bas(D.ḥgyur bas=gyur pas) so //(DP. so //=/, but according to my opinion)

(4–2) kun gṣi rnam par śes pa chos su ḥdsin pa skyed par byed pa daṅ khams bco brgyad la dmigs par byed do ṣes bstan pa de dag kyaṅ rigs(P.rig) pa ma yin no// gṣan yaṅ dbus daṅ mthaḥ rnam par ḥbyed paḥi tshig (D.216a) leḥur byas pa gsar ḥgyur las/

rnam śes don daṅ sems can daṅ/
/bdag daṅ rnam rig lta bur snaṅ/
/yul ḥdi ṅes par yod ma yin/
/yul med phyir ni rnam śes med/

/ces ḥbyuṅ ste/ ḥdi ñid kyi ḥgrel pa las de la don lta bur snaṅ ba ḥdi lta ste/ gzugs la sogs paḥi yul gyi dṅos por snaṅ ba gaṅ yin paḥo// sems can lta bur snaṅ ba ni ḥdi lta ste/ bdag daṅ gṣan gyi yul lta bur dbaṅ po lṅaḥi ṅo bor snaṅ ba gaṅ yin paḥo/ /bdag lta bur snaṅ ba ni ḥdi lta ste/ ñon moṅs pa can gyi yid bdag tu rmoṅs pa la sogs pa daṅ/ rtag par mtshuṅs par ldan paḥi phyir ro// rnam par rig pa lta bur snaṅ ba ni ḥdi lta ste/ rnam par śes pa gṣan drug po dag mtshan ñid rnam par rig pa rags paḥi phyir ro ṣes bśad de/ ṣib tu de ñid las bstan pa yin no// deḥi phyir brgyad pa ni sems pa la sogs pa la mi dmigs par rig par bya ste/ ṣib tu rnam par ḥbyed pa ni/ rnam par rig pa tsam du grub paḥi bstan bcos las bśad pa bṣin no//

(4-3) gṣan yaṅ slob dpon yaṅ dag bden pas dri ma med paḥi rnam par [P.254b] śes pa ni bdag ñid la dmigs par byed do ṣes bśad pa yaṅ/ luṅ gi khuṅs kyaṅ gtan tshigs yid brtan du ruṅ ba yaṅ med la/ gṣan yaṅ bstan bcos de bṣin gśegs paḥi yon tan gyi rgyan las/ bstan pa dag daṅ yaṅ ḥgal bar ḥgyur te de ñid las/

de bṣin gśegs paḥi dri med rnam śes ni/

/śin tu dag ciṅ zag med dbyiṅs yin pas/

/sgrib pa thams cad las ni rnam par grol/

/me loṅ lta buḥi ye śes mtshuṅs par ldan/

/ṣes ḥbyuṅ ba ni mdo sde las gsuṅs pa bṣin du śes par bya ste/ de la dri ma med paḥi rnam par śes pa ṣes bya ba ni/ rnam par byaṅ baḥi phyogs kyi kun gṣi rnam par śes paḥo// gṣan yaṅ rnam par ṅes paḥi mdsod kyi bstan bcos ṣes bya ba ḥdi ñid rnal ḥbyor spyod paḥi sa (D.216b) yin te/ bstan bcos de ñid las rnam par śes pa dguḥi leḥu ṣes bya ba med do ṣes bśad do//

약호와 참고문헌

약호

대정장 : 大正新修大藏經.

D.　　 : Derge판.

P.　　 : Peking판.

Lha.　 : Lhasa판.

SNST　: 췌둡의 티베트어 번역 『해심밀경소』.

GS　　: 만속장경본 『해심밀경소』.

HS　　: 한국불교전서본 『해심밀경소』.

KG　　: 쫑카빠의 『꾼쉬깐델』.

참고문헌

남무희, 『신라 원측의 유식사상 연구』, 민족사, 2009.

吳其昱, 「大蕃國大德・三藏法師・法成傳考」, 『敦煌と中国仏教』講座敦煌 7(東京: 大東出版社), 1984.

稲葉正就, 「朝鮮出身僧 圓測法師について」, 『朝鮮学報』 2, 1951.

_____, 『圓測・解深密経疏散逸部分の研究』, 私家版, 1949, 2판: 1972.

上山大峻, 『敦煌佛典の研究』, 京都: 法藏館, 1990.

江島恵教, 『中観思想の展開−Bhāvaviveka研究』, 東京: 春秋社, 1980.

_____, 『空と中観』, 東京: 春秋社, 2003.

長尾雅人,『中観と唯識』, 東京: 岩波書店, 1978.

山口益,『仏教における無と有との対論』, 東京: 山喜房, 1941.

Tsul khrims skal bzaṅ·小谷信千代 共譯,『アーラヤ識とマナ識の研究—クン
シ·カンテル—』京都: 文榮堂, 1986.

5

원효 교학과 아비달마 – 화쟁론을 중심으로
/ 권오민

● 권오민, 「원효교학과 아비달마 – 화쟁론을 중심으로」, 『동아시아불교
　　문화』 제21집, 동아시아불교문화학회, 2015, pp.303~351.

선정 이유

이 논문은 한국의 대표적 사상가인 원효의 교학을 아비달마 교학의 맥락 속에서 화쟁론을 중심으로 살피고 있는 점에 주목하여 선정하였다. 종래에는 원효 교학을 아비달마 교학 속에서 찾으려는 시도를 하지 못했다. 그것은 원효의 아비달마 교학의 저작이 남아 있지 않기 때문이었다. 이에 저자는 원효 교학의 주요한 방법론으로 알려져 있는 '화쟁론'을 초기불교와 아비달마적 맥락 속에서 살펴 중관학과 유식학, 기신학과 화엄학의 관점까지 아우르며 살피고 있다.

저자는 불교의 경론은 이미 화해의 산물이며 여러 교학의 상이한 견해는 모두 자파에[서 전승한 혹은 요의로 판석한 성전聖典(āgama)에] 기초한 것이며 이것은 이미 '성전=정리·법성에 어긋나지 않는 것'이라는 전제가 함의된 것이었다고 하였다. 비록 경설 자체로는 서로 대립할지라도 각각의 경은 그것이 설해지게 된 의도나 사상적·역사적 맥락을 갖기 때문에 그 자체로서 논리적 정합성(正理, yukti)을 갖는다는 것이 원효의 생각이었다고 보았다. 따라서 이 같은 사실을 고려한다면 불교 내부의 상이한 제 견해는 다만 관점의 차이로서 결코 적대적으로 대립하는 것이 아니며 용인하지 못할 바도 없다고 보았다.

저자는 원효의 화쟁은 상이한 제 견해의 통합/통일이 아니라 초기불전에서의 멸쟁滅諍(혹은 止諍)과 마찬가지로, 물과 젖이 서로를 배척하지 않는 것처럼 서로를 이해하고 용인하는 것이라고 보았다. 또한 이러한 사유는 기본적으로 설일체유부 계통의 아비달마불교에서 정립된 것이었으며, 그들은 "[누가 설한 것이든] 법성法性에 어긋나지 않으면 불설"이라는 불설 정의를 확립하였을 뿐만 아니라 경은 설하고 있는 대로의 뜻(如說義)과는 다른 별도의 뜻(別義趣, 密意)을 갖는다고 하였고, 이를 드러낸 것이 아비달마라고 보았다.

저자는, 아비달마는 제법의 진실성상을 밝힌 진실요의의 불설이며 이러한 아비달마불교의 성전(佛說)은 중관파와 유가행파로 이어졌고, "모든 대승경은 정리에 부합한다."는 원효의 대승불설론도, 말(名句文의 能詮)이 아니라 뜻(所詮義) 즉 도리에 주목하라는 언어관도 이에 기초한 것으로, 이것이 화쟁의 주요한 논거였다고 하였다. 그리고 이런 까닭에 진여일심이 화쟁의 사상적 이론적 근거/토대로 간주되기도 하였고, 화쟁의 목표나 지향점으로 간주되기도 하였다는 지점에서 이 논문의 의미와 학문적 가치를 찾을 수 있다.

I. 서언

필자는 원효를 전문으로 연구하는 이가 아니다. 이는 곧 원효 저술을 업으로 읽지 않았다는 말이다. 업으로 읽는 것은 제 부파, 그중에서도 설일체유부說一切有部 계통의 아비달마 논장論藏을 중심으로 한 관련 경經·율律이다. 동아시아 교상판석에서 이 불교는 소승교小乘敎, 아함시阿含時나 삼장교三藏敎, 인천사제교人天四諦敎 ─ 선업을 통해 인·천에 태어나고, 4제의 진리성을 관찰하여 번뇌의 단멸을 목적으로 하는 인천인과교人天因果敎와 단혹멸고교斷惑滅苦敎 ─ 등으로 일컬어졌으며, 원효 또한 이 불교를 삼승 중의 별종이라는 뜻의 '삼승별교三乘別敎'로 규정하였다.

필자는 동아시아 불교 제 종파의 신념(이념)적 가치가 반영된 교판을, '비판'을 본질로 하는 오늘의 학문적 가치와 동일시하는 우리 불교학계의 이 불교에 대한 편견과 몰이해에 한탄하며, 아비달마─중관─유식─여래장─화엄·천태 등의 동아시아 성종性宗으로 이어지는 불교사상사의 연속성과 불연속성, 계승과 변용에 주목해야 한다고 목소리를 높여왔다.

"[원전에 대한 비판적 탐구 없이] 우리에게 주어진 불교를 주어진 대로 이해하려 하는 것은 불교학이 아니다. 그것은 '교시敎示'이며 '교리敎理', 바로 도그마(dogma)이다."라고도 하였고,[1] "우리의 불교학이 이제 특

---

[1] 권오민, 「불교학과 불교」, 『불교학과 불교』, 민족사, 2009, pp.102ff.; 권오민, 「부파불교 散考」, 『문학/사학/철학』 제36호, 한국불교사연구소, 2014, p.83, p.100.

정 학파, 특정 텍스트의 조술祖述에서 벗어나 제 학파, 제 논사 사이의 긴장을 읽어야 한다."고도 하였으며,[2] "혼자 하는 싸움에서 내가 일등이고 최고라고 우기는 것은 스스로를 욕보이는 일이듯이 원효만으로 원효를 읽는 것은 원효를 욕보이는 일"이라고도 하였다.[3] 이는 다름 아닌 우리 불교학, 특히 원효 교학의 폐쇄적 담론에 대한 불만의 표현이었다. 필자를 이 자리로 불러내게 하였을 이러한 도발적인 언사는 필자가 원효를 전문으로 연구하는 이가 아니기 때문에 가능하였을 것이다.

필자가 청탁받은 주제는 '원효 속에 나타난 아비달마 이론'이었다. 순간 황당하다고 생각하였다. 원효는 법화(천태)·화엄 등의 성종은 물론이고 유식·정토·계율, 나아가 『판비량론』이라는 저술로 인해 인명因明의 논리학과도 유관하며, 이에 따라 그를 화엄교가라 해야 할지 정토·유식 등의 교가라고 해야 할지 논란의 소지가 있으며, 급기야 그의 교학을 '통불교'로 규정할 수도 있을 것이다. 그렇지만 그의 저술 목록상에 『대법론소對法論疏』나 『성실론소成實論疏』가 존재한다고 할지라도,[4] 혹은 그의 논의상에 아비달마 이론이 빈번히 언급된다고 해서, 예컨대 『이장의』에서 탐貪·진瞋·만慢·의疑 등의 열 가지 근본번뇌를 고·집·멸·도 4부部의 견도소단見道所斷과 수소단修所道으로 분류한 98사使설('使'는 隨眠의 舊譯)이나 자량위-가행위-견도위-수도위-무학위라는 5위位의 수행 체계를 채택하였다고 해서, 혹은 『금강삼매경론』「진성공품」에서 비록 『대지도론』에서의 인용이라 말하였을지라도 37보리분법이 계戒 등

---

2 권오민, 「상좌 슈리라타와 무착과 중현, 그리고 세친」, 『불교학리뷰』 15, 금강대 불교문화연구소, 2014, p.253.
3 권오민, 「우리의 元曉 讀法은 정당한가: 「교체설·체용설과 원효의 언어관」을 읽고」, 한국불교사학회 한국불교사연구소 제3차 집중세미나 분황 원효 연구의 몇 가지 과제들 I 자료집, p.36; 권오민, 「부파불교 散考」, p.84.
4 고영섭, 「분황 원효 저술의 서지학적 검토」, 『한국불교사연구』 제2호, 한국불교사연구소, 2012, p.32.

의 10법을 근본으로 삼는다[5]고 논의하였다고 해서 그것이 원효 교학의 한 축이라 말할 수도 없거니와 그를 '비담교가毘曇敎家(아비달마 학자)'라고 하는 것은 상상조차 할 수 없는 일이기 때문이었다. 이는 원효 자신의 교학과는 무관한, 대승불교를 통해 전승된 불교학의 기초이론일 뿐으로, 원효 저술에서 이 같은 아비달마불교 이론을 추출 정리하는 것만으로도 한 권의 서책 분량을 넘기게 될 것이다. 불교학을 통설通說하는 『삼론현의』나 『도서』, 『천태사교의』 등과 같은 문헌에서도 이 아비달마불교로써 자신들의 논의를 시작한다.

그러나 다른 한편 아비달마불교는 불교사상사의 토대이기 때문에 ─ 불교학의 거의 모든 문제는 아비달마에서 비롯되었기 때문에 ─ 원효를 '불교사상가'로 이해하는 한 결코 이와 무관하다고 할 수 없으며, 여기서 그의 사상사적 연원을 찾을 수도 있을 것이라 생각하였다. 더욱이 원효는 불교 제 학파의 성전聖典, 혹은 성전의 배경이나 논리적 맥락인 도리道理를 통해 서로 모순된 주장의 회통會通을 시도하였고, 필

---

5 원효는 37보리분법을 戒·思·受·念·定·慧·信·勤·安(경안)·捨의 10법으로, 10법을 색법(戒), 遍行심소(思·受), 別境심소(念·定·慧), 善심소(信 등 나머지)의 4법으로, 4법은 一味의 一義로 귀결시키는데(『한불전』1, p.652b9~c18), 37보리분법의 10법 爲體(dravya, 實事)설은 『구사론』 권25(『대정장』 29, p.132b8ff)에서 정설로 논의된다. 『대비바사론』 권96(『대정장』 27, p.496a22~b22)에는 11가지, 12가지, 혹은 10가지 實體설이 언급되지만, 이는 8정도 중 正語·正業·正命의 본질로 세 가지로 이해할 것인가, 어업과 신업의 두 가지로 이해할 것인가, 다만 戒 한 가지로 이해할 것인가에 따른 것이다. 그런데 그 무엇이든 正思惟의 본질은 尋(vitarka: 尋求)인데, 원효는 이를 '思'로 언급하였을 뿐더러 변행심소에 포함시키기까지 하였다. 원효가 인용한 『대지도론』에서도 역시 正思惟는 思惟(*saṃkalpa: 본서에서 산스크리트어 앞에 *표시를 한 부분은, 한역 경전만 남아 있는 경우 산스크리트 용어로 복원한 것이 명확하지 않은 경우이다.)를 根本으로 한다고 논설하였다.(『대정장』 25, p.198b8f) 언어개념의 근거로서 尋·伺를 본질로 하는 思惟(saṃkalpa, 分別, "謂諸尋伺必是分別.": 『유가사지론』 권5, 『대정장』 30, p.302c2)는 造作/의지(abhisaṃskāra)를 본질로 하는 思(cetanā)와 전혀 다른 개념이다. 원효의 착오일까? 원효학자는 이에 대해 해명해야 한다.

자가 이해하는 아비달마-중관-유식-여래장-천태·화엄 등의 동아시아 성종性宗 계통으로 이어지는 불교학은 정리正理/도리道理의 법성法性을 궁극의 가치(究竟義)로 삼는 동일 계열이기 때문에 아비달마와 원효 교학 사이에도 모종의 연속성이 존재할 것으로 생각하였다. 그렇다면 '화쟁' 역시 원효 고유의 개념이라기보다 애당초 아비달마 논사(Ābhi-dhārmika)들에 의해 고려된 불법의 개방성, 다양성과 유연성(淸淨調柔性)에 기초한 '멸쟁滅諍' 또는 '지쟁止諍(adhikaraṇaśamatha)'의 화합(samagra)에서 유래한 것은 아닐까 하는 추측도 가능하다고 생각하였다.

이에 따라 본고에서는 고려의 의천義天 이래 오늘에 이르기까지 원효 교학의 대표적 키워드(혹은 '근본사상')로 간주된 화쟁의 의미를 초기불전에서의 '멸쟁' 개념을 통해 살펴보고, 화쟁의 일차적 의미인 이해(和會) 소통의 '회통'의 용례를 아비달마 논서상에서 찾으려고 한다. 그리고 화쟁의 논거로 제시된 성전(āgama)과 도리(yukti, nyāya)와 관련하여 원효의 대승불설론과 언어관 역시 비바사사毘婆沙師(Vaibhāṣika)로 일컬어진 설일체유부 논사들에 의해 정립된 불설론에 기초한 것이라는 사실에 대해서도 검토해 보려고 한다.

II. 화쟁和諍과 멸쟁滅諍

1. 화쟁, 불교의 지향이자 완성인가

우리는 불교사상(불법)을 일괄하여 무상심심미묘법無上甚深微妙法으로 찬탄하지만, 그것은 시대 환경이나 정리·법성을 둘러싼 서로 다른 주장들의 대립과 갈등, 그리고 화합과 화해의 산물이었다. 해서 불교사상사는 실로 기나긴 쟁론과 긴장의 연속이었다.

불타 입멸 이후 아비달마 비바사사毘婆沙師들은 일체 만유의 인연因緣으로 제시된 제법, 즉 일체법(sarvadharma)에 대해 분별하면서 경(sūtra)을 교화방식(化宜)에 따른 방편(혹은 密意)설로 간주하였고, 반야중관에서는 제법의 실유를 주장한 이 같은 분별론의 불교를 '소승'이라 비난하였으며, 완전한(了義) 대승임을 자임한 유식론자들은 제법개공諸法皆空의 공관을 다만 법에 대한 집착(法執)을 끊기 위한 방편으로 간주하였다. 일련의 또 다른 대승론자는 다시 유식론에서의 알라야식을 불요의로 간주하고 아비달마 비바사사가 내걸었던 '법성(dharmatā)'이라는 기치 하에 '여래장'이라는 개념을 생산하였으며, 이러한 특별하고도 완성된 불교(別敎/終敎)에 기초한 성종(천태/화엄 등)이 동아시아 불교의 주류가 됨에 따라 자연 중관(空宗=삼론)과 유식(相宗=법상)은 종파로서의 정체성을 상실하였지만, 성종 또한 '불립문자不立文字 교외별전敎外別傳'을 표방한 선종에 의해 일괄 '교종敎宗'으로 폄하되기도 하였다.

거칠게 구성해 본 불교사상사에서 원효는 어디쯤 위치하는가? 대저 원효는 '한국사상가'인가, '불교사상가'인가? 원효 교학과 아비달마 사이의 연속성을 밝힌다고 함은 원효가 '불교사상가'라는 사실을 전제로 한다. 이는 두말할 나위도 없는 사실이지만, 그럴 경우 그의 사상은 '불교사상사'라는 토대 위에서 이해되어야 한다. 그런데 문외한의 눈에 원효는 별종別種으로 비쳐진다. 그는 불교사상사와는 관계없이, 설혹 관계하더라도 일종一宗 일파一派에 치우침이 없이 그 모두를 아우르는 최고 정점에 존재하는 것 같다.

원효는 해체를 하면서도 구성을 하고, 구성을 하면서도 해체를 한다. 언어의 한계를 인식하고 언어 자체를 떠날 것을 말하면서도 의

어의語義를 통하여 진여에 이르는 길을 제시한다. 어느 극단에 치우치지 않고 중간에도 서지 않은 채 불일불이不一不二의 논리로 양자를 아우르고, 긍정도 하지 않고 부정도 하지 않은 채 순이불순順而不順의 논리로 진리에 다가간다. 결국 이렇게 하여 도달한 세계는 본각本覺과 불각不覺이 상즉相卽한 일심, 진속불이眞俗不二의 세계다. 곧 내가 일심의 본원으로 돌아가서 깨달아 부처가 되었어도 이를 미루고 중생을 구제하여 중생에게서 부처를 발견하는 바로 그 순간에 내가 부처가 되는 것이다.[6]

이는 우리가 원효를 논의할 때 듣는 일반적 언사이다. 그중에서도 인용문은 특히 평이할 뿐만 아니라 유려하기까지 하다. 그런데 필자에게 현란하게 느껴지는 것은 어쩐 일인가? 지적 수준의 차이인가? 그렇다. 단혹멸고교斷惑滅苦敎, 삼승 중의 별교別敎의 전공자로서는 도무지 용납하기 어려운 언사이다. 그런데 첫 문장 주어인 '원효' 대신 성종 계통의 누구라도, 『능가경』이나 『보성론』의 작자든 『기신론』의 작자(마명)든, 지의/지엄 등 누구라도 가능하지 않은가? 아니 "해체를 하면서도 구성을 하고, 구성을 하면서도 해체를 한다. 언어의 한계를 인식하고 언어 자체를 떠날 것을 말하면서도 의어義語를 통하여 진여에 이르는 길을 제시한다."는 말은 불교 일반의 논리가 아니던가? 화엄의 5교 10종에서 제1교(小乘敎) 제1종(我法俱有宗)으로 평가된 독자부(혹은 정량부)라도 가능하다. "우리가 경험하는 내외의 현실은 5온으로 해체되며 이는 보특가라(pudgala=자아)를 통해 세계로 구성된다. 그러나 보특가라는 온과 같은 것도 아니고 다른 것도 아닌(不一不二) 비즉온비리온非卽蘊非離

<hr>

6 이도흠, 「교체설·체용설과 원효의 언어관」, 『한국불교사연구』 제2호, 한국불교사연구소, 2012, p.81.

蘊으로, 말을 떠난 불가설의 법장法藏이다." 그리고 적어도 독자부에 있어 이러한 논설은 당연히 의미 없는 공허한 언설로서의 말(文語)이 아니라 의어義語, 즉 요의了義이자 진실의眞實義의 말이다.

원효의 '화쟁'과 이것의 목표(혹은 원리)인 '일심'은 해체와 구성(開合/宗要), 긍정과 부정(立破/與奪), 각覺과 불각不覺은 물론이고 유무有無, 진속眞俗, 염정染淨, 시비是非 등 일체의 대립개념과 이에 따른 불교 내부의 이부異部·이집異執을 모두 포함한다. 국외자의 눈에 그는 일련의 불교사상사에 출현한 사상가(불교학자)가 아니라 지리멸렬支離滅裂의 불교사상을 '완전한 하나'로 구현한 새로운 창조자인 것처럼 보인다. 실제 우리는 원효를 이같이 이해하였고, 지금도 여전하다. 최남선은 인도[와 서역]불교를 서론적 불교(뿌리와 줄기), 중국불교를 각론적 불교(꽃), 한국불교를 최후의 결론적 불교(열매)로 이해하고, 그 완성자로서 원효를 지목하였다. 그는 이렇게 말하였다.

효성曉聖을 불교의 완성자라고 함에는 그 이행과 보급에 대한 공적 이외에 더 한층 위대한 가치 창조가 있음을 알지 않으면 안 된다. 그것은 효성의 불교가 불교적 구제의 실현인 일면에 다시 통通불교, 전全불교, 종합·통일 불교를 실현한 사실을 간과해서는 안 된다. … (중략)… 분열에서 통일로, 파별에서 화회로, 속성분화의 절정에 달한 당시의 불교는 새로이 하나의 생명체로의 조직과 강력한 표현을 요구하였다. …(중략)… 원효의 불교사에 대한 자각은 요컨대 통불교, 전불교의 실현이니, 이 거룩한 포부를 담은 것이 『십문화쟁론』 2권이었다.[7] (필자 일부 윤문)

---

7 최남선,『불교』제74호, 불교사 발행, 소화 5년(1930), pp.1~51. 심재룡,「한국불교 연구의 한 반성: 한국불교는 회통적인가?」,『동양의 지혜와 선』, 세계사, 1990,

최남선은 『십문화쟁론』 2권을 읽어 보았을까? 어떠한 이해로써? 적어도 그에 따르면 원효는 파멸 직전의 불교를 구한 불세출의 대성大聖이며, 바야흐로 불타의 재림이다. 우리는 대개 '화쟁和諍'을 분열과 갈등의 화합과 화해로 읽는다. 혹은 통일과 통합으로 읽기도 한다. 화합과 화해는 필경 동서고금의 최고의 가치이다. 더욱이 오늘날 지구촌에서 일어나는 온갖 형태의 분열과 갈등을 생각하면 화쟁국사 원효는 그야말로 인류의 완전한 스승이 되기에 충분하다. 그러나 그가 불교사상가이고 그의 화쟁이 적어도 불교 내부의 종파적 혹은 교리적 대립 투쟁에 대한 것이었다고 한다면, 이에 대해 근본적으로 다시 생각해 보지 않으면 안 된다.

교파적·종파적, 혹은 교리적 대립 투쟁이라 함은 어떤 형태를 말함인가? 유부와 경량부, 혹은 중관과 유식, 천태와 화엄과 같은, 혹은 소승과 대승, 불일不一의 상종相宗과 불이不二의 성종性宗 사이의 대립(투쟁)과 같은 것을 말함인가? 그리고 '화쟁'이라 함은 그 같은 대립 투쟁을 종식하고 조화시켜 일미一味의 '완전한 하나'를 구현하였다는 의미인가? 그렇다면 그때 '완전한 하나'는 어떤 형식인가?

그런데 '청정법淸淨法'인 불법에 어찌 분열과 대립 투쟁이 가능하였던가? '무쟁無諍'인 무상사無上師(anuttara)의 법[8]에 어찌 쟁송(다툼)이 일어나

---

p.215 재인용. 심재룡은 육당 이후의 '한국불교사'는 이러한 육당의 말의 조술에 불과하다고 평가한다. 그는 화쟁의 '會通'이 '평화애호' '통일'로 확대 해석되는 것에 경계하면서 이를 화엄종의 교리에 경도된 한국불교의 한 경향성으로 이해하기도 하였다. 그러나 의상의 화엄문도들은 원효에 대해 호의적이지 않았던 것 같다.(주 34 참조)

8 『본업경소』 권하(『한불전』 1, p.516a16~17), "又上士者, 名爲諍訟. 無上師無有諍訟. 如來無諍. 是故號佛爲無上師." 石井公成은 이를 『思益經』 권3(『대정장』 15, p.47c)의 "법에 대해 高下心이 있어 貪着取受할 때가 諍訟으로, 부처가 설한 법에는 諍訟이 없다."에 근거한 해석으로 이해하였다.(「元曉의 和諍思想의 源流」, 『印度學佛教學研究』 51-1, 2002, pp.22f)

게 되었던가? 대저 불교에 8만 4천의 무량의 법문(성전)이 ― 그것도 사상적 경향성도 진술 방식도 전혀 다른 ― 존재하게 된 것은 어떤 까닭에서인가? 순일무잡純一無雜의 정법(기독교식의 '共觀'복음)만으로 족하지 않았던 것은 중생의 다양한 근기 때문인가? 그러나 다양한 근기를 위한 다양한 법문이야말로 종파적·교리적 대립 투쟁의 원인이었으니, 부처님이야말로 쟁송의 원인 제공자라고 해야 하지 않겠는가? 부처님께서는 어찌하여 이토록 많고도 난해한, 서로 모순된 법문(경전)을 남겨 후인들로 하여금 당신 말씀에 곤혹스럽게 하고, 그것으로 인해 대립 투쟁하게 한 것인가?

그러나 미리 말하건대 불교의 8만 4천 무량의 법문(성전)은 이미 그 자체가 화합과 화해의 산물이었다. '화쟁'은 불교의 지향이나 완성이 아니라 다양성과 유연성에 기초한 불교의 근본정신이었고, 이에 따라 말과 뜻을 달리하는 온갖 형태의 법문(불교사상)이 출현할 수 있었다.

2. 화쟁과 초기불전에서의 멸쟁

1) 불교의 열린 성전관

"지난 2,500년의 불교사상사는 불타 깨달음에 대한, '무엇을 어떻게 깨달을 것인가'에 대한 탐구와 해석의 도정이었다."[9] 탐구와 해석은 결코 한결같지 않았다. 시대와 지역에 따라 수많은 학파와 종파가 나타나고 사라졌다. 불교의 역사는 이부異部 이집異執 사이의 쟁론의 역사였고, 그 단초를 제공한 이는 불타였다. 불타는 "나를 믿어라."라고 말한 일이 없고, "나의 말만을 믿어라."라고 말한 일도 없다. 도리어 여래 멸도 후

---

9 권오민, 「불교학과 불교」, 『불교학과 불교』, pp.79~88.

"법(dharma)과 율(vinaya)이 스승이 될 것"이라 하였고, "사람(pudgala: 교조나 후계/대리자)을 의지처로 삼지 말고 경(sūtra)을 의지처로 삼아라."라고 하였다. 이는 불타의 유훈이었다.

더욱이 법과 율은 오로지 교조의 말씀만이 아니었고, 불설(buddha-vacana) 역시 불타에 의해 설해진 것만은 아니었다. 의지처인 경 또한 오로지 '여래의 말씀(如來所說)'만으로 이루어진 것은 아니었다. 제자들도, 바라문도, 천신도, 심지어 야차의 말씀조차 불설로 전승되었다.[10] 곧 앞서의 유훈에 따라 불설의 진위/취사의 기준으로 4대 교법(mahā-padeśa)이 제시되었고, 여래 멸도 후 불제자들의 의지처 역시 4의依(pratisaraṇa)로 정리되었다.

여러 판본의 전승을 정리 요약하면 대개 이런 것이다.

어떤 비구가 어떤 법문(경·율·교법)을 ① 불타로부터 직접 들은 것이라고 말할 경우, ② 대다수 박식한(혹은 율장에 밝은) 장로로 구성된 승가로부터 직접 들은 것이라고 말할 경우, ③ 경과 율과 논모論母(mātṛka)를 지닌 다수의 비구로부터, ④ 혹은 그러한 한 명의 비구로부터 직접 들은 것이라고 말할 경우, 그의 말을 잘 듣고 단어와 문장을 잘 파악한 다음 [그 내용이] 경에 들어 있는지, 율을 드러내는지 [검토해 보아야] 한다(sūtre'vatārayitavyaṃ vinaye saṃdarśayitavyam). 만약 경에 들어 있지 않고 율을 드러내지 않으며, 법성法性에 위배되는 것이라면(sūtreṇāvatarati, vinaye na saṃda-rśayate, dharmatāṃ ca vilomayati) 비불설非佛說(혹은 大黑説, mahāk-ṛṣṇāpadeśa)로 판단하여 버려야 하고, 만약 그러하다면 불설佛說(혹은 大白説, mahāśuklāpadeśa,

---

10 이상 佛說을 능히 설할 수 있는 '五能說人'. 주 119 본문 참조. 실제 『잡아함』 제 1319~1330경은 「夜叉相應」이다.

혹은 스승의 가르침, śāstuḥ śāsanam)로 취해야 한다. (설일체유부 계통의 완비형)[11]

① 법(dharma)에 의지하고 사람(人, pudgala)에 의지하지 말라. ② 뜻 (義, artha: 所詮의 법)에 의지하고 말(語, vyañjana: 能詮의 법)에 의지하지 말라. ③ 요의경了義經(nītārtha sūtra)에 의지하고 불요의경不了義經 (neyārtha)에 의지하지 말라. ④지智(jñāna)에 의지하고 식識(vijñāna)에 의지하지 말라. (설일체유부 계통의 정형구)[12]

그리고 마침내 "[누가 설한 것이든] 경에 들어 있고 율을 드러내며, 법성에 위배되지 않으면 불설"이라는 불설 정의(buddhavacanalakṣaṇa)가 확정되었다.[13] 중요한 것은 '누가 설했느냐?'가 아니라 설해진 내용(所詮),

---

11 범문은 E. Waldschmidt, *Das Mahāparinirvāṇasūtra*(Berlin. 1950), p.238, 24. 6f.; *Abhidharmadīpa with Vibhāṣāprabhāvṛtti*, Edited by P. S. Jaini(Patna, 1973), p.179, 4-8에 따른 것임.

12 稱友(Yaśomitra)의 『구사론소(*AKVy.*)』, p.704, 20~22. 참고로 4依에 대한 원효의 이해는 『현양성교론』에 따른 것으로, 『본업경소』 권하(『한불전』 1, p.514a; 주 120)에 논설된다.

13 "入修多羅, 顯示毘奈耶, 不違法性."; sūtre avatarayati, vinaye saṃdarśayati, dharmatāṃ na vilomayati.; sutte otārayitabbāni, vinaye sandassayitabbāni, dhammatāyaṃ upanikkhipitabbāni.(Netti-Pakarana, III.1.3.3: 임승택 역, 『경전이해의 길, 네띠빠까라나(상)』, 학고방, 2014, p.94) 이러한 불설 정의는 우리에게 알려진 거의 모든 불교에 의해 수용되었다. 諸法性相을 決擇한 '아비달마=불설'론의 논거가 되었을 뿐만 아니라 제1차 결집으로까지 소급되었고, 이후 대승(중관/유식)에도 수용되어 대승불설론의 제1 논거가 되었다. 예컨대 『마하승기율』에서는 제1차 結集에서 장로 우팔리가 율장을 결집함에 있어 5淨法 중 비구의 住處 제한과 국토의 법과 持戒 비구의 行과 목건련, 사리불 등의 長老의 법이 4大教法과 상응하면(상응하는 법을 制限淨·方法淨·戒行淨·長老淨이라 한다.) 활용할 것이고, 상응하지 않으면 버릴 것이라는 다짐이 언급되며, 『십송률』에서는 제2결집의 동기가 된 바이샬리(毘耶離國)의 밧지 비구들이 수지한 10事가 "수트라에 포함되지 않고, 비나야에 포함되지 않으며, 法相을 파괴하는 것"이라는 말로 논의를 시작한다. 혹은 『사분율』에서는 제2결집의 주최자였던 레바타(離婆多, Revata)가 '常

바로 법이었다. 불설의 진위는 '성령'과 같은 알 수 없는 초자연적 힘에 의해서가 아니라, 혹은 교조와 교단이라는 특정 권위에 의해서가 아니라 전통성과 유용성, 진리성(法性)에 의해 결정되었고, 진리성 또한 다만 이론적 타당성인 논리성(正理)에 의해 확증되었다.

여기서 '법성(dharmatā)'('성실론』의 경우 '法相')이란 사물의 본성,[14] 존재의 진실(tattvārtha, 眞實義)이라는 정도의 의미로, 있는 그대로의 모습(yathārtha)이라는 뜻에서 '법이法爾'로 번역되기도 하였고, 진여眞如·실상實相·법계法界 등의 이명으로 사용되기도 하였다.[15] 다시 말하지만 이는 신탁이나 계시, 혹은 4대 교법에서 보듯이 교조나 교단의 권위에 의해 확증되는 것이 아니었다. 이것이 확증되는 방식은 정리正理였다. 정리와 법성은 사실상 모든 성전이 추구한 최고의 가치였다. 이는 바야흐로 불타 멸도 후 불제자들의 의지처였다.

소승의 대표자라 할 만한 설일체유부와 대승의 대표자라 할 만한 유가행파의 논서에서는 이에 대해 이같이 전하고 있다.

세존께서는 언제나 "제 유정이 설한 바로서 법성의 [정]리에 부합하는 것이라면 지식의 결정적인 근거(pramāṇa)로 삼을 만하다."고 말하였다. 예컨대 계경(즉『대반열반경』)에서 "계경에 수순하고 비나야를 드러내며, 법성에 위배되지 않는 것이라면, 이와 같은 설은 바야흐로 의지처(pratisaraṇa)로 삼을 수 있다."고 설한 바와 같다.[16]

法'을 얻는 방식으로 4大敎法에서의 불설의 기준을 말하기도 하였다. 4大敎法과 4依說의 확정 과정과 經·律·論藏에서의 언급 및 불설 정의의 확정과 일반화에 대해서는 권오민, 「법성法性: 성전의 기준과 불설 정의」,『문학/사학/철학』제 31/32집, 2012를 참조할 것.

14 dharmatā iti dharmāṇāṃ svabhāvaḥ.(*AKVy.*, p.477. 12)

15 中村元,『佛敎語大辭典』(東京書籍), p.1252.

16 『순정리론』권26(『대정장』29, p.489a20~22), "世尊每言, 諸有所說, 順法性理, 堪

모든 보살은 암설闇說(*mahākṛṣṇāpadeśa: 非佛說)과 대설大說
(*mahāśuklāpadeśa: 佛說)을 참답게 알아야 한다. 알고 나면 정리正理
(*yukti)를 의지처로 삼지 장로, 즉 대중들에게 잘 알려진 [유명한] 사
람(補特伽羅, pudgala)에 의지하지 않으니, 불타나 승가에 의해 설해진
법이기 때문에 바로 신수信受한다고 하는 것이 그러한 경우이다. 그
렇기 때문에 사람에 의지해서는 안 되는 것이다. 이렇듯 보살은 정
리를 의지처로 삼을 뿐 사람을 의지처로 삼지 않기 때문에 진실의眞
實義(*tattavārtha)에 대해 마음이 동요하지 않으며, 어떠한 인연도 정
법을 빼앗지 못하는 것이다.[17]

2) 멸쟁, 물과 젖처럼 화합하라

이러한 성전관에 따를 경우 누구라도, 언제라도, 어떠한 법에 대해서
도 논의할 수 있다. 불교성전은 기독교나 이슬람교의 그것처럼 한 번의
편찬으로 완결되지 않았다. 적어도 우리에게 전해진 불교는 교조 중심
의 닫힌 성전관이 아니라 법성 중심의 열린 성전관에 기초한 것이기 때
문이다. 간단히 말해 교조주의가 아니기 때문이다. '무량'이라고도 하고
'8만 4천'이라고도 하는 불타의 법문은 이로 인한 것이었다.

초기불교 이래, 시대나 지역 혹은 성향에 따라 법성이나 요의了義 혹
은 진실의眞實義에 관한 이해를 달리하였다. 이는 지극히 당연한 일이
다. 그럴 때 다만 문제는 서로가 주장한 법과 비법非法, 율과 비율非律,

爲定量. 如契經說, '隨順契經, 顯毘奈耶, 不違法性, 如是所說, 方可爲依.'" 완전
한 인용은 주 114 참조.

17 『유가사지론』 권45(『대정장』 30, p.539a11~16), "又諸菩薩如實了知闇說大說. 如實
知已, 以理爲依, 不由耆長衆所知識補特伽羅. 若佛若僧, 所說法故, 卽便信受.
是故不依補特伽羅. 如是菩薩, 以理爲依, 補特伽羅非所依故, 於眞實義心不動
搖. 於正法中他緣匪奪."

불설(如來所說)과 비불설이나 상법常法(āciṇṇa, ācarati, skt. ācāra: 관습, 作法) 등에 관한 쟁송諍訟을 어떻게 처결할 것인가 하는 것이었다. 극단의 쟁송은 승가를 파국으로 내몰 수도 있기 때문이다. 불교에서 '화합'을 유난히 강조하는 것도, 계율(바라제목차) 중에 멸쟁법滅諍法이 포함되어 있는 것도 필경 법성 중심의 성전관 때문이었을 것이다.

승가의 파괴(saṃghabheda, 破僧)를 초래할 만한 법과 비법 등의 18가지(혹은 14가지) 쟁사諍事를 '언쟁言諍(혹은 鬪諍事, 相言諍, vivādādhi-karaṇa)'이라 한다. 율장에서는 이것의 멸쟁법(혹은 止諍法, adhikaraṇa-samathā dhammā, skt. adhikaraṇaśamathā dharmā)으로 대개는 ① 승가전원 회의체(僧현전)에서, 불타 교법(法현전)과 율조문(律현전)에 입각하여, 쟁송의 당사자들이 출석한 상태(人현전)에서 판결하는 현전비니現前毘尼와 ② 다수결에 따라 판결하는 다인어多人語가 제시되었지만, 이것으로도 종식되지 않을 경우, ③ 여초부지如草覆地에 처해졌다.

이는 법과 율 등에 대한 쟁론이 승가 전체로 번진 경우, 쟁론하는 동안에 생겨난 죄는 참회할 청정비구가 없기 때문에 양편 모두가 서로에 대해 참회하는 멸쟁법이다. 승가 전원의 회의체에서도, 다수결로도 합의에 이르지 못한 이부二部의 대중이 어떻게 서로에 대해 참회한다는 것인가? 어떤 사안에 대해 '법이다' '법이 아니다', '율이다' '율이 아니다', '불설이다' '불설이 아니다'라는 등의 쟁론이 대장로大長老를 포함한 승가 전체로까지 미쳤을 경우, 그것은 승가 전원 회의체에서도 판결되기 어렵거니와 다수결로써 해결될 수 있는 문제도 아니다. '진실(즉 聖言)'을 다수결로 판정할 수는 없는 일이다.

여초부지는 언쟁 자체의 멸쟁법이 아니다. 이는 양측의 상호 합의에 의해 언쟁의 판결을 기각하고, 다만 쟁송 과정에서 빚어진 욕설이나 비방, 폭력 등의 불미스러운 언행을 서로 참회하여 화합을 도모하는 멸쟁법이다. 마치 풀잎(tiṇa)으로 분뇨 등 더러운 곳을 덮듯이 쟁론 동안의 서로의 죄를 참회하는 것으로써 서로의 이견을 덮는(용인하는) 것이다. 언쟁에 이 같은 멸쟁법이 적용될 경우, 이제 더 이상 이설 자체를 문제로 삼지 않음을 의미한다. 그래서 『중아함』 196 「주나경周那經」(MN. 104 Sāmagāma Sutta)에서는 이를 양측에서 내부적으로 합의하여 상대편 장로에게 서로 참회함으로써 분소의糞掃依를 버리듯 다툼을 멈추게 하는 율(比尼)로 규정하여 '여기분소지쟁률如棄糞掃止諍律이라 이름하였다. 이제 그들은 구역(界, sīmā)을 달리하여 포살·갈마를 시행함으로써 새로운 개별 승가로 출현할 수 있었다. 이는 언쟁에 따라 동일 구역(界) 안에서 이부二部의 승가가 각기 별도의 주처에 머물며 포살·갈마를 행함으로써 야기된 승가분열(saṃghabheda, 즉 破羯磨僧)과 구분되며, 단순히 승가 내부의 다툼인 승쟁僧諍(saṃgharāji: 僧不和合)과도 구별되는 것이었다.[18]

한편 『장아함』 제2분 제13 「청정경淸淨經」(DN.29, Pāsādika Sutta)에서도 언쟁言諍, 즉 법에 관한 말(句, pada)과 뜻(義理, *artha, nīti)의 시비의 멸쟁법이 제시되고 있다. 여기서는 자이나 교조 니건타 나타풋타(Nigaṇṭha Nāthaputta) 사후 그의 제자들이 양분되어 서로를 사견邪見·비리非理로 매도하며 쟁송한 데 대해 "저들의 법은 이론異論을 참답게 해소(除滅)할 만한 정등각(三耶三佛)의 법이 아니기 때문"이라 비평하고서 다음과 같은 멸쟁법을 제시한다. 요약 정리하면 이러하다.

어떤 비구의 설법이 (1) 말과 뜻이 모두 옳지 않을 경우, (2) 말은 옳지 않지만 뜻이 옳을 경우, (3) 말은 옳지만 뜻이 옳지 않을 경우, 그것을 옳다고 말해서도 안 되고 그르다고 말해서도 안 된다. 그 비구

---

18 이상의 言諍과 如草覆地 등의 멸쟁법에 대해서는 권오민, 「부파분열과 破僧」, 『불교연구』 38, 한국불교연구원, 2013, pp.19~48 참조.

에게 "어떠한가? 그대의 말은 이러이러하지만 나의 말은 이러이러하다. 어느 쪽이 맞고 어느 쪽이 틀린 것인가?"라고 말하여 그 비구가 "그대의 말은 이러이러하고 나의 말은 이러이러하니, 그대의 말이 옳다(혹은 '승리하였다').'라고 하더라도 이에 대해 옳다거나 그르다고 말해서도 안 된다. "마땅히 그 비구에게 충고하고, 꾸짖고, [쟁송을] 멈추고, 함께 [올바른 말과 뜻을] 추구해야 한다. 이와 같이 다 함께 화합하고 쟁송해서는 안 된다. [그것(말과 뜻이 서로 다른 설법)은] 동일한 스승으로부터 품수한 동일한 물과 젖으로, 여래의 정법을 스스로 밝혀 즐거이 안락을 얻어야 한다. 다만 안락을 얻을 뿐이다." 나아가 (4) 말과 뜻이 모두 옳을 경우, 그것을 그르다고 말해서는 안 되며, 마땅히 그를 칭찬하여 "그대의 말이 옳다, 그대의 말이 옳다."고 말해야 한다.

그렇기 때문에 비구들이여, 12부경部經을 스스로 작증한 대로 널리 유포하라.[19]

이는 곧 (1)~(3)으로 인해 쟁송이 일어난 각각의 경우, "① 마땅히 그 비구에게 충고하고, [그래도 듣지 않으면] ② 꾸짖고, [그래도 듣지 않으

---

19 『장아함경』 권12(『대정장』 1, p.74a18~b24)의 取義. "彼比丘說此. '亦不得非, 亦不得是.' 當諫彼比丘, 當呵, 當止, 當共推求. 如是盡共和合, 勿生諍訟. 同一師受, 同一水乳. 於如來正法 當自熾然, 快得安樂. 得安樂已… 是故, 比丘! 於十二部經自身作證, 當廣流布. 一曰貫經. 二曰祇夜經. 三曰受記經. 四曰偈經. 五曰法句經. 六曰相應經. 七曰本緣經. 八曰天本經. 九曰廣經. 十曰未曾有經. 十一曰譬喩經. 十二曰大教經. 當善受持, 稱量觀察, 廣演分布."(『대정장』 1, p.74b19~24) 참고로 長部(Dīghanīkaya)의 『청정경』에서는 ①~③에서의 관용구("마땅히 그 비구에게 충고하고, 꾸짖고…")를 결여한 채 다만 "…(전략) '그대의 말과 뜻(혹은 말, 혹은 뜻)이 보다 더 타당하다'고 하면, 그를 칭찬하지도 말고 나무라지도 말고 그러한 뜻과 그러한 말을 주의하여 잘 알게 해야 한다."고만 설하고 있을 뿐이다.(DN. 29. 18-21: 각묵 스님 옮김, 『디가니까야 3』, pp.234~236)

면] ③ [쟁송을] 멈추고(śamatha), ④ 함께 [올바른 말과 뜻을] 추구해야 한다. ⑤ 이와 같이 하여 ['그르다'고 여기는 것이든 '그르지 않다'고 여기는 것이든] 그것들은 모두 동일한 스승으로부터 품수한 물과 젖이기 때문에 다 함께 화합(samagra)하여 쟁송(adhikaraṇa)해서는 안 된다. 나아가 ⑥ 여래의 정법을 스스로 밝혀 [자신의] 안락(*sukha, 열반)을 얻어야 한다."는 것으로, 12부경을 각기 자신이 작증하여 전승하라는 내용의 경설이다.

여기서 ③의 '[쟁송을] 멈추고(止)'는 서로의 주장을 포기하는 것이 아니라 여초부지에 의한 멸쟁, 즉 지쟁止諍(adhikaraṇa-śamatha)을 말한다. 풀로써 더러운 곳을 덮듯이 서로의 이견을 덮어 두는 것이다. 율장에서 대표적인 파승 사건의 전말을 전하고 있는 「코삼비건도」에서도 쟁송 결과 다른 부파(別部, 즉 不同住者)가 되어 설계說戒와 갈마羯磨를 별도로 실행한 양측에 대해 "멈추어라, 멈추어라! 비구는 서로 투쟁해서도, 꾸짖고 욕해서도 안 되며, 서로 비방해서도, 장단長短의 시비를 추구해서도 안 된다. 그대들은 다 같이 화합하여 함께 모여야 하니, 동일한 스승에게서 배운 이로서 물과 젖처럼 화합하여 불법에서 이익을 얻어 안락에 머물라."고 훈계하고 있다.[20]

여기서 "[서로 투쟁하지 말고] 물과 젖처럼 화합하라."라는 말은 또한 바라제목차(戒經) 승잔죄 제10조 파승위간계破僧違諫戒, 제11조 조파승위간계助破僧違諫戒의 관용구이기도 하다.

---

20 『사분율』 권43(『대정장』 22, p.880a21~25), "若比丘, 重此破僧事者, 應如彼言有罪, 應如法懺悔. 止止! 比丘莫共鬪諍罵詈; 共相誹謗; 伺求長短. 汝等一切當共和合齊集, 同一師學, 如水乳合. 利益佛法安樂住."; (p.880b12~15), "若比丘重此破僧事者, 不應擧彼比丘罪. 止止!…"; 『오분율』 권24(『대정장』 22, p.159a10~12), "… 佛復告諸比丘. 汝等勿共鬪諍, 更相誹謗, 更相罵詈. 應共和同集在一處, 如水乳合共弘師敎."

만약 비구가 화합승을 파괴하려 하거나 방편으로 화합승을 파괴하라는 지시를 받아 굳게 지녀 버리지 않으면, 저 [청정]비구는 이 비구에게 충고해야 한다. "대덕이여! 화합승을 파괴하지 말라. 방편으로도 화합승을 파괴하지 말라. 파승의 지시를 받아 굳게 지녀 버리지 않으려고 하지 말라. 대덕이여! 마땅히 승가와 화합하여 다투지 말라. 동일한 스승에게서 배운 이로서 물과 젖처럼 화합하면 불법佛法 중에서 점차 이익이 있어 안락安樂에 머물게 될 것이다." 이 비구가 이와 같이 충고할 때 저 비구가 [여전히 파승의 생각을] 굳게 지녀 버리지 않으면, 저 비구는 세 번 충고해야 한다. 세 번 충고해서도 버리지 않으면 승가바시사(승잔죄)이다.[21]

이는 물과 젖이 뒤섞여(혼합되어) 하나가 되듯이 언제라도 '하나'의 승가를 구현하라는 의미가 아니다. 물과 젖이 서로를 배척하지 않듯이 동일 스승, 동일 목적(安樂)을 추구하는 불교도로서 서로를 배척하지 말라는 의미이다. 이미 법·율과 불설 등에 대해 견해를 달리하여 현전비니現前毘尼로도, 다인어多人語로도 다툼을 종식시키지 못한 이들이 물과 젖처럼 서로 뒤섞일 수도 없거니와 뒤섞여서도 안 된다. 적어도 율장에 의하는 한 '화합'의 의미는 그러한 것이 아니다.

---

21 "…大德, 應與僧和合, 合歡喜不諍, 同一師學, 如水乳合. 於佛法中, 有增益安樂住."(『四分律比丘戒本』: 『대정장』 22, p.1016b11f); "一心一學, 如水乳合."(『彌沙塞五分戒本』: 『대정장』 22, p.195b21); "共一學, 如水乳合."(『摩訶僧祇律大比丘戒本』: 『대정장』 22, p.550b6); "一心一學, 如水乳合."(『十誦比丘波羅提木叉戒本』: 『대정장』 23, p.471c12); Vinayapiṭaka에는 '如水乳合'이 없이 "同一說戒(ekuddesa)로…"(『남전대장경』 1, p.290.; 平川彰, 2002, 『비구계 연구 I』, pp.512f)라고만 전하지만, 「코삼비건도」에서는 화합을 구현한 阿那律 등의 말로서 "젖과 물처럼(khīrodakībhūtā) 서로를 사랑하는 눈으로 보며 산다."는 표현을 전한다.(『남전대장경』 3, p.609; 佐藤密雄, 1972, 『原始佛教教團の研究』, p.301)

화합승이란 일부 구성원(別衆)만이 [포살 자자하는 것이] 아니다. 모든 비구들이 비록 투쟁鬪諍하면서 서로 도도에 관해 논설할지라도, 동일 계界 안에서 전원(一衆)이 동일 주처에서 함께 생활하며 포살 자자하기 때문에 화합승이라 말한 것이다.[22]

법과 율 등에 대해 시비하여 견해를 달리할 때 구역(界)을 달리하여 별도의 승가(別部)를 형성하든지, 동일 구역에 머무는 경우라면 서로 다투면서도 승단의 행사를 함께하는 것이 '화합승'의 의미였다. 교리적 문제로 다툴 경우 서로의 견해를 인정하고 불제자로서의 공동체 의식을 갖는 것이 '화합'의 의미였다.

물(udaka)과 젖(kṣīra)이라는 메타포 역시 서로 뒤섞여 하나가 되는 것을 의미하는 것이 아니라 각기 자성을 갖지만 서로를 배척하지 않는 것을 의미한다. 흥미롭게도 무착無着은 『섭대승론』에서 알라야식과 알라야식이 아닌 문훈습聞熏習의 구생俱生 공존관계를 물과 젖의 화합에 비유하고서, 문훈습의 개별성을 함사(haṃsa)라는 물새(백조)가 물에서 젖만 가려 마신다는 예로써 설명하고 있다.[23] 이에 대해 무성無性은 알기 쉽다는 이유에서 별도로 해석하지 않았지만, 세친(진제 역)은 "물과 젖은 화합한 상태에서조차 그 자성이 동일하지 않지만 함께 생겨날 수 있다."고 해설하였다.[24] 물과 젖은 견해를 달리할지라도 포살 등을 함께 시행

---

22 『마하승기율』 권7(『대정장』 22, p.282c23~25), "和合僧者, 不別衆. 諸比丘雖復鬪諍, 相道說, 一界一衆一處住, 布薩自恣故, 名爲和合僧."(사사키 시즈카, 이자랑 옮김, 『인도불교의 변천』, 동국대학교출판부, 2007, p.95 참조) 이 내용은 同 권32(『대정장』 22, p.489c18~25)에서도 언급된다.: "共一界住, 共一布薩自恣, 共作羯磨, 是名和合僧."

23 『섭대승론본』 권상(『대정장』 31, p.136c26~28; 長尾雅人, 『섭대승론(상)』, 동경: 講談社, 2001, p.230f). 함사는 인도신화에서 브라흐만의 상징이다.

24 『섭대승론석』 권3(『대정장』 31, p.173b29~c1), "水與乳, 雖復和合, 其性不同, 而得

하라는 '화합'의 메타포였다.

즉 앞서 인용한 「청정경」의 메시지는 물과 젖이 자성을 달리하지만 서로를 용납하듯이 자신들이 전승한 법문과 말과 뜻이 다른 이부異部 이집異執의 존재를 인정하여 서로 다투지 말라는 것이다. 「청정경」에서는 이에 따라 12부경의 독자적인 전승을 인정하였을 뿐만 아니라 이것이 야말로 정등각(samyak-saṃbuddha)의 청정한 법(prasādakadharma)이라 하였다. 참으로 놀라운 일이 아닌가? 정통과 이단은 종교계의 유사 이래의 논쟁이며, 오늘의 불교도조차 친설/비친설로 불설의 진위를 판결하려고 하는데, 필자가 '화합'과 관련된 이 같은 일련의 정보를 얻게 된 단서는 『성실론』이었다.

성실논주 하리발마(Harivarman)는 바로 이 「청정경」의 법문에 근거하여 여래 설법의 일곱 가지 공덕 — 처음도, 중간도, 끝도 좋으며(初中後善), 뜻도 좋으며(義善), 말도 좋으며(語善), 다만 정법만을 설하였을 뿐이며(獨法), 완전한 법이며(具足), 청정하고 유연하며(淸淨調柔), 범행에 수순한다(隨梵行) — 중 제6 청정 유연성을 해설하였다.

불타는 [오로지] 경經에 따라서만 [말과 뜻을] 취하는 외도(즉 니간타)들과는 달리 올바른 뜻(正義)에 대해 뜻에 따른 말을 안치하고, 올바른 말(正語)에 대해 말에 따른 뜻을 안치하는 것을 허락하였기 때문에 ['청정한 법'이라고 말하였다]. 또한 다만 경[설]에만 따르는 [외도들과는] 달리 불법 중에서 "법에 의지하고 사람에 의지하지 말라."고 하였고, 법에 대해서도 역시 "요의경了義經에 의지하고 불요의경에 의지하지 말라."고 분별하였기 때문에 '청정한 법'이라고 말하

俱生."

였다.[25]

　다양성과 유연성은 불교의 위대한 힘으로, 초기의 불교도들은 불교 내부의 이부·이집의 출현에 결코 부정적이지 않았다. 그들은 승가가 다수의 부파(nikāya)로 분열하였음에도 불타 입멸 후 정법의 파괴에 의한 승가분열(즉 破法輪僧)은 결코 일어나지 않았다고 말한다. 가장 보수 전통적이라는 설일체유부에서조차 그러하였다.[26]

　이부·이집의 출현과 그들의 쟁론은 불교의 본질적 측면이다. 따라서 멸쟁(혹은 止諍) 또한 "물과 젖이 자신의 특성을 버리고 하나가 되듯이 이부·이집이 자신의 견해를 버리고 하나가 되는 것"이 아니다. 그것은 풀잎으로 더러운 곳을 덮듯이 서로의 이견을 더 이상 문제 삼지 않고 덮어두는 것이다. 물과 젖이 비록 자성을 달리할지라도 서로를 배척하지 않고 용납하듯이 서로의 견해를 배척하지 않고 불설로 용인하는 것이다.

　멸쟁은 [안락(열반)을 위한] 다툼의 종식이지 이집異執 자체의 종식(除滅)이 아니다. 이집이 척파斥破 무화無化된 '통합'·'통일'은 더더욱 아니

---

25 『성실론』 권1(『대정장』 32, p.243c13~16), "…又佛聽於正義中置隨義語, 於正語中置隨語義. 不如外道隨經而取. 又佛法中, '依法, 不依人'. 法亦分別, '依了義經, 不依不了義經'. 是名淨法. 非但隨經."

26 『대비바사론』 권116(『대정장』 27, p.602b24~c4). 이는 『아비담심론경』(『대정장』 28, p.843c), 『잡아비담심론』(『대정장』 28, pp.898c~899b), 『구사론』(『대정장』 29, p.93bc), 『순정리론』(『대정장』 29, pp.587b~588b), 『현종론』(『대정장』 29, pp.886a~887a)에서도 계승되고 있다. 그렇다면 불멸 이후 교법의 상이에 따른 부파분열이나 대승의 출현, 혹은 각 부파와 대승에 의한 별도의 성전 편찬은 어떻게 이해하였을까? 유부 아비달마에 의하면 大師(여래)께서 입멸한 이후에는 "내가 대사이다. 여래는 대사가 아니다."라고 하여 그에게 대적할 만한 이가 존재하지 않기 때문에 이는 파법륜승이 아니다. 비록 해석은 달리하였을지라도 여래를 부정하거나 8정도 등 菩提分法의 聖道를 부정한 것은 아니었기 때문이다.(권오민, 「다양성과 유연성의 불교」, 『上月圓覺大祖師 탄신 100주년 기념 논문집』, 원각불교사상연구소, 2011, p.118)

다. 그것은 죽은 불교이다. 그것은 이데아에 다름 아니다.

III. 화쟁, 백가 이집異執의 회통

1. 원효의 화쟁

원효의 화쟁和諍 역시 "비록 견해를 달리할지라도 서로를 배척하지 않는 물과 젖처럼 서로 화합하라."는 초기불전에서의 '멸쟁(adhikaraṇa-śamathā)의 화합(samagra)'으로 이해할 수 있지 않을까? 혹은 최소한 멸쟁에 연원을 두고 있다거나 그것의 연장으로 이해해야 하지 않을까?

『십문화쟁론十門和諍論』 서문에서 "여래 멸도 후 구름처럼 일어난 백가百家 이설異說의 시비의 공론空論은, 비유하자면 청색과 남색, 얼음과 물처럼 바탕(體)과 근원(源)이 동일하다."[27]고 한 것은 다만 동일성의 원리인 진여일심을 전제로 한 말일까? "이론異論의 말과 뜻 또한 동일한 스승으로부터 품수한 동일한 물과 젖"이라는 「청정경」의 생각과 상통하는 것은 아닐까? '성전에 근거한 이상 모두가 진실'이라는 것은 원효의 상투적인 화쟁 방식이었다.(IV-1 참조) 주장을 달리하는 비구가 비록 자신의 견해에 동조할지라도 "옳다고도 그르다고도 하지 말라."는 「청정경」

---

27 『십문화쟁론』(『한불전』 1, p.838a), "十門論者, 如來在世, 已賴圓音, 衆生等…(결락)…雨驟. 空空之論雲奔. 或言我是, 言他不是. 或說我然, 說他不然. 逐成河漢矣. 木…(결락)…山而投廻谷. 憎有愛空, 猶捨樹以赴長林. 譬如靑藍共體. 氷水同源."(여래 재세 시에는 圓音에 힘입어 중생들의 [견해가 한결 같았지만 여래 멸도 후] 空論이 구름처럼 일어 '나는 옳지만 너는 옳지 않다'고 말하고, '나는 그러하지만 다른 이는 그러하지 않다'고 설하여 마침내 내가 되고 강이 되었다. …有[見]을 미워하고 空[見]을 애호함은 나무를 버리고 큰 숲으로 나아가는 것이라 해야 하지만, 이는 비유하자면 청색과 남색이 같은 바탕이고 얼음과 물이 같은 근원인 것과 같다.)

의 법문처럼 『금강삼매경』에서도 역시 "후세 비시非時(말세)에 진여에 상응하는 법을 설하려면 서로 대립하는 온갖 견해에 대해 동조하지도 말고 반대하지도 말라(非同非異)."(주 52; 주 147 참조)고 하였다. 무엇보다 원효의 화쟁은, 후술하듯이 일차적으로 백가 이집 사이의 화회(이해) 소통, 즉 회통會通(anulomayati)을 의미하기 때문이다.(주 75 본문 참조)

그러나 우리는 대개 원효의 '화쟁'을 그의 고유 개념으로 이해하고 "모든 학파·종파의 대립과 시비·쟁론을 하나로 화해和解하고 회통會通시켜 일미一味의 법해法海로 귀납歸納시키려는 것"으로 규정한다.[28] 이러한 선학의 이해는 "원효는 백가의 이쟁異諍을 하나로 화합·화회시킨 이"라는 후대 의천義天(1055~1101)이나 하천단河千旦(?~1259) 등의 평가에 따른 것이다. 그렇지만 이들의 평가는 제문祭文이나 관고官誥에 언급된 것으로, 이를 학술적인 것이라고는 말하기 어렵다. 해당 글을 옮겨보면 이러하다.

모년 모월 모일 구법求法 사문沙門 아무개는 삼가 다과와 철에 맞는 제물로써 해동海東의 교주敎主이신 원효 보살께 공양을 올립니다. 엎드려 생각건대 이치(理)는 말(敎)에 의해 드러나고 도道는 사람에 의해 널리 퍼집니다. 그런데 풍속이 천박하고 시절이 엷어짐에 사람이 떠나니 도마저 사라집니다. 스승 되는 이는 이미 저마다 자신들의 종습宗習에 봉쇄되고, 제자 또한 그들이 보고 들은 바에만 집착합니다. 예컨대 백본百本의 담론을 성취한 자은慈恩(즉 窺基) 같은 이는 오로지 명상名相에 구애되었고, 태령台嶺 구순九旬(김상현에 의하면 天台智者)의 설은 다만 이치의 통찰(理觀)만을 숭상하여 그들의

---

28 이종익, 「원효의 십문화쟁론 연구」, 『원효연구논총』, 국토통일원 조사연구실, 1988, p.440.

글은 본받을 만한 것(取則之文)이라 할 수 있을지라도 그들의 가르침은 만사에 통하는 것(通方之訓)이라고는 할 수 없습니다.

오로지 우리 해동보살만이 성상性相을 함께 밝히고 고금古今을 은밀히 묶었습니다. 백가百家 이쟁異諍의 실마리를 화해시켜 일대一代의 지극히 공평한 논論을 얻으셨거늘, 추측할 수도 없는 신통과 생각하기도 어려운 묘용은 말해 무엇 하겠습니까? (하략)[29]

[불교의] 정법이 서역에서 도래하여 그 여파가 해동에까지 미쳤다. 그러나 연원淵源이 광대함에 궁극(際)을 알 수 없어 서로 모순된 이견으로 다툰 지 오래되었다. 이에 신라 때 효공曉公이 우뚝 나타나 백가百家의 이쟁異諍을 조화시키고 이문二門의 동일한 귀추(취지)를 화합시켰다. 이에 진실로 어떤 이가 그의 향기를 이어받았다면 특별히 높은 등급의 직책을 내려야 한다. 해동종의 수좌 아무개는 조사祖師의 법기法器를 전하고, 사람들의 복전이 되었으니 …(중략)… 필시 지검芝撿을 내려 승려들을 통솔하게 해야 한다. (하략)[30]

제문이 학술적 엄격함을 가질 필요는 없으며, 승통의 임명장 또한 그러하다. 의천은 제문에서 원효를 '해동교주', '원효보살', '해동보살'이라 지칭하고서 자은 규기나 천태 지자보다 뛰어난 이로 찬탄하였으며, 말미에서는 "선철先哲 중 성사聖師의 오른편에 둘 만한 이가 없다."고도 하

---

29 의천,「祭芬皇寺曉聖文」,『대각국사문집』권16(『한불전』 4, p.555a10~20), "…唯我海東菩薩, 融明性相, 隱括古今. 和百家異諍之端, 得一代至公之論. 而況神通不測, 妙用難思"; 김상현,『원효연구』, 민족사, 2000, p.309 참조.
30 河千旦,「海東宗僧統官誥」,『동문선』권27, 민족문화추진회, 1977, p.541, "爰及曉公和, 挺生羅代, 和百家之異諍 合二門之同歸…."

였다.[31] 그는「해동교의 자취를 읽고(讀海東敎迹)」라는 시에서 "용수나 마명 정도는 되어야 원효의 짝이 될 수 있다."고도 하였다.[32] 이러한 묘사는 필경 당시 원효의 대중적 인식에 기인한 것, 시대의 인심이 반영된 것이라 할 수 있다.[33] 김상현은 "원효에 대한 이와 같은 인식과 더불어 원효 교학까지도 심층적으로 연구되고, 계승 발전되었다고 보기는 어렵다."고 하였다.[34]

설혹 그렇다 하더라도 "백가의 이쟁을 화합시켰다."는 의천이나 하천단의 평가는 어디서 유래한 것일까? 조명기는 화쟁의 대의를 먼저 하천단의 「관고」에서 구하고, 원효가 말한 화쟁의 뜻을 "[이 경은] 모든 불교 성전의 단편(部分)을 총괄하여 온갖 사상의 핵심(一味)으로 돌아간 것으로, 지극히 공평한 불타의 뜻(意[趣])을 밝혀 백가百家의 이쟁異諍을 화합시킨 것"[35]이라는 『열반종요』「대의」에서 찾고 있다.[36] 박종홍 역시 원효의 화쟁을 하천단의 평가에 따라 "백가의 이쟁을 화합하고 서로 다

---

31 "早慕佛乘, 歷觀先哲之閒, 無出聖師之右."(『한불전』 4, p.555a23f)
32 "著論宗經闡大猷 馬龍功業是其儔."(『한불전』 4, p.565b16f)
33 최병헌은 고려불교계의 원효의 이해를 의천에 의한 철학사상가로서의 이해와 일연에 의한 대중불교 운동가로서의 이해로 구분하고, 전자의 경우 고려 중기에 이르러 화엄종·법상종·천태종 등 여러 종파에서 다투어 원효를 자기 종파의 종조로 추앙하고 있었던 사실은 원효 불교 자체의 문제라기보다는 고려시대의 불교사 문제로서 이해해야 한다고 진단하였다.(「고려불교계에서의 원효 이해―의천과 일연을 중심으로」,『원효연구논총』, 국토통일원조사연구실, 1987, pp.644f)
34 김상현,『원효연구』, 민족사, 2000, p.322. 일연은『삼국유사』「탑상」편에서 원효를 파랑새의 말로서 '제호 맛도 모르는 화상(休醍醐和尙)'이라 일컫고 끝내 관세음보살을 친견하지 못하였음을 전한다. 최병헌(앞의 논문, p.659)은 이에 대해 의상 문도들에 의한 원효 비판의식이 반영된 것이라고 해설하였다.
35 "統衆典之部分 歸萬流之一味 開佛意之至公 和百家之異諍."(『한불전』 1, p.524a17~18)
36 조명기,『新羅佛敎의 理念과 歷史』, 신태양사, 1962, pp.254~255. 참고로 조명기는 "「관고」의 二門은 禪과 敎를 가리키며 이를 통합하여 一元化하고자 하는 것"을 「관고」의 취지로 이해하였다. 아울러『금강저』22(조선불교동경유학생회, 1937년)에 실린「원효종사의 십문화쟁론 연구」에서는「관고」의 문구가 '和諍' 두 글자의 출처이고 십문화쟁론의 主旨라고 하였다.(김상현,『원효연구』, p.212)

른 견해를 귀일시킨 것"으로 이해하고서 그 논리적 근거로서 상기 『열반종요』의 일문을 인용하였다.[37]

그러나 『열반종요』의 일문으로 원효의 화쟁을 규정하는 데에는 문제가 없지 않다. 이는 다만 그가 이해한 『열반경』의 대의, 즉 "이치(理)도 지혜(智)도 잊고 말(名)도 뜻(義)도 끊어진 무이의 진실(無二之實性)이자 [예류과 등 사문 4과果와는 비교도 할 수 없는] 대각이라는 극과(大覺之極果)인 열반"을 추구한 이 경의 성격일 뿐, 이것이 그의 사상을 관통하는 '화쟁'의 뜻이라고 말한 일이 없다.

대저 원효는 실제적으로 '화쟁'이라는 말 자체를 사용한 일이 없다. 현존 원효 저술에서 '화쟁'이라는 말은 『열반종요』 「종체宗體」 중 「열반문涅槃門」에서 4덕德을 분별하면서 '화쟁문和諍門'이라는 과단科段의 명칭으로 단 한 번 언급될 뿐이다.[38] 여기서는 보신報身의 상주常住와 무상無常의 화쟁을 시도하는데, 이 또한 실제 본문상의 분별에서는 '화상쟁론和相諍論', 즉 '서로 쟁송하는 주장의 조화'를 밝힌다는 말로 언급될 뿐더러 "한쪽만을 주장하면 모두에 과실이 있지만, 서로 장애하지 않는 것이라 한다면 양쪽 모두에 도리道理가 있다."고 하여 양설을 상호 모순적 관계로 이해하는 것을 배척하였을 뿐이다.[39] 나아가 「불성문佛性門」에서 불성에 관한 여러 이견(예컨대 불성과 발보리심의 관계)의 화쟁은 '회통문會通門'이라는 이름의 과단에서 논의되고 있다.[40]

---

37 박종홍, 『박종홍전집 Ⅳ, 한국사상사 1』, 민음사, 1998, pp.97~98.
38 『열반종요』(『한불전』 1, p.533a13f), "第六四德分別, 略有四門. 一顯相門. 二立義門. 三差別門. 四和諍門."
39 『열반종요』(『한불전』 1, p.536a4f; p.537b2~4), "次第四, 明和相諍論. 諍論之興乃有多端…(중략)…問: 二師所說, 何得何失? 答: 或有說者, 皆得皆失. 所以然者? 若決定執一邊, 皆有過失. 如其無障礙說, 俱有道理."
40 『열반종요』(『한불전』 1, p.537c21~23), "第二明佛性義六. 佛性之義六門分別. 一出體門. 二因果門. 三見性門. 四有無門. 五三世門. 六會通門."

이로 본다면 적어도 원효 저술에서의 '화쟁'은 일단 상호 이해, 상호 소통의 '회통'의 의미라고 말할 수 있다.[41] 후쿠시 지닌(福士慈稔)은 현존 원효 저술에서 '화쟁'이라는 말이 단 한 번 언급된다는 사실과 원효 자신뿐만 아니라 이후 불교의 여러 논사들 또한 그의 사상을 '회통'으로 이해하였다는 점에서, '화쟁사상'을 원효의 근본사상으로 간주하게 된 것은 의천의 「화쟁편和諍篇」(『圓宗文類』)이나 「제분황사효성문」, 의천의 원효 인식을 계승하여 추존된 '화쟁국사'라는 시호에서 비롯되었을 것으로 추측하기도 하였다.[42]

2. 화쟁과 회통

최연식은 이 같은 후쿠시의 견해에 대해 "현존하는 원효의 저술에서 화쟁이 중시되고 있음은 부정하기 힘들다."고 하였다.[43] 그리고 비록 단간斷簡으로 전해질지라도 '화쟁'이라는 말을 포함하는 『십문화쟁론十門

---

41 김영일은 "일반적으로 '화쟁'과 '회통'은 비슷한 의미로 사용하나 엄밀히 말하면 화쟁은 '쟁론을 和解한다'는 의미이기 때문에 논쟁의 형식을 갖출 것을 필요로 하지만, '회통'은 여러 의견들이 만나서 서로 통한다는 의미이기 때문에 반드시 논쟁의 형식을 갖출 필요까지는 없기에 양자가 반드시 같다고는 할 수 없다."고 말한다.(「원효의 화쟁논법 연구」, 2008년도 동국대 대학원 박사학위 청구논문, p.9) 이는 다만 한자말에 따른 해석일 뿐으로 '회통' 역시 우리가 차마 이해하기 어려운 상호비판, 논증, 해명, 해명에 대한 재비판이 포함되기 때문에(예컨대 十門和諍 중 「佛性有無和諍」 주 49), 그리고 무엇보다 현존 원효 저술에서 '화쟁'의 용례는 단 한 번뿐이기 때문에 이 같은 논의는 무의미한 것이다.

42 福士慈稔, 「元曉の思想を和諍思想と捉えることに對して」, 『佛敎學』 46(東京: 佛敎思想學會, 2004), p.41.

43 최연식, 「원효의 和諍사상의 논의방식과 사상사적 의미」, 『보조사상』 제25집, 2006, p.409. 그러나 최연식 역시 원효의 화쟁사상을 서로 대립하는 견해들의 조화 통일이 아니라 다양한 논의들을 종합하기 위한 이론으로 이해하였다.(동, p.455) "원효의 화쟁은 견해들의 화쟁일 뿐 그러한 견해를 주장하는 사람들의 입장에 대한 화쟁이 아니었다."는 것이다.(동, p.454) 그렇다면 그에 있어서도 화쟁은 결국 상호 이해, 會通, 和會 疏通 이상의 의미가 아니다.(주 139 참조)

和諍論』도 존재한다. 그렇다면 여기서의 '화쟁'의 의미는 무엇인가? 이역시 선학의 이해대로 백가의 이쟁異諍을 하나로 회통 귀납시키려는 것인가?

먼저 「공유空有 화쟁문」에서 원효는 공론空論(중관)과 유론有論(유식)의 대립은 다만 언어 개념상의 대립일 뿐이라고 진단한다. 대립의 원천인 언어가 변계소집의 분별망상이기 때문에 그것은 각기 존재를 비존재라 부정하는 손감론損減論(허무론)도, 비존재를 존재라 집착하는 증익론增益論(실재론)도 아니라고 해명한다. 그리고 "중생의 생사윤회는 허공과 같다."거나 "열반과 세속은 털끝만한 차이도 없다."는 『대혜도경大慧度經』(즉 『대반야경』)이나 『중관론』의 경설과 "이는 곧 일체 제법의 비존재를 설한 것이 아니라 다만 제법의 자성이 비존재임을 설한 것"이라는 『유가사지론』의 논설로써 양론을 조화시키고 있다.

그렇지만 이는 사실상 유론의 입장에서 공론의 밀의密意를 드러낸 것이라 할 수 있다. 원효가 인용한 『유가론』의 논설은 이러한 것이었다.

만약 제 유정이 부처가 설한 매우 심오한 공성空性과 관련된 경전(즉 『대반야경』)상의 은밀한 의도(密意)를 알지 못한다면, 이 경에서설한 "일체법은 다 무자성이다. 그것들은 다 어떤 경우에도 실체성을 갖지 않으며(nirvastuka), 생겨나는 일도 없고 소멸하는 일도 없다."는 말이나 "일체법은 다 허공과 같고 다 환상이나 꿈과 같다."는 말을 듣고서 놀라 두려운 마음에서 이 경전을 비불설非佛說이라 비방한다. 보살은 저들을 위해 이치대로 회통會通하고 참답게 화회和會하여 저들 유정을 포섭해야 한다. 그리하여 저들을 위해 "이 경에서는 일체 제법의 완전한 비존재를 설한 것이 아니라 다만 제법에 '자성'이라 말할 만한 것이 존재하지 않음을 설한 것"이라고 말해 주어

야 한다.[44]

만약 화쟁이 이처럼 경의 뜻을 다만 경에서 설한 대로 이해함으로써 빚어진 오해를 경설 이면에 숨겨진 은밀한 별도의 의도/의취(密意 혹은 別意趣, abhiprāya)로 불식시켜 서로 소통하게 하는 것이라면,『십문화쟁론』에서의 '화쟁'은 다름 아닌 '회통會通' 또는 '화회和會'의 뜻이다.

그런데 원효가 인용한『유가사지론』의 논설은 현장 역의「보살지 보리분품菩提分品」의 일문一文을 자신의 취의에 따라 요약한 것으로, 밑줄 친 부분의 완전한 형태는 이와 같다.

> 보살은 저들 제 유정을 위해 이치대로 회통會通할 수 있는 선교방편(ānulomikenopāya-kauśalena)으로써 이와 같은 경 중에 포함된 여래의 매우 심오한 뜻의 은밀한 의도/의취(tathāgatābhiprāyikam artham)를 참답게 화회和會하여(yathāvad anulomayati) 저들 유정을 포섭해야 한다. 보살은 이와 같이 바로 회통會通할(anulomayati) 적에 저들을 위해 "이 경에서는 일체 제법의 완전한 비존재를 설한 것이 아니라 다만 제법에 '자성'이라 말할 만한 것이 존재하지 않음을 설한 것"이라고 말해 주어야 한다.[45]

---

44 『십문화쟁론』(『한불전』 1, p.838c15~22), "瑜伽論云, 若諸有情, 於佛所說甚深空性相應經典, 不解密意, 於是經中 說'一切法皆無自性, 皆無有事, 無生無滅,' 說'一切法 皆等虛空, 皆如幻夢'. 彼聞是已, 心生驚怖, 誹謗此典, 言非佛說. 菩薩爲彼, 如理會通, 如實和會, 攝彼有情. 爲彼說言. 此經不說一切諸法都無所有. 但說諸法所言自性都無所有."

45 『유가사지론』 권45(『대정장』 30, p.541a12~22), "若諸有情, 於佛所説甚深空性相應經典, 不解如來密意義趣, 於此經中説 '一切法皆無自性, 皆無有事, 無生無滅,' 説'一切法皆等虛空, 皆如幻夢'. 彼聞是已, 如其義趣不能解了, 心生驚怖, 誹謗如是一切經典, 言非佛説. 菩薩爲彼諸有情類, 方便善巧, 如理會通, 如是經中如來密意甚深義趣, 如實和會, 攝彼有情. 菩薩如是正會通時, 爲彼説言. '此經

이로 볼 때 여기서 '회통(anulomayati)'은 다른 견해를 가진 유정을 적절한 방편(ānulomikenopāya)으로써 이해시키는 것, 따르게 하는 것(anulomayati, 和會)이며, 이러한 회통의 근거는 바로 경설 중에 함의된 '여래의 은밀한 의도/의취(abhiprāya)'였다. 범본에 따르면 '화회' 또한 '회통'과 동어同語 이역異譯이었다. '회통'의 어원적 의미와 대상에 대해서는 다음 절에서 검토해 볼 것이다.

그렇다면 두 번째 「불성유무佛性有無 화쟁문」의 경우는 어떠한가? 이는 불교사상사에서 일성개성一性皆成과 오성각별五性各別의 대결로 회자된 논쟁으로, 현존본에 의하는 한 원효는 적극적으로 화쟁을 모색하지 않는다. 여기서는 서로 모순(決定相違)된 두 주장, ① 종자차별의 현실(一切界差別)에 근거하여 마치 불 속에 물이 존재하지 않는 것처럼 불성을 갖지 않은 무성無性의 유정이 존재한다는 각별론자의 견해와 ② 일미평등의 이상(一味性平等)에 근거하여 마치 현상에 나타난 모든 물질(麤色聚)이 지·수·화·풍의 4대종을 본질로 하듯이 일체 중생은 다 불성을 갖는다는 개성론자의 견해를 대치시키고, 각기 상대방이 제시한

不說一切諸法都無所有, 但說諸法所言自性都無所有."; *Bodhisattvabhūmi*(ed., U. Wogihara), p.265. 10~16, teṣām api sattvānāṃ sa bodhisattvaḥ ānulomikenopāya-kauśalena teṣāṃ sūtrāntānāṃ tathāgatābhiprāyikam arthaṃ. yathavad anulomayati. tāṃś ca sattvāṃ grāhayati. evaṃ ca punar anulomayati yathā neme dharmāḥ sarveṇa sarvaṃ na saṃvidyaṃte. api tv abhilāpātmakaḥ svabhāva eṣāṃ nāsti. steneme niḥsvabhāvā ity ucyaṃte. 그 보살은, 그러한 [공성을 설한 경전들은 붓다가 말씀하신 것이 아니라고 완전히 내던져 버리는, 즉 비난하는] 중생들에게 수순하는 적절한(ānulomika) 방편선교로써 그 경전들에 담겨 있는 여래께서 의도하신 의미를 바르게 따르도록 해야 한다(anulomayati). 그리고 중생들로 하여금 [그 의미를] 받아들이도록 해야 한다. 또한 "이러한 諸法은 어떠한 방식으로도 어떻게도 존재하지 않는다는 것이 아니다. 다만 이러한 [제법]에는 언설(abhilāpa)을 본질로 하는 자성이 존재하지 않을 뿐이다. 따라서 이러한 [제법]에는 자성이 존재하지 않는다."고 [여래께서] 설한 그러한 방식대로 따르도록 해야 한다(anulomayati).(금강대 이영진 선생 번역)

경설의 취지(密意)와 함께 서로의 비판에 대한 해명을 나열하는 것만으로 화쟁을 꾀하고 있다. 내용을 요약하면 이러하다.

무성無性의 유정도 존재한다고 주장하는 이들(執有無性論者)은 회통(通)하여 말하였다.

"경(즉 『열반경』)에서 '일체 중생에게 불성이 존재한다'고 설한 것은 진리성(理性)에 근거한 것이지 현실성(行性)에 근거한 것이 아니며, 일부에 근거한 '일체'이지 일체에 근거한 '일체'가 아니다.[46] 즉 마음을 지닌 이가 모두 보리菩提를 증득한다면, 이미 보리를 증득한 이(부처)도 다시 증득한다고 해야 한다. 또한 일체 중생이 불성을 갖고서 [언젠가] 반드시 부처가 된다고 한다면 중생계도 [언젠가] 멸진한다고 해야 할뿐더러 부처의 이타행도 무의미하며, [그럴 경우 부처 자체도 불가능한] 것이 되고 만다.

'일체 중생은 본래부터(法爾) 불성을 갖는다'는 주장과 '그렇지 않다'는 주장은 서로 모순된 주장(決定相違)이 아니다. 이는 '불의 성질은 축축함(濕性)이다'라는 주장과 '축축함이 아니다'라는 주장이 서로 모순된 것이 아닌 것과 같다. 불의 성질은 축축함이 아니라 뜨거움이기 때문으로, '무성無性의 유정이 존재한다'는 도리도 역시 그러하다. 그리고 만약 일체 중생에게 불성이 존재한다면 '반열반법般涅槃法을 갖지 않은 종성의 유정이 존재한다'고 설한 『현양성교론』이나 『유가론』은 어떻게 [회]통(이해, *nīyate)해야

---

46 이는 법상유식론자의 견해이다. '일부에 근거한 일체'에서 '일부'란 不定種姓을 말한다. "雖餘經中宣說, '一切有情之類皆有佛性, 皆當作佛'. 然就眞如法身佛性, 或就少分一切有情方便而說, 爲令不定種姓有情決定速趣無上正等菩提果故.": 『佛知經論』 권2(『대정장』 26, p.298a24~28); 권오민, 「5종성론에 대하여」, 『불교학과 불교』, 민족사, p.338 참조.

할 것인가?"[47]

이에 대해 일체 중생은 다 불성을 갖는다고 주장하는 이들(執皆有性論者)은 [회]통通하여 말하였다. "거기(즉 『현양성교론』)서 '현재 생에서는 비록 반열반법이 아닐지라도 다른 생 중에서 [대승으로 전향하여] 반열반법으로 바뀔 수 있다고 말해서는 안 된다'고 설한 것은 본래 불성을 갖지 않는 무성無性이었다가 불성을 갖는 유성有性으로 바뀐다는 주장을 비판한 것이기 때문에, [일체 중생은 본래 불성을 갖는다는] 우리의 종의는 여기에 저촉되지 않는다. 즉 저들의 성교聖教에서 무성종성을 설정한 의도는 대승을 추구하지 않는 이의 마음을 돌리기 위한 것으로, 무량의 시간에 근거하여 설한 밀의密意설이기 때문에 [우리의 주장과] 모순되지 않는 것이다.[48]

그리고 저들은 마음을 지닌 이가 모두 보리를 증득한다면 부처와 차별도 없어지게 될 것이라고 힐난하였지만, 이미 저들의 경에서 '부처는 중생이 아니'라고 설하였다. 또한 일체 중생이 불성을 갖는다면 중생은 멸진하여 끝내 존재하지 않게 될 것이라고 하였지만, 이

---

47 『십문화쟁론』(『한불전』 1 p.839b22~c7), "問: 若立後師義, 是說云何通? 如顯揚論云.: 「云何 '唯現在世非般涅槃法不應理故'? 謂不應言於現在世, 雖非般涅槃法, 於餘生中, 復可轉爲般涅槃法. 何以故? 無般涅槃種性法故. 又若於此生, 先已積集順解脫分善根, 何故不名般涅槃法? 若於此生, 都未積集, 云何後生能般涅槃? 是故定有非般涅槃種性有情.」 瑜伽論中亦同此說." 이 논설은 『현양성교론』 권20(T31, p.581a27~b4)상의 논설로, 종성의 다섯 차별(보살·성문·독각·不定·無性종성)의 다섯 논거(① 一切界의 差別이 인식되기 때문, ② 無根의 유정은 불합리하기 때문, ③④ 同類와 異類의 비유는 불합리하기 때문, ⑤ 오로지 현재세에 반열반법이 아닌 것이 [반열반법이 된다는 것은] 불합리하기 때문) 중 다섯 번째에 대한 해명이다. 이는 『유가사지론』 권67(T30, pp.669b12~679a20)에서도 廣說되고 있는데, 고래로 종성차별의 5難6答으로 일컬어진다. 이에 대해서는 권오민, 「5종성론에 대하여」, 『불교학과 불교』, pp.340~346에서 略說하였다.
48 이는 一性皆成論者의 주장으로, 법상종인 원측도 이같이 주장하였다. 권오민, 「5종성론에 대하여」, p.336 참조.

는 도리어 '무성유정이 본래부터 갖는 법이法爾의 종자가 멸진하는 일이 없다'는 자신들의 주장을 비난하는 것이다. 즉 무성유정의 일체 종자 중 어떤 것은 결과를 낳지 않는 것이라고 한다면 '종자'가 아니라고 해야 하고, 결과를 낳는 것이라면 아무리 많을지라도 끝내 멸진해야 한다. 만약 '일체 종자가 다 결과를 낳을지라도 종자는 무궁無窮하기 때문에 끝내 멸진하는 일은 없다'고 말한다면 '일체 중생 역시 모두 다 성불하지만 중생은 무변無邊이기 때문에 끝내 멸진하는 일이 없다'고 해야 하는 것이다."[49]

후반의 결락 부분은 알 수 없지만, 「불성유무 화쟁문」의 현존본을 자세히 읽어 보면 — 논리가 매우 정연하다 — 이처럼 원효의 코멘트는 개입되고 있지 않다.[50] 그는 다만 각 주장의 논리적 맥락만을 나열함으로써 상호 이해를 도모하고 있는 것이다(여기서의 '[회]통'은 nīyate의 역어로 이해, 해석의 뜻: 次項 참조). 사실 이 문제는 '일승진실 삼승방편(『법화경』)'과 '삼승진실 일승방편(『해심밀경』)'의 문제와 마찬가지로 어느 하나를 취사할 경우 불교교학의 뿌리 자체를 흔드는 것이기 때문에 양쪽 입장의 시비만을 드러낼 뿐 어느 한편의 손을 들어 줄 수도 없고, 들어 주어서도 안 된다. 율장의 대표적인 파승사인 「코삼비건도」에 의하면, 불타 역시 서로 투쟁하는 이부二部 중 누가 여법설자如法說者이고 누가 비법설자非法說者인지를 묻는 사리불 등의 질문에 각자에게로 그 판단을 미루

---

49 『십문화쟁론』(『한불전』 1, pp.839a17~840a17)
50 이종익도 이같이 이해하였다. "[佛性有無和諍에서는] 無性論者와 有性論者의 의견을 피력하는 정도로 원효 대사의 화쟁론은 나오지 않고 있다. 애석한 일이다. 무성·유성 兩家의 논지를 기술함에 있어서도 그 논리가 극히 난삽하여 이해하기 어렵다."(「元曉大師의 十門和諍論」, 『원효대사의 화쟁사상1』, 중앙승가대학 불교사학연구소, 2000, p.244)

고 있다.(주 138 본문 참조)

균여均如가 전하고 있는 『화쟁론』에 의하면, "[이들] 두 논사의 주장 중 누구의 말이 진실인가?"라는 물음에 대해 어떤 이(원효)는 "그것들은 모두 성교聖教(*āgama)에 근거한 것이기 때문에, 또한 [불타의] 법문은 한 가지가 아닐 뿐더러 서로를 장애하지 않기 때문에 모두 진실"이라고 말한다. 즉 "오성차별五性差別설은 진속眞俗이 동일하지 않다는 현실론적 측면(不一의 依持門)에 근거하여 설한 것이고, 개유불성皆有佛性설은 진망眞妄이 다르지 않다는 이상론적 측면(不二의 緣起門)에 근거하여 설한 것이기 때문에(현존의 『십문화쟁론』에서도 양론을 다만 '종자차별'의 현실과 '일미평등'의 이상에 근거한 것이라고 규정하였다: 前說), 양론은 본질적으로 상호 모순된 학설이 아니"라는 것이다.[51]

원효는 서로 상반된 두 견해에 대해 동조하지도 말고 반대하지도 말라(非同非異)고 하면서 그 이유를 다음과 같이 해설하였다.

만약 견해를 달리하는 온갖 쟁론이 일어났을 때, 혹 유견有見에 동조하여 말하면 이는 곧 공견空見에 반대하는 것이고, 혹 공집空執에 동조하여 말하면 이는 곧 유집有執에 반대하는 것이다. [그럴 경우] 동조한 견해와 반대한 견해의 싸움은 더욱 더 치성하게 될 것이다. 또한 두 견해에 동조할 경우 자신 내면에서 서로 다투게 될 것이고, 저들 두 견해에 반대할 경우 두 견해와 서로 다투게 될 것이다. 그

---

51 균여, 『釋華嚴教分記圓通抄』 권3(『한불전』 4, p.325b8~c6), "和諍論云, 問. 一切衆生 皆有佛性耶, 當言亦有無性有情耶? 答. ① 又有說者, 於有情界定有無性, 一切界差別故, 無始法爾故. ② 又有說者, 一切衆生皆有佛性. 問: 二師所說, 何者爲實? 答: 又有說者, 二師所說, 皆是實. 何以故? 皆依聖教而成立故. 法門非一, 無障碍故. …(중략)… 如是二門, 本無相妨."; 동(『한불전』 4, p.311c9~11), "曉公云, 五性差別之教, 是依持門. 皆有佛性之說, 是緣起門. 如是會通兩家之諍."

렇기 때문에 [어떤 한 견해에 대해] 동조하지도 말고 반대하지도 말고 말하라는 것이다. 여기서 '동조하지 않는다'고 함은 [경(예컨대 『반야경』과 『해심밀경』)에서] 말한 대로만 취(이해)하는 경우 [有見과 空見은] 모두 인정되지 않기 때문이며, '반대하지 않는다'고 함은 [경설의] 의도를 얻어(밝혀) 말한다면 인정하지 못할 것도 없기 때문이다. 즉 반대하지 않기 때문에 그들의 정서(情)에 어긋나지 않으며, 동조하지 않기 때문에 도리道理에 어긋나지 않는다. 정서로든 도리로든 서로 어긋나지 않기 때문에 '진여에 상응하는 [법을] 설한다'고 말한 것이니, 진여란 그러한 것이다.[52]

여기서 "[경에서] 말한 대로의 뜻(yathārutārtha: 如說義)만을 취(이해)하면 [어떠한 이설도] 인정될 수 없지만, [경설의] 의도(abhiprāya: 意旨, 즉 別意趣, 密意)를 얻어(밝혀) 말한다면, 다시 말해 경설의 맥락이나 설하게 된 소이를 밝힌다면 서로 인정하지 못할 바도 없다."는 그의 말은 화쟁의 주요 형식으로, 거의 관용구처럼 사용된다(예컨대 주 88~91).

아무튼 「불성유무 화쟁문」에서의 화쟁 또한 경설의 의미 해석을 통한 상호 소통, 상호 이해를 의미하며, 이런 점에서 앞서 『유가론』에서 인용한 '회통'과 '화회'와 통한다고 말할 수 있다.

---

52 『금강삼매경론』 권중(『한불전』 1, p.638a14~23), "若諸異見諍論興時. 若同有見而說, 則異空見. 若同空執而說, 則異有執. 所同所異, 彌興其諍. 又復兩同彼二, 則自內相諍. 若異彼二, 則與二相諍. 是故非同非異而說. 非同者, 如言而取, 皆不許故. 非異者, 得意而言, 無不許故. 由非異故, 不違彼情. 由非同故, 不違道理. 於情於理, 相望不違. 故言相應如說. 如者而也."

3. 아비달마 논서에서의 '회통'

1) 회석會釋과 회통
앞서 『십문화쟁론』 「무성無性유무 화쟁문」에서 각별론자各別論者는 개성론자皆成論者에 대해 이같이 힐난하였다.

> 만약 뒤의 논사(개성론자)의 주장과 같다면, 이러한 『현양성교론』이나 『유가론』의] 설은 어떻게 [회]통通해야 할 것인가?
> 이에 대해 일체 중생은 다 불성을 갖는다고 주장하는 이들은 [회]통通하여 말하였다. …(하략)…(주 49)

여기서 [회]통通은 「공유 화쟁문」에서 회통會通·화회和會와 같은 말(즉 anulomayati)의 역어인가? 아비달마 논서상에서도 정설(혹은 自說)과 다른 주장이나 경설의 해명을 요구할 때 '통通'·'회석會釋'·'통석通釋'이라는 말을 사용하는데, 이는 대개 '안내하다(guide)'·'인도하다(lead away)'는 뜻의 어원 √nī에서 파생한 nīyate나 netavyam 등의 역어譯語이다. 예컨대 유부에 의하면 사유死有와 생유生有를 이어주는 중유中有(antarābhava)는 다음 생의 본유本有의 형상인데, "그렇다면 '보살은 여섯 개의 어금니와 네 발을 갖춘 단엄端嚴한 흰 코끼리의 모습으로 입태하였다'는 법선현法善現(Dharmasubhūti)의 [찬불]송은 어떻게 이해(해석)해야 할 것인가?"

이러한 문난問難에 대해 신구新舊의 아비달마 제 논서에서는 다음과 같이 전하고 있다.

> 보살의 중유가 이와 같다면 법선현의 [찬불]송은 어떻게 [회]통通해야 할 것인가?

이에 대해서는 반드시 [회]통할 필요가 없다. … 만약 반드시 [회]통
해야 한다면 그것의 의취意趣(abhiprāya: 별도의 의미)를 추구해 보아
야 한다.

問: 菩薩中有若如是者, 法善現頌, 當云何通? 答: 此不須通. …
若必須通, 應求彼意.(현장 역『대비바사론』)[53]

法須菩提所說偈云何通? … 答曰: 此不必須通."(浮陀跋摩 등 역『아
비담비바사론』)[54]

法善現說, 復云何通? … 不必須通.(현장 역『구사론』)[55]

大德達磨須部吼底說偈, 云何會釋? … 此言不必須會釋.(진제 역『구
사석론』)[56]

dharmasubhūtibhāṣyaṃ kathaṃ nīyate … naitad avaśyaneta-vyam.
(Abhidharmakośabhāṣya)[57]

"법선현의 [찬불]송은 어떻게 [회]통해야 할 것인가?" 하는 말은 '어
떻게 이해해야 할 것인가', '어떻게 해석해야 할 것인가' 하는 말과 통
한다. 현장 또한 nīyate를 '석釋'이나 '통석通釋'으로 번역하기도 하였다.
즉『구사론』「세간품」에서는 어떤 이들(대중부)이 자신들은 중유(이명은
gandharva)의 경증으로 제시한『건달박경』을 전승하지 않는다고 하자, 이

---

53 권70(『대정장』 27, p.361c3f). 여기서 '반드시 회통할 필요가 없다'고 한 것은 그것
이 三藏(성전)의 말이 아니라 文頌(kāvya)이기 때문이다. 文頌에는 옳은 말도 있
고 옳지 않은 말도 있지만, 대개의 文頌者는 말만 많을 뿐 眞實에서 벗어나 있기
때문이다(동, p.361c3f).
54 권36(『대정장』 28, p.267c6~8).
55 권9(『대정장』 29, p.46a6f).
56 권6(『대정장』 29, p.202c15~17).
57 AKBh., p.124. 9ff.

같이 힐문하고 있다.

만약 이 『[건달박]계경』을 전승하지 않는다면 『장마족경』은 어떻게
해석할 것인가?
若此契經彼不誦, 復云何釋掌馬族經?(현장 역 『구사론』)[58]
復次若汝執無中陰, 云何會釋阿輸羅耶那經?(진제 역 『구사석론』)[59]
yady evam āśvalāyanasūtraṃ kathaṃ nīyate. (*Abhidharmako-
śabhāṣya*)[60]

또한 유부 비바사사師毘婆沙師는 세친이 과거·미래 실유를 부정함에
"능히 이세二世의 실유를 통석通釋(nī)하지 못할지라도 자신의 종의를 애
호하는 자라면 법성法性의 심오함을 알아야 한다."고도 하였다.[61]
그런데 현장 역의 『대비바사론』이나 『순정리론』에서는 온전한 형태의
'회석會釋'이나 '회통會通'이라는 말도 언급된다. 이 역시 nīyate의 역어일
까?

① 만약 연기법이 무위가 아니라고 한다면 저들이 인용한 ["여래가
세간에 출현하든 출현하지 않든 법주法住이고 법성法性이다."라는]
경설은 어떻게 회석會釋할 것인가?[62]

---

58 권8(『대정장』 29, p.45a1).
59 권6(『대정장』 29, p.201c27f).
60 *AKBh.*, p.121. 25.
61 『구사론』 권20(『대정장』 29, p.106b1~3), "毘婆沙師作如是說. 如現實有, 過去未來
所有於中, 不能通釋, 諸自愛者, 應如是知. 法性甚深."; asty eva tv atītānāgatam
iti vaibhāṣikāḥ. yan na netuṃ śakyate, tatrātmakāmenaivaṃ veditavyam. gambhīrā
khalu dharmatā.(*AKBh.*, p.301. 10).
62 『대비바사론』 권23(『대정장』 27, p.116c10~13), "問: 若緣起法非無爲者, 如何會釋

② 잘 알지 못하겠다. 경주經主는 일찍이 어디서 어떤 유가사瑜伽師들을 만나 섬겼기에 자주 그들의 말을 인용하여 성교聖敎를 회통會通시키는 것인가?[63]

③ 정리正理에 미혹하여 겨우 경문經文 정도 열람할 수 있는 이라면 능히 성교聖敎의 심오한 의취意趣(abhiprāya)를 회통會通할 수 없다.[64]

첫 번째 『바사론』의 문구는 "연기법이 유위라면, 무위라고 주장한 분별론자分別論者의 경증 ── '연기법은 여래가 세간에 출현하든 출현하지 않든 법계 상주하는 법성이다. 불타는 이 법을 등각等覺하여 다른 이들을 위해 개발 현시하였다'(『잡아함』 제299경) ── 은 어떻게 이해/해석할 것인가?"에 대해 물은 것이고,[65] 두 번째 『정리론』의 문구는 경주經主(sūtrakāra) 세친이 유부가 무표색 실유의 제2 경증으로 제시한 무루색의 존재를 다만 '무루정無漏定에 근거한 색'이라고 해석한 데 대한 비난이며, 세 번째 『정리론』의 문구는 상좌上座 슈리라타가 제8해탈인 멸수상정해탈滅受想定解脫에 들더라도 '소연을 갖지 않고 행상을 떠난 동일 종류의 마음(一類心, ekajātiyacitta)'이 존재한다고 주장한 것에 대해 힐난한 것이다.[66]

彼所引經? 答: 經說 '因果決定義' 故. 謂佛出世若不出世, 無明決定是諸行因, 諸行決定是無明果."

63 『순정리론』 권35(『대정장』 29, p.541a13~15), "未審! 經主, 曾於何處, 逢事何等諸瑜伽師, 數引彼言會通聖敎?"

64 『순정리론』 권80(『대정장』 29, p.771c24~25), "非迷正理纔覽經文, 便能會通聖敎深趣."

65 이에 대해서는 권오민, 「연기법이 불타 자내증이라는 경증 검토」, 『불교학과 불교』, 민족사, pp.252~264 참조.

66 이에 대해서는 권오민, 「상좌 슈리라타의 '一心'」, 『인도철학』 제40집, pp.19~29 참조.

형식상으로 볼 때 ①은 앞서 "법선현의 [찬불]송은 어떻게 [회]통通해야 할 것인가?"나 "『장마족경』은 어떻게 해석(釋)할 것인가?"와 동일하며, 답 또한 확정되어 있다. 즉 유부에서는 법선현의 찬불송은 다만 길상吉祥의 조짐을 암시하는 꿈으로, "연기법은 법주의 법성(현존본은 '法界常住')"이라는 경설은 '인과결정'의 뜻으로 이해/해석한다. 불타가 세간에 출현하든 출현하지 않든 무명은 결정코 제행諸行의 원인이며, 제행은 무명의 결과라는 것이다. 따라서 ①의 회석會釋은 nīyate의 역어일 것이다.

그러나 ②와 ③은 성교(āgama)의 언설 이면에 내포되어 있는 은밀한 별도의 의도(abhiprāya: 別意趣, 密意)를 알지 못한 데 대한(정확히 말하면 '거부한 데 대한') 힐난이다. 경량부의 조사로 알려진 상좌 슈리라타는 유부의 법성 중심의 불설론을 거부하고, 불타가 분명하고도 결정적으로 설한 것(顯了定說)만을 불설佛說로, 불타 스스로 문제를 제시(標, uddeśa)하고 이에 대해 해설(釋, nirdeśa)한 경을 요의경으로 이해하였다. 예컨대 그는 다만 경설經說에 따라 5온 중의 행온을 사思로, 12연기의 무명지支를 삼세의 무지無智로, 4성제 중의 집성제를 애愛로 이해하였을 뿐, 정리에 부합하는 별도의 은밀한 뜻도, 그것을 현시한 '아비달마=불설'의 사실도 인정하지 않았다.[67] 세친(俱舍論主) 또한 상좌와 가까이하여 다만 "경에 의지하고 사람에 의지하지 말라."는 경설에 따라 '아비달마=불설'론을 불신하였다.[68]

따라서 ②와 ③의 '회통'은 앞서 원효가 「공유空有 화쟁문」에서 인용한 『유가사지론』에서의 회통/화회와 동일한 의미로, anulomayati의 역어일 가능성이 크다. 이 말의 어원 anu-loma는 '털(loman)의 결이 바람

---

67 이에 대해서는 권오민, 『上座 슈리라타와 經量部』, pp.657~684 참조.
68 이에 대해서는 권오민, 「衆賢의 '阿毘達磨=佛說'論」, 『불교원전연구』 제15호, 동국대 불교문화연구원, 2012 참조.

에 쏠리는', '자연스러운 방향으로 [존재하는]', '올바른 방향으로 보내는/인도하는' 것을 의미하여 '隨수'·'隨順수순', '合理합리'·'順於理순어리(이치에 부합하는 것)' 등으로 한역되었고, 이것의 동사형 anulo-mayati는 '수순'·'회통'·'화회' 등으로, 형용사 ānulomika 또한 '수순'·'회통'·'수순회통' 등으로 한역되었다.[69] 이에 따라 현장은 ānulomi-kena-upāya-kauśalena([중생들에게] 적합한 선교방편)를 '方便善巧, 如理會通(이치대로 會通할 수 있는 선교방편)'으로, tathāgatābhiprā-yikam artham yathāvad anulomayati([경 중에 내포되어 있는] 여래가 의도한 뜻을 바르게 따르게 한다)를 '如來密意, 甚深義趣, 如實和會(여래의 매우 심오한 뜻의 은밀한 의도/의취를 참답게 和會한다)'로 번역하였다.

따라서 여기서의 회통은 "경설의 맥락(그같이 설하게 된 소이)이나 경설에 함의된 이치에 맞는 (혹은 '正理에 부합하는') 의도/의취(abhiprāya), 즉 법성法性을 밝혀 견해를 달리하는 상대방을 이해시키는 것"이라는 정도의 의미이다. 유부에 의하면 경(『잡아함』 제61경)에서 행온을 6사신思身이라고 설한 것은 그것이 유루 제행諸行 중 가장 수승한 법이기 때문이다. 중현은 상좌가 이 경설에 따라 행온을 다만 사思로 이해하고서 경설상에 어떠한 은밀한 뜻도 없다고 말한 데 대해 "그럴 경우 세존의 말씀은 [논리적 모순을 초래하기 때문에] 지혜(즉 정리)에 따르지 않은 것(즉 非佛說)이라 비방하는 것"이라고 힐난하였다.

---

69 전태수 역, 『漢譯對照 梵韓大辭典』, 대한교육문화신문출판부, 2007, p.75, p.225, Monier Williams Sanskrit Dictionary, anuloma: with the hair or grain; in a natural direction, in order, regular, successive; conformable. anulomaya: to stroke or rub with the hair; to send in the right direction or so as to carry off by the right channels.(p.38) ānulomika: in the direction of the hair, in natural or regular order, in due course; conformable, favourable, benevol-ent.(p.141)

또한 저 상좌는 "세존께서는 그 같은 은밀한 말씀('行蘊, 즉 六思身')
을 아무런 조건 없이 설한 것이라고 말해서도 안 된다. 사思 이외
[貪·瞋 등]의 법도 행온에 포섭된다는 것은 앞에서 이미 논설한 대
로 이치상 극히 상식적인 것(極成立, *prasiddha)이거늘, 어찌 이것('思
가 가장 수승한 법'이라는 密意)을 불타께서 은밀한 말씀을 설하게 된
인연이 아니라 하겠는가? 또한 행온이 사思 이외 다른 법도 포섭한
다고 함은 이치상 실로 그러해야 하는 것이다.

[경에서는 행온을] 단지 사思라고만 설하였거늘, 여기에 어찌 밀의密
意(abhiprāya)가 존재한다는 것인가?

만약 [이러한 은밀한 말씀에] 밀의가 존재하지 않는다고 한다면, 이
는 바로 '세존의 말씀은 지혜에 따르지 않은 것'이라고 비방하는 것
이다. 그러나 만약 밀의가 존재한다고 한다면, 불타의 은밀한 말씀
의 인연은 저절로(자연적으로) 성립하게 되는 것이다.[70]

흥미롭게도 '회통'의 원어 anulomayati는 '법성에 어긋나지 않는 것
(dharmatāṃ na vilomayati)'이라는 불설 정의(주 13)에서 '어긋나다'·'위배
되다'라는 뜻의 vilomayati에 대응한다. vi-loma는 anu-loma와 반대
로 '털의 결에 거스르는'·'어긋나는'·'역행하는'의 뜻으로, '역逆'이나 '위
역違逆', '불수순不隨順' 등으로 한역되었다.[71] 이를 통해 보더라도 '회통

---

70 『순정리론』권2(『대정장』29, p.341c23~27), "又彼(상좌)不應作如是說. '世尊無緣
　　說於密語'. 離思餘法, 行蘊所收, 如前已論. 理極成立, 豈非是佛說密語緣? 又行
　　蘊收思外餘法, 理實是有. '而但說思, 此何密意?' 若無密意, 便謗世尊言不隨智.
　　若有密意, 卽自成立佛密語緣." 권오민, 『上座 슈리라타와 經量部』, pp.677~678
　　참조.
71 전태수 역, 『漢譯對照 梵韓大辭典』, p.1433, Monier Williams Sanskrit Dictionary,
　　viloma: against the hair with the hair or grain; turned the wrong way contrary to
　　usual or proper course; turned against the wind.(p.986).

(anulomayati)'은 사람이나 동물의 털이 한 방향으로 쏠리는 것이 자연스러운 순리이듯이, 경설의 의도를 이치에 맞게 ('순리대로', '적절하게') 드러내어 중생을 올바른 방향으로 이끈다는 뜻이다. '통通'·'통석通釋'·'회석會釋' 등으로 번역된 nīyate가 다만 이해/해석의 의미였다면(nīta-artha, 해석된, 명백한 뜻, '了義'; nīti, '理', '道理', '議理'), '회통會通'·'화회和會'로 번역된 anulomayati는 "경설에 내포되어 있는 은밀한 별도의 의도/의취(abhiprāya: 別意趣, 密意)를 드러내어 대론자를 이해시킨다/따르게 한다"는 보다 적극적인 의미를 갖는 말이라 할 수 있다.

2) 설법사說法師의 회통과 원효

그렇다면 어떠한 경설을 회통해야 하는 것인가? 모든 경설이 회통되어야 하는가? 원효의 화쟁론에서는 경향성을 달리하는 성전[의 말씀]에 근거함으로써 빚어진 서로 모순(相違)된 견해였다.

『유가사지론』「섭석분攝釋分」에서는 설법사說法師가 일체의 불경을 해석할 적에 검토해야 하는 다섯 가지 사실(五相), 즉 법法·등기等起·의義·난難·차제次第에 대해서 논의한다. 여기서 법(dharma)이란 계경契經·응송應頌 등의 12분교分敎를 말하며, 등기(*samuttha, samutthāna)는 설법의 인연이 된 일(事)과 때(時)와 인물(補特伽羅)을, 의(artha)는 총체적이거나 개별적인 뜻을, 난(*codya: '徵', '批評')은 자신이나 타인에 의해 제기된 난문難問을, 차제(*krama)는 경설 의미의 완전함(圓滿)과 성취成就와 해석解釋을 나타내는 순서를 말한다. 즉 설법사는 이러한 다섯 가지 사안을 중심으로 하여 일체 경을 이치에 맞게 해석(隨順解釋, *ānulomika-nirdeśa)해야 하는 것이다.

이 중 세 번째 난문은 경설의 내용이 다음과 같을 때 스스로 제기하거나 다른 이가 제기한 문제이다.

첫째, 의미가 불분명(未了義)하여 분명히 해야 할 필요가 있을 때.

둘째, 앞에서 한 말과 뒤에서 한 말이 서로 모순(相違)될 때.

셋째, 도리(yukti)가 서로 모순될 때. 예컨대 4종 도리四種道理(주 145)와 서로 모순되는 뜻이 드러나 있는 경우.

넷째, 동일한(한 가지) 종류의 뜻을 여러 갈래(異門, prayāya)로 나타내면서 결정적으로 나타내지 않았을 때.

다섯째, 예컨대 내적 자아처럼 직접적으로 바로 관찰(現見)되지 않는 것에 대해 설하였을 때.

『유가론』에 따르면 설법사는 이 중 첫 번째의 경우에는 [예증과 같은 선교의] 방편(upāya)을 사용하여 분명하게 나타내야 하고, 세 번째의 경우는 서로 모순된 도리와는 다른 [별도의] 교설(異敎)로써 이를 판결해야 하지만, 그 밖의 서로 모순된 경설이나 그 뜻이 결정적으로 나타나지 않은 경우, 혹은 직접적으로 바로 관찰되지 않는 것에 대해 설한 것일 경우에는 "그것을 설하게 된 의도/의취意趣(abhiprāya)를 분명하게 나타내어 수순회통隨順會通해야 한다."[72]

여기서 '수순회통'이 anulomayati의 역어이고, '이치에 맞게 이해시켜야 한다'는 뜻임은 두말할 나위도 없다. 앞서 『십문화쟁론』「공유空有 화쟁문」에서 인용한 『유가사지론』의 '회통'(주 45)은 바로 설법사의 불경 해

---

72 『유가사지론』 권81(『대정장』 30, pp.753c22~754a8), "釋難者, 若自設難, 若他設難, 皆應解釋. 當知! 此難略由五相. ① 一者, 爲未了義得顯了故. 如言 '此文有何義耶?' ② 二者, 語相違故. 如言 '何故世尊先所說異, 今所說異?' ③ 三者, 道理相違故. 如有顯示, 與四道理相違之義. ④ 四者, 不決定顯示故. 如言 '何故世尊於一種義, 於彼彼處種種異門, 差別顯示?' ⑤ 五者, 究竟非現見故. 如言 '內我有何體性, 有何色相, 而言常恒無有變易, 如是正住?' 如是等類難相應知. 於此五難, 隨其次第當解釋. ① 謂於不了義難, 方便顯了. ② 於語相違難, 顯示意趣隨順會通. ④⑤ 如於語相違難, 顯示意趣隨順會通, 如是於不決定顯示難, 於究竟非現見難, 當知亦爾. ③ 於道理相違難. 或異敎而決判之, 或復示現四種道理, 或復示現因果相應."

석법에 따른 것이었다. 요컨대 '회통'이란 서로 모순된 경설이나 동일한 뜻임에도 그 의미가 불분명한 여러 갈래의 경설에 대해 그것을 설하게 된 의도/의취를 밝혀 서로의 이해를 통하게 하는 (혹은 '서로의 오해를 불식시키는') 경전 해석법의 하나였다.

여기서 우리는 원효의 회통 역시 설법사說法師(dharma-kathika: 법의 해설자)로서의 역할에 따른 것이었다고 이해할 수 있지 않을까? 그 또한 앞서 언급한 『열반종요』「불성문佛性門」에서의 회통會通(주 40)을 '초통문이初通文異 후회의동後會義同', 먼저 서로 다른 주장의 근거가 된 성전의 언설상의 차이에 대해 해명하고(=通), [불성과 발보리심의 경우처럼] 뜻(義, *artha)이 동일한 종류임에도 언설(설명)이 다른 경우 동일한 뜻으로써 여러 언설들을 이해시키는 것(=會)이라고 해설하였기 때문이다.[73] 이에 따르는 한 '회會'는 바로 여러 갈래의 이설을 동일한 종류의 뜻으로 이해시키는 설법사의 네 번째 해석법이고, '통通'은 서로 모순된 경설에 대해 해명하는 두 번째 해석법이다.

또한 『본업경소本業經疏』에서는 회통을 '선회권교先會權敎 후통실리後通實理', 즉 먼저 인과에 관한 여러 학설을 방편(權)인 성교聖敎로써 이해시키는 것을 '회會'라고 하였고, 그 후 진실(如實)의 인과도리(正理)로써 해설하는 것을 '통通'이라 하였다.[74] 이 역시 '현시의취顯示意趣 수순회통隨順會通'이라는 『유가론』의 논설(주 72)에 따른 불경의 해석법이라 말할 수 있는 것이다.

현장玄奘 역시 『유가사지론』에 따라 회통을 강조하였다. 『대당대자은

---

73 『열반종요』(『한불전』 1, p.543c15f; p.544c1f), "第六會通. 於中有二. 初通文異. 後會義同. 通異文者, …"; "次會義同者, 於同類義, 有異文句, 以義類而會諸文. 佛性之義有無量門…."
74 『본업경소』(『한불전』 1, p.511c19f; 512a4; a10), "第三會通. 於中先會權敎, 後通實理. …此是敎會. 次通道理…是謂如實因果道理也."

사삼장법사전』에 의하면, 인도에서 구법求法하던 중 대덕 사자광師子光이 『중론』과 『백론』을 강의하면서 『유가론』을 비판하자, 이러한 제론에 능통한 현장은 이같이 반론하였다.

> 성인이 교설을 펼칠 때 각기 한 가지 의도/의취에 따랐기 때문에 [제경론의 교설은] 서로 모순되거나 방해하는 것이 아니다. 그러나 혹 어떤 자는 이를 능히 회통會通하지 못한 채 서로 상반된 것이라고 말한다. 그러니 과실은 이를 전승한 이에게 있는 것이지 어찌 법에 있다고 하겠는가?[75]

이상의 논의로 볼 때 원효의 '화쟁'은 회통의 뜻이며, 따라서 이는 일차적으로 백가百家 이집異執 사이의 이해(和會) 소통을 통한 다툼의 종식을 의미한다.[76] 하리발마가 말한 대로 "불타는 올바른 뜻(正義)에 대해 뜻에 따른 말(隨義語)을 안치하고, 올바른 말(正語)에 대해 말에 따른 뜻(隨語義)을 안치하는 것을 허락하였기" 때문에(주 25), 불법의 다양성은 필연적인 것이고, 이에 따른 상호간의 이해 소통은 필수적이며, 이는 당연히 서로에 대한 배척(부정)이 아닌 용인(긍정)을 전제로 한다. 비록 물과 젖이 자성을 달리할지라도 화합하듯이, 백가의 이집 또한 주장

---

75 『대당대자은사삼장법사전』 권4(『대정장』 50, p.244b29~c3), "法師妙閑中百, 又善瑜伽. 以爲聖人立敎, 各隨一意, 不相違妨. 惑(→'或')者不能會通, 謂爲乖反. 此乃失在傳人, 豈關於法也?"; 三枝充悳, 심봉섭 옮김, 『불교학세미나② 인식론·논리학』, 불교시대사, 1995, p.313 참조.

76 여기서 '일차적'이라 말한 것은, 필자는 異執 사이의 이해 소통인 會通 자체가 화쟁의 목적은 아니라고 생각하기 때문이다. 그것은 여래장, 즉 『기신론』의 '眞如一心'을 천명하기 위한 것이다. 『유가론』「섭석분」에 따르면 說法師는 道理가 서로 모순된 경우 이와는 다른 제3의 교설(異說)로써 판결해야 하였는데, 원효는 필경 이를 『기신론』에서 찾았을 것이다. 그래서 『기신론』을 '群諍이 評主'로 평가하였을 것이다.(본고 V-2)

과 입장을 달리할지라도 그들은 다 동일한 목적(열반)을 추구하는 동일한 스승의 제자이기 때문에 화합해야 하였다.

의미상의 차이가 없지 않겠지만, 『십송률』「비니증일毘尼增一」 중의 오법五法에서는 달리타闥利吒 비구들의 멸쟁滅諍의 5법을 열거하는데, 여기서 '화쟁'은 멸쟁의 한 방식으로 언급되고 있다.

> 오법五法이 있어 달리타闥利吒 비구들은 다툼을 종식시킨다. 즉 ① 다툼을 종식해야 할 일(滅諍事)을 능히 잘 파악할 것, ② 다툼이 일어나게 된 인연을 능히 잘 알 것, ③ 화쟁和諍, 즉 다툼을 능히 잘 조정할 것, ④ 다툼을 능히 잘 종식시킬 것, ⑤ 다툼이 종식되면 다시는 일어나지 않게 할 것이 바로 그것으로, 이것이 달리타 비구들의 5멸쟁법이다.[77]

만약 여기서 ②의 다툼이 일어나게 된 인연이 경설상의 차이에서 비롯된 이집異執 이견異見이라면 ③의 '화쟁'은 바로 이에 따른 오해의 회통會通이었을 것이다. 화쟁, 즉 다툼을 조정하기 위해서는 무엇보다도 당사자들의 오해가 해소되지 않으면 안 된다. 설혹 주장이 서로 다를지라도 성전에 근거한 이상 '정리·법성에 어긋나지 않는 것'이라는 불설 정의에 따라 그것의 이론적 타당성을 인정하는 것, 그리하여 다만 다르다는 이유만으로 서로를 배척하지 않는 것, 이것이 화쟁의 일차적 의미이다.

따라서 원효에게 있어서 화쟁의 일차적 논거는 아이로니컬하게도 쟁송의 원인이기도 하였던 성전(āgama)이었다. 결국 성전의 말씀을 어떻

---

77 『십송률』 권49(『대정장』 23, p.361b2~5), "復有五. 闥利吒比丘能滅諍. 能善取滅諍事. 善知諍起因緣. 能善和諍. 能善滅諍. 滅已更不令起. 是名五闥利吒比丘能滅諍."

게 이해해야 할 것인가? 하는 성전관(혹은 불설론)이 쟁송과 화쟁의 단초였다.

IV. 화쟁의 논거와 아비달마

1. 성전(聖敎)과 도리(正理)

원효는 대립/모순적인 어떠한 이설도 성전에 근거한 이상 그것은 모두 진실眞實이라고 평석하였다. 이미 살펴본 『십문화쟁론』 중 「불성유무화쟁문」이 그러하였다.(주 51) 『대혜도경종요大慧度經宗要』 제2 「경종經宗」에서는 실상반야實相般若에 관한 유有·공空·역유역공亦有亦空·비유비공非有非空의 네 이설에 대해 "이러한 여러 논사들의 학설은 모두 성전과 상위하는 것이 아니기 때문에 진실"이라 하였고,[78] 『열반종요』에서는 『열반경』을 설하게 된 인연의 유무에 관한 두 이설에 대해 "이러한 두 설은 다 경전에 근거한 것일뿐더러 '결정코 그러한 것은 아니(非定然)'라는 [궁극의] 관점에서 볼 때 서로를 방해하지(서로 모순되지) 않기 때문에 모두 옳다."라고 하였으며,[79] 『법화종요』에서는 '『법화경』=불요의/요의'설에 대해 "두 설 모두 경론에 근거한 것으로 근기에 따른 것인데, 어찌 진실하지 않은 것이 있겠는가?"라고 힐문하기도 하였다.[80]

---

78 『대혜도경종요』(『한불전』 1, p.481a3~5), "問: 諸師所說何者爲實? 答: 諸師所說皆實. 所以然者? 皆是聖典不相違故."

79 『열반종요』(『한불전』 1, p.525b8~9), "二說皆得. 皆依經典 不相妨故. 雖非不然故說有無, 而非定然故不相違."

80 『법화종요』(『한불전』 1, p.497b14~18), "問: 二師所通一據相違, 何者爲實? 何者爲勝? 答: 皆是經論, 有何不實? 所以然者? 爲護一向趣寂者意, 則如初師所通爲實. 爲護不定種姓人意, 則如後師所說爲實. 皆當物機, 各得和通故."

우리는 이를 원효 특유의 화쟁론이라 말하지만, 서로 대립/모순적인 이설이 상반된 경향성의 성전에 근거한 것임에도 이에 대한 결택決擇 없이 '성전'에 설해진 것이라는 사실만으로 그 모두를 '진실'이라 말하는 것은, "사람(권위)에 의지하지 말고 법에 의지하라(依法 不依人)."는 불교의 근본정신에 반하는 교조주의의 전형으로, 이를 통해 '화쟁'이 성취되었다고는 말하기 어렵다.

이와 관련하여 최연식은 "원효에게 있어서 모든 불교의 경전은 동일한 부처의 가르침이며, 부처의 가르침은 절대적으로 옳은 것이므로 이에 근거한 모든 견해들은 모두 긍정되어야 하는 것"이라 하였고,[81] 김영일은 "원효는 경전의 내용은 '원칙적'으로, 설혹 방편으로 시설한 것일지라도 모두 옳은 것이라는 신념을 가졌다."고 하였다.[82] 또한 박태원은 "상이하거나 상반되어 보이는 불교 이론의 경우, 그것이 부처라는 동일 원천에서 솟아나온 통찰이라는 점에서 모순된 의미일 수가 없는 것인 동시에, 다층의 다양한 청법인聽法人들을 이해시키기 위해서는 동일한 의미일지라도 다양한 방식과 여러 의미의 맥락으로 설명할 수밖에 없다는 사정을 반영한 것"이라고 이해하였다.[83]

일찍이 조명기는 "성전에 근거한 것이기 때문에 모두 다 진실"이라는 원효의 화쟁론에 대해 "결국 중생의 근기에 문제가 있고 경전에는 우열이 없다."고 하였고, 삼승별교別敎·삼승통교通敎·일승분교分敎·일승만교滿敎로 구성된 그의 교판론 역시 그러하여 중생의 근기에 맞으면 다 옳다고 하였다. 그러면서도 그는 원효의 교판을 대소 승열에 근거한 것

---

81 최연식, 「원효의 화쟁사상의 논의방식과 사상사적 의미」, 『보조사상』 제25집, 2006, p.426.
82 김영일, 「원효의 화쟁논법 연구」, 2008년도 동국대 대학원 박사학위 청구논문, p.215.
83 박태원, 「화쟁사상을 둘러싼 쟁점검토」, 『한국불교사연구』 제2호, 2012, p.83.

이 아니라 경전 발달에 따른 분류로 이해하였다.[84] 고영섭 또한 원효의 교판은 우열에 의한 것이 아니며, 모두 올바른 진리에 부합하기 때문에 평등무차별로 동일하지만, 실천을 위한 순서적 차등일 뿐이라고 하였다.[85]

우리는 여전히 8만 4천 무량법문을 일불소설一佛所說로 간주하고, 그것의 일미성一味性에 사로잡혀 있는 것인가?[86] 그럼으로써 우리는 당시 치열하였을 역사의 현장을 잊고 있는 것은 아닌가? 필경 오늘날에서조차 우리나라 대다수 불교도가 동의하는 이러한 불교인식이 불교의 역사성을 망각하게 한 단초였을 것이다. "원효의 교판이 대소 승열에 근거한 것이 아니라 경전 발달에 따른 분류"였다면, 불교 경전의 발달은 다만 중생 근기의 대소 승열에 따른 것이라고 해야 하지만, 설일체유부가, 중관론자가, 법상유식론자가 그들의 아비달마가, 반야경전이, 일련의 유심경론이 불요의의 방편설이라는 데 동의하는가? 그들에게 그것은 그 자체로서 정리 법성이었고, 진실의 요의였다.

앞서 살펴보았듯이, 혹은 후술하듯이 성전(āgama)이 성전일 수 있는 것은, 그것이 "'불타'라는 절대자의 말씀"이기 때문이 아니라, "성전으로 전해져 온(ā-√gam) 것"이기 때문이 아니라, "정리(혹은 道理)·법성에 어긋나지 않는 것"이기 때문이다.(주 13; 주 118 참조) 원효 또한 『무량수경종요』에서 자수용신自受用身의 무색·유색설에 대해 "두 논사의 학설에는 다 도리道理가 있으니, 경론에 어긋나지 않기 때문이며, 여래의 법문에

---

84 조명기, 『新羅佛敎의 理念과 歷史』, 신태양사, 1962, p.107; p.123f.
85 고영섭, 『한국불학사』, 연기사, 1999, p.149.
86 스에키 후미히코의 『근대일본과 불교』(이태승 등 역, 그린비, 2009, p.221; p.99)에 의하면, 불교의 一味性의 문제는 敗戰 때까지 다수의 일본 불교학자들의 전제였고, 근대 일본의 불교 해석이 빠진 함정이었다. 불교의 일미성(일관성) 비판에 대해서는 권오민, 「선전과 구호의 불교학을 비판한다」, 『문학/사학/철학』 제19호, 2009, pp.131~136 참조.

는 장애(논리적 모순)가 없기 때문"이라 하였다.[87]

원효가 서로 모순되는 제설을 각각의 '성전'(혹은 경론/경전)에 근거하여 '진실'이라 말한 것은 '불설=정리·법성에 어긋나지 않는 것'이라는 불설 정의를 전제로 한 것이다. 그것을 지식의 근거로서 신뢰할 만한 성전(āpta-āgama-pramāṇa, 至教量)으로 간주한 것은 그것이 불타에 의해 설해진 것이기 때문이 아니라 정리·법성에 어긋나지 않는 것이기 때문이었다. 원효가 『십문화쟁론』에서 인용(주 45)하기도 하였던 『유가론』 「보살지 보리분품菩提分品」에서는 4의依 중 '의법依法 불의인不依人'에 대해 이같이 해설하였다. "보살은 정리正理(*yukti)를 의지처로 삼지 장로, 즉 대중들에게 잘 알려진 [유명한] 사람(pudgala)에 의지하지 않으니, 불타나 승가에 의해 설해진 법이기 때문에 바로 신수信受한다고 하는 것이 그러한 경우이다."(주 17) 원효가 이 글을 읽었을 것임은 두말할 나위도 없다. 원효에게 있어 [대승]경經은 다름 아닌 '정리에 부합하는 것'이었다.(주 101)

그러나 제경諸經의 법성은 표면상 명백하게 드러나 있지 않기 때문에, 다시 말해 경에서 설한 그대로의 뜻(yathārutārtha: 如說義)이 바로 요의了義의 법성은 아니기 때문에 원효는 경설 이면에 담겨 있는 별도의 의도(abhiprāya: 意趣, 密意), 즉 도리/정리를 화쟁의 논거로 제시하기도 하였다. 이것이 회통(anulomayati)의 일차적 의미였다.

> [경에서] 말한 대로 취(이해)할 경우 [이설은] 모두 인정되지 않지만, 뜻(意趣, 意旨)을 얻어(밝혀) 말한다면 인정하지 못할 것이 없다.[88]

---

87 『무량수경종요』(『한불전』 1, p.555b23~c3), "二師所說, 皆有道理. 等有經論不可違故, 如來法門無障碍故…."

88 『금강삼매경론』(『한불전』 1, p.638a19~21), "如言而取 皆不許故, …得意而言 無不

[경론에서] 말한 대로 취(이해)할 것 같으면 [의보토依報土의 불공유 不共有·공유共有의 두 설은 모두] 성립하지 않지만, 뜻으로 만나게 되면 (이해하게 되면) 거기에는 다 도리가 있다.[89]

만약 [경에서] 말한 대로 취(이해)할 것 같으면 서로 다투는 [열반과涅 槃果의 허虛·실實/공空·불공不空의] 두 설은 불타의 뜻(意)을 상실 하여 그른 것이지만, 만약 결정코 [경의] 말에 집착한 것이 아니라면 두 설은 모두 옳으니, [여래의] 법문에는 장애(논리적 모순)가 없을 뿐 더러 서로 모순되지 않기 때문이다.[90]

[제법실상에 관한] 네 학설(주 78)을 [말한 그대로의 뜻에 대한] 집착 을 떠나 설하면 부당不當함이 없기 때문에 모두가 실상이지만, 만약 말한 대로만 [그 뜻을] 취(이해)하여 집착하는 경우라면 비판(破壞)되 지 않을 바가 없기 때문에 실상이 아니다.[91]

온갖 경 중의 제설諸說은 그것이 성립하게 된 배경(입장)이나 맥락이 다르기 때문에 서로 모순되지만 그 자체로서는 도리(혹은 正理), 즉 논 리적 타당성을 갖는다는 것이다. 예컨대 원효는 『이장의二障義』에서 인 人·법法에 관한 4종 견해 ― ① 인공법유人空法有설, ② 인유법공人有法 空설, ③ 인유법유人有法有설, ④ 인공법공人空法空설 ― 에 대해 각각에

許故.ʺ(주 52)
89 『무량수경종요』(『한불전』 1, p.556c2f), ʺ如若言取, 但不成立. 以義會之, 皆有道 理.ʺ
90 『열반종요』(『한불전』 1, p.529a13~15), ʺ若如言取, 二說皆失. 互相異諍, 失佛意. 若 非定執, 二說俱得, 法門無礙不相妨故.ʺ
91 『대혜도경종요』(『한불전』 1, p.481a7~10), ʺ案云. 此說ʹ四句是實相ʹ者, 如其次第, 許 前四說, 離著而說, 無不當故. 若有著者, 如言而取, 無不破壞, 故非實相.ʺ

상응하는 경증經證과 함께 ①은 자아에 집착하는 외도에 대해, ②는 삼세의 오온에 집착하는 이승에 대해, ③은 심심교(甚深敎: 반야경론)에서 말하고 있는 대로만 뜻을 취하여 존재하는 것을 존재하지 않는다고 부정하는(=損減執, apavada-anta) 보살에 대해, ④는 법상교法相敎(유식의 제경론)에서 말하고 있는 대로만 뜻을 취하여 존재하지 않는 것을 존재한다고 주장하는(=增益執, samāropa-anta) 보살에 대해 설한 것이기 때문에 나름의 도리가 있으며, 도리가 있기 때문에 인정하지 않을 수 없고, 그렇기 때문에 이해하지 못할 것도 없다고 말한다.[92]

혹은 오성차별五性差別설과 개유불성皆有佛性설 또한 각기 『현양성교론』, 『유가사지론』과 『열반경』 등에 근거한 현실적 측면과 이상적 측면의 진실로서, 근본적으로 서로를 배척(방해)하는 상호 모순된 학설이 아니라고 논설하였다.(주 51)

원효는 『대승기신론소』에서 알라야식의 자상(識相)은 오로지 염오의 인연(染緣: 즉 惑業)에 의해 일어난다고 하는 견해(그럴 경우 染緣이 멸할 때 識相도 멸하기 때문에 斷見에 떨어짐)와 비록 무명업상에 의해 일어났을지라도 무無에서 일어난 것은 아니기 때문에 반드시 그렇지는 않다는 견해(그럴 경우 識相은 멸하지 않기 때문에 常見에 떨어짐)에 대해 이같이 회통하였다.

---

92 『이장의』(『한불전』 1, p.814a5~22), "所設諸難, 皆有道理. 有道理故, 悉無不許. 無不許故, 無所不通. 是義云何? ① 若對外道所執是一是常是我. 卽許有五蘊而無一我, 離蘊法外無神我故, 如經言, '無我·無造·無受者. 以因緣故, 諸法生.' 又言. '如第三牛('牛'→'手'), 如第二頭. 五陰中我亦復如是故.' ② 若對二乘所執三世五蘊之法. 卽許有一我而無五蘊, 雖眞我外無五法故. 如經言, '卽此法界, 流轉五道, 說名衆生.' 又言 '一切衆生皆有佛性.' 卽是我義者, 卽是如來藏義故. ③ 若對菩薩依甚深敎, 如言取義, 起損減執. 卽許我法, 皆悉是有. 如論說云, '又此假我, 是無常相; 是非有相; 非安保相; 乃至廣說'故. ④ 若對菩薩依法相敎, 如言取義, 起增益執. 卽許人法皆無所有. 如經言, '尙無我·無衆生 乃至智者·見者, 何況當有色受想行識'故."; 은정희 역주, 『이장의』, 소명출판, 2004, pp.260~262 참조.

어떤 이는 말하였다. 두 논사의 말은 모두 도리道理에 맞으니, 그것들은 다 성전聖典에서 설한 것이기 때문이다. 즉 앞의 논사의 설은 『유가론』의 뜻에 따른 것(『別記』에 의하면 '顯了門에 근거한 것')이고, 뒤의 논사의 뜻은 『기신론』에서 얻은 것(『別記』에 의하면 '隱密門에 근거한 것')이다. 그렇다고 할지라도 [성전에서] 말한 대로만 뜻을 파악하여서는 안 된다. 왜냐하면 만약 앞의 성전에서 설한 대로만 뜻을 취할 경우 그것은 바로 법아法我(dharma-ātman: 법의 실체성)에 대한 집착이며, 만약 뒤의 성전에서 설한 대로만 뜻을 취할 경우 이는 곧 인아人我(pudgala-ātman: 자아의 실체성)에 대한 집착이다. 또한 전자를 주장할 경우 단견斷見에 떨어지고, 후자를 주장할 경우 상견常見에 떨어지게 된다. 그러니 두 사실 모두 [성전에서 말한 대로] 말해서는 안 됨을 마땅히 알아야 한다. 그러나 비록 그같이 말해서는 안 될지라도 역시 그렇게 말할 수 있으니, 비록 그러한 것이 아니라 할지라도 그러하지 않은 것도 아니기 때문이다.[93]

즉 두 주장은 각각 『유가론』과 『기신론』(혹은 顯了門과 隱密門)의 도리에 근거한 것이지만, 성전에서 설한 대로 이해할 경우 법집과 아집, 혹은 단견과 상견에 떨어질 수 있기 때문에 다른 주장을 배제(배척)해서는 안 된다는 것이다.[94]

---

93 『대승기신론소기회본』 권4(『한불전』 1, p.767c1~9), "或有說者. 二師所說, 皆有道理. 皆依聖典之所說故. 初師所說, 得瑜伽意(別記云依顯了門). 後師義者, 得起信意(別記云依隱密門). 而亦不可如言取義. 所以然者? 若如初說而取義者, 卽是法我執. 若如後說而取義者, 是謂人我見. 又若執初義, 墮於斷見 執後義者 卽墮常見. 當知! 二義皆不可說. 雖不可說而亦可說, 以雖非然而非不然故."

94 이와 동일한 내용이 『별기』에서도 언급된다. 여기서는 "『유가론』 등에서는 알라야식을 한결같이 생멸상이라고 하였으면서 『기신론』에서는 어떤 이유에서 생멸·불생멸의 두 상을 갖추고 있다는 것인가?"라는 물음에 대해 각기 논설(추구)하

유부 비바사사毘婆沙師를 비롯하여 '법성 중심의 불설론'(주 13)을 주장한 인도의 제 논사와 마찬가지로 원효의 화쟁 논거 역시 성전과 도리, 말하자면 경증經證(sūtra 혹은 敎證, āgama)과 이증理證(yukti)이었다. 다음 절에서 논의하듯이 그에게 대승경이 불설佛說인 까닭은 그것이 정리·법성에 어긋나지 않기 때문으로, 당연히 경의 뜻 또한 경에서 설하고 있는 그대로가 아니기 때문에 설하고 있는 내용만으로써 서로를 배척해서는 안 된다는 것이다.

이러한 그의 화쟁관 역시 아비달마 비바사사의 성전관/요의경관에서 비롯된 것이라고 말할 수 있다. 예컨대 유부의 논사 중현衆賢은, 세친이 『구사론』에서 경량부(上座일파)의 성전관(예컨대 '요의경=標釋을 갖춘 경': 주 67)에 따라 『연기경』설에 근거하여 유부 분위分位연기설을 비판한 데 대해 "이 경은 '경에서 설하고 있는 그대로가 경의 뜻(經義, 卽如所說, yathānirdeśam eva sūtrārthaḥ)'[95]이 아니기 때문에 별도의 이치(*abhiprāya)를 추구해 보아야 한다."고 비판하고서 "이에 따라 마땅히 『아급마阿笈摩(āgama)』, 즉 성교聖敎는 정리(yukti, nyāyā)에 어긋나는 것이 아님을 믿

려는 바가 다르기 때문에 모순된 것이 아니라고 하면서 "『유가론』의 경우 『해심밀경』에 근거하여 알라야식은 업과 번뇌에 의해 초래되는 것이라는 사실(業煩惱所感義門)에 기초하여 단일(一)·상주(常)의 견해를 제거하기 위해 생멸하는 것이라 하였고, 『기신론』의 경우 『능가경』에 근거하여 알라야식은 무명에 의해 운동(動)하는 것이라는 사실(無明所動義門)에 기초하여 眞俗이 별체라는 주장을 대치하기 위해 불생멸과 생멸의 和合相이라 설한 것이지만, 무명에 의한 운동은 바로 업과 번뇌에 의해 초래된 것이기 때문에 두 성전의 [언설상의] 뜻은 다를지라도 알라야식 자체는 다른 것이 아니"라는 것이다.; "(別記) 問: 如瑜伽論等, 說阿梨耶識, 是異熟識, 一向生滅. 何故此論乃說, 此識具含二義? 答: 各有所述, 不相違背. …彼此論等, 依深密經, 爲除是一是常之見. 約業煩惱所感義門. 故說此識一向生滅. 心心數法差別而轉. 今此論者, 依楞伽經, 爲治眞俗別體之執. 就其無明所動義門. 故說不生滅與生滅和合不異. 然此無明所動之相 亦卽爲彼業惑所感. 故二意雖異 識體無二也."(『한불전』 1, p.745b24~c14).

95 『구사론』 권9(『대정장』 29, p.50a27); AKBh., p.137. 7.

고 따라야 하니, 이것(정리에 의한 분위연기설)이 바로 이 경의 뜻(sūtrārtha)"
이라고 논설하였다.[96]

성교가 정리에 어긋나지 않는 것이 되기 위해서는 그것의 의도/의취
가 드러나지 않으면 안 된다. 만약 경에서 설한 그대로가 바로 경의 뜻
이라면 그것은 논리적 정합성(정리)이 결여되었기 때문에, 다시 말해 서
로 모순(相妨)되기 때문에 이는 바로 세존의 말씀은 정리에 어긋나는
것, 지혜에 따르지 않은 것이라고 비방하는 것이다.(주 70 참조) 그러나
경은 정리·법성에 어긋나는 것이 아니다. 따라서 경설은 그것을 설하게
된 의도/의취가 해석되지 않으면 안 되며, 이것이 진정한 불설이다.

유부에서는 이러한 성전관에 따라 '경經의 정리·법성을 드러낸 '아비
달마=요의의 불설'로 간주하였으며,[97] 대승에서도 역시 그러하였다. 예
컨대 무착은 『대승장엄경론』 제2 「성종품成宗品」에서 '대승=요의불설'론
의 여덟 논거(不記·同行·不行·成就·體·非體·能治·文異) 중 제8 '문이文異'
에서 대승경은 경설과는 다른 별도의 의도/의취를 갖기 때문에 다만
경설만으로 비불설非佛說이라고 해서는 안 된다고 하였고, 제3 '불행不

---

96 『순정리론』권28(『대정장』 29, p.496b5f. b8f), "…故非'如說卽是經義.' 然更於中,
應求別理.": "豈不經義非卽如說? 經無如是分別說故. 由此應信順阿笈摩, 不違
正理. 是此經義." 보다 자세한 전후의 논의는 권오민, 「了義經에 관한 衆賢과 上
座 슈리라타와 世親의 對論」, 『불교원전연구』 제16호, 2013 참조.

97 유부(중현)에 의하면 "論(abhidharma)은 法性에 따른 것이지만, 經(sūtra)은 교화방
식(化宜)에 따른 것이다. 혹은 論은 了義이나 經은 不了義다. 혹은 論에서는 有
情과 無情 모두에 대해 설하였던 것이지만, 經에서는 다만 유정수에 근거하여 설
하였을 뿐이다."(何緣論說與經有異? 論隨法性, 經順化宜. 故契經中, 分別緣起, 隨所化
者機宜異說. 或論了義, 經義不了. 或論通說情及非情, 契經但依有情數說.: 『순정리론』권
25, 『대정장』 29, p.480c15~18). 혹은 "경은 은밀한 의도(abhiprāya)를 갖지만 아비달
마는 은밀한 의도를 갖지 않는다."(然此契經[緣起法과 緣已生法을 설한 경: 현존본은
잡아함 제296경]說有密意, 阿毘達磨無密意說.: 동, p.498c18f). 『대비바사론』에도 '論
隨法性, 經順化宜'의 정의가 언급된다.("謂未入正法令入正法故, 說素怛纜. 已入正法
令受持學處故, 說毘奈耶, 已受持學處, 令通達諸法眞實相故, 說阿毘達磨.": 『대정장』 27,
p.2a8~11).

行'과 관련하여 사람들이 무상보리無上菩提에 두려워하는 것에 대해 자세히 설명하면서 법공法空(즉『반야경』)을 불요의설이라 하였다.

> 대승[경]은 매우 심오하여 '말한 그대로의 뜻(如文義, yathā-rutārtha)'이 아니기 때문에 한결같이 말에 따라 뜻을 취하여 이는 불설(佛語)이 아니라고 말해서는 안 된다.[98]

> '말한 그대로의 뜻(如文義)이 아니다'라고 함은 대승[경]은 매우 심오하여 말한 그대로의 뜻이 아니라는 말인데, 어떠한 까닭에서 말에 따라 뜻을 취(이해)하여 '공空'을 두려워하는 것인가?[99]

원효 자신도 이러한 사실을 확인하고 있다. 즉 그는『법화종요』제5「교섭문敎攝門」에서 '『법화경』=불요의'를 주장한 어떤 이의 논거로서 "경(修多羅)은 언설의 말(文, vyañjana)이 뛰어나고(다시 말해 '방편이 교묘하고'), 아비달마는 정리(nyāya)가 뛰어난 것(다시 말해 '진실법성을 본질로 하는 것')으로, '성문들도 당래 부처가 될 수 있다'는『법화경』의 말은 다만 중생들의 바람(āśaya: 意樂)에 따라 설한 것이지 진실의 도리로서 설한 것이 아니"라는『[대승]아비달마론』의 논설을 인용하고 있으며,[100]『십문화쟁

---

98 『대승장엄경론』권1(『대정장』31, p.591a28~29), "第八文異者, 大乘甚深, 非如文義. 不應一向隨文取義, 言'非佛語'."『성유식론』에서는 文異에 대해 이같이 논의한다. "대승에서 설해진 意趣는 매우 심오하여 말에 따라 그 뜻을 취하여 佛說이 아니라고 비방해서는 안 된다."(七義異文故. 大乘所說, 意趣甚深, 不可隨文, 而取其義, 便生誹謗, 謂非佛語.:『대정장』31, p.15a12~14).

99 『대승장엄경론』권1(『대정장』31, p.592b12~13), "非有如文義者, 大乘甚深, 不如文義, 何因隨文取義, 而怖空耶?"

100 『법화종요』(『한불전』1, p.493b15~18), "是故阿毘達磨□(論)云, 是, ('諸聲聞當得作佛')隨衆生意樂而說, 非是直說眞實道理. 修多羅者, 以文爲勝, 阿毘達磨以理爲勝."

론」「공유 화쟁문」에서 "제 유정은 매우 심오한 공성空性과 관련된 경전 상의 은밀한 의도(abhiprāya)를 알지 못하여 '일체법 무자성'을 듣고서 놀라 두려운 마음에서 이 경전을 비불설이라 비방한다."는 『유가론』의 설을 인용하기도 하였던 것이다.(주 44)

원효가 화쟁의 논거로 성전과 도리를 제시한 것은 아비달마불교에서 수립된 성전관에 따른 것이었으며, 그의 대승불설론 역시 그러한 것이었다.

2. 원효의 대승불설론

『판비량론』 산일문에 의하면, 원효는 다음과 같은 '대승경＝불설'론의 논증식을 제시하였다.

> [주장(宗)] 모든 대승경은 정리正理(*nyāya)에 부합한다.
> [이유(因)] 누가 보더라도(極成, prasiddha) 비불설非佛說에는 포함되지 않는 말씀이기 때문에.
> [비유(喩)] 예컨대 『증일아함』 등이 그러한 것처럼.[101]

'대승경＝불설'론의 논증식은 일련의 법상유식학자들에 의해 제시되었다. 이를테면 『섭대승론(무성)석』에서는 반힐도리反詰道理(부정적 논증, *vyatireka-yukti. 예컨대 "만약 알라야식이 존재하지 않는다면, 잡염도 청정도 불가능하다")로써 알라야식을 논증한 후 순성도리順成道理(긍정적 논증, *anvaya-yukti)로써 '대승교(mahāyāna-vacana, −śāsana)＝불설'론을 제시한다.

---

101 주 107 참조.

[주장] 대승교는 진실로 불어佛語(buddhavacana)이다.

[이유] 일체[의 대승경]은 보특가라補特伽羅의 무아성無我性에 위배되지 않기 때문이다.

[비유] 불타의 그 밖의 다른 말(窺基에 의하면 '증일아함')이 그러한 것처럼.[102]

그러나 규기窺基에 의하면 이 논증의 논거(이유)는 대승이 무아의 이치에 위배된다고 생각하는 적대자에게는 인정되지 않기 때문에(즉 隨一不成因의 오류)『성유식론』에서는 다음과 같은 논증을 제시하였다.

[주장] 대승경은 지교량至敎量에 포섭된다.

[이유] 대승을 좋아하는 자는 [대승경은] 전도됨이 없는 이치를 현시하는 계경에 포섭된다고 인정하기 때문에.

[비유] 『증일아함』이 그러한 것처럼.[103]

즉『성유식론』은 성교聖敎로써 알라야식을 논증한 후 인용한 성교가 경증經證이 될 수 있음을 확인하기 위해 "대승경도 지교량至敎量(āpta-āgama-pramāṇa), 즉 믿을 수 있는 성전에 포함된다."는 주장의 논증을 시도하였던 것이다.

그런데 규기는 현장이 입축入竺 구법求法 시 스승이기도 하였던 승군

---

102 『섭대승론석』권3(『대정장』31, p.396c19~22), "大乘敎眞是佛語. 一切不違補特伽羅無我性故. …如佛餘言." 이는 현존『판비량론』중 제8식의 논증에서도 인용한다.: "無性攝論, 以無我故, 如四阿含."(『한불전』1, p.815a14)
103 『성유식론』권3(『대정장』31, p.14c21~25), "諸大乘經…(중략)…, 樂大乘者, 許能顯示無顚倒理契經攝故, 如增壹等, 至敎量攝."

勝軍 논사[104]의 논증식과 이에 대한 현장의 비평을 언급하고 있다.

[주장] 대승경은 불설이다.
[이유] 누가 보더라도 비불설에 포함되지 않기 때문에.
[비유] 『증일아함』이 그러한 것처럼.[105]

그러나 소승의 『발지경發智經』(즉 가다연니자의 『아비달마발지론』)도 누가 보더라도 비불설에 포함되지 않지만, 대승이나 경량부에서는 불설로 인정하지 않기 때문에 이 논증식의 논거는 진위부정의 오류(不定因)를 범한 것이다. 이에 따라 현장은 "누가 보더라도(兩俱極成) 비불설에 포함되지 않기 때문에"라는 승군의 논거를 "우리가 보기에(自許極成) 비불설에 포함되지 않기 때문에"로 수정하였다.[106]

[주장] 대승경은 불설이다.
[이유] 우리가 보기에 비불설에 포함되지 않기 때문에.
[비유] 예컨대 『증일아함』 등이 그러한 것처럼.

이에 대해 원효는, 이는 결정상위인決定相違因이라고 비판하였다. 동

---

104 『대당서역기』 권9(『대정장』 51, p.920a15ff);『대자은사삼장법사전』 권4(『대정장』 50, p.244a7~24). 이에 따르면 勝軍(闍耶犀那, Jayasena) 논사는 賢愛 논사로부터 因明을, 安慧 보살로부터 聲明과 대·소승론을, 戒賢 법사로부터 『유가론』 등을 배운 거사로 마가다의 국사였다. 현장도 승군으로부터 『唯識決擇論』,『意義理論』,『成無畏論』 등을 배우고 瑜伽와 因明 등에 관한 의심을 해소하였다.
105 규기, 『인명입정리론소』 권중(『대정장』 44, p.121b21~23), "諸大乘經皆是佛說. 宗. 兩俱極成非諸佛語所不攝故. 因. 如增一等阿笈摩. 喩." 이는 『성유식론술기』 권4本(『대정장』 43, p.352a20~22)에서도 인용된다.
106 규기, 『인명입정리론소』 권중(『대정장』 44, p.121c12f);『성유식론술기』 권4本(『대정장』 43, p.352b7f).

일한 논거로써 정반대의 주장도 가능하기 때문이다. "대승경은 불설이 아니다. 우리가 보기에 불설에 포함되지 않기 때문에. 예컨대 승론勝論 등의 [경]이 그러한 것처럼." 이에 따라 원효 또한 승군勝軍의 논증식에 더(箋)하여 앞서 인용한 논증식(주 101)을 제시하였던 것이다.[107]

원효의 논증식은 승군의 주장명제 "대승경은 불설이다."를 "대승경은 정리에 부합한다."로 바꾼 것에 지나지 않는다. 원효가 현장의 논거를 결정상위인으로 비판하였다지만 그것은 사실상 이미 승군에 의해 지적된 것이었다. 즉『성유식론』에 따르는 한 "대승을 좋아하지 않는 자는 대승경이 '전도됨이 없는 이치를 현시하는 경'에 포함된다고 인정하지 않기 때문에", 혹은 "소승을 좋아하는 자는 대승경이 '전도됨이 없는 이치를 현시하는 경'에 포함된다고 인정하지 않기 때문에"[108] 반대 입장의 논증도 가능한 것으로, 승군의 논증은 바로『성유식론』의 결정상위인을 비판한 것이라 할 수 있다.

그렇다면 원효의 논증식에는 승군이 지적당한 것과 같은 진위부정의 오류(不定因)가 없는 것인가? 승군의 경우와 마찬가지로 "『발지경』은 누가 보더라도 비불설에 포함되지 않지만, 대승이나 경량부에서 이를 정리正理에 부합하는 것으로 인정하지 않는다."라면 이 역시 진위부정의 오류를 범한 것이다. 승군과 원효의 차이는 무엇인가? 원효 논증식의 특징은 무엇인가?

승군이나 현장의 논증식은 상식적 차원의 논증식이 아니다. "대승경

---

107 善珠,『因明論疏明燈抄』(『대정장』 68, p.346b), "今謂, 此(현장)因還有決違. 謂彼立言: 諸大乘經 非至敎量. 自許佛經所不攝故. 如勝論等. …(중략)… 是故今箋 勝軍比量云: 諸大乘經 契當正理. 極成非佛語所不攝之敎故. 如增一等. 如是則 離相違決定."(김성철,『원효의 판비량론 기초연구』, p.74; p.189)
108 태현,『성유식론학기』권中本(『한불전』 3, p.552c19~21), "諸大乘經 非至敎量. 樂小乘者, 不許顯示無顚倒理契經攝故, 如外道論."; 김성철, 「원효저 판비량론의 대승불설 논증」, 『불교학연구』제6호, 2003, p.27 주 41.

은 불설이 아니다."라는 적대자의 논란에 대해 "대승경은 ['우리가 보기에' 혹은 '누가 보더라도'] 비불설에 포함되지 않기 때문에 불설"이라고 논증하기 때문이다. 더욱이 『증일아함』을 예증으로 삼은 것은 자타(대승과 소승) 모두 이것이 그와 같은 것("비불설에 포함되지 않기 때문에 불설")이라고 인정함을 전제로 한 것이다.

'대승경=불설' 논증은 앞서 설명한 불설 정의(주 13)에 따른 것이다. 즉 여기서 '비불설'은 "경에 들어 있고 율을 드러내며, 법성에 위배되지 않으면 불설"이라는 불설 정의에 어긋나는 것(이를 '闇說' 혹은 '大黑說, mahākṛṣṇāpadeśa'이라 한다)이다.

따라서 '대승경=불설'이라는 말은 그것이 불설 정의에 부합하는 것(이를 '明說' 혹은 '大白說, mahāśuklāpadeśa'이라 한다)이라는 의미이다.

무착은 "대승경은 일체법의 무자성을 교수敎授하여 '경에 들어 있고 율을 드러내며, 법공(범본은 dharmatā, 法性)에 위배되지 않은 것'이라는 불설의 세 정의에 어긋나기 때문에 불설(佛語)이 아니다."라는 적대자의 논란에 대해 이같이 해명하였다.

> [대승] 자신의 수트라(sūtra)에 들어 있기 때문에, 자신의 번뇌 비니 (vinaya: 즉 번뇌의 調伏)를 드러내기 때문에 – 보살은 분별分別을 번뇌로 삼기 때문이다 –, 광대 심심의 보살의 법공은 대보리를 얻는 데 위배되지 않기 때문에 대승[경]은 불설의 세 정의와 어긋나지 않으며, [따라서 불설이다.][109]

---

109 『대승장엄경론』 권1(『대정장』 31, p.591c7~17), "今此大乘亦不違三相. 入自大乘修多羅故. 現自煩惱毘尼故, 由菩薩以分別爲煩惱故. 廣大甚深卽是菩薩法空, 不違此空得大菩提故. 是故此乘與三相不相違."

정리의 법성은 성전의 진위 기준이었을 뿐만 아니라 불타 멸도 후 불제자들의 의지처였다.(주 16; 17) "대승경은 [누가 보더라도] 비불설에 포함되지 않기 때문에 정리에 부합하는 것"이라는 원효의 대승불설론은 "불설(즉 經)=정리·법성에 어긋나지 않는 것"이라는 불설 정의를 전제로 한 것이다. 그럴 경우 소승경이든 대승경이든 '정리·법성에 어긋나는 것'이 아니라는, 다시 말해 '비불설에 포함되지 않는 것'이라는 사실만 논증하면 되기 때문에 진위부정의 오류가 없다는 것이다. 그리고 그 예를 『증일아함』에서 구하고 있는 것이다. 『증일아함』의 경우 이미 자타 공히 "비불설(정리·법성에 어긋나는 것)에 포함되지 않기 때문에 불설"이라고 인정하고 있기 때문이다. 거칠게 말해 "소승경(아비달마)이 정리·법성에 부합하기 때문에 불설이라면, 대승경 역시 그러하기 때문에 불설"이라는 것이다.

김성철은 '정리에 부합하면 불설'이라는 사실을 전제로 한 원효의 대승불설론을 원효 자신이 고안한 이증적理證的 논증식이라고 하였지만,[110] 이는 명백히 아비달마 비바사사毘婆沙師에 의해 정립된 불설 정의에 따른 것으로, 무착이나 세친(釋軌論主), 청변 등의 대승불설론 역시 이에 근거한 것이었다. 김성철은 계속하여 『판비량론』에서의 원효의 대승불설 논증과 관련하여 "대승의 '불설'의 여부는 원효가 논증하였듯이 그 경전이 '부처의 교설'(佛說), 즉 '성스러운 가르침'(聖敎)에 속한다는 점을 논증함으로써 확인될 수 있는 것이 아니라 그 가르침이 '올바른 이치'(正理)에 부합되는지 여부를 논증함으로써 확인될 수 있는 것"이라 하였는데,[111] 이는 다름 아닌 유부 비바사사에 의해 논설된 '아비달마=

---

110 김성철, 『원효의 판비량론 기초연구』, 지식산업사, 2003, p.209.
111 김성철은 원효의 '대승경=불설'론의 논증식에 대해 다시 이같이 평가하고 있다. "[원효 논증식의] 주장명제가 '불어'나 '궁극적 가르침'에서 '올바른 이치에 부합

불설'론이었다.[112]

중현은 "경經을 의지처로 삼아야 한다."는 『대반열반경』의 경설(4依 중 제1依)에 근거해 '아비달마=불설'론을 불신한 세친(俱舍論主)에 대해, 여기서 '경'은 요의경, 즉 중경衆經의 결정적인 뜻(定義, *arthaviniścaya)을 결택 판별하는 아비달마로 규정하고 이같이 해설하였다.

아비달마는 일체 성교聖敎에 어긋남이 없는 [정]리(nyāya, 혹은 yukti)의 말씀을 모두 포섭한 것(saṃgraha)이다. 따라서 이러한 [정]리에 부합하는 것이 요의경이고 [정]리에 어긋나는 것이 불요의경이다. 즉 불요의란 법성(dharmatā)에 어긋나는 것으로, 정리와 [그 밖의 다른 성]교에 근거하여 마땅히 그것의 취지(abhiprāya: 별도의 意趣)를 추구

되는 것'으로 바뀌어져 있다는 점에서 원효의 불교관을 엿볼 수 있다. 우리가 대승경전을 신봉하는 것은 그것이 부처의 직설이기 때문이 아니라 올바른 이치에 부합되기 때문이라는 것이다. 원효가 추구하는 불교는 인물이나 제도나 종파를 넘어선 '진리 그 자체'였던 것이다."(『원효의 논리사상』, 『보조사상』 제26집, 2006, p.295) 이미 반복하여 논의하였듯이 어떠한 불교에서도(요즘의 일부 초기불교 편집광을 제외하고) 어떤 교설이 부처의 직설이기 때문에 그것을 진리로 신봉하는 일은 없다. 經을 量(pramāṇa)으로 삼는다는 경량부조차 불타의 顯了定說, 標釋을 갖는 것만을 요의의 불설로 간주하였다. "사람에 의지하지 말고 법에 의지하라."는 것은 불타의 유훈으로, 이를 원효의 독창적 불교관이라 말하는 것은 난센스이다.

112 아비달마 불설론에 대해서는 권오민, 「衆賢의 '阿毘達磨=佛說'論」, 『불교원전연구』 제15호, 2012.; 「了義經에 관한 衆賢과 上座 슈리라타와 世親의 對論」, 『불교원전연구』 제16호, 2013 참조. 대승 불설론과 아비달마 불설론의 관계에 대해서는 권오민, 「불설과 비불설」, 『문학/사학/철학』 제17호, 2009.; 『상좌 슈리라타와 경량부』, 씨아이알, 2012, pp.684~696 참조. 참고로 高崎直道는 "대승경전이 요의·불요의를 문제로 삼고 4依를 설한 것은 유부 敎判論의 逆用이며, 대승경(『열반경』『승만경』)에서의 요의·불요의의 판단은 성문승으로 일컬어진 유부 아비달마 등의 환골탈태였다."고 하였으며(「如來藏思想をめぐる論爭」, 『佛敎思想史 3-佛敎內部における對論』, 平樂寺書店, 1980, p.228f), 本庄良文 또한 法性과 [隱沒과] 密意라는 관점에서 대승 불설론은 아비달마 불설론을 계승한 것이라고 논의하였다.(「阿毘達磨佛說論と大乘佛說論」, 『印度學佛敎學硏究』 38-1. 1989, p.63)

해 보아야 한다.[113]

혹은 "'아어취我語取=상上 2계의 번뇌'라는 유부학설은 어떠한 성교
聖敎에서도 설한 일이 없다.", 즉 비불설이라는 상좌 슈리라타의 힐난에
대해 이같이 논박하기도 하였다.

> 상좌는 이 같은 해석을 배척하여 "여기서 해석한 이치는 법성에 위
> 배된다."고 말할 수 있을지언정 "성교(āgama) 중에서 설한 일이 없
> 다."고 총체적으로 부정해서는 안 된다. 세존께서는 언제나 "제 유
> 정이 설한 바로서 법성의 [정]리에 부합하는 것이라면 지식의 결정
> 적인 근거(pramāṇa)로 삼을 만하다."고 말하였다. 예컨대 계경(즉 『대
> 반열반경』)에서 "계경(수트라)에 부합하고 비나야(律)를 드러내며, 법
> 성에 위배되지 않는 것이라면, 이와 같은 설은 바야흐로 의지처
> (pratisaraṇa)로 삼을 수 있다."고 설한 바와 같다. 아비달마는 일체 성
> 교에 위배되지 않는 정리(nyāya)의 말씀을 총섭總攝(*saṃgraha)한 것
> 이라고 이미 말하였다. 따라서 [아비달마에서] 해석한 이치는 법성
> 에 위배되는 일이 없다.[114]

제 유정이 설한 것으로 [혹은 '누가 설한 것이든'] '법성에 어긋나지
않는 것', 그것이 불설(buddhavacana)이었고, 불타 반열반 후 불제자들의

---

113 『순정리론』권1(『대정장』29, p.330a21~24), "阿毘達磨名能總攝, 不違一切聖敎理
言. 故順此理, 名了義經. 與此理違, 名不了義. 不了義者, 恐違法性, 依正理敎,
應求意旨."
114 『순정리론』권26(『대정장』29, p.489a20~24), "上座於此, 乍可斥言 '此所釋理, 違
於法性', 不應總撥 '聖敎中無'. 世尊每言, 諸有所說, 順法性理, 堪爲定量. 如契
經說, '隨順契經, 顯毘柰耶, 不違法性, 如是所說, 方可爲依.' 阿毘達磨已名總
攝不違一切聖敎理言. 故所釋理, 無違法性."

의지처(pratisaraṇa)였으며, 지식의 근거(pramāṇa)였다. 이에 따라 비바사사毘婆沙師는 "세존께서는 불타가 설한 것이든 제자가 설한 것이든 법성에 위배되지 않으면 모두 [불설로] 수지하는 것을 허락하였다."고 하였고,[115] 하리발마訶梨跋摩 또한 "불타의 설이든 제자의 설이든, 변화인이나 제천諸天 등 누구의 설이든 일체 세간에 존재하는 좋은 말(善語, subhāṣita)은 다 불설이다."라고 하였다.[116] 『대지도론』에서도 "불법은 다만 불타의 입으로 설해진 것만이 아니다. 일체 세간의 진실하고 좋은 말은 모두 다 불법에 포함된다."고 논설하였다.[117]

나아가 청변淸辯(Bhāvaviveka)은 "베단타의 말일지라도 정리에 어긋나지 않는 것이면 불설"이라고 말하기까지 하였다. 즉 그는 "대승은 베단타 학설과 마찬가지로 불설 중에 포함되지 않기 때문에 불설이 아니다."라는 소승의 힐난(이는 앞서 바로 원효가 지적한 현장 논증식의 상위결정의 예증이었다: 주 107)에 대해 "베단타의 말일지라도 잘 설해진 것(sūktam: 正理에 어긋나지 않는 것)이면 불설(buddhabhāṣitam)이기 때문에 비유명제가 성립하지 않는다."고 응대하였던 것이다.[118]

불설이 오로지 여래 소설所說만이 아니라는 사실은 원효 자신도 확

---

115 『대비바사론』 권1(『대정장』 27, p.1b21~23).
116 『성실론』 권1(『대정장』 32, p.243c2~5).
117 『대지도론』 권2(『대정장』 25, p.66b2~20).
118 『중관심송』 IV. v.56.; 권오민, 『上座 슈리라타와 經量部』, pp.614~615 참조. 淸辯에 의하면 성전(āgama)이 성전일 수 있는 것은 다만 '전해져 온 것(ā-√gam)'이기 때문이 아니라 그것이 이론적 타당성(yukti)을 갖는가, 갖지 않는가, 眞實智와 해탈을 지향하는 논리적 사고(tarka)와 상응하는가 상응하지 않는가에 달려 있으며(『중관심송』 제4장 제18~19송), 이를 검토하는 방법이 추론(anumāna)이었다.(江島惠敎, 「Bhāvavivekaの聖典觀」, 『印度學佛教學研究』 17-2, 1969.; 「Bhāvavivekaの小乘聖典批判」, 『印度學佛教學研究』 18-2, 1970 참조). 陳那(Dignāga) 일파 역시 聖敎(āgama)의 聖敎性(āgamatva: 즉 진리성)은 [佛說이라는 권위에 의해서가 아니라] 現量이나 比量에 의해 확인되는 것이었다.(武邑尙邦, 『佛教論理學の研究: 知識の確實性の論究』, 京都: 百華苑, 1968, p.61.)

인하고 있다. 즉 율장 바일제법 제4조 미수구계인동송계未受具戒人同誦戒에서는 불설(혹은 불법)에는 "여래가 설한 것과 성문(혹은 제자)·선인·천인·변화인[이상 '5能說人']이 설한 것"이 있다고 해설하였는데, 원효는 『무량수경종요』에서 "불설무량수경佛說無量壽經이라는 경명經名에서 굳이 '불설'이라 말한 것은 능설의 5인 중 불타가 상수上首이기 때문"이라고 해설하였다.[119] 또한 『본업경소』에서 4의依에 대해 해설하면서 『현양성교론』에 따라 '사람에 의지하지 말고 법에 의지하라'에서의 법을 여래가 설한 것이나 제자가 설한 12분교로 해설하기도 하였다.[120]

3. 원효의 언어관

대개의 원효 연구자들은 백가의 시비쟁론은 언어의 잘못된 이해에서 비롯된 것이라 말하며,[121] "[경론에서] 말한 대로 취(이해)할 것 같으면 [두 설은 모두] 성립하지 않지만, 뜻으로 이해(會)하게 되면 거기에는 다 도리가 있다."(주 89)는 화쟁의 관용구를 원효의 언어관을 밝히는 근거로 삼기도 한다.[122] 혹은 원효의 화쟁 논리(원리)를 그의 언어관에서 찾기도 한다.[123] 원효는 『십문화쟁론』에서 말과 뜻(絶言之法)의 관계를 손가

---

119 『무량수경종요』(『한불전』 1, p.554a13~15), "但以能說五人之中佛爲上首…故言佛說."

120 『본업경소』 권하(『한불전』 1, p.514a5~6), "一依法不依衆生, 謂若法是如來所說, 或弟子說, 十二分敎, 隨學隨聽…." 이는 『현양성교론』 권2(『대정장』 31, p.490c5ff)에서 인용한 것이다.

121 최유진, 「원효에 있어서 화쟁과 언어의 문제」, 『경남대 철학논집』 제3집, 1987, p.27.; 고영섭, 『한국불학사』, 연기사, 1999, p.113.

122 김상현, 『원효연구』, 민족사, 2000, p.223.; 김영일, 「원효의 화쟁논법 연구」, 2008년도 동국대 박사학위 청구논문, p.141.

123 박태원, 「원효의 언어이해」, 『신라문화』 제3·4합집, 동국대 신라문화연구소, 1987, p.17.; 박태원, 「원효 화쟁사상의 보편적 원리」, 『철학논총』 제38집, 새한철학회, 2004, pp.42~46.

락과 달(離指之月)의 관계에 비유하였다. 달이 손가락과는 별도의 존재이듯이, 뜻 또한 말과는 별도의 존재, 이언離言 또는 절언絶言의 세계라는 것이다.

원효에 의하면, 모든 언설言說은 다만 언어적 개념(假名)일 뿐이기 때문에 참된 존재(實性)와 단절되지 않은 것이라 할 수 없을뿐더러 다만 망념妄念에 따른 것이기 때문에 참된 지혜(眞智)와 무관하지 않은 것이라 할 수 없다.[124] 그렇다고 할지라도 말을 떠나서는 "일체법의 진여실성眞如實性은 언설상言說相뿐만 아니라 명자상名字相, 심연상心緣相을 떠난 것"[125]이라는 사실조차 나타낼 수 없다. 『기신론』에서는 이를 "말에 의해 말을 버리는 것(떠나는 것)(因言遣言)"이라 하였고, 원효는 이를 "소리로써 소리를 그치는 것(以聲止聲)"이라고 해설하였다.[126] 대중들로 하여금 조용하게 하기 위해서는 이 역시 소음의 하나일지라도 '조용히 하라'고 말해야 하는 것이다.

그러나 이러한 언어관은 불교 일반의 이해로, 이미 4의설依說에서 "말(語, vyañjana)에 의지하지 말고 뜻(義, artha)에 의지하라."고 하여 말(能詮, *abhidhāna)과 말에 의해 드러나는 의미 대상(所詮 abhidheya, 혹은 所詮義 abhidheya-artha, 所詮性 abhidheyatva)을 별도의 법으로 분별하였다. 불

---

124 『대승기신론소기회본』 권2(『한불전』 1, p.744a13~15), "諸言說唯是假名. 故於實性不得不絶. 又彼言說但隨妄念. 故於眞智不可不離."
125 『대승기신론』(『대정장』 32, p.576a11f), "一切法, 從本以來, 離言說相, 離名字相, 離心緣相…." 원효가 여기서 [일체법은] '言說相을 떠났다'고 한 것은 말소리에 의해 설해진 것과 같은 것이 아니기 때문이며, '名字相을 떠났다'고 한 것은 단어나 문장에 의해 드러난 것과 같은 것이 아니기 때문이며, '心緣相을 떠났다'고 한 것은 名言의 분별이 마음의 대상이 될 수 없기 때문(『義記』에 의하면 '非意言分別故': 『대정장』 44, p.252b28)이라 해설하였다.("離言說相者, 非如音聲之所說故. 離名字相者, 非如名句之所詮故. 離心緣相者, 名言分別所不能緣故.": 『한불전』 1, p.744a2~5)
126 『대승기신론소기회본』 권2(『한불전』 1, p.744a22f).

법에 있어 의미 대상은 불타의 의도, 즉 그의 깨달음(自證法)이기에 그것을 드러내는 말씀(能詮의 教法)에 비해 훨씬 중요하다고 할 수 있겠지만, 아비달마 비바사사는 '말씀(教法)'에 대해서도 역시 각별한 의미로 해석하였다. 그의 말씀은 유일 절대자 야훼의 말씀과는 다르기 때문이다.

불타 말씀(buddhavacana: '佛教'·'佛語'·'佛說' 등으로 한역)의 본질(svabhāva), 즉 교체教體는 무엇인가? 당연히 목구멍·목젖·입천장·혀 등을 통해 울려나는 말소리(vāc, 혹은 śabda. 이하 '소리')라고 해야 하겠지만, 불교에서의 말소리는 미맘사학파처럼 상주하는 본질적 형상(akṛti)을 지닌 것이 아니기 때문에 의미를 드러내는 (혹은 포함하는) '말'이라는 개념을 도입해야 하였고, 그것은 다시 개념(想, saṃjñā)으로서의 말(名, nāma), 시제·동작·성질 등을 갖춘 문장(章, vākya)으로서의 말(句, pada), 그리고 이것의 극소단위인 음소(字, akṣara)로서의 말(文, vyañjana)로 구분되었다. 불교학 전통에서 '소리'는 색법(물질)에, '말'은 불상응행법에 포함되는 것으로, 소승이든 대승이든 교체教體에 관한 한 이와 관련하여 이루어지는 것이 상례였다.[127]

두말할 것도 없이 말(名·句·文의 총칭)과 그 말에 의해 지시되는 뜻은 별개이다. "'불'을 말한다고 해서 입이 타지 않는다." 유부 이론에 의하면 식識이 대상의 영상影像을 띠고 생겨나듯이 '불'이라는 말소리(語音, 語聲, vāc, śabda)에 의해 '불'의 영상(ākāra: 行相)을 띤 말(名, nāma)이 생겨나며, 이러한 말에 의해 의미(義, artha)가 드러나고 우리는 이를 지각(覺慧, buddhi)하지만, 이때 지각은 물론 현실의 불과는 다른 것이다.[128] 불타 말

---

127 教體에 관한 대·소승의 자세한 논의는 원효, 『열반종요』「教體」(『한불전』 1, pp.545c16~546b11); 원측, 『佛說般若波羅密多心經贊』「宗體」(『한불전』 1, p.1a20~c6) 참조.

128 『입아비달마론』(『대정장』 28, p.987c25~29), "如眼識等, 依眼等生, 帶色等義影像而現, 能了自境, 名等亦爾. 非卽語音親能詮義. 勿說火時便燒於口. 要依語故,

씀(能詮)에 의해 불타의 깨달음(所詮)이 바로 지각된다면 수행은 필요 없는 것이다.

원효 역시 『금강삼매경』 「무생행품無生行品」에서 무인무생심無忍無生心의 비유로 예시한 '나무 중의 화성火性'에 대해 이같이 해설하였다.

> '화성火性'이라는 말(名 nāma)로써는 [그 말이 지시하는] 의미 대상 (義, artha: 즉 '따뜻함')을 얻을 수 없다. 이렇듯 화성(따뜻함)을 얻을 수 없을지라도 [실제] 나무 중에 화성이 없는 것은 아니다. ["나무 중에도 화성이 존재한다"는] 이러한 도리를 드러내고자 '화성'이라는 말을 발설한 것이지만, 이 말을 분석하면 다만 [ㅎ과 ㅗ와 ㅏ 등의] 다수의 글자(字: 즉 자음과 모음의 음소, vyañjana, 文)만 존재할 뿐으로, 다수의 글자를 더욱 추구할지라도 어떤 글자에서도 [그것의 의미 대상인 '따뜻함'은] 얻을 수 없다.[129]

우리는 대개 "언어 문자에 집착하지 마라."는 메시지를 선종이나 대승 혹은 원효의 전유물로 여기지만, 그것은 유부 계통에서 확립된 불설론(성전관)에서 기원한다. 필자는 이해할 수 없다. "소승(설일체유부)은 언어·문자에 집착하였다."라는 세간의 이해를. 그 같은 정보가 어디서 유래한 것인지도 알지 못한다.[130] '언어·문자에 집착하라'는 불교는 없

火等名生. 由火等名, 詮火等義. 詮者謂能於所顯義, 生他覺慧, 非與義合."; 『대비바사론』 권126(『대정장』 27, p.659b9f), "如世子孫展轉生法. 謂語起名, 名能顯義." 참조.

129 『금강삼매경론』 권중(『한불전』 1, p.624c19~23), "火性名下, 義不可得. 如是火性, 雖不可得. 而其木中 非無火性 欲詮此理 說火性名 推析此名 但有諸字 轉求諸字 皆無所得."

130 "소승은 언어문자에 집착하였다."라는 세간의 이해는 추측하건대 靑目이 지은 중론의 造論 이유에서 비롯되었을 것이다. 그러나 이같이 불타의 의도

다. 설혹 그것이 부처의 말씀이라도. 문문聞·사思·수修의 세 가지 지혜 — 청문(śruta)에 의해 성취된 문소성혜聞所成慧와 사유(cinta)에 의해 성취된 사소성혜思所成慧, 수습(bhāvana: 즉 samādhi)에 의해 성취된 수소성혜修所成慧 — 는 말(nāma)과 뜻(artha) 중 무엇을 대상으로 삼느냐에 따른 차별이며, 그 가운데 문혜가 사혜나 수혜의 방편이라는 것은 불교 일반의 상식이다.

앞서 밝힌 대로 유부가 말(名)과 문장(句)과 음소(文)의 실재성을 주장하기는 하지만, 실유를 주장하는 것과 집착하는 것은 성격이 전혀 다르다. 유부나 유가행파가 탐貪·진瞋 등 번뇌심소의 개별적 실재성을 주장하였다고 해서 그것에 집착하라고 가르치는 것은 아니다. 실재성을 주장하기 때문에 '끊어라'고 가르치는 것이다. 그리고 끊기 위해서는 당연히 번뇌의 종류와 자성뿐만 아니라 인연因緣(hetupratyaya)을 알아야 하였고, 이를 이론적으로 정리 해석한 것이 아비달마였다.

따라서 아비달마 비바사사에게 있어 경經은 다만 중생을 교화하기 위한 방편의 잡설雜說로(주 97), 설해진 대로가 아닌 별도의 뜻을 갖는 불요의(neyārtha)였다. 그들은 이 같은 경설만을 좇아 자신들의 학설(98수면설 내지 아비달마)을 비불설로 부정한 이를 '언어·문자에 집착하는 사문(著文沙門)', '경에서 말한 대로만 이해하는 자(但如文而作解者)'로 힐난하였고,[131] 남방 상좌부에서는 이렇듯 경설의 문맥적 의미를 파악하지 못하고 문자적 해석에 치우쳐 『카타밧투(Kathavatthu)』도 비불설로 부정

(abhiprāya), 즉 법성(dharmatā)을 추구해야 한다는 주장은 유부로부터 비롯되었으며, 유가행파의 법성에 의하면 『중론』 역시 畢竟空에 집착한 損減見이었다.

131 『대비바사론』 권50(『대정장』 27, p.259b20~26), "問: 何故說此九十八隨眠耶? 答: …復次爲止著文沙門意故. 謂有沙門執著文字, 離經所說, 終不敢言. 彼作是說, '誰有智慧過於佛者? 佛唯說有七種隨眠, 如何强增爲九十八?' 爲遮彼意."; 『순정리론』 권57(『대정장』 29, p.659b21f).; 권27(『대정장』 29, p.494c22)

한 이를 '궤변론자(vitaṇḍavādin)'로 비난하기도 하였다.[132]

원효의 경우에도 경(성전)의 뜻을 거기서 설한 대로만 취(이해)하는 것이 쟁송의 원인이었고, 그러한 경설의 의취意趣, 즉 경설의 근거가 된 도리가 화쟁(=회통)의 논거였다.(주 88~91) 물론 원효는 대승교가와 마찬가지로 명名·구句·문文의 실재성을 부정하였을 뿐만 아니라 소전성所詮性, 즉 그것에 의해 드러나는 의미의 실재성도 부정하였다는 점에서 세계를 이해하는 방식이 유부 아비달마와는 전혀 다르다. 그럴지라도 이러한 사실을 천명하기 위해서라도 아비달마불교의 언어 이론이 필요하였다. 예컨대 원효는 "실제實際에 들어 온갖 차별상을 떠나(空) 능소能所가 평등한(如) 법은 비명非名·비상非相·비의非義"라는 『금강삼매경』「입실제품入實際品」의 일구에 대해 이같이 해설하였다.

> 여기서 '비명非名'이라 함은 명·구·문의 능전상能詮相을 떠난 것이기 때문이며, '비상非相'과 '비의非義'라 함은 말(名)에 의해 드러나는 행상(相, ākāra: 즉 지각의 대상이 되는 영상 이미지)과 말에 대응하는 뜻(義)을 떠난 것이기 때문이다.[133]

『금강삼매경』에서 진여의 법(일심)을 이렇듯 온갖 언설명상名相이 끊어진(그래서 '眞性空'임), 다시 말해 능전能詮과 소전所詮을 떠난 '비명非名·비상非相·비의非義'의 존재로 묘사하였을지라도 이러한 묘사 또한 말(名相)을 통해 드러날 수밖에 없기 때문에, 비록 차원을 달리하는 것이라

---

132 김경래, 「스리랑카 테라와다의 정통성 확립과정에 대한 비판적 연구」, 2012년 동국대 대학원 박사학위 청구논문, pp.110~115 참조.
133 『금강삼매경론』 권중(『한불전』 1, p.643a12~14), "非名者, 離名·句·文能詮相故. 非相義者, 離名所詮相, 當名之義故."

할지라도 여전히 말소리(語音, vāc, śabda)-말(名, nāma·句·文)-영상(行相, ākāra)-뜻(義, artha)-지각(智, buddhi)이라는 아비달마적인 언어 분석이 적용될 수밖에 없다.

나아가 『금강삼매경』에서는 "이러한 자설自說은 다만 언설로서의 말이 아닌 의미 있는 말(義語非文)이지만, 사리자나 범부의 말은 의미 없는 언설로서의 말(文語非義)일 뿐"이라고 설하였는데, 원효는 이에 대해 이같이 해설하였다.

'다만 언설로서의 말이 아닌 의미 있는 말(義語非文)'이라 함은 『[금강삼매경』의] 말이 진실의眞實義와 부합하기 때문이고, 공허한 말이 아니기 때문이며, '의미 없는 언설로서의 말(文語非義)'이라고 함은 [사리자나 범부의] 말이 다만 말뿐인 공허한 말이기 때문이고, 진실의와는 무관하기 때문이다.[134]

이는 곧 『금강삼매경』에서의 말은 명名(nāma)과 의義(artha)가 서로 부합하는 진실의眞實의 말, 즉 의미 있는 말(義語, *artha-vacana)이고, 중생들(무위와 유위를 법체와 법상으로 이해하는 외도 二乘)의 말은 그렇지 못한 의미 없는 공허한 언설로서의 말(文語, *vyañjana-vacana)일 뿐이라는 것으로, 이를 특별한 원효의 언어관이라 말하기 어렵다.[135]

---

134 『금강삼매경론』 권하(『한불전』 1, p.653a13f; b5~8), "'我所說者, 義語非文. 衆生說者, 文語非義.' …義語非文者, 語當實義故, 非直空文故. 文語非義者, 語止空文故, 不關實義故."

135 참고로 『금강삼매경론』 「入實際品」에서 大力보살은 "말과 뜻을 갖지 않은 相은 不可思議하다. 왜냐하면 말을 갖지 않은 말이지만 말이 없는 것은 아니며, 뜻을 갖지 않은 뜻이지만 뜻이 없는 것은 아니기 때문이다(菩薩, 無名義相, 不可思議. 何以故? 無名之名, 不無於名. 無義之義, 不無於義)."(『한불전』 1, p.640a22~24)라는 불설에 대해 "이와 같은 말과 뜻이 眞實如相…"이라 하였다. 이에 대해 원

아비달마 논사들이 아비달마를 완전한 뜻(了義)의 불설(즉 義說, 義語)로 이해하고 다른 이들의 주장을 '말만 그럴듯할 뿐 아무런 뜻도 없는 말(有言無義)'이나 '벙어리가 잠꼬대한 것과 같은 말(如瘂瘂人於夢所說)', '애들이 저들 방에서 장난삼아 한 말(童豎居自室言)'로 비난하였듯이, 유식론자들이 『해심밀경』을 완전한 뜻의 대승(了義大乘)으로 이해하고 다른 학설(유부/경량부 설)을 역시 '말만 그럴듯할 뿐 아무런 뜻도 없는 말'이나 '도무지 진실한 뜻도 없는 허언(都無實義의 虛言)', '다만 애들이나 꼬드길 수 있는 정도의 말(彼所說但誘嬰兒)'로 비판하였듯이,[136] 『금강삼매경』의 찬자撰者 역시 거기서의 여래 설법을 외도나 이승의 의미 없는 말(文語非義)과는 구별되는 여의如義, 즉 완전하고도 진실한 뜻의 말씀(義語非文)으로 간주하였다.

따라서 여기에 특별한 의미를 부가할 필요는 없을뿐더러 이를 원효의 언어관으로 이해하는 것 또한 난센스라 하지 않을 수 없다. 자파의 '진실한 뜻의 말씀'을 적대자의 '덧없는 말'과 같다고 하는 학파는 없을뿐더러 불교사상사를 통해 볼 때 자파의 교설이 요의了義이고 진실의眞實義의 말씀이라는 것은 하나마나한 말이기 때문이다.

효는 "이와 같은 不可思議의 말과 뜻은, 말과 뜻이 相稱하여 전도됨도 없고 바뀌는 일도 없기 때문에 '眞實'이라 말하였고, 이와 같은 말과 뜻은 能所를 遠離하여 一味 平等하기 때문에 '如相'이라 말하였다(如前所說 '不可思議之名義相', 名義相稱無倒無變故名眞實. 如是名義, 遠離能所, 一味平等故名如相)."(동, p.640c2~5) 라고 해설하였다. 비록 경우는 다를지라도 하리발마 또한 "말과 뜻이 청정한 여래정법에서 말은 뜻에 따른 것(隨義語)이고 뜻은 말에 따른 것(隨語義)"이라 하였다.(주 25)

136 『섭대승론석』(『대정장』 31, p.168b11); 『성유식론』(『대정장』 31, p.13a9f, p.11c21)

V. 화쟁과 일심一心

1. 소결: 원효의 '화쟁'과 아비달마

원효는 한국을 대표하는 사상가이지만, 한편으로 불교의 사상가이기
도 하다. 그를 불교사상가로 이해한다면 이를 통해 그의 사상을 읽어야
함은 두말할 나위도 없다. 본고에서는 화쟁과 관련된 일련의 그의 사상
을 불교사상사의 토대가 된 유부 아비달마를 통해 더듬어 보았다.

'화쟁和諍'은 글자 뜻대로라면 서로 다른 견해의 대립으로 인한 다툼
의 조정 화합을 의미하지만, 불교사상사를 통해 볼 때 실제적인 조정
화합은 일어나지 않았다.

초기불전에서의 파승破僧을 초래할 만한 법과 비법非法, 율과 비율非
律 등에 대한 언쟁言諍의 멸쟁(혹은 止諍, adhikaraṇa śamatha) 또한 실제적
인 조정 화합을 의미하는 것은 아니었다.[137]

율장의 대표적인 파승사破僧事인 코삼비 사건이 일어났을 때 불타는
멸쟁법으로서 여초부지如草覆地(풀잎으로 더러운 것을 덮듯이 상호 합의하의
소송의 기각)를 제시하고 부동주不同住의 포살·갈마를 여법한 멸쟁법으
로 평가하였으며, "서로 투쟁하는 저들 중 누가 여법설자이고 누가 비
법설자인지"를 묻는 사리불, 마하파자파티, 파사익 왕, 말리 부인 등의
4부의 대중에게 저들이 설한 14쟁사를 각자 알아서 판단하도록 하였
다.[138] 초기경전에서도 역시 여기분소지쟁률如棄糞掃止諍律(즉 如草覆地)

---

137 平川彰는 그의 『비구계의 연구(1)』(민족사, 2002, p.537)에서 승잔죄 제10조 破僧
     違諫戒, 제11조 助破僧違諫戒에 대한 해설을 "실질적으로는 이 두 개의 조문이
     승가 속에서 실제로 기능을 발휘했을지의 여부는 불분명하다."라는 말로 끝맺
     고 있다.
138 『선견율비바사』의 「拘睒彌犍度」(『대정장』 24, p.796c6~11)에 의하면, 불타가 諍事

을 두 파로 분립한 후의 멸쟁법으로 제시하고, "다툼을 멈추고 물과 젖처럼 화합하라."고 말하였지만, 이때 '화합'은 물과 젖이 서로를 배척하지 않듯이 서로를 인정하라는 것이었으며, 이에 따라 각기 독자적인 12부경을 전승할 수 있었다. 불교의 경론은 이미 화합과 화해의 산물이었다. 초기불교도들에 의하면 불타 반열반 이후 '정법 파괴에 의한 승가분열(즉 破法輪僧)'은 결코 일어나지 않았다.(이상 Ⅱ-2-2)

원효의 화쟁 역시 실제적인 조정 화합이 아니며, 통합·통일은 더욱 아니다.[139] 각기 상이한 견해는 모두 자파에서 전승한, 혹은 요의了

에 직접 관여하여 可否의 판단을 내릴 경우 불타의 지지를 얻은 이(得理者)들은 기뻐하겠지만, 지지를 얻지 못한 이들은 "불타가 저들 부파와 한패거리가 되었다."거나 "불타는 좋아하고 미워함에 따라 말한다."고 비방할 것이고, 불타를 비방하면 죽어 지옥 갈 것이기 때문에 가부의 판단을 내리지 않은 것이라 해설한다.(권오민, 「부파분열과 파승」, p.50 참조)

139 원효의 화쟁이 異執·異部의 '대립 갈등을 화해 통일한 것'이라는 종래의 이해를 반성하는 일련의 글들이 있다. 박재현은 "원효의 화쟁을 화해를 통한 종합주의로 평가했던 기존의 연구들은 학설과 종파들 간의 대립과 다툼이라는 불분명한 사실관계를 전제로 도출된 것"이라 진단하고서 원효의 화쟁사상을 화해이론으로 파악하는 것은 부적절하다는 견해를 피력하고 있다. "원효는 당대 불교 내부의 이론적 혹은 종파적 대립과 다툼을 문제 삼았던 것이 아니라 이들 사이의 전면적인 단절의 상황을 문제 삼았던 것으로 보인다. 원효의 화쟁과 회통은 다툼과 대립의 화회라는 의미보다는 모아서(會) 서로 통하게 한다(通)는 의미, 즉 소통에 가깝다. 원효의 화쟁사상은 논쟁을 전제로 한 화해이론으로 볼 것이 아니라 이들의 집착을 깨트려 서로간의 소통로를 확보해 주려는 것이었으며, 따라서 상이한 주장들을 모아(和合) 소통(會通)의 가능성을 열어 보이고자 했던 것이다."(「원효의 화쟁사상에 대한 再考: 화쟁의 소통疏通적 맥락」, 『불교평론』 제8호, 2001, p.202) 최연식은 원효의 화쟁을 '이론적 다툼의 조화가 아니라 다양한 이론을 종합하기 위한 이론적 작업'으로 보아야 한다고 주장한다. "원효의 화쟁은 사람들 사이의 견해의 다툼이라기보다 경전에 제시된 상이한 내용들에 대한 화쟁이라고 볼 수 있으며, 이런 점에서 원효의 화쟁은 대립을 극복하기 위한 이론이라기보다 여러 異見들을 모두 만족시켜 줄 수 있는 종합적인 이론을 수립함으로써 실제로 있을 의견의 대립을 사전에 해결하기 위한 것이었다고 생각된다."(「원효의 화쟁사상의 논의방식과 사상사적 의미」, 『보조사상』 25집, 2006, p.442) 이에 대해 박태원은 화쟁의 범주와 대상을 원효사상 전체가 아니라 '불교이론에 관한 상이한 견해들'과 '이로 인해 생겨난 배타적 대립과 불화 및 상호 불통 상황'으로 한정짓고, 그 성격을 불교 내부의 배타적 이론이나 경전상의 상이한 이

義로 판석한 성전(āgama)에 기초한 것으로, 이는 이미 '성전=정리·법성에 어긋나지 않는 것'이라는 전제(즉 불설 정의)가 함의된 것이었다. 비록 경설 자체로는 서로 대립할지라도 각각의 경은 그것이 설해지게 된 의도(abhiprāya)나 사상적·역사적 맥락을 갖기 때문에 그 자체로서 논리적 정합성(道理, yukti)을 갖는다는 것이 원효의 생각이었다. 따라서 이 같은 사실을 고려한다면, 불교 내부의 상이한 제 견해는 다만 관점의 차이로서 결코 적대적으로 대립하는 것이 아니며 용인하지 못할 바도 없다. 원효의 화쟁은 상이한 제 견해의 통합·통일이 아니라 초기불전에서의 멸쟁滅諍(혹은 止諍)과 마찬가지로, 물과 젖이 서로를 배척하지 않는 것처럼 서로를 이해하고 용인하는 것이었다. 원효의 화쟁은 상호 이해·소통을 통한 다툼의 종식, 바로 회통(anulomayati)의 의미였다.

이러한 원효의 사유는 기본적으로 설일체유부 계통의 아비달마불교에서 정립된 것이다. 그들은 "[누가 설한 것이든] 법성에 어긋나지 않으면 불설"이라는 불설 정의를 확립하였을 뿐만 아니라 경經에서 설하고 있는 대로의 뜻(yathārutārtha: 如說義)이 경의 뜻이 아니며, 여기에는 별도의 의도/의취(abhiprāya: 別意趣, 密意)가 존재한다고 하였고, 이에 따라 경설을 정리·법성에 부합되게 해석한 것이 아비달마였다. 따라서 그들에게 있어 아비달마는 제법의 진실성상眞實性相을 밝힌 요의了義의 불설佛說이었다.

이러한 아비달마불교의 성전(佛說)관은 중관파와 유가행파로 이어졌으

론의 종합(차이의 모음)이 아니라 "차이들로 하여금 서로를 향해 열리고 상호 지지하며 포섭되어, 차이를 안으면서도 더 높고 온전한 지평을 열어 가는 것, 말하자면 通攝이론으로서의 和會주의"로 규정하고 있다.(「화쟁사상을 둘러싼 쟁점검토」, 『한국불교사연구』 제2호, pp.157~158) 필자에 의하는 한 최연식이 말한 '종합적 이론 수립'이나 박태원의 '통섭'은 화쟁 자체의 의미라기보다 화쟁의 목적이다.(본고 V-2 참조)

며, "모든 대승경은 정리에 부합한다."는 원효의 대승불설론도, 말(名·句·文의 能詮)이 아니라 뜻(所詮義), 즉 도리에 주목하라는 그의 언어관도 이에 기초한 것이었다. 이는 화쟁의 주요한 논거였다. "경에서 말한 대로만 이해한다면(如言而取) 모두 인정할 수 없지만, 그것의 의도를 고려하여 말한다면(得意而言) 인정하지 못할 바도 없다."(주 52; 주 88~91 참조)

그러나 우리는 아비달마불교로부터 원효에 이르는 이 같은 성전관의 연속성을 확인하지 못한 채, 한편으로는 불교사상을 구성하는 제 경론을 중생들의 근기에 따른 차별일 뿐이라 하여 각 경론의 고유성·독자성을 희석시키면서, 다른 한편으로는 "아비달마불교는 언어·문자에 집착하였다."고 선전하여 대승의 특수성을 부각시킨다. ─그러나 유부에서는 언어·문자에 집착하는 이를 '착문사문著文沙門'이라 비판하였고, 상좌부에서는 '궤변론자(vitaṇḍavādin)'로 비난하였다.─ 불교사상사를 계승과 변용이 아닌 단절과 통합이라는 상반된 시각으로 이해하려는 것이다. 단절과 통합, 그 어디에도 '역사'는 없다. '이념'만 존재할 뿐이다. 우리가 '원효 속에 나타난 아비달마 이론'을 추구해 보려고 하였던 것도 필경 이에 대한 하나의 반성일 것이다. "그의 사상은 불교사상사라는 토대 위에서 이해되어야 한다. 원효만으로 원효를 읽는 것은 원효를 욕보이는 일이다."

2. 화쟁의 목적

필자 소견에 의하는 한 원효는 불교 내부의 모든 견해를 화쟁의 대상으로 삼은 것이 아니다. 주지하듯이 원효는 『기신론별기』「대의」에서 『중관론』 등 중관학파의 논서를 '두루 비판하고 비판한 것을 다시 비판하는 논'으로 이해하여 '가기만 하고 두루 미치지 않는 논(往而不遍論)'으로,『유가론』등 유식학파의 논서를 '주장만 하고 주장한 바를 비판하지 않는 논'으로 이해하여 '주기만 하고 빼앗지 않는 논(與而不奪論)'으로 평가하였다. 그리고『대승기신론』에 대해서는 "주장하지 않음이 없고 비판하지 않음이 없는 '제론諸論의 조종祖宗이며 군쟁群諍의 평주評主 — 모든 논서 중의 으뜸이고 온갖 논쟁을 평정한 주체 — '"로 평가하였다.[140]

『대혜도경종요』에서는 실상반야에 관한 유有·공空·역유역공亦有亦空·비유비공非有非空의 네 이설을 모두 성전에 근거한 '진실'로 회통(주78)하고서, 다섯 번째 견해로서 여래장을『대반야경』의 실상반야로 천명하였다.[141] 혹은『금강삼매경』「진성공품」에서는, 온갖 공덕을 갖춘 진성眞性의 진여법(一心)은 명상名相이 끊어진 진공眞空이기 때문에 이에 대한 설법은 '말이 끊어진 도리의 뜻과 미묘하게 부합하는' 의어義語라고도 하였다.[142](주 134 참조)

이는 곧 원효가 불교 내부의 서로 모순된 경향성의 성전이나 이설을 불요의不了義로 이해한 반면『대승기신론』이나 여래장, 진성의 진여일심을 요의了義로 이해하였음을 의미한다. 불교 전통에서 요의(nītārtha)경이란 말 그대로 그 의미가 완전하게 드러난 명료한(nīta) 경을, 불요의(neyārtha)경이란 이와 반대로 경설상에 별도의 의도가 있어 그 의미를 추측해 보아야(neya) 하는 경을 말하기 때문이다.[143] 이런 까닭에 진여일심이 화쟁의 사상적·이론적 근거나 토대로 간주되기도 하였고, 화쟁의

---

140 『대승기신론별기본』(『한불전』 1, p.678a10~19).
141 『대혜도경종요』(『한불전』 1, pp.480c2~481a16), "…(전략)…或有說者, 依此大般若經, 以如來藏爲實相般若…(하략)."; 이기영, 「元曉의 實相般若觀」, 『정신문화』 제6호, 1980 참조.
142 『금강삼매경론』 권하(『한불전』 1, p.653c7f), "[如義語者,] 如是妙契絶言之義. 所以不同無義之文."
143 권오민, 『상좌 슈리라타와 경량부』, 씨아이알, 2012, pp.657f.

목표나 지향점으로 고려되기도 하였다.[144]

앞에서도 잠깐 언급하였지만(주 76) 원효의 '화쟁'을 다만 회통會通과 화회和會, 즉 성전과 도리에 근거한 상호 이해나 소통의 의미로 이해하는 한 이를 원효 교학의 본질적 측면이라 말하기 어렵다. 아비달마 논서에서 보듯이 회통은 보다 높은 차원의 진리설에서 이와 상충되거나 모순되는 학설을 해명하는 논의 형식이었기 때문이다. 보다 높은 차원의 진리설이 불요의로 회통되거나 이것과 희석되는 일은 없다.

필자는 앞서 원효의 회통은 『유가론』 「섭석분」에서 말한 설법사說法師 (dharmakathika)의 역할에 따른 것이었다고 논의하였다.(Ⅲ-3-2) 여기서 설법사는 경설을 해석할 때 자타에 의해 제기된 문제(問難) 중 전후의 말이 서로 모순된 경우 "그것을 설하게 된 의도/의취를 분명하게 나타내어 수순隨順 회통會通해야 한다."고 하였지만, 도리道理가 서로 모순되거나 4종 도리와 모순되는 뜻이 드러나 있는 경우 이와는 다른 교설(異敎)로써 판결하거나 4종 도리를 바로 현시해야 한다고 하였다.(주 72)[145] 원효는 필경 '다른 교설'을 『대승기신론』에서 찾지 않았을까? 그가 『기신론』을 '군쟁群諍의 평주評主'로 평가한 것도 바로 이 때문이었을 것이다.

---

144 최연식, 「원효의 화쟁사상의 논의방식과 사상사적 의미」, pp.431~434. 최연식은, 일심은 화쟁사상의 근거이기도 하였지만 화쟁의 목적, 즉 현상세계의 차별성에 사로잡혀 본질적이고 궁극적인 동일성을 인식하지 못하는 일반인들에게 인식적 반성을 일으키게 하는 궁극적인 동일성으로서, 그 일심을 깨닫게 하고자 하는 것이 원효가 생각하는 화쟁의 지향점이었다고 말한다.

145 여기서 4종 도리(yukti)는 ① 長短이나 苦樂 등 상대적 가칭으로서 성취되는 觀待(혹은 相待, apekṣā)도리, ② 인과적 관계로서 성취되는 作用(혹은 인과, kārya-kāraṇa)도리, ③ 現量·比量·聖言量에 의해 성취되는 證成(혹은 成就, upapatti-sādhana)도리, ④ 法性常爾로서 不思議의 法爾(혹은 法然, dharmatā)도리. 관대도리에 의해 세속과 승의와 인연을 헤아리고(尋思), 작용도리에 의해 제법이 갖는 작용을, 증성도리에 의해 세 가지 인식 방법(三量)을 헤아린다. 그리고 법이도리에 의해 如實諸法의 成立法性·難思法性·安住法性에 대한 信解를 낳을 수 있다.(『유가사지론』 권30, 『대정장』 30, pp.451c19~452a1)

앞서 말한 대로 그는 여래장如來藏을 유유·공空·역유역공亦有亦空·비유비공非有非空의 진실과는 다른 실상반야로 천명하였기 때문이다.

그럴 경우 원효 교학상에서 '화쟁'은 세계를 이해하기 위한 또 하나의 키워드, 즉 '일심一心'을 천명하기 위한 절차적 과정으로 이해할 수 있다. 이미 살펴본 대로 단간으로 전해진 현존 『십문화쟁론』에서는 회통會通이 주된 내용이었지만, "거울이 만상을 수납하듯 [백가百家의 이쟁異諍을] 융통融通하여 서술하였기에 『십문화쟁론』이라 이름하였다."[146]라는 서문을 통해 볼 때 이 또한 만상을 수납하는 거울, 즉 일심을 천명하기 위한 것이라고도 할 수 있는 것이다.

『금강삼매경론』「입실제품入實際品」에서 원효는 "보살은 대립하는 온갖 견해(諸智)에 '동조하지도 말고 반대하지도 말고서 진여에 상응하는 교설로써 살바야(薩般若)의 바다로 들게 한다.'"는 경설에 대해 "이는 백 가지 강물도 대해大海에 들면 한 맛(一味)이 되듯이, 공空이라 주장하고 유有라 주장하는 저들 도리에 수순하는 이들을 이끌어 동일한 깨달음(一覺)인 무상보리無上菩提의 일체지一切智의 바다에 들게 한 것"이라고 해설하였다.[147]

이에 따르면, 불교 내부의 도리에 수순하는 (혹은 '정리에 부합하는', 혹은 '성전에 근거한') 공론(중관)과 유론(유식) 등의 온갖 이설을 화쟁(=회통)한 것은 그들을 '살바야의 바다(sarvajñârṇava)', 일체지一切智인 부처의 세계로 들게 하기 위해서였다. '살바야의 바다', 그것은 다름 아닌 진여일심, 바로 여래장의 바다이다.

---

146 "鏡納萬形, 水分…(결락)…通融 聊爲序述, 名曰十門和諍論."(『한불전』 1, p.838a8~9)
147 『금강삼매경론』 권중(『한불전』 1, p.637c16~18), "若後非時, 應如說法, 時(說)利不俱. 但順不順說, 非同非異. 相應如說, 引諸情智, 流入薩般若海."(동 p.638b1~5), "'諸情'者, 大小情欲差別故. '諸智'者, 空有知見差別故. 引接此輩, 皆順道流, 令入一覺一切智海, 無上菩提深廣義故. 如百川流, 同入大海大海深廣, 同一味故."

우파니샤드에서 동일성의 존재인 브라흐만(Brahman) 혹은 아트만(Ātman)을 바다에 비유하여 "모든 강은 바다에 이르면 그 이름을 버리고 바다와 하나가 된다."[148]라고 읊었듯이, 『금강삼매경론』「여래장품」에서도 바야흐로 진속眞俗을 꿰뚫는 하나의 진실법(眞俗無二의 一實法)인 여래장을 바다에 비유하였다. "장강長江의 물도, 황하黃河의 물도, 회수淮水의 물도 바다에 들면 그 이름을 버리고 바닷물이 되듯이, 삼승의 법 또한 진여(즉 여래장)에 들면 오로지 불도佛道라고 말할 뿐이다."

불타께서 [범행] 장자에게 말하였다. "장자여! [삼승과 진여의 일승법은] 비유하자면 장강長江과 황하黃河와 회수淮水와 바다의 관계와 같으니, 대소大小가 다르고, 심천深淺이 다르며, 그 이름이 다르기 때문이다. 즉 물이 장강에 있으면 장강의 물이라 말하고, 회수에 있으면 회수의 물이라 말하며, 황하에 있으면 항하의 물이라 말하지만 그 모두 바다에 있으면 오로지 바닷물이라 말할 뿐이다. 법 역시 이와 마찬가지로 [성문에 있으면 성문의 법이라 말하고, 연각에 있으면 연각의 법이라 말하며, 보살에 있으면 보살의 법이라 말하지만] 그 모두 진여眞如 중에 있으면 오로지 불도佛道라고 말할 뿐이다."[149]

이에 대해 원효는 이같이 해설하였다.

여기서 '장강·황하·회수'는 3승의 행行에 비유한 것이고, '바다'는

---

148 『문다카 우파니샤드』 Ⅲ. 2. 8.; 『찬도갸 우파니샤드』 Ⅵ. 10. 1.(이재숙 옮김, 『우파니샤드Ⅰ』, 한길사, 1996, p.207; p.367)
149 『금강삼매경론』 권하(『한불전』 1, p.660b10~14), "佛言: 長者! 譬如江河淮海, 大小異故, 深淺殊故, 名文別故, 水在江中, 名爲江水. 水在淮中, 名爲淮水. 水在河中, 名爲河水. 俱在海中, 唯名海水. 法亦如是. 俱在眞如, 唯名佛道."

불도佛道에 비유한 것이다. '대소가 다르다'고 한 것은 3승의 마음의 광협廣狹이 동일하지 않음에 비유한 것이고, '심천이 다르다'고 한 것은 3승의 지혜에 우열의 차이가 있음에 비유한 것으로, 이러한 두 뜻에 따라 그 이름도 각기 다른 것이다. '그 모두 바다에 있으면 오로지 바닷물이라 말할 뿐이다'고 한 것은, 그 같은 3승이 10지地의 법도 공空한 진여에 들면 3승이라는 이름을 버리고 오로지 불도라고 말할 뿐이라는 사실에 비유한 것이다. 마땅히 알아야 한다. '3승의 차별적인 행'이란 다 [10]지地 이전의 방편도에 있을 때로서, [그들 중] 끝내 진여의 정관正觀 중에 들지 않는 이가 없다. 그런 까닭에 3승은 끝내 각기 별도의 돌아가는 곳이 없다. 모든 교법이 그러하듯 다 같이 일미一味[인 불도]에 들어가는 것이다.[150]

3. 화쟁과 일심

1) 제 부파의 일심

(1) 상좌 슈리라타의 일심

원효를 불교사상가로 이해한다면 우리는 그의 사상을 '제론諸論의 조종祖宗, 군쟁群諍 평주評主'라는 평가에 따라 『기신론』의 여래장 계통으로 규정할 수도 있겠지만, 이러한 여래장의 일심一心 또한 제 부파가 '법성'으로서 추구하였던 다양한 '일심' 개념에서 그 자취를 찾을 수 있다.

---

150 『금강삼매경론』 권하(『한불전』 1, p.660b15~24), "'江河淮'者, 喩三乘行. 海喩佛道. '大小異'者, 喩三乘心寬狹不同. '深淺殊'者, 喩三乘智優劣有異. 隨前二義, 其名各別. '俱在海中, 唯名海水'者, 喩其三乘, 同入十地法空眞如, 唯名佛道, 沒三乘名. 當知! '三乘差別行'者, 皆在地前方便道中, 莫不終入眞如正觀. 所以三乘終無別歸. 如諸敎法, 同入一味."

먼저 경량부의 조사 상좌 슈리라타(Śrīrāta)는 종자설이라는 그들의 주장에 따라 종자 훈습처로서의 일심을 제시하였다. '종자(bīja)'란 쉽게 말해 결과를 낳게 하는 힘(śakti), 즉 인연(hetupratyaya)으로, 이를 주장하는 한 이것의 훈습처(vāsita, bhāvita, 所熏)에 대해 별도로 논의하지 않으면 안 된다. 유가행파에서는 그것을 알라야식(ālayavijñāna, 藏識)이라 하였고, 그래서 그들의 종자설을 '알라야식 종자설'이라 말하는 것이다.

『구사론』상의 종자설에서 세친은 그것을 '명색名色(nāmarūpa)'이나 '[색심色心] 자체(ātmabhāva)'라고 하였고, 상좌 또한 '6처處'로 언급하기도 하였지만, 이는 다만 유정의 상속을 의미한 것일 뿐, 상좌는 그것을 구체적으로 일심(ekacitta)이라 하였다.

> 일심은 종종계種種界(nānādhātu)를 갖추고 있다. 일심 중에 다수의 계(bahudhātu)가 훈습(vāsanā)되고 있다. …(중략)… 마음 자체(ātmabhāva)는 [무부무기성無覆無記性으로] 동일할지라도 그 안에 [선·불선 등의] 수많은 계계가 존재한다.[151]

이는 "알라야식 중에 종종계種種界가 존재한다. 알라야식 중에 다수의 계界가 존재한다."[152]는 『유가사지론』상의 논설과 동일한 형식의 문구로, 이로 본다면 상좌의 일심은 알라야식에 대응하는 개념이다.

여기서 '일심'이란 어떤 형식의 마음을 말함인가? 적어도 종자가 보존된

---

151 『순정리론』 권18(『대정장』 29, p.442b1~4), "又彼上座, 如何可執言, '一心具有種種界. 熏習一心多界.' …'有心其體雖一, 而於其內, 界有衆多.'" 여기서 界(dhātu)는 종자의 이명임.

152 『유가사지론』 권51(『대정장』 31, p.581b19~21), "薄伽梵說, '有眼界色界眼識界 乃至 意界法界意識界', 由於阿賴耶識中有種種界故. 又如經說惡叉聚喩, 由於阿賴耶識中有多界故."

마음은 중연衆緣에 의해 생멸하지 않는, 따라서 소연과 행상도 갖지 않는, 언제 어디서나 (멸진정에 들어서도 무상천에 태어나서도) 항상 '동일한 종류(ekajāti)'로서 존재하는 마음, 어떠한 도덕적 성질의 종자도 수용할 수 있는 무부무기성의 이숙식이라 하지 않으면 안 된다. 『성유식론』에서는 이를 '미세일류항변微細一類恒遍의 식識'이라는 관용구로 언급하기도 한다.

유가행파에서는 이러한 마음(즉 알라야식)을 현행의 6식과는 별체, 즉 제8식으로 간주하였지만 이는 제6온, 제13처, 제19계가 '토끼 뿔'과 같은 허구의 개념을 지시하는 술어로 이해되던 당시로서는 대단히 위험한 개념이었고, 실제 중관학파의 청변은 이를 공화空華와 같은 것으로 간주하였다. 이에 경량부는 하나가 깨어 있으면 다른 하나는 잠자고 있는 일신이두一身二頭의 전설상의 새인 명명조命命鳥처럼 6식을 요별의 현행식과 불명료한 [혹은 '미세한'] 잠재식이라는 이중구조로 이해하여 멸진정에 들더라도 이 같은 잠재식으로서의 동일 종류의 마음(ekajātīyacitta: 一類心) 혹은 세심細心(sūkṣmacitta)은 여전히 존재한다고 주장하였다.[153]

(2) 일심상속론자의 '일심'

『대비바사론』에서는 유수면심有隨眠心, 즉 수면(anuśaya, 번뇌)을 갖는 마음에 대해 논의하면서 일심상속론자一心相續論者의 '일심'을 인용 비판한다.

예컨대 일심상속론자는 단지 일심一心만이 존재한다고 주장하였다. 그들은 이같이 말하였다. "수면을 갖는 마음(有隨眠心)이나 수면

---

153 이에 대해서는 권오민, 「상좌 슈리라타의 '일심'」, 『인도철학』 제40집, 2014.; 「상좌 슈리라타의 '일심'과 알라야식」, 『한국불교학』 제70집, 2014 참조.

을 갖지 않은 마음(無隨眠心)은 그 자성이 다르지 않다. 성도聖道가 현전하면 번뇌와는 상위할지라도 마음과는 상위하지 않는다. [성도는] 번뇌를 대치하기 위한 것이지 마음을 대치하기 위한 것이 아니다. 예컨대 옷을 세탁하고 거울을 닦고 금을 제련하는 등의 도구(예컨대 비누)는 때 등과는 상위하지만 옷 등과는 상위하지 않듯이 성도 역시 그러하다. 또한 이러한 몸 중에 만약 성도가 아직 현전하지 않았으면 번뇌가 끊어지지 않았기 때문에 마음은 수면을 갖지만, 성도가 현전하면 번뇌가 끊어지기 때문에 마음은 수면을 갖지 않는다. 이러한 마음은, 비록 수면을 갖고 갖지 않을 때는 다를지라도 자성은 동일하다. 예컨대 옷이 아직 세탁되지 않았고 거울이 닦여지지 않았으며 금이 제련되지 않았을 때를 유구의有垢衣, 즉 '더러운 옷' 등이라 말하고, 만약 이미 세탁되고 닦여지고 제련되었을 때를 무구의無垢衣, 즉 '깨끗한 옷' 등이라 말하는 것과 같다. 즉 때(垢) 등이 있고 없는 때(時)는 비록 다를지라도 자성에는 차별이 없으니, 마음 역시 이와 같은 것이다."[154]

이는 이른바 심성본정설心性本淨說로 일컬어지는 학설로 『대비바사론』과 『순정리론』 혹은 『성유식론』에서는 분별론자分別論者(Vibhajyavādin)의 주장으로 전해지지만, 전통적으로 『이부종륜론』 등에 따라 대중부 설로 알려진다.

---

154 『대비바사론』권22(『대정장』 27, p.110a10~20), "謂或有執: 但有一心. 如說一心相續論者. 彼作是說: 有隨眠心·無隨眠心, 其性不異. 聖道現前, 與煩惱相違, 不違心性. 爲對治煩惱, 非對治心. 如浣衣·磨鏡·鍊金等物, 與垢等相違, 不違衣等. 聖道亦爾. 又此身中, 若聖道未現在前, 煩惱未斷故 心有隨眠. 聖道現前, 煩惱斷故 心無隨眠. 此心雖有隨眠·無隨眠時異, 而性是一. 如衣·鏡·金等未浣·磨·鍊等時, 名有垢衣等, 若浣·磨·鍊已, 名無垢衣等. 有無垢等時雖有異, 而性無別. 心亦如是."

마음의 본래 자성(svabhāva)은 청정하지만 객진客塵인 번뇌에 의해 더럽혀졌기 때문에 [현실적] 특성(相, lakṣaṇa)이 청정하지 않게 된 것이다. … [따라서] 염오심과 불염오심은 그 자체 차이가 없다. 만약 [마음과] 상응한 번뇌가 아직 끊어지지 않았으면 '염오심'이라 말하지만, 만약 그때 [마음과] 상응한 번뇌가 끊어졌으면 '불염오심'이라 말한다. 예컨대 놋그릇에 때를 제거하지 않았을 때 '때 있는 그릇'이라 말하고 때를 이미 제거하였다면 '때 없는 그릇'이라 말하는 것처럼, 마음 역시 그러하다.[155]

일심상속론자의 '일심'은 본래 청정한 자성의 마음으로, 경량부(상좌)의 종자 훈습처로서의 무부무기성의 '일심'과는 그 유류類가 다르다. 그것은 객진인 번뇌의 토대가 되는 마음이다. 즉 색色 등에 대한 지각 이후 [잘못] 파악된 그것의 상相으로부터 생겨난 번뇌가 마음을 더럽힌 것이기 때문에, '본래 청정한 마음'이란 다만 색 등을 지각하는 마음으로[156] 염오심과는 별도의 실체가 아니다. 그렇더라도 경량부와 마찬가지로 그들 역시 본래 청정한 자성으로서의 일심은 찰나찰나 생멸하는 마음(念念滅心)이 아니라 상속하는 마음(相續心)이라 말한다. 즉 그들 심성본정

---

155 『대비바사론』권27(『대정장』 27, p.140b24~26), "謂或有執: 心性本淨, 如分別論者. 彼說: 心本性淸淨. 客塵煩惱, 所染汚故, 相不淸淨." … (동, p.140c17~22), "有作是說: 貪瞋癡相應心得解脫. 問: 誰作是說? 答: 分別論者. 彼說: 染汚·不染汚心, 其體無異. 謂若相應煩惱未斷, 名染汚心. 若時相應煩惱已斷, 名不染心. 如銅器等, 未除垢時, 名有垢器等. 若除垢已, 名無垢器等. 心亦如是.";『순정리론』권72(『대정장』 29, p.733a9~13);『성실론』제30「심성품」(『대정장』 32, p.258b3).;『이부종륜론』(『대정장』 49, p.15c27f).;『사리불아비담론』권27(『대정장』 28, p.697b18~22).;『성유식론』권2(『대정장』 31, p.258b3)에서도 心性本淨說을 인용 비판한다.

156 『성실론』권3(『대정장』 32, p.258b10~11), "心名但覺色等. 然後取相, 從相生諸煩惱. 與心作垢. 故說本淨."

론자는 "우리는 찰나찰나에 소멸하는 마음(念念滅心)에 근거하여 이를 설한 것이 아니라 상속하는 마음(相續心)에 근거하여 '더러움에 물든다'고 설한 것"이라 해명하였다.[157]

(3) 심주론자心住論者의 일심

바야흐로 상속相續이 아닌 상주常住의 일심도 등장한다. 『논사(Kathā-vatthu)』 제7 「심주론心住論(cittaṭṭhikathā)」에서는 안식眼識 내지 신식身識의 현행심은 지속하지 않지만 일심(ekam cittam)은 1일, 2일 내지 84천 겁을 지속한다는 견해가 진술되고 있다. 일부만 옮겨 보면 다음과 같다.

일심은 1일간 지속하는가?

그러하다.

반일半日이 생生찰나이고 반일이 멸滅찰나인가?

진실로 그렇게 말해서는 안 된다.

일심은 2일, 4일, 1개월 내지 10개월, 1년(夏) 내지 16천 년, 1겁 내지 84천 겁 지속하는가?

그러하다.

24천 겁이 생찰나이고 24천 겁이 멸찰나인가?

진실로 그렇게 말해서는 안 된다.

일심은 1일간 지속하는가?

그러하다.

안식眼識 내지 신식身識, 악심惡心 내지 무참無慚과 함께 일어나는 마음은 1일간 지속하는가?

---

157 『성실론』 권3(『대정장』 32, p.258b13f), "我不爲念念滅心故如是說, 以相續心故說 垢染."

진실로 그렇게 말해서는 안 된다.[158]

붓다고사(Buddhaghoṣa)에 의하면 이들은 안달파安達派(Andhaka: 東山部・西山部・五山部・義成部 등의 총칭)로, 이들 역시 일심상속론자나 상좌 슈리라타와 마찬가지로 마음을 이중구조 — '지속하는 마음'과 '찰나 생멸하는 마음' — 로 이해하였다고 말할 수 있다.

(4) 일심자一心者의 일심

한편 『존바수밀보살소집론尊婆須蜜菩薩所集論』 「심건도心犍度」에서는 '어떤 부파의 승가명칭(一部僧名)'이라고 협주夾註한 '일심자一心者'의 주장이 인용되기도 한다.

> 일심자一心者('어떤 부파의 승가 명칭')는 이같이 말하였다. "만약 마음의 의意가 공空하여 점차 진실(實)이 존재하게 되면 허공[처럼 텅 빈(객진번뇌가 사라진] 일심 그것도 바로 선택選擇하는 경우가 있다."
> 문: 일심은 어떤 경우에도 선택을 갖지 않는다. [마음의 의意가 허공처럼 될지라도] 이러한 사실은 다름이 없다. [일심이] 증익增益되는 경우가 있을지라도 (더욱더 공하게 될지라도) 선택에는 증익됨이 없기 때문이다.
> 혹 [다른] 어떤 이는 이같이 설하였다. "일심이 선택하는 것은 아니지만, 수승한 의意가 존재할 경우 선택도 존재한다."[159]

---

158 佐藤密雄, 『論事 附 覺音註』(東京: 山喜房佛書林, 1991), pp.232~236.

159 『尊婆須蜜菩薩所集論』 권3(『대정장』 28, p.740a1~6), "一心者(一部僧名), 作是說曰. 若心意空, 轉轉有實, 虛空一心, 彼便有選擇. 問: 一心無選擇. 此事不異. 便有增益. 以選擇無增益. 或作是說: 非一心選擇. 有勝意, 有選擇."

여기서 '선택選擇'은 간택簡擇(pravicaya)의 구역으로, 유부에 의하면 이는 혜慧(mati, prajñā)의 자성이다. 내용의 이해가 쉽지 않지만, 여기서 일심자의 논의는 일심의 판단 분별 내지 지각성에 관한 것으로 생각된다. 앞서 상좌의 일심은 행상과 소연을 갖지 않는, 다시 말해 지각활동을 하지 않는 잠재의식이며, 일심상속론자(심성본정설자)의 경우 역시 인식과는 무관한 다만 마음의 청정한 본성이었다. 그렇지만 여기서 일심자는 현행식의 종자/소의인 의意(manas)[160]가 소멸하여 일심만이 존재할 때라도 선택, 즉 판단 분별의 작용을 갖는다는 것이다.

2) 원효의 일심

상좌上座 슈리라타는 일종의 현행식의 잠재의식적 측면이라 할 수 있는 동일 종류의 마음으로서 일심을 주장하였지만, 이는 소연과 행상을 갖지 않고서 그 자체 전변 상속하는 이숙식, 염정染淨의 일체 종자의 훈습처로서 무부무기성無覆無記性이었다. 이에 대해 일심상속론자는 마음은 객진客塵에 의해 더럽혀진 것일 뿐 마음(一心) 자체는 본래 청정하다는 자성청정심을 주장하였고, 『논사』의 심주론자는 상주불변의 일심을 주장하였으며, 『존바수밀보살소집론』의 일심자는 이것의 지각성도 인정하였다.

원효 역시 정도는 다를지라도 "마음은 일체 세간법과 출세간법을 포섭한다."는 『기신론』의 논설에 대해 "마음은 [염정染淨의] 제법을 모두

---

160 上座의 제자 邏摩(Rāma)는 멸진정 중에서도 意處는 괴멸하지 않으며 이에 따라 意識이 생겨나는 경우가 있다고 하였고(『대정장』 29, p.485c24~27), 『유가론』 「섭사분」(『대정장』 30, p.814b11~13)에서는 意處를 의식의 種子 所依로 이해하였다. 이로 볼 때 一心者가 말한 心(citta: 所熏處)의 意(manas)는 현행식의 소의나 종자일 것이다. 아니면 단순히 '思量分別'의 의미일지 모른다.

포섭하는 것으로, 제법 자체가 바로 일심"이라 해설하였고,[161] 『능가경』에 따라 일심을 여래장으로, 생멸심의 여래장을 자성청정심으로 이해하였다.[162] 나아가 이러한 일심은 "허공과 같은 [공허한] 존재가 아니라 그 자체 신령스러운 지성(神解, *ṛddhi-vidya)을 갖는 제법 중의 실체"라고도 하였다.[163]

그는 『범망경보살계본사기』에서 마음에 대해 이같이 해설하고 있다.

[『범망경』에서의] '일체유심一切有心'은 불성佛性의 직접적 근거(正因)에 대해 논의한 것이니, 『열반경』에서 "일체중생은 다 마음을 갖는 자이기에 응당 아뇩다라삼먁삼보리를 얻을 수 있다."고 말한 것과 같다. 무릇 존재하는 마음에는 두 종류가 있다. 첫째는 진여심眞如心이니, 이 마음은 본래부터 항하사恒河沙처럼 무량인 진여심 자체(性)의 공덕을 갖추고 있으므로 '불공여래장不空如來藏'이라 이름한다. 둘째는 심생멸심心生滅心이니, 이 마음은 번뇌로 인해 더러움에 가려졌기 때문에, 드러나지 않기 때문에, 감추어져 있다는 뜻에 근거하기 때문에 공空이라고 말한다. 그렇지만 더러움을 떠날 때 그것의 후덕厚德함이 유출되기 때문에 역시 '여래장'이라 이름한다. 비유하자면 마치 물이 비록 파랑을 성취할지라도 끝내 물의 자성을 상실하지 않는 것과 같다. 그래서 '여래장'이라 이름한 것이다. 이는 곧 [번뇌에] 감추어진 여래장이 드러나면 법신이 된다는 것이다. 중생은 모두 이 같은 두 종류의 마음을 가지고 있기 때문에 '일체유심'이

---

161 "良由是心通攝諸法. 諸法自體唯是一心."(『한불전』 1, p.740a11~12)
162 "故言一心者, 名如來藏."(『한불전』 1, p.741a14); "自性淸淨心, 名爲如來藏."(동, p.745c12)
163 "諸法中實, 不同虛空, 性自神解, 故名爲心."(『한불전』 1, p.741a22~23)

라 말한 것이다.[164]

　원효의 일심은 잡염과 청정의 소의라는 점에서 상좌 슈리라타의 일심이기도 하고, 자성이 청정하다는 점에서 일심상속론자의 일심이기도 하며, 그 자체 신령스러운 지성(神解)을 갖는다는 점에서 일심자의 일심이기도 하고, 상주의 법신이라는 점에서 심주론자의 일심이기도 하다. 제부파의 일심이든 원효의 일심이든 이에 관한 보다 면밀한 분석은 후일로 미룬다.

---

164 『범망경보살계본사기』(『한불전』 1, 590b13~24), "初言'一切有心'者, 論佛性正因. 謂如涅槃經云, '一切衆生凡有心者, 當得阿耨多羅三藐三菩提故'. 凡有心者, 有二種心. 謂一者, 眞如心. 此心從本以來, 具足恒河沙性功德. 故名不空如來藏. 二者, 心生滅心. 謂此心者, 由煩惱以染覆故, 性不現故, 約隱義故, 名空. 然離染時, 流出厚義, 故亦名如來藏. 譬如水雖成波浪, 而終不失水性義. 故名如來藏. 此卽隱覆如來藏現爲法身. 衆生皆有如是二種心. 故名'一切有心'者."

약호와 참고문헌

약호

AKBh.: *Abhidharmakośabhāṣya*. Edited by P Pradhan, 1976.

AKVy.: *Abhidharmakośavyākhyā*. Edited by U. Wogihara, 1989. reprint.

Bodhisattvabhūmi, ed., U. Wogihara, Tokyo, 1971. reprint.

『대정장』: 大正新修大藏經.

『한불전』: 韓國佛敎全書(동국대학교출판부).

참고문헌

『장아함경』 제2분 제13「淸淨經」(『대정장』 1).

『중아함경』 제196「周那經」(『대정장』 2).

『四分律』,『五分律』,『摩訶僧祇律』(『대정장』 22).

『十誦律』(『대정장』 23);『善見律毘婆沙』(『대정장』 23).

『大智度論』(『대정장』 25).

『大毘婆沙論』(『대정장』 27).

『阿毘曇毘婆沙論』,『入阿毘達磨論』,『아비담심론경』,『잡아비담심론』,『尊婆
　　　須蜜菩薩所集論』(이상『대정장』 28).

『俱舍論』,『俱舍釋論』,『順正理論』(이상『대정장』 29).

『中論』,『瑜伽師地論』(『대정장』 30).

『攝大乘論』,『攝大乘論(세친)釋』,『顯揚聖敎論』,『大乘莊嚴經論』,『成唯識論』

(이상 『대정장』 31).

『大乘起信論』, 『成實論』(이상 『대정장』 32).

『成唯識論述記』(『대정장』 43).

『因明入正理論疏』(『대정장』 44).

『異部宗輪論』(『대정장』 49).

『대당대자은사삼장법사전』(『대정장』 50); 『대당서역기』(『대정장』 51).

元曉 撰, 『大慧度經宗要』, 『法華宗要』, 『本業經疏』, 『涅槃宗要』, 『無量壽經宗要』, 『梵網經菩薩戒本私記』, 『本業經疏』, 『金剛三昧經論』, 『大乘起信論疏記會本』, 『大乘起信論別記』, 『二障義』, 『十門和諍論』, 『判比量論』(이상 『한불전』 1).

圓測 撰, 『佛說般若波羅密多心經贊』(『한불전』 1).

太賢 撰, 『成唯識論學記』(『한불전』 3).

의천, 『대각국사문집』; 균여, 『釋華嚴敎分記圓通抄』(『한불전』 4).

각묵 스님 옮김, 『디가니까야 3』, 초기불전연구원, 2006.

江島惠敎, 「Bhāvaviveka의 聖典觀」, 『印度學佛敎學硏究』 17-2, 1969.

_____, 「Bhāvaviveka의 小乘聖典批判」, 『印度學佛敎學硏究』 18-2, 1970.

고영섭, 『한국불학사』, 연기사, 1999.

_____, 「분황 원효 저술의 서지학적 검토」, 『한국불교사연구』 제2호, 한국불교사연구소, 2012.

高崎直道, 「如來藏思想을めぐる論爭」, 『佛敎思想史3-佛敎內部おける對論』, 平樂寺書店, 1980.

권오민, 「5종성론에 대하여」, 『천태학연구』 제7집, 천태불교문화연구원, 2005.; 『불교학과 불교』, 민족사, 2009.

_____, 「연기법이 불타 자내증이라는 경증 검토」, 『보조사상』 제27집, 보조사

상연구원, 2007.;『불교학과 불교』, 민족사, 2009.

권오민, 「불교학과 불교」,『불교학과 불교』, 민족사, 2009.

_____, 「선전과 구호의 불교학을 비판한다」,『문학/사학/철학』제19호, 한국불
        교사연구소, 2009.

_____, 「불설과 비불설」,『문학/사학/철학』제17호, 2009.

_____, 「다양성과 유연성의 불교」,『上月圓覺大祖師 탄신 100주년 기념 논문
        집』, 원각불교사상연구소, 2011.

_____, 「우리의 元曉 讀法은 정당한가: 「교체설·체용설과 원효의 언어관」을
        읽고」, 한국불교사학회 한국불교사연구소 제3차 집중세미나 분황 원
        효 연구의 몇 가지 과제들 I 자료집, 한국불교사연구소, 2012.

_____, 「법성法性: 성전의 기준과 불설 정의」,『문학/사학/철학』제31/32호,
        한국불교사연구소, 2012.

_____, 「상좌 슈리라타와 경량부」, 씨아이알, 2012.

_____, 「衆賢의 '阿毘達磨=佛說'論」,『불교원전연구』제15호, 동국대 불교문화
        연구원, 2012.

_____, 「부파분열과 破僧」,『불교연구』38, 한국불교연구원, 2013.

_____, 「了義經에 관한 衆賢과 上座 슈리라타와 世親의 對論」,『불교원전연
        구』제16호, 동국대 불교문화연구원, 2013.

_____, 「부파불교 散考」,『문학/사학/철학』제36호, 한국불교사연구소, 2014.

_____, 「상좌 슈리라타의 '一心'」,『인도철학』제40집, 인도철학회, 2014.

_____, 「상좌 슈리라타의 '一心'과 알라야식」,『한국불교학』제70집, 한국불교
        학회, 2014.

_____, 「상좌 슈리라타와 무착과 중현, 그리고 세친」,『불교학리뷰』, 금강대 불
        교문화연구소, 2014.

김경래, 「스리랑카 테라와다의 정통성 확립과정에 대한 비판적 연구」, 동국대

대학원 박사학위 청구논문, 2012.

김상현, 『원효연구』, 민족사, 2000.

김성철, 「원효저 판비량론의 대승불설 논증」, 『불교학연구』 제6호, 불교학연구
　　　회, 2003.

＿＿＿, 『원효의 판비량론 기초연구』, 지식산업사, 2003.

＿＿＿, 「원효의 논리사상」, 『보조사상』 제26집, 2006.

김영일, 「원효의 화쟁논법 연구」, 동국대 대학원 박사학위 청구논문, 2008.

武邑尙邦, 『佛敎論理學の硏究: 知識の確實性の論究』(京都: 百華苑), 1968.

박재현, 「원효의 화쟁사상에 대한 再考: 화쟁의 疏通적 맥락」, 『불교평론』 제8
　　　호, 2001.

박종홍, 『박종홍전집 Ⅳ 한국사상사 1』, 민음사, 1998.

박태원, 「원효의 언어이해」, 『신라문화』 제3·4합집, 동국대 신라문화연구소,
　　　1987.

＿＿＿, 「원효 화쟁사상의 보편원리」, 『철학논총』 제38집, 새한철학회, 2004.

＿＿＿, 『원효의 십문화쟁론』, 세창출판사, 2013.

＿＿＿, 「화쟁사상을 둘러싼 쟁점검토」, 한국불교사학회 한국불교사연구소 제
　　　3차 집중세미나 분황 원효 연구의 몇 가지 과제들 Ⅰ 자료집, 2012.;
　　　『한국불교사연구』 제2호, 한국불교사연구소, 2012.

福土慈稔, 「元曉の思想を和諍思想と捉えることに對して」, 『佛敎學』 46, 佛敎
　　　思想學會, 2004.

사사키 시즈카, 이자랑 옮김, 『인도불교의 변천』, 동국대출판부, 2007.

三枝充悳, 심봉섭 옮김, 『불교학세미나② 인식론·논리학』, 불교시대사, 1995.

本庄良文, 「阿毘達磨佛說論と大乘佛說論」, 『印度學佛敎學硏究』 38-1,
　　　1989.

스에키 후미히코(末木文美土), 이태승·권서용 역, 『근대일본과 불교』, 그린비,

2009.

石井公成,「元曉の和諍思想の源流」,『印度學佛教學研究』51-1, 2002.

심재룡,「한국불교 연구의 한 반성: 한국불교는 회통적인가?」,『동양의 지혜와
    선』, 세계사, 1990.

은정희 역주,『이장의』, 소명출판, 2004.

이기영,「元曉의 實相般若觀」,『정신문화』제6호, 한국정신문화연구원, 1980.

이종익,「원효의 십문화쟁론 연구」,『원효연구논총』, 국토통일원 조사연구실,
    1988.

_____,「元曉大師의 十門和諍論」,『원효대사의 화쟁사상 1』, 중앙승가대학 불
    교사학연구소, 2000.

이도흠,「교체설·체용설과 원효의 언어관」,『한국불교사연구』제2호, 한국불교
    사연구소, 2012.

이재숙 옮김,『우파니샤드 I』, 한길사, 1996,

임승택 등 공역,『경전이해의 길, 네띠빠까라나』, 학고방, 2014.

임준성,「원효의 언어관, 文語非義와 義語非文」,『선문화』2004 11월호.

長尾雅人,『攝大乘論: 和譯と注解』, 講談社, 2001.

荻原雲來 편, 전태수 역,『漢譯對照 梵韓大辭典』, 대한교육문화신문출판부,
    2007.

조명기,『新羅佛教의 理念과 歷史』, 신태양사, 1962.

佐藤密雄,『原始佛教教團の研究』(東京: 山喜房佛書林), 1972.

_____,『論事 附 覺音註』(東京: 山喜房佛書林), 1991.

中村元,『佛教語辭典』, 東京書籍, 1981.

최병헌,「고려 불교계에서의 원효 이해: 의천과 일연을 중심으로」,『원효연구논
    총』, 국토통일원조사연구실, 1987.

최연식,「원효의 화쟁사상의 논의방식과 사상사적 의미」,『보조사상』제25집,

2006.

최유진, 「원효에 있어서 화쟁과 언어의 문제」, 『경남대 철학논집』 제3집, 1987.

平川彰, 釋慧能 옮김, 『비구계의 연구Ⅰ』, 민족사, 2002.

河千旦, 「海東宗僧統官誥」, 『동문선』 권27, 민족문화추진회, 1977.

한정섭, 『縮譯 元曉全書』, 불교정신문화원, 2012.

Monier Williams Sanskrit Dictionary, http://www.sanskrit-lexicon.uni-koeln.de/scans/MWScan/

6

분황 원효의 일심사상
– 기신학의 일심과 삼매론의 일미와 관련하여 / 고영섭

<선정 이유>

1. 서언: 문제와 구상

2. 심층마음과 표층의식의 지형

　1) 심의식의 구조

　2) 아뢰야식과 여래장

3. 『대승기신론』 일심의 수용과 이해

　1) 적멸로서 일심–심진여(果)

　2) 여래장으로서 일심–심생멸(因)

　3) 본법으로서 일심–비인비과非因非果

4. 『금강삼매경』 일심의 수용과 이해

　1) 우주적 마음으로서 일심: 적멸과 일심지원

　2) 세상의 바다로서 삼공: 여래장과 삼공지해

　3) 지관 쌍운으로서 정관

5. 기신학 일심과 삼매론 일미의 통섭

　1) 적멸과 일심지원의 행법行法

　2) 여래장과 삼공지해의 관법觀法

6. 결어: 정리와 맺음

● 고영섭, 「분황 원효의 일심사상 – 기신학의 일심과 삼매론의 일미와
　　　관련하여」,『선문화연구』제23집, 한국선리연구원, 2017.12,
　　　pp.107~152.

선정 이유

이 논문은 원효의 핵심 사유는 일심사상이며 이 일심은 '해맑고 깨끗한 측면(청정분, 진여문)'과 '때묻고 물들은 측면(염오분, 생멸문)'이 '서로 떨어질 수 없는' '적멸로서 일심'과 '서로 뒤섞일 수 없는' '여래장으로서 일심'이라고 밝히고 있는 것에 주목하여 선정하였다. 저자는 적멸로서 일심과 여래장으로서 일심 이 두 측면은 하나가 아니라(不一)는 점에서 서로 뒤섞일 수 없고(不相雜), 다르지 않다(不異)는 점에서 서로 떨어질 수 없다(不相離)는 불이의 관계에 있음을 강조하고 있다.

저자는 『대승기신론』에서 말한 일심의 두 가지 측면들, 즉 아뢰야식과 여래장으로서 측면, 여래장과 적멸로서 측면, 진여문과 생멸문의 측면, 본법으로서의 측면으로 심화 확장되어 간다고 밝히고 있다. 원효가 일심을 적멸로서 일심과 여래장으로서 일심으로 구분한 것은 『기신론』의 본의를 충실하게 이해하기 위해서 『능가경』의 교설을 원용하여 해석하였기 때문이라고 보았다.

저자는 원효가 적멸로서 일심을 생의生義가 없는 심진여문에 배대하고, 여래장으로서 일심을 생의가 있는 심생멸문에 배대한 것은 아직 수행의 길에 있는 수행자가 완성된 부처의 길과 미완성된 범부의 길의 긴장 속에서 갈등하며 정진해야 할 명분을 남겨 두기 위함으로 읽을 수 있다고 보았다. 여래장으로서 일심을 지닌 존재는 선과 불선의 원인으로서 일체의 육취六趣 사생四生을 두루 잘 일으키는 존재이다. 이 때문에 적멸로서 일심을 지닌 인간만이 아니라 여래장으로서 일심을 지닌 미완성된 인간의 동거가 요청되는 것이라고 보았다.

저자는 여기서 한 걸음 더 나아가 원효는 진여문(果)과 생멸문(因) 이외에 비인비과非因非果를 본법本法으로서 일심으로 시설하여 '일심-진여문-생멸문'의 삼제설을 주장한 반면, 법장은 진여문과 생멸문 이외에 별도의 일심을 시설하지 않고 비인비과를 곧 진여문으로 건립하여 '일심(=진여문)-생멸문'의 이제설을 주장하였다고 보았다. 그리하여 『능가경』을 원용하여 적멸로서 일심과 여래장으로서 일심을 구분한 기신학의 본의에 충실하면서도 '일심-진여문-생멸문'의 삼제설을 제시한 원효와 화엄학으로의 지향을 의식해 기신학의 본의를 '일심(=진여문)-생멸문'의 이제설의 관점 아래 자의적으로 해석한 법장이 다르다고 지적하는 지점에서 이 논문의 의미와 학문적 가치를 찾을 수 있다.

〈요약문〉

분황 원효芬皇元曉(617~686)의 핵심 사유는 일심사상一心思想으로 대표된
다. 그의 사유는 『대승기신론소』의 '이문일심二門一心' 혹은 '무량무변無量無
邊', 『금강삼매경론』의 '일미관행一味觀行' 혹은 '십중법문十重法門' 또는 '무이
중도無二中道', 『화엄경소』의 '일체무애一切無礙', 『열반종요』의 '이문일미二門
一味' 혹은 '부주열반不住涅槃', 『십문화쟁론』의 '화쟁회통和諍會通' 사상(논법)
등으로 다양하게 표현되어 있다. 이러한 다양한 표현을 하나로 꿰는 상위의
기호는 일심사상이라 해야 할 것이다. 그가 평생 모색했던 '귀일심원歸一心
源 요익중생饒益衆生'은 '상홍불법上弘佛法 하화중생下化衆生'의 기호로도 표
현되며 이것은 불교의 상구보리上求菩提 하화중생의 다른 표현이기도 하다.
우리의 마음은 심층마음과 표층의식으로 구성되어 있다. 심층의 마음이 아
뢰야식과 여래장으로 설명된다면, 표층의 의식은 전오식과 제육식 및 제칠
식의 구조로 해명된다. 원효는 심층마음과 표층의식으로 이루어진 일심을
적멸로서 일심(심진여문)과 여래장으로서 일심(심생멸문)으로 해명하고 있다.
『능가경』(10권)의 교설처럼 적멸로서 일심은 진여의 교문이고, 여래장으로
서 일심은 생멸의 교문이다. 이 두 측면의 일심은 하나(一)가 아니지만 그렇
다고 두나(二)도 아니다. 중생의 마음은 마음의 생멸문을 들어서 언급한 것
이고, 생멸문에 의거해서 진여문을 나타내고 있다. 진여문에서 보면 본성은
본래 공적하지만 이 두 개의 교문은 그 본체에서 둘이 아니므로 모든 것이
다 일심법이라고 할 수 있다.

원효의 일심사상은 그의 대표작이자 만년작인 『대승기신론소』와 『금강삼매
경론』에 집약되어 있다. 이 때문에 그의 일심의 구조는 기신학과 삼매론에
나타난 일심의 지형도를 읽어 내어야만 온전히 파악할 수 있다. 원효는 기
신학에서 적멸로서 일심과 여래장으로서 일심을 이위異位로 구분하고, 삼

매론에서 일심의 근원과 삼공의 바다를 통해 존재론적인 측면과 인식론적인 측면을 가려본 뒤 이것을 다시 통섭해 나가고 있다. 그런 뒤에 '본법으로서 일심'을 시설하여 여래장 개념과 구분되는 상위 개념으로서 일심 개념을 분명히 드러내고 있다.

그리하여 원효는 적멸로서 일심과 우주적 마음으로서 일심을 통섭한 행법行法과 여래장으로서 일심과 세상의 바다로서 일심을 통섭한 관법觀法으로 통로를 제시하고 있다. 이처럼 적멸과 일심지원을 통섭한 행법과 여래장과 삼공지해를 통섭通攝한 관법은 그의 일심사상과 일미사상의 구조를 보여 주고 있다. 이것은 원효의 일심사상이 기신학의 일심과 삼매론의 일미의 통섭 위에서 이루어졌음을 시사해 주고 있다. 따라서 우리는 이러한 지형을 통해 원효의 핵심 사유는 일심사상이라고 할 수 있다.

1. 서언: 문제와 구상

우리가 지니고 있는 '일심一心' 즉 '한마음'은 모든 것의 근거가 된다. 모든 것의 근거란 일체 이해의 기반이자 온갖 인식의 근거를 가리킨다. 우리의 마음의 활동인 감각에는 시각·청각·후각·미각·촉각의 다섯 가지 감각感覺이 있으며, 이 감각은 감각활동을 일으키는 인식 기관과 여기에 상응하는 인식 대상으로 이루어진다. 불교에서는 인식을 가능하게 하는 근거라는 뜻에서 '근根'이라 하고, 이 근에 의거하여 드러나는 경계라는 뜻에서 '경境'이라고 한다. 그리고 이 '근'은 '경'을 인연(緣)하여 '식識'을 일으킨다. 이 식에는 제6식 이전의 식인 전5식(眼耳鼻舌身의 감각의식), 제6식(了別境識, 표층의식), 제7식(末那識, 자아의식), 제8식(阿賴耶識, 심층마음)이 있다. 이때의 심층마음이 아뢰야식이자 여래장이며, 일심이자 대승이며, 진여이자 불성이다.[1]

인간이 세계와 대응할 때 일심은 세계를 인식하는 주체가 되며 세계는 일심에 의해 반영된 세계가 된다. 이때의 반영은 세계의 실상을 본질의 입장에서 영상으로 되돌리는 작용이다. 이 때문에 일심은 인식의 주체이자 세계의 실상을 되돌리는 본질의 모습이기도 하다. 그런데 이 일심에는 '해맑고 깨끗한 측면(淸淨分, 眞如門)'과 '때묻고 물들은 측면(染汚分, 生滅門)'의 두 가지 양상이 있다. 이 두 측면은 하나(一)가 아니지만

---

1 高榮燮, 「분황 원효의 여래장 인식과 불성 이해」, 『분황 원효와 세계 불교학』, 동국대학교 세계불교학연구소, 2016.9.

그렇다고 해서 두나(二)²도 아니다. 하나가 아니라는 점(不一)은 서로 뒤섞일 수 없는 측면이고, 서로 다르지 않다는 점(不異)은 서로 떨어질 수 없는 측면이다. 이러한 구조가 일심이 지니고 있는 두 측면이자 두 양상이다. 뒤섞일 수 없다는 것은 적멸로서 일심의 측면이고, 떨어질 수 없다는 것은 여래장으로서 일심의 측면이다.

분황 원효芬皇元曉(617~686)는 이러한 측면을 간파하고 자신의 핵심 사유를 일심사상一心思想으로 구축하였다. 원효의 사유는『대승기신론소』의 '이문일심지법二門一心之法' 혹은 '무량무변지의無量無邊之義',『금강삼매경론』의 '일미관행一味觀行' 혹은 '십중법문十重法門' 또는 '무이중도無二中道',³『화엄경소』의 '일체무애一切無礙',『열반종요』의 '이문일미二門一味' 혹은 '부주열반不住涅槃',『십문화쟁론』의 '화쟁회통和諍會通' 사상(논법) 등으로 다양하게 표현되어 있다. 이러한 다양한 표현을 하나로 꿰는 상위의 기호는 일심사상이라 해야 할 것이다. 그가 평생 모색했던 '귀일심원歸一心源 요익중생饒益衆生'⁴은 '상홍불법上弘佛法 하화중생下化衆生'⁵의 기호로도 표현되며 이것은 불교의 상구보리上求菩提 하화중생下化衆生의 다른 표현이기도 하다.

이 글에서는 원효의 일심사상이 집중되어 있는『대승기신론소』와『금강삼매경론』을 기반으로 기신학의 적멸과 일심, 일심과 여래장, 삼매론의 우주적 마음으로서 일심과 세상의 바다로서 일미의 통섭通攝이라는 관점 속에서 살펴보고자 한다.

---

2 우리말 '하나'에 상응하는 '두나(二)', '세나(三)', '네나(四)'는 옛 신라 지역이었던 영남지방에서 지금도 쓰고 있는 말이다. 두 음절 '하나'에 대응하는 '두 음절' 수를 맞추기 위해 '두나'를 원용하였다.
3 元曉,『金剛三昧經論』(『한불전』제1책, p.611중).
4 元曉,『大乘起信論疏』(『한불전』제1책, p.700상).
5 元曉,『大乘起信論疏』(『한불전』제1책, p.698중),

2. 심층마음과 표층의식의 지형

1) 심의식의 구조

우리의 인식 구조는 겉으로 드러나지 않는 심층마음과 겉으로 드러나는 표층의식으로 되어 있다. 불교에서는 이것을 심의식 즉 제8식, 제7식, 전6식으로 표현한다. 제8식은 아뢰야식, 제7식은 말나식, 전6식은 제6식인 요별경식과 그 이전의 식인 전5식의 감각의식으로 구성된다. 여기서 심층마음인 제8식 즉 아뢰야식이 좁은 의미의 의식이라면, 여래장은 넓은 의미의 의식이라고 할 수 있다.

인식의 주체이자 모든 것의 근거인 심왕법(心王)은 심心(citta)과 의意(manas)와 식識(vijñāña, vijñapti)이라는 세 이름으로 불린다.[6] 이들은 모두 육식六識을 일컫고 있지만 '심'과 '의'와 '식' 세 개념은 맥락에 따라 달리 사용되어 왔다. 근본불교 시대에는 육식에 상응하는 심·의·식의 세 개념을 이름이 다름에도 불구하고 특별히 구별하지 않고 하나의 인식 주체로 이해했다.

『아함경』에서는 단지 심과 의와 식은 이름은 다르지만 그 몸체(體)는 하나라는 정도로 표현했다. 즉 심을 표현할 때 어떤 때는 '심心'이라 했고, 어떤 때는 '의意' 또는 '식識'이라고 했다.[7] 어떤 곳에서는 심과 의와 식을 하나의 정신으로 표현하는 경우도 있다. 또 어떤 곳에서는 심과 의와 식의 셋을 구별하여 서로 달리 사용하는 경우도 있다.

이처럼 초기불교 시대에는 이들 세 개념을 자세히 구별하지 않고 사

---

6 『雜阿含經』 2(『대정장』 제2책, p.8상), "此心此意此識, 當思惟此, 莫思惟此."
7 『雜阿含經』 2(『대정장』 제2책, p.8상), "此心此意此識.";『雜阿含經』 권12(『대정장』 제2책, 82상), "若心若意若識…. 彼心意識, 亦復如是."

용했다. 하지만 아비달마불교 시대에 이르러서는 이들 셋에 대하여 '이름은 다르지만 몸체는 같다'는 주장과 '이름도 다르고 몸체도 다르다'는 주장이 생겨났다. 나아가 대승 유식의 호법護法 계통에서는 심-의-식을 구별하여 팔식별체설八識別體說을 주장하기에까지 이르렀다.[8] 특히 '심' 즉 '찌따(citta)'는 어원적으로 갖가지의 대상을 인식認識하는 것이자, 집기集起하는 것이란 뜻을 지니고 있다.

'인식하는 것'은 육식六識을 가리킨 것이고, '집기하는 것'은 아뢰야식阿賴耶識을 의미한다. 즉 후자의 경우에는 과거의 경험을 모아 저장하고 있기 때문에, 그리고 이것이 미래의 제법諸法을 일으키는 것이기 때문에 집기심集起心이라고 일컫기도 한다.

마나스(manas)는 사려하는 작용으로 '사량심思量心'으로 불린다. 유식학통에서는 말나식末那識을 가리킨다. 그리고 비즈냐나(vijñāña)와 비즈냡띠(vijñapti)는 '요별了別'이라고 번역되며 인식하는 주체와 인식되어진 작용을 가리킨다. 이것은 요별심了別心, 연려심緣慮心, 여지심慮知心이라고 일컬어진다. 이들 심은 모두 육식六識에 상응한다.[9] 따라서 인식 주체를 심·의·식으로 나누어 보기 시작한 것은 대승아비달마인 유가유식학에서였다.

2) 아뢰야식과 여래장

심·의·식의 구조처럼 우리의 마음은 심층마음과 표층의식으로 구성되어 있다. 심층의 마음이 아뢰야식과 여래장으로 설명된다면, 표층의

---

8 高榮燮, 「마음에 대한 고찰」, 『문학 사학 철학』 제15호, 대발해동양학한국학연구원 한국불교사연구소, 2010, p.91.
9 高榮燮, 위의 글, pp.91~92.

의식은 전5식과 제6식 및 제7식의 구조로 해명된다. 이러한 구분은 유가행 유식학통의 아리야식 즉 아뢰야식 개념의 발명에 의해서 가능해졌다.

아리야식(아뢰야식) 개념은 초기 유가행 유식학통의 종교적 수행에서 발명해 낸 주요한 술어이다. 이 아뢰야식은 후기 유식학통의 조직화된 교설에서도 근간이 되고 있다. 여래장 개념 또한 『여래장경』에서 체계화된 여래장사상에 의해 그 교설의 중심이 되고 있다. 불교사상사에서 여래장 혹은 불성 개념은 중관의 이제설과 유식의 삼성설과 구분되는 독자적인 용어로 자리잡아 왔다.

아뢰야식과 여래장 개념은 염오의 측면과 청정의 측면에서 근본적으로 차이를 보이고 있다. 아뢰야식은 생사와 윤회의 기반으로서 번뇌에 물들은 것으로 간주되는 반면, 여래장은 중생 속의 여래로서 성불의 근거가 되며, 여래와 본질적으로 다르지 않은 지극히 청정한 것으로 간주되고 있다. 이들 두 개념 사이의 차이는 『섭대승론』과 『보성론』에서 잘 보여지고 있다.

> (a) 어떠한 까닭으로 이 식을 아뢰야식阿賴耶識으로 부르는가? 모든 생명체의 물들은 존재(一切有生 雜染品法)가 아뢰야식에 간직(攝藏)되어 결과적인 것(果性)이 되며, 또 이 아뢰야식이 그 염오된 존재에 간직되어 원인적인 것(因性)이 되기 때문에 아뢰야식이라 부른다. 또는 중생들이 이 아뢰야식을 간직하여 자아로 여기기 때문에 아뢰야식이라 부른다.[10]
> (b-1) 여래의 법신이 번뇌의 외피를 벗어나 있지 않은 것을 여래장如來藏이라 한다. … (b-2) 마음은 무한한 번뇌와 괴로움이 수반되고

---

10 無著 著, 玄奘 譯, 『攝大乘論本』(『대정장』 제31책, p.133중).

있음에도 불구하고 본성적으로 빛난다. 그러므로 변이한다고 이야기하지 않는다. 이 때문에 상서로운 금과 같이 [전후의] 다름없음의 의미를 지니므로 진여眞如라 부른다. [마찬가지로] 모든 중생에게, 사정취邪定聚로 상속하는 [중생에게도] 본성적으로 차별 없는 그것(眞如)이 [존재한다. 그리고 그것이] 일체 객진의 티끌로부터 정화되었을 때 여래라는 이름을 얻는다.[11]

　무착보살의 『섭대승론』에서 설명하는 아뢰야식은 초기 유식학통의 논서에서도 공통적으로 나타나는 정의라고 할 수 있다. 이 논서에서는 모든 생명체의 염오된 존재가 아뢰야식에 간직되어 결과적인 것이 되고, 또 이 식이 그 염오된 존재에 간직되어 원인적인 것이 되기 때문에 아뢰야식이라고 부른다. 그리고 중생들이 이 아뢰야식을 자아로 여기기 때문에 그렇게 부른다고 하였다. 이처럼 아뢰야식은 염오된 존재의 인식의 주체이자 윤회의 주체라고 할 수 있다.

　반면 견혜보살의 『구경일승보성론』에서 여래장은 여래의 법신이 번뇌에 둘러싸여 있는 것을 일컫는다. 여기에서 '외피'는 번뇌의 비본래성, 외래성을 의미한다. 이 때문에 여래장은 청정한 여래의 법신과 다른 것이 아니며, 현실의 오염된 상황 즉 번뇌의 현존은 여래장의 본질과는 근본적으로 무관한 것이다.[12]

　그런데 이 여래장은 변이하지 않기 때문에 상서로운 금과 같이 지속성을 의미하므로 진여라고 부른다. 그러므로 모든 중생에게, 심지어 사

---

11 堅慧 著, *RGV(Ratna Gotra Vibhāga)*, p.139; 玄奘 譯, 『究竟一乘寶性論』(『대정장』 제31책, p.838하).
12 정호영, 「알라야식과 여래장의 교섭-『능가경』의 경우」, 『인문학지』 제40집, 충북대학교 인문과학연구소, 2008, p.51.

정취邪定聚로 상속하는 중생에게도 차별 없는 진여가 존재한다. 그리고 이것이 객진번뇌로부터 정화되었을 때를 여래라고 한다고 하였다. 이처럼 아뢰야식과 여래장의 차이는 수행관 혹은 해탈관에 의해서 비롯되는 것임을 알 수 있다.

한편 『능가경』(10권)에서는 이문일심의 구조를 통해 적멸과 여래장의 차이를 해명하고 있다. 즉 적멸로서 일심은 진여의 교문이고, 여래장으로서 일심은 생멸의 교문이다. 이 두 측면의 일심은 하나(一)가 아니지만 그렇다고 두나(二)도 아니다. 중생의 마음은 마음의 생멸문을 들어서 언급한 것이고, 생멸문에 의거해서 진여문을 나타내고 있다. 원효 또한 『대승기신론소』에서 진여문에서 보면 본성은 본래 공적하지만 이 두 개의 교문은 그 본체에서 둘이 아니므로 모든 것이 다 일심법이라고 할 수 있다고 하였다.

원효는 심층마음과 표층의식으로 이루어진 일심을 『능가경』의 교설에 근거하여 적멸로서 일심(심진여문)과 여래장으로서 일심(심생멸문)으로 해명하고 있다. 따라서 아뢰야식과 여래장은 염오와 청정의 측면에서 대립되는 개념임을 알 수 있다. 아뢰야식은 염오된 망식으로서의 측면임에 반해 여래장은 청정한 진식으로서의 측면을 지니고 있기 때문이다.

3. 『대승기신론』 일심의 수용과 이해

1) 적멸로서 일심-심진여(果)

마명보살의 『대승기신론』에서 일심은 아뢰야식이자 여래장이라고 언표하고 있다. 일찍부터 이러한 언표에 주목했던 원효는 이 저술에 대한 여러 편의 주석서를 지었다. 현존하는 것은 『대승기신론별기』와 『대승기신론소』뿐이다.[13] 무덤 속에서 발견한 일심은 그의 저술 속에서 매우 다양하게 정의되고 있다. 그는 "대승법에는 오직 일심만이 있고 일심의 밖에는 다시 다른 법이 없지만, 다만 무명이 일심을 미혹시켜서 온갖 파도(번뇌)를 일으켜 중생이 육도에 유전함을 밝혔다."[14]고 하였다. 또 "대승법에서는 일체의 제법이 오로지 일심으로 자체를 삼기 때문에, 일심은 만물의 근본이며, 일심은 세간과 출세간의 일체법을 포섭하고 있다."[15]고 하였다.

마명보살은 『대승기신론』을 설하게 된 이유를 "중생으로 하여금 의혹을 제거하고, 잘못된 집착을 버리게 하여, 대승의 바른 믿음을 일으켜, 불종佛種이 끊어지지 않게 하기 위해서"라고 하였다. 이에 대해 원효는 위의 반구를 '아래로는 중생을 교화하고(下化衆生)' 아래 반구를 '위로는 불법을 홍포하기(上弘佛法)' 위해서라고 풀이하였다. 그런데도 중생이 깨닫지 못하는 이유는 의혹疑惑(疑法/疑門)과 사집邪執(人執/法執) 때문이다. 해서 발심에 장애가 되는 법法에 대한 의혹을 제거하고자 일심一心을 설하였고, 수행에 장애가 되는 문門에 대한 의혹을 제거하고자 이문二門을 설하였다[16]고 하였다. 이것은 일체법이 중생심이고 일심은 곧 중생심[17]이라는 대목에서 자연스럽게 해명된다.

---

13 원효의 저술 곳곳에서 인용하고 있는 『二障義』 또한 『大乘起信論二障義』로 추정되고 있다. 石田茂作 편, 『寫經より見たる奈良朝佛敎の硏究』의 附錄에 실린 『奈良朝現在一切經目錄』(『東洋文庫論叢』 제11집, 1930, p.126)에서는 『일도장』을 『기신론일도장』으로, 『이장장』을 『기신론이장장』으로 기록하고 있다.; 金煐泰, 『원효연구사료총록』, 원효학연구원 장경각, 1996, p.88 재인용.
14 元曉, 『大乘起信論疏』(『한불전』 제1책, p.701중).
15 元曉, 『大乘起信論疏』(『한불전』 제1책, p.704상).
16 元曉, 『大乘起信論疏』(『한불전』 제1책, p.701중).
17 元曉, 『大乘起信論疏』(『한불전』 제1책, p.704상).

원효는, 일심은 '본래 고요하고 평정한 것(本來寂靜)'이어서 '언설로는 닿을 수 없는 것'이며, 그 어디에도 '머무름이 없는 마음(無住之心)'이므로 '있는 것도 아니고 없는 것도 아니다(不有不無)'라고 하였다. 이 때문에 그는 마명이 "일체법이 언설상言說相을 여의었으며, 명자상名字相을 여의었으며, 심연상心緣相을 여의어서 결국 평등하게 되고, 변하거나 달라지는 것이 없으며, 파괴할 수도 없는 것이어서 오직 일심일 뿐인 것이니, 이 때문에 진여라고 부르는 것이다."[18]라는 구절에 대해 자세히 해명하고 있다. 그는 일심의 개념 정의가 쉽지 않다고 말하면서 일심에 대해 정의하고 있다.

원효는 일심에 대해서 "염오와 청정染淨의 모든 법은 그 자성이 둘이 없어서 진여와 생멸(眞妄)의 두 문은 다름이 있을 수 없기 때문에 '일一'이라고 한다."[19]고 하였으며, "이 둘이 없는 것이 모든 법 중의 실체여서 허공과 같지 아니하여 본성이 스스로 신해하기 때문에 '심心'이라고 부른다."고 하였다.[20] 그러면서도 "이미 두나가 없는데 어떻게 하나가 될 수 있으며, 하나도 있는 바가 없는데 무엇을 심이라 말하는가? 이러한 도리는 말을 여의고 생각을 끊은 것(離言絶慮)이니 무엇이라고 지목할지를 몰라서(不知何以目之) 억지로 이름 붙여 일심이라고 하는 것(强號爲一心也)이다."[21]라고 하였다. 굳이 일심이라고 말할 것조차도 없으나 일심이라고도 말하지 않고는 전달할 길이 없다는 것이다.

원효는 『대승기신론』의 현시정의顯示正義에서 '일심법에 두 가지 문이 있다'는 구절을 해석하는 대목에서 보리유지 번역의 『입능가경』을 원용

---

18 馬鳴/元曉, 『大乘起信論疏記會本』(『한불전』제1책, p.743중).
19 馬鳴/元曉, 『大乘起信論疏記會本』(『한불전』제1책, p.741상).
20 馬鳴/元曉, 『大乘起信論疏記會本』(『한불전』제1책, p.741상).
21 馬鳴/元曉, 『大乘起信論疏記會本』(『한불전』제1책, p.741상중).

하여 자신의 일심관을 전개하고 있다. 그는 적멸로서 일심과 여래장으로서 일심을 구분하여 해명한다.

> '일심법에 두 가지 문이 있다'는 것은, 『능가경』에서 "적멸이란 일심이라 부르는 것이며, 일심이란 여래장이라 부르는 것이다."[22]라고 말한 것과 같다. 이 『대승기신론』에서 심진여문이라고 한 것은 곧 저 『능가경』에서 '적멸이란 일심이라 부른다' 함을 풀이한 것이며, 심생멸문이라고 한 것은 『능가경』에서 '일심이란 여래장이라 부른다' 함을 풀이한 것이다. 어째서 그러한가 하면 일체법은 생동함도 없고 적멸함도 없으며 본래 적정하여 오직 일심이니 이러한 것을 심진여문이라 부르기 때문에 '적멸이란 일심이라 부른다'고 한 것이다.[23]

원효가 일심을 적멸로서 일심과 여래장으로서 일심으로 구분한 것은 『기신론』의 본의를 충실하게 이해하기 위해서 『능가경』의 교설을 원용하여 해석하였기 때문이다. 일심을 두 가지 측면으로 나누어 보는 지점에는 그의 인간이해와 세계인식이 투영되어 있다. 원효가 적멸로서 일심을 생의生義가 없는 심진여문에 배대하고, 여래장으로서 일심을 생의生義가 있는 심생멸문에 배대한 것은 아직 수행의 길에 있는 수행자가 완성된 부처의 길과 미완성된 범부의 길의 긴장 속에서 갈등하며 정진해야 할 명분을 남겨 두기 위함으로 읽을 수 있다.[24] 그럼에도 불구하고 그는 본법으로서의 일심을 시설하여 진여와 생멸의 이문 위에 자리매김

---

22 菩提流支 譯, 『入楞伽經』 「請佛品」(『대정장』 제16책, p.519상).
23 元曉, 『大乘起信論疏』(『한불전』 제1책, p.610상).
24 高榮燮, 「분황 원효와 현수 법장의 기신학 이해」, 『불교철학』 제1집, 동국대학교 세계불교학연구소, 2017.10.

시키고 있다.[25]

원효는 인간을 적멸로서 일심을 지닌 존재일 뿐만 아니라 여래장으로서 일심을 지닌 존재로 파악하였다. 적멸로서 일심을 지닌 존재는 이미 수행을 완성한 상태이기 때문에 더 이상 수행의 길에 나설 필요가 없는 완성된 인간이다. 이렇게 되면 그는 부처로서 중생에 대한 자비심을 일으키는 존재로서 살아가야 한다. 하지만 그는 아직 온전한 부처가 되지 못한 존재임을 자각하고 있다. 그는 '선과 불선의 원인으로서 일체의 육취 사생을 두루 잘 일으키는 여래장을 지닌 존재'이기 때문이다. 이 때문에 적멸로서 일심을 지닌 완성된 인간만이 아니라 여래장으로서 일심을 지닌 미완성된 인간의 동거가 요청되는 것이다.

원효는 일심의 두 측면인 심진여문과 심생멸문을 설명하는 대목에서 이 구절을 자주 원용한다. 그는 『대승기신론』에서 심진여문이라고 한 것은 곧 『능가경』에서 "적멸이란 일심이라 부른다."는 구절을 해석한 것으로 보았으며, 심생멸문이라고 한 것은 "일심이란 여래장이라 부른다."는 구절을 해석한 것으로 보았다. 일심을 두 측면으로 나눠 보는 이러한 원효의 인식은 『대승기신론소』[26]와 『금강삼매경론』[27] 모두에서 이 문구를 인용하는 데서도 나타나고 있다.

2) 여래장으로서 일심—심생멸(因)

원효는 일심을 적멸로서 일심과 여래장으로서 일심 두 가지 측면으

---

25 원효가 진여문과 생멸문 이외에 본법으로서 일심을 시설한 것은 그가 舊譯唯識에 의거하여 제9菴摩羅識을 인정하고 있기 때문으로 이해된다.

26 元曉, 『大乘起信論疏』 권상(『한불전』 제1책, p.704하).

27 元曉, 『金剛三昧經論』 권1(『한불전』 제1책, p.610상).

로 나눠 보았다. 그가 일심을 '적멸=일심(심진여문)'이라는 측면과 '일심=
여래장(심생멸문)'이라는 측면으로 구분해 보는 것은 『기신론』에 대한 그
의 주요한 인식 기반이라고 할 수 있다. 전자가 청정한 진여로서 일심을
말한다면, 후자는 염오된 생멸로서 일심을 말한다. 이것이 일심이 지니
고 있는 두 가지 측면이다.

원효는 "일심의 몸체가 본각이지만 무명을 따라 생멸의 움직임이 일
어나므로, 이 생멸문에서 여래의 본성(如來之性)이 숨어서 드러나지 않
는 것(隱而不顯)이 여래장이라 한 것이다."라고 하였다. 이것은 『능가경』
에서 말하기를, "여래장이란 선과 불선의 원인으로서(善不善因) 일체의
취생趣生을 두루 잘 일으켜 만든다(能徧興造一切趣生). 비유하면 환술사
가 여러 가지 취를 변화시켜 나타내는 것과 같다."[28]고 하였다. 이것은
불생불멸의 진여문에 상응하는 찰나생멸의 생멸문의 여래장에 대한 구
체적인 표현이다.

원효는 또 "이러한 뜻이 생멸문에 있기 때문에 '일심이란 여래장이라
부른다'고 하였다. 이것은 일심의 생멸문을 나타낸 것이며, 아래 글에서
'심생멸이란 여래장에 의하기 때문에 생멸심이 있으며'라고 한 것과 같
다."[29]고 하였다. 이것은 '일체법은 생함도 없고 멸함도 없으며 본래 적정
하여 오직 일심'이라는 적멸로서 일심과 다른 '선과 불선의 원인으로서
일체의 육취 사생을 두루 잘 일으키는' 여래장으로서 일심을 지닌 인간
에 대한 그의 해명이다.

원효는 이러한 인식에 의해 평등의 일심이 지니고 있는 총체적인 일
심의 법을 나타내고, 차별의 이문이 지니고 있는 개별적인 이문의 뜻을
밝혀낸다. 그는 생멸문이 있기 때문에 '일심이란 여래장이라 부른다'고

---

28 元曉, 『大乘起信論疏』(『한불전』 제1책, p.610상).
29 元曉, 『大乘起信論疏記會本』 권상(『한불전』 제1책, pp.704하~705상).

하면서 일심의 생멸문을 설명해 나간다. 이것은 생멸을 일으키는 여래장으로서 일심을 지닌 존재에 대한 구체적인 해명이다.

원효는 『대승기신론』에 '심생멸이란 여래장에 의하기 때문에 생멸심이 있으며'라는 구절을 전제한 뒤, 이어 '이 식에 두 가지 뜻이 있으니, 첫째는 각覺의 뜻이고, 둘째는 불각不覺의 뜻이다'라고 말한 것과 같다고 하였다. 그런 뒤에 다만 생멸심만을 취해서 생멸문을 삼는 것이 아니라, 생멸 자체와 생멸상을 통틀어 취하여 모두 생멸문 안에 둔다는 뜻임을 알아야 할 것이라고 부연하고 있다.

> 이처럼 일심과 이문 안에는 일체의 불법이 포섭되지 않음이 없다. 이 뜻이 무엇인가? 앞의 두 구절은 속제를 융합하여 진제로 삼아서 평등의 뜻을 드러내고, 아래 두 구절은 진제를 융합하여 속제로 삼아서 차별의 문을 드러냈다. 총괄해서 말하면 진제와 속제가 둘이 아니지만 하나를 고수하지 않기 때문에 둘이 없음으로 말미암아 곧 일심이고, 하나를 고수하지 않기 때문에 전체가 둘이 된다. 이와 같은 것을 일심이문一心二門이라고 한다.[30]

원효는 『대승기신론별기』 대의문에서 일심이문(심진여문/심생멸문)의 구도 아래 존재를 연기-무자성-공[성]관에 입각해 보는 중관학의 '깨뜨리기만 하고 세우지는 못하는 담론(破而不立, 往而不徧論)'과 가유-유자성-유[성]관에 의거해 보는 유식학의 '세우기만 하고 깨뜨리지 못하는 담론(立而不破, 與而不奪論)'이라 평가한다. 이것은 이들 학통의 주요 논서를 근거로 해서 이뤄낸 평가이다.

---

30 元曉, 『金剛三昧經論』 「眞性空品」(『한불전』 제1책, p.652하).

그런 뒤에 그는 이들 심진여문과 심생멸문을 종합하여 '깨뜨리지 아니함이 없이 도리어 허용하고(無不破而還許)' 세우지 아니함이 없이 스스로 부정하여(無不立而自遣)', 저 가는 자가 '가는 것을 다하여 두루 세우며(往極而徧立)' 이 주는 자가 '주는 것을 다하여 앗아 깨뜨리는(窮與而奪〈破〉[31])' 기신起信학으로 전개시켰다. 이것은 『대승기신론』의 심진여문과 심생멸문을 아우르는 일심이문의 구조에 입각한 주장이다.

　　하지만 그는 『대승기신론소』 대의문에서 유식학의 망식으로서 아뢰야식과 기신학의 진망화합식으로서 여래장의 구도로 옮겨 논의를 전개시켰다. 이것은 『대승기신론별기』 대의문에서 전개한 중관학과 유식학의 통섭으로서 『대승기신론』의 위상을 파악한 종래의 논지의 수정으로 이해된다.[32] 그의 『이장의』가 보여 주는 은밀문(煩惱礙/智礙)과 현료문(煩惱障/所知障)의 구도를 통해서도 짐작해 볼 수 있다.

　　일심의 법은 또한 하나(一)를 고수하지 아니하고, 생사와 열반은 공적하여 두나(二)가 없다. 두나가 없는 곳이 바로 일심의 법이고, 일심의 법에 의하여 두 가지 문이 있다. 그러나 두 교문을 모두 취하면 곧 일심을 얻지 못하니, 두나는 하나가 아니기 때문이다. 만일 두 가지 교문을 폐하여 함께 취하지 않으면 또한 일심을 얻을 수 없으니 무無는 일심이 아니기 때문이다. 이러한 뜻으로 말미암아 두나가 없는 마음의 법은 함께 취하는 것과 함께 취하지 않는 것에 또한 마땅히 적멸하다.[33]

31　문장 구조상 '奪' 자 뒤에는 '破' 자가 빠진 것으로 추정된다.
32　박태원, 『대승기신론사상연구』 (I), 민족사, 1994.
33　元曉, 위의 책, 권하, p.668중.

일심이 곧 적멸이라고 한 『능가경』에 대한 원효의 해명은 일심과 적멸의 관계를 잘 보여 주고 있다. 두나(二)가 없는 곳이 곧 일심의 법이고 일심의 법에 의해 두 가지 문이 있다. 이것은 일심과 이문 즉 하나와 두나의 관계를 불일不一과 불이不異의 관계 속에서 해명하는 것이다. 이것을 마명과 원효는 불상리성不相離性과 불상잡성不相雜性 즉 '서로 떨어질 수도 없고', '서로 섞일 수도 없는 특성'이라고 불렀다.

이 때문에 그의 핵심 사상은 기신학 본의에 충실한 일심사상이라고 할 수 있다. 그런데 원효가 기신학의 본의에 충실하면서도 적멸(심진여)로서 일심과 여래장(심생멸)으로서 일심 이외에 비인비과를 '본법으로서 일심'으로 상정하여 삼제설三諦說을 시설한 것은 여래장 개념의 상위로서 일심 개념의 지위를 확고히 하고자 함이었던 것으로 이해할 수 있다.

3) 본법으로서 일심―비인비과非因非果

살펴본 것처럼 원효는 적멸로서 일심과 여래장으로서 일심을 각기 심진여와 심생멸에 배대하였다. 그러면서도 진여와 생멸 이외에 '본법으로서 일심'을 상정하여 심진여와 일심을 구분함으로써 삼제설三諦說을 시설하고 있다. 이것은 제9 아마라식을 제시하는 구역 유식과의 상관성을 보여 주는 대목이다.

원효는 수행에 장애가 되는 '문'에 대한 의혹을 제거하기 위하여 진여문에 의하여 지행止行을 닦고, 생멸문에 의하여 관행觀行을 일으켜야 한다고 하였다. 그리하여 지행止行과 관행觀行을 나란히 부리면 만행萬行이 여기에 갖춰진다[34]고 하였다. 그러면서도 "이 두 문에 들어가면 모

---

34 元曉, 『大乘起信論疏』(『한불전』 제1책, p.701하).

든 문이 다 통하는 것이니 이렇게 의심을 제거해야만 수행을 잘 일으킬 수 있다."[35]고 하였다.

이것은 『능가경』에서 일심을 적멸로서 일심과 여래장으로서 일심으로 구분한 것과도 상통한다. 원효는 법장이 적멸로서 일심과 여래장으로서 일심을 동위同位로 파악함으로써 일심과 심진여의 동일성을 제시하는 이제설二諦說을 주장한 것과 달리 적멸로서 일심과 여래장으로서 일심을 별위別位로 파악함으로써 일심과 심진여의 차이성을 제시하며 삼제설三諦說을 주장하였기 때문이다.

이것은 일심을 이문 내의 진여문과 구분함으로써 여래장의 상위 개념으로서 일심을 분명히 하고 있으며 그의 핵심 사상을 일심사상에 두고 있음을 보여 주는 지점이다.[36] 원효는 일심에 이문을 열면서도 적멸로서 일심과 여래장으로서 일심을 구분함으로써 일심과 심진여문을 별개로 보아 삼제설을 시설하였다. 이와 달리 법장은 일심에 이문을 열면서도 적멸로서 일심과 여래장으로서 일심을 동위로 보고 일심과 심진여문을 동일시하여 이제설을 건립하였다.

여기에서 주목되는 것은, 원효는 진여문과 생멸문 이외에 비인비과를 '본법으로서 일심'으로 시설하여 삼제설을 주장한 반면 법장은 진여문과 생멸문 이외에 별도의 일심을 시설하지 않고 비인비과를 곧 진여문

---

35 元曉, 『大乘起信論疏』(『한불전』 제1책, p.701하).

36 均如, 『釋華嚴敎分記圓通鈔』 권제3(『한불전』 제4책, p.324하). "言有異者, 曉公意, 非因非果, 是本法一心, 章主(法藏)意, 非因非果, 是眞如門故, 有不同也. 何者, 章主意者, 眞如生滅外, 更無一心故, 非因非果, 是眞如門, 曉公意者, 眞如生滅外, 別立本法一心故, 非因非果者, 是本法一心也. 是故章主唯立二諦, 曉師卽三諦也." 원효의 저술을 다수 인용했던 均如는 法藏의 설을 따르면서도 元曉를 원용한 그의 입장을 보여 주고 있다. 이 구절에 의하면 법장은 '진여와 생멸 이외에 따로 일심이 없다'는 二諦說을 주장한 반면 원효는 '진여와 생멸 이외에 본법으로서 일심을 별립한다'는 三諦說을 주장하였다. 남동신, 「원효의 기신론관과 일심사상」, 『한국사상사학』 제22집, 한국사상사학회, 2004 참조.

으로 건립하여 '일심(=진여문)-생멸문'의 이제설을 주장한 지점이다. 이 것은 『능가경』을 원용하여 적멸로서 일심과 여래장으로서 일심의 구분이라는 기신학의 본의에 충실하면서도 '일심(非因非果)-진여문(果)-생멸문(因)'의 삼제설을 제시한 원효와 화엄학으로의 지향을 의식해 기신학의 본의를 '일심(非因非果)=진여문(非因非果)-생멸문(因)'의 이제설의 관점 아래 자의적으로 해석한 법장이 갈라지는 지점이다.

원효는 이 일심이문에 대해 『능가경』과 『십지경』에 의거하여 해명하고 있으며, 이러한 그의 인식은 『대승기신론』·『화엄경』·『금강삼매경』의 일심 해석에서 잘 드러나고 있다. 특히 원효는 『능가경』(10권)의 이문일심의 구조를 통해 일심을 해명하는 대목을 인용하는 지점에서 자신의 일심관을 잘 보여 주고 있다. 여기서 그는 일심을 적멸과 여래장의 두 측면으로 설명하고 있다. 그런 뒤에 그는 궁극적으로 진여와 생멸 이외에 '본법으로서 일심'을 상위 개념으로 시설하여 '일심-진여-생멸'의 삼제설을 견지하고 있다. 따라서 원효는 '적멸로서 일심(심진여, 果)'과 '여래장으로서 일심(심생멸, 因)' 이외에 '비인비과非因非果'를 '본법으로서 일심'으로 시설하여 삼제설의 관점에서 여래장 개념과 구분되는 상위 개념으로서 일심사상을 분명히 보여 주었다. 이처럼 원효의 일심의 정의는 다양하며 그 의미는 매우 독특하다고 할 수 있다.

4. 『금강삼매경』 일심의 수용과 이해

원효는 『대승기신론소』에서 보여 준 적멸로서 일심과 여래장으로서 일심의 구도를 『이장의』에서는 은밀문과 현료문의 구도 아래 유식의 번뇌장-소지장과 여래장의 번뇌애-지애를 통합하는 진망화합식의 구도로 보여 주고 있다. 이것은 유식의 망식으로서 아뢰야식과 여래장의 진망화합식으로서 여래장의 구도를 함께 보여 주는 것이다. 그리고 원효의『대승기신론소』에서는 진망화합식으로서 '일심'을 논하고 있으며,『금강삼매경론』에서는 아마라식으로서 '일심지원'을 논하고 있다.

1) 우주적 마음으로서 일심: 적멸과 일심지원

원효는『대승기신론』을 원용하여 일심의 법을 심진여문과 심생멸문, 열반과 생사의 관계로 해명한다. 또 대승이 지닌 두 가지 뜻인 '법法'과 '의義'에서 대승의 법체法體인 '법'이 중생심이며, 대승의 명의名義인 '의'에는 체대와 상대와 용대가 있다고 하였다. 원효는 법장문에서 심진여문과 심생멸문을 해명하고, 의장문에서 체대와 상대와 용대를 해명하고 있다.『대승기신론』의 이러한 이문일심 사상의 구도는『금강삼매경론』에서는 '일미관행(要)'과 '십종법문(宗)'의 두 구도로 이어진다.

이러한 구도는 원효의 여러 저술에서 확인할 수 있다. 그런데『금강삼매경론』에서는 진제와 속제 "이 이문은 속제를 융합하여 진제로 삼아서 평등의 뜻을 드러내고, 진제를 융합하여 속제로 삼아서 차별의 문을 드러낸다. 나아가 두나(二)가 없음으로 말미암기에 곧 일심一心이고, 하나(一)를 고수하지 않기 때문에 전체가 두나(二)가 된다."[37]고 보았다. 평등의 뜻과 차별의 문이 진제와 속제의 불이의 관계 속에서 이루어지고 있다. 이것은 일심이 지니고 있는 양면성을 보여 주는 지점이다.

---

37 元曉,『金剛三昧經論』「眞性空品」(『한불전』 제1책, p.658하).

적멸寂滅이라는 것은 일심을 말한 것이고, 일심은 여래장을 말한다. … 일체의 모든 법은 오직 일심이고, 하나(一)의 중생衆生은 곧 하나(一)의 본각本覺이다. 이러한 뜻으로 말미암아 일각一覺이라 부른다. … 여래가 교화하는 바 일체 중생은 일심의 유전流轉이 아님이 없기 때문이며, … 일체 중생이 본디 일각一覺임을 밝히고자 한다. 다만 무명으로 말미암아 꿈을 따라 유전하는 것이기에 모두 여래의 일미설一味說에 따라서 결국은 일심의 근원으로 돌아가지 않음이 없으니, 일심의 근원으로 돌아갔을 때 다 얻는 바가 없으므로 일미一味라고 한 것이다.[38]

여기서 적멸은 일심을 가리키고 일심은 여래장을 일컫는다. 앞서 『능가경』에서 설한 내용과 같다. 일심은 중생과 여래의 구분 이전의 일심이고 그것은 일각을 가리킨다. 일각一覺은 본각本覺 즉 일본각一本覺이며 일체 중생이 본래부터 가지고 있는 자성청정심自性淸淨心을 의미한다. 일미一味는 모든 현상과 본체가 두루 평등하여 차별이 없는 부처의 교법을 가리킨다. 대개 부처의 교설이 여러 가지로 다양한 듯 보이지만 그 의미(味)는 하나(一)라는 뜻이다. 그러므로 중생과 여래가 모두 일미一味의 뜻으로 수렴되는 것이다.

중생의 마음은 마음의 생멸문을 들어서 말한 것이고, 생멸문에 의거해서 진여문을 나타내게 된다. 이 진여문에서 보면 본성은 본래 공적空寂하다. 그러나 이 이문은 그 본체에서 둘이 아니므로 모든 것이 다 일심법일 뿐이다.[39]

---

38 元曉, 『金剛三昧經論』「眞性空品」(『한불전』제1책, p.610상).
39 元曉, 『金剛三昧經論』「眞性空品」(『한불전』제1책, p.612중).

중생의 마음은 생멸문에서 말한 것이다. 그런데 이 진여문은 생멸문에 의거해서 나타내게 되는 것이다. 이 때문에 진여문과 생멸문은 떨어질 수 없는 것이지만 그렇다고 해서 섞일 수 있는 것은 아니다. 여기서도 일심의 진여문과 생멸문의 불상리성不相離性과 불상잡성不相雜性의 불이를 말한다.

있지도 않고 없지도 않다는 것은 곧 없지 않은 것이고, 없지 않은 것이 곧 있지 않은 것이므로, 이러한 뜻으로 말미암아 다시 뜻을 합해서 밝히자면 일심법一心法은 있지도 않고 없지도 않은 것과 같다.[40]

원효는 일심의 법이 지니고 있는 이중부정과 이중긍정의 함의를 잘 보여 주고 있다. 위에서는 일심의 법이 이중부정의 초탈을 이루고 있다는 것이다. 즉 일심의 법이 이중긍정의 이문이면서 또한 그것은 이중부정의 뜻으로 상관적 대대법의 이중성을 다 부정하여 초탈해 있음을 밝힌 것이다.[41]

일심의 법은 또한 하나(一)를 고수하지 아니하고(不守一), 생사와 열반은 공적空寂하여 두나(二)가 없다. 두나가 없는 것이 바로 일심의 법이니 일심의 법에 의하여 두 가지 교문이 있다. 그러나 두 교문을 모두 취하면 곧 일심을 얻지 못하니 두나는 하나가 아니기 때문이다. 만일 두 가지 교문을 폐하여 함께 취하지 않으면 또한 일심을 얻을 수 없으니 무無는 일심이 아니기 때문이다. 이러한 뜻으로 말미암아 두나가 없는 마음의 법은 함께 취하는 것과 함께 취하지 않는

---

40 元曉,『金剛三昧經論』「入實際品」(『한불전』제1책, p.644중).
41 김형효,『원효의 대승철학』, 소나무, 2006, p.122.

것 또한 적멸寂滅하다.[42]

이 대목은 이른바 일심 내 진제와 속제의 '무이이불수일無二而不守一'로서 일심이 이문이 됨을 나타내는 부분이다. 일심의 법은 하나를 고집하지 않으며, 생사와 열반은 공적해서 두나가 없다. 두 가지 교문인 심진여문과 심생멸문을 모두 취하면 일심을 얻을 수 없고, 두 가지 측면을 모두 버리면 또한 일심을 얻을 수 없다. 모두 취할 수도 없고 모두 버릴 수도 없기에 적멸하다. 적멸이란 마음에 번뇌가 없고 몸에 괴로움이 없는 상태를 일컫는다. 적멸에는 일과 이, 생사와 열반, 진여와 생멸 등이 모두 끊어졌기 때문이다.

일심의 법은 색色과 심心과 같이 공적(空)한 것이 아니기 때문에 삼제三諦가 아니다. 삼제의 종류에는 대략 세 가지가 있다. 첫째는 색제色諦와 심제心諦와 제일의제第一義諦이고, 둘째는 유제有諦와 무제無諦와 중도제일의제中道第一義諦이며, 셋째는 이 품 중의 뒷글에서 말한 것과 같다. 이제 이 질문의 의미는 처음 문에 의한 것이다. '색이 공하고 심도 또한 적멸하다'고 한 것은 이 법이 이미 삼제에 포섭되는 것이 아니기 때문에 색상이 본래 공적하고 심도 또한 적멸하다는 것이다. 이 색과 심의 법이 본래 적멸할 때에 이 일심의 법도 함께 적멸할 것이다.[43]

위의 글에 의하면 일심의 법은 지수화풍의 사대를 자성으로 하는 색제色諦와 식계識界를 자성으로 하는 심제心諦 그리고 제일의제第一義諦

---

42 元曉, 『金剛三昧經論』「總持品」(『한불전』제1책, p.668중).
43 元曉, 『金剛三昧經論』「總持品」(『한불전』제1책, p.668하).

의 삼제가 아니다. 또 제법은 본래 공적한 것이지만 인연이 모일 때는 역력히 드러나 공 가운데 일체의 법을 세우는 유제有諦, 모든 법은 원래 공적하지만 중생은 이것을 모르고 참된 것으로 집착하여 허망한 소견을 내므로 공관空觀으로 이것을 대치하면 집착하는 생각이 저절로 없어져 모든 상을 떠나는 진공의 이치를 깨닫게 되는 무제無諦 그리고 중도제일의제의 삼제가 아니다.

이미 앞에서 일심이 적멸하기만 한 것은 아니라고 언급하였다. 일심은 생동하기도 하기 때문이다. 일심은 적멸과 생동에 서로 걸림이 없고, 막힘이 없어 어느 하나를 고수하지 않는다. 이 때문에 원효는 일심이 지닌 적멸과 생동의 측면을 통합해서 말하고 있다.

> 생동이 곧 적멸이지만 적멸을 고수하지 않고, 적멸이 곧 생동이지만 생동에 머무르지 않는다. 생과 멸이 두나가 아니며, 동과 적이 구별이 없으니 이와 같은 것을 일심의 법이라고 이름한다. 비록 실제로는 두나가 아니지만 하나를 고수하지 아니하며, 전체가 연을 따라서 생동하고 전체가 연을 따라서 적멸하니 이와 같은 도리로 말미암아 생동이 곧 적멸이고 적멸이 곧 생동이어서 막힘이 없고 걸림이 없으며, 같은 것도 아니고 다른 것도 아니다.[44]

일심의 생동은 적멸을 고수하지 않고, 일심의 적멸은 생동에 머무르지 않는다. 고수하지 않고 머무르지 않기에 막힘이 없고 걸림이 없으며, 같은 것도 아니고 다른 것도 아닌 것이 일심의 법이다. 이처럼 일심은 상대를 떠나고 절대를 떠나서 상대가 될 수도 있고 절대가 될 수도 있

---

44 元曉, 『金剛三昧經論』 「眞性空品」(『한불전』 제1책, p.659상).

다. 일심은 언어의 그물과 분별의 쪽대를 넘어선 자리에 있음을 알 수 있기 때문이다.

따라서 우주적 마음으로서 일심은 적멸로서의 일심과 일심지원의 상호관계 속에서 형성되고 유지된다는 사실을 알 수 있다. 그리고 그것은 세상의 바다로서 삼공과 여래장과 삼공지해와도 긴밀하게 관계를 유지하고 있다.

2) 세상의 바다로서 삼공: 여래장과 삼공지해

원효가 말한 적멸로서 일심과 여래장으로서 일심은 분리될 수 없는 것이다(不二). 그렇다고 해서 다름이 있는 것도 아니어서(不異) 사실은 하나이면서 같은 것이다. 앞에서 원효는 "일심의 몸체가 본각이지만 무명을 따라 생멸의 움직임이 일어나므로, 이 생멸문에서 여래의 본성(如來之性)이 숨어서 드러나지 않는 것(隱而不顯)이 여래장이라 한 것이다."라고 하였다.

무명에 의해 생멸을 일으키고 숨어서 드러나지 않는 여래장에 대해 『능가경』은 "여래장이란 선과 불선의 원인으로서(善不善因) 일체의 취생趣生을 두루 잘 일으켜 만든다(能徧興造一切趣生). 비유하면 환술사가 여러 가지 취를 변화시켜 나타내는 것과 같다."[45]고 하였다. 일체 중생이 사는 세상의 바다로서 삼공은 우리들에게 자리한다. 삼공은 아공我空과 법공法空과 아법구공我法俱空을 일컫기도 하고, 공상도 공하다는 '공상역공空相亦空'(변계소집성), 공공도 공하다는 '공공역공空空亦空'(의타기성), 소공도 공하다는 '소공역공所空亦空'(원성실성)을 가리키기도 한다.

45　元曉,『大乘起信論疏』(『한불전』 제1책, p.610상).

이 삼공은 우리들이 사는 세상의 바다이자 아뢰야식이 선과 악의 원인으로서 펼쳐내는 중생의 삶을 일컫는다.

> 일체 중생이 비록 다섯 가지 윤회도(五道, 六道 중 천계를 뺀 욕계)를 윤회하지만, 일법계의 바깥으로 나가는 것은 아니다. 다법계라는 것은 머물게 되는 바탕이 된다는 것이고, 머무를 수 있는 것은 중생의 마음이다.[46]

법계는 중생이 머무는 바탕이며 이곳에 머무는 것은 중생의 마음이다. 지옥, 아귀, 축생, 수라, 인간의 다섯 갈래 길은 이 법계 속에서 오고 가는 곳이다. 이 때문에 중생은 법계를 떠나지 않는다.

> 중생의 마음은 목석과 달라서 반드시 고통을 싫어하고 즐거움을 좋아하는 성질이 있다. 이 성질로 말미암아 만행을 닦아 드디어 무상보리의 즐거운 열매에 귀착한다. …『승만부인경』의 말처럼 만약 여래장이 없으면 고통을 싫어하고 즐거이 열반을 구하지 못할 것이다.[47]
>
> 무릇 중생심이 마음이 된 것은 상相을 여의고 성性을 여의어서 바다와 같고 허공과 같다. 허공과 같기에 원융하지 않은 현상이 없으니 어찌 동서東西의 처소가 있으며, 바다와 같기에 지켜야 할 본성이 없으니 어찌 동정動靜의 때가 없으랴. 그러므로 염업染業으로 인하여 오탁五濁 악세의 물결에 따라 길게 흐르기도 하고, 혹 해맑은 인연을 이어서 사류四流를 끊고 영원히 적멸하기도 한다. 이와 같은 동정動靜이 다 한바탕 큰 꿈이니 깨달음의 경지에서 바라보면 흐름

---

46 元曉, 『梵網經菩薩戒本私記』(『한불전』 제1책, p.568상).
47 元曉, 『涅槃經宗要』(『한불전』 제1책, p.538하).

도 없고 적멸도 없다. 예토와 정토가 본래 일심이니 생사와 열반이 끝내 이제二際가 아니다. 그러나 두나가 없는 깨달음을 취하기가 진실로 어렵고, 하나의 미혹한 꿈을 버리기가 쉽지 않다.[48]

일심은 중생심이지만 중생심은 때묻은 행업으로 인하여 오탁의 물결에 흐르기도 하고, 해맑은 인연에 의해 사류를 끊고 영원히 적멸하기도 한다. 이처럼 중생들이 지닌 중생심은 때묻은 행업으로 천재와 전쟁 등을 통해 사람의 수명이 짧아지는 겁탁劫濁, 사악한 사상과 견해가 치성하게 되는 견탁見濁, 탐진치 삼독이 극성하게 되는 번뇌탁煩惱濁, 중생들의 자질이 저하되는 중생탁衆生濁, 인간의 수명이 점차 짧아지는 명탁命濁의 오탁의 물결에서 헤매는 것이다.

반면 해맑은 인연으로 사류 즉 사루四漏라고도 하는 네 가지 번뇌의 흐름을 끊고 영원히 적멸에 들기도 한다. 다시 말하면 중생들이 지닌 중생심은 욕루 즉 욕폭류欲瀑流는 욕계에서 사물의 실상에 미혹하여 수행에 장애를 일으키는 번뇌인 수혹修惑, 유루 즉 유폭류有瀑流는 색계와 무색계에서 일으키는 번뇌인 수혹, 견루 즉 사견폭류邪見瀑流는 욕계·색계·무색계에서 도에 들어가지 못해서 일으키는 번뇌인 견혹, 무명루 즉 무명폭류無明暴流는 욕계와 색계와 무색계에서 공통된 무명번뇌의 네 가지 흐름을 끊고 영원히 적멸에 들기도 한다.

그러므로 깨달음의 경지에서 바라보면 동정動靜은 다 한바탕 큰 꿈이므로 흐름도 없고 적멸도 없는 것이다. 예토와 정토가 본래 일심이고, 생사와 열반이 끝내 이제二際가 아니다. 그럼에도 불구하고 중생들은 두나가 없는 깨달음을 구하기가 쉽지 않고, 하나가 미혹한 꿈을 버

---

48 元曉, 『阿彌陀經疏』(『한불전』 제1책, p.562하).

리기가 쉽지 않다. 이 때문에 선과 불선의 원인으로서(善不善因) 일체의 취생趣生을 두루 잘 일으켜 만드는(能徧興造一切趣生) 여래장 즉 세상의 바다 속에 감추어져 있는 여래의 태아를 드러내야만 우리들의 본래마음을 회복할 수 있는 것이다.

3) 지관 쌍운으로서 정관

마명보살은 『대승기신론』에서 일심의 근원을 회복하기 위한 수행으로서 오문을 제시하였다. 그가 그러했듯이 원효 또한 이 오문을 '바른 관찰(正觀)'로서 매우 중요시하였다. 그는 특히 지관문에 대한 상세한 주석을 통하여 자신의 수행관을 자세히 보여 주고 있다.

> 수행에는 다섯 가지 문이 있다. 무엇이 다섯인가? 첫째는 보시문이요, 둘째는 지계문이요, 셋째는 인욕문이요, 넷째는 정진문이요, 다섯째는 지관문이다.[49]

> 어떻게 지관문을 수행하는가? 지止라고 하는 것은 모든 경계상을 그치게 함을 말하는 것이니 사마타관의 뜻을 수순하기 때문이다. 관觀이라 하는 것은 인연생멸상을 분별함을 말하는 것이니 비발사나관의 뜻을 수순하기 때문이다. 어떻게 수순하는가? 이 두 가지 뜻으로 점점 수습하여 서로 여의지 아니하여 쌍으로 눈앞에 나타나기 때문이다.[50]

---

49 馬鳴, 『大乘起信論』(『대정장』 제32책, p.581하).
50 馬鳴, 『大乘起信論』(『대정장』 제32책, p.581하).

원효는 오문에 대해 해명하면서 특히 다섯 번째의 지관止觀(定慧)문 즉 사마타관과 비발사나관에 주목하였다. 방편과 정관을 구분하기 위하여 정관에는 범어를 그대로 사용하여 사마타관을 수순하여 지관止觀의 뜻을 수순하고 관관觀觀의 뜻을 수순해야 한다고 하였다. 지관이 나란히 작용할 때가 곧 정관이기에 지관과 관관이라고 말한 것이며, 방편관은 모든 경계상을 그치게 하여 정관의 지止를 따르기 때문에 '지관을 수순한다'고 말하고, 또 인연상을 분별함으로써 정관의 관觀에 따르기 때문에 '관관을 수순한다'고 말한 것이다.

'모든 경계상을 그치게 함을 말한다'고 한 것은 앞서 분별함에 의하여 모든 바깥 경계를 짓다가 이제는 각혜覺慧로써 바깥 경계의 상을 깨뜨리는 것이니, 경계상이 이미 그치면 분별할 바가 없기 때문에 '지'라고 하는 것이다. '생멸상을 분별한다'고 말한 것은 생멸문에 의하여 법상法相을 관찰하기 때문에 분별한다고 말한 것이다. 이것은 『유가사지론』「보살지」에서 "이 중의 보살이 곧 모든 법에 분별할 바가 없으니, 이를 '지止'라 이름함을 알아야 할 것이요, 모든 법의 승의의 도리(勝義理趣) 및 모든 헬 수 없이 안치 건립된 도리(安立理趣)에 의해 세속의 묘한 지혜(世俗妙智)를 '관觀'이라 부름을 알아야 할 것이다. 이것은 진여문에 의하여 모든 경계상을 그치게 하는 것이다. 그러므로 분별할 바가 없으면 곧 무분별지無分別智를 이루는 것이요, 생멸문에 의하여 모든 상을 분별하며 모든 이취를 관찰하면 곧 후득지後得智를 이루는 것임을 알 것이다. '사마타관의 뜻을 수순하며, 비발사나관의 뜻을 수순한다'는 것은 저기서 사마타라고 하는 것은 여기서 번역하여 지止라 한 것이며, 비발사나는 여기서 번역하여 관觀이라 한 것이다. 다만 이제 이 『기신론』을 번역한

이가 방편관方便觀과 정관正觀을 구별하기 위하여 정관에는 그대로 저 말(梵語)을 둔 것이다.[51]

원효는 '모든 경계상을 그치면' 분별할 바가 없기 때문에 '지'라고 하고, '생멸상을 분별한다'는 것은 생멸문에 의하여 법상法相을 관찰하기 때문에 분별한다고 말한다. 여기서 방편관은 정관에 들어가기 위한 과정이며, 정관은 마침내 그 과제(果地)에 도달한 경지를 가리킨다.

마명보살이 『대승기신론』(論)에서 "만일 관찰하여 마음에 망념이 없는 줄 알면 곧 수순하게 되어 진여문에 들어간다."라고 한 대목에 대해 원효는 『대승기신론소』(疏)에서 "수순하게 된다는 것은 방편관이고, 진여문에 들어간다는 것은 정관이다."[52]라고 하였다.

이러한 방편관과 정관은 『금강삼매경론』에서도 그대로 이어진다. 무상관을 밝혀서 상이 없는 이익을 널리 설명하는 가운데 관행의 상을 밝히는 것에도 방편관과 정관이 있다. 방편관은 교화하는 사람을 나타냄, 교화의 큼을 찬탄함, 관행의 상을 바로 밝히는 부분으로 되어 있다. 반면 정관은 둘이 없는 모양을 밝힌 것으로 소취와 능취의 두 가지를 떠난 것이다. 소취를 떠났다는 것은 인人과 법法의 상을 떠난 것이며, 보내어 떠나게 하는 것과 없애어 떠나게 하는 것이 있다. 능취를 떠났다는 것은 모든 능취의 분별을 떠난다는 뜻이며, 본래 떠난 것과 비로소 떠난 것이 있다.

이처럼 원효는 우주적 마음으로서 일심 즉 적멸과 일심지원 및 세상의 바다로서 삼공 즉 여래장과 삼공지해의 관계를 지행과 관행의 나란한 운행인 정관으로 통섭해 가고 있다. 이것은 기신학의 일심과 삼매론

---

51 元曉, 『大乘起信論疏』(『한불전』 제1책, p.727상).
52 元曉, 『大乘起信論疏』(『한불전』 제1책, p.737중하).

의 일미를 통섭하는 과정으로 이해할 수 있다.

5. 기신학 일심과 삼매론 일미의 통섭

1) 적멸과 일심지원의 행법行法

원효는 기신학의 일심과 삼매론의 일미를 각기 제시하면서 이 둘의 통합을 시도하여 자신의 일심사상을 구축하고 있다. 그에게 일심은 적멸로서 일심과 여래장으로서 일심의 통섭이면서 우주적 마음으로서 일심과 세상의 바다로서 삼공의 통섭이다. 이 일심은 다시 적멸로서 일심과 우주적 마음으로서 일심의 통섭과 여래장으로서 일심과 세상의 바다로서 삼공의 통섭으로 구축되었다. 이 때문에 기신학의 일심은 삼매론의 일미와 어우러져 '큰 마음'과 '더 큰 마음'으로 확장되고 있다. 이러한 큰 마음과 더 큰 마음은 관행 중 특히 실천적 행법을 통해서 이루어질 수 있다.

여기서 일심은 우주적 마음으로 읽어야 한다. 그것은 기氣 작용이 편재하는 우주적 마음의 존재를 말한다. 그 마음의 근원은 탈근거인 공성으로 상승하는 이미지를 갖고 있다. 반면 삼공은 우주를 공의 측면으로 다 포괄하는 의미인데, 그 공성의 차원이 다시 바다라는 깊고 넉넉한 존재의 세상으로 하강한다. 즉 일심의 우주적 마음의 존재가 공성의 근원으로 초탈하면서, 다시 공성의 초탈이 세상이라는 존재의 바다에 내재한다. 원효는 일심지원의 초탈법을 먼저 이중부정으로 설명한다. 그래서 그 근원은 비유비무의 이중부정의 초탈성을 함의한다. 마찬가지로 삼공지해의 연기법을 원효는 먼저 이중부정으로 설명한다. 이어서 그는 삼공지해의 세계를 이중긍정으로 보기를 종용한다.[53] 그런 뒤에 그는 이 대의문에서 이중부정의 무애(遠離)와 이중긍정의 원융(融攝)을 대비하면서 통섭시킨다.

무릇 일심의 근원(一心之源)은 유무有無를 떠나서도 홀로 맑아 있고(獨淨), 삼공의 바다(三空之海)는 진속眞俗을 원융하여 깊고 고요하다(湛然). 깊고 고요해 두나(二)를 원융하니 하나가 아니요(不一), 홀로 맑아서 양변兩邊을 떠났지만 환중環中이 아니다(非中). 환중이 아니지만 양변을 떠났기에 있지 아니한 법(無有之法)이 곧 무無에 머무르지 않으며, 없지 아니한 상(不無之相)이 곧 유有에 머무르지 않는다. 하나가 아니지만 두나(二)를 원융하기에 참되지 않은 사태(事)가 곧 속되지 아니하고, 속되지 아니한 이치(理)가 곧 참되지 아니하다. 두나(二)를 원융하되 하나가 아니기에 진실과 속됨의 성(眞俗之性)이 세워지지 않는 것이 없고, 물듦과 맑음의 상(染淨之相)이 갖춰지지 않는 것이 없다. 양변(邊)을 떠났지만 환중(中)이 아니기에 있음과 없음의 법(有無之法)이 이루어지지 않는 바가 없고, 옳음과 그름의 뜻(是非之義)이 미치지 않는 바가 없다. 그러니 깨뜨림이 없으되 깨뜨려지지 않음이 없고, 세움이 없으되 세워지지 않음이 없으니, 이치가 없음의 지극한 이치(無理之至理)요, 그렇지 아니한 커다란 그러함(不然之大然)이라고 이를 만하다. 이것이 이 경의 큰 뜻이다. 진실로 그렇지 아니한 커다란 그러함이므로 설명하는 언어로 오묘히 환중環中에 계합하고, 이치가 없음의 지극한 이치이므로 설명되는 종지宗旨의 방외를 더 멀리 넘어선다.[54]

---

53 김형효, 앞의 책, pp.94~96.
54 元曉, 『金剛三昧經論』(『한불전』 제1책, p.604중).

원효는 이『금강삼매경론』대의문에서 "일심의 근원은 존재론적인 유무를 떠나 홀로 맑아 있고, 삼공의 바다는 인식론적인 진속을 원용하여 깊고 고요하다."고 언표한다. 그런데 "삼공의 바다는 깊고 고요해 두나(二)를 원용하니 하나가 아니고, 일심의 근원은 홀로 맑아서 양변을 떠나가되 환중이 아니다."라고 하였다. 그리고 "환중이 아니지만 양변을 떠났기에 있지 아니한 법(無有之法)이 곧 무에 머무르지 않으며, 없지 아니한 상(不無之相)이 곧 유에 머무르지 않는다."라고 하였다. 바로 여기에서 이중부정의 무애와 이중긍정의 원용의 행법이 대비되고 있다.

원효는 일심지원의 경도經度에서는 '유/무'와 '시/비'의 양가성이 이중부정과 이중긍정의 형식을 메우는 내용이 되고, 삼공지해의 위도緯度에서는 '진/속'과 '염/정'의 이중성이 역시 이중부정과 이중긍정의 형식을 채우는 역할을 한다고 해석하였다. 이중부정에서는 모두 무애한 불법이라는 의미가 풍기고, 이중긍정에서는 모두 원용한 불법의 의미가 살아난다. 불법은 무애하기에 어떤 걸림도 없이 우리를 자유자재하게 하고, 원용하기에 어떤 차별을 분별함 없이 우리를 포괄적으로 평등하게 한다.[55] 무애의 자유와 원용의 평등의 행법이 대비되고 있다.

일심지원은 초탈적이어서, 무애의 해탈적 자유와 유무와 시비의 이중적 존재와 거래가 이루어지므로, 일심지원은 해탈적 자유와 원용한 평등의 두 가지 의미를 함의하고 있다. 삼공지해도 연생적이어서, 자가성을 고집하지 않는 무애의 초탈적 자유와 차이 속에서도 동거의 상관성을 맺고 있으므로, 삼공지해도 무애의 초탈적 자유와 포괄의 원용한 평등이라 두 가지 의미를 내포하고 있는 셈이다.[56] 무애-초탈-자유의 행법과 원용-포괄-평등의 행법이 분리되지 않는다.

---

55 김형효, 앞의 책, p.96.
56 김형효, 앞의 책, p.97.

이처럼 일심의 근원과 삼공의 바다는 환중과 양변, 무유지법無有之法과 불무지상不無之相, 진속지성眞俗之性과 염정지상染淨之相, 유무지법有無之法과 시비지의是非之義, 무리지지리無理之至理와 불연지대연不然之大然에 입각한 실천적 행법으로 서로 대비되고 서로 보완되고 있다.

2) 여래장과 삼공지해의 관법觀法

우리의 한 마음(一心)은 무명에 인연하여 여러 마음(多心)이 된다. 다심은 생멸문의 다양한 그림이기에 여래장과 삼공지해의 관법이 된다. 일체법을 관찰하는 관법은 일심이 다심으로 확산될 때 필요한 수행법이다. 일심이 다심으로 분기되고 다심은 다시 일심으로 수렴되어야 하기 때문이다.

그러므로 원효에게서 일심은 실상의 존재론적 세계로서 바로 삼공의 바다와 다르지 않다. 따라서 존재론적 다심으로서 일심의 근원이 곧 진공이고, 진공의 총화로서의 삼공의 바다는 존재의 실상實相 사이에도 형성되고 있다.[57] 『금강삼매경론』 또한 일심이 곧 다심이며 다심은 생멸문의 다양한 그림으로 그려내고 있다.

원효는 일심의 분기에서 비롯된 무명의 다심을 가라앉히고 다시 일심의 근원으로 돌아오는 길을 제시하고 있다. 일심의 근원으로 돌아오기 위해서는 심일경성心一境性 즉 마음을 하나의 대상(一境)에 거두어서 책려하고 부지런히 수습함으로써 마음을 하나의 대상에 집중시키는 관법을 닦아야 한다.

---

57 김형효, 앞의 책, p.146.

중생의 여섯 가지 감각이 일심에서 일어나 스스로의 근원을 등지고 여섯 가지 대상에 흩어져 달려 나가는 것이다. … 이제 목숨을 들어 여섯 가지 감각(六情)을 총섭하여 그 본래의 일심의 근원에 돌아가기 때문이다.[58]

대승법에는 오직 일심만이 있으니 일심 밖에는 다시 다른 법이 없지만 다만 무명이 자기의 일심을 미혹하여 모든 물결을 일으켜서 여섯 갈래 길(六道)에 상속하며 헤매게 됨(流轉)을 밝히는 것이다. 비록 여섯 갈래 길의 물결을 일으키지만 일심의 바다를 벗어나지 아니하니, 진실로 일심이 움직여 여섯 갈래 길을 벗어나지 않기 때문에 널리 구제하는 서원을 일으키게 되는 것이요, 여섯 갈래 길이 일심을 벗어나지 않기 때문에 동체대비를 일으킬 수 있는 것이다. 이처럼 의심을 제거해야만 큰 마음을 일으킬 수 있다.[59]

이처럼 대승의 법에는 오직 일심만이 존재한다. 하지만 무명이 자기의 일심을 미혹케 하여 갖은 물결을 일으켜서 여섯 갈래로 윤회를 하고 있다. 그렇다면 어떻게 해야 육도의 윤회에서 벗어나 일심의 바다로 나아갈 수 있을까? 두루 알다시피 일심이 움직여 여섯 갈래 길을 벗어나지 않기 때문에 널리 구제하는 서원을 일으키는 것이다. 동시에 여섯 갈래 길이 일심을 벗어나지 않기에 동체대비를 일으킬 수 있는 것이다. 그러기 위해서는 먼저 의심을 제거해야만 큰 마음을 일으킬 수 있다.

따라서 원효는 큰 마음을 일으키기 위해서는 육도 윤회를 벗어나 일심의 바다로 나아가야 된다고 보았다. 동시에 의심을 제거해야만 큰 마

---

58 馬鳴/元曉, 『大乘起信論疏記會本』(『한불전』 제1책, p.735상중).
59 元曉, 『大乘起信論疏』(『한불전』 제1책, p.701중상).

음을 일으킬 수 있다고 하였다. 여기서 의심을 제거하는 수행이 곧 일체 법을 있는 그대로 바라보는 관법觀法이다. 그것은 곧 적멸과 일심지원 및 여래장과 삼공지해에 도달하는 지름길이 된다.

6. 결어: 정리와 맺음

원효의 일심사상은 그의 대표작이자 만년작인 『대승기신론소』와 『금강삼매경론』에 집약되어 있다. 이 때문에 그의 일심一心의 구조는 기신학과 삼매론에 나타난 일미一味의 지형도를 읽어 내어야만 온전히 파악할 수 있다. 원효는 기신학에서 적멸로서 일심과 여래장으로서 일심을 이위異位로 구분하고, 삼매론에서 일심의 근원과 삼공의 바다를 통해 존재론적인 측면과 인식론적인 측면을 가려본 뒤 이것을 다시 통섭해 나가고 있다.

원효는 우주적 마음으로서 일심 즉 적멸과 일심지원一心之源 및 세상의 바다로서 삼공 즉 여래장과 삼공지해三空之海의 관계를 지행止行과 관행觀行의 나란한 운행인 정관正觀으로 통섭해 가고 있다. 이것은 기신학 일심과 삼매론 일미를 통섭하는 과정으로 이해할 수 있다. 그리하여 원효는 적멸로서 일심과 우주적 마음으로서 일심을 통섭한 행법行法 즉 지법止法과 여래장으로서 일심과 세상의 바다로서 삼공을 통섭한 관법觀法으로 통로를 제시하고 있다. 적멸과 일심지원을 통섭한 행법과 여래장과 삼공지해를 통섭한 관법은 그의 일심사상과 일미사상의 구조를 떠받치는 주축이다.

그런데 원효는 진여문(果)과 생멸문(因) 이외에 비인비과非因非果를 '본법本法으로서 일심'으로 시설하여 삼제설을 주장한 반면 법장은 진여문과 생멸문 이외에 별도의 일심을 시설하지 않고 비인비과를 곧 진여문으로 건립하여 '일심(=진여문)-생멸문'의 이제설을 주장하였다. 이것은 『능가경』을 원용하여 적멸로서 일심과 여래장으로서 일심의 구분이라는 기신학의 본의에 충실하면서도 '일심(非因非果)-진여문(果)-생멸문(因)'의 삼제설을 제시한 원효와 화엄학으로의 지향을 의식해 기신학의 본의를 '일심(非因非果)=진여문(非因非果)-생멸문(因)'의 이제설의 관점 아래 자의적으로 해석한 법장이 다른 점이다.

따라서 궁극적으로 원효는 진여와 생멸 이외에 '본법으로서 일심'을 상위 개념으로 시설하여 '일심-진여-생멸'의 삼제설을 견지하고 있다. 그의 삼제설은 여래장의 상위 개념으로서 일심을 분명히 하기 위함이었음을 알 수 있다. 그리고 그것은 원효의 일심사상이 기신학의 일심과 삼매론의 일미의 통섭 위에서 이루어졌음을 시사해 주고 있다. 따라서 우리는 이러한 지형을 통해 원효의 핵심 사유는 일심사상이라고 할 수 있다.

참고문헌

『雜阿含經』 2(『대정장』 제2책).

無著 著, 玄奘 譯, 『攝大乘論本』(『대정장』 제31책).

堅慧 著, *RGV(Ratna Gotra Vibhāga)*.

玄奘 譯, 『究竟一乘寶性論』(『대정장』 제31책).

馬鳴, 『大乘起信論』(『대정장』 제32책).

菩提流支 譯, 『入楞伽經』「請佛品」(『대정장』 제16책).

元曉, 『大乘起信論疏』(『한불전』 제1책).

_____, 『金剛三昧經論』(『한불전』 제1책).

_____, 『阿彌陀經疏』(『한불전』 제1책).

_____, 『涅槃經宗要』(『한불전』 제1책).

_____, 『梵網經菩薩戒本私記』(『한불전』 제1책).

均如, 『釋華嚴敎分記圓通鈔』 권제3(『한불전』 제4책).

石田茂作 편, 『寫經より見たる奈良朝佛敎の硏究』附錄, 『奈良朝現在一切經
　　　目錄』(『東洋文庫論叢』 제11집), 1930.

박태원, 『대승기신론사상연구』(I), 민족사, 1994.

金煐泰, 『원효연구사료총록』, 원효학연구원 장경각, 1996.

김형효, 『원효의 대승철학』, 소나무, 2006.

남동신, 「원효의 기신론관과 일심사상」, 『한국사상사학』 제22집, 한국사상사학
　　　회, 2004.

정호영, 「알라야식과 여래장의 교섭-『능가경』의 경우」, 『인문학지』 제40집, 충
　　북대학교 인문과학연구소, 2008.

高榮燮, 「마음에 대한 고찰」, 『문학 사학 철학』 제15호, 대발해동양학한국학
　　연구원 한국불교사연구소, 2010.

_____, 「분황 원효가 한국불교에 미친 영향: 여래장 인식과 불성 이해를 중
　　심으로」, 『분황 원효와 세계 불교학』, 동국대학교 세계불교학연구소,
　　2016.9.

_____, 「분황 원효와 현수 법장의 기신학 이해」, 『불교철학』 제1집, 동국대학
　　교 세계불교학연구소, 2017.10.

7

『일승법계도』에 나타난 의상의 법계관
/ 전호련(해주)

〈선정 이유〉

I. 머리말

II. 진성연기眞性緣起

III. 법성성기法性性起

IV. 연성이기緣性二起의 일승법계

V. 맺음말

● 전호련(해주), 「『일승법계도』에 나타난 의상의 법계관」, 『한국불교학』
제59집, 한국불교학회, 2011.2, pp.47~65.

선정 이유

이 논문은 의상의 대표작인 『일승법계도』에 나타난 법계관을 통해 중중무진의 화엄사상의 핵심을 요약하고 있는 것에 주목하여 선정하였다. 『일승법계도』는 60권 화엄경을 압축한 법성계를 도상화한 것이지만 여기에서 의상은 자신의 철학적 관점을 촘촘하게 담아내고 있다.

저자는 의상의 『일승법계도』가 법성에 중점을 두어 그려 낸 것으로 보면서 법성은 법성연기이며, 법계는 법성과 진성이 상즉하여 둘이 아니면서도 법성성기가 진성연기를 함께 포섭한 세계임을 밝히고 있다. 의상이 법계를 그려 보인 「반시」는 융삼세간불의 성기세계이며 지정각세간의 불보살 경계를 보인 법계도인이 육상원융의 연기세계를 의미하면서도 그 또한 법성가의 덕용인 중도를 드러내기 위한 것으로 보고 있다.

저자는 의상이 「반시」를 통하여 일승법계를 언설로 표현한 「법성계」의 구성 내용이 증분의 법성과 연기분의 진성이 상즉하여 둘이 아니지만 법성이 진성을 함께 포섭한 세계가 일승법계임을 알 수 있게 한다고 보았다. 그것은 십불과 해인삼매와의 관련뿐만 아니라 십불과 구래불, 법성과 구래불의 관계 등에서도 여실히 드러나고 있다고 보았다.

저자는 의상이 동전 열 개를 사용하여 십전이 십문을 구족하여 상즉 상입을 보인 특유의 수십전법으로 연기실상다라니를 관찰하게 한 것 또한 법성성기로 인도하기 위한 방편이었다고 보았다. 그리하여 의상은 화엄법계가 불화엄의 세계이면서 화엄보살행이 바로 불세계의 장엄임을 법계관을 통해서 보여 주었다고 파악하는 지점에서 이 논문의 의미와 학문적 가치를 찾을 수 있다.

I. 머리말

『일승법계도一乘法界圖』는 신라 의상義湘(625~702)의 화엄경관을 알
수 있는 대표적인 저술이다. 의상은 해동화엄 초조로 불리어 왔고, 『일
승법계도』에 담겨 있는 화엄사상은 한국 화엄의 주류를 이루는 의상계
화엄사상의 근간이 된다.

의상은 「일승법계도합시일인一乘法界圖合詩一印」이라는 「반시槃詩」[1]로
화엄세계를 드러내고 있다. 일승의 교설이라 불리는 『화엄경華嚴經』의
세계를 법계法界라 하고, 그 법계를 굴곡이 있는 한 줄의 「법계도인法界
圖印」과 210자의 시詩인 「법성게法性偈」를 합한 그림으로 그려 보인 것이
다. 따라서 『일승법계도』의 핵심 내용은 법계라 할 수 있다. 그리고 그
법계가 법계일 수 있음을 법성法性으로 노래하고 있으니, 법계와 아울
러 법성 또한 의상의 화엄관을 단적으로 드러내는 말이라 하겠다.[2]

여기서 법성은 법성성기法性性起이니 의상의 일승법계는 이 법성성기

---

1 「반시」는 「法界圖印」과 「法性偈」를 합한 것이니 붉은 줄과 검은색의 글자가 흰 종
이 바탕 위에 함께 놓여 있는 그림이다. 「반시」와 이에 대한 의상 자신의 주석인
「法界圖記」를 합하여 『一乘法界圖』라고 한다. 『한불전』 제2책에서 저본으로 하
고 있는 『속장경』본(第2編 八套 四冊)에는 제목이 『華嚴一乘法界圖』라 되어 있고,
『한불전』 제6책에서 수록하고 있는 『法界圖記叢髓錄』(이하 『叢髓錄』)의 저본인
『高麗大藏經』 권44(補遺版 庭函)에는 『一乘法界圖合詩一印 五十四角 二百一十
字』로 되어 있다.
2 『일승법계도』의 사상 전반에 관한 개설적인 내용은 전해주(1993)와 전해주(1998),
그리고 해주 외 3인 역주(2010)의 해제 등을 참고하면 된다.

가 진성연기眞性緣起를 함께 포섭한 세계이다. 이 점은 의상의 화엄사상이 비록 지엄智儼(602~668)의 영향을 받은 것이기는 하나, 법계연기가 성기를 포섭한 지엄의 화엄사상과는 크게 다른 점이라 하겠다.

이에 본고에서는 그러한 연기와 성기의 의미와 그 상관관계를 『일승법계도』의 법성과 법계의 상관성에 초점을 맞추어서 살펴보고자 한다. 그리하여 의상이 주창한 연성이기緣性二起의 일승법계관을 드러내 보고자 하는 것이다.

Ⅱ. 진성연기眞性緣起

의상의 화엄연기관은 『일승법계도』의 곳곳에서 많이 발견된다. 우선 『일승법계도』에 작자作者의 이름을 명기하지 않은 것도 그러하고, '총장원년(668) 7월 15일'에 지었다는 연월일年月日을 적어 둔 것도 의상의 연기관에 의한 것이다. 연생緣生의 제법에는 주자主者가 따로 없으므로 이름을 밝히지 아니하였고, 일체 제법은 연緣을 의지하여 생겨나므로 연월일을 적어 두었다는 발문이 있는 것이다.[3] 그리고 화엄교학에서 법계연기의 2대 축을 이루는 십현연기十玄緣起와 육상원융설六相圓融說도 보인다. 의상은 이러한 연기를 특히 진성이 연緣따라 이루는 진성연기임을 보이고 있으며, 수십전법數十錢法으로 이 연기실상다라니법을 관찰하도록 강조하고 있다.

의상은 『일승법계도』에서 「법계도인」은 지정각세간智正覺世間을 나타

---

3 義湘, 『華嚴一乘法界圖』(HD2), p.8中. "問何故不看集者名字. 答表緣生諸法無有主者故. 又問何故在年月名. 答示一切諸法依緣生故."

낸 것이고 「법성게」는 중생세간衆生世間을 나타내며 「법계도인」과 「법성게」를 합한 「반시」가 놓인 바탕은 기세간器世間을 나타낸다고 하였다.[4]

이 가운데 「법계도인」은 육상원융六相圓融으로 설명되고도 있다.[5] 「법계도인」과 육상의 관계를 보면 근본인根本印은 총상總相이고, 원만한 인印의 여러 각과 굴곡은 별상別相이다. 모든 각과 굴곡이 한가지로 인印인 것은 동상同相이고, 한가지로 인印이나 부동하여 각각 다른 것은 이상異相이다. 다르면서도 치우치는 바 없이 곧바른 인印인 것은 성상成相이고, 바른 인印이면서도 각각 제자리에 머물러 짓지 아니하는 것은 괴상壞相이라고 한다.[6]

의상은 이러한 육상설을 펴면서 총상은 일승원교一乘圓敎에 해당하고 별상은 삼승三乘에 해당한다고 한다. 그리고 일승은 삼승을 총괄적으로 포함하는 것이므로 주主가 되고 삼승은 반伴이나, 일승으로 말미암아 삼승이 있고 삼승으로 말미암아 일승이 있기 때문에 주반상성主伴相成이 된다. 그리하여 주반이 서로 도와 부즉불리不卽不離하여 항상 중도中道에 있다고 한다.[7]

「반시」를 설명한 「법계도기法界圖記」의 십현연기설十玄緣起說은 지엄의 십현문과 그 내용과 순서가 같다.[8] 단 '唯心廻轉善成門'을 '隨心廻轉善成門'이라 한 것이 다르다.[9]

---

4 위의 책(HD2), p.1中.
5 위의 책(HD2), p.1中·下.
6 위의 책(HD2), p.2中.
7 해주(1998), p.303.
8 『華嚴一乘法界圖』(HD2), p.8上. ① 同時具足相應門(人法, 理事等 十門相應. 以下 모두 十門具足) ② 因陀羅網境界門(從喩) ③ 秘密隱顯俱成門(從緣) ④ 微細相容安立門(從緣相) ⑤ 十世隔法異成門(從世) ⑥ 諸藏純雜具德門(從事) ⑦ 一多相容不同門(從理) ⑧ 諸法相卽自在門(從用) ⑨ 隨心廻轉善成門(從心) ⑩ 托事顯法生解門(從智)
9 『高麗大藏經』 권44에 수록된 『叢髓錄』의 원문에는 '隨'가 '唯'로 되어 있다.

의상은 이러한 연기세계를 특히 「법성게」의 연기분緣起分에서 구체적으로 드러내고 있다. 「법성게」에서는 자리행을 증분證分과 연기분으로 나누고 연기분을 진성수연眞性隨緣의 세계로 나타내고 있다. 진성이 극히 미묘하여 자성을 고수하지 않고 연緣을 따라 이룬다는 것이다. 의상은 연기분을 연기의 체體와 다라니이용陀羅尼理用, 사事, 세世, 위위位 등으로 설명하고, 그러한 연기세계를 다시 총론하고 있다.[10]

이 연기분에서 보인 연기세계는 구체적으로 일一과 다多, 대大와 소小, 다多와 소少, 광廣과 협狹, 염念과 겁劫, 연延과 촉促, 장長과 단短, 시始와 종終, 인因과 과果, 염染과 정淨, 진眞과 망妄, 이理와 사事,[11] 중생衆生과 불佛 그리고 십세十世 등의 무애로 설명됨을 볼 수 있다. 이러한 무애의 내용을 연기분의 게송 등과 연계하여 도시해 보면 다음 〈표 1〉과 같다.

〈표 1〉 緣起分 中門과 即門의 無礙

법성게 구절	분과	中門 即門	無礙의 내용	*십현문과의 관계
眞性甚深極微妙 不守自性隨緣成	指緣起體			(唯心廻轉善成門)
一中一切多中一	約陀羅尼理用 以辨攝法分齊	중문	一多無礙	一多相容不同門
一即一切多即一		즉문		諸法相即自在門
一微塵中含十方 一切塵中亦如是	約事 (顯)攝法分齊	중문	大小무애 多少무애 廣狹무애	微細相容安立門 (諸藏純雜具德門)
無量遠劫即一念 一念即是無量劫	約世時 示攝法分齊	즉문	念劫무애 延促무애 長短무애	十世隔法異成門
九世十世互相即 仍不雜亂隔別成		즉문	十世무애	

---

10 『화엄일승법계도』(HD2), pp.2下~3上.

11 理와 事의 무분별이란 理理·理事·事事 등의 無礙를 포함한 말이다.(HD2, p.6上.) 의상은 이중에서도 事事無礙로 진성연기의 예를 들고 있음은 물론이다.

법성계 구절	분과	中門 卽門	無礙의 내용	*십현문과의 관계
初發心時便正覺	約位	즉문	始終무애 因果무애	諸法相卽自在門
生死涅槃常共和	以彰攝法分齊	중문 즉문	染淨무애 眞妄무애	(因陀羅網境界門)
理事冥然無分別	總論上意	중문 즉문	理事무애 (理理무애 事事무애)	(秘密隱顯俱成門)
十佛普賢大人境		중문 즉문	生佛무애 (佛菩薩무애)	(同時具足相應門)

* 십현문에서 ( ) 안의 내용은 꼭 적합하지는 않으나 유사한 경계라고 간주하여 배
  대한 것이다. 십현문 전체가 상입 상즉의 경계이기 때문이다.

의상은 이러한 연기실상다라니법에 대하여 수십전법數十錢法을 통하
여 깨달을 수 있도록 비유법을 시설하고도 있다.[12] 화엄교학에서 열 개
의 동전을 헤아리는 비유는 『일승법계도』에서 의상이 처음으로 사용하
고 있는 것이다.[13]

의상은 중문中門과 즉문卽門의 연기법에 대하여 동전 열 개로써 일
중십一中十, 십중일十中一의 향상래向上來, 향하거向下去와 일즉십一卽十,
십즉일十卽一의 향상거向上去, 향하래向下來로 설명하고 있다.[14] 의상은
일一에서 십十으로 헤아리는 향상문과 십十에서 일一로 헤아리는 향하
문의 내용을 설명한 다음, 본말양전本末兩錢(一錢과 十錢)에 십문十門을
구족한 것처럼 나머지 팔전八錢 가운데도 예에 준하여 알 수 있을 것이
라고 하였다.[15] 여기서 '예에 준하여 알 수 있다'고 하며 설명을 생략한
팔전八錢까지 포함한 십전十錢 전체의 십문구족十門具足을 도시하면 다
음 〈표 2〉와 같다.[16]

---

12 『화엄일승법계도』(HD2), p.6上·中.
13 海住(2000a), p.927.
14 위의 논문; 전해주(1998), pp.311~315 참조.
15 『화엄일승법계도』(HD2), p.6中.
16 의상의 수십전법에 대하여 소개된 기존 도시는 본과 말인 일전과 십전의 십문구
  족에 대한 도표이다. 의상이 예에 준하여 알 수 있다고 하며 설명을 생략한 여타

[中門]

동전 10개	本數 1	본수 2	본수 3	본수 4	본수 5	본수 6	본수 7	본수 8	본수 9	본수 10
제1전(一)	一	二中一	三中一	四中一	五中一	六中一	七中一	八中一	九中一	十中一
제2전(二)	一中二	二	三中二	四中二	五中二	六中二	七中二	八中二	九中二	十中二
제3전(三)	一中三	二中三	三	四中三	五中三	六中三	七中三	八中三	九中三	十中三
제4전(四)	一中四	二中四	三中四	四	五中四	六中四	七中四	八中四	九中四	十中四
제5전(五)	一中五	二中五	三中五	四中五	五	六中五	七中五	八中五	九中五	十中五
제6전(六)	一中六	二中六	三中六	四中六	五中六	六	七中六	八中六	九中六	十中六
제7전(七)	一中七	二中七	三中七	四中七	五中七	六中七	七	八中七	九中七	十中七
제8전(八)	一中八	二中八	三中八	四中八	五中八	六中八	七中八	八	九中八	十中八
제9전(九)	一中九	二中九	三中九	四中九	五中九	六中九	七中九	八中九	九	十中九
제10전(十)	一中十	二中十	三中十	四中十	五中十	六中十	七中十	八中十	九中十	十

[卽門]

동전 10개	本數 1	본수 2	본수 3	본수 4	본수 5	본수 6	본수 7	본수 8	본수 9	본수 10
제1전(一)	一	二卽一	三卽一	四卽一	五卽一	六卽一	七卽一	八卽一	九卽一	十卽一
제2전(二)	一卽二	二	三卽二	四卽二	五卽二	六卽二	七卽二	八卽二	九卽二	十卽二
제3전(三)	一卽三	二卽三	三	四卽三	五卽三	六卽三	七卽三	八卽三	九卽三	十卽三
제4전(四)	一卽四	二卽四	三卽四	四	五卽四	六卽四	七卽四	八卽四	九卽四	十卽四
제5전(五)	一卽五	二卽五	三卽五	四卽五	五	六卽五	七卽五	八卽五	九卽五	十卽五
제6전(六)	一卽六	二卽六	三卽六	四卽六	五卽六	六	七卽六	八卽六	九卽六	十卽六
제7전(七)	一卽七	二卽七	三卽七	四卽七	五卽七	六卽七	七	八卽七	九卽七	十卽七
제8전(八)	一卽八	二卽八	三卽八	四卽八	五卽八	六卽八	七卽八	八	九卽八	十卽八
제9전(九)	一卽九	二卽九	三卽九	四卽九	五卽九	六卽九	七卽九	八卽九	九	十卽九
제10전(十)	一卽十	二卽十	三卽十	四卽十	五卽十	六卽十	七卽十	八卽十	九卽十	十

위의 〈표 2〉에서 그려 보인 바와 같이 10전錢이 모두 10문門을 구족한 의상의 수십전법을 균여(923~973)는 십층십탑十層十塔 또는 십좌십

8전을 포함하여 십전 전체의 십문구족을 모두 도시한 〈표 2〉는 이 논문에서 처음 시도해 보인 것이다. 이 10전 전체의 10문 구족을 이해하지 못하면 균여가 의상의 법계관을 십층십탑의 횡진법계로 설명한 것도 이해할 수 없게 된다.

탑十座十塔으로 설명하고 있는 것이다. 그래서 제일층을 부르면 십탑 전체에서 '나도 제일층' '나도 제일층'이라고 대답한다(一名口許)고 하여, 의상의 법계관을 횡진법계橫盡法界로 설명하고 있는 것이다.

균여는 이처럼 의상의 수십전법이 제일전을 부르면 '나도 제일전' '나도 제일전'이라 하여 같은 이름으로 대답하는 횡진이지만, 더 나아가 십전을 같은 동전이 아니라 금·은·동·철전 등의 동전으로 나열한다면 각기 자기 이름으로 대답하는(自名口許) 수진堅盡일 수도 있다고 하여 횡진의 입장에서 수진을 회통한 주측법계周側法界로 재해석하고도 있는 것이다.[17]

Ⅲ. 법성성기法性性起

그러면 위와 같은 연기의 세계만 법계인가? 만약 그렇다면 의상이 법계를 그림으로 그려 보인 반시는 연기세계여야 할 것이다. 그런데 석가모니부처님의 교설에 포섭된 일체 법을 일단 셋으로 나눈 지정각세간(「법계도인」), 중생세간(「법성계」), 기세간(바탕)은 모두 해인삼매를 따라서 현현한 것이다.[18] 즉 삼종세간이 해인삼매를 따라 나타나 원융한 융삼세간불의 성기세계인 것이다.

위에서 살펴본 「법계도인」을 육상으로 설명한 것도 실은 법성가法性家의 진실덕용眞實德用을 보이기 위해서라고 한다. 「반시」에서 첫 글자인 '법法' 자와 끝 글자인 '불佛' 자를 한가운데 둔 것은 인因과 과果의 이위

---

17 全海住(平成 14年), pp.232~239.; 전해주(2000b), pp.97~124 참조.
18 『화엄일승법계도』(HD2), p.1中.

二位가 법성가法性家 내의 진실덕용眞實德用으로서 그 성성이 중도에 있음을 보이기 위해서이며, 그 의미를 더 상세히 드러내기 위해서 육상설을 시설하였음을 밝히고 있는 것이다.[19] 그리하여 의상은 육상이 연기의 무분별한 이치를 나타내는 것이라 하였고, 또한 제법이 스스로 여여한 데 머물러 오직 불경계일 뿐이라고 설하고 있다.[20] 그것은 수십전법과 십현설도 마찬가지이다.

의상은 연기다라니법을 부주不住·중도·법성가의 무분별의 세계로까지 확대 해석하여 성기설과 연관짓고 있는 것이다.[21]

게다가 「반시」에서 시詩에 해당하는 전체 내용이 「법성게」인 만큼 일승법계에서 이 법성의 중요성은 아무리 강조해도 지나치지 않다고 하겠다. 「법성게」의 법성이란 증분證分 4구句에서 읊어지고 있는 것처럼 원융한 것이다. 그리고 법성이 원융하다는 것은 모든 존재가 부동이며 본래 고요한 것으로 바꾸어 말해지고 있다. 이 부동의 법성은 「법성게」의 마지막 구절에서는 "舊來不動名爲佛"이라 하여 구래불로 나타나고 있다. 그러한 구래불의 법성 경계는 증득한 지혜로라야 알 수 있는 경계이다. 이름도 없고 모양도 없으며 일체가 끊어진 자리인지라 말할 수 없다. 불경계인 증분의 법성세계는 불가설不可說이므로 가설인 진성으로 대체되어 연기분이 전개되는 것이다. 이처럼 「법성게」에서 법성에 들어가기 위해 진성을 설정한 것은 진성연기의 구극이 법성성기임을 말한 것으로도 이해할 수 있다.[22]

---

19 『화엄일승법계도』(HD2), p.1中·下; 전해주(1998), p.299.
20 전해주(1998), p.305.
21 『화엄일승법계도』(HD2), p.8中; 전해주(1993), p.132.
22 이는 지엄이 『공목장』의 「性起品名性起章」(T45), p.580下에서 "성기는 일승법계 연기의 극치를 밝힘이다."라고 말한, 연기의 구극이 성기라고 한 것과 같은 의미로 간주된다.

그런데 의상은 일승법계도에서 법성이 바로 성기라고 직접 언급하고 있지는 않으나,[23] 증분법성을 성기와 연결되게 사용하고 있음을 볼 수 있다. 즉 의상은 법성法性의 성性과 상相을 중도·무분별로 해석하고 있으며, 다시 중도는 무분별이고 부주의 뜻이라고 한다. 다시 말해서 의상은 중도·무분별·부주 또는 무주無住를 유사하거나 동일한 의미로 보고 법성과 연결짓고 있는 것이다.[24] 그리고 이러한 무주법성을 의상은 또한 범부의 신심에 바탕하여 설하고 있다.

의상은 증분 법성을 설명하면서 "금일 오척신五尺身의 부동不動함을 무주無住라 한다."[25], "우리 범부의 오척신이 3제에 칭합하여 부동함을 무주라 한다."[26]라고 해석하고 있다. 부동오신不動吾身이 곧 법신 그 자체라는 의상의 법성설은 지엄의 성기관을 수용한 해석으로 볼 수 있다. 지엄은 『수현기』에서, "性者體 起者現在心地耳"[27]라고 성기를 설명하고 있다.[28] 이 점은 의상이 지엄의 성기설을 이어받은 측면이라 할 수 있겠으나, 의상의 법성성기설은 분명 지엄의 정분연기淨分緣起를 성기라 한 것과는 다름을 볼 수 있다.

『수현기』에서 「십지품」 제6 현전지의 "三界虛妄 但是心作"[29]을 해석하

---

23 법장의 저술이라고 전해진 『화엄경문답』에는 법성이 바로 성기임이 설해져 있다.(T45, p.610中. 其性起者 卽其法性) 그런데 최근 『화엄경문답』이 법장의 저술이 아니라 의상의 강설을 받아 적은 「지통기」의 이본으로 밝혀지고 있다.(해주 외 역주, 2010, p.64 참조) 이 『화엄경문답』의 법성성기설에 대해서는 추후 재론하기로 한다.

24 『화엄일승법계도』(HD2), p.1中, p.6中·下, p.8中.; 전해주(1988), pp.119~120.

25 『叢髓錄』上1(HD6), p.776下.

26 『화엄일승법계도』(HD2), p.1中, p.6中·下, p.8中.; 전해주(1988), pp.119~120.

27 『搜玄記』4下(T35), p.79中·下. 玉城康四郎(昭和 26), p.281에서는 "여기서 體란 법계연기의 체이고 연기 자체가 心地에 現在함을 性起라 이름한다."고 해석하고 있다.

28 전해주(1993), pp.140~141.

29 『六十華嚴』(T9), p.558下.

면서 지엄은 법계연기를 논하고 성기와의 관계를 밝히고 있다. 즉 법계연기는 범부염법凡夫染法의 입장과 보리정분菩提淨分의 입장으로 크게 2분하고, 정문淨門인 보리정분을 다시 본유本有·본유수생本有修生·수생·수생본유로 세분하면서, 수생과 수생본유는「십지품」에 있으나 본유와 본유수생은『화엄경』의「보현품」과「성기품」에 있다고 하여 유정唯淨연기를 따로 시설하고 있다. 본유란「성기품」의 '미진경권微塵經卷'과 '보리대수菩提大樹'의 비유처럼 중생의 깨달음은 본래적으로 완성되어 있는 것이고, 본유를 따라서 동성同性에서 발함이 본유수생이니 보리심을 이름하여 성기라 한다고, 본유와 본유수생을 성기와 연결시켜 해석하고 있는 것이다.[30]

그러한 지엄의 연성이기설緣性二起說에서 볼 때 법계연기의 극치가 성기이므로 연기와 성기 사이에는 본질적인 상위는 없다. 그러나 또한 성기는 법계연기 가운데 보리정분에 속함을 보이고 있어서 지엄의 연기와 성기는 병열이 아니고[31] 성기를 연기에 포섭시키고 있는 것이다.

그러나 의상은 증분의 법성을 진성의 연기분 속에 포함시킨 것이 아니다. 의상은 증분과 연기분을 자리행의 두 영역으로 분류하고 연기분의 진성을 통해서 증분의 법성으로 들어가게 하고 있다.[32] 진성연기는 법성성기로 들어가게 하는 방편인 것이다. 그리고 증분과 연기분을 포

---

30 『搜玄記』3下(T35), pp.62下~63下. 화엄성기사상의 최초 문헌은 이『수현기』로 알려져 있다. 지엄의 성기사상의 형성은 慧遠의『대승의장』, 두순의 법계관 그리고 曇遷의『망시비론』의 영향하에 이루어졌음은 널리 알려져 있다.[鎌田茂雄(1957), pp.195~198.] 그러나 지엄은 혜원의 性의 해석을 이어 받으면서도 그와는 달리 여래장사상의 정연기의 측면을 강조하여 중생 중에 出纏의 法身이 있다고 설정한 것이다.[石井公成(昭和 54), p.127, p.135.]

31 정순일(1988), pp.110~112.

32 『叢髓錄』의「법기」(HD6), p.777中·下에서는 중생들이 법성에 들어가기 어렵기 때문에 법성을 진성이라 바꾸어 이름해서 그들이 익히게 한 것이라면서 이를 비단 짜는 것에 비유하고 있다.

함하여 구래불로 마무리되는 「법성게」 전체가 법성을 읊은 것임을 볼 때, 이는 오히려 법성성기가 진성연기를 포섭한 것이라 하겠다.

이처럼 법계의 두 모습으로 보이는 법성성기와 진성연기의 관계에 대해서 장을 달리하여 좀 더 상세히 살펴보기로 한다.

Ⅳ. 연성이기緣性二起의 일승법계

의상은 주지하다시피 「법성게」를 크게 '자리행'과 '이타행' 그리고 '수행자의 방편급득이익方便及得利益'의 세 부분으로 분과하고 있다.

자리행은 다시 증분과 연기분으로 나누어 설명하면서 증분과 연기분의 법이 다르기도 하고 다르지 않기도 함을 설하고 있다. 그러면서도 연기분은 증분에 들기 위한 방편임을 다양하게 보이고 있다.

증분의 법은 실상을 기준으로 하여 설한 것이니 오직 증득한 이라야 알 수 있는 것이고, 연기분의 법은 중생을 위해 설한 것이니 연과 상응하므로 증분과 연기분은 다르다. 그러나 둘이 또한 다르지 아니하니 연기의 법은 연을 따라 생하여 자성이 없는지라 본本과 더불어 다르지 아니하다는 것이다.[33] 법성성기는 본本이고 진성연기는 말末로서 본말이 다르지 아니하다는 것이니, 증분과 연기분 역시 원융하여 둘이 아닌 경계임을 보이고 있는 것이다.[34] 그러면서도 위에서 본 바처럼 진성연기는 법성성기에 포섭되어 법계로 나타나는 것이다.

---

33 『화엄일승법계도』(HD2), p.4下.
34 『叢髓錄』의 眞記(HD6), p.795下에서도 증분과 교분(연기분)을 나누지 않은 것을 중도라 하고 그러한 중도가 바로 법성가라고 해석하고 있다.

「법성게」의 구성에서 볼 때, 자리행에 이어서 나오는 이타행의 해인삼매설 역시 연기緣起와 성기性起를 함께 보인다고 하겠다.[35] 그러면서도 이타행을 가능케 하는 해인삼매 또한 특히 성기와 연결되는 측면이 중시되고 있다.『일승법계도』에서는 구래불舊來佛인 십불十佛의 출현이 해인삼매에 의지한 것이며, 해인삼매는 법성을 증득함에 의한 것임을 밝히고 있기 때문이다.[36]

십불의 경계는 「법성게」에서 연기분에 배속되어 있기는 하다. 십불이 보현보살의 경계처럼 연기의 세계라는 것이다. 그런데 십불을 우선 연기분에 배속한 이유는 십불이 밖으로 향한즉(向外) 보현이고 보현이 안으로 향한즉(向內) 십불인 까닭이다.[37] 이처럼 보현보살과 함께 중생교화적 측면에서 십불을 연기분에 두고 있으면서 또한 십불을 증분의 무분별 세계로도 설명하고 있다. 그래서 십불은 성기의 여래출현으로 이해되고 있음은 물론이다.

의상의 법손인 법융法融은 십불十佛 가운데 성불性佛의 성性이 무주법성無住法性을 가리킨다고 하며, 심불心佛의 심心을 성기심으로 나타내고 있다.[38] 그리고 증분과 교분(연기분)은 구래로 중도中道 일무분별一無分別이라고 하니[39] 십불은 연기이면서 성기로서 연기와 성기가 둘이 아니기는 하나 특히 성기로 연기를 융섭하고 있다. 그 십불의 현현이 가능한 것은 해인삼매에 의한 것이고, 해인삼매는 궁극적으로 법성을 증득할 때 현전하는 것이다. 따라서 십불의 출현은 곧 법성성기의 경계임을 알 수 있다.

---

35 『叢髓錄』上1(HD6), p.786中.
36 『화엄일승법계도』(HD2), p.3下.
37 『叢髓錄』(HD6), p.768中, p.785上·中.
38 『叢髓錄』下2(HD6), pp.833下~834上.
39 『叢髓錄』下2(HD6), p.833下.

그것은 『화엄경』 「현수품」에서 교설하고 있는 해인삼매의 경계에서도 증명된다. 즉 해인삼매의 힘으로 정각을 이루고 법을 설하며 무량방편으로 갖가지 몸을 나투어 중생을 교화한다는 것이다. 또한 해인삼매에 의해 부처로 나투며 중생교화의 갖가지 몸으로 변화하여 중생을 이롭게 한다는 것이다.[40] 그러한 경계가 「법성게」에서 이타행으로 읊어지고 있으며, 중생들이 그릇 따라 이익을 얻게 함이 해인삼매의 힘임을 보이고 있다.

『화엄경』의 해인삼매 중 「보왕여래성기품」의 해인설은 성기의 갖가지 모습 가운데 여래의 보리와 관련된 성기설로서 크게 주목된다.[41] 불의 구극의 깨달음이 중생들을 다 비추는 것이 마치 대해大海가 일체중생의 모습을 비추는 것에 비유되어 해인삼매가 설해지고 있다. 의상은 이러한 해인삼매설에 의지하여 해인이 증법성證法性에 의한 것임을 밝혀서[42] 『법계도』가 성기 그 자체임을 말해 주고 있다.[43]

「법성게」의 마지막 분과인 '수행자의 방편 및 득이익得利益'은 위에서 보인 자리행과 이타행을 다시 한 번 수행을 통해 직접 펼쳐 보이는 부분이라 하겠다. 그것은 『화엄경』의 구성이 전편과 후편으로 이루어진 것으로 간주되는 것과도 같은 맥락으로 여겨진다. 『화엄경』 「입법계품」은 그 이전 「이세간품」까지의 교설을 다시 한 번 구법자 선재동자를 등장시켜서, 선재가 이웃에서 만날 수 있는 선지식을 역참하면서 방편 해탈문으로 펼쳐 보이는 형태를 취하고 있기 때문이다.

의상은 수행으로 도달된 세계를 법계장엄으로 보았으며, 수행자가

---

40 『六十華嚴』(T9), p.434中·下.
41 『60華嚴』(T9), p.626下, p.627中.
42 『화엄일승법계도』(HD2), p.3下.
43 전해주(1993), p.152.

궁극적으로 법성가인 실제의 중도 자리에 앉았을 때 바로 구래불舊來佛이라고 한다. 다시 말해서 수행자의 방편과 득이익 역시 결국은 구래불의 여래 경계를 드러내는 성기로서 법성성기임을 결론적으로 다시 한 번 강조하고 있는 것이다.

V. 맺음말

『일승법계도』와 「법성게」의 제목에서 사용하고 있는 법계와 법성은 의상의 화엄경관을 단적으로 드러내는 핵심 용어라 할 수 있다. 의상은 법성과 진성, 성기와 연기가 둘이 아니나 방편으로서의 진성연기보다 법성성기에 중점을 두어 그의 화엄일승 법계관을 수립함을 볼 수 있다.

의상이 법계를 그려 보인 「반시」는 융삼세간불融三世間佛의 성기세계이다. 그리고 지정각세간智正覺世間의 불보살 경계를 보인 「법계도인」은 육상원융의 연기세계를 의미하는 것이면서 그 또한 법성가의 덕용德用인 중도中道를 드러내기 위한 것이다. 또한 「반시」에서 일승법계를 언설로 표현한 「법성게」의 구성 내용을 통해서도, 증분의 법성과 연기분의 진성이 상즉相卽하여 둘이 아니지만 법성이 진성을 함께 포섭한 세계가 일승법계임을 알 수 있게 한다. 그것은 십불十佛과 해인삼매와의 관련뿐만 아니라 십불과 구래불舊來佛, 법성과 구래불의 관계 등에도 여실히 드러나고 있다.

동전 열 개를 사용하여 십전이 십문을 구족하여 상즉 상입함을 보인 의상 특유의 수십전법으로 연기실상다라니를 관찰하게 한 것 역시 법성성기로 인도하기 위한 방편인 것이다.

이상과 같은 의상의 법계관은 화엄법계가 불화엄의 세계이면서 화엄
보살행이 바로 불세계의 장엄임을 다시 한 번 분명히 보여 준 것이라고
하겠다. 본고에서 다루지 못한, 의상의 강설을 받아 적어 유통된 단편
들에 담겨 있는 법성성기 내지 법계관에 대한 연구는 다음 기회로 미루
기로 한다.

참고문헌

T:『대정신수대장경』.

HD:『한국불교전서』.

『六十華嚴』(T9).

智儼,『搜玄記』(T35).

智儼,『공목장』(T45).

『華嚴經問答』(T45).

義湘,『華嚴一乘法界圖』(HD2).

『法界圖記叢髓錄』(HD6).

해주 외 3 역주,『정선화엄 1』, 대한불교조계종 한국전통사상서간행위원회, 2010.

전해주,『의상화엄사상사연구』, 민족사, 1993.

_____,『화엄의 세계』, 민족사, 1998.

_____,「一乘法界圖에 나타난 의상의 性起思想」,『韓國佛敎學』13집, 한국불교학회, 1988.

_____,「의상의 법성과 법계관─『일승법계도』를 중심으로─」,『한국불교학결집대회 논집』제1집 상권, 2002, pp.365~372.

_____,「華嚴敎學의 數十錢喩에 대한 考察─지엄과 의상설을 중심으로─」,『明星스님古稀紀念論文集』, 운문승가대학출판부, 2000a, pp.924~945.

_____,「법장의 수십전유에 대한 고찰」,『한국불교학』27, 한국불교학회, 2000b, pp.97~124.

정순일, 「지엄의 화엄성기사상」, 『한국불교학』 13집, 한국불교학회, 1988.

全海住, 「均如の數十錢說について」, 『印度學佛敎學硏究』 第50卷 第2号, 日本 印度學佛敎學會, 平成 14, pp.232~239.

鎌田茂雄, 「性起思想の成立」, 『印度學佛敎學硏究』 5-2号, 1957, pp.195~198.

玉城康四郎, 「華嚴の性起に就いて」, 『印度哲學と佛敎の諸問題』(東京, 岩波書 店), 昭和 26.

8

신라 의상이 일본 화엄학에 미친 영향
/ 장진영(진수)

〈선정 이유〉

I. 들어가며

II. 일본 화엄학의 전개와 신라 의상의 영향

III. 나가며

● 장진영(진수), 「신라 의상이 일본 화엄학에 미친 영향」, 『한국불교사
연구』 제9호, 한국불교사학회 한국불교사연구소, 2016.6,
pp.136~161.

선정 이유

이 논문은 신라 의상의 화엄이 일본의 화엄학에 미친 영향에 대해 선행 연구를 중심으로 시대별 순서에 따라 개괄하고 있는 점에 주목하여 선정하였다. 종래에 법장의 화엄학이 일본에 미친 영향이 매우 광범위하여 의상의 화엄학이 일본에 미친 영향에 대한 연구는 거의 이루어지지 않았다. 저자는 나라 시대에 심상審祥에 의해 신라 화엄이 일본에 전해졌지만 심상의 출자出自가 확정되지 않아 본격적인 영향 근거로서 활용할 수 없었다고 보았다.

또 저자는 헤이안 시대에 신라에서 활동했던 견등에 의해 법장의『향상문답』이 일본에 전해져 의상의 화엄이 우회적으로 일본 화엄학계에 전해졌다고 보았다. 이 과정에서 종래에 법장의 저술로 알려져 왔던『화엄경문답』의 이질적인 사상들도 점차 그 안에 담긴 다른 사상들과 함께 긍정적으로 받아들여졌지만 근래에 밝혀진 것처럼 이 저술이 의상의 소백산 추동 강론을 기록한 지통智通의 강의록이기에 법장의 화엄학으로만 볼 수 없다고 하였다.

대신 저자는 가마쿠라 시대 이후에 동대사계에서는 중국 화엄학의 영향이 중시되었고, 법장의 기존 입장에 맞추어 이해되었던『문답』의 경우는 점차『문답』의 문장 그대로를 긍정하는 입장으로까지 발전하였다고 보았다. 반면 저자는 명혜明惠를 비롯한 고산사계에서는 신라 의상을 전면에 내세우면서『화엄조사회전』을 통해 의상을 중시함으로써 신라 화엄의 실천적 경향을 부각시키고 있다고 보았다.

다만 저자는 종래에 동대사계를 중심으로 형성된 일본의 주류 화엄학계에서는 여전히 법장 화엄이 주류였으며, 향후 나라 시대 이후 동대사계와 긴장 관계를 유지했던 약사사계나 가마쿠라 이후 고산사계 등에 대한 면밀한 연구는 더 이어져야 할 과제로 제시하고 있다.

　일본 화엄학계의 주축이었던 동대사계와 또 다른 축이었던 약사사계 및 가마쿠라 이후 고산사계 등에 대한 앞으로의 연구 과제를 제시하는 지점에서 이 논문의 의미와 학문적 가치를 찾을 수 있다.

〈요약문〉

본고에서는 신라 의상義相(625~702)의 화엄학이 일본 화엄학에 미친 영향을 기존의 선행 연구를 중심으로 시대별로 개괄하였다. 나라 시대의 경우 일본에 화엄을 전하는 데 있어 심상審祥의 역할이 매우 크다. 하지만 심상이 신라에서 수학했고 의상에 대해 모르지 않았겠지만 실제 일본 화엄학에 영향을 주었다는 직접적인 근거를 찾을 수 없다.

헤이안 시대의 경우 신라에서 활동했던 견등見登에 의해 처음 소개된 『향상문답』으로 인해 의상의 화엄학이 우회적으로 일본 화엄학에 전해졌고, 이후 『문답』은 법장法藏의 문헌으로 수용되어 이질적이었던 사상들도 차차 그 안에 담긴 다양한 사상들이 긍정적으로 받아들여졌다. 하지만 이는 어디까지나 법장의 입장과 조화시키는 입장에서 수용된 것으로 이해된다.

가마쿠라 시대 이후 동대사계는 중국 화엄학이 더욱 중시되는 모습이지만, 『문답』의 경우 법장의 기존 입장에 맞추어 이해되었다가 차차 『문답』의 문장 그대로를 긍정하는 입장까지 다양한 모습을 보이고 있다. 한편 신라 의상을 직접 전면에 내세운 것은 고산사계의 명혜明惠에 의한 것으로, 명혜는 『화엄조사회전』을 통해 의상을 중시함으로써 신라 화엄학의 실천적 경향을 부각시키고 있다.

다만 이상은 여전히 동대사를 중심으로 형성된 일본의 주류 화엄학의 입장이 중심이 된 것이라면, 나라 시대 이후 동대사계와 긴장 관계를 유지했던 약사사계나 고산사계 등에 대한 연구가 요청된다.

I. 들어가며

일본에 불교가 전해진 것은 백제 성명왕聖明王 때인 552년이며,[1] 본 격적으로는 쇼토쿠 태자(聖德太子, 574~622)로부터이다. 쇼토쿠 태자는 595년 일본에 온 고구려의 혜자慧慈와 백제의 혜총惠聰을 스승으로 삼 았으며, 이 두 승려로 인해 일본에 불교가 크게 진흥되었다.[2] 이후 고구 려·백제의 문화가 일본불교에 복합적으로 수용되었다.[3] 고구려·백제와 달리 삼국 가운데 가장 후대에 불교가 전래된 것이 신라이며, 일본불교 에 영향을 주기 시작한 것도 삼국 중 신라가 가장 늦다. 특히 다른 종 파들에 비해 비교적 늦게 형성된 화엄종의 경우 일본에 전래된 시기도 늦어질 수밖에 없었다.[4]

신라의 화엄종은 '해동화엄 초조'로 불리는 신라 의상義相(625~702)에 게서 비롯된다. 의상은 입당하여 당시 지상사至相寺 지엄智儼(602~668) 에 의해 새롭게 정립된 화엄학華嚴學을 수학하였고, 『일승법계도一乘法 界圖』(이하 『법계도』)를 지어 그의 인가(668년)를 받았다. 신라에 귀국한

---

1 凝然, 『三國佛法傳通緣記』 卷中 「大日本國諸宗傳通」(1311).; 김영태 엮음, 『동아 시아 한국불교사료: 일본문헌 편』(동국대학교출판부, 2015), pp.17~18.
2 『日本書紀』 卷22.; 『三國佛法傳通緣記』 卷中 「成實宗」.; 김영태 엮음, 위의 책, p.8 참조.
3 정병삼, 「고대 한국과 일본의 불교교류」, 『한국고대사연구』 27, 2002, p.117.
4 覺憲의 『三國傳燈記』에 따르면, 6종 가운데 일본에 제일 먼저 들어간 것이 삼론 종이며, 다음이 법상종, 화엄종, 율종 순이다. 김천학, 「고대 한국불교와 남도육종 의 전개」, 『동방학』 23, 2012a, p.192.

의상은 이후 저술 활동보다는 고구려·백제와의 접경지역을 중심으로 화엄사상의 전교傳敎와 실천에 전념하였다. 이후 의상의 사상은 제자들을 통해 면면히 전하여 이른바 '의상계義相系'라 불리는 신라 화엄종의 주류를 형성하였다. 뿐만 아니라 의상의 화엄사상은 동시대에 원효元曉(617~686)에게 영향을 주었을 뿐 아니라, 중국의 화엄학을 대성한 사제 법장法藏(643~712)에게도 영향을 주었다.

하지만 신라 의상의 화엄이 일본 화엄학에 영향을 주게 된 것은 훨씬 후대인 헤이안 시대의 일이며, 명시적으로 의상의 영향을 수용한 것은 가마쿠라 시대에 가서의 일이라 할 수 있다. 이미 의상의 화엄이 일본 화엄학에 미친 영향에 대한 연구가 다수 진행된 바 있다.[5] 본고에서는 이러한 연구들에 의지하여 의상의 화엄이 일본 화엄학에 어떠한 과정을 거쳐 수용되었는지, 시대별로 개괄하고자 한다.

II. 일본 화엄학의 전개와 신라 의상의 영향

1. 나라 시대

일본 나라(奈良) 시대(710~784)의 이른바 남도南都 6종에는 구사종, 성실종, 율종, 삼론종, 법상종 그리고 화엄종이 포함된다. 하지만 이러

---

5 신라불교와 일본 화엄종의 관계는 다음 논문에서 상술하고 있다. 최연식, 「일본 고대화엄과 신라불교-奈良·平安시대 화엄학 문헌에 반영된 신라불교학-」, 『한국사상사학』 21, 2003, pp.1~42.; 김천학, 「東大寺の創建期における華嚴思想と新羅佛敎」, 『東大寺論集』 2, 2004, pp.37~51.; 김천학, 「헤이안시대 화엄종에 보이는 신라불교사상의 역할」, 『범한철학』 70, 2013a, pp.1~29.; 특히 의상의 강의록인 『화엄경문답』과 관련하여 김천학, 「일본 화엄문헌에서 『화엄경문답』의 인용 경향」, 『한국선학』 31, 2012b, pp.109~147 등이 주목된다.

한 6종이 모두 갖추어진 상태는 문헌상으로는 나라 시대 중반인 천평
승보天平勝寶 3년(751)의 것으로 추정되는 정창원正倉院 문서가 처음이
다. 이에 앞서 양로養老 2년(718)의 태정관太政官 포고布告에 "5종五宗의
학學"이라는 표현이 보이는데, 화엄종을 제외한 5종은 이 무렵 이미 한
데 묶여 생각되었다는 사실을 알 수 있다.[6] 앞의 5종과 달리 화엄종은
보다 후대에 형성되는데, 학계에서는 일본의 화엄종 성립은 대체로 천
평승보 원년(749) 이후로 보고 있다.[7]

응연凝然(1240~1321)에 따르면, 『화엄경』의 경우는 천평天平 8년(736)
에 당나라 도선道璿(702~760)이 전했다고 한다.[8] 그리고 천평 12년(740)
에야 신라 심상審祥(?~742)에 의해 『화엄경』이 비로소 강의되었다. 당시
대안사大安寺에 머물던 심상은 동대사東大寺 양변良辨(689~773)의 청을
받는데, 세 차례 고사한 끝에 결국 칙명을 받고 동대사 금종도량金
鐘道場에서 개강(10월 18일)하였다. 이 강의는 천평 14년까지 3년에 걸쳐
진행되었는데, 당시 심상은 진역晉譯『화엄경』(60권)을 법장法藏의 『탐현
기探玄記』를 중심으로 강의하였다. 심상은 3년의 강의를 마친 후, 그 해
에 입적했다.[9]

정창원 고문서에 제시된 「심상사경록審祥師經錄」을 보면, 중국 문헌으
로 지엄 2부, 법장 6부, 현장 2부, 규기 6부, 한국 문헌은 원효 32부, 의
적 8부, 원측 5부, 현일 2부, 그리고 의상·원광·도증·경흥 각 1부로 나

6 末木文美寫, 이시준 옮김, 『일본불교사-사상사로서의 접근-』, 뿌리와 이파리,
   2005, p.46.
7 이후 위의 6종, 특히 동대사의 6종이 남도를 대표하는 종파로 불리게 된다. 김천
   학, 앞의 글(2012a), p.189 참조.
8 道璿은 화엄 및 선을 崇山의 普寂(651~739)에게 전수받았다. 보적은 신수의 선
   을 계승한 화엄존자로 불렸던 인물이다. 高峯了州, 『華嚴思想史』(京都: 百華苑),
   1976(복각판), p.375.
9 高峯了州, 위의 책, p.376.

타나고 있어 원효의 저술이 압도적으로 많음을 알 수 있다.[10] 이처럼 심상은 스승인 법장과 함께 원효를 중시하는 경향이 있었음을 알 수 있다. 물론 이 시기에 의상의 저술이 전해졌던 것이지만, 당시 원효의 저술은 빈번하게 서사되고 있는 데 비해 의상계의 문헌은 서사된 흔적이 그리 많지 않은 점[11]에서 심상 등 신라 도래승이나 일본 유학승들에게 의상 계통은 그다지 주목받지 못했던 것으로 보인다.[12]

한편 최연식에 따르면, 심상이 신라에서 수학했을 당시 중대(654~780)의 신라불교계에서 화엄종은 큰 비중을 차지하지 못하고 있었고, 당시 의상계는 경주에서 멀리 떨어진 변방에서 주로 활동했으며, 경주에서 의상계를 비롯한 화엄종에 대한 본격적인 관심이 나타난 것은 8세기 중엽 이후 하대(780~935)에 들어와서라고 한다.[13] 그리고 이는 8세기 전반기까지 신라와 일본의 교류가 활발하였음에도 불구하고 의상계 화엄학이 전래되지 않았던 것은 신라불교계에서 의상계의 대두가 8세기 후반 이후의 일이었다는 점과 무관하지 않다는 것이다.[14]

물론 심상이 신라에서 수학했다면 의상을 몰랐을 리 없을 것이며, 설령 왕경에서 주로 활동하지 않았던 의상에게서 직접 배우지 않았다 하더라도 이후 법장에게 수학했을 때 법장이 존숭했던 스승의 사형인 의상에 대해 몰랐을 리 없었을 것이다.[15] 다만 의상의 저술 자체가 『법계

---

10 양은용, 「新羅 審祥과 日本의 華嚴學」, 『가산학보』 3, 1994, pp.91~92.
11 김천학의 조사에 따르면, 의상 계통의 문헌은 744년 처음 필사 기록이 나오며, 이후 768년까지 14회 필사를 위해 기재되어 있다. 김천학, 앞의 글(2013a), p.5.
12 石井公成, 『華嚴思想の硏究』(東京: 春秋社), 1996, p.288.
13 최연식, 「8세기 신라불교의 동향과 동아시아 불교계」, 『불교학연구』 12, 2005, pp.5~7.
14 최연식, 위의 글, p.11.
15 앞서 김지견 교수에 의해 심상이 의상계였다는 주장이 제기된 바 있다. 즉 법장이 『오교장(일승교분기)』을 「기해동서」에 함께 전했을 때, 의상은 이를 보고 제9문과 제10문을 서로 바꾸었는데, 균여에 따르면 이것이 '草本'이라고 하여 신라

도』외에는 강의록과 발원문 등이 대부분이며, 그것도『법계도』외에는 후대에 전해지기에 실제 문헌상 영향이 적었다는 점 등으로 보아 어떤 면에서는 당연한 일일 것이다. 또한 당시 당의 화엄과 신라의 화엄을 크게 구분하지 않고 법장에 의해 대성된 화엄종의 큰 틀에서 의상 혹은 의상계의 화엄학이 이해되었을 가능성도 없지 않다고 생각된다.

심상 이후 동대사를 중심으로 활동한 화엄종의 지경智憬과 수령壽靈 등에서도 이러한 심상의 태도가 계승되었다고 할 수 있다. 특히 당시에는 남도교학의 최대 세력이 법상종이었기 때문에[16] 나라 시대의 화엄종은 밖으로 법상종의 유식사상을 비판하면서 여래장사상을 중시하는 교학 태도를 취하였다. 이는『기신론』과 여래장사상에 비판적이었다고 평가되는 의상계의 경향과도 사뭇 다르다.[17] 오히려『기신론』을 중시했던 원효의 사상과 그의 영향을 수용하여 법상종을 극복하고자 했던 여래장 중심의 법장의 후기 사상이 상대적으로 중시되었던 것으로 보인다. 실제 인용 경향에서도 지경과 수령은 모두 심상과 같이 원효와 법장을 중시하였다. 다만 이 시기에 법상종에 대응하는 화엄종의 입장을 세우

에 유통되었다고 한다. 그리고 심상이 이를 일본에 전했다고 하는데, 이것이 일본에 古來로부터 유통되었던 '和本'과 같다는 것이다. 이는 심상이 의상계 인물이며, 일본 화엄도 처음부터 의상계의 영향을 강하게 받았다는 점을 시사하고 있다고 한다. 김지견,『화엄사상과 선』, 민족사, 2002, pp.29~35. 이행구도 이 견해를 그대로 수용하고 있다. 이행구(도업), 「日本 華嚴의 源流 再考」,『동국대학교 경주 캠퍼스 논문집』5, 2007, pp.7~15. 이 부분은 향후 더 검토해야 할 부분이며, 이 것만으로는 의상 혹은 의상계의 영향이 직접 일본 화엄학에 영향을 주었다는 점을 논하기에는 다소 부족하다고 생각된다. 실제 심상이 신라인인지, 일본인으로서 신라 유학생인지, 그리고 언제 태어났는지, 만약 入唐을 했다면 언제 입당했으며, 얼마 동안 법장 문하에서 수학을 했는지, 그리고 언제 어떤 경로로 일본으로 들어갔는지(돌아왔는지) 등 분명하지 않은 부분이 많다. 그러므로 본고에서는 심상을 통한 의상 화엄의 일본불교에 미친 영향은 논외로 하고자 한다.

16 末木文美寫, 앞의 책, pp.51~52.

17 佐藤 厚, 「義湘系華嚴學派の基本思想と起信論批判」,『東洋學研究』37(東京: 東洋大學 東洋學研究所), 2000.

는 과정에서는 법장을 더 중시하고 있음을 확인할 수 있다.[18] 또한 밖으로 법상종과의 차별을 위해 여래장을 강조하면서도 안으로는 여래장과 화엄과 교판에 있어서는 구별을 시도하고 있다.[19]

이상에서 나라 시대에는 이미 「심상사경록」에서 의상의 『법계도』가 소개되고 있다는 점, 그리고 실제 사경이 이루어지고 있다는 점에서 일본 화엄종에서 의상을 모르지는 않았겠지만, 그 영향이나 그를 중시했다는 흔적을 직접 찾아보기는 현재 어려운 형편이다.[20]

2. 헤이안 시대

헤이안(平安) 시대(794~1185)에는 의상의 화엄학이 우연한 계기로 일본의 화엄학에 직접적인 영향을 주게 된다.[21] 그것은 신라 견등見登이 『화엄일승성불묘의華嚴一乘成佛妙義』(이하 『성불묘의』)를 통해 의상의 강의

---

18 김천학, 「일본 고대 화엄종의 『대승기신론』 및 그 주석서 수용」, 『대동철학』 64, 2013b, pp.63~64.

19 김천학은 "智憬은 『기신론』을 유식과 중관을 회통하는 논서로서 높게 평가하면서도, 교판적으로는 별교일승과 확실히 구별한다. 그러나 壽靈은 교판적으로나 사상적으로도 화엄과 동등한 가치를 『기신론』으로부터 찾아내 중요시한 것이다."라고 밝히고 있다. 김천학, 위의 글(2013b), p.66.

20 한편 심상 외에 다른 경로로 신라의 화엄학이 전해졌을 가능성에 대하여도 확인이 요청된다. 김천학에 따르면, 신라 의상계 화엄의 영향을 엿볼 수 있는 것으로 동대사의 수령 등에 비판적 입장을 가졌으며 義聖(859~929)의 師匠이었던 藥師寺의 長朗(800 또는 802~879)의 화엄학에 대한 검토가 있었다. 여기서는 『오교장』의 因門六義에 대한 해석(특히 俱有義)에 있어서 수령 등의 동대사계와 서로 긴장 관계에 있었다고 여겨지는 약사사계 화엄이 신라 의상계의 전통설인 緣俱有의 입장을 취하고 있다는 점을 지적하고, 특히 약사사의 화엄이 新羅使와 관계가 깊은 長屋王(684~729)과 인연이 있다는 점에서 이를 통해 신라 의상계의 문헌들이 전해졌을 가능성을 제기하였다. 김천학, 「藥師寺長朗の華嚴思想について」, 『印度学仏教学究』 55-2, 2007b.

21 이에 대해 최연식, 「신라 견등의 저술과 사상 경향」, 『한국사연구』 15, 2001.; 최연식, 앞의 글(2003), pp.23~37; 김천학, 앞의 글(2013a), pp.2~27 참조.

록인『화엄경문답』(이하『문답』)을 소개한 것이 그 계기가 되었다. 당시 견등은 주류 학계를 의식하여 이를『향상문답』으로 소개하게 되는데, '향상香象'은 법장의 미칭美稱으로 이후 이 저술은 법장의 문헌으로 인식되면서 일본의 화엄에 있어서 무시할 수 없는 위상을 가지게 된다.[22]

견등이 소개한『문답』은 의상이『법계도』를 저술한 이후, 신라에 귀국하여 제자들을 위한 전교 과정에서 성립된 것인데, 출가 후 3년 만에 어머니의 부고를 받은 제자 진정眞定을 위해 소백산 추동錐洞에서 열린 90일 법회 때(683년경) 진행된 의상의 설법(강의)을 제자 지통智通이 기록한 것이다.[23] 이 문헌이 처음 성립된 것은 의상의 강설에서부터 늦어도 법장이 승전勝詮을 통해「현수국사기해동서賢首國師寄海東書」와 함께 법장의『오교장』,『탐현기』 등 7부 29권의 저술들이 전해졌던 690년대 이전이라 할 수 있다.[24] 이 문헌은 의상이 스승인 지엄의『수현기搜玄記』에 근거하여 60권 화엄경을 강설한 내용이다. 이 저술은『법계도』와는 달리 체계적인 저작을 염두에 둔 것이 아니라 제자들을 위한 화엄법회의 강설이란 점에서 기록자에 의한 취사선택이나 이후 유통 과정에서 일부 편집 및 첨삭의 가능성도 배제할 수는 없다. 실제로 이는『지

---

22 견등은 기존에 원효계로 인식되었으나 최근에는 의상계, 혹은 의상계의 영향을 많이 받았음이 선행 연구를 통해 밝혀진 바 있다. 최연식, 위의 글(2001) 참조. 실제『성불묘의』의 인용 태도를 보면, 견등이 일본 화엄학의 토대 위에서 의상계의 이론 중 필요한 부분만을 뽑아서 흡수하려 한 것으로 이해된다. 최연식, 앞의 글(2003), p.29. 그러므로 견등 자신에게 스스로를 의상계라거나 혹은 의상계의 영향을 받고 있음을 밝히려는 의식 자체는 없었던 것으로 보인다. 실제 이러한 입장은 후대에 일본의 화엄학 계보에도 그대로 반영되고 있다고 생각된다. 그는 원효와 법장의 저술과 함께 의상계의 저술도 필요에 따라 활용하고 있을 뿐이며, 기존의 화엄 전적을 취급할 때 어떤 계통에 대한 특별한 편향을 가지고 취사했다고는 생각되지 않는다. 장진영,『화엄경문답 연구』, 동국대학교 박사학위논문, 2010, p.17.
23 『三國遺事』「眞定師孝善雙美」(『한불전』6, p.367a~b).
24 『기해동서』가 전해졌던 시기에는 692년설, 697년설 등의 이견이 있다.

통기』,『지통문답』,『추혈문답』,『추동기』,『요의문답』등 다수의 이명異名 혹은 이본異本이 존재하고 있으며, 일본에 소개될 때도『향상문답』으로 먼저 소개되고 이후『화엄경문답』(혹은『화엄문답』)으로 불리고 있다. 다만 현재 남아 있는 일문逸文과의 대조를 통해 보면, 균여의 저술에 제시된『지통기』혹은『지통문답』등이 현재 일본에 유통되고 있는『화엄경문답』과 그 내용이 거의 일치하고 있어서 이 문헌은 이후 본격적인 윤색이 가해지기 이전에 견등에 의해 일본에 전해져 유통된 것으로 이해된다.[25]

『문답』이 문헌 목록에 처음 등장하는 것은 914년(延喜 14)에 저술된 원초圓超의『화엄종장소병인명록華嚴宗章疏幷因明錄』에서이다. 하지만『문답』의 저자는 '香象(법장)'으로 소개되고 있다. 실제 이 문헌에 대한 저자 논란은 일본에 유통된 시점과 가까운 이른 시기부터 있었던 것으로 보인다. 논란의 핵심 주제는 '삼승극과회심三乘極果廻心'의 문제인데,[26] 이것은 "삼승의 수행자 중 근기가 떨어지는 사람들은 중간에 일승의 가르침으로 옮기지 않고 삼승의 수행을 하며, 그들 중에는 삼승의 수행을 완성하여 삼승의 부처가 된 후에 비로소 일승의 가르침으로 들어간다."[27]는 것이다. 즉 삼승의 극과(불과)를 얻은 후에야 일승에 회심할 수 있다는 입장이다. 어떤 이유에서인지 견등은『성불묘의』를 통해 당시 주류 학계에 반하는 입장인 '삼승극과회심'에 대한 긍정설을 의도적으로 법장의 입장이라 소개함으로써 기존의 주류 학계를 크게 자극하였다.

---

25 장진영, 위의 글, pp.24~28.
26 삼승극과회심설은 신라에 존재했다고 여겨지는『화엄경양권지귀』,『법경론』등 지론종 계통의 문헌에서 전해진 것으로 그 영향을 강하게 받은 신라 의상의 화엄학에서 비롯된 설로 이해되고 있다. 石井公成, 위의 책, pp.40~41.
27 최연식,「『화엄경문답』의 삼승극과회심설 연구」,『불교학연구』30, 2011, p.347. 여기서는『문답』에 제시된 삼승극과회심설에 대해 상세히 다루고 있다.

『문답』에 대한 저자 논란이 처음 소개된 것은 헤이안 중기 증춘增春의 『화엄일승의사기華嚴一乘義私記』(이하 『일승의사기』)이다. 『일승의사기』는 천력天曆 연간(945~957) 성립으로 보는데,[28] 증춘은 『문답』의 "삼승의 구경에서 부처가 되고 다시 일승에 들어간다."[29]는 내용에 대해 고덕古德의 견해가 "오교사五敎師(=법장)의 말이 아니니 의지할 수 없다."라는 입장과 "오교사五敎師의 말이니 다만 문장을 파하고 뜻으로 읽으라."는 입장[30]으로 나뉘고 있음을 밝히고 있다. 물론 그는 후자의 입장에 따라 『문답』도 삼승극과회심을 긍정한 것은 아니라고 보았고, 기존의 법장의 저술과 배치되지 않는다는 입장에서 『문답』을 법장의 저술로 수용하고자 했다.

이처럼 당시 일본 화엄종의 주류 입장은 『문답』을 법장의 저술로는 수용하되 다만 삼승극과회심의 경우에서는 이를 부정하는 입장을 대체로 고수하였다.[31] 이는 법장의 『오교장』「권실차별權實差別」의 내용에서 삼승三乘의 경우는 "자위自位의 구경처에 이르기 때문에 이후 모두 별교일승別敎一乘에 전입한다."는 문장에 대한 해석과 관련한 문제인데, 증춘은 이를 삼승의 수행자가 일승의 근기가 성숙한 단계에 이르면 별교일승에 전입轉入한다는 것을 설한 것이지 『문답』의 경우처럼 "삼승三乘의 가르침에 의해 오승三乘의 불佛을 이룬 사람이 다시 별교別敎에 회입廻入하여 일승一乘의 불佛을 이룬다고 말하는 것은 아니다."라고 단

28　高原淳尚,「増春『華嚴一乘義私記』について」,『駒澤大学仏教学部論集』20, 1989, p.298 이하.

29　『華嚴經問答』(T45, p.601b), "三乘極果爲佛而還入一乘."

30　『一乘義私記』(T72, p.35a), "問 非依三乘教成佛人 更復迴入別教一乘言者 何香象問答云 三乘極爲佛而還入一乘乎 答云 此先德 云云 不同也 或古德云 非是五教師言 不可依 或古德云 此五?師云也 但破文意讀 云云."

31　김천학,「日本華嚴における三乘廻心説」,『印度學佛教學研究』51-1, 2002.

언하고 있다.[32] 실제로 나라 시대 수령의『오교장지사五教章指事』등에서 삼승극과회심설을 강하게 비판했었다. 그것이 헤이안 시대에도 계승되어 여전히 극과회심을 인정하지 않았던 것이지만, 그 내용을 전하고 있는『문답』을 긍정적으로 수용하게 됨으로써 이후 자연스럽게『문답』에 소개된 극과회심설에 대한 거부감도 차차 희석되었을 것이다. 실제로 헤이안 시대에는 극과회심의 문제를 제외하고는『문답』의 내용들을 대체로 수용하고 있으며, 이를 기존의 법장 사상의 연장선에서 조화시켜 이해하고자 했다.[33]

한편 헤이안 시대에는 의상의 대표 저서인『법계도』를 직접 인용하여 언급하고 있는 문헌이 등장한다. 예를 들어 작자 불명의『화엄십현의사기華嚴十玄義私記』, 견등의『성불묘의』, 신원親圓의『화엄종성의초華嚴種性義抄』등이 있다.[34]

이 가운데『십현의사기』는 법장의『오교장』「의리분제」중 '십현연기'에 대한 주석서로서 그 저작 시기는 확실하지 않다. 김천학에 따르면, 의성義聖(856~929)의 활동 시기보다 늦지만 증춘의『일승의사기』가 저술된 천력天曆 연간(945~957) 사이에는 성립된 것으로 보인다.[35]

---

32 增春,『一乘義私記』(T72, p.35a).
33 이에 대해 김천학은 헤이안 시대 이후 가마쿠라·에도 시대에 이르기까지『문답』의 인용 문헌을 조사했고, 그 인용 경향을 통해 의상학파가 일본 화엄학에 미친 영향을 살피고 있다. 이에 따르면,『문답』은 헤이안 시대의 작자 미상의『십현의사기』에서부터 에도 시대 芳英(1763~1828)의『探玄記南紀錄』등 총 13개 문헌에 68회 인용되고 있다. 인용 주제에 따른 분류를 보면, 앞서 언급했던 삼승극과 6회 외에도 삼생성불 13회, 일승으로의 진입 14회 등으로 가장 많은 비중을 차지하고 있다. 이 가운데 김천학은 '삼생성불'을 중점적으로 고찰하였는데, 전체적으로는 기존 법장의『오교장』,『탐현기』등과『문답』을 조화시키려는 시도로 파악하고 있다. 김천학, 앞의 글(2012b) 참조.
34 김천학,「日本華嚴思想의 研究-平安期의 華嚴私記類를 中心として-」, 東京大學大學院, 2007a.; 김천학, 앞의 글(2013a), p.5 재인용.
35 김천학은『십현의사기』가『향상문답』에 대해 호의적이라는 점을 들어 증춘의

이『십현의사기』에는 의상의『법계도』가 3회 인용될 뿐만 아니라 진숭珍嵩의『공목장기孔目章記』와『향상문답』등도 인용되고 있으며, 이 문헌의 작자는 의상, 법장, 원효의 3사를 동등하게 평하고 있는 것으로 보인다.[36] 구체적으로『법계도』의 '구래성불舊來成佛'과『문답』에 나타난 '무아보심無我報心'을 동일시하고 있는데, 두 개념의 취지가 서로 다름에도 이를 동일시한 것은 두 문헌에 나타난 사상이 서로 다르지 않음을 애써 증명하려는 의도로 보았다.[37] 또한 법장의 '신만성불信滿成佛'을 의상의 성불론인 '구래성불'과 조화시키고 있다.[38] 이들 성불론은 지엄으로부터 비롯된 것인데, 신만성불은 법장에 의해 강조되고, 구래성불은 의상에 의해 특히 강조된 것으로 서로는 표리의 관계로 이해된다.[39]

이처럼『십현의사기』로부터 처음으로 신라 의상 및 의상계의 영향이 직접 드러나고 있다. 여기서는 나라 시대까지 중국 법장과 신라 원효의 사상에 주로 의존해 왔던 일본의 화엄학이 헤이안 시대 이후 중국 화엄으로 급격히 경도되는데, 이러한 시점에서 의상[계]의 신라 화엄이 이러한 경향을 어느 정도 완화시키고 다양한 관점을 제시하는 데 일조했다는 점에서 그 의의를 찾을 수 있다.[40]

『일승의사기』에 의해 본격적으로 저자 문제가 제기되기 이전에 제작되었을 것으로 추정하였다. 김천학,『平安華嚴思想の硏究-東アジア華嚴思想の視座より-』, 山喜房佛書林, 2015, pp.158~160.

36 김천학, 앞의 책(2015), p.162.

37 김천학,「平安時代の華嚴私記類における成仏論」,『印度学仏教学研究』56-2, 2008, pp.137~143.

38 김천학, 위의 글(2008), p.137 이하.; 김천학,「동아시아 화엄학에서의 성불론」, 『한국사상사학』32, 2009, p.101 이하.

39 이러한 경향은 앞서 소개한 견등의『성불묘의』에서 비롯된 것이다. 이후 헤이안 시대의 화엄학에 있어서 성불론은 법장의 신만성불론을 기조로 하되, 천태종과 법상종의 영향을 받아 육위중조성불, 즉신성불, 초목성불 등 다양한 성불론으로 전개된다. 김천학, 앞의 글(2008), p.137.

40 김천학, 앞의 책(2015), p.163.

이어서 동대사東大寺 신원親圓의 『화엄종성의초華嚴種性義抄』(1019)에서도 의상의 『법계도』가 인용되고 있다.[41] 이는 법장의 『오교장』 「소전차별」의 '종성차별'에 대한 주석인데, 여기서는 원교圓敎의 차제문(事成佛)과 원융문(理成佛)에 의해 육상六相 방편에서 육위六位가 서로 중첩됨을 말하는 이른바 '육위중조성불六位重條成佛'이 성립됨을 증명할 때, 『법계도』의 게송과 『지귀旨歸』의 문장을 함께 인용하여 이를 이사원융성불理事圓融成佛의 증문으로 제시함으로써 의상과 법장의 저술을 동등하게 존중하고 있음을 확인할 수 있다.[42]

이상에서 알 수 있듯이 헤이안 시대에 와서는 의상을 법장과 대등하게 보려는 입장이 확인되며, 『문답』의 내용도 기존의 법장의 사상과 조화시키려는 입장을 더욱 진전시키고 있음을 알 수 있다. 하지만 여전히 의상(신라)의 사상을 법장(중국)의 사상의 연장선에서 이해하거나 법장 사상과 조화시키려는 태도에 한정된다. 다만 헤이안 시대의 일본 화엄학이 법장 중심으로 기울어 가면서도 의상의 사상을 조화시키는 과정에서 일본 화엄학의 독특한 특성을 가지게 되었다고 할 수 있다.

3. 가마쿠라 시대 이후

가마쿠라 시대 이후 일본 화엄종은 크게 동대사계東大寺系와 고산사계高山寺系의 두 흐름으로 나누어 볼 수 있다. 먼저 주류라 할 수 있는 동대사계(本寺派)의 경우, 응연凝然(1240~1321)에 의해 일본의 화엄학이 체계화되고 있는데, 가마쿠라 이후의 일본 화엄학은 응연에 의해 규정

---

41 여기서는 『법계도』를 『海印三昧論』으로 인용하고 있어 여전히 의상에 대한 인식이 명확하지는 않았던 것으로 이해된다.
42 김천학, 앞의 글(2013a), p.11.

되었다고 평가될 정도이다.[43] 응연은 『삼국불법전통연기三國佛法傳通緣起』에서 인도-중국-일본으로 불교가 전래되었다는 주장을 하였는데, 이는 근대에 이르기까지 일본불교사의 기본 인식으로 자리하게 된다. 실제로 응연은 법장과 징관澄觀 등 중국 화엄에 경도되어 있다. 물론 응연은 『오교장통로기五教章通路記』에서 『문답』을 중요하게 인용하고 있는데, 이는 어디까지나 법장의 입장과 동일함을 확인하는 것에 불과하다.

예를 들어 견등이 처음 『문답』을 소개할 때부터 성불설, 특히 삼생성불(혹은 三生位)의 문제가 매우 중요하게 취급되었다. 이 삼생위를 『오교장』에서는 분명히 별교의 계위로서 설명한 것에 대해 『문답』의 경우는 이를 보법普法의 정위正位가 아니라고 하고 있어 이를 동교의 계위로 이해했던 것이다. 이후 이는 일본 화엄학에서 중요한 논의가 되었는데, 특히 법장의 기본적인 입장과 법장의 문헌으로 인식되었던 『문답』의 입장을 조화시키려는 노력이 성불설에서 중시되었다.[44] 여기서 응연의 경우는 『오교장』과 『문답』의 설을 동일하게 별교설로 이해하고 있다. 다만 삼생성불의 해석에 있어서는 첫째, 격생과보隔生果報의 삼생, 즉 삼생이 각각 생을 달리하고 과보로서 성립되는 삼생으로 볼 수 있다는 견해와 둘째, 삼생이지만 이생성불, 즉 견문과 해행·증입의 이생으로 볼 수 있다는 견해를 모두 가지고 있다.[45] 그리고 응연 이후에는 이를 대체로 계승하고 있는 입장이다. 노로세이(野呂靖)의 정리에 따르면, 선이禪爾·담

---

43 野呂靖, 「日本華嚴における三生成佛說に關する諸師の見解」, 『龍谷大學大學院研究科紀要』 28, 2006, p.51.

44 김천학, 앞의 글(2012b). 여기서는 일본 화엄문헌에서 『문답』에 대한 인용 경향을 분석하고 그중 삼생성불을 둘러싼 논의를 중점적으로 다루고 있다. 이하 삼생성불과 관련된 논의는 이를 주로 참조함.

45 野呂靖, 위의 글, pp.61~66.

예湛睿·실영實英 등은 격생과보설, 심승審乘·성예盛譽 등은 이생성불설(견문생과 해행·증입생), 성헌聖憲은 일생성불설(견문생)로 정리된다고 한다.[46] 즉 응연의 제자 중 심승審乘(~1313~)[47]은『화엄오교장문답초華嚴五敎章問答抄』에서 삼생성불을 '별교항포'라는 개념을 사용하여 별교설로 보고 있으며, 성예의『화엄수경華嚴手鏡』도 이를 계승하고 있다. 반면에『문답』을 가장 많이 인용하고 있는 담예湛睿(1271~1347)는『오교장찬석五敎章纂釋』에서 삼생성불을 동교설로 규정지어 서로 견해를 달리하고 있는데, 이는『문답』의 문장을 그대로 인정하되 다만 징관의 동교 가운데 반드시 별[교]의가 있다는 문장을 근거로 주장한 것이다. 이후 성헌聖憲(1307~1392)의『오교장청초五敎章聽抄』에서는 일면 삼생성불을 격생隔生이라 하여 동교로 이해하면서도 삼생위 자체는 화엄의 진실한 의의에 의하면 결국 '일생성불'이라고 보았다.

결국 이는 항포의 모습을 하고 있는 삼생위를 별교로 볼 것인가, 동교로 볼 것인가의 문제인데,『문답』의 문장을 어떻게 이해하느냐에 따라 삼생위 혹은 삼생성불에 대한 이해가 달라지고 있음을 알 수 있다.[48] 이를 보면 처음에는 법장의『오교장』에 따라『문답』을 조화시키고자 했던 것이 차차『문답』의 문장을 그대로 인정하면서 그 본의를 해석

---

46 野呂靖, 위의 글, p.63.

47 審乘,『華嚴五敎章問答抄』(T72, p.623c; p.767c).

48 실제 의상의 경우『법계도』에서는 삼생위를 별교설로 보고,『문답』에서는 동교설로 보고 있는 것으로 이해되지만,『문답』의 경우 더 정확히 말하면 보법의 正位는 아니라고 본 것이다. 하지만, 여기서 보법을 별교와 동일시할 것인가는 논의가 필요하다. 개인적으로는 의상이 강조하고자 하는 것은 별교도 동교도 아닌 '일승보법'이라는 점이며, 일승보법은 별교와 동교를 포괄하는 넓은 개념에서 사용된 것으로 이해된다. 실제 삼생위의 경우도 고정된 격생의 3위로 본 것이 아님은『총수록』의 「고기」에 제시된 삼생위의 예에서도 알 수 있다.『法界圖記叢髓錄』권2(T45, p.751b). 결국 항포차제의 방편을 통해 일승보법으로 廻入하도록 한다는 점에서 삼생위는 (별교와 동교의 기준에서 보면) 중간적 입장으로 양면에 모두 열려 있다고 볼 수 있다. 장진영, 앞의 논문, pp.139~143.

하고자 했다는 점에서 그 의의를 찾을 수 있을 것이다.

한편, 실제로 수령壽靈 이후 삼승극과회심설의 경우도 나라 시대 이후 부정적인 입장이 지속되었는데, 담예湛睿로부터는 긍정적인 입장이 정설로 인정된다.[49]

이상에서 알 수 있듯이 『문답』을 법장의 입장과 조화시키고자 했으며, 이 과정에서 일본 화엄의 주류적 입장에서는 법장의 권위를 지키기 위해 『문답』을 조화시켜 이해하고자 했다면, 차차 『문답』을 긍정적으로 받아들이게 되었고, 그 결과 자연스럽게 의상[계]의 견해까지 인정하게 되면서 일본 화엄학이 다양화되는 계기가 마련되었다고 할 수 있다.[50] 하지만 여전히 응연 등은 어디까지나 법장과 징관 등 중국의 화엄 조사들의 학설에 충실하려는 입장이었던 것인데, 『문답』과의 회통을 시도하는 과정에서 그 내용이 기존의 법장의 입장과는 달리 변하고 있다는 점에서 일정한 한계를 가질 수밖에 없다.[51]

한편 가마쿠라 시대에 또 다른 화엄 전통으로 고산사계(末寺派)를 언급하지 않을 수 없다. 고산사계 화엄은 명혜明惠(1173~1232)로 대표된다. 명혜는 헤이안 시대 말기에 경아景雅(1103~1185)의 제자로 성전聖詮에게 화엄학을 배웠는데, 실제 가마쿠라 이전에 활동했던 성전의 『화엄오교장심의초華嚴五教章深意鈔』는 삼생성불에 있어서 『오교장』의 입장과 『문답』의 입장을 조화시키고자 고심했는데, 결국 삼생위의 차제설로 보면 동교일승이지만, 『화엄경』의 본질이라 할 수 있는 원융설로 보면, 이는 일생성불로 이해해야 하므로 이를 별교일승으로 이해해도 무방하다는 것이다.

49 김천학, 「의상과 동아시아 불교사상」, 『의상만해연구』 1, 2002b, pp.48~49.
50 김천학, 앞의 글(2012b), pp.131~132.
51 野呂靖, 앞의 글, pp.51~66.

이렇게 양면을 모두 인정함으로써 이후 앞서 밝힌 바와 같이 가마쿠라 시대에 응연 이후의 삼생성불 논의에 큰 영향을 미치게 되었다.[52]

하지만 무엇보다도 신라 의상이 일본 화엄에 미친 영향이 가장 두드러진 경우가 바로 명혜라는 점이다. 이는 『화엄종조사회전華嚴宗祖師繪傳』(혹은 『화엄연기』)을 통해 확인할 수 있는데, 이 『회전繪傳』은 도가노(栂尾) 명혜가 깊이 관여하여 제작된 것이다.[53] 특히 명혜는 찬녕贊寧의 『송고승전』을 통해 의상의 생애를 연구하였는데, 여기서 선묘善妙의 설화에 감명을 받아 정응貞應 2년(1223) 조큐(承久)의 난에서 남편을 잃은 미망인을 위하여 여인구제를 목적으로 비구니 사찰인 선묘사善妙寺를 건립하였고, 『고산사연기高山寺緣起』에 따르면, 여기에 선묘사의 진수鎭守로서 선묘신상善妙神像을 세워 화엄 옹호의 여신으로 삼았다고 한다.[54] 또한 법장이 의상에게 존숭의 뜻을 담아 보냈던 『기해동서』를 직접 필사하였는데, 그 필사본이 에도 시대 말기까지 존재했었다고 전한다.[55]

명혜는 지엄 대사가 의상을 '의지義持'라 불렀다는 전승을 앞의 『회전』에서 언급하고 있는데, 이는 일본에 속장경 전래와 의천판 경장에 깊은 관련이 있었던 것으로 보이는 그의 스승 경아의 영향으로 보인다.[56] 특히 명혜는 동대사계의 주석적 논의에 만족을 느끼지 못하고 당

---

52 이에 대해 김천학, 위의 글(2012b), pp.106~116에 자세히 논하고 있다.
53 김임중, 『일본국보 화엄연기연구-원효와 의상의 행적』, 보고사, 2015, p.17. 이는 원효 그림 3권, 의상 그림 3권 총 6권으로 전하지만, 원래는 의상 4권, 원효 2권이었던 것으로 확인되고 있어 명혜가 의상을 매우 존숭했음을 엿볼 수 있다. 김임중, 같은 책, pp.50~54.
54 김임중, 앞의 책, pp.211~214.
55 김임중, 앞의 책, p.217.
56 김천학, 앞의 글(2002b), p.41. 한편 경아는 단혹설에 대해 법성원융의 의미를 밝히면서 사리원융, 이이원융, 사라원융의 이른바 삼종원융설을 밝히고, 이를 순차적으로 각각 종, 돈, 원에 배대하고 있다. 高峯了州, 앞의 책, p.396. 이에 대해 의상설인 '이이상즉'과의 관련성에 대해 사카모토와 오타케는 무관하다는 입장이지만, 김천학은 의상의 영향을 배제할 수 없다고 보았다. 김천학, 앞의 글(2002b),

시 정토교학의 입장에도 비판을 나타내었으며, 단지 이론적 연구가 아닌 화엄교학을 실천적으로 새롭게 체계화하고자 했다.[57] 이 점에서 법장에 비해 실천적 경향이 강했던 의상에 주목했던 것으로 보인다.[58]

또한 명혜는 『법계도』 도인圖印의 실천적 구조에 흥미를 가졌는데, 그 영향이 『삼시삼보례석三時三寶禮釋』에 표현되어 있다. 이는 삼보(南無同相別相住持佛法僧三寶)라고 중앙에 적혀 있고, 좌우 2행에 보리심 법어를 배치하고 그 위에 범자梵字로 '三寶'가 적혀 있는데, 명혜는 이를 삼시三時로 염송念誦하는 예배법을 행했다고 한다.[59] 이후 그의 제자 중 고신高信(1193~1264)의 『해탈문의청집기解脫門義聽集記』와 순고順高(1218~?)의 『오교장유집기五教章類集記』에서도 직접 『법계도』를 인용하고 있다는 점에서 고산사계 화엄의 실천적 특징과 의상의 화엄이 밀접한 관련이 있음을 짐작할 수 있다.

이에 의상의 생애에 대해 『법계도』에 관심을 갖고 그 사상을 적극적으로 수용한 인물은 일본 화엄사상 가장 실천적이었던 묘에 한 사람뿐[60]이라는 평가는 결코 과한 것이 아니라 할 수 있다.

---

p.44.

57 高峯了州, 앞의 책, p.397.

58 같은 맥락에서 이통현이나 원효 등 기존의 법장, 징관 중심으로 중국의 주류 화엄에서 방계로 취급되었던 실천적 경향에 관심을 가지게 된 것으로 이해된다. 高峯了州, 앞의 책, p.400.

59 김임중, 앞의 책, p.22.; 高峯了州, 앞의 책, pp.401~405 참조.

60 石井公成, 앞의 책, p.287.

Ⅲ. 나가며

신라 의상이 일본 화엄학에 미친 영향에 대해 기존 연구에 근거하여 나라, 헤이안, 그리고 가마쿠라 시대 이후의 세 시기로 나누어 개괄하였다. 먼저 나라 시대의 경우 심상의 역할이 매우 크다. 하지만 심상에 대해서는 해결해야 할 문제가 남아 있다. 다만 그가 활동했을 당시 신라의 경우 화엄종 계통은 여전히 변방에 있었다는 점, 의상은 저술 활동보다는 전교傳敎를 중시했다는 점에서 어느 정도 정황상 이해가 된다. 특히 심상이 신라에서 수학했고 의상에 대해 모르지 않았겠지만 실제 일본 화엄학에 영향을 주었다는 직접적인 근거는 찾을 수 없다. 다만 신라 의상 및 의상계의 화엄학이 또 다른 경로에 의해 일본에 전래되었을 가능성도 아주 배제할 수 없을 것이다.

다음은 헤이안 시대의 경우 역시 신라에서 활동했던 견등이 신라에서 수학(활동)했던 시기는 신라도 중대에 들어서 화엄학에 있어서 의상계의 역할이 증대되었고, 그 과정에서 의상의 저술 및 강의록, 진숭珍嵩 등의 의상계 문헌과 사상을 구체적으로 접하고 이를 자신의『성불묘의』에 담아 일본에 전하였던 것이다. 견등에 의해 처음 소개된『향상문답』으로 인해 의상의 화엄학이 우회적으로 일본 화엄학에 전해졌고, 이에 대해 일찍부터 저자 논란이 있었던 것이지만, 이후『문답』은 법장의 문헌으로 수용되어 이질적이었던 사상들도 차차 그 안에 담긴 다양한 사상들이 긍정적으로 받아들여졌다. 물론 이 시기에 의상의『법계도』가 직접 인용되었지만, 이는 어디까지나 법장의 입장과 조화시키는 입장에서 수용된 것으로 이해되어야 할 것이다.

가마쿠라 시대 이후를 살펴보면, 응연 이후 동대사계는 기존의 견해를 수용하되, 법장과 징관 등 중국 화엄학이 더욱 중시되는 모습이지만, 『문답』의 경우 법장의 기존 입장에 맞추어 이해되었다가 이후 응연을 계승한 제자들에 의해 『문답』의 문장 그대로를 긍정하는 입장까지 다양화되는 모습을 보이고 있다. 한편 신라 의상을 직접 전면에 내세우고 있는 것은 고산사계의 명혜에 의한 것이라 할 수 있는데, 명혜는 『화엄연기』를 통해 의상과 함께 원효를 중시함으로써 중국 화엄학의 이론적 경향에 치우친 일본 화엄학에서 신라 화엄학과 그 실천적 경향을 부각시키고 있다.

지금까지의 논의를 살펴보면, 대체로 나라 시대 이후 동대사계 화엄을 중심으로 그 영향 관계를 고찰한 것으로, 이에 따르면 신라불교, 특히 의상 혹은 의상계 화엄은 오랫동안 변방으로 인식되었음을 부인할 수 없다. 하지만 나라 시대 이후 동대사계와 긴장 관계를 유지했던 약사사계(장랑을 포함하여), 마찬가지로 『성불묘의』를 통해 주류 화엄학계에 새로운 학설로 충격을 주고자 했던 견등, 그리고 『화엄연기』를 통해 의상을 전면에 부각시킨 명혜와 고산사계 등 일본 화엄학의 주류에 있지 않았던 이들에 의해 의상의 화엄학이 부각되고 사상적 친연성을 보인다는 점에서 신라 의상이 일본 화엄학에 미친 영향에 대한 온전한 평가를 위해서는 향후 이와 관련된 좀 더 면밀한 연구가 요청된다.

참고문헌

HD: 『한국불교전서』.

T: 『대정신수대장경』.

『三國遺事』(HD6).

『一乘法界圖』(HD2).

『華嚴經問答』(T45).

『法界圖記叢髓錄』(T45).

『一乘義私記』(T72).

增春, 『一乘義私記』(T72).

審乘, 『華嚴五教章問答抄』(T72).

김영태 엮음, 『동아시아 한국불교사료: 일본문헌 편』, 동국대학교출판부, 2015.

김임중, 『일본국보 화엄연기연구－원효와 의상의 행적』, 보고사, 2015.

김지견, 『화엄사상과 선』, 민족사, 2002.

김천학, 「日本華嚴における三乘廻心說」, 『印度學佛教學研究』 51-1, 印度學佛教學會, 2002a.

_____, 「의상과 동아시아 불교사상」, 『의상만해연구』 1, 의상만해연구원, 2002b.

_____, 「東大寺の創建期における華嚴思想と新羅佛教」, 『東大寺論集』 2, 2004.

_____, 「日本華嚴思想の研究－平安期の華嚴私記類を中心として－」, 東京大学大学院, 2007a.

김천학, 「藥師寺長朗の華嚴思想について」, 『印度学仏教学研究』 55-2, 印度學佛教學會, 2007b.

_____, 「平安時代の華嚴私記類における成仏論」, 『印度学仏教学研究』 56-2, 印度學佛教學會, 2008.

_____, 「동아시아 화엄학에서의 성불론」, 『한국사상사학』 32, 한국사상사학회, 2009.

_____, 「고대 한국불교와 남도육종의 전개」, 『동방학』 23, 동양고전연구소, 2012a.

_____, 「일본 화엄문헌에서 『화엄경문답』의 인용 경향」, 『한국선학』 31, 한국선학회, 2012b.

_____, 「헤이안 시대 화엄종에 보이는 신라불교사상의 역할」, 『범한철학』 70, 범한철학회, 2013a.

_____, 「일본 고대 화엄종 『대승기신론』 및 그 주석서 수용」, 『대동철학』 64, 대동철학회, 2013b.

_____, 『平安華嚴思想の研究-東アジア華嚴思想の視座より-』(東京, 山喜房佛書林), 2015.

양은용, 「新羅 審祥과 日本의 華嚴學」, 『가산학보』 3, 가산불교문화연구원, 1994.

이행구(도업), 「日本 華嚴의 源流 再考」, 『동국대학교 경주캠퍼스 논문집』 5, 2007.

장진영, 『화엄경문답 연구』, 동국대학교 박사학위논문, 2010.

정병삼, 「고대 한국과 일본의 불교교류」, 『한국고대사연구』 27, 한국고대사학회, 2002.

최연식, 「신라 견등의 저술과 사상 경향」, 『한국사연구』 15, 한국사연구회, 2001.

최연식, 「일본 고대화엄과 신라불교-奈良·平安시대 화엄학 문헌에 반영된 신라불교학-」, 『한국사상사학』 21, 한국사상사학회, 2003.

_____, 「8세기 신라불교의 동향과 동아시아 불교계」, 『불교학연구』 12, 불교학연구회, 2005.

_____, 「『화엄경문답』의 삼승극과회심설 연구」, 『불교학연구』 30, 불교학연구회, 2011.

高峯了州, 『華嚴思想史』(京都: 百華苑), 1976(복각판).

高原淳尚, 「增春『華嚴一乘義私記』について」, 『駒澤大学仏教学部論集』 20, 駒澤大学仏教学部, 1989.

末木文美寫, 『일본불교사-사상사로서의 접근』, 이시준 옮김, 뿌리와 이파리, 2005.

石井公成, 『華嚴思想の硏究』(東京, 春秋社), 1996.

野呂靖, 「日本華嚴における三生成佛說に關する諸師の見解」, 『龍谷大學大學院硏究科紀要』 28, 2006.

佐藤厚, 「義湘系華嚴學派の基本思想と起信論批判」, 『東洋學硏究』 37, 東洋大學東洋學硏究所, 2000.

9

『대승기신론』의 알라야식에 대한 대현의 이해
: 원효와 법장과의 비교 / 이수미

〈선정 이유〉

● 이수미, 「『대승기신론』의 알라야식에 대한 대현의 이해: 원효와 법장과
   의 비교」, 『동아시아불교문화』 제32집, 동아시아불교문화학회,
   2017.12, pp.101~129.

선정 이유

이 논문은 『대승기신론』의 알라야식에 대한 대현의 이해를 원효와 법장과의 비교를 통해 밝히고 있는 것에 주목하여 선정하였다. 저자는 동아시아에 처음으로 알라야식이 소개된 6세기 보리유지의 『십지경론』에 대한 늑나마제와의 입장 차이에 주목하여 논의를 시작하고 있다. 즉 보리유지는 알라야식과 여래장을 분리된 것으로 봄으로써 알라야식을 망식으로 보았음과 달리 늑나마제는 이 둘을 동일한 것으로 보아 알라야식을 진식으로 봄으로써 당시 중국에서 활약한 두 인도 역경가로부터 지론학파의 분파가 이루어졌다고 보았다.

저자는 신라의 유가 초조인 대현은 당나라 규기의 사상적 영향을 받았으면서도 알라야식을 망식으로 파악하는 법상논사들에 의해 외면된 『대승기신론』의 주석을 지음으로써 그들과는 다른 입장을 견지하였다고 보았다. 대현은 원효와 법장의 『기신론』 주석서를 자신의 관점에서 선택적으로 편집하면서 『대승기신론내의약탐기』를 지었으며, 그는 알라야식을 망식으로 해석하지 않고 식 내에 진의 요소, 즉 본각本覺과 해성解性과 같은 진식眞識이 있는 것으로 파악하였다고 보았다.

저자는 『능가경』의 진식, 자상, 지상 등의 개념 외에 알라야식의 진의 요소, 혹은 진의 성질을 설명하는 또 하나의 주요한 개념으로 진제의 『섭대승론석』에 처음 등장하는 '해성解性' 개념을 본각과 관련시켜 논구하고 있다. 진제가 알라야식을 진망화합식으로 보아 온 것처럼 그의 『섭대승론석』에서 '해성'은 알라야식의 성질로서 문훈습聞熏習과 결합하여 성인의 의지가 된다고 설해져 있다. 대현은 『대승기신론내의약탐기』에서 해성을 지상 또는 자상과 연결하여 "이 지상은 또한 전식에도 통하니, [지상은] 움직이는 가운데서도 해성이 무너지지 않기 때문이다. 그러므로 지상을 자상이라 하는 것이다."라고 하거나 "이 중에서 해성이 마음의 본성이니, 다른 것에 의지하여 이루어지는 것이 아니므로 자상이라고 하는 것이다."라고 하였다.

저자는 이처럼 대현은 지상, 자상, 해성을 거의 동의어처럼 사용하고 있고, 진식과도 같은 의미로 사용하고 있으며, 기본적으로 진제의 '해성'의 의미를 따르는 것으로 볼 수 있을 뿐만 아니라, 해성을 문훈습과 연결하여 풀이하고 있다고 하였다. 해성과 본각의 동일성 여부에 대해서는 종래의 논사들에 의해 이설이 있었으며, 대현은 본각과 해성을 동일한 것으로 볼 수 없다고 보았다고 하였다. 그러면서도 대현은 알라야식과 아말라식(혹은 淨識)을 별도의 식으로 보는 원효의 입장과, 이 둘을 단지 알라야식의 구도 내에서 파악하는 법장의 견해를 선택적으로 취사선택한다고 보았다.

대현은 법상학자들이 『성유식론』의 입장을 따라 제8식의 정분인 무구식을 유위에 배정하고 있음과 달리 제8식의 정분이지만 무구식은 유위뿐만 아니라 무위에도 통하는 것으로 보았다. 이처럼 대현은 무구식에 대한 이 같은 이원적 입장을 진제의 입장으로 인식하고 있으며, 이런 맥락에서 진제의 견해를 오류라고 비판한 원측을 다시 비판하고 있다고 보았다. 그러면서 저자는 대현이 원효와 같이 본각과 해성을 구별하고 있으면서도, 본각 혹은 무구식을 제9식이 아니라 제8식의 정분으로 봄으로써 원효가 아니라 법장 또는 『성유식론』의 입장을 따르고 있다고 보는 지점에서 이 논문의 의미와 학문적 가치를 찾을 수 있다.

〈요약문〉

동아시아에서의 알라야식에 대한 이해는 보리유지菩提流(留)支(Bodhiruci, fl. 508~35)가 6세기에 『십지경론(Daśabhūmivyākhyāna)』을 번역하면서 이 개념을 처음 소개한 이래로 이 식과 여래장 혹은 불성과의 관계를 밝히거나 혹은 부정하는 과정을 통해 전개되어 왔다. 동아시아 불교사상사에서 『대승기신론大乘起信論』이 주목받은 것은 바로 이러한 맥락에서였다. 『기신론』은 알라야식과 여래장의 화합을 주요 메시지로 다루면서 중생의 근본식인 알라야식이 어떻게 깨달음의 근거로 작용할 수 있는가라는 문제를 직접 논의하고 있다.

신라의 유식종조(瑜伽祖)로 알려져 있는 대현大賢(ca. 8세기)은 이러한 『기신론』의 메시지에 주목한 동아시아 논사들 가운데 한 사람이다. 이 논문에서는 『기신론』의 알라야식과 여래장에 대한 대현의 견해를 그의 『기신론』의 주석서인 『대승기신론내의약탐기大乘起信論內義略探記』와 원효元曉(617~686)와 법장法藏(643~712)의 『기신론』 주석서들에 나타나 있는 본각本覺과 해성解性의 관계에 대한 이들의 입장을 비교함으로써 고찰하려 한다. 이를 바탕으로 『기신론』의 여래장 개념의 해석에 있어서 전통적으로 차별적인 사상 조류가 존재했음을 심식설과의 연계성을 통해 논증한다.

1. 들어가는 말

동아시아에 유식불교의 알라야식 개념이 처음 소개된 것은 6세기에 보리유지菩提流支(Bodhiruci, fl. 508~35)가 『십지경론十地經論(Daśabhūmivyākhyāna)』을 번역하면서부터이다. 유식계 경론이 전래되기 이전 5세기 초 동아시아에는, 『열반경』이 이미 번역된 이래로 불성 개념이 불교계의 주된 주제였고, 곧이어 번역된 『승만경勝鬘經』과 『능가경楞伽經』 등 소위 여래장계 경전 또한 이러한 『열반경涅槃經』 중심의 여래장 또는 불성 논의에 추가적인 경론적 자료가 되었다. 이러한 상황에서 보리유지의 『십지경론』 번역에 의한 알라야식의 소개가, 중생의 근본식으로서의 알라야식과 깨달음의 근거로서의 불성 또는 여래장이 어떠한 관계에 있는가에 대한 논의로 이어진 것은 자연스러운 것으로 보인다. 전승에 의하면, 당시 중국에서 활약한 두 인도 역경가인 보리유지와 늑나마제勒那摩提(Ratnanmati, d. ca. 513)는 알라야식과 여래장의 관계에 대해 서로 다른 입장을 취했다고 전해진다. 보리유지는 알라야식과 여래장을 분리된 것으로 봄으로써 알라야식을 망식妄識으로 보았다고 하고, 이에 반해 늑나마제는 이 둘을 동일한 것으로 보아 알라야식을 진식眞識으로 보았다고 한다.[1] 비록 이러한 도식적 대립이 역사적으로 정확한 사실인지

---

1 전통에 따르면 두 논사 간의 이러한 의견 차이가 『십지경론』을 소의로 한 지론학파의 분파를 초래했다고 전해진다. 지론종 북도파와 남도파의 분파에 대한 상세한 논의는 Paul(1984), pp.46~48 참조. 하지만 이러한 분파가 역사적 사실인가에 대

에 대해서는 더 많은 연구가 필요하겠지만, 동아시아에 알라야식이 소개된 이후 이 식에 대한 이해는, 이 식과 여래장 혹은 불성과의 관계를 밝히거나 혹은 부정하면서 전개되어 왔다는 것은 분명한 사실이다.

이런 맥락 속에서, 동아시아 불교사상에 있어서 지대한 영향력을 가졌던 『대승기신론大乘起信論』(이하, 『기신론』으로 지칭)은 알라야식을 여래장과 연결시키고 있다는 점에서 중요한 의미를 가지는 논서이다. 『기신론』에는, 알라야식이란 불생불멸 즉 여래장이 생멸과 화합하여 같은 것도 아니고 다른 것도 아닌 것을 가리킨다[2]고 서술함으로써, 여래장과 알라야식을 서로 연결하고 있다. 이런 점에서, 『기신론』은 중생의 근본식인 알라야식에서 깨달음의 단초를 찾으려는 많은 동아시아 논사들의 주목을 받았고, 한편으로는 알라야식을 오직 망식으로만 파악하는 입장과의 긴장 속에서 수많은 논의를 불러일으켰다.

신라의 대현大賢(ca. 8세기)은 『기신론』에 주목하여 주석을 쓴 많은 동아시아 논사들 가운데 하나이다. 전통적으로는 신라의 유식의 종조(瑜伽祖)로 알려져 있지만, 당시의 자은 기慈恩基(632~682)의 사상을 중심으로 한 법상유식종法相唯識宗과는 다른 사상적 경향을 가진 것으로 알려져 있다.[3] 대현이 전형적 법상가들과는 다른 입장을 가지고 있었다는 것은, 그가 기본적으로 알라야식을 망식으로 파악하는 법상논사들에 의해서는 외면된 『기신론』의 주석을 저술하였다는 사실로부터도 쉽게 유추할 수 있다. 이 논문에서는, 대현의 『기신론』 주석인 『대승기신

해서는 더 많은 논의가 필요한 것으로 보인다.

2 『大乘起信論』(T1666:32.576b07~09), "心生滅者, 依如來藏故有生滅心, 所謂不生不滅與生滅和合, 非一非異, 名為阿梨耶識."

3 대현이 소위 性宗에 속하는 논사인지 아니면 相宗에 속하는 논사인지는 전통적으로 지속된 논의 주제였다. 실제로 대현의 현존하는 저술에는 법상종의 이론뿐아니라 일반적으로 이 이론과 상반된 것으로 여겨지는 불성의 보편성 또한 언급되고 있기 때문이다. 자세한 논의는 채인환(1983), pp.105~106 참조.

론내의약탐기大乘起信論內義略探記』(이하, 『약탐기』로 지칭)를 바탕으로 하여, 대현의 알라야식에 대한 이해를 살펴보는 것을 목적으로 한다. 『약탐기』는 상당한 부분에서 신라 원효元曉(617~686)의 『기신론소起信論疏』와 『대승기신론별기大乘起信論別記』와 당의 법장法藏(643~712)의 『대승기신론의기大乘起信論義記』를 선택적으로 편집함으로써 이루어져 있다. 따라서 『기신론』의 알라야식에 대한 대현의 입장에 대한 고찰은 법장과 원효의 『기신론』 주석과 『약탐기』를 비교 분석함으로써 보다 효과적으로 이루어질 수 있다. 먼저 대현이 알라야식을 망식으로 해석하지 않고 이 식 내에 진眞의 요소를 설정하는 것을 원효와 법장의 경우와 함께 살펴보고, 이어서 알라야식의 진의 요소로서 해성解性과 본각本覺의 관계를 둘러싼 세 논사 간의 해석의 차이점을 살펴본 후, 이를 바탕으로 대현과 원효, 그리고 법장의 심식설을 비교해 본다.

2. 알라야식의 진眞의 요소: 진식眞識

『기신론』에는 비록 불생불멸과 생멸이 같지도 않고 다르지도 않게(非一非異) 화합한 것이 알라야식이라고 함으로써 알라야식과 여래장이 연결되어 설해지고 있지만, 여래장과 알라야식의 화합이 심식心識의 구도 내에서 어떻게 설명될 수 있는지에 대해서는 구체적으로 언급되어 있지 않다. 『기신론』에 있어서 심식에 대한 설명은 주로 심생멸문心生滅門 중 지말불각枝末不覺을 설하는 가운데 3세細 6추麤를 설명하는 부분과, 생멸인연生滅因緣을 설하는 부분에서 찾아볼 수 있다. 두 부분 모두 기본적으로 심心·의意·의식意識이라는 구도를 제시하고 있는데, 그중 생멸인연 부분을 살펴보면 다음과 같다.

생멸인연이라고 하는 것은, 이른바 중생이 心에 의지하여 意와 意
識이 전변하기 때문이다. 이 뜻이 무엇인가? 알라야식에 의지하
여 無名이 있다고 설하니, 불각이 일어나 볼 수 있고, 나타낼 수 있
으며, 경계를 취할 수 있고, 망념을 일으켜 相續하기 때문에 意라
고 말하였다. 이 意는 다시 다섯 가지의 이름이 있다. 무엇이 다섯
인가? 첫째는 業識이라고 이름하니, 무명의 힘으로 불각하여 마음
이 움직이기 때문이니, 이를 말한 것이다. 둘째는 轉識이라고 이름
하니, 움직여진 마음에 의하여 능히 볼 수 있는 상이기 때문이다. 셋
째는 現識이라고 이름하니, 이른바 일체의 경계를 나타냄이 마치 밝
은 거울이 물체의 형상을 나타내는 것과 같으니, 현식도 그러하여
그 五塵을 따라서 대상이 이르면 곧 나타내어서 앞뒤가 없다. 왜냐
하면 언제든지 임의로 일어나서 항상 앞에 있기 때문이다. 넷째는
智識이라고 이름하니, 염법과 정법을 분별함을 말하기 때문이다. 다
섯째는 相續識이라고 이름하니, 망념이 상응하여 끊어지지 않기 때
문이다. … 다음에 意識이라고 말한 것은 곧 이 상속식이 모든 범부
의 집착함이 점점 깊어짐에 의하여 我와 我所에 계탁하여 여러 가
지 妄執으로 일에 따라 반연하여 六塵을 분별하기 때문에 의식이
라고 이름한 것이다. 또한 分離識이라고도 이름하고 다시 分別事
識이라고도 이름하니, 이 식이 見愛煩惱의 증장되는 뜻에 의하기
때문이다.[4]

---

4 『大乘起信論』(T1666:32,577b03~27), "復次, 生滅因緣者, 所謂衆生依心·意·意識
轉故。此義云何？以依阿梨耶識說有無明不覺而起, 能見·能現·能取境界, 起念
相續, 故說為意。此意復有五種名。云何為五？一者, 名為業識, 謂無明力不覺心動

위의 인용문을 요약하면, 중생의 마음은 심·의·의식으로 구분되는데, 이 중 의意는 무명에 의해 심으로부터 전변하는 것으로서, 업식業識, 전식轉識, 현식現識, 지식智識, 상속식相續識이라는 다섯 가지의 이름이 있다고 한다. 그리고 이 다섯 가지 가운데 마지막인 상속식이 의식意識에 해당한다. 즉, 『기신론』에서 설해지고 있는 심식설은, 무명으로 인해 일어나는 다섯 가지의 의意, 즉 오의五意를 중심으로 설해지고 있고, 따라서 이러한 심식설의 설명에서 깨달음의 근거를 나타내는 여래장이나 불성 등과 알라야식과의 관련성 또는 관계에 대한 직접적 언급은 찾을 수 없다.

한편, 이 부분에 대한 『약탐기』의 설명에는, 『기신론』에는 보이지 않는 진식眞識의 개념이 도입되어 알라야식과 연결되고 있다. 즉, 『약탐기』에는 『기신론』의 오의가 다시 본식本識(즉 알라야식)과 사식事識의 범주로 나뉘고, 여기서 본식은 다시 네 가지 종류로 분류되는데, 이 중 한 가지가 진식으로서 다음과 같이 설명되고 있다.

> 다섯 가지의 意 가운데 처음 세 가지 [즉 업식, 전식, 현식]은 本識(역자: 알라야식)의 지위에 있고, 나머지 둘 [즉 지식과 상속식]은 [분별]사식의 세분의 지위에 있다. 體인 본식 중에서 자세히 논하면 네 가지 종류의 식이 있으니, 첫 번째는 진식으로서 自相이라고도 이름하고 智相이라고도 이름한다. 두 번째는 업식으로서 業相이라고도 이름하고 業相識이라고도 이름한다. 세 번째는 전식으로서 轉

故。二者, 名為轉識, 依於動心能見相故。三者, 名為現識, 所謂能現一切境界, 猶如明鏡現於色像；現識亦爾, 隨其五塵對至, 即現無有前後, 以一切時任運而起常在前故。四者, 名為智識, 謂分別染淨法故。五者, 名為相續識, 以念相應不斷故 … 復次, 言意識者, 即此相續識, 依諸凡夫取著轉深計我我所, 種種妄執隨事攀緣, 分別六塵名為意識, 亦名分離識。又復說名分別事識, 此識依見愛煩惱增長義故."

相이라고도 이름하고 轉相識이라고도 이름한다. 네 번째는 현식으로서 現相이라고도 이름하고 現相識이라고도 이름한다. 다섯 번째는 지식으로서 智相이라고 이름하기도 한다. 여섯 번째는 상속식으로서 相續相이라고 이름하기도 한다.[5]

위 인용문에 따르면, 오의 가운데 앞의 세 가지, 즉 업식·전식·현식은 본식, 즉 알라야식에 해당하고, 나머지 지식과 상속식은 분별사식, 즉 의식의 세분위에 해당한다고 한다. 이 중 본식을 상세히 논했을 때 진식·업식·전식·현식의 네 종류로 세분된다고 함으로써, 『기신론』에 설해지고 있는 오의 외에 진식이라는 개념을 추가로 도입하고 있다. 게다가, 이 진식을 자상自相 또는 지상智相[6]이라고도 이름한다고 한다.

대현이 본식을 분류하면서 도입하고 있는 진식, 자상, 또는 지상의 개념들은, 보통 『기신론』의 소의경전이라고 여겨지고 있는 『능가경』[7]에 나오는 개념들이다. 『능가경』에서 설해지고 있는 심식설에 따르면 식은 세 가지, 또는 여덟 가지로 분류되는데, 진식 또는 지상[식]은 각각 4권『능가경』과 10권『능가경』에서 설해지는 식의 종류 가운데 한 가지로서 설해지고 있다.

---

5 『大乘起信論內義略探記』(T1849:44,416b07~13), "五種意中 初三在本識位 後二在事識細分位. 體本識中 若子細論 有四種識. 一眞識 亦名自相 亦名智相. 二業識 亦名業相 亦業相識. 三轉識 亦名轉相 亦名轉相識. 四現識 亦名現相 亦名現相識. 五智識 亦名智相 六相續識 亦名相續相."

6 통론 부분에서 대현은 이를 智識이라고도 한다. 『大乘起信論內義略探記』(T1849: 44,416c14~19), "若通相論者 轉中有業 以是轉相 亦非轉寂故 業內有智 以本覺心 擧體而動故 是智亦通轉識 以動轉中解性不壞 是即智識亦名自相 以業等相非心 本相 因無明起 可名他相 不自性動 隨他動故 於中解性是心本性 不藉他成 故名自相."

7 다수의 『기신론』의 주석들은 『능가경』에 의지하고 있으나, 일본 杏雨書屋에 소장된 돈황 문헌에서 발견된 『大乘起信論疏』(擬題, 羽333V)나 曇延(516~588)의 『起信論義疏』와 같이 전혀 『능가경』을 언급하지 않는 주석들도 있다.

다음은 각각 4권『능가경』과 10권『능가경』의 설명이다.

> 모든 식은 세 종류의 상이 있는데, 轉相, 業相, 眞相을 말한다. 대
> 혜여! 간략히 설하면 세 가지의 식이 있고, 자세히 설하면 여덟 가
> 지의 상이 있다. 무엇이 세 가지인가? 眞識, 現識, 그리고 分別事識
> 이다.[8]
> 대혜여! 식에는 세 종류가 있다. 무엇이 세 종류인가? 첫째는 轉相
> 識이고, 둘째는 業相識이고, 셋째는 智相識이다. 대혜여! 여덟 가
> 지의 식이 있고, 간략히 설하면 두 가지가 있다. 어떤 것이 두 가지
> 인가? 첫째는 了別識이고, 둘째는 分別事識이다.[9]

4권『능가경』에서는 세 종류의 식의 상은 진상·업상·전상으로 설해
져 있고, 이에 해당하는 10권『능가경』의 설명에는 식이 지상식, 업상
식, 전상식으로 분류된다고 한다. 즉, 대현이 본식을 세분하면서 업식
에 선행하여 진식 혹은 지상을 추가한 것과 유사한 방식으로,『능가경』
에서도 업상 또는 업상식에 선행하는 개념으로 진상, 또는 지상식을 언
급하고 있다. 여기에서는 모두, 진의 상(진상), 혹은 지의 상(지상)을 업식
에 선행하는 식의 상으로서 설하고 있는 것이다. 한편, 대현이 진식과
동의어로 제시하고 있는 자상의 개념 또한 10권『능가경』에서 다음과
같이 설해지고 있다.

---

8 4권본『능가경』(T670:16,483a14~17), "諸識有三種相, 謂轉相·業相·眞相. 大慧!
   略說有三種識, 廣說有八相. 何等為三? 謂眞識·現識, 及分別事識."
9 10권본『능가경』(T671:16,521c29~522a03), "大慧! 識有三種. 何等三種? 一者, 轉
   相識 ; 二者, 業相識 ; 三者, 智相識. 大慧! 有八種識, 略說有二種. 何等為二? 一者,
   了別識 ; 二者, 分別事識."

대혜여! 이와 같이 전식과 알라야식이 만약 다른 상이라면, [전식이] 알라야식을 따라 생겨나지 않을 것이고, 만약 다르지 않다면, 전식이 멸하면 알라야식 또한 멸해야 할 것이지만, 自相인 알라야식은 멸하지 않는다. 그러므로 대혜여! 모든 식의 自相이 멸하는 것인데, [여기서] 自相이 멸한다는 것은 업상이 멸한다는 것이니, [왜냐하면] 만약 自相이 멸한다면 알라야식 [자체가] 멸해야 할 것이[기 때문이]다.[10]

위 인용문에 따르면, 자상알라야식은 멸하지 않는 것으로서, 자상이 멸한다고 할 때의 자상은 업식을 가리키는 것이라고 한다. 즉 위에서 살펴본, 진식이나 지상[식]의 개념들이 『능가경』에서 다른 식(또는 식의 상)에 선행적으로 제시되고 있는 것과 마찬가지로, 『능가경』에서 자상은 알라야식 가운데 멸하지 않는 가장 근본적 부분으로 제시되고 있다. 따라서, 대현이 『약탐기』에서 언급하는 본식의 분류 가운데, 『기신론』에 보이지 않는 진식, 자상, 지상의 개념들은 모두 『능가경』에서 가장 근원적인 식 또는 식의 모습을 가리키는 개념들이다.

알라야식에 진의 요소를 인정하고 있는 것은 원효도 마찬가지이다. 원효는 『기신론』의 오의에 대한 주석에서 진식을 도입하고 있지는 않지만, 대현이 알라야식의 진의 요소로 제시하고 있는 진식, 자상, 혹은 지식의 개념은 모두 원효의 『기신론』 주석에 등장하고 있다. 원효가 불

---

10 10권본 『능가경』(T671:16,522a16~20), "大慧! 如是轉識阿梨耶識, 若異相者, 不從阿梨耶識生; 若不異者, 轉識滅阿梨耶識亦應滅, 而自相阿梨耶識不滅. 是故大慧! 諸識自相滅, 自相滅者業相滅, 若自相滅者阿梨耶識應滅."이 구절의 10권 『능가경』의 自相이 4권 『능가경』에서는 自真相으로 번역되어 있다.: 4권본 『능가경』(T670:16,483a29~b04), "大慧! 轉識藏識真相若異者, 藏識非因; 若不異者, 轉識滅藏識亦應滅, 而自真相實不滅. 是故, 大慧! 非自真相識滅, 但業相滅. 若自真相滅者, 藏識則滅."

생불멸과 생멸의 화합식으로 알라야식을 정의하는 『기신론』 구절[11]을 주석하면서 4권 『능가경』과 10권 『능가경』을 나란히 인용하는 부분을 살펴보자.

> 이것은 4권 『능가경』에 이르길, "비유하자면 흙덩이와 티끌이 다른 것도 아니요, 다르지 않은 것도 아닌 것과 같으니, 금과 장엄구도 이와 같다. 만약 흙덩이와 티끌이 다른 것이라면 흙덩이는 저 티끌로 이루어진 것이 아닐 것이나, 실로 저 티끌로 이루어진 것이므로 다른 것이 아니고, 만약 다르지 않은 것이라면 흙덩이와 티끌이 차별이 없어야 할 것이다. 이와 같이 전식과 藏識의 眞相이 만약 다르다면 장식은 인이 아닐 것이고, 만약 다르지 않다면 전식이 없어질 때 장식도 없어져야 할 것이지만, 자진상은 실로 없어지지 않는 것이므로 자진상식이 없어지는 것이 아니요, 다만 업상이 없어지는 것이다." …
> 이것은 10권 『능가경』에서 "여래장이 바로 알라야식이니 칠식과 함께 생겨나는 것을 전멸상이라 한다."는 말과 같다. 따라서 전상이 알라야식에 있음을 알 수 있다. [앞서 4권 『능가경』의] '자진상'은 10권 『능가경』에서는 "중진을 자상이라 이름한다."라고 하였다. 본각심은 허망한 연에 의지하지 않을 때 성질이 스스로 神解함을 자진상이라 하는 것이니, 이는 不一義門에 의하여 말한 것이다. 또 무명의 바람에 따라서 생멸을 일으킬 때 신해한 성질이 본각심과 다르지 않기 때문에 또한 자진상이라 이름하게 된 것이니, 이는 不異義門에 의하여 말한 것이다.[12]

11 위의 각주 2 참조.
12 『기신론소』(T1844:44,208b26~c12), "如四卷經云. 譬如泥團微塵 非異非不異 金

위 인용문은, 불생불멸과 생멸의 비일비이의 화합식으로서의 알라야식을 설명하는 부분으로서, 이러한 여래장과 생멸의 비일비이의 화합을, 원효는 금과 장엄구, 또는 티끌과 흙덩이가 같지도 다르지도 않다는 『능가경』의 비유를 인용하여 설명하고 있다. 원효는 먼저 장식의 [자]진상과 전식이 같지도 다르지도 않다는 4권 『능가경』의 구절을 인용하여 알라야식의 불생불멸과 생멸의 화합을 설한다. 그리고 이어서 10권 『능가경』을 인용하면서, 4권 능가의 [자]진상은 10권 능가의 자상에 해당한다고 설한다. 즉 대현이 진식·자상·지식으로 알라야식의 진의 모습을 설명하는 것과 마찬가지로, 원효 또한 알라야식에 비일비이로 화합되어 있는 여래장, 다시 말해 진의 요소를, 진상·자진상·자진상식, 혹은 자상의 개념으로써 설명하고 있다.

게다가, 앞서 인용한 『기신론』의 생멸인연 부분에 나오는 심·의·의식의 분류에 대해서 원효는, 심이 바로 알라야식의 심체를 가리키는 것으로서 자상심이라고 한다.[13] 따라서 원효는 자상의 개념을, 진상·자진상·자진상식 등의 개념들과 동일하면서, 이를 심의 체로 보고 있음을 알 수 있다. 그리고 이 심의 체는 바로 『기신론』에서 알라야식에 생멸과 함께 비일비이의 상태로 화합된 여래장을 가리키고 있는 것이다.

莊嚴具亦如是 若泥團微塵異者 非彼所成 而實彼成 是故非異 若不異者 泥團微塵應無差別 如是轉識藏識真相若異者 藏識非因若不異者 轉識滅藏識亦應滅 而自真相實不滅 是故非自真相識滅 但業相滅 … 如十卷經言 如來藏即阿梨耶識 共七識生 名轉滅相 故知轉相在梨耶識 自真相者 十卷經云中真名自相 本覺之心 不藉妄緣 性自神解名自真相 是約不一義門說也 又隨無明風作生滅時 神解之性與本不異 故亦得名為自真相 是依不異義門說也."

13 『기신론소』(T1844:44,213c02~09), "初中言因緣者 阿梨耶心體變作諸法 是生滅因 根本無明熏動心體 是生滅緣 又復無明住地諸染根本起諸生滅 故說為因 六塵境界能動七識波浪生滅 是生滅緣 依是二義以顯因緣 諸生滅相聚集而生 故名眾生. 而無別體 唯依心體 故言依心 即是梨耶自相心也. 能依眾生是意意識 以之故言意意識轉."

법장 또한 원효의 이러한 해석을 받아들이고 있는 것으로 보인다. 『기신론』의 이 부분을 주석하면서, 법장은 원효가 인용하고 있는 4권 『능가경』을 그대로 인용[14]하고 있고, 이를 해석하여 다음과 같이 말한다.

해석하자면, 이 가운데 진상은 여래장이고, 전식은 7식이며, 장식은 알라야식이다. 지금 이 [『기신론』의] 논주는 모두 저 『능가경』의 앞과 뒤의 문의를 총괄하여 이를 말한 것이니, 그러므로 [불생불멸이 생멸이 화합하여] 같은 것도, 다른 것도 아니라고 하는 것이다.[15]

법장은 불생불멸과 생멸이 같지도 다르지도 않다는 『기신론』 구절을 주석하면서, 원효와 마찬가지로 장식, 즉 알라야식의 [자]진상과 전식이 같은 것도 다른 것도 아니라는 4권 『능가경』 구절을 인용하고 있다.

여기서 한 가지 유의할 것은, 법장이 『능가경』의 진상을 여래장이라고 한다는 것을 어떻게 이해해야 하는가 하는 점이다. 문제는 '여래장'이 의미하는 범주가 어디까지인가 하는 것이다. 즉 여래장을 진여 또는 법신 등 완전한 깨달음 혹은 궁극적 실재 등과 동일시할 것인가, 아니면 단지 생멸의 중생과 연결된 것으로 보아야 할 것인가라는 문제가 대두하기 때문이다. 이것은 바로 불생불멸이 어떻게 생멸과 비일비이하게 화합하는가 하는 『기신론』의 중심 주제와 연결되는 문제이기도 하

---

14 『大乘起信論義記』(T1846:44.255b20~26), "如經云 譬如泥團微塵非異非不異 金莊嚴具亦復如是 若泥團異者 非彼所成 而實彼成 是故非異 若不異者 泥團微塵應無差別 如是轉識藏識真相若異者 藏識非因 若不異者 轉識滅 藏識亦應滅 而自真相實不滅 是故非自真相識滅 但業相滅."

15 『大乘起信論義記』(T1846:44.255b26~29), "解云 此中真相是如來藏轉識是七識 藏識是梨耶 今此論主總括彼楞伽經上下文意作此安立 故云非一異也."

다. 실제로『기신론』에서는 궁극적·본래적인 깨달음이라는 의미로 본각本覺의 개념을 따로 제시하고 있다. 또한 동아시아 논사들은 이 본래적 깨달음인 본각과, 생멸에 속한 알라야식의 진식 혹은 자상의 관계에 대해 문제의식을 가지고 있었다. 다음 장에서는 해성解性의 개념을 중심으로 이 문제에 대해 논의하려 한다.

3. 본각本覺과 해성解性의 관계

『능가경』의 진식·자상·지상 등의 개념 이외에 알라야식의 진의 요소, 혹은 진의 성질을 설명하는 또 하나의 중요한 개념이 있다. 진제眞諦(Paramārtha, 499~569)의『섭대승론석』에 처음 등장하기 때문에 일반적으로 진제의 이론으로 추정되고 있는 해성解性 개념이다. 해성은『섭대승론석』에 의하면, 알라야식의 성질로서[16] 문훈습聞熏習과 결합하여 성인의 의지가 된다[17]고도 설해져 있기 때문에, 알라야식 내에 진의 요소를 나타내는 것이고, 이런 점에서 진제가 알라야식을 진망화합식眞妄和

---

16 『攝大乘論釋』(T1595:31,156c9~22), "論曰 此初說應知依止 立名阿黎耶識 世尊於何處說此識 及說此識名阿黎耶 如佛世尊阿毘達磨略本偈中說 此界無始時一切法依止若有諸道有及有得涅槃. 釋曰 今欲引阿含證阿黎耶識體及名阿含 謂大乘阿毘達磨 此中佛世尊說偈 此即此阿黎耶識界 以解爲性 此界有五義 一體類義一切衆生不出此體類 由此體類衆生不異 二因義 一切聖人法四念處等 緣此界生故. 三生義 一切聖人所得法身 由信樂此界法門故得成就 四眞實義在世間不破出世間亦不盡. 五藏義 若應此法自性善故成內 若外此法雖復相應 則成觳故約此界."

17 『攝大乘論釋』(T1595:31,175a23~26), "出世轉依亦爾 由本識功能漸減 聞熏習等次第漸增 捨凡夫依作聖人依 聖人依者 聞熏習與解性和合 以此爲依 一切聖道皆依此生."

合識으로 파악한 것으로 일반적으로 여겨져 왔다. 이러한 해성 개념을, 대현은 『약탐기』에서 지상 또는 자상과 연결하여 다음과 같이 설명하고 있다.

만약 통상을 논하면 [다음과 같다]. 전식 가운데 업식이 있으니, 이 [전식]은 움직이는 상이고 또한 점점 고요해지는 것이 아니기 때문이다. 업식 안에는 지상이 있으니 [이 업식은] 본각심이 체를 들어 움직이기 때문이다. 이 지상은 또한 전식에도 통하니, [지상은] 움직이는 가운데서도 해성이 무너지지 않기 때문이다. 그러므로 지상을 자상이라고도 하는 것이다. 업상 등은 마음의 본상이 아니고 무명으로 인해 일어나기 때문에 타상이라고 할 수 있으니, 자성의 움직임이 아니라 다른 것을 따라 움직이기 때문이다. 이 중에서 해성이 마음의 본성이니, 다른 것에 의지하여 이루어지는 것이 아니므로 자상이라고 하는 것이다. 이와 같은 자상은 또한 두[18] 식 [즉 업식과 전식]에도 통한다. 왜냐하면 이 마음이 움직여서 [두 식을] 짓기 때문이다. 또한 이 두 식은 곧 본식이니, 신해를 잃지 않기 때문이다.[19]

여기서 대현은, 해성은 지상의 무너지지 않는 성질이고, 마음의 본성으로서, 다른 것에 의지하는 것이 아니므로 자상이라고도 한다고 하고 있다. 따라서, 대현은 지상·자상·해성을 거의 동의어로 사용하고 있고,

---

18 신수대장경의 원문에는 "七"로 되어 있으나 문의를 참조하여 "二"로 읽어 해석하였다.
19 『대승기신론내의약탐기』(T1849:44,416c14~21), "若通相論者 轉中有業 以是轉相 亦非轉寂故 業內有智 以本覺心舉體而動故 是智亦通轉識 以動轉中解性不壞 是卽智識亦名自相 以業等相非心本相 因無明起 可名他相 不自性動 隨他動故 於中解性是心本性 不藉他成 故名自相 如是自相亦通七識 以是心轉作故 亦此七[역자: 二로 읽음]識 卽是本識 以不失神解故."

마찬가지로 진식과도 같은 의미로 사용하고 있음을 알 수 있다. 이러한 『약탐기』의 해성의 개념은, 알라야식의 진의 요소의 의미를 가진다는 점에서, 기본적으로 진제의 해성의 의미를 따르는 것으로 볼 수 있다. 게다가, 『약탐기』에는 『섭론석』의 설명과 마찬가지로, 해성이 문훈습과 연결되어 설해져 있다.[20]

현재의 논의에 있어서 해성 개념이 특히 중요한 것은, 이 해성이 중생의 원래적 깨달음, 즉 '본각本覺'과 서로 동일한 것인가 그렇지 않은가의 문제를 둘러싸고 전통적으로 상반되는 해석이 존재하였고,[21] 이러한 상이한 해석에 따라 심식설에 대한 이해도 달리 나타났기 때문이다. 본각은 『기신론』에 등장하는 개념으로서, 심진여문과 심생멸문의 이문 가운데 심생멸문을 설하는 부분에 나온다. 즉, 심생멸문에서 알라야식이 가지는 두 가지 뜻인 각覺과 불각不覺 가운데, 시각始覺과 함께 각에 속하는 개념이다.[22] 여기서 본각은 본래적인 깨달음을 가리키고, 시각은 불각에서 벗어나 본각으로 합치하는 과정에 해당하는 깨달음을 말하는 것이다. 본래적 깨달음으로서의 본각과 알라야식의 깨달음의 근본으로서의 해성은, 두 개념 모두 공통적으로 중생에 있어서의 깨달음의

---

20 『대승기신론내의약탐기』(T1849:44.414b27~c01), "是等流轉四相 是因本覺不思議 熏力 起求厭心 亦因真如所流聞熏教法 熏於本覺 以體同用融 彼聞熏益解性力 損無明能漸向心原."

21 필자가 이 문제에 대해 접하게 된 것은 Ching Keng의 박사논문, "Yogācāra Buddhism Transmitted or Transformed Paramārtha(499~569) and His Chinese Interpreters"(2009) 가운데 언급된 해성과 본각의 관계에 대한 논사들의 입장에 대한 논의를 통해서인 것을 밝힌다.

22 『대승기신론』(T1666:32.576b07~16), "心生滅者, 依如來藏故有生滅心, 所謂不生 不滅與生滅和合, 非一非異, 名為阿梨耶識. 此識有二種義, 能攝一切法·生一切 法. 云何為二? 一者, 覺義, 二者, 不覺義. 所言覺義者, 謂心體離念. 離念相者, 等 虛空界無所不遍, 法界一相卽是如來平等法身, 依此法身說名本覺. 何以故? 本覺 義者, 對始覺義說, 以始覺者卽同本覺. 始覺義者, 依本覺故而有不覺, 依不覺故 說有始覺."

근원이라는 함의를 가진다. 하지만, 본각은 진여나 법신 등 궁극적 깨달음과 동일시되는 개념이기 때문에, 이를 해성과 동일한 것으로 볼 수 있는지에 대해 기존의 논사들 간에 의견의 차이가 있었던 것이다.

이런 해성과 본각의 관계를 둘러싼 사상적 맥락 속에서, 대현은 본각과 해성을 동일한 것으로 볼 수 없다는 입장을 취한다는 것이 다음의 구절로부터 유추될 수 있다.

> 두 번째는 체를 드러냄이다. 공통적으로 일심을 체로 삼는다. 만약 개별적으로 논하면 [다음과 같다]. 自相의 體는 본각이니, 이는 동전의 상이 아니라, 覺照性이다. 그러므로 [기신]론에서 "각의 의미는 심체가 망념을 여읜 것이다. 망념을 여읜 모습은 허공계와 같아 두루하지 않음이 없고 법계의 일상이니 곧 여래의 평등한 법신이다. 이 법신에 의하여 본각이라고 설한다."[23]라고 하였다.[24]

앞서 필자는, 『약탐기』에서 해성이 자상에 대응되는 것임을 논했는데, 위의 인용문에서 대현은 자상의 체體에 본각을 대응시키고 있다. 다시 말해, 대현은 해성과 본각을 각각 자상과 자상의 체로서 구별하고 있는 것이다. 또한, 위 인용문에서 자상의 체는 '법신'과 연결되고 있는데, 아래에 곧 설명되듯이, 원효 또한 성정본각性淨本覺과 수염본각隨染本覺(隨染解性)을 구분하고 전자를 법신과 연결한 것과 같은 맥락으로 볼 수 있다. 그리고, 자상의 체(즉 본각)는 '각조성'을 가리킨다고

---

23 『대승기신론』에서 설하고 있는 알라야식의 두 종류의 뜻, 즉 각의와 불각의 가운데 각의에 대한 정의이다. 위 각주 22 참조.

24 『대승기신론내의약탐기』(T1849:44,416b29~c04), "第二出體者 通以一心為體 若別論者 自相之體 即是本覺 非動轉相 是覺照性. 故論云 覺義謂心體離念 離念相者等虛空界 無所不遍 法界一相 即是如來平等法身 依此法身說名本覺."

하는데, 『약탐기』의 다른 곳에서 대현은, "지상(즉 해성)은 각조성을 가지고 있다."[25]라고 하여, 본각과 해성의 각조성에 대한 표현에 차이가 있다. 이러한 표현의 차이는 대현이 자상의 체와 자상의 차이점을 인식하였기 때문이라고 생각된다.[26]

해성과 본각의 동이성을 둘러싼 문제는, 원효와 법장에게서도 동일하게 인식되고 있었던 것으로 보인다. 먼저 원효의 입장을 살펴보자. 원효의 『기신론』 주석에는 해성 개념이 직접적으로 언급되어 있지 않지만, 『열반경』 주석인 『열반종요涅槃宗要』에서 원효는 해성을 언급하고 있는데, 여기서 해성 이론에 대해 구체적이고 중요한 정보를 알 수 있다.

『열반종요』에서 원효는 불성의 체가 무엇인가에 관한 이전 여섯 부류의 논사들의 견해를 소개하는데, 그중 '여섯 번째 논사(第六師)'의 견해, 즉 "아말라식阿摩羅識, 진여와 해성이 불성의 체體가 된다."[27]는 주장을 소개하면서 해성 개념을 언급하고 있다. 이 '여섯 번째 논사'의 주장은, 해성을 깨달음의 완성으로서의 아말라식이나 궁극적 실재의 경지인 진여와 동일시하고, 이것을 불성의 체로 본다는 입장인 것이다. 즉 위에서 언급한 해성과 본각의 동이성을 둘러싼 견해 가운데, 이 둘을 동일하다고 보는 입장에 속하는 것이다. 하지만 원효 자신은 이 논사의 견해에 대한 자신의 입장을 다음과 같이 제시하고 있다.

전체적으로 설하면 비록 그러하지만, 그중 분별해야 할 것은, 결과에 두 종류가 있다는 것이다. 所生果와 所了果이다. 소료과란 涅槃

---

25 『대승기신론내의약탐기』(T1849:44.416b13), "智相者 覺照性."
26 한편, 원효의 『대승기신론별기』에서도 각조성이 본각을 가리킨다고 설해져 있다: 『대승기신론별기』(T1845:44.230a16~18), "言覺義者 卽有二種 謂本覺始覺 言本覺者 謂此心性離不覺相 是覺照性名爲本覺."
27 『열반종요』(T1769:38.249b08), "第六師云 阿摩羅識眞如解性爲佛性體."

이라는 결과를 말하니 곧 法身이고, 소생과란 菩提라는 결과를 말하니 곧 報身이다. 이 두 결과에 대하여 두 불성이 설해진다. 法佛性이란 性淨門에 해당되고 報佛性이란 隨染門에 해당한다. … 차별적 분류로는 비록 그러하지만 실재 공통되는 것을 취하여 논하면, 性淨本覺 또한 두 불신의 성품이고 隨染解性 또한 법신의 원인이 된다.[28]

　　여기서 원효는 한편으로는 성정문과 수염문을 구분함으로써 본래 청정한 본각, 즉 성정본각과 염오를 따르는 해성, 즉 수염해성은 차별적인 두 불성으로서 구분하기도 하고, 다른 한편으로는 이 두 불성이 공통성을 가진다고 한다. 즉 성정문의 불성과 수염문의 불성을 각각 법불성과 보불성으로 구별하기도 하면서, 한편으로는 이 두 불성이 법신과 보신 모두의 원인이 될 수 있음 또한 설하고 있다. 다시 말해, 원효는 성정본각과 수염해성을 구별함으로써 본각과 해성을 동일시하는 "여섯 번째 논사"의 견해를 경계하는 한편, 두 측면이 상통하는 면이 있음을 동시에 받아들여 성정본각과 수염해성이라는 두 문에 대해서 차별성과 공통성 모두를 인식하고 받아들이는 이원적 입장을 취하고 있다고 보여진다.[29]

---

28 『열반종요』(T1769:38.249c29~250a17), "總說雖然於中分別者果有二種 所生所了 所了果謂涅槃果即是法身 所生果者謂菩提果即是報佛 對此二果說二佛性 法佛性者在性淨門 報佛性者在隨染門 … 別門雖然就實通論者 性淨本覺亦為二身之性隨染解性亦作法身之因."

29 원효는 일심의 법에는 "오염되지 않았지만 오염된 것"과 "오염되었지만 오염되지 않은 것"이라는 두 가지 의미가 있다고 하면서, '여섯 번째 논사'가 주장한 '진여불성'은 단지 "오염되어도 오염되지 않은 것"에 해당한다고 하여 이 논사가 단지 한 측면만을 택한 것을 비판하고 있다.(『열반종요』(T1769:38.249b25~c03), "總說雖然於中分別者 於一心法有二種義 一者不染而染 二者染而不染 染而不染一味寂靜 不染而染流轉六道 如下文言 一味藥隨其流處有種種味 而其真味停留在山

한편, 『기신론소』에서 원효는 본각을 성정본각과 수염본각이라는 개념을 사용하여 설명하는데, 수염본각을 설명하는 부분에서 원효는 "수염본각의 신해神解한 성질이 지성智性"[30]이라고 한다. 원효는 『기신론소』의 다른 곳에서 이 지성智性을 자상自相과 동일시하는데,[31] 자상은 바로 대현이 해성과 동일시한 개념이다. 원효와 대현이 이 개념들을 공통적으로 『능가경』에서 원용했다는 점에서 같은 의미로 사용하고 있다고 본다면, 수염본각의 성질인 지성은 곧 해성이라는 의미로 볼 수 있다. 그렇다면, 원효가 『기신론』 주석에서 '해성'을 직접 언급하지는 않고 있더라도, 『기신론소』의 수염본각은 바로 『열반종요』의 수염해성과 같은 맥락에서 이해되고 있다고 볼 수 있다.

이와 같이 대현과 원효가 본각과 해성의 차별성을 인식하고 있는 데 비해, 법장은 이 둘을 동일시하는 입장을 취하고 있다. 본각과 해성의 관계에 대한 법장의 견해를 알 수 있는 『대승기신론의기』의 구절은 다음과 같다.

습기의 바다 가운데 妄과 함께하는 眞이 있으니 이를 본각이라고 한다. [이 본각은] 무루의 인이 되고, 수많은 문훈습이 증상연이 된다. 혹은 또한 문훈습이 습기의 바다와 합해져서 하나의 무루의 인이 된다. [따라서] 『양섭론』[역자: 진제의 『섭론석』]에서 설하길, "수많은 문훈습이 본식 중의 해성과 화합하고, 일체의 성인이 이것으로써

夫人經言 自性淸淨心難可了知 彼心爲煩惱所染 此亦難可了知 起信論中廣顯是義 此者眞諦三藏之義 第六師說 眞如佛性得於染而不染門也."

30 『기신론소』(T1844:44. 211b12~13), "智性不壞者 隨染本覺神解之性名爲智性 是合濕性不壞也."

31 『기신론소』(T1844:44.216c26~28), "非心智滅者 神解之性名爲心智 如上文云智性不壞 是明自相不滅義也."

因을 삼는다."라고 한다.[32]

이 구절에서 법장은 본각의 경증으로서 바로 진제의 『섭론석』에 나오는 해성의 설명을 인용하고 있다. 다시 말해 법장은 본각을 해성과 동일시하고 있는 것이다. 또한, 다음 구절에서는 본각과 해성을 구별 없이 복합어로 사용하여, 법장이 이 둘을 동의어로 사용하고 있음을 알수 있다.

> 種性을 가진 자란, 『유가론』에서 [다음과 같이] 설한다: "종성은 간략히 두 종류가 있으니, 첫째는 本性住種性이고 둘째는 習所成種性이다. 본성주종성이란 모든 보살의 六處가 수승한 것이니, 그러한 모습이 무시이래 세상에 상속하여 자연히 얻어진 것을 말한다. 습소성종성이란 善根을 반복적으로 수행하여 얻어진 것을 말한다. 이 중 본성이란 내부의 육처인데, 그중 의처가 수승하다. 알라야식에 포섭된 것 가운데 본각해성은 성종성이다. 그러므로 『양섭론』에 설하길, "문훈습과 알라야식 중의 해성이 화합하니 일체의 성인이 이것으로써 因을 삼는다."라고 한다.[33]

또한 다음 구절에서 법장은 진제의 해성 개념을 바로 『기신론』의 본

---

32 『入楞伽心玄義』(T1790:39.431c11~14), "由習氣海中有帶妄之真 名本覺 為無漏因 多聞熏習為增上緣 或亦聞熏與習海合為一無漏因 梁論云 多聞熏習與本識中解性和合 一切聖人以此為因."

33 『華嚴一乘教義分齊章』(T1866:45.485c14~21), "其有種性者 瑜伽論云 種性略有 二種 一本性住 二習所成 本性住者 謂諸菩薩六處殊勝有如是相 從無始世 展轉 傳來法爾所得 習所成者 謂先串習善根所得 此中本性 即內六處中意處為殊勝 即攝賴耶識中本覺解性為性種性 故梁攝論云 聞熏習與阿賴耶識中解性和合 一 切聖人以此為因."

각 개념과 동일시하고 있다.

> 묻기를: 종성에 대해 논한다면 이것은 틀림없이 유위이다. 그렇다면 왜 이 가르침에서는 진여가 종성이라고 하는가? 답하길: 왜냐하면 진여가 수연하여 염오와 화합하여 본식이 이루어질 때 그 진여 가운데 무루의 본각이 있어 중생을 內熏하여 返流因이 되고 종성이 있게 되기 때문이다. 『양섭론』에서는 알라야 가운데 해성이 된다고 설하였는데, 『기신론』 중에 설한 알라야의 두 가지 뜻 가운데 본각이 이것이다.[34]

위의 세 인용문 모두에서 법장은 진제 『섭론석』의 해성 개념을 본각과 동일시하고 있다. 『대승기신론의기』에서 법장은 원효와 마찬가지로 성정본각과 수염본각의 구분을 설하고 있지만, 법장의 이론 체계에 있어서 이러한 개념상의 '구분'이 두 개념의 '구별'을 의미하지는 않고 있음을 위의 인용문에서 명확히 알 수 있다.

법장의 『의기』는 『기신론』의 주석서 가운데 가장 많이 읽히는 것으로서, 동아시아의 『기신론』 이해의 형성에 있어서 주류적 역할을 담당해 왔다. 그리고 이런 점에서 『기신론』의 이해는 전통적으로 법장의 해석을 중심으로 형성되어 온 경향이 있다. 하지만, 지금 살펴본 본각과 해성의 관계에 대한 해석의 경우와 같이, 『기신론』에 대한 주석가들의 입장은 일치하지 않는다. 이런 점을 고려할 때, 『기신론』이 여러 논사의

---

34 『華嚴一乘敎義分齊章』(T1866:45.487b29~c05), "問夫論種性必是有為 如何此敎約眞如為種性耶. 答以眞如隨緣與染和合成本識時 即彼眞中有本覺無漏內熏衆生為返流因 得為有種性 梁攝論說為黎耶中解性 起信論中 說黎耶二義中本覺是也."

사상적 입장에 따라 달리 해석될 가능성이 있음을 염두에 두고 이러한 사상가들의 견해를 비교한다면 이론상의 문제점들에 대한 고찰이 더 용이할 것으로 보인다. 다시 말해, 기존의 『기신론』에 대한 사상적 틀을 넘어서서, 『기신론』에 대한 좀 더 넓은 해석 가능성을 고려해야 할 것으로 보인다. 다음 절에서는, 이런 맥락에서, 『기신론』의 본각 개념과 해성의 동이성에 대한 논사들의 해석의 차이점이 그들의 심식론에도 차별적으로 반영되고 있음을 논의함으로써, 『기신론』이 가질 수 있는 여러 사상적 방향성을 논의해 본다.

4. 본각과 해성의 관계와 심식론心識論

본각과 해성의 차별성 혹은 동일성이라는 문제는, 알라야식을 둘러싼 심식설의 문제와도 연관되어 있다. 원효와 법장, 그리고 대현이 활동하던 시기는 이미 법상유식학파에 의해 8식설이 새로운 심식설 체계로 정립된 시기였고, 따라서 이들 논사들은 이전의 심식설과 새로 정립된 8식설 간의 정합적 이해에 노력을 기울였다. 이들 논사들의 심식설은 기본적으로 8식설을 바탕으로 하면서도, 이전의 심식설의 요소들을 수용하고 있기 때문이다.

앞서, 이 세 논사 모두가 진제의 해성 이론을 차용하고 있고, 이 해성 개념과 『기신론』의 본각 개념 간의 관계를 논하고 있음을 살펴보았다. 이러한 논의와 관련하여 주목되는 것은, 원측圓測(613~696)의 『해심밀경소解深密經疏』에 진제 자신이 이 두 개념 모두를 9식설과 연결하여 언급하고 있는 구절이 인용되어 있다는 점이다.

둘째, 진제 삼장은『決定藏論』에 의하여 9식의 뜻을 세웠는데,「九識品」에 설한 것과 같다. 9식이란 [다음과 같다]. 眼 등의 6식은 식론과 거의 동일하다. 제7식은 아다나식인데 이것은 執持를 말한다. 제8식을 집지하여 아와 아소로 여긴다. 오직 번뇌장에만 [속하고], 법집은 없으니, 결정코 성불에 이르지 못한다. 제8식은 알라야식이니 세 종류가 있다: 첫째는 解性梨耶이니 성불의 뜻이 있고, 둘째는 果報梨耶이니 十八界를 소연으로 삼는다. … 셋째는 染汙阿梨耶로 진여의 경계를 연하여 네 가지의 비방을 일으키니, 이것은 법집이고 인집이 아니다. 安慧宗에 의거하여 이러한 뜻을 설한다. 제9식은 아말라식이니 이것은 無垢識을 말한다. 진여가 체가 된다. 하나의 진여에는 두 가지 뜻이 있으니, 첫째는 所緣境으로서 眞如 또는 實際 등으로 이름한다. 둘째는 能緣義이니 무구식 또는 본각이라고 이름한다.『九識章』에 인용되어 있는『결정장론』의「구식품」에서 설해진 것과 같다.[35]

원측의 인용에 따르면 진제는 9식설을 설하고 있는데,[36] 이 중 제8식

---

35 『해심밀경소』(X369:21,240b20~c07), "二真諦三藏 依決定藏論 立九識義 如九識品說 言九識者 眼等六識 大同識論 第七阿陀那此云執持 執持第八為我我所 唯煩惱障 而無法執 定不成佛 第八阿梨耶識 自有三種 一解性梨耶 有成佛義 二果報梨耶 緣十八界 故中邊分別偈云 根塵我及識 本識生似彼 依彼論等說 第八識緣十八界 三染汙阿梨耶 緣真如境 起四種謗 即是法執 而非人執 依安慧宗 作如是說 第九阿摩羅識 此云無垢識 真如為體 於一真如 有其二義 一所緣境 名為真如及實際等 二能緣義 名無垢識 亦名本覺 具據九識章引決定藏論九識品中說."

36 진제가 실제로 아말라식을 제9식에 해당시키거나 9식설을 설했는가라는 문제는 지속적으로 제기되어 왔던 문제이다. 왜냐하면, 비록 진제의 저술 중에 아말라식의 개념이 나타나고는 있지만, 그의 현존 저술 어디에도 아말라식이 제9식이라든가 9식설 자체에 대한 언급이 나오지 않기 때문이다. 이 원측의 인용문을 포함하여, 단지 후대 논사들의 저술에 9식설이 진제의 이론이라고 서술되어 있을 뿐이다. 하지만, 이런 사실이 반대로 진제가 9식설을 설하지 않았다는 증거가 되는

인 알라야식에는 해성리야, 과보리야, 염오리야의 세 종류가 있고, 이 중 해성리야가 바로 성불의 뜻을 가진 것이라고 하고 있다. 따라서, 앞서 살펴본 진제의 『섭론석』의 해성과 마찬가지로, 해성과 알라야식의 진의 성질이 연관되어 설해져 있음을 알 수 있다. 한편, 본각은 제9식으로 설해지는 아말라식(또는 무구식)을 가리키는 것으로서, 진여의 두 뜻인 소연경과 능연의 가운데 능연의에 해당한다고 설한다. 진제의 해성과 본각에 대한 설명을 식설과 함께 표로 정리하면 다음과 같다.

〈표 1〉 진제의 심식설의 구도와 본각과 해성 개념

진여		알라야식 (제8식)
소연	능연	해성리야
진여/실제	아말라식/무구식/본각(제9식)	

이 인용문의 진제의 설명을, 무위無爲와 유위有爲, 또는 진眞과 속俗의 범주와 연결해 보자면, 해성은 중생의 근본식인 알라야식에 속하므로 유위이고, 진여의 소연은 "실제"로서 무위에 해당한다고 볼 수 있다. 하지만, 아말라식, 즉 본각은 한편으로는 진여에 속하므로 무위라고 할 수도 있고, 다른 한편으로는 중생의 심식으로 설명되고 있으므로 유위라고 할 수도 있는 것으로 보인다.

이러한 진제의 심식 구도를 바탕으로 한다면, 본각과 해성이 동일한가 차별적인가 하는 문제는 논란의 대상이 되었을 것으로 보인다. 실제로, 진제의 아말라식 개념은 후대의 논사들에 의해 여러 가지 방식으로 해석되었고, 또 일부는 이를 비판하였다. 예를 들어, 원측 자신은 이

것도 아니기 때문에 이 문제는 미해결로 남아 있다. 자세한 논의는 吉村誠(2007) 또는 Radich(2008) 참조. 한편 진제의 『섭론석』에 나오는 심식설은 9식설이 아니라 또 다른 방식으로 설명되고 있다.

인용문에 이어서 진제의 9식설을 다음과 같이 비판하고 있다.

진제가 설했던 9식 가운데 나중의 세 가지 식에 대한 해석은 모두
과실이 많다. 우선 예를 들어 제7식의 해석에서 두 종류의 과실이
있다. 첫째, 아다나란 제8식의 다른 이름이지 제7식은 아니다. 따라
서 이 『[해심밀]경』 등에서 제8식을 아다나라고 이름한다고 설한 것
이다. 둘째, 의미가 서로 어긋난다. 이른바 [제7식은] 오직 번뇌장만
있다고 한 것은, 곧 이 경에서 8지 이상도 염오의 말나가 있다고 한
것과 어긋난다. 혹은 성불하지 못한다고 한 것은 『대승장엄경론』 등
에서 여덟 가지 식을 전환시켜 四智를 이룬다고 하는 의미와도 어
긋난다. 제8 알라야식이 능히 법집을 일으킨다거나, 혹은 18계를
소연으로 삼는다고 하는 것은 모두 이치에 맞지 않는다. … 또 진제
는 아말라식은 자체를 반조한다고 했는데 이는 교리적 근거가 없다.
게다가 『여래공덕장엄경』과도 어긋나니 그 경에서는 여래의 무구식
은 청정하고 무루계이니, 모든 장애를 벗어나서 大圓鏡智와 상응한
다라고 하였다. 이 경에 준해 보면, 무구식이란 바로 淨分의 제8식
에 해당함을 알 수 있다. 또 『결정장론』이란 바로 『유가사지론』인데,
그 논에는 본래 「구식품」이 없다.[37]

---

37 『해심밀경소』(X369:21.240c15~241a09), "真諦師說 九種 識中 後之三識 皆有多失
且如第七 有二種失 一阿陀那者 第八異名 而非第七 故此經等 說第八識 名阿陀那
二義相違 所謂唯煩惱障 便違此經八地已上有染末那 或不成佛 違莊嚴論等轉八識
成四智義也 第八賴耶能起法執 或云 緣十八界 皆不應理 … 又真諦云 阿摩羅識反
照自體 無敎可憑 復違如來功德莊嚴經 彼云 如來無垢識 是淨無漏界 解脫一切障
圓鏡智相應 准經可知 無垢識者 即是淨分第八識也 又決定藏論 即是瑜伽彼 論本
無九識品也." 또 다음 구절도 참조: 『해심밀경소』(X369:21.246c24~247a05), "[阿賴
耶識]或名無垢識 最極淸淨 諸無漏法所依止故 解云 梵音阿末羅識 此云無垢識 即
妙覺位 大圓鏡智相應心體 名無垢識 最極淸淨 諸智定等無漏道法 爲依止故 故如
來功德莊嚴經云 如來無垢識 是淨無漏界 解脫一切部 圓鏡智相應 廣如唯識疏第

원측은 무구식, 즉 아말라식은 진제가 설하듯이 제9식이 아니라 제8식의 '청정한 부분(淨分)'에 해당한다고 한다. 즉 제8식이 번뇌에서 벗어나 대원경지에 이르렀을 때 상응하는 식이 무구식이라고 하여, 아말라식을 유위의 제8 알라야식과 연결되는 것으로 보고 있다.

한편, 위에서 인용된 진제의 심식설 구도는, 원효의 심식설 및 성정본각과 수염본각(수염해성)의 설명과 상응되는 면이 많다. 원효는, 『기신론』주석에서는 제9식 또는 9식설을 설하고 있지 않지만, 『금강삼매경론金剛三昧經論』에서는 본각이 아말라식이고 제9식을 가리킨다고 분명히 설하고 있다.[38]

또한 위의 인용문에서 진제는 해성을 제8식에 속하는 것으로 보고 있는데, 『기신론소』에서도 수염본각은 알라야식의 진의 성질이므로 제8식에 대응된다. 또한 진제는 진여를 소연경과 능연의로 나누고 있는데, 이것은 원효의 『기신론』 구도에서 각각 진여문의 진여와 생멸문의 진여로 나누는 것에 대응된다.[39] 그리고 여기서 생멸문의 진여는 원효에 따르면 다름 아닌 성정본각에 해당한다.[40]

『기신론』의 진여문과 생멸문의 구도와 함께 이를 표로 나타내면 다음과 같다:

三卷說."

38 『金剛三昧經論』(T1730:34.978a06~08), "一切情識即是八識 唵摩羅者 是第九識 真諦三藏九識之義依是文起 如彼章說"; 『金剛三昧經論』(T1730:34.978a20), "本覺正是唵摩羅識."

39 『기신론소』(T1844:44.217b08~10), "然此文中 生滅門內性淨本覺說名真如 故有熏義 非謂真如門中真如 以其真如門中不說能生義."

40 위의 주석 39 참조.

<표 2> 원효의 심식설의 구도와 본각과 해성 개념

진여문	생멸문	
	진여	본식 (알라야식, 제8식)
진여	[성정]본각/아말라식(제9식)	[수염]해성

　무위와 유위의 관점에서 생각해 보면, 해성은 제8식에 해당하므로 유위에 해당하고 진여문의 진여는 무위에 해당한다. 하지만, 본각은, 위의 진제의 심식설의 경우와 마찬가지로, 한편으로는 진여에 해당하므로 무위일 수도 있고, 다른 한편으로는 생멸문에 있으므로 유위일 수도 있다. 이는『기신론』에서 여래장(불생불멸)이 생멸과 비일비이하게 화합하고 있다고 설하는 것과 정확히 대응한다.

　본각과 해성을 동일시하는 법장은 기본적으로 제9식을 인정하지 않는다.『의기』에는 단지 업식, 전식, 현식이 본식에 해당한다고 설해져 있을 뿐이다. 게다가 법장의 다른 저술에도 제9식에 대한 언급은 나오지 않는다. 다만 법장은 아말라식 대신 정식淨識이라는 개념을 사용하면서, 이를 대원경지에 상응하는 식이라고 다음과 같이 설하고 있다.

　셋째, 佛持에는 네 가지 뜻이 있다. 첫째는 淨法界가 일체의 공덕을 임지하기 때문이고, 둘째는 대원경지와 [이에] 상응하는 淨識이 각각 모든 공덕을 임지하기 때문이고, 셋째는 후득지 가운데 대다라니문이 무량한 모든 법해를 총지하기 때문이고, 넷째는 이 십불 가운데 주처를 중지하여 따르기 때문이다.[41]

---

41 『華嚴經探玄記』(T1733:35.150b10~14), "三佛持有四義 一以淨法界任持一切諸功德故 二以大圓鏡智及相應淨識各能任持諸功德故 三後得智中大陀羅尼門總持無量諸法海故 四是十佛中持佛隨順故."또 다음 구절도 참조:『華嚴經探玄記』(T1733:35.309a18~22), "五因淨土 因有二. 一生因謂修施戒等因 當得淨土果 如維摩經說. 二依因此亦二種 一以鏡智淨識爲土所依 二後智通慧爲依 如下第十地入佛國

아말라식, 즉 정식을 대원경지에 상응하는 식으로 보는 것은, 위의 진제의 심식설에 대한 원측의 비판에서도 나타나고 있듯이, 정식을 별도의 식으로 설정하지 않고 단지 알라야식의 정분으로 보고 있음을 의미한다. 다시 말해 법장도 제9식을 따로 배정하지 않고 본식인 알라야식 내에서 아말라식을 설명하려 하였던 것으로 보인다. 법장이 별도의 제9식을 인정하지 않는다는 것은, 앞서 살펴보았듯이 해성과 본각을 동일한 것으로 보는 그의 견해와도 연결될 수 있다. 즉, 해성과 본각이 별도의 식이 아니라 동일한 식으로 설명된다면, 기본적으로 제9식에 해당하는 식은 존재하지 않는 것이다. 본각과 해성에 대한 법장의 견해를 그의 심식설의 구도 내에서 표로 나타내면 다음과 같다.

〈표 3〉 법장의 심식설의 구도와 본각과 해성 개념

진여문	생멸문
진여	본식 (알라야식)
진여	= 해성
= 본각	

이 표에 따르면, 진여문과 생멸문이 비록 '구분'되어 있지만, 실제로 진여와 본각, 그리고 해성은 모두 동일한 것으로 나타나고 있다. 즉, 무위와 유위의 구분이 없는 경지, 그것이 바로 법장이 이해한 『기신론』의 가르침, 즉 여래장연기종如來藏緣起宗인 것이다.

대현은, 알라야식과 아말라식(혹은 淨識)을 별도의 식으로 보는 원효의 입장과, 이 둘을 단지 알라야식의 구도 내에서 파악하는 법장의 견해를 선택적으로 취사하고 있다. 앞서 필자는, 대현이 원효와 마찬가지로 본각과 해성을 구별하는 입장을 취하고 있음을 논의했다. 하지만

體性三昧現淨土."

본각과 해성을 구별하고 있다 하더라도 원효와 같이 본각을 제9식에 배대하고 있지는 않다. 오히려 아말라식을 제8식의 정분으로 보는 법장과 유사한 입장을 취하고 있는데, 이런 대현의 입장은, 제8 알라야식의 여러 종류의 이름을 설명하는『성유식론』구절에 대한『성유식론학기』의 설명에 나타나 있다.『성유식론』은, 잘 알려져 있듯이, 법상유식가들의 대표적 소의 경론 중 하나인데, 이에 따르면 무구식은 여래지如來地에서의 제8 알라야식의 명칭이라고 한다. 또한, 이의 경증으로『여래공덕장엄경』의 게송을 인용하여 무구식이 대원경지와 상응한다고 설한다. 즉,『성유식론』에 따르면, 무구식은 제8식의 정분으로서 대원경지와 상응하는 것이다.

『성유식론』의 이 부분에 대한『학기』의 주석에서, 대현은 자은 기의『성유식론』주석의 인용을 통해, 무구식이 유위와 무위에 모두 통한다는 진제의 견해를 다음과 같이 소개하고 있다.

> 기가『성유식론술기』에서 이르길, "무구식은 전에는 아말라식 혹은 아마라식이라고 이름하였다. 오래전에 세워서 제9식으로 삼은 것은 잘못이다."[42]라고 한다. [또 기는]『성유식론장중추요』에서 말하길, "[진제의]『무상론』과『대승동성경』에 의하면, 무구식 이것은 自性識心이니 즉 진여의 이치(眞如理)이다. 그러므로 무구식은 [심식과 진여라는] 두 가지 종류에 통함을 알 수 있는 것이다."[43]라고 한

---

42 『성유식론술기』(T1830:43.344c09~13), "論。或名無垢識至所依止故 述曰 唯無漏依 體性無垢 先名阿末羅識 或名阿摩羅識 古師立為第九識者 非也 然楞伽經有九種識 如上下會 此無垢識 是圓鏡智相應識名 轉因第八心體得之." 여기서 기는 무구식이 대원경지에 상응하는 식의 이름으로서, 제8식의 심체를 전환함으로써 얻는 것이라고 한다.
43 『성유식론장중추요』(T1831:43.634c08~09), "依無相論同性經 無垢識是自性識心 則真如理 故知無垢通二種也."

다. 원측은 저『무상론』은 진제의 오류라고 한다([역자: 대현의 부기] 지금 [나는 원측의 의견보다 기의] 추요[에 나오는 진제의 인용]을 존중한다. 여기『성유식론』에서는『여래공덕장엄경』을 인용하여] 이르길 ["여래의 무구식은 청정한 무루의 계이니 일체의 장애에서 벗어났고 대원[경]지와 상응한다."라고 하였으니, 유위와 통함을 알 수 있다.『대승장엄경론』제6권에서는 이르길, "이 가운데 심은 진여를 이름하여 심이라고 한다고 설하는 것은 이 심이 자성청정임을 설하는 것임을 알아야 한다. 이 심[, 즉 자성청정의 무구식]이 곧 아말라식이다."[44]라고 하니 [이 무구식은] 무위에 통함을 알 수 있다.).[45]

위의 인용문에 따르면, 대현은 진제의 견해[46]를 소개함으로써, 무구식이『성유식론』의 설명과 같이 대원경지에 상응하여 유위에 통하기도 하고,『대승장엄경론』의 설명과 같이 진여로서 무위에 통하기도 한다고 한다. 한편, 대현은 무구식을 제8식의 정분으로서 대원경지에 상응한다는『성유식론』의 입장을 받아들임으로써 따로 제9식을 설정하지 않고 있다. 그러나 다른 한편으로는,『대승장엄경론』의 입장 또한 수용함

44 『대승장엄경론』(T1604:31.623a03~09), "已說心性淨 而為客塵染 不離心真如 別有心性淨 釋曰 譬如水性自清而為客垢所濁 如是心性自淨而為客塵所染 此義已成 由是義故 不離心之真如別有異心 謂依他相說為自性清淨 此中應知 說心真如名之為心 即說此心為自性清淨 此心即是阿摩羅識."

45 『성유식론학기』(X818:50.64c01~06), "基疏云 無垢先名阿末羅識 或阿摩羅識 古而立為第九識者 非也 樞要云 依無相論同性經 無垢識是自性識心 即真如理 故知無垢通二種也 測云 其無相論真諦謬(今存樞要. 此既云鏡智相應 知通有為 大莊嚴論第六云 此中應知 說心真如名之為心 即說此心為自性清淨 此心是阿摩羅識知通無為)."

46 기는『대승법원의림장』에서도 여기서의 인용문과 유사한 방식으로, 무구식에 대해 이원적 입장을 나타내고 있는 진제를 인용하고 있다. 여기서 기는, 진제가 "진여로서 제9식으로 삼는 것은 진과 속을 통합하여 설하기 때문이다."라고 설했다고 한다. 하지만 이에 대해 기는, "정위의 제8 본식으로써 제9식이라고 하는 것이다."라고 대응한다:『대승법원의림장』(T1861:45.261b17~19), "無相論同性經中 若取真如為第九者 真俗合說故 今取淨位第八本識以為第九 染淨本識各別說故."

으로써 전형적인 법상유식학자들과는 다른 입장을 나타내고 있다. 즉 법상학자들은 『성유식론』의 입장을 따라 제8식의 정분인 무구식을 유위에 배정하고 있는데, 대현은 비록 제8식의 정분이지만 무구식은 유위뿐 아니라 무위에도 통하는 것이라고 한다. 대현은 무구식에 대한 이와 같은 이원적 입장을 진제의 입장으로 인식하고 있으며, 이런 맥락에서 진제의 견해를 오류라고 비판한 원측을 다시 비판하고 있다. 요약하면, 대현은 원효와 같이 본각과 해성을 '구별'하고 있으면서도, 본각 혹은 무구식을 제9식이 아니라 단지 제8식의 정분으로 봄으로써 원효가 아니라 법장 또는 『성유식론』의 입장을 따르고 있다.

〈표 4〉 대현의 심식설의 구도와 본각과 해성 개념

진여문	생멸문	
진여		본식 (알라야식, 제8식)
진여	본각/자상의 체/각조성	해성/자상/지식

유위와 무위의 범주의 배정에 있어서, 대현은 원효와 유사한 해석을 하고 있는 것으로 보인다. 『기신론』의 진여문의 진여는 무위에, 생멸문의 알라야식의 해성은 유위에 배당하지만, 본각은 진여로서 무위이기도 하고 생멸문에 속하므로 유위이기도 한 것이다. 하지만 대현은 원효와는 달리 이 본각은 제9식이 아니라 어디까지나 제8식의 정분으로 보고 있다.

5. 맺음말

동아시아에서 알라야식의 이해는 불성 혹은 여래장과의 관계 속에서 형성되어 왔다. 중생의 근본식인 알라야식이 어떻게 깨달음의 근거로 작용할 수 있는가의 문제는 바로 기신론에 설해진 알라야식과 여래장과의 화합을 해명하는 과제와 맞물려 동아시아 불교사상가들 사이에서 지속적으로 논의되어 왔다. 하지만『기신론』의 알라야식과 여래장의 화합에 대한 기존의 연구는 단순히 진의 여래장과 망의 중생의 식의 연결이라는 이분법적 도식을 바탕으로 이해된 경향이 있다. 이것은 지금까지 법장의『기신론』주석이 동아시아의『기신론』주석 가운데 전통적으로 가장 주목받아 온 결과인 것으로 보인다. 예를 들어, 앞서 살펴본 바와 같이, 법장의 해석에서 여래장은 이것이 해성이든 본각이든 차별 없이 모두 동일한 진의 성질을 가지는 것이다. 그리고 결과적으로 이 진과 망, 또는 여래장과 중생의 식의 화합을 설명하는 것이 주된 문제였다. 하지만, 지금까지 논의했듯이, 원효나 대현 등 여러『기신론』주석가들의 여래장에 대한 이해는 이와 같은 이분법적 구도를 넘어서 있고, 이에 따라 알라야식과 여래장 간의 관계 또한 이들의 사상적 입장에 따라 다르게 나타나고 있다. 즉 이들은, 법장과 달리, 해성과 본각을 차별적으로 인식하여 여래장의 "층차"를 설하고 있는 것이다.

원효와 대현의 여래장과 알라야식의 관계에 대한 이해는 동아시아 불교 구도의 이해 문제에 있어서도 많은 점을 시사한다. 특히, 대현은 여래장과 중생심, 또는 진과 망이라는 이분법적 구도로는 설명되지 않는 사상적 경향을 가지고 있다. 그는 유식논사이면서도『기신론』을 주석하여 알라야식 내의 여래장을 인정하면서도, 심식설에 있어서는 전형적인 유식이론을 따르고 있다. 대현의 이원적 유식사상을 설명하기 위해서는 기존의 여래장 대 유식이라는 이분법을 넘어서는 새로운 구도가 제시되어야 할 필요성이 있다.

참고문헌

『楞伽阿跋多羅寶經』T670.

『入楞伽經』T671.

『攝大乘論釋』T1595.

『大乘莊嚴經論』T1604.

『大乘起信論』T1666.

『金剛三昧經論』T1730.

『華嚴經探玄記』T1733.

『涅槃宗要』T1769.

『入楞伽心玄義』T1790.

『成唯識論述記』T1830.

『成唯識論掌中樞要』T1831.

『起信論疏』T1844.

『大乘起信論別記』T1845.

『大乘起信論義記』T1846.

『大乘起信論內義略探記』T1849.

『大乘法苑義林章』T1861.

『華嚴一乘教義分齊章』T1866.

『成唯識論學記』X818.

『解深密經疏』X369.

채인환, 「新羅 大賢法師研究 (I): 行蹟과 著作」, 『불교학보』 20, 동국대학교
　　　불교문화연구원, 1983.

吉村誠,「真諦の阿摩羅識説と摂論学派の九識説」,『印度學佛教學研 究』56, no.1, 日本印度学仏教学会, 2007.

Keng, Ching, "Yogācāra Buddhism Transmitted or Transformed Paramārtha(499~569) and His Chinese Interpreters." PhD Dissertation, Harvard University, 2009.

Radich, Michael, "The Doctrine of *Amalavijñāna* in Paramārtha(499~569), and Later Authors to Approximately 800 C.E." *Zinbun* 41, Institute for Research in Humanities of Kyoto University, 2008.

Paul, Diana Y., *Philosophy of Mind in Sixth-Century China : Paramartha's 'Evolution of Consciousness.'* Stanford: Stanford University Press, 1984.

10

의천의 균여 화엄사상 비판의 정당성 검토

/ 이병욱

〈선정 이유〉

● 이병욱, 「의천의 균여 화엄사상 비판의 정당성 검토」, 『한국사상사학』
　　제33집, 한국사상사학회, 2009.12, pp.77~107.

선정 이유

이 논문은 의천의 균여 화엄사상에 대한 종래의 비판에 대해 균여의 저술을 근거로 그 비판의 정당성을 찾을 수 없다고 반박하는 점에 주목하여 선정하였다. 저자는 의천이 '3관(진공관, 이사무애관, 주변함용관)'과 '5교(소승교, 대승시교, 대승종교, 대승돈교, 대승원교)'를 강조하고 '관법을 닦지 않으면 화엄의 강백이라고 해도 믿지 않는다'고 주장한 대목에 대해서 균여도 관법을 제시하고 있으며, 이 점에서 보면 의천의 균여 화엄사상 비판은 정당하지 못하다고 보고 있다.

저자는 선행 연구에서 균여의 화엄사상에는 '관문이 빠져 있어 관법을 닦지 않았다' 혹은 '관법이 없는 것은 아니지만 의천이 그것을 관법으로 인정하지 않았다' 또는 '균여의 교학은『화엄경』을 강조하는 교판론에 근거한 것인 데 비해서 의천의 교학은 규봉 종밀과 영명 연수의 종합불교를 계승한 것'이며, 의천이 균여의 저술에 대해 말이 글을 이루지 못했다(語不成文)고 비판한 점에 착안하여 '균여의 저술은 의상 화엄사상 계통의 전승에 근거한 것인 데 비해, 의천은 출처가 분명하지 않은 것은 가르침으로 인정하지 않았을 것으로 추론된다'는 점에 대해 균여의 논의를 중심으로 재비판하고 있다.

저자는 균여의 사상 체계를『화엄경』의 우월적 지위 인정과 포섭적 성격을 지닌 교판론과 법계에 대한 법장과 의상의 견해를 종합하는 법계관 중심으로 살피고 있으며, 수행관에서『화엄경삼보장원통기』에 나온 것처럼 지止와 관觀을 아울러 닦을 것을 강조하였고, 자신의 5척의 몸(五尺身)을 기준으로 10쌍의 보법普法(敎와 義 등의 분류) 등을 논하고 또한 열 종류의 무애無碍(十玄)를 논한 뒤에 화엄관을 닦으면 이 5척의 몸이 그대로 법문의 바다가 되고, 비로자나부처의 근본이 되며, 보현보살의 경계가 되고, 연화장세계의 장엄한 공간이 되며,『화엄경』의 세계가 된다고 하였다고 보았다. 저자는, 균여는 의상의 제자 지통智通이 예배를 받은 목각존상이 "굴 앞에 지나간 돼지는 너의 과거 몸이고, 나는 곧 너의 미래 과보의 부처이다."라는 말을 듣고서 과거 현재 미래의 '3세가 곧 하나(一際)'라는 가르침을 깨달았던 예처럼 신라 화엄사상을 더욱 발전시켜 천태의 공空·가假·중中과 연결시킨 화엄관을 제시하였다고 파악하였다.

또 균여는 탐욕이 많은 사람에게는 부정관, 분노가 많은 사람에게는 대비관, 어리석음이 많은 사람에게는 연기관을 닦을 것을 제시하였다고 보았다. 나아가 균여는 선정을 중시하여 부처가 『화엄경』을 설할 때 들어간 대상을 잊는 삼매인 해인정海印定, 하나가 곧 일체의 세계임을 의미하는 삼매인 불화엄정佛華嚴定, 사자가 빠르게 일어나는 것처럼 번뇌를 신속히 제거하는 삼매이자 신속하게 삼매에서 나오는 사자분신정師子奮迅定의 세 가지 근본선정과 실해인實海印(6종), 삼승해인三乘海印(3종), 소승해인小乘海印(1종)의 열 가지 해인삼매를 연결시키고 있다고 파악하면서, 의천이 균여를 비판한 대목에서는 그 비판의 정당성을 찾을 수 없다는 지점에서 이 논문의 의미와 학문적 가치를 찾을 수 있다. 저자는, 의천은 송나라 유학 이후 일정한 의도 아래 신라의 화엄사상에 대해 비판했을 것이며 그런 점에서 의천과 균여 화엄사상은 상당 부분 일치할 가능성이 있다고 마무리 짓고 있다.

1. 서론

고려불교의 커다란 봉우리는 대각국사 의천義天(1055~1101)과 보조국사 지눌知訥(1158~1210)이라고 할 수 있다. 의천은 천태종을 세워서 고려불교를 풍요롭게 하였다고 한다면, 지눌은 선종을 더욱 정밀하게 다듬었다고 평가할 수 있다.

원래 불교 집안에서는 상대방에 대한 비판을 권장하지는 않는다. 누구의 사상이 문제 있다고 드러내 놓고 비판하는 것을 꺼리는 경향이 있다. 그런데 고려불교의 한 축을 담당하고 있는 의천이 균여均如(923~973)의 화엄사상에 대해 비판을 하였고, 그로 인해 균여의 화엄사상은 무신집권기에 가서야 제대로 평가받기에 이르렀다.

고려불교의 커다란 사건이라고 할 수 있는 의천의 균여 비판의 이유에 대해 학계에서는 다음과 같이 주장하고 있다. 우선, 최병헌은 「새로 참여한 학도 치수에게 가르침을 주는 글(示新參學徒緇秀)」에 주목해서 의천이 균여 등을 비판한 이유는 균여의 사상에는 관문觀門(觀法)이 빠져 있기 때문이라고 하였다. 이런 차원에서 의천이 교관병수敎觀並修를 주장하였다는 것이다.[1]

---

[1] 최병헌, 「의천이 균여를 비판한 이유」, 『아세아에 있어서 화엄의 위상』, 대한전통불교연구원, 1991, pp.160~175 참조.; 이영자, 「대각국사 의천의 불교개혁운동과 천태종의 성립」, 『한국사 16(고려 전기의 종교와 사상)』, 국사편찬위원회, 1994, pp.73~74.

그리고 최연식은 최병헌의 논의에서 한 걸음 더 나아간다. 균여의 화엄사상에 관법觀法이 없는 것은 아니지만, 의천이 그것을 관법으로 인정하지 않았다고 해석한다. 자세히 말하자면, 의천은 3관(진공관, 이사무애관, 주변함용관)을 중시하였는데, 균여가 제시한 관법, 곧 5척의 몸을 기준으로 해서 10쌍의 보법普法(敎와 義 등의 분류)과 10현문十玄門을 체득하려는 관법(화엄관)을 본래의 관법으로 받아들이지 않았다는 것이다. 그리고 최연식은 의천이 균여를 포함한 고려 초기의 화엄교학을 비판한 것은 균여의 화엄교학과 수행 방법이 의천이 중시하였던 후기의 화엄사상(징관)과는 달랐던 점에서 기인한다고 보고 있다.[2]

한편, 사토 아츠시는 의천이 균여를 비판한 이유로 두 가지를 제시한다. 첫째는 균여의 교학과 의천의 교학의 차이다. 균여의 교학은 『화엄경』을 강조하는 교판론에 근거한 것인 데 비해서 의천의 교학은 규봉 종밀圭峯宗密(780~841)과 영명 연수永明延修(904~975)의 종합불교를 계승한 것이다. 이러한 교학의 차이점에 의해서 의천이 균여를 비판하였다는 것이다. 둘째는 「새로 참여한 학도 치수에게 가르침을 주는 글」에서 의천이 균여의 저술에 대해 말이 글을 이루지 못했다(語不成文)고 비판한 점에 착안한 것이다. 균여의 저술은 의상 화엄사상 계통의 전승에 근거한 것인 데 비해, 의천은 출처가 분명하지 않은 것은 가르침으로 인정하지 않았을 것으로 추론된다.[3]

---

2 최연식, 「균여 화엄사상연구-교판론을 중심으로」, 서울대학교 대학원 국사학과 박사학위논문, 1999, pp.206~207 참조.; p.203 주 193 참조.
3 사토 아츠시, 「대각국사 의천의 입송: 敎와 史의 측면에서」, 『한국문화연구』 10, 이화여대 한국문화연구원, 2006, pp.57~59 참조. 그 밖에도 의천이 균여를 비판한 이유에 대해 학계의 여러 견해가 있다. 우선 균여의 저술이 吏讀로 되어 있기 때문이라는 주장도 있고, 그다음으로 균여와 의천의 사상의 차이에서 설명하려는 입장도 있다. 자세한 내용은 최병헌, 「의천이 균여를 비판한 이유」, 『아세아에 있어서 화엄의 위상』, pp.149~152 참조 바람.

이상의 연구 성과가 있지만, 현재의『대각국사문집』에 근거하면, 의천이 균여를 비판한 이유는 교敎와 관觀을 겸하지 못하였기 때문이며, 나머지 내용은 직접적인 문헌 근거가 있는 것이 아니고 추론한 것에 지나지 않는다. 따라서 이 글에서는『대각국사문집』에 근거해서 의천의 균여 비판이 과연 정당한 것인지 검토하고자 한다. 우선 2장에서는 의천이 균여의 화엄사상을 비판한 내용을 살펴보고, 3장에서는 균여의 수행에 관한 견해를 살펴보아서, 의천이 균여 화엄사상을 비판한 것이 과연 정당한 것인지 검토하고자 한다.

2. 의천의 균여 화엄사상 비판

의천의 저술을 모은『대각국사문집』은 전체 내용이 전해진 것이 아니고 일부분이 결락되어 있는 상태이다. 따라서 의천 사상의 전체 모습을 제대로 파악하기는 어렵고 의천 사상의 일부분만을 추정할 수밖에 없는 상황이다. 현재 전해 오는『대각국사문집』에 따르면 의천은 청량 징관의 사상, 규봉 종밀의『원각경소』, 원효의 화쟁사상에 영향을 받았다. 그 가운데서 의천은 청량 징관의 사상에 의거해서 균여의 화엄사상을 비판한다. 그리고 비판의 근거는 교敎(5교)와 관觀(3관)을 겸해서 닦지 못했다는 것이다.

그런데 의천이 처음부터 균여를 비판한 것은 아니었다. 의천은 우리나라 화엄종의 대표적 고승으로 의상義湘(625~702)과 균여를 들었다.[4]

---

4 『大覺國師文集』10권「上淨源法師書」(『한불전』4권, 543b). "雖則義想(湘) 權輿於眞宗, 均如 斧藻於玄旨, 舟壑已遠, 人琴兩亡.(비록 의상이 眞宗을 처음 시작했고, 균

그러나 의천이 송에 들어가 정원淨源에게 한 겨울 동안 화엄사상에 대한 강의를 듣고는 태도가 변하였고, 또한 정원의 강의를 통해서 의천은 중국의 화엄종과 한국의 화엄종의 흐름을 보는 관점을 형성하였는데, 그 내용을 정리하면 다음과 같다. 두순杜順(557~640)이 『화엄경』의 가르침을 밝히기 위해서 『법계관문』을 저술하였고, 그의 제자 지엄智儼(600~668)이 두순의 가르침을 받아들이고 더욱 확장해서 5교五敎와 십현十玄을 주장하였다. 지엄의 제자 현수 법장賢首法藏(643~712)은 이 가르침을 더욱 잘 설명하였고, 청량 징관淸凉澄觀(738~839)은 앞선 조사의 가르침을 화엄종의 표준적 가르침으로 승화시켰다. 그래서 『화엄경』을 공부하고 강의하는 사람은 지엄과 현수 법장과 청량 징관의 주석서를 화엄종의 표준적 해설서로 받아들였다. 그리고 한국에서는 의상의 가르침(화엄종)이 다른 종파를 누르고 주된 종파가 되었다. 이 내용에 대해 의천은 다음과 같이 말한다.

> 종남산 조사 두순 존자가 찬탄하며 말하기를 "위대하도다! 법계의 경전이여[화엄경]! 스스로 십지十地의 경지에 오르지 않았다면 어찌 그 [화엄경의] 글을 열어서 그 가르침을 볼 수 있겠는가? 내[두순 존자]가 그 문을 만들어서 [사람에게] 보여 주겠다."고 하고, 이에 『법계관문』을 저술해서 그의 제자 지엄 존자에게 주었다. 지엄은 가르침을 받아서 [이 가르침을] 변화시켜서 5교五敎로 만들고, [가르침의 의미를] 풀이해서 십현十玄을 주장하였다. 현수 법장에 이르러서 앞에서 [두순과 지엄의 가르침을] 조술하고, 청량 징관은 뒤에서 [두순과 지엄의 가르침을] 이상적인 규범으로 받들었다. 이때서야 비로

여가 玄旨를 수식했지만, 배와 물길이 이미 멀어져서 사람과 거문고 둘 다 없어졌습니다[인재가 없음을 한탄합니다.]"想은 湘으로 바꾸어서 보았다.

소 능사能事를 마쳤다고 말할 수 있다. 그러므로 『화엄경』을 강의하는 사람이 모두 지엄·법장·청량의 주석서를 영원토록 표준으로 삼고, 여러 사상가의 주석서를 보조적인 것으로 활용한다. 우리 해동에서 의상 대사가 [중국에서] 법을 구한 뒤로부터 화엄종의 가르침(圓頓之敎)이 모든 종파의 주인이 된 지 4백여 년이 되었다.[5]

의천은 앞에서 소개한 것처럼 화엄종의 흐름을 이해하였고, 여기에 덧붙여서 의천은 당시의 화엄종의 분위기를 서술한다. 그것은 화엄종의 저술 가운데 근본을 버리고 지말枝末을 추구하는 것이 70~80% 정도는 된다는 것이다. 이처럼 많은 저술이 지말을 추구한다고 보는 근거는 이 저술의 필자들이 교敎와 관觀에 정통하지 못하였다고 보기 때문이다. 이에 대한 인용문은 다음과 같다.

하물며 요즘 우리 화엄종 가운데 이상한 것을 좋아하는 무리가 근본을 버리고 지말을 좇아서 억설이 어지럽다. 따라서 마침내 조사의 현묘한 뜻이 막히어 통하지 않게 만든 저술이 10중에 7, 8이다. 교敎와 관觀에 정통한 자로서 어찌 큰 병이라고 생각하지 않겠는가?[6]

---

5 『大覺國師文集』1권 「新集圓宗文類書」(『한불전』4권, 528a~b), "有終南祖師杜順(尊)者, 嘆曰大哉! 法界之經也! 自非登地, 何(能)披其文, 見其法哉? 吾設其門, 以示之. 於是, 著法界觀門, 以授高弟智嚴尊者, 儼師得之, 變之爲五敎, 演之爲十玄. 及乎賢首, 祖述於前, 淸凉 憲章於後, 始可謂能事畢矣. 故講大經者, 咸以儼藏淸凉三家義疏, 永爲標準; 而旁用諸家補焉. 自我海東浮石尊者, 求法之後, 圓頓之敎, 主盟諸宗者, 四百餘年矣." 괄호 안의 '尊', '能'은 『한불전』4권 p.528 주 5, 주 6에 따른 것이다.

6 『大覺國師文集』1권 「新集圓宗文類書」(『한불전』4권,528b), "況近世, 吾宗好異之輩, 棄本逐末, 臆說紛然, 遂令祖師玄旨, 壅而難通者, 十七八焉. 精於敎觀者, 豈不爲之大息矣."

그렇다면 의천이 강조하는 '교'와 '관'은 그 내용이 무엇인가? 그것은 3관과 5교이다. 의천은 화엄의 가르침에 들어가고자 한다면 3관과 5교가 도道에 들어가는 안목이라고 주장한다.[7]

이처럼, 의천은 교敎와 관觀을 둘 다 닦아야 할 것을 강조하면서 '관'을 닦지 않았다면『화엄경』을 전수받은 강주講主라고 할지라도 믿을 수 없다고 한다. 의천은 이러한 내용을 진수 정원晉水淨源(1011~1088)의 가르침과 청량 국사의 말을 인용하면서 다음과 같이 말하고 있다.

> 다행히 과거의 인연으로 선지식을 두루 참방하여 진수 정원의 문하에서 대략 교敎와 관觀을 받들었다. [진수 정원은] 강의하는 여가에 일찍이 다음과 같이 가르침을 주었다. "관觀을 배우지 않고 다만 경전의 가르침을 전수받았다면 비록 [이 사람이] 5주인과五周因果(화엄경의 내용)를 들었다고 해도 3중성덕三重性德(3관)을 통달하지 못한다. 경전을 전수받지 않고 다만 관을 배운다면, 비록 [이 사람이] 3중성덕을 깨달았다고 해도 5주인과를 알지 못한다. 그렇다면 관을 배워야 하고 경전을 전수받아야 한다." 내(의천)가 교와 관에 마음을 다하는 이유는 이 말(진수 정원의 가르침)을 잘 받들고 있기 때문이다. 그러므로 청량 국사가 말하기를 "마음을 비추어 보지 않으면 성품의 신령스러움을 헛되이 등지게 되는 것이다."라고 하였으니 또한 이러한 의미(교와 관을 아울러 중시하는 것)이다. 그러므로 알아라!『화엄

---

7 『大覺國師文集』16권「示新參學徒緇秀」(『한불전』4권, 556a), "其有義學君子, 同志一乘, 同修萬行, 大心不變, 弘誓在躬, 掌握普賢之乘, 優游盧舍之境者, 莫若先以三觀五敎, 硏窮法義; 用爲入道之眼目也.(義學군자로서 일승에 함께 뜻을 두고, 여러 가지 行을 함께 닦으며, 위대한 마음이 변하지 않았고, 몸소 실천할 것을 널리 서원하며, 보현의 乘을 장악하고 盧舍那佛의 경지에서 유유히 노닐고자 하는 자가 있다면, 우선 3관과 5교로써 가르침을 공부하고, [3관과 5교를] 도道에 들어가는 안목으로 삼아야 한다.)"

경』을 전수 받았지만 관문觀門을 배우지 않은 사람은, 비록 강주講
主라 해도 나는 믿지 않는다.[8]

이런 관점에서 의천은 균여를 비판하고 있다. 다시 말하자면, 균여가
'교'와 '관'을 둘 다 닦지 못했다는 점을 비판하고 있다. 이 내용에 대한
인용문은 다음과 같다.

> 내가 항상 한탄하는 것은 해동의 여러 선대의 스승들이 남기신 말
> 씀이 그 학문이 정밀하고 넓지 못하며, 억설이 더욱 많아서, 지금 후
> 래의 몽매한 제자들에게 본보기로 삼을 책이 백 권에 한 권도 없다
> 는 점이다. 따라서 성교聖敎로 밝은 거울을 삼아 밝게 자기 마음을
> 비추어 보지 못하고(觀行을 닦지 못하고), 일생을 구구히 다른 사람
> 의 보배만을 세고 있을 뿐이다. 그러므로 세간에서 말하는 균여·범
> 운·진파·영윤 등 여러 스승의 잘못된 책들은 말이 문장을 이루지
> 못하고, 뜻이 통변通變함이 없다. 그래서 조도祖道를 어지럽게 하고
> 후생을 미혹하게 하는 것이, 이보다 심한 것이 없다.[9]

---

8 『大覺國師文集』 16권 「示新參學徒緇秀」(『한불전』 4권, 556b~c), "幸以宿因, 歷參
知識, 而於晋水大法師講下, 粗承敎觀, 講訓之暇, 嘗示誨曰 不學觀, 唯授經, 雖聞
五周因果, 而不達三重性德. 不授經, 唯學觀, 雖悟三重性德, 則不辨五周因果. 夫
然則觀不得不學, 經不得不授也, 吾所以盡心於敎觀者, 佩服斯言故也. 故淸涼云
不鏡方寸, 虛負性靈者, 亦斯意也. 是知! 傳大經 而不學觀門者, 雖曰講主, 吾不信
也."
9 『大覺國師文集』 16권 「示新參學徒緇秀」(『한불전』 4권, 556b), "予常恨, 海東先代
諸師 所流遺記, 學非精博, (臆)說尤多, 方軌來蒙, 百無一本. 不能以聖敎, (爲)明
鏡, 炤見自心; 一生區區, 但數他實. 世所謂 均如·梵雲·眞派·靈潤諸師謬書, 語不
成文, 義無通變, 荒蕪祖道, 熒惑後生者, 莫甚於斯矣." 괄호 안의 한자 '臆', '爲'는
『한불전』 4권, p.556 주 1, 주 2에 따른 것이다.; 최병헌, 「의천이 균여를 비판한 이
유」, 『아세아에 있어서 화엄의 위상』, p.165.

3. 균여의 수행에 관한 견해

균여의 저술 가운데 현재까지 남아 있는 것은 다음의 다섯 종류이다. 그것은 『일승법계도원통기一乘法界圖圓通記』, 『십구장원통기十句章圓通記』, 『석화엄지귀장원통초釋華嚴旨歸章圓通鈔』, 『화엄경삼보장원통기華嚴經三寶章圓通記』, 『석화엄교분기원통초釋華嚴敎分記圓通抄』이다.

『일승법계도원통기』는 의상의 『법계도』에 대해 균여가 해설한 강의록이다. 그리고 지엄이 『수현기』를 저술한 뒤에 그 표지에 『화엄경』의 핵심으로 제시한 10구句에 대해 신라 출신의 승려가 설명한 것이 『십구장』이고,[10] 이것에 대해 균여가 해석을 제시한 것이 『십구장원통기』이다. 『석화엄지귀장원통초』는 법장이 『화엄경』의 특징을 10문門으로 나누어서 『화엄경』의 우월성을 설명한 『화엄지귀장華嚴旨歸章』에 대해서 균여가 해석을 덧붙인 것이고, 천기天其가 찾아서 널리 유통시킨 책이다. 『화엄경삼보장원통기』는 법장의 『화엄경삼보장』을 해설한 책이고, 『석화엄교분기원통초』는 법장의 『화엄교분기』를 풀이한 책인데, 『화엄교분기』는 『화엄오교장華嚴五敎章』으로 알려져 있는 책이다.[11]

균여의 저서 가운데 확실한 연대가 있는 것은 다음의 두 가지다. 『일승법계도원통기』는 958년 8월에 강의한 것이고, 『석화엄교분기원통초』는 959년, 960년, 962년의 여름(夏講)에 강의한 것이다. 최연식은 나머지 저술에 대해서는 저술의 내용을 가지고 다음과 같이 저술 시기를

---

10 『십구장』의 저자에 관한 학계의 여러 주장은 김천학, 「균여의 화엄일승의 연구-근기론을 중심으로」(한국정신문화연구원 박사학위논문, 1999), pp.154~155 주 26을 참조하기 바람.
11 최연식, 「균여 화엄사상연구-교판론을 중심으로」, 서울대 대학원 국사학과 박사학위논문, 1999, pp.85~105.

추론한다. 『십구장원통기』는 958년 7월에서 960년 여름 사이에 강의된 것으로 추정되고, 『화엄경삼보장원통기』는 『십구장원통기』 이후에서 960년 여름에 강의된 것으로 추정되며, 『석화엄지귀장원통초』는 『십구장원통초』 이후에 강의된 것이라고 추정된다.[12]

1) 균여의 사상 체계

균여의 저술은 위에서 말한 대로 다섯 가지만이 남아 있지만, 그 분량이 매우 많아서 아직 균여 사상의 전체 모습이 제대로 밝혀졌다고 할 수 없다. 여기서는 기존의 연구 성과에 기초해서 균여 사상의 윤곽을 제시하여, 뒤에 논의할 수행론의 이해를 돕고자 한다.

김천학은 근기론根機論을 중심으로 균여 화엄사상을 검토하면서 균여 화엄사상의 성격에 대해 다음과 같이 지적하고 있다. "균여의 화엄사상은 지엄의 사상을 기초로 하고 의상의 화엄사상을 기둥으로 삼고 있는 것이다. 그렇지만 법장의 화엄사상이 균여 화엄사상의 '문패' 역할을 하고 있다. 그리고 균여 화엄사상의 내부를 이루고 있는 것은 의상에서 균여로까지 이어지는 한국의 화엄사상이라고 할 수 있다. 다시 말하자면, 균여의 화엄사상은 법장의 화엄사상으로 장식하면서 내부에서는 한국 화엄사상을 내용으로 한다고 할 수 있다."[13] (이 논문의 주제인 화엄관에 대해서는 더 연구할 필요가 있다.) 이 항목에서는 균여의 '교판론'과 '법계에 관한 견해'를 통해 균여 화엄사상의 한 측면을 엿보고자 한다.

---

12 최연식, 「균여 화엄사상연구 - 교판론을 중심으로」, pp.106~115.
13 김천학, 「균여의 화엄일승의 연구 - 근기론을 중심으로」, 한국정신문화연구원 박사학위논문, 1999, p.235. 그리고 김천학은 이런 관점을 교판론, 해인삼매론, 이승회심론二乘廻心論, 삼승극과회심론三乘極果廻心論 등에서 논증하고 있다.

(1) 교판론: 『화엄경』의 우월적 지위 인정과 포섭적 성격

균여의 교판론에서 『화엄경』에 대한 두 가지 입장을 읽을 수 있다. 하나는 『화엄경』의 우월적 지위를 인정하는 것이고, 다른 하나는 다른 경전의 가르침을 포섭하는 기능을 하는 것이다. 화엄의 5교는 소승교小乘教·대승시교大乘始教·대승종교大乘終教·돈교頓教·원교圓教인데, 『화엄경』은 '원교'에 속하고, 이 원교는 나머지 4교를 포섭하는 위치에 있는데, 다른 측면에서 보자면 4교보다 우위에 있기도 하다. 『화엄경』인 '원교'가 4교를 포섭하는 것을 해섭문該攝門이라고 하고, '원교'인 『화엄경』이 4교의 위에 존재하는 것을 분상문分相門이라고 한다. '분상문'은 『화엄경』의 우월적 지위를 인정하는 것이다. ('해섭문'과 '분상문'은 법장의 『화엄오교장』에서 나온 개념이다.)

균여는 '분상문'의 입장에서 『화엄경』과 다른 경전을 구분한다. 그래서 『화엄경』은 부처의 깨달음의 경지인 해인삼매에서 나온 것이므로, 이는 부처의 본래 뜻을 직접적으로 드러낸 것이고, 나머지 경전들은 부처가 중생의 근기에 맞추어서 말한 것이기 때문에 부처의 본래 뜻이 제대로 나타나지 않은 것이다.

한편, 균여는 『법화경』에 대해서 독특한 지위를 인정한다. 『법화경』은 『화엄경』보다는 밑에 있지만, 4교(소승교, 대승시교, 대승종교, 돈교)보다는 위에 있는 가르침이다. 『법화경』은 『화엄경』과 4교를 이어 주는 징검다리 역할을 한다. 『법화경』에서는 3승의 가르침이 일승에 돌아간다고 말하고 있으므로, 4교를 포섭해서 일승으로 돌려주는 중간 지대에 놓여 있다고 균여는 주장한다.[14]

---

14 최연식, 「균여 화엄사상연구-교판론을 중심으로」, pp.213~215.

(2) 법계에 대한 법장과 의상의 견해를 종합함

균여는 법계에 대한 법장과 의상의 견해를 종합하고자 하였다. 일즉 일체一卽一切의 의미를 해석하는 데 의상과 법장은 강조하는 점이 달랐다. (신라 승려는 의상과 법장의 주장이 다르다고 해석하였다.) 하나와 전체가 서로 연결되어 있으므로(一卽一切) 의상은 그 가운데 한 가지에 주목하면 다른 것도 그 한 가지 내용을 함축하고 있다는 점을 강조하였다. 그에 비해, 법장은 하나와 전체가 서로 연결되어 있다고 해도 그 개개의 구성요소가 자신의 개성을 잃는 것은 아님을 말하고자 하였다. 비유를 들면, 우리는 대한민국의 사람이므로 대한민국 사람이라는 공통된 측면이 있을 것이라고 강조하는 것은 의상의 주장이고, 비록 같은 대한민국 사람이라고 할지라도 개성이 같은 것이 아니라는 점을 말하는 것은 법장의 주장이다. 원래 하나와 전체가 서로 연결되어 있다는 점에는 공통된 측면도 있고 개성의 차이점도 있다. 이 가운데 공통된 측면에 주목한 사람이 의상이고, 개성의 차이를 지적한 사람이 법장이다.

균여는 이러한 내용을 법장은 수진법계의竪盡法界義를 주장하였고, 의상은 횡진법계의橫盡法界義를 말하였다고 정리한다. 이 내용을 10지地 수행으로 접근하면, 의상은 초지初地의 환희지歡喜地에 주목하면 10지의 다른 것도 모두 환희지의 의미를 나타낸다는 것이고, 법장은 초지의 환희지에 주목하면 10지의 다른 것(9개)은 자신의 위치에서 자기가 속한 지위를 지키고 있다는 것이다. 10층탑을 가지고 접근하면, 의상은 1층탑에 주목하면 10층탑의 나머지도 모두 1층의 맥락을 나타낸다는 것이고, 법장은 1층탑에 주목하면 10층탑의 나머지는 자신의 위치를 지키면서 2층, 3층, 4층 내지 10층을 각각 나타낸다는 것이다.[15] 이처럼

---

15 김두진, 『균여 화엄사상연구』, 일조각, 1983, pp.281~316 참조.; 이선이(泰旻), 「균여의 원통논리와 그 실천」, 동국대 대학원 불교학과 박사학위논문, 2009,

의상은 '일즉일체'에서 공통된 측면을 강조하고, 법장은 '일즉일체'에서 개성의 차이를 말하였고, 균여는 이런 두 주장을 종합하고자 하였다.

2) 균여의 수행관

균여는 『화엄경삼보장원통기』에서 지止(선정)와 관觀(지혜)을 둘 다 닦을 것을 말하고 있다. '관'에 주목해 보면, 『석화엄지귀장원통초』와 『석화엄교분기원통초』에서 화엄관華嚴觀을 제시하고 있고, 『화엄경삼보장원통기』에서 부정관不淨觀 등을 거론하고 있다. '지(선정)'에 초점을 맞추면, 『십구장원통기』에서 세 가지 근본 선정(해인정, 불화엄정, 사자분신정)과 열 가지 해인삼매를 말하고 있다. 이처럼, 균여는 다양한 수행법을 제시하고 있다. 이 점에서 보자면, 의천이 균여의 화엄사상이 교와 관을 겸하지 못하였다고 비판한 것은 온당하지 못하다.

(1) 지관을 아울러 닦을 것을 강조: 『화엄경삼보장원통기』를 중심으로

균여는 『화엄경삼보장원통기』에서 '지(선정)'와 '관(지혜)'을 둘 다 닦을 것을 말한다. 법장의 『화엄경삼보장』에서는 '지'와 '관'을 둘 다 닦을 것을 명확히 말하지 않았는데, 균여는 그 대목을 주석하면서 '지'와 '관'을 아울러 닦을 것을 말하고 있다. 이 점에서 균여가 '지'와 '관'을 둘 다 닦을 것에 의미를 두었음을 알 수 있다. 그러면 자세한 내용을 살펴보고자 한다.

법장은 『화엄경삼보장』에서 경전의 게송을 인용하면서 다음과 같이 말하였다.

---

pp.141~149 참조.; 『十句章圓通記』(『한불전』 4권, 49c~51a) 참조.

경전의 게송에서 말하기를 "백천의 아양승瘂羊僧(벙어리 염소처럼 어리석은 승려)이 지혜도 없이 정려靜慮(선정)를 닦는다면 설령 백천 겁劫을 지난다고 해도 한 사람도 열반을 얻지 못할 것이다. 총명하고 지혜 있는 사람이라면 가르침을 듣고 가르침을 말할 것이며, 한 찰나 동안 정신집중을 해서 빨리 열반에 이를 것이다."라고 하였다. 관법觀法 가운데 마귀의 일과 다른 수행의 모습(行相)과 관행觀行의 이익 등은 따로 말한 것과 같다.[16]

위의 내용에 대해 균여는 주석을 하면서 '선정'과 '지혜'를 둘 다 닦을 것을 주장한다. 그래서 선정만을 닦고 지혜를 닦지 않으면 완고한 어리석음에 떨어질 것이고, 지혜만을 닦고 선정을 닦지 않는다면 미친 지혜에 떨어질 것이라고 한다. 그리고 이러한 수행론의 자세한 내용은 천태대사의 『마하지관』과 법장의 『대승기신론소』를 참조하라고 한다. 여기서 균여가 천태 대사의 『마하지관』을 참조하라고 말한 대목에 주목할 필요가 있다. 이는 균여가 천태종의 사상에 대해 무시하지 않았음을 보여주는 증거가 될 것이다. (이는 뒤의 화엄관의 항목에서 화엄관과 천태의 공空·가假·중中을 결합시키는 것과 연결된다.) 이 내용에 대한 인용문은 다음과 같다.

[법장이 『화엄경삼보장』에서] "지혜도 없이 정려靜慮(선정)를 닦는다면…"이라고 말한 것은 다음의 의미이다. 다만 지혜만을 닦고 정려를 닦지 않는다면 잘못은 미친 지혜에 있을 것이고, 다만 정려만을

---

16 『華嚴經三寶章圓通記』上卷(『한불전』 4권, 194a), "經頌云 百千瘂羊僧, 無慧修靜慮, 設於百千劫, 無一得涅槃. 聰敏智慧人, 能聽法說法, 斂念須臾頃, 能速至涅槃. 其觀中魔事 及餘行相觀利益等, 並如別說."

닦고 지혜를 닦지 않는다면 잘못은 완고한 어리석음에 있을 것이다. 그래서 선정과 지혜를 둘 다 닦아야 미친 지혜와 완고한 어리석음에 떨어지는 실수를 면할 수 있을 것이다. 아울러 다른 자세한 내용은 천태 대사의 『마하지관』과 법장의 『대승기신론소』에 소개되어 있다.[17]

또한 법장은 『화엄경삼보장』에서 깨달음의 경지에 대해 모든 견해가 끊어지고 끊는다는 생각도 끊어진 것이라고 접근하고, 다른 한편에서는 염념과 지혜로 모습 없는 경계(無相境)를 비추는 것이라고 한다. 그래서 이는 비추는 것도 아니고 경계도 아니며, 관觀도 없고 관觀 아님도 없다고 말한다. 이 내용에 대한 인용문은 다음과 같다.

첫째(처음), 저 법을 사유해서 무념처無念處에 이르러 모든 견해가 모두 끊어지고, 끊는다는 생각도 끊는다. [그리하여 이 경지는] 말로 표현할 수 없는 것이고 생각도 미치지 못하는 것이다. 만약 심지어 무념無念이라고 생각을 했다면 [이러한 생각도] 모두 망념妄念에 속한다. [이러한 것은] 실제의 행위가 아니다. 그런데 어찌 하물며 [무념이 아닌] 다른 생각에 있어서랴!(다른 생각을 하는 것도 망념에 속하는 것이다.) 둘째(마지막), 염념과 지혜로 모습 없는 경계(無相境)를 비춘다. [이는] 비추는 것도 아니고 경계도 아니며 또한 관觀도 없고 관이 아님도 없다. 그러므로 말하기를 "법은 모든 관행觀行을 벗어났지만 오랫동안 공을 들이면 마음은 정신집중(念)을 잃어버리지 않

---

17 『華嚴經三寶章圓通記』上卷(『한불전』 4권, 195a), "無慧修靜慮等者, 唯修智慧, 不修靜慮, 失在狂慧; 唯修靜慮, 不修智慧, 失在頑癡. 雙修定慧, 方免狂癡之失也. 並如別說者, 智者禪師十卷止觀, 章主 起信論疏等也."

으며, 4위의四威儀 가운데 모든 것을 항상 짓지만 짓는 것이 없으며, 둘을 실천하는 데 걸림이 없으니 [이 경지는] 생각하고 의논하기 어려운 것이다."라고 하였다.[18]

위 내용에 대해 균여는 주석을 하면서 지止와 관觀을 둘 다 닦아야 한다는 주장을 다시 하고 있다. 법장이『화엄경삼보장』에서 '지'와 '관'을 둘 다 닦는다는 의미로 명확하게 말하지 않은 대목을 균여는 '지'와 '관'을 둘 다 닦는다는 의미로 읽고 있다. 이 점에서 균여가 '지'와 '관'을 둘 다 닦는다는 점을 강조하고 있음을 알 수 있다. 이 내용에 관한 인용문은 다음과 같다.

[법장이『화엄경삼보장』에서] "비추는 것도 아니고 경계도 아니다." 라고 한 것은 지止를 끊게 한다는 것이고, "관觀도 없고 관 아님도 없다."고 한 것은 관을 끊게 한다는 것이다. "4위의威儀 가운데 모든 것을 항상 짓는다."라고 한 것은 관을 의미하는 것이며, "그러나 짓는 것이 없다."고 한 것은 지止를 뜻하는 것이다. "둘을 행하는 것에 걸림이 없다."고 한 것은 지와 관, 두 가지를 운용한다는 것이다.[19]

---

18 『華嚴經三寶章圓通記』上卷(『한불전』4권, 193c), "一始謂思惟彼法, 至無念處諸見皆絶, 絶亦絶, 言說不及, 念慮不到. 若於乃至作無念等解, 並是妄念, 非是實行, 何況餘念! 二終謂以念智, 照無相境, 亦非照非境, 亦無觀無不觀. 故云法離一切觀行, 久作純熟, 心不失念, 四威儀中, 常作一切, 而無所作, 雙行無碍, 難思議也."

19 『華嚴經三寶章圓通記』上卷(『한불전』4권, 194c), "非照非境者, 令絶止也; 無觀無不觀者, 令絶觀也. 四威儀中常作一切者, 觀也; 而無所作者, 止也. 雙行無碍者, 止觀雙運也."

(2) 화엄관을 닦을 것을 제시함: 균여 화엄관의 특색

균여는 『석화엄지귀장원통초』와 『석화엄교분기원통초』에서 화엄관華嚴觀을 제시하고 있다. 이 화엄관은 자신의 몸이 그대로 법문의 바다이고 비로자나부처임을 관조하는 것이다. 이러한 화엄관은 균여가 창안한 것이 아니고 이미 신라 화엄사상에서 말한 것을 계승한 것이다. 나아가 균여는 종밀의 『행원품소초』에 의거해서, 이 화엄관과 천태의 공空·가假·중中을 결합시킨다. 이 점이 균여의 화엄관의 특색이라고 할수 있다. 그러면 그 자세한 내용을 알아본다.

균여는 자신의 5척의 몸을 기준으로 10쌍의 보법普法(敎와 義 등의 분류)을 논하고[20] 또한 열 종류의 무애無碍(十玄을 의미함)를 논한 뒤에 이 화엄관을 닦으면 이 5척의 몸이 그대로 법문法門의 바다가 되고, 비로자나부처의 근본이 되며, 보현보살의 경계가 되고 연화장세계의 장엄한 공간이 되며, 『화엄경』의 세계가 된다고 한다. 균여의 말을 들어보자.

> 만약 열 가지 무애관無碍觀을 논한다면, 지금의 5척의 몸에서 진정한 성품과 같은 것이 성性이고, 5척의 몸에 구애되지 않는 것이 상相이다. 나의 5척의 몸이 법계에 두루한다는 것은 광廣이고, [나의 5척의 몸이 법계에 두루 존재한다고 해도 5척의 몸이] 본래의 자리를 무너뜨리지 않는다는 것이 협狹이다. 이와 같은 이유로 해서 이와 같은 나의 몸이 완벽한 것이거나 나뉜 것이거나 간에 본래부터 열 쌍의 보법普法과 열 가지 무애를 갖추고 있다. 만약 4위의威儀(가고, 머물고, 앉고, 눕는 동작)에서 네 종류의 닦음에 의지해서 이 관觀

---

20 『釋華嚴旨歸章圓通鈔』下卷(『한불전』 4권, 141c~142a). 같은 내용이 『釋華嚴教分記圓通鈔』 8권(『한불전』 4권, 444a~b)에도 있다. 그리고 최연식, 「균여 화엄사상연구 ─교판론을 중심으로」, p.202 참조.

을 닦는다면, 이 5척의 몸을 옮기지 않고서도 그대로 다함 없는 법문의 바다일 것이며, 그대로 자신의 근본인 비로자나부처일 것이며, 그대로 보현보살의 경계일 것이며, 그대로 연화장세계의 장엄한 공간(華藏莊嚴刹海)일 것이며, 그대로 『화엄경』의 세계일 것이다.[21]

나아가 균여는 종밀의 『행원품소초行願品疏鈔(行願品隨疏義記)』의 내용을 인용하면서 화엄관이 천태의 공空·가假·중中의 의미를 포함하고 있다고 주장하기에 이른다. 여기서 화엄사상과 천태사상이 결합된다. 균여는 이 내용에 대해 다음과 같이 말한다.

기이하구나! 일찍이 없던 일이로다! 화엄종의 배우는 사람이 이 관觀을 익힐 수 있다니! 종밀이 『행원품소초』에서 "피부를 벗겨서 종이로 삼고 뼈를 부러뜨려서 붓으로 삼는다."라고 말한 부분을 풀이하여 다음과 같이 말하였다. "둘째 관조하는 지혜(觀智)로 풀이하면 다음과 같다. 피부나 뼈를 포함해서 이 몸이 모두 정해진 실제가 없어서 모두 공空이고 자아가 없고 나의 것이 없다고 관찰한다. 비록 눈으로 보기에는 몸의 모습이 있는 것 같지만, 몸은 모여 있는 물거품, 불꽃, 파초와 같아 이미 자신의 근본이 없는 것이어서 원래부터 법계(진리의 세계: 空)와 동일한 것이다. 이와 같이 관조하면 3제諦가 갖추어져서 공空·가假·중中의 미묘한 3관觀을 이룬다. [경전 속에]

---

21 『釋華嚴旨歸章圓通鈔』 下卷(『한불전』 4권, 142a), "若論十種無碍觀者, 今五尺身同眞性者 是性; 不碍五尺者 是相. 吾五尺之普周法界則廣; 不壞本位則狹. 等故如是吾身, 若圓若分, 本來具足 十對普法及 十無碍故. 若於四儀, 依四種修, 修此觀者, 不移五尺, 卽是無盡法門之海; 卽是自體 毘盧遮那; 卽是普賢境界; 卽是華藏莊嚴刹海; 卽是大方廣佛華嚴經也." 비슷한 내용이 『釋華嚴教分記圓通鈔』 8권(『한불전』 4권, 444b)과 『法界圖記叢髓錄』 下2권(『한불전』 6권, 844a~b)에도 있다.

이러한 의미(空)를 담고 있어서, [수행자가] 이러한 이해(空)를 일으켜서 마음의 기틀에 부합하는 것이 바로 사경寫經이다. 왜냐하면, 경전은 말이 기록되어 있는 것이므로(詮) [수행자의] 이해를 생기게 하는 근거가 되기(表) 때문이다. 만약 [空이라고] 관조하지 못한다면, 마음은 미혹해져서 모습을 취할 것이니 이때는 경전이 없는 것이다." [종밀의 이러한 설명은] 또한 이러한 의미(화엄관)에 해당하는 것이다.[22]

위 인용문의 내용을 다시 풀이해 본다. 균여는 위 인용문에서 화엄관의 의미를 종밀의 『행원품소초』를 통해서 설명하고 있다. 이 몸은 비유하면 물거품과 불꽃과 파초와 같아서 정해진 실제가 없고 공空한 것이다. 경전을 필사한다는 것도 이런 공의 의미를 이해하는 것이다. 수행자가 아무리 능력이 있다고 해도 부처님의 말씀을 담은 경전이 없었다면, 공을 이해할 수 있는 기회조차 얻을 수 없을 것이다. 경전은 진리의 말씀을 통해서 수행자가 공의 이치를 이해할 수 있는 기회를 제공하는 것이다. 나아가 종밀은 공의 가르침에 만족하지 않고, 이 공을 천태의 3관 곧 공·가·중으로 풀이한다. 균여가 정확하게 인용하고 있지는 않

---

22 『釋華嚴旨歸章圓通鈔』下卷(『한불전』 4권, 142a~b), "奇哉! 未曾有也! 華嚴學人可習此觀矣! 宗蜜(密)師, 行願品抄中釋 剝皮爲紙, 折骨爲筆等. 文云二約觀智釋, 謂 觀察此身, 若皮若骨, 都無定實, 擧體全空, 無我我所. 雖然目覩, 似有身相, 其猶聚沫泡焰芭蕉, 旣無自體, 元同法界. 如是推窮, 三諦具足, 成空假中 微妙三觀. 詮於此義, 生得此解, 契合心機, 卽是寫經. 以經是詮, 表生解義故. 若不觀察, 心迷取相, 卽無經也. 亦當此義也." 같은 내용이 『釋華嚴敎分記圓通鈔』 8권(『한불전』 4권, 444b)과 『法界圖記叢髓錄』(『한불전』 6권, 844a~b)에도 있다. 이처럼 『法界圖記叢髓錄』에도 같은 내용이 소개되었다는 점은 위 인용문의 내용이 그만큼 중요하다는 것을 보여 주는 증거가 될 것이다. 왜냐하면, 『法界圖記叢髓錄』의 편자가 균여의 사상을 대표하는 것으로 간주하고 위 인용문을 소개했을 가능성이 매우 크기 때문이다.

지만, 그 의미를 풀이하면, 경전의 존재는 집착의 대상이 아닌 것으로
서 가假이고, 그 경전을 통해서 공을 이해하고, 중中은 이 '공'과 '가'를
포괄하는 것이다. 다시 말하자면, 수행자의 마음은 집착을 버린 '공'이
고, 경전은 집착의 대상은 아니지만 존재하는 것이므로 '가'이며, 이 둘
의 관계를 포괄적으로 바라보면, '공'에도 치우치지 않고 '가'에도 기울지
않는 중도中道가 열린다는 것이다.

한편, 균여가 제시한 '화엄관'은 신라 화엄사상을 계승한 것이다.[23] 균
여는 의상 대사의 10대제자 가운데 한 사람인 지통智通의 깨달음을 그
예로 제시한다.

　　신라승 지통은 의상 대사의 10대제자 중의 한 사람이다. 태백산 미
　　리암彌理嵒의 굴에서 화엄관華嚴觀을 닦고 있었는데, 하루는 갑자
　　기 큰 돼지가 굴의 입구를 지나가는 것을 보았다. 지통은 평상시와
　　같이 목각존장木刻尊像에게 정성을 다해 예배드렸더니, 그 목각존
　　상이 다음과 같이 말하였다. "굴앞에 지나간 돼지는 너의 과거 몸이
　　고, 나는 곧 너의 미래 과보의 부처이다." 지통은 이 말을 듣고서 곧
　　3세世가 하나(一際)라는 가르침을 깨달았다. 후에 의상 대사를 찾
　　아가서 이 깨달음을 말하였다. 그러자 의상 대사는 지통의 그릇이
　　완성되었음을 알고서 마침내 법계도인法界圖印을 전해 주었다.[24]

---

23 최연식, 「균여 화엄사상연구-교판론을 중심으로」, p.204. 그리고 같은 논문 각
　　주 195에서 그 예증으로 『法界圖記叢髓錄』(『한불전』 6권, 768c, 776c, 779b,
　　834b~835a)을 제시하고 있다.
24 『釋華嚴旨歸章圓通鈔』 下卷(『한불전』 4권, 139c~140a). 이 내용은 『法界圖記叢髓
　　錄』(『한불전』 6권, 782a)에서 『석화엄지귀장원통초(지귀원통초)』의 내용을 다시 들
　　어 소개하고 있다. 이는 이 대목이 신라 화엄사상의 내용에서 중요한 것임을 보
　　여 주는 예라고 생각한다.

이상의 내용을 통해서 볼 때, 균여는 신라 화엄사상에서 계승되어 오던 화엄관을 더욱 발전시켜서 천태의 공·가·중과 연결시키고 있음을 알 수 있다.

(3) 부정관不淨觀 등을 닦을 것을 제시함

균여는『화엄경삼보장』의「원음장圓音章」을 주석하면서 부정관과 연기관 등을 닦을 것을 제시한다. 그리고 연기관은 동전을 세는 가르침(數錢法)과 밀접한 관련이 있다. 균여는『일승법계도원통기』와『석화엄교분기원통초』에서 '동전을 세는 가르침'을 통해서 한쪽에 집착하는 것에서 벗어나서 자신이 부처의 근본임을 깨달을 수 있다고 한다. 이는 앞에서 말한 화엄관과 같은 내용이다. 그러면 자세한 내용을 살펴본다.

먼저, 법장은『화엄경삼보장』에서 다음과 같이 말하였다. "이른바 탐욕이 많은 사람은 여래가 부정관을 말한 것을 듣고, 이와 같은 내용과 내지 일체의 가르침을 원음圓音이라고 이름한다."[25]

균여는 위의『화엄경삼보장』의 내용을 주석하면서 다음과 같은 의견을 제시한다.

> [『화엄경삼보장』에서] "내지"라고 말한 것은 화가 많은 사람은 여래가 큰 자비慈悲의 관觀을 말한 것을 듣고, 어리석음이 많은 사람은 여래가 연기緣起의 관觀을 말한 것을 듣는 것 등이다.[26]

---

25 『華嚴經三寶章圓通記』下卷(『한불전』 4권, 211c), "所謂 貪欲多者, 卽聞如來說不淨觀, 如是等乃至一切, 故名圓音."
26 『華嚴經三寶章圓通記』下卷(『한불전』 4권, 212b), "乃至者, 嗔恚多者, 聞如來說大悲觀; 愚癡多者, 聞如來說緣起觀等也."

위 인용문에서 말한 것은 관觀을 닦는 것이 아니고 '자비의 관' 등을 말한 것을 듣는다는 것이지만, '자비의 관' 등을 듣는다는 것은 그것을 실천하는 것을 전제로 하는 것이라고 생각할 수 있으므로, '자비의 관' 등을 닦는 것이라고 판단할 수 있다.[27]

한편, 균여는 동전을 세는 가르침(數錢法)을 강조한다. 이는 앞의 연기관緣起觀과 관련이 있다. 열 개의 동전이 서로 관련되어 있다는 것을 알면 어느 한쪽에 집착하는 것에서 벗어날 수 있다. 그래서 하나하나의 털구멍에서 모든 부처의 바다를 볼 수 있고, 자신이 부처의 근본이고 자신의 마음이 부처의 지혜라는 것을 깨닫는다. 이는 동전이 서로 연결되어 있다는 조그마한 사실에서 출발해서, 그를 통해서 생사에 집착하는 병을 다스리고, 종국에는 자신이 부처의 근본이고 자신의 마음이 부처의 지혜임을 깨닫는 것으로 연결된다. 이는 앞에서 말한 화엄관과 같은 내용이다. 균여는 이러한 내용을 다음과 같이 말한다.

> 답한다. 『개종기』에서 말하기를 "동전을 세는 가르침(數錢法)은 생사生死에 집착하는 병을 다스리는 제일의 약이고, 열반의 장애 없는 덕德을 이루는 최고의 가르침이다."라고 한다. 만약 동전을 세는 가르침을 배운다면, 견해에 집착이 없을 것이고 듣는 것에 대한 집착에서 벗어날 것이기 때문에, [동전을 세는 가르침이] 생사에 집착하는 병을 다스리는 제일의 약이 된다. 자신의 몸을 벗어나지 않

---

27 균여는 이러한 내용을 『석화엄교분기원통초』에서도 제시하고 있다. 다른 점이 있다면 『석화엄교분기원통초』에서는 소승을 방편수행으로 소개하고 있다는 점이다. 『釋華嚴教分記圓通鈔』 4권(『한불전』 4권, 334b), "五停心觀者, 多貪者, 修不淨觀; 多嗔者, 修慈悲觀; 多癡者, 修緣起觀; 多覺觀者, 修數息觀; 多我見者, 修界差別觀也.(5정심관의 내용은 다음과 같다. 탐욕이 많은 사람은 부정관을 닦고, 화가 많은 사람은 자비관을 닦으며, 어리석음이 많은 사람은 연기관을 닦고, 생각이 많은 사람은 數息觀을 닦으며, 我見이 많은 사람은 界差別觀을 닦는다.)"

고서 하나하나의 털구멍에서 모든 부처의 바다를 보고, 하나하나의 티끌 가운데 부처의 찰토의 바다(刹海)를 보고, 자신이 있는 곳이 부처의 법계라고 보고, 또한 자신이 부처의 근본이라고 보며, 또한 자기의 마음이 부처의 지혜라고 본다. 그래서 [동전을 세는 가르침이] 열반의 장애 없는 덕德을 이루는 가장 뛰어난 가르침이라고 말한다. 그러므로 연기관을 배우고자 하고 보현행을 닦고자 한다면, 동전을 세는 가르침에 의지해야만 가능할 것이다. 그러므로 말하기를 "만약 연기실상緣起實相의 다라니법을 관하고자 한다면 먼저 10개의 동전을 세는 가르침을 배워야 한다."고 한다.[28]

또한 균여는 동전을 세는 가르침은 지엄에서 시작되었고, 이것을 당나라에서는 법장과 징관이 이어받아서 세상에 유통시켰고, 신라에서는 의상과 원효가 받아들여서 세상에 유통시켰다고 주장한다.[29] 이는 동전을 세는 가르침이 그만큼 중요하다는 것을 의미한다.

---

28 『一乘法界圖圓通記』下卷(『한불전』 4권, 25b), "答 開宗記云 數錢法者, 治生死執著病之第一藥, 成涅盤(槃)無碍德之最勝詮也. 若學數錢法者, 隨所見處, 竟無所著, 隨所聞處, 遠離諸取故, 治生死執著病之第一藥也. 不離自身, 一一毛孔, 見諸佛海; 一一塵中, 見佛刹海; 見自所居, 是佛法界; 亦見自身 是佛自體; 亦見自心 是佛智慧. 故云成涅槃無碍德之最勝詮也. 是故 欲學緣起觀, 欲修普賢行, 須依數錢之門, 乃可得也. 是故云 若欲觀緣起實相陁羅尼法者, 先應學數十錢法也." '盤'을 '槃'으로 바꾼 것은 p.25 주 1에 의거한 것이다. 비슷한 내용이 『釋華嚴教分記圓通鈔』8권(『한불전』 4권, 462c~463a)과 『法界圖記叢髓錄』下2권(『한불전』 6권, 838a)에도 보인다. 『法界圖記叢髓錄』에서는 균여의 말이 아니고, 『大記』의 내용으로 소개되어 있다. 이 점에서(자신의 견해가 아닌데도 자신의 견해처럼 말했기 때문에) 의천이 균여를 비판했을 가능성도 있다.

29 『一乘法界圖圓通記』下卷(『한불전』 4권, 25a), "故知! 數錢之法, 出自儼師, 而唐國 則藏師與澄觀; 新羅 則義相與元曉, 流通於世也.(그러므로 알아라! 동전을 세는 가르침은 지엄에서 시작되었고, [이 가르침이] 당나라에서는 법장과 징관이, 신라에서는 의상과 원효가 세상에 유통시켰다.)"

(4) 선정의 중시: 세 가지 근본 선정과 해인삼매의 연결

균여는 『십구장원통기』에서 신라 화엄사상에서 계승되어 온 세 가지 근본 선정(해인정, 불화엄정, 사자분신정)과 해인海印을 연결시키고 있고, 나아가 열 종류의 해인삼매를 제시한다. 이는 균여가 선정을 중시하였음을 보여 주는 예이다. 그 자세한 내용을 살펴본다.

신라 승려가 저술한 『십구장』에서는 해인海印과 관련해서 다섯 가지로 나누어서 설명한다(이것을 五重海印이라고도 한다). 그것은 상像을 잊는 해인(忘像海印)이고, 상像을 나타내는 해인(現相海印)이며, 부처가 바깥을 향하는 것(佛向外)이며, 보현보살이 삼매에 들어가서 관조하는 것(普賢入定觀)이고, 보현보살이 삼매에서 나온 마음의 상태(出觀在心中)이다.[30] 이는 불교에서 삼매에 들어가서 중생을 교화하는 것을 다섯 가지로 나누어서 설명한 것으로 보인다. 부처의 삼매는 모든 분별을 벗어난 것이고, 분별을 벗어났을 때 일즉일체의 세계가 나타나는 것이며, 이때 부처가 바깥을 향해서 중생을 구제한다. 이것을 좀 더 세분하면 보현보살이 삼매에 들어가서 세상을 관조하고, 그리고 삼매에서 나와 평정의 마음을 유지하는 상태라고 할 수 있다. 왜냐하면, 보현보살이 중생을 구제하기 위해서는 삼매에 들어가 분별을 벗어나서 중생을 관조해야

---

30 『十句章圓通記』 下卷(『한불전』 4권, 59c). 『십구장』에서 말하는 내용(五重海印)과 지엄이 말하는 五重海印, 또는 五海印의 관계는 명확하지 않다. 지엄은 5중해인에 대해 다음과 같이 말한다. 첫째, 法空을 증득할 때 大圓鏡智의 바다에 나타나는 해인이다. 둘째, 本覺에 근거해서 一心眞如의 바다에 나타나는 해인이다. 셋째, 一行三昧에 의거해서 無相無分別相이 不二實相의 바다에 나타나는 해인이다. 넷째, 總相의 中道에 근거해서 열 종류의 普法이 세계의 바다에 나타나는 해인이다. 다섯째, 法性에 의지해서 세 종류의 세간의 법이 국토의 바다에 나타나는 해인이다[『十句章圓通記』 下卷(『한불전』 4권, 63c)]. 같은 내용이 『一乘法界圖圓通記』 上卷(『한불전』 4권, 11b~c); 『釋華嚴教分記圓通鈔』 1권(『한불전』 4권, 246a~b); 『法界圖記叢髓錄』 下1권(『한불전』 6권, 822c~823a)에도 실려 있다.(김천학, 「균여의 화엄일승의 연구-근기론을 중심으로」, 한국정신문화연구원 박사학위논문, 1999, p.153 참조.)

되고, 그리고 삼매에 나왔더라도 그 평정의 마음이 유지되어야 할 것이기 때문이다.

균여는 위에서 설명한 『십구장』의 내용을 세 가지 근본 선정(三本定)에 연결시킨다. 해인정海印定(부처가 『화엄경』을 말할 때 들어간 삼매)은 상像을 잊는 해인(忘像海印)이고, 불화엄정佛華嚴定(一卽一切의 세계를 내용으로 하는 삼매)은 상을 나타내는 해인(現像海印)이며, 사자분신정師子奮迅定(사자가 빠르게 일어나는 것처럼, 번뇌를 신속하게 제거하는 삼매이고, 신속하게 삼매에서 나오는 것)은 부처가 바깥을 향하는 것(佛向外)이다. 다시 말하자면, '해인정'은 부처가 『화엄경』을 말할 때 들어간 삼매이므로 이 경지는 모든 분별을 떠났기 때문에 상을 잊는 해인에 해당한다. '불화엄정'은 일즉일체의 세계를 내용으로 하는 삼매이므로 이 경지는 모든 세계가 일즉일체로 표현된다. 그래서 '불화엄정'이 상을 나타내는 해인에 해당하는 것이다. '사자분신정'은 신속하게 번뇌를 제거하고 신속하게 삼매에서 일어나는 것이므로 이 경지는 자신의 번뇌를 신속하게 제거하고 삼매에서 신속하게 나와서 중생을 구제한다. 그래서 '사자분신정'은 부처가 바깥을 향해서 중생을 구제하는 것에 해당하는 것이다. 이 내용에 관한 인용문은 다음과 같다.

> 답한다. 상像을 잊는 해인은 해인정海印定이고, 상을 나타내는 해인은 불화엄정佛華嚴定이며, 부처가 바깥으로 향하는 것은 사자분신정師子奮迅定이다. [이 내용을 설명하면 다음과 같다.] 분별을 벗어나지 않고서도 3세간법(기세간, 중생세간, 지정각세간)의 의미를 증득하는 것이 '해인정'이다. 이와 같이 증득한 3세간법이 자신의 위치를 움직이지 않고 성性은 중도의 자리에 있는 것이 마치 만 가지 행이 [性을] 서로 장식해 주는 것과 같다. 그래서 [이것을] '불화엄정'이

라고 한다. 이 경지에서 한 걸음 나가서 부처가 말하기를 "이와 같은 법을 어찌 나만 혼자 증득하겠는가?" 하고 중생도 부처처럼 증득하게 하고자 하여 큰 자비를 일으킨다. [이것이] 마치 사자의 우두머리가 사자굴에서 나와 떨쳐 일어나는 것과 같기 때문에 '사자분신정'이라고 한다.[31]

균여의 이러한 논의는 신라 화엄의 전통을 계승한 것이다. 표훈表訓(의상의 10대제자의 한 사람이고, 홍륜사 十聖의 한 명)은 세 가지 근본 선정을 말하고 있고,[32] 융질融質(義相-相元-神琳-法融-梵體 계열의 인물로 추정됨, 梵體는 840년경에 부석사에서 주석하였음)은 해인삼매의 분류 방법을 논하고 있으며,[33] 균여는 이러한 흐름을 계승하면서 열 가지 해인삼매를

---

31 『十句章圓通記』下卷(『한불전』 4권, 62b) "答 忘像海印, 是海印定; 現像海印, 是佛華嚴定; 佛向外, 是師子奮迅定也. 謂不離分別, 證三世間法之義, 爲海印定; 如此所證三世間法, 不動自位, 性在中道之義, 如萬行交飾故, 爲佛華嚴定也; 此中下一步, 佛云如此之法, 豈可唯我獨證而已, 欲令衆生, 亦如我證故, 起大悲, 如師子王出窟奮迅故, 爲師子奮迅定也."

32 균여는 세 가지 근본 선정에 관해 신라 화엄종에서 전래되어 온 이야기를 다음과 같이 말한다. 『十句章圓通記』下卷(『한불전』 4권, 63a~b), "答 古言 表訓大德, 在皇福寺時, 大正角干, 進於訓德房中白言, 請學三本定焉. 於是訓德, 敎令大衆, 並出房外, 餘人並出去, 而繢綸師, 出戶立窓邊而傾耳. 時訓德言一時佛者, 佛華嚴定經文也; 始成正覺者, 海印定經文也; 坐師子座者, 師子奮迅定經文也. 如是傳來也.(답한다. 옛 어른이 다음과 같이 말하였다. 表訓 대덕이 황복사에 있을 때, 大正角干가 표훈의 방에 들어가서 세 가지 근본 선정을 배우기를 청한다고 말하였다. 이에 표훈은 대중을 방 바깥으로 나가도록 하였고, 나머지 사람도 [방에서] 나가도록 하였다. 그러나 繢綸이 방문으로 나와서 창가에 서서 귀를 기울여서 들었다. 그때 표훈이 [경전에서] '어느 때 부처님이'라고 말한 것이 佛華嚴定에 관한 경전의 문장이고, '처음 바른 깨달음을 이루고'라고 말한 것이 海印定에 관한 경전의 문장이며, '사자좌에 앉았다'고 한 것이 師子奮迅定에 관한 경전의 문장이라고 말하였다. [세 가지 근본 선정에 대해서] 이와 같이 전해 왔다.)" 위의 내용에 따르면, 세 가지 근본의 선정(三本定)은 表訓이 大正角干에게만 전하는 아주 비밀스런 가르침인데, 繢綸이 창밖에서 그 가르침을 들어서 신라 화엄종에 전래되어 왔다는 것이다. 이는 균여가 말하는 내용이 신라 화엄종의 사상을 계승하는 것임을 보여 주는 증거이다.

33 『十句章圓通記』下卷(『한불전』 4권, 63b), "融質大德云 有海印分相門, 有海印通

주장하기에까지 이르고 있다. 10해인삼매는 실해인實海印에 여섯 종류가 있고, 삼승三乘의 해인에서 말하는 세 종류가 있고, 여기에 소승小乘의 해인을 합해서 열 가지가 된다. 또는 소승의 해인을 빼고, 표훈이 말한 불가설불가설不可說不可說을 근본으로 하는 해인삼매를 포함해서 열 가지가 되기도 한다.[34]

4. 결론

이 글에서는 의천이 균여의 화엄사상을 비판한 것이 정당한 것인지 검토하고자 하였다. 2장에서 살펴본 것처럼 의천은 교관병수敎觀並修, 곧 3관과 5교를 아울러 공부할 것을 강조하고 만약 관법을 닦지 않으면 화엄의 강백이라고 해도 믿지 않는다고 주장한다. 의천이 균여를 비판한 근거는 관법을 닦지 않았다는 데 있다.

相門. 若約海印分相門, 則華嚴經法, 依海印定起, 下敎之法, 依佛後得智起. 故所依異門中, 從海印分相門云也. 若約海印通相門, 一化之法, 俱從海印定起故. 想大德之義, 從海印通相門云也. 然想大德云 釋迦如來敎網所攝三世間, 從海印三昧, 繁出現顯者, 亦唯華嚴經法, 依海印定起也.(融質 대덕이 말하기를 "海印分相門이 있고, 海印通相門이 있다."고 하였다. 만약 해인분상문에 근거한다면, 『화엄경』의 가르침은 해인삼매에서 일어난 것이고, 『화엄경』 이외의 가르침(下敎之法)은 부처의 後得智에 의거해서 일어난 것이다. 그러므로 의지한 바의 異門 가운데 해인분상문에 따라서 말해진 것이다. 만약 해인통상문에 의거한다면, [부처가] 한평생 교화한 가르침은 모두 해인삼매로부터 일어난 것이기 때문이다. 의상 대사의 주장은 해인통상문에 근거해서 말해진 것이다. 그러나 의상 대사가 "석가모니의 가르침과 [그것에] 포섭되는 3세간은 해인삼매에서 무성하게 나타난 것이다."라고 말한 것은 또한 『화엄경』의 가르침만이 해인삼매에 의거해서 일어난다고 말하는 것과 같은 의미다[해인분상문의 의미다].)

34 『十句章圓通記』 下卷(『한불전』 4권, 64a); 김천학, 「균여의 화엄일승의 연구」, pp.172~173 참조.; 木村淸孝, 『初期中國華嚴思想の硏究』(東京: 春秋社), 昭和 52, p.502.

그러나 3장에서 살펴본 것처럼, 균여는 관법을 제시하고 있다. 『화엄경삼보장원통기』에서는 지(선정)와 관(지혜)을 아울러 닦을 것을 강조하고 있다. 그래서 균여는 선정(지)만을 닦고 지혜(관)를 닦지 않으면 완고한 어리석음에 떨어질 것이고, 지혜(관)만을 닦고 선정(지)을 닦지 않는다면 미친 지혜에 빠지게 될 것이라고 한다.

여기서 '관'에 주목하면 『석화엄지귀장원통초』와 『석화엄교분기원통초』에서는 자신의 몸이 그대로 비로자나부처라고 하는 '화엄관'을 제시하고 있고, 이는 신라 화엄사상에서 말한 것을 계승한 것이다. 나아가 균여는 종밀의 『행원품소초』에 의거해서 '화엄관'과 천태의 공空·가假·중中을 결합시키고 있다. 이 점이 균여의 화엄관의 특색이다. 또한 균여는 『화엄경삼보장원통기』에서 부정관과 연기관 등을 닦을 것을 말하고 있고, 이 연기관은 '동전을 세는 가르침'으로 연결된다. 균여는 『일승법계도원통기』와 『석화엄교분기원통초』에서 '동전을 세는 가르침'이 생사에 집착하는 병을 다스리는 최고의 약이라고 하면서, 이를 통해서 자신이 부처의 근본이고 자기의 마음이 부처의 지혜임을 깨닫게 된다고 한다. 이는 앞에서 말한 화엄관과 같은 내용이다. 이처럼 균여는 동전이라는 구체적 사물을 통해서 이들의 관계가 서로 연결되어 있음을 깨달아서, 집착에서 벗어나 자신이 부처의 근본임을 깨닫게 된다는 것을 말하고 있다. 이는 관법觀法이 어떤 형태이어야 하는지 하나의 관점을 제시해 준다. 자세히 말하자면, '관법'이라고 해서 초월적인 것을 내용으로 하는 것이 아니고, 또한 어떤 형식에 구애받을 것이 아니며, 일상생활에서 가깝게 접근할 수 있는 대상, 곧 동전 같은 것을 통해서 사물이 서로 의존하고 있음을 깨달아서 자신의 집착을 줄여 가는 것이 중요하다는 것이다. 현대에서는 이러한 종류의 관법이 더욱 요청된다고 할 수 있다.

지(선정)에 초점을 맞추면, 균여는 『십구장원통기』에서 해인정, 불화엄정, 사자분신정의 세 가지 근본 선정을 해인海印과 연결시키고, 해인삼매를 열 종류로 구분한다. 세 가지 근본 선정은 신라 화엄사상에서 강조한 것이고, 이것을 균여가 계승하여 해인海印과 연결시키는 것이다. 해인삼매도 신라 화엄사상에서 강조한 것인데, 균여가 이것을 수용해서 열 종류로 나누고 있다. 이 점에서 균여가 지(선정)에 의미를 두고 있음을 확인할 수 있다.

이러한 내용을 검토해 보면, 의천이 균여가 관법觀法을 닦지 않았다고 비판한 것과는 달리, 균여는 '관법'을 무시하지 않았음을 알 수 있다. 이 점에서 의천이 균여를 비판한 것은 정당하지 못하다고 말할 수 있다. 또한 최연식의 주장처럼, 균여가 제시한 관법을 의천이 관법으로 받아들이지 않았다고 추론하고, 의천이 주장하는 3관의 내용과 균여가 제시하는 화엄관이 다른 내용이라고 하는 것은 문제가 있다. 왜냐하면, 3관은 진공관, 이사무애관, 주변함용관인데, 이 주변함용관의 경지가 바로 균여가 제시하는 화엄관과 일치하기 때문이다. 오히려 균여가 주장하는 화엄관은 신라 화엄사상에서 주장한 것을 계승한 것으로 실천적 성격이 강한 것이다.

그렇다면, 의천은 균여의 화엄사상을 완전히 잘못 본 것인가 하는 의문이 생긴다. 의천을 옹호할 가능성이 없는지 따져볼 필요가 있다. 의천을 옹호하는 입장에서 본다면, 의천이 균여의 화엄사상을 비판한 때가 의천의 사상이 아직 성숙하지 않았을 시기였을 가능성도 있다. 왜냐하면, 의천은 종밀의 『원각경소』에 의지해서 선종과 교종의 일치를 추구하는 것은 물론이고, 교종 간에 여러 흐름을 일치시키고, 나아가 불교와 도가와 유가의 조화를 추구하고, 또한 원효의 화쟁사상에 대해 큰 의미를 부여하기 때문이다. 이와 같이 화해와 조화를 강조한 인물이 균여만을 유독 비판했다고 보기는 어렵다. 하지만 『대각국사문집』이 일부분만 남아 있기 때문에 이 점을 확정할 수는 없는 형편이다.

앞에서 말한 것처럼 의천이 균여의 화엄사상을 비판한 것이 정당한 평가가 아닌 것이라면, 이러한 비판이 함축하는 의미는 무엇인가? 균여는 신라의 화엄사상을 충실히 계승하면서 그 속에서 자신의 견해를 추가한 인물이다. 이런 균여의 화엄사상을 의천이 비판한 것은 결국 균여로 대표되는 신라 화엄사상의 전통에 대한 비판으로 귀결되는 것이다.

이러한 흐름에 대해 고익진은 '신라와 당나라 문화의 계승'이라는 고려 초기의 입장이 '고려와 송나라 문화의 확립'이라는 새로운 양상으로 바뀌고 있다고 지적한다. 고익진은 이 주장을 더욱 밀고 나가서 당시의 불교계는 '신라불교의 잔재'를 청산하고 국제사회 속에서 당당한 '고려불교의 확립'을 추구한 것이라고 평가한다.[35] 이러한 관점에서 볼 때, 의천은 신라 화엄사상의 전통을 계승하려 하기보다는 새로운 사상을 세우려고 시도한 인물이라고 할 수 있다. 이 점에서 보자면, 박종홍이 의천이 원효의 화쟁사상을 높이 평가한 것을 '전통의 확립'이라고 본 점에 대해서는 다시 검토할 필요가 있다. 여기에다 박종홍은 의천이 전통의 확립을 추구하였다고 해서 우리의 것이라고 무턱대고 다 좋다고 하지 않고 균여 등에 대해 비판한 점이 전통 확립의 좋은 예라고 제시하고 있다.[36] 물론, 박종홍의 견해대로 의천이 원효의 화쟁사상을 높이 평가한 점은 분명히 전통의 확립이라고 볼 수 있겠지만, 의천이 균여를 비판한 대목에서는 그 비판의 정당성을 찾을 수 없으며, 나아가 의천 사상의 전반적 성격은 오히려 전통을 계승하기보다는 새로운 내용을 추

---

35 고익진, 『한국의 불교사상』, 동국대학교출판부, 1987, p.37, p.41.
36 박종홍, 『한국사상사-불교사상편』(서문문고 11), 서문당, 1972/1983, pp.166~170 참조.

구하였다고 볼 수 있다. (물론 의천은 전통에 어느 정도 근거해서 새로운 내용을 추구하였다.)

그러면 의천과 균여의 화엄사상은 과연 얼마나 다른지 검토할 필요가 있을 것이다. 의천이 균여의 화엄사상을 비판했지만, 그것을 균여로 대표되는 신라의 화엄사상에 대한 의도적 비판이라고 본다면, 의천과 균여 화엄사상은 상당 부분 일치할 가능성이 있다. 그 자세한 연구는 추후의 과제로 남긴다.

참고문헌

『大覺國師文集』(『한불전』 4권).

『十句章圓通記』(『한불전』 4권).

『一乘法界圖圓通記』(『한불전』 4권).

『釋華嚴教分記圓通鈔』(『한불전』 4권).

『華嚴經三寶章圓通記』(『한불전』 4권).

『釋華嚴旨歸章圓通鈔』(『한불전』 4권).

『法界圖記叢髓錄』(『한불전』 6권).

고익진, 『한국의 불교사상』, 동국대학교출판부, 1987.

김두진, 『균여 화엄사상연구』, 일조각, 1983.

박종홍, 『한국사상사-불교사상편』(서문문고 11), 서문당, 1972/1983.

木村淸孝, 『初期中國華嚴思想の硏究』(東京: 春秋社), 昭和 52.

이영자, 「대각국사 의천의 불교개혁운동과 천태종의 성립」, 『한국사 16(고려 전
　　　기의 종교와 사상)』, 국사편찬위원회, 1994.

최병헌, 「의천이 균여를 비판한 이유」, 『아세아에 있어서 화엄의 위상』, 대한전
　　　통불교연구원, 1991.

사토 아츠시, 「대각국사 의천의 입송: 教와 史의 측면에서」, 『한국문화연구』
　　　10, 이화여대 한국문화연구원, 2006.

김천학, 「균여의 화엄일승의 연구-근기론을 중심으로」, 한국정신문화연구원
　　　박사학위논문, 1999.

이선이(泰見), 「균여의 원통논리와 그 실천」, 동국대 대학원 불교학과 박사학위

논문, 2009.

최연식, 「균여 화엄사상연구-교판론을 중심으로」, 서울대학교 대학원 국사학
　　과 박사학위논문, 1999.

11

의천의 아미타신앙과 정토관
/ 김영미

〈선정 이유〉

● 김영미, 「의천의 아미타신앙과 정토관」,『역사학보』제156집, 역사학
      회, 1997.12, pp.1~27.

선정 이유

이 논문은 고려시대의 대표적 화엄학승이면서 천태종을 창종한 대각국사 의천의 아미타신앙과 정토관을 밝히고 있는 점에 주목하여 선정하였다. 저자는 통일신라시대에 널리 행해진 아미타신앙이 고려시대에도 널리 행해졌다고 전제하고 고려 초기의 화엄사찰에서도 아미타신앙이 행해지고 있었다면서 화엄학승이었던 의천도 다르지 않을 것으로 보고 논의를 전개하고 있다.

저자는 의천의 아미타 관련 저술이 남아 있지 않아 선행 연구가 없지만 그가 중국에 유학한 뒤에 그곳에서의 견문과 승려들과의 교류를 통해 아미타신앙을 접했을 것이며, 특히 천태종의 아미타신앙과 관련이 있는 것으로 보았다. 또 의천은 속장, 즉 교장의 간행을 위한 목록인 『신편제종교장총록』에다 당시 유통되고 있던 아미타 관련 저술을 정리하였는데, 당시 이미 신라 승려의 저술 중 원효와 태현의 저술을 제외하고는 상당부분이 전하지 않음을 보여 주고 있다고 하였다.

저자는 의천이 해인사로 퇴거하여 남긴 극락왕생을 기약한 글과 개경으로 돌아가 지은 시, 입적하기 전에 지은 글에 나타난 아미타신앙 관련 글, 송나라에 유학하여 접한 아미타신앙 관련 사료를 통해 그의 아미타신앙과 정토관을 추적하고 있다. 의천은 속장, 즉 교장 간행의 과정에서 교장 편입의 판단과 고려에서 송나라 승려들에게 요청한 불서 중 정토 관련 서적들을 통해 아미타신앙과 정토관을 보여 주고 있다. 의천은 송나라의 원조가 보내 준 자민 혜일의 『정토집』에 깊이 공감하여 "법왕의 보배가 저절로 왔다."고 평가하고 이를 간행하여 유포시켰다. 그러면서도 선사들의 유심정토설과 차방정토설을 받아들이지 않고 수행자의 근기에 따른 수행을 통해 극락에 왕생할 수 있으며, 극락에 왕생함으로써 쉽게 성불할 수 있다고 여겼던 것이라고 추정하는 지점에서 이 논문의 의미와 학문적 가치를 찾을 수 있다.

I. 머리말

불교는 다양한 사상과 신앙을 포함하고 있는 종교이다. 따라서 신앙자들은 자신의 입장에 따라 석가모니에 대한 신앙 외에도 특정한 불보살을 신앙 대상으로 삼고 수행함으로써 삶에서의 고통을 승화하거나 극복하고자 했으며, 나아가서는 내세의 다른 삶을 기원하기도 하였다.

이러한 불교 신앙 중에서도 민중들에게 가장 호소력이 있었던 것은 아미타신앙이었다. 그것은 아미타신앙의 용이함 때문으로, 계율을 철저히 지키거나 선禪이나 관법觀法과 같은 수행을 굳이 요구하지 않는다. 즉 단지 아미타불의 이름을 소리내어 간절히 부르는 것만으로도 아미타불이 머무는 서방 극락세계에 태어나 성불함으로써 고통스러운 윤회의 세계를 벗어날 수 있음이 강조되었다. 일반적으로 불교가 자력신앙自力信仰인 데 비해 아미타신앙은 성불하여 아미타불이 된 법장보살法藏菩薩의 서원력誓願力에 근거한 대표적인 타력신앙他力信仰이다.

따라서 삼국시대 말기 아미타신앙이 수용된 이후 일반 민중에게 널리 받아들여졌으며, 여기에는 원효元曉·의상義相 등 승려들의 저술 활동 및 권유도 크게 작용하였다. 그 결과 불교의 대중화가 이루어질 수 있었으며 노비에서부터 국왕에 이르기까지 보편적으로 신앙되기에 이르렀다. 그 후 고려·조선시대에도 많은 아미타신앙자들이 있었음은 이 시기에 봉안된 많은 불상佛像과 불화佛畵를 통해서도 알 수 있다. 그런데 고려 이후에는 승려들의 저술 속에서 아미타신앙을 고취한 경전에 대한 전문적 연구를 찾아보기 힘들다.

따라서 이 시기의 아미타신앙에 대한 연구는 천태종天台宗 및 선종禪宗과 관련하여 그것도 시기적으로는 고려 후기에 집중되어 있다. 이는 고려 승려들의 저술 중 아미타신앙에 대한 언급이 주로 고려 후기의 선사들이나 천태종 승려들에게서 찾아볼 수 있다는 것에 기인한다. 따라서 고려시대 아미타신앙에 대한 연구는 고려 후기의 천태종 승려인 요세了世의 백련결사白蓮結社[1]와 선사들의 정토관淨土觀[2]에 주로 주목하여 왔다.

특히 백련결사의 사상적 배경에 대한 연구에서는 주로 중국 천태학의 영향이 강조되었다. 이러한 연구 경향은 통일신라 이래 아미타신앙

---

1 요세의 백련사 및 천태종의 아미타신앙에 대한 연구로는 다음과 같은 성과가 있다.
   李永子,「天台의 天台思想」,『佛敎學報』17, 1980.
   李永子,「天因의 法華懺法의 전개」, 동국대 불교문화연구원,『韓國天台思想研究』, 동국대출판부, 1983.
   高翊晉,「圓妙 了世의 白蓮結社와 그 思想的 動機」,『佛敎學報』15, 1978.
   高翊晉,「白蓮社의 사상전통과 天台의 저술문제」,『佛敎學報』16, 1979.
   高翊晉,「圓妙國師了世의 白蓮結社: 사상적 특질을 중심으로」,『韓國天台思想研究』.
   徐潤吉,「雲黙의 天台念佛」, 위의 책.
   徐潤吉,「高麗 天台와 密敎의 淨土思想」, 동국대 불교문화연구원,『韓國淨土思想研究』, 동국대출판부, 1985.
   蔡尙植,「高麗後期 天台宗의 白蓮結社」,『韓國史論』5, 서울대 국사학과, 1979.
2 선종의 정토사상에 대한 연구로는 다음과 같은 성과가 있다.
   康東均,「高麗時代의 淨土思想에 대한 考察: 勸修定慧結社文을 中心으로」,『石堂論叢』11, 1986.
   權奇悰,「高麗時代 禪師의 淨土觀」, 동국대 불교문화연구원 편,『韓國淨土思想研究』, 1985.
   權奇悰,「韓國佛敎에 있어서 禪과 淨土의 關係」,『佛敎學報』26, 1989.
   金浩星,「普照의 淨土수용에 대한 재고찰: 淨慧結社文을 중심으로」,『如山柳炳德敎授華甲紀念韓國哲學宗敎思想史』, 1990.
   高翊晉,「普照禪派의 정토사상 수용: 새로 나온 念佛因由法門을 중심으로」,『佛敎學報』23, 1986.
   源弘之,「高麗時代における淨土敎の研究: 知訥の念佛要門について」,『佛敎文化研究所紀要』9, 龍谷大, 1970.

이 성행했다는 사실과 고려 천태종의 영향이 간과된 것이라고 생각된다. 따라서 통일신라 이래 성행한 아미타신앙의 성격이 어떻게 변화하는지, 그리고 고려 후기의 아미타신앙 결사인 백련사白蓮社가 성립하는 배경으로서 고려시대 아미타신앙의 실상은 무엇인지를 파악할 필요가 있을 것이다. 그러기 위해서는 11세기 후반에 활약하며 고려불교계에 큰 영향을 미친 대각국사大覺國師 의천義天(1055~1101)의 아미타신앙을 살펴보는 것은 중요한 의미가 있을 것으로 생각되는데, 현재까지는 학계의 관심이 그리 미치지 못했다.[3]

그러므로 본고에서는 의천의 아미타신앙과 정토관을 파악함으로써 고려 아미타신앙의 전개를 새롭게 이해하는 실마리를 마련해 보려고 한다. 이에 먼저 2장에서는 서방정토 왕생을 기약하였던 의천의 글과 기타 자료들을 통해 의천의 아미타신앙을 알아보겠다. 그리고 3장에서는 의천이『신편제종교장총록新編諸宗教藏總錄』(이하『총록』이라 칭함)에 수록한 아미타신앙 관련 저술과,『총록』편찬 이후 수집 간행한 저술들 중 아미타신앙과 관련된 저술을 통해 그의 아미타신앙을 파악해 보려고 한다. 4장에서는 의천의 정토관을 검토해 보려고 한다. 그러나 자료가 적어 상당부분 추론에 의거할 수밖에 없으므로 오류가 많을 것으로 생각된다. 많은 질정을 바란다.

---

3 의천의 아미타신앙만을 전적으로 다룬 논문은 없다. 대부분 단편적으로 천태종에 참법을 언급하는 정도이고, 大屋德城,『高麗續藏雕造攷』, 便利堂, 1935에서「義天の思想及び信仰」을 다루고 있다. 그런데 그는 의천의 서방 신앙이 淨源, 元照에게 그 기반이 있다고 보았다. 그러나 당시 행해지던 고려의 아미타신앙도 고려해야 할 것이다.

Ⅱ. 의천의 아미타신앙과 천태종

아미타신앙자로서 관련 저술을 남겼던 의상, 원효 등과는 달리 의천의 경우 아미타신앙 관련 저술을 남기고 있지 않다. 따라서 그의 신앙과 정토관을 명확히 단정하기는 어렵다. 그러나 단편적이지만, 그가 극락왕생을 기약한 글을 찾아볼 수 있다.[4]

[A] ① 가야산의 해인사여 廬岳寺 좋다 해도 이보다 뛰어나랴

가야는 도리어 여산의 호계가 흐르는 듯하여라

혜원의 높은 자취 이어받기 어려우나

또한 죽을 때까지 평소의 뜻 이룬 것을 기뻐하노라…

인생의 부귀영화는 다 허무한 봄 꿈 같고

모였다 흩어지고 흥하고 망함은 다 물거품 같네

정신을 安養에 깃드는 일을 제외하고는[5]

곰곰이 생각하니 무슨 일을 추구하랴(「海印寺退去有作」, 『大覺國師文集』권20)

② 安養에서 만나자던 전일의 약속[6]

---

4 崔柄憲, 「해제」, 『國譯大覺國師文集』, 韓國精神文化研究院, 1989, p.25에서도 1094년 해인사에 퇴거하게 되었을 때와 1101년(숙종 6) 입적을 앞둔 시기에 정토사상에 크게 관심을 기울이고 있다고 하였다. 이하 『대각국사문집』의 번역은 이 책을 참조하여 수정하였다.

5 沈載烈은 이 구절의 "除却栖神安養外"를 "정신을 쉬고 마음을 편안히 하는 일을 제외하고는"(『國譯大覺國師文集』, p.161)이라고 번역하였지만, 이곳의 안양은 극락을 지칭한다고 보인다. 崔瀚述, 「大覺國師 義天의 詩世界」, 啓明大 석사학위논문, 1985, p.24에서도 "극락에 인연을 맺는 일밖에 또다시 무엇을 추구하리오."라고 하였다.

6 심재열은 앞의 책, pp.165~166에서 "安養期前約"을 "극락세계는 前約을 기약했

가야산에서 노닐던 옛날의 추억

꽃다운 누각은 어느 곳에 있는가

남녘땅 바라보며 눈물 거두기 어려워라(義天, 「寄扶餘公」, 위의 책, 권20)

③ … 삼가 廬山에서와 같이 蓮社의 씨앗이 되기를 원하네[7][인예 태후께서 예전에 일찍이 結社하실 적에 소유하고 있던 宋本 명화인 廬山 18현의 眞容을 모실 것을 발원하셨는데, 그 진용이 아직 院門에 방치되어 지금까지 전각에 안치해 모시지 못했다. 나는 이제 이 거룩한 인연을 의지해서 西方(극락세계)의 업을 닦고 왕생의 길(冥遊)을 빌고자 한다](「庚辰六月四日國淸寺講徹天台妙玄之後言志示徒」, 위의 책, 권20).

④ 왕태후가 白州 見佛寺에서 天台宗 禮懺法을 베풀었는데 1만 일을 기약하였다(『高麗史』 권10, 世家10, 선종 9년 6월 임신).

[A]-①은 의천이 헌종 즉위년(1094) 5월 해인사에 은거한 이후에 지은 시이고, [A]-②는 숙종이 즉위하고(1095) 다시 개경으로 돌아온 후 부여공 燧가 숙종 4년(1099)에 경산부 약목군으로 귀양갔을 때에 지은 것으로 보인다.[8] 그런데 이들 시에서는 구체적으로 의천이 안양安養, 즉 극락을 기약했다는 사실을 알 수 있다.

고"라 하였고, 최한술은 앞의 글, p.35에서 "안양에서 만나자던 전날의 약속"이라고 하였다.

7 심재열은 마지막 구절의 "祇合匡廬種社蓮"을 "다만 18현의 진용 모시기를 생각하며 조사당 세우기만 원하노라"고 번역하였다(『國譯大覺國師文集』, pp.167~168). 한편 崔瀚述, 앞의 글, p.22에서는 "삼가 廬山에서와 같이 蓮社의 씨앗이 될까 한 것이네"라고 번역하고 있다. 후자를 따른다.

8 부여공 수는 문종의 아들로 仁敬賢妃 李씨 소생인데, 선종 3년 인예왕비 소생인 이복누이 積慶宮主와 결혼하였다. 문종 34년에 후로 책봉되었으며, 숙종 4년 죄를 지어 京山府 若木郡에 유배되었는데 왕이 유교와 불교 서적을 보내 주었다(『高麗史』 권90, 列傳3 宗室1 扶餘侯 燧). 의천도 이때 서적 및 글을 보내 주었던 듯하다.

[A]-③은 시의 제목으로 보아 입적하기 한 해 전인 경진년(1100)에 지은 글이다. 이에 따르면 의천의 모후母后인 인예 태후仁睿太后는 결사結社 장소에 전각을 짓고 여산 혜원의 염불결사에 참여한 18인의[9] 진용을 모실 것을 발원했으나 이루지 못했으므로, 의천이 그 뜻을 계승하여 진용을 모시는 인연으로 서방의 업을 닦아 극락에 왕생하기를 기원하고 있다. 이 시의 앞부분 세주細註에 의하면 의천은 23세에 40권본『화엄경』과 소를 강의하기 시작한 이래 45세가 되던 당시까지 강의를 폐한 적이 없으며,『화엄경』·『열반경』·『법화현의』등 300여 권의 글을 번역하였다. 그런데도 그는 법등法燈을 전할 힘이 모자라므로, 18현의 진영을 모시는 공덕으로 극락에 왕생하기를 기원하고 있는 것이다.

[A]-③을 통해서는 인예 태후의 결사가 구체적으로 어떤 내용이었는지를 파악할 수 없다. 그런데 [A]-④로 미루어 백주白州 견불사見佛寺에서 만일결사를 맺은 것을 지칭하는 것으로 보인다. 즉 태후는 천태종 중심 도량인 국청사國淸寺가 개창되기 전인 선종 9년(1092)에 이미 천태종 예참법에 따라 1만 일을 기약하는 결사를 구성했던 듯하다. 태후가 의천의 천태종 개창을 적극 후원했던 사실을[10] 감안하면, 이 결사는 의천과 관계가 있을 것이다. 그리고 [A]-③의 자료는 국청사에서 강연하면서 언급한 것이므로 의천의 아미타신앙은 천태종과 밀접한 관련이 있었음을 알 수 있다.

그러나 의천의 정토왕생에 대한 관심이 송에 유학하여 천태종을 고

---

9 여산의 東林寺 염불 결사에 참석한 18인은 다음과 같다. 慧遠, 惠永, 慧持, 道生, 曇順, 僧叡, 曇恒, 道昺, 曇詵, 道敬, 覺明, 覺賢 등의 승려와 劉程之, 張野, 周續之, 張詮, 宗炳, 雷次宗 등의 재가신자이다(「佛祖統紀」권26, 淨土立教志 12-1,『新修大藏經』49, p.265).

10 「僊鳳寺大覺國師碑」,『朝鮮金石總覽』上, pp.330~331. "肅祖在藩邸 嘗一日同謁 太后 偶語及之曰 天台三觀 最上眞善 此土宗門未立 甚可惜也 臣竊有志焉 太后 深垂隨喜 肅祖亦願爲外護."

려에 전할 것을 맹세한 이후부터라고 단정하기는 어려울 것 같다. 송에 유학하기 전의 의천의 아미타신앙을 전하는 자료는 없지만, 그가 유학하기 전의 고려에서도 각 종파에서 아미타신앙이 성행했음을 감안해야 할 듯하기 때문이다.

「부석사원융국사비浮石寺圓融國師碑」에 의하면 원융국사 결응決凝(964~1054)이 부석사에 머물게 되었을 때, 부석사에는 보처보살도 없는 아미타불만을 법당에 모시고 탑도 없었다. 그 이유는 의상이 지엄智儼의 "일승一乘 아미타阿彌陀는 열반에 드는 일이 없으니 시방정토十方淨土를 체體로 삼아 생멸상生滅相이 없다. 그러므로『화엄경』「입법계품」에서는 '혹 아미타불과 관세음보살에게 관정수기를 받은 사람이 법계에 충만하여 보처補處와 보궐補闕이다'라고 하였다. 불佛은 열반에 들지 않아 없는 때가 없으므로 보처보살도 없고 영탑도 세우지 않는다. 이것이 일승의 깊은 뜻"이라는 입장을 받들었기 때문이다.[11] 의상이 부석사에 무량수불을 봉안한 이래, 결응이 정종靖宗 7년(1041) 왕사로 책봉된 후 주석할 때까지 아미타불이 봉안되어 신앙되었음을 알 수 있다. 따라서 화엄종 사찰에서는 지엄과 의상의 뜻을 따라 아미타신앙이 행해졌을 것으로 짐작된다.[12] 그렇다면 화엄종 승려였던 의천도 아미타신앙자였을 가능성은 매우 높다고 하겠다.

한편 의천이 송에 가서 접한 아미타신앙은 다음 사료를 통해 그 실마리를 찾을 수 있다.

---

11 「浮石寺圓融國師碑」,『朝鮮金石總覽』上, p.271.
12 그 외의 화엄종 사찰에서도 아미타신앙이 행해졌음은 皇龍寺 및 鷲棲寺 등지에 세워진 무구정탑을 통해서도 짐작할 수 있다(金英美,「新羅 下代의 阿彌陀信仰」,『伽山李智冠스님 華甲紀念論叢 韓國佛敎思想史』上, 1992, pp.495~496).

[B] ① 元照는 學行이 적으나 일찍이 이 1宗에 대해 욕되게 유의함이 있었다. 처음 마음에 뜻한 바는 크나 행함이 소홀하였으며 섭렵하여 많이 알고자 했다. 300년 동안의 自覺衰病은 감당할 것이 없었고, 다만 淨土에 대해서는 자못 일찍이 연구하여 매양 두 가지를 와서 배우는 사람들에게 깨우쳤다. 첫째는 道에 들어가는 데에는 무릇 시작이 있고, 둘째는 마음에 기약하는 것에는 반드시 끝이 있다는 것이다. 시작이라고 한 것은 곧 모름지기 戒를 받고 뜻을 오로지하여 받들어 지녀 모든 때에 세상의 모든 대상에 대해 受體하기를 늘 생각하여 입고 마시고 먹고 돌아다니거나 머물러 있거나 앉았거나 누웠거나 잠시라도 잊어서는 안 된다는 것이다. 끝이라 한 것은 마음을 정토에 귀의하여 결정코 왕생하기를 맹서하는 것이다 (元照,「爲義天僧統開講要義」,『芝苑遺編』下,『卍續藏經』105, p.563).

② 당년에 불도를 찾아 소주 항주를 지날 적에/ 소경사의 이름을 친히 찾았네./ … 淨行으로 나의 삶의 즐거움을 기약하노라 … (義天,「竊見尹相公灌擬常上結社叙意之什不勝感幸因而和酬」,『大覺國師文集』권19)[13]

[B]-①은 의천이 선종 2년(1085) 율종의 원조元照를 만나 법을 묻자 원조가 한 말이다. 원조는 戒戒의 중요성을 누누이 설명하고 나서, 다시 자기는 제자들에게 지계持戒와 정토왕생의 서원을 강조한다고 말하였다. 그리고 모든 경전에서 정토를 찬양하였음을 밝히고,『무량수경無量壽經』은 법法이 멸한 후에도 백 년 동안 더 머물 것이라는 구절을 인용

---

13 소경은 성상이 머물던 昭慶寺이고, 淨行은 社의 이름인 동시에『화엄경』「정행품」에 근거하여 수행하였음을 말한다(宋白,「大宋杭州西湖昭慶寺結社碑銘幷序」, 義天,『圓宗文類』권22,『한불전』4, pp.642~643).

하며 믿음의 중요성을 언급하였다. 또 미타세존의 서원력 등으로 인해 경에서는 10념만으로도 왕생할 수 있다고 했거늘 정업淨業을 닦아 왕생할 수 있음을 의심해서는 안 된다고 말하고, 자신은 항상 이 말을 사람들에게 하지만 믿지 않는 사람들이 있다고 하였다. 그리고 이어서 주객학사主客學士 양걸楊傑에게는 그가 왕고王古의 「직지정토결의집直旨淨土決疑集」과 지의智顗의 「정토십의론淨土十疑論」에 대해 쓴 서문序文을 읽었다고 밝히고, 관리로서 불법을 떨친 것을 칭찬하였다. 또 함께 정토에 상품상생上品上生하여 부처가 될 수기를 받은 후 돌아와 중생을 교화하여 모두 안양安養에 나게 할 것을 기약하자고 말하였다. 마지막으로 의천에게는 귀국한 후 계율을 받들어 불법佛法을 떨칠 것을 당부하였다.[14]

　의천이 원조의 이 말을 얼마나 명심하고 돌아왔는지는 확인할 수 없다. 그러나 다음 장에서 살펴보듯이 원조에게 계율과 정토 관계 저술을 보내 달라고 부탁하고 있는 것으로 보아, 원조의 뜻을 분명히 파악하고 있었을 것이다.[15] 그리고 아미타불의 서원력에 근거한 아미타신앙이 송에서 성행하고 있었던 상황을 보고 왔다고 생각된다.[16] 이와 관련하여 [B]-②가 주목된다. 의천은 선종 2년(1085) 송에 갔을 때 항주에 머물면서 성상省常(959~1020)이 염불결사를 맺은 소경사昭慶寺를 찾아갔던 적이 있었다. 귀국 후 윤관尹灌이 성상의 결사에 착안하여 뜻을 펴려고 하면서 지은 시를 보고 이때를 회상하며 시로 화답하였다.[17] 즉 송에서

14　元照,「爲義天僧統開講要義」,『芝苑遺編』下,『卍續藏經』105, pp.563~564.
15　大屋德城, 앞의 책, p.11에서는 의천이 원조의 서방왕생사상을 수용했다고 보았다.
16　위의 책, p.110에 의하면 당시 송의 諸宗은 念佛을 兼修하였으며, 화엄·천태·계율·정토가 相融하였다.
17　이 시를 지은 시기는 명확하지 않지만, 제목에 윤상공관이라고 한 것으로 보아 윤관이 右諫議大夫 翰林侍講學士로 있다가 숙종 6년 6월 樞密院知奏事(정3품)에 임명된 이후로부터 의천이 입적하는 10월 5일 이전의 일이라고 하겠다.

아미타신앙의 성행에 따라 행해지는 염불결사 등을 목격하고 돌아왔던 것이다.

또 의천이 교류한 송나라 사람들 중에는 아미타신앙자들이 있다.[18] 그것은 당시 절강지방에 아미타신앙이 성행했기 때문일 것이다. 바로 원조元照(율종), 정원淨源[19]과 유성有誠(화엄종),[20] 종본宗本(운문종),[21] 원정元淨,[22] 종간從諫,[23] 중립中立(천태종)[24] 등은 아미타신앙자였는데, 이들은 송에 유학하였을 때 의천이 직접 만나 법을 물은 승려들이었다.[25] 또 다

---

18 大屋德城, 앞의 책, pp.111~115에서 의천과 교류한 서방신앙자로 종본, 종간, 양걸, 원조, 정원을 들고 있다.

19 정원의 아미타신앙에 대해서는 大屋德城, 앞의 책, pp.114~115 참조.

20 有誠은 "… 원만한 華嚴大敎의 일승을 깨달아, 이 응보의 인연을 다함으로써 함께 安樂國에 태어나 彌陁佛께 歸命하고"라고 기약하였다(「大宋誠法師答辭」, 『大覺國師文集』 外集 권1).

21 望月信亨, 『中國淨土敎理史』, 法藏館, 1978, p.395. 평생 정토를 은밀히 수행하였고 선을 수행할 때는 항상 마음을 극락세계에 두고 두 가지 상이 없다고 말했다고 한다(『淨土指歸集』 권下, 密修淨業, 『卍續藏經』 108, pp.159~160).

22 위의 책, p.384. 그리고 원정은 遵式-祖昭로 이어지는 계보인데, 『佛祖統紀』 권10, 法師元淨, 『新修大藏經』 49, p.211의 "師止之日 如我乃可修西方淨業 未嘗須臾廢 或禱大士 求放光 光卽隨現 沙門熙仲對食 視師眉間有光"을 통해서도 알 수 있다. 한편 『大覺國師文集』 권19 「留題三角山息庵」의 세주에서 입송 시 원정을 항주 龍井寺에서 만나 종일토록 천태를 담론했음을 밝히고 있다.

23 元淨은 元豊 5년(1082) 從諫을 蒲宗孟에게 천거하여 자신의 후임으로 上天竺寺를 주지하도록 하였다(『佛祖統紀』 권13 法師從諫, 『新修大藏經』 49, p.218). 『불조통기』에는 元祐 5년의 일로 기록되어 있지만, 그 뒤에 종간이 의천을 만난 것이 상천축사에 주석한 이후의 일로 기록되어 있으므로 원풍 5년의 일로 추정된다. 그런데 상천축사는 『佛祖統紀』 권11, 法師元淨조에 의하면 觀音道場으로서, 音聲으로 佛事를 삼았던 곳이다(『대정장』 49, p.211. "翰林沈遘撫杭 謂上竺本觀音道場 以音聲爲佛事者 非禪那居 乃請師居之"). 이곳을 종간에게 주석케 한 것으로 보아 종간도 아미타신앙자였을 것으로 보인다. 大屋德城은 종간의 「示陳行婆頌幷序」를 근거로 아미타신앙자로 분류하였다(앞의 책, p.111). 한편 의천이 천축사 관음에게 예배하자 放光하였다고 한다(「靈通寺大覺國師碑」, 『朝鮮金石總覽』 上, p.310).

24 『佛祖統紀』 권14, 『新修大藏經』 49, p.220에 의하면 의천은 廣智法師의 法嗣인 法師中立에게도 도를 물은 것으로 되어 있다. 그런데 그도 아미타신앙자로서 16 觀室을 짓고 淨土의 업을 닦는 사람들을 맞아들였다.

25 「僊鳳寺大覺國師碑」, 『朝鮮金石總覽』 上, pp.330~332에 의하면 의천이 중국에 가서 만나 법을 물은 이들로 有誠, 宗本, 天△(吉)祥, 淨源, 了元, 從諫, 懷璉

른 아미타신앙자인 양걸楊傑[26]은 주객원외랑主客員外郞으로 승려들을 만나도록 의천을 안내한 관리였다. 그외에도 선총善聰(화엄종),[27] 그리고 천태종의 법린法隣,[28] 인악仁岳,[29] 가구可久[30]와는 만나서 교류하거나 편지를 주고받아 친분이 있었는데 이들도 아미타신앙자였다.

이상에서 살펴보았듯이 의천은 화엄종 승려였으므로 아미타신앙자였을 가능성이 높다. 게다가 중국에서 아미타신앙자들과 교류하였을 뿐 아니라 천태종의 교관을 전하겠다고 서원을 세우고 귀국하여 실행하였다.[31] 그리고 천태종의 관법觀法에는 상행삼매常行三昧 등이 포함되어 있었고 천태종 예참법을 시행했다는 것으로 미루어 그가 귀국 후에는 천태종과 관련하여 아미타신앙을 행했을 가능성이 높다.

을 들고 있다. 그리고 「靈通寺大覺國師碑」에서는 화엄종의 정원, 유성 외에도 慧林·善淵, 계율은 擇其·元照, 梵學은 天吉祥·紹德에게 물었다고 하였다.

26 『佛祖統紀』 권46, 『新修大藏經』 49, p.417. "(元祐三年) 主客楊傑 … 傑嘗以淨土之道爲自信 繪丈六阿彌陀佛 隨身觀念 壽終之時 感佛來迎 端坐而化."

27 「大宋沙門善聰書」, 『大覺國師文集』 外集 권6에서 선총은 "설사 이 몸으로 다시 만나지 못할지라도 다음에 받는 몸은 함께 친하여 安養에 가는 한 초헌에 오르게 되기를 바랍니다."라고 하였다.

28 『佛祖統紀』 권15, 『新修大藏經』 권49, p.225. 법린은 明智中立의 제자이다. "法師法隣 … 高麗義天至 首入南湖 師明智(:中立)而友慧照(:법린) 請跋所受敎乘歸國 師援筆立成 有古史風 義天嘉歎不已 … 嘗謂門人曰 余嘗勸人以二戒 三十已前未可念阿彌陀 七十已後不得持消災呪 謂少不知進 老不知止也 時人然之."

29 望月信亨, 앞의 책, p.383.

30 위의 책, p.386.

31 의천이 천태종을 선양한 것은 「大宋沙門從諫書 四首」(『大覺國師文集』 外集 권7) 중 제4수의 "伏聞興闡法席 振擧台宗"에서도 잘 알 수 있다. 그리고 大屋德城, 앞의 책, p.61에 의하면 大安 5년(1089, 선종 6) 己巳 2월 해인사에서 重刻한 『天台四敎儀』가 있다.

Ⅲ. 의천의 교장敎藏 간행과 아미타신앙

1.『신편제종교장총록』에 수록된 아미타신앙 관련 저술

의천은 송과 일본 등지에서 많은 교장敎藏을 수집하여 선종 7년 (1090)『총록』을 편찬하고 속장경을 간행하였다.『총록』을 통해 당시 고려 사회에서 유통되던 아미타신앙 관련 저술들을 살펴볼 수 있다. 다음〈표 1〉은 신라 승려들의 아미타신앙 관련 저술들을 분류한 것이다.

〈표 1〉『총록』에 전하는 신라 승려들의 아미타신앙 관련 저술

승려	현재까지 이름이나 내용이 전하는 저술	「총록」에 전하는 저술
慈藏	阿彌陀經義記 1권, 阿彌陀經疏 1권	
圓測	阿彌陀經疏 1권, 無量壽經疏 3권	
元曉	般舟三昧經疏 1권, 阿彌陀經疏 1권, 無量壽經宗要 1권, 證性歌 1편(현존), 阿彌陀經通讚 2권, 無量壽經疏 1권, 無量壽經私記 1권, 無量壽經料簡	般舟三昧經疏 1권, 無量壽經疏 1권, 阿彌陀經疏 1권
法位	無量壽經義疏 2권(복원)	
玄一	無量壽經記(疏) 2권(상권은 현존), 觀無量壽經記 1권, 阿彌陀經疏 1권, 隨願往生經記 1권	阿彌陀經疏 1권
義相	阿彌陀經義記 1권	阿彌陀經義記 1권
憬興	無量壽經連義述文贊 3권(현존), 阿彌陀經略記 1권, 無量壽經疏 3권, 觀無量壽經疏 2권	
道證	西方極樂要讚 1권	
義寂	無量壽經述義記 3권(복원), 無量壽經疏 3권, 觀無量壽經綱要 1권, 觀無量壽經疏 1권	觀無量壽經綱要
道(遁)倫	阿彌陀經疏 1권	阿彌陀經疏 1권
太賢	阿彌陀經古迹記 1권, 無量壽經古迹記 1권, 觀無量壽經古迹記 1권, 稱讚淨土經古迹記 1권, 淨土總料簡 1권	阿彌陀經古迹記 1권, 無量壽經古迹記 1권, 觀無量壽經古迹記 1권, 稱讚淨土經古迹記 1권(淨土總料簡附)
神昉	阿彌陀經疏	

위의 〈표 1〉을 보면 신라 승려들의 아미타신앙 관련 저술로서 남아
전하는 것이 매우 적음을 알 수 있다. 특히 자장慈藏·원측圓測·법위法
位·경흥憬興·도증道證·신방神昉의 저술은 전혀 전하지 않고 있다. 그런
데 비해 도륜道倫과 태현太賢의 저술은 모두 전하고 있으며, 원효의 저
술 일부가 전해지고 있음을 알 수 있다. 이것은 혜덕왕사慧德王師 소현
詔顯의 간행사업과 관련이 있을 것 같다. 소현은 금산사金山寺에 광교원
廣敎院을 두고 자은 규기慈恩窺基가 찬술한 「법화현찬法華玄贊」, 「유식
론기唯識論記」 등 32부部 353권을 간행 유통하였다.[32] 이와 관련하여 소
현은 규기의 「아미타경통찬소阿彌陀經通贊疏」를 대안大安 4년(1088) 광교
원에서 간행하였는데, 이는 의천이 중국에서 구해 온 것이다.[33] 즉 의천
의 『총록』이 간행되기 전에, 소현은 의천이 수집한 경론 중 법상종 승려
들의 저술을 주로 간행했다고 짐작된다. 그리고 국내 승려들의 저술 중
소현이 신라 법상종의 계보로 중시하던 원효와 태현의[34] 저술이 소현에
의해 수집 간행되었을 가능성이 많은 것이다.

『총록』에 전하는 그 외 아미타신앙 관련 논소論疏들은 중국 승려들의
것으로, 이들을 종파별로 정리하면 다음과 같다.

〈天台宗〉
智顗: 觀無量壽經疏 1권, (淨土)十疑論 1권, 阿彌陀經義記 1권
智圓: 觀無量壽經刊正記 2권, 科 1권, 阿彌陀經疏 1권, 阿彌陀
　　　經賈資鈔 1권, 科 1권
智禮: 觀無量壽經 妙宗鈔 3권, 科 1권

---

32 「金山寺慧德王師眞應塔碑」, 『朝鮮金石總覽』 上, p.299.
33 「佛說阿彌陀經通贊疏」 권下, 『대정장』 37, p.374.
34 「金山寺慧德王師眞應塔碑」, 『朝鮮金石總覽』 上. p.299.

仁岳: 觀無量壽經十諫書 1권, 阿彌陀經新疏 2권, 阿彌陀經新疏
    指歸 2권, 科 1권.

澄彧: 注十疑論 1권

遵式: 往生淨土決疑行願二法門 1권, 往生淨土懺願儀 1권

飛錫: 念佛三昧寶王論 3권

繼忠: 解謗書 3권

戒珠[35]: 往生淨土傳 3권

〈율종〉

智首[36]: 阿彌陀經鈔 2권

省躬: 稱讚淨土經疏 2권

元照[37]: 十疑論科 1권, 求生淨土禮懺行法 1권

〈법상종〉

窺基: 阿彌陀經通贊疏 2권, 阿彌陀經疏 2권

〈종파 미상〉

龍興: 觀無量壽經疏 3권(或2권)

靈鑑: 釋西方定散二善 1권

元傳: 阿彌陀經鈔 5권 科 1권

智昭: 阿彌陀經科 1권

元舍: 阿彌陀經疏 1권

---

35 계주는「정토왕생전」을 저술하여 아미타신앙을 고취한 천태종 승려이다.『佛祖
　統紀』권13,『대정장』49, p.216에 廣慈法師法嗣로 기록되어 있다. 즉 四明知禮-
　廣慈慧才의 법을 이었다.

36 智首는 道宣의 스승이며, 省躬은 도선-周秀-道恒으로 이어지는 계보로 元照의
　스승이다.

37 『총록』에는「십의론과」의 저자가 元昭라고 되어 있고, 주에 "다른 본에는 照"라
　고 하였는데(『한불전』4, p.687), 소는 측천무후의 피휘이므로 원조를 가리킨다.

王古[38]: 直指淨土決疑集 3권

미상: 阿彌陀經義記 1권, 稱讚淨土經 科 2권(但云震述不見上字)

〈종파 분류 불가〉

惠遠: 觀無量壽經義記 1권, 大無量壽經疏 1권

思孝(遼): 觀無量壽經直釋 1권

非濁(遼): 隨願往生集 20권

(義天, 「新編諸宗敎藏總錄」 권3, 『韓國佛敎全書』 4, pp.687~697)

이상의 목록은 의천이 『총록』에서 "海東有本見行錄"이라고 밝혔듯이 당시 고려 사회에서 유통되던 것이었으며, 의천은 이들을 더욱 널리 유통시키기 위해 간행하기도 하였다. 이것은 의천이 중국에서 규기의 『아미타경통찬소』를 비롯한 극락요서極樂要書를 구해 왔다고 전해지고 있으며,[39] 원조에게 보낸 편지에서 새로 간행한 정토 관계 저술을 보낸다는 구절을 통해 알 수 있다.[40]

그런데 아미타신앙을 고취하는 중국 승려의 저술에서 찾아볼 수 있

---

38 왕고는 승려가 아니라 在家信者이다.

39 窺基, 『佛說阿彌陀經通贊疏』 권下, 『대정장』 37, p.347. "此慈恩所撰阿彌陀經通贊一卷者 祐世僧統於元豐元祐之間 入于中華求得將到流通之本也 (予)助洪願付於廣敎院 命工重刻 自戊辰十月十九日起首 至十二月十日畢乎矣 所有功德 自利利他 此世來生福慧圓滿 普與含識同會樂方 時大安五年已已二月晦日記 海東大慈恩玄化寺住持廣祐僧統釋韶顯題 件書等(予)以嘉保二年(:1095)孟冬下旬 西部郎(平安遺文:府卿)會宋人柳裕傳語 高麗王子義天誂求極樂要書彌陀行願相應經典章疏等 其後折(유문:柳)裕守約 以永長二年丁丑(:1097)三月二十三日丁丑 送自義天所傳得彌陀極樂書等十三部二十卷 則以同五月二十三日家(:유문:亥)時與福寺淨明院到來…"(竹內理三 編, 『平安遺文』 題跋編, 東京堂, 1928, p.124에 수록된 「675 阿彌陀經贊疏」 권하 참조).

40 義天, 「答宋元炤律師書」, 『大覺國師文集』 권11, "此間 亦有新行隨願往生集一部二十卷 又有大無量壽經 小彌陀 十六觀 稱讚淨土等經 新舊章疏一十餘家 續當附上."

는 첫 번째 특징은 특히 천태종 승려들의 저술이 많다는 점이다. 이것은 의천이 천태 지의天台智顗의 탑 앞에서 귀국하면 천태교관天台教觀을 널리 전하겠다고 서원하고[41] 전적들을 수집해 온 것과도 관련이 있을 것이다. 그리고 중국 천태종 승려들이 아미타신앙자였던 것과 밀접한 관련이 있다.[42] 즉 대각국사 의천이 활동하던 11세기 후반 고려에서 중국 천태종 승려들의 아미타신앙을 고취하는 저술들이 많이 유통되고 있었음을 알 수 있다.

둘째, 『총록』에 수록된 아미타신앙 관련 저술에는 도작道綽, 선도善導, 소강小康 등 아미타신앙에서 염불念佛을 통해 서방에 있는 극락에 왕생할 것을 권유한 중국 승려들의 저술은 포함되어 있지 않다는 점을 특징으로 들 수 있다. 의천이 이들의 아미타신앙 관련 저술을 『총록』에 포함시키지 않은 이유는 여러 가지로 생각해 볼 수 있다. 먼저, 이들의 저술이 실제로 고려 사회에서 유통되지 않았을 가능성도 있다. 이것은 신라 승려들의 아미타신앙 관련 연구가 도작, 선도와 같이 순수하게 아미타신앙만을 고취하는 유형이 아니었으므로,[43] 이들의 저술이 유통되지 않았을 가능성도 있다. 실제로 중국에서도 선도의 5부 9권의 저술 중 「관경소觀經疏」 현의분玄義分만이 원조元照의 「관경소」에 인용되는 등 당시 이미 산일되어 볼 수 없는 것이 많았다. 그러나 선도의 저술 중 일부는 전해지고 있었고, 도작의 「안락집安樂集」도 전해져 의천이 『총록』에 수록한 준식遵式의 「왕생정토결의행원문往生淨土決疑行願文」에도 인용되

---

41 「大宋天台塔下親粲發願疏」, 『大覺國師文集』 권14 跋文.

42 道端良秀, 「宋代以後の淨土教と善導」, 『中國淨土教史の研究』, 法藏館, 1980, p.159에서 송대 이후의 淨土教家는 거의 天台系 사람이라고 하였다.

43 惠谷隆戒, 「韓國淨土教の特性」, 『印度學佛教學研究』 24-2, 1976, p.524에 의하면 신라 승려들은 종파의 구별 없이 聖道諸宗兼學으로 정토경전을 주석하였다고 한다.

었다.[44] 따라서 의천도 그러한 저술이 존재했음을 알고 있었을 것이다. 그렇다면 의천이 이들의 정토관 및 수행 방법에 공감하지 않았기 때문에 포함시키지 않았을 것이다.

셋째, 법안종法眼宗 승려인 연수延壽의 저술은 광종 대 이후 고려 전기의 아미타신앙에 큰 영향을 미쳤을 것으로 보이지만, 「만선동귀집萬善同歸集」, 「신서안양부神棲安養賦」 등 연수의 아미타신앙 관련 저술은 하나도 포함되지 않았다. 광종이 연수의 저술을 읽고 감명을 받아 36인의 승려를 유학시켰다는 점을 감안하면 의천이 연수의 저술을 몰랐을 리도 없을 것이다. 그렇다면 의천이 『총록』에 선사들의 저술을 전혀 포함시키지 않은 점과[45] 관련이 있을 것이다.

2. 『신편제종교장총록』 편찬 이후 관련 저술의 수집과 간행

한편 『총록』을 편찬하고 여기에 수록한 저술을 간행한 후에도, 의천은 계속 논·소 등을 수집 간행하였다. 그중에는 정토 관계 저술도 포함되어 있다. 대표적인 것이 자민 혜일慈愍慧日(680~748)의 「정토집淨土集」이다. 「정토집」은 「약제경론염불법문왕생정토집略諸經論念佛法門往生淨土集」의 약칭으로, 「왕생정토집往生淨土集」·「정토자비집淨土慈悲集」·「자비집慈悲集」이라고도 불리며, 3권으로 이루어져 있다. 송宋 원조 율사元照律師(1048~1116)가 소성紹聖 3년(1096)경 자민 삼장慈愍三藏의 문집을 번각 간행하였는데, 선종 승려인 사명대매산四明大梅山 법영法英 등 18인

---

44 道端良秀, 앞의 글, pp.143~159.
45 崔柄憲, 「天台宗의 成立」, 『한국사』 6, 1981, p.102에서, 『총록』은 당시 유행하던 선종 찬술을 거의 채록하지 않았다고 하고, 의천이 상당히 높이 평가하였던 화엄종 승려인 圭峯宗密의 저서 중에서도 諸宗의 禪言을 모은 『禪源諸全集』 같은 것은 제외되었다고 하였다.

이 "「자민집慈愍集」은 원조元照의 찬술로서, 이름을 빌려 우리 종문宗門을 배척하였다."라고 비판, 항의하였으므로 소성 4년 관명官命으로 판을 몰수하여 없애기에 이르렀다.[46] 그 와중에서 원조는 의천에게 이 저술을 보내 주었고, 의천은 감사의 글을 보냈던 것이다.

[C] … 또 보내신 慈愍三藏의 淨土集과 새로 刪定한 尼戒本 등은 이미 印經所로 하여금 거듭 새겨 널리 반포하였습니다. 그 정토집은 지금까지 유행하지 않던 것인데, 얼마 전에 바다 건너에서 온 어떤 손님이 禪宗解謗書 1권을 가지고 왔으므로 비로소 慧日의 淨土集이 있는 줄 알게 되어 그 책을 구해 보려 하던 즈음에 갑자기 원본을 얻어 보게 되었으니, 진실로 法王의 큰 보배가 저절로 왔다 하겠습니다. 다만 유감인 것은 겨우 그 구슬 반쪽만 얻고 완전한 보배를 얻지 못한 것입니다. 또 훌륭한 저술인 大部律乘과 淨土文字는 간절히 바라건대 부쳐 보내 주시면 다행스런 일이겠으며, 그리고 資持記는 이미 간행했습니다. 또 요즘 새로 간행한 隨願往生集 1부 20권과 大無量壽經, 小彌陀經, 十六觀經, 稱讚淨土經 등의 新舊章疏도 10여 家의 엮은 것을 계속 부쳐 드리겠습니다. … (義天,「答宋元炤律師書」,『大覺國師文集』권11)

의천은 원조가 「정토집」을 판각한 것을 비판한 법영法英 등의 해방서解謗書 1권을 보고[47] 당시 고려에서 유통되지 않던 「정토집」을 구해 보

___

46 元照,「論慈愍三藏集書」,『芝園集』卷下(『卍續藏經』권105, pp.598~600);『佛祖統紀』권46,『대정장』권49, p.418.

47 의천이 말한 禪宗解謗書가 무엇을 지칭하는지 분명하지 않다. 그런데 法英 禪師 등은 해방서 1통을 써서 元照의 「정토집」 출간을 힐난하였다. 志磐이『佛祖統紀』를 저술할 때까지 해방서의 刻板이 梅山에 있었다고 한 것으로 보아 이것을

고자 하던 차에 원조가 보내 준 글을 보고 그것을 간행하였다. 그리하여 중국에서는 전하지 않게 된 「정토집」이 고려에서 간행되어 유통되었다. 1925년 동화사에서 그 상권이 발견되어 「정토집」의 일부 내용이라도 알 수 있게 되었는데,[48] 의천이 구슬 반쪽만 얻고 완전한 보배를 얻지 못했다고 한탄한 것으로 보아 의천에게 전해진 것 역시 3권 전부는 아니었을 것으로 보인다. 따라서 의천이 정토집을 간행한 것은 1097년 송에서 훼판될 무렵으로부터 1101년 입적 전 어느 시기에 이루어진 일이었을 것이다.[49] 그 이후 고려에서는 선종의 성행 속에서도 「정토집」이 영향을 미쳤던 것으로 이해되고 있다.[50]

의천이 혜일의 「정토집」에 대해 공감하여 "법왕의 큰 보배가 저절로 왔다."고 평가하고 이를 간행, 유포시킨 주된 이유는 「정토집」에서 찾을 수 있을 것 같다. 현존하는 「정토집」 상권은 정토에 왕생하기를 구하는 게송으로 시작하고 있는데, 주요 내용은 아미타신앙자의 입장에서 선사들의 편벽된 태도를 비판하는 것이다. 즉 선사들은 선정禪定만이 성

가리킨다고 생각된다(志磐, 『佛祖統紀』 권46, 『대정장』 49, p.418. "紹聖四年 四明大梅山法英禪師等十八人 列狀於郡稱 杭州僧元照 至郡分淨土集云 是唐慈愍三藏作 雖以勸修淨業爲明 意實毀謗禪宗 指爲異見著空之人 英等今檢藏經 卽無此文 遂作解謗一通以詰之 乞取問元照 窮覈眞僞 照無以爲答 乃稱古藏有本 州司知其理窮 而敬其持律 但令收毀元本以和解之[解謗書刻板在梅山 說義立理最爲雅正]").

48 道端良秀, 「眞宗より見たる慈愍三藏」, 앞의 책, pp.170~171에 의하면, 1922년 봄 大屋德城이 해인사에서 그 판목으로부터 摺寫한 것이 있으나, 小野玄妙가 1925년 봄 동화사에서 발견한 것은 義天이 校刊한 것의 일부로 이 판본이 해인사본보다 더 많은 양을 포함하고 있다. 이 두 가지를 교열하여 합한 것이 『대정장』 85에 수록되어 있다.

49 위의 글, p.173에서는 원조가 자국에서 유포 금지된 책을 의천에게 보내 안전한 장소에서 자기 주장을 인정받고자 한 것으로 보아, 의천에게 이 책을 보낸 것은 이 글이 폐훼된 소성 4년보다는 조금 전이었을 것으로 보았다. 또 의천에게 보낸 것이 不完本이라면 이미 3권 중 중·하권은 산일되고 원조가 상권만 개판하여 주었다고 보았다.

50 少野玄妙, 「慈愍三藏淨土敎」, 下之三, 『現代佛敎』 23.

불成佛의 정인正因이며, 염불念佛·송경誦經·지계持戒 등의 다른 수행은 모두 유위법有爲法이므로 허망하다고 비판하고, 낮에는 자고 밤에 잠깐 참선하면서 스스로 깨달음을 얻었다고 자랑한다는 것이다. 그리고 마음이 깨끗하면 바로 정토이므로 따로 서방정토가 없다고 한다는 것이다. 이에 대해 혜일은 5통通·6통을 얻어야 깨달음을 얻었다고 할 수 있으며, 범부는 제불여래諸佛如來를 떠나서는 성불할 수 없고, 염불·송경·조상공덕·사경·지계 등을 통해 정토에 왕생하여 성불할 수 있음을 일일이 경전을 근거로 입증하고 있다.[51] 그러나 염불만을 강조하고 선정을 절대적으로 배척한 것은 아니다.[52] 즉 혜일은 마음이 정토라 하며 정토왕생을 구하는 사람들을 비판하는 선사들의 입장을 낱낱이 비판하고 있다.

의천은 정토 관련 저술 중 새로 간행한 것들을 원조에게 보내 주는 한편, 원조가 새로 저술한 정토 관련 글들을 보내 주기를 청하였다. 『총록』에 원조의 저술로 「십의론과十疑論科」 1권과 「구생정토예참행법求生淨土禮懺行法」 1권이 실려 있으므로, 원조의 다른 저술인 「관무량수경의소觀無量壽經義疏」 3권, 「아미타경소阿彌陀經疏」 1권, 「무량수불찬無量壽佛讚」 1권 등을 청했을 것이다. 또 중국 화엄종 정원淨源은 「정토론淨土論」을 보내 주었는데,[53] 『총록』에는 포함되어 있지 않으므로 정확히 누구의 저술인지는 알 수 없다.[54] 그 외에도 요의 승려 지길智佶과 선연鮮演,[55] 송의 승려 희중希仲[56]이 의천에게 정토 관계 저술을 보내 준 것으

---

51 「略諸經論念佛法門往生淨土集」 권上, 『대정장』 85. 小野玄妙, 위의 글, 中之一, 中之二에서도 자민 혜일의 선종 비판을 자세히 다루고 있다.
52 道端良秀, 「眞宗より見たる慈愍三藏」, 앞의 책, p.212.
53 「□□□□□ 6수」, 『大覺國師文集』 外集 권2 書2.
54 「정토론」은 世親의 「往生論」의 異稱이기도 하며, 迦才의 저술에도 「정토론」이 있다.
55 「大遼御史中丞耶律思齊書三首」, 『大覺國師文集』 外集 권8 書.
56 沈載烈, 『國譯大覺國師文集』, p.196에서 번역자 세주로 希仲이 보내 준 '黃承務

로 추정되기도 하지만, 이들이 보내 준 서적이 정토관계 저술이라고 보기는 힘들다.[57]

중국과의 교류를 전하는 자료 중 의천이 아미타신앙을 고취하였음을 생각케 하는 자료가 있다. 의천은 요遼 도종道宗이 승려 전효詮曉로 하여금 대장경 목록을 다시 정하도록 하고, 『육조단경六祖壇經』과 『보림전寶林傳』을 모두 불태워 버리도록 한 사실을 긍정적으로 평가하고 있다.[58] 그런데 송宋의 지반志磐은 요 도종이 두 책을 불태운 이유에 대해

集成身土壽量指要'를 정토관계 서적으로 추정하였다. 그런데 『총록』 권1에서는 「신토수량지요」 1권이 『화엄경』에 대한 연구서로 언급되어 있는데, 希仲의 저술로 제시되어 있다(『한불전』 4, p.682).

57 沈載烈은 『國譯大覺國師文集』, p.227 주 4에서 요의 御史中丞 耶律思齊가 智佶 대사의 安樂伊集과 太保 鮮演 대사의 安樂伊記文을 보내 주었다고 보고 이 글들도 정토 관계서로 여겨지나 미상이라 하였다. 그런데 이 문장은 "또 太師 智佶대사는 평안합니다(安樂). 그의 찬집은(伊集)…"와 "또 太保 鮮演 대사도 평안합니다(安樂). 그의 記文을(伊記文)…"이라고 번역하는 것이 더 타당하다(藤原崇仁, 『契丹佛敎史の硏究』, 法藏館, 2015.; 김영미·박광연·김수연·박영은 옮김, 『거란 불교사 연구』, 씨아이알, 2020, pp.105~106.; 박은영(지현), 「遼代 鮮演의 『華嚴經談玄決擇記』의 연구와 역주」, 동국대학교 대학원 한국불교융합학과 박사학위논문, 2017, p.25). 따라서 요 승려 지길과 선연의 정토 관련 저술이라고 할 수 없다. 天慶 8년 찬술된 「鮮演大師墓碑」가 1986년 內蒙古自治區 巴林左旗 林東鎭 北山에서 출토되었다. 여기에 언급된 선연의 저술 제목에도 정토 관련 저술은 없다(向南 編, 『遼代石刻文編』, 河北敎育出版社, 1995, pp.667~668).

58 義天, 「別傳心法議後序」, 『卍續藏經』 101, p.322. "摧顯有功文曰 甚矣 古禪之與今禪 名實相遼也 古之所謂禪者 藉敎習禪者也 今之所謂禪者 離敎說禪者也 說禪者 執其名而遺其實 習禪者 因其詮而得其志 救今人矯詐之弊 復古聖精醇之道 珠公論辨斯其至焉 近者大遼皇帝詔有詞 令義學沙門詮曉等 再定經錄 世所謂六祖壇經寶林傳等皆被焚 除其僞妄 條例則重修貞元續錄三卷中載之詳矣 有以見我佛付囑之心帝王弘護之志 而比世中國所行禪宗章句 多涉異端 此所以海東人師疑華夏無人 及見飛山高議 乃知有護法菩薩焉 昨奉王旨刊諸翠琰 而恐流通未廣 勒之方板 噫 百世之下住持末法者 豈不賴珠公力乎 高麗王子僧統義天."
志磐, 「僧統義天」, 『佛祖統紀』 권14, 『新修大藏經』 권49, p.223에도 거의 같은 내용의 글이 실려 있다("見飛山別傳議爲跋曰 甚矣 古禪之與今禪 名實相遼也 古之所謂禪者 藉敎入禪者也 今之所以禪者 離敎說禪者也 離敎者 執其名而遺其實 藉敎者 因其詮而得其旨 救今人矯詐之敝 復古聖精純之道 珠公論辯斯其至焉 近者遼國詔有司。令義學沙門詮曉 再定經錄 世所謂六祖壇經寶林傳等皆與焚棄 而比世中國禪宗章句 多涉

이들 서적의 내용이 "염불하여 서방 왕생을 구하는 것을 배척"하기 때문이라고 설명하였다.[59] 의천도 두 책을 태운 이유가 정토 배척 때문이라고 생각하였는지는 확인할 수 없다. 그러나 천태종 승려였던 지반의 말이므로, 당시 천태종 승려들의 생각을 알 수 있다는 점에서 간접적으로 의천의 아미타신앙을 파악할 수 있지 않을까 한다.

IV. 의천의 정토관

의천의 정토관을 직접적으로 살펴볼 수 있는 자료는 없지만, 앞에서 살펴본 간접적인 자료를 통해 단편적으로나마 추정해 볼 수 있다.

먼저 『원각경圓覺經』을 강의하면서 밝힌 내용에서 단편적으로 짐작할 수 있다. 그는 불신佛身에는 법신法身과 보신報身의 구분이 없고, 정토淨土는 자수용토自受用土와 타수용토他受用土의 구별이 없다고 밝히

異端 此所以海東人師疑華夏爲無人 今見飛山高議 乃知有護法開土 百世之下住持末法者 豈不賴珠公力乎[戒珠 作別傳議 於禪敎之際 深有發明 壽九十三 葬骨飛山]"). 밑줄 부분에 차이가 있다. 한편 송 승려 法隣도 의천에게 보낸 편지에서 '使副 李 押物의 처소에서 戒珠의 『별전심법의』를 구해 보니 진실한 말이었으며, 後序는 法師 곧 의천이 쓴 것인데 이를 통해 大遼(거란)가 『보림전』과 『육조단경』을 불태워 불교를 널리 도왔음을 알게 되었다'고 하였다(「大宋沙門法隣書」, 『大覺國師文集』 外集 권7, 『한불전』 4, p.581 "昨使副李押物處 得珠禪師別傳議 誠眞實之說. 後序乃法師製. 知大△[필자 주: 영인본의 글자로 보아 遼인 듯]焚去寶△△△△△[『한불전』 주-林傳幷壇經로 추정]. △△[『한불전』 주-極弘으로 추정]贊之盆△△[『한불전』 주-極喜로 추정]").

59 志磐, 「僧統義天」, 『佛祖統紀』 권14, 『대정장』 권49, p.224. "述曰 昉師辨祖謂 智炬撰寶林傳詭說百端 如達磨隻履西歸立雪斷臂 等 事與南山續高僧傳 多不同 云云 世又謂壇經談性不異吾宗 而於念佛求往西方 有以貶斥 義天言遼國焚棄二書者 蓋以此也."

고 있다. 그리고『원각경』의 내용은 법상종法相宗의 설과 법성종法性宗의 설이 골격을 이루고 있는데, 적광토의寂光土義와 여래장장如來藏章은 법성종에서 본말을 밝힌 것이라고 구분하고 있다.[60] 이는 규봉 종밀圭峯宗密의「원각경약소圓覺經略疏」를 근거로 하여『원각경』의 내용을 정리한 것인데, 그의 입장도 여기에서 벗어나지 않았을 것이다.

그렇다면 규봉 종밀의「원각경약소」에서 구체적 내용을 검토해 본다면 의천의 정토관도 좀 더 분명해질 것이다. 먼저 종밀은 중생과 불佛의 본원本源인 실성實性이 법성토法性土이며 상적광토常寂光土라 규정하고 있다. 그리고 국토는 크게 법성토法性土·수용토受用土·변화토變化土의 셋으로 나눌 수 있고, 수용토에 자수용토와 타수용토를 인정하면 4토가 된다고 하였다. 그리고 4토는 통합하면 다만 정토·예토의 2종, 혹은 법성토와 상토相土의 2종에 불과함을 말하고 있다. 그러나 범부와 성인이 일체인 것은 자수용토에서 법성토로 들어간 것이고, 여러 보살에게 응한 것은 법성토로부터 타수용토를 드러낸 것이라고 하였는데,[61] 이는 법성토와 보토인 수용토의 차이가 없음을 부연하고 있다고 할 수 있다.

그런데 종밀은 아미타불의 극락을 어디에 배당하는 것일까?「원각경약소」에서는 찾아볼 수 없고,「보현행원품소초」권6에서 4토의 구분을

---

60 「講圓覺經發辭 二首 第二」,『大覺國師文集』권3.
61 宗密,「大方廣圓覺修多羅了義經略疏註」권上一,『대정장』39, pp.528~529. "[婆伽婆] 主成就也 涅槃云 能破煩惱 名婆伽婆 卽當斷德 以顯法身 淨土說經 法報不分 非應化矣 … [入於神通大光明藏] 藏卽實性法界藏 起信心眞如 是諸佛衆生之本源 神通光明之性體 塵沙德用 並蘊其中 百千通光 皆從斯起 故云藏也 亦名法性土 亦名常寂光土 息諸分別 智與理冥 名爲入矣 … [現諸淨土] 無念而應緣 如明鏡無心而現像 故肇公云 淨土濊土 益(:蓋)隨衆生之所宜 淨者示之以實玉 濊者示之以瓦礫 美惡自彼 於我無定 無定之土 乃名淨土 隨類普應 故云諸也 然土誰多 種不出其三 一法性 二受用 三變化 若開受用自他 卽成四土 統唯二種 謂淨及濊 或性及相 一質不成 淨濊虧盈 異質不成 一理齊平 有質不成 搜原則冥 無質不成 緣起萬形故 形奪圓融 無有障礙 前凡聖一體者 從自受用 入法性土 此應諸菩薩 卽從法性 現他受用."

말한 후 극락을 변화토로 규정하고 있다.[62] 그러나 아미타불의 국토는 화장세계를 벗어나지 않는다고 하였다.[63]

의천의 입장도 여기에서 크게 벗어나지 않았을 것이다. 그것은 다음의 자료를 통해 알 수 있다.

[D] 엎드려 바라옵건대 번뇌의 세계를 벗어나 淨域에서 노니십시오. 저희들은 나루를 건너 있어 오늘에는 비록 영원히 말씀과 모습에서 떨어져 있지만 華藏世界에 후일 태어나면 모여 가르침에 동참하고자 합니다(「追薦淨源闍梨百日齋疏」, 『大覺國師文集』 권14).

이 글은 정원淨源이 입적하자 의천이 제자들을 중국에 보내 백일재를 올리며 쓴 것인데, 정역淨域에 태어나기를 빌면서 화장세계에 태어나 가르침을 배우겠다는 표현을 쓰고 있다. 또 「기대송혜청화엄寄大宋慧淸華嚴」에서는 "華藏同遊期再會"라 하여 화장세계에서 다시 만날 것을 기약하고 있다.[64]

---

62 宗密, 『華嚴經普賢行願品疏鈔』 권6, 『卍續藏經』 7, pp.986~987. 望月信亨, 앞의 책, p.312. 즉 성소작지의 대비원력으로 말미암아 地에 오르지 못한 보살, 2승 및 異生을 위해 변현한 것이 변화토이며, 극락은 변화의 정토이고 사바세계는 변화의 예토라는 것이다.

63 宗密, 『華嚴經普賢行願品疏鈔』 권6, 『卍續藏經』 7, pp.997~998. "[不生華藏而生極樂 略有四意 一有緣故 二欲使衆生 歸憑情一故 三不離華藏故 四卽本師故] 鈔略有四意者 一彌陀願重偏接娑婆界人 二但聞十方皆妙 此彼融通 初心忙忙 無所依託故 方便引之 三極樂去此 有十萬億佛土華藏中 所有佛利 皆微塵數故 不離也 如大疏說 華藏世界 底布風輪 須彌塵數普光摩尼海中出大蓮華 名種種 光明 蕊香幢不言其數安測其量華藏剎海處 在蓮臺 臺面純以金剛爲座 四周輪圍 金剛雜寶 有十不可說佛剎 微塵數香水海 列在其中 如天帝網 安布而住 一一香 水海 各以四天下微塵數香水河 右旋圍繞一海 一種種所持剎 各有不可說佛剎塵 數 … 故知阿彌陀佛國 不離華藏世界中也."

64 『大覺國師文集』 권17.

이와 달리 중국의 도작과 선도는 극락정토가 불佛의 인위因位의 원행願行에 따라 나타나므로 범부가 왕생할 수 있는 보토報土라고 해야 하며, 따라서 정토에서 성불하는 불佛은 당연히 보신報身이라고 하였다. 이는 보토가 초지初地 이후의 보살만이 머문다고 보아 범부의 왕생을 부정하는 섭론종攝論宗 승려들의 주장이나, 중생 스스로의 업에 의해 감득한다고 하여 극락이 변화토임을 강조하던 정영사淨影寺 혜원慧遠·길장吉藏·지의智顗 등의 주장을 비판한 것이다. 그리고 극락은 정토淨土의 초문初門이고 사바세계는 예토穢土의 최후문이므로 그 경계가 인접하여 왕생하기 쉽다고 하였다.[65] 도작과 선도가 아미타불을 보신, 극락을 범부가 왕생 가능한 보토라 한 사실이 중요한 점은, 보신은 열반에 드는 일 없이 항상 머물므로 범부의 극락왕생이 아미타불의 서원력에 근거하여 늘 이루어질 수 있다는 것이다.[66]

이렇게 본다면 의천은 왕생해야 할 타방정토他方淨土로서만 극락을 설하는 도작, 선도 등에게 동의하지 않았기 때문에 이들의 저술을『총록』에 포함시키지 않았다고 이해되는 것이다.

그리고 의천은 마음이 깨끗해지면 바로 정토이므로 서방정토가 없다는 선사들의 주장에도 동의하지 않았던 것으로 이해된다. 영명 연수永明延壽(904~975)의 저술을『총록』에 수록하지 않은 이유도 선사의 저술이라는 점도 있지만, 연수가 선사의 입장에서 아미타신앙을 받아들인 것도 그 하나의 이유일 것이다. 즉 연수는 정토왕생을 주장하면서도 유심정토설唯心淨土說의 입장에 서 있었다.[67] 이와 달리 혜일은 심정즉정

---

65 望月信亨, 앞의 책, pp.141~145, pp.184~188.
66 선도는 도작과 마찬가지로 "彌陀의 本願은 범부를 구제하기 위한 것이므로 저 부처가 건립한 보토에 중생이 태어나야 하는 것은 당연하다."고 하였다(望月信亨, 앞의 책, pp.184~188).
67 望月信亨, 앞의 책, pp.336~341에서 연수는 정토가 唯心所現임을 설하면서도 彌

토심정즉토정土心淨卽土淨의 유마경적維摩經的 입장을 비판하고 있는데, 의천도 이를 따른 것은 아닐까 생각된다. 이는 지눌知訥 등 고려 후기 선사들의 태도와 비교되는 것으로, 의천이 해인사 은퇴 후에 지은 시와 국청사에서의 강연에서 극락을 기약하였던 사실에서 알 수 있다.

이러한 의천의 정토관은 지엄·원효·의상 등의 정토관과 흐름이 같은 것으로 생각된다.[68] 지엄(602~668)은 법상法常(567~645)의 4토 구분을 계승하여 정토를 4토로 구분하였다. 그런데 일승에 의거하면 아미타불토阿彌陀佛土는 세계해世界海에 속하지만 삼승에 의거하면 서방정토는 4토 중 실보토實報土에 속하며, 법성토法性土·사정토事淨土·실보토實報土·화정토化淨土의 4토를 갖추는데, 화토도 화신化身의 화가 아니라 보화報化의 화라고 하였다.[69] 그리고 그의 제자로서 신라 화엄초조華嚴初祖인 의상도 이를 계승하였다.

한편 중국 천태종 지의智顗(538~597)는 정영사 혜원의 설을 계승하

陀淨土를 구하였는데 이는 마음 밖에 실로 법이 있다고 집착하는 것이 아니므로 唯心의 이치에 괴리되지 않는다고 하였다. 그리고 연수는 利根頓機인 사람은 禪淨雙修해야 하며, 鈍根下機인 사람은 염불로 정토왕생을 원해야 한다고 하였다.

68 惠谷隆戒,「華嚴宗二祖智儼の淨土敎思想」,『淨土敎の新硏究』, 山喜房佛書林, 1976, pp.15~25에 의하면, 지엄의 정토사상은 攝論·地論·華嚴 사상에 입각한 관념적인 사상으로, 도작·선도 등의 純正淨土敎思想에서 주장하는 五乘齊入, 凡入報土思想과는 다른 것이라고 하였다. 부석사의 원융국사비에서 언급되었듯이 智儼의 정토사상이 우리나라 화엄종 승려들에게 미친 영향 때문이라고도 생각할 수 있겠다.

69 「孔目章」권4, 壽命品內 明往生義,『新修大藏經』권45, p.576. "謂阿彌陀佛國 一乘三乘不同 若依一乘 阿彌陀土屬世界海攝 何以故 爲近引初機成信敎境眞實 佛國 圓融不可說故 若依三乘 西方淨土是實報處 通成四土 一法性土 二事淨土 三實報土 四化淨土 化者報化 非化身化." 惠谷隆戒, 앞의 글, p.19에서는 지엄이 극락을 실보토라고 보았다고 하였다. 望月信亨, 앞의 책, pp.159~160에서는 지엄이 실보토로 보았다고 하고, 또 p.303에서는 변화토로 보았다고 하였다. 凝然의 「華嚴孔目章發悟記」제11에 의하면 화신의 화가 아니라 보화의 화이니 화정토는 諸佛如來가 중생을 제도하기 위해 신통을 베풀어 시현한 정토를 가리킨다. 그리고 사정토는 他受用報土, 실보정토는 自受用淨土, 법성토는 法身所居의 정토라고 하였다(惠谷隆戒, 앞의 글, pp17~18).

여, 정토를 상적광토常寂光土·실보무장애토實報無障碍土·방편유여토方便有餘土·법성동거토凡聖同居土로 나누고, 범성동거토를 다시 정토와 예토로 나누어 사악취四惡趣는 없지만 인人·천天이 있는 서방 극락을 정토에 배당하였다.[70] 그러나 상적광토는 일심삼관一心三觀의 경지를 체득하는 것이며, 일심삼관은 원융삼제圓融三際의 경계이므로, 상적광토는 다른 3토와 다르지 않게 되어 사바즉정토娑婆卽淨土가 된다. 사바즉정토라는 말은 현실의 사바를 빼고 따로 정토가 없다는 뜻으로, 적극적으로 말하면 무상無常이요 고苦로 충만한 현실의 세계에서 영원한 극락의 정토를 감득하는 것이다.[71] 즉 지의는 현실 그대로 존재하는 정토를 주장한 것이다. 그러나 지의는 「법화삼매참의法華三昧懺儀」에서 10방方의 불보살들에게 예불하고 참회할 것을 설명한 후 발원하는 방법을 설명하면서, 임종 시에 안양에 왕생하여 아미타불을 받들어 그 성중聖衆을 만나 10지地의 수승한 낙樂을 수행하기를 발원하고 있다.[72] 이는 천태 지의가 임종할 무렵 서방을 향해 누워 오로지 아미타·반야·관세음 등의 명호를 불러 서방에 왕생하기를 원했던 사실과 관련이 있을 것이다.[73]

따라서 의천이 이러한 입장을 따랐다면, 수행자의 근기에 따른 수행을 통해 극락에 왕생할 수 있으며 극락에 왕생함으로써 쉽게 성불할 수 있다고 여겼던 것은 아닐까 생각된다. 즉 도작이나 선도처럼 서방

---

70 望月信亨, 앞의 책, pp.107~111.
71 金殷姬, 「天台智顗의 淨土觀 研究: 常行三昧를 중심으로」, 동국대 석사학위논문, pp.33~36.
72 智顗, 「法華三昧懺儀」, 『新修大藏經』 46, p.953. 지의는 발원 방법으로 극락에 왕생하여 아미타불을 만나는 것만을 예시하고, 다른 원들은 수행자의 생각에 따르는 것이므로 일일이 갖추어 서술하지 않겠다고 밝히고 있다.
73 灌頂, 「隋智者大師別傳」, 『대정장』 50, p.196. "語已 右脇西向而臥 專稱彌陀般若觀音."

극락세계만이 정토라고 생각하지도 않았으며 선사禪師들처럼 유심정토의 입장에만 서 있지도 않았음을 알 수 있다.

V. 맺음말

통일신라시대와 마찬가지로 고려 전기에도 아미타신앙이 널리 행해졌다. 그 결과 점차 사후세계로서는 극락이 가장 뛰어난 불국토로 받아들여졌던 것으로 보인다. 그런데 고려 초기의 경우 화엄종 사찰에서 아미타신앙이 행해지고 있었다. 의천은 화엄종 승려였으므로, 그도 여기에서 벗어나지 않았을 것이다. 그 후 중국에 유학한 이후에는 그의 아미타신앙이 뚜렷이 나타나는데, 그의 중국에서의 견문 및 승려들과의 교류에서 영향을 받았을 것이다. 특히 천태종의 아미타신앙과 관련이 있는 것으로 보인다.

의천의 교장 간행을 통해서도 그의 아미타신앙의 단면을 살펴볼 수 있다. 즉 그는 『총록』에서 당시 유통되던 아미타신앙 관련 저술을 정리하였는데, 신라 승려의 저술 중 상당 부분이 이미 전하지 않음을 알 수 있다. 그러나 원효의 저술이 일부 전하고 있고, 특히 태현의 저술은 모두 전해지고 있음을 알 수 있다. 이는 소현의 경론 간행사업과 관련이 있을 것이다. 그리고 중국 승려들의 저술로는 천태종 승려들의 저술이 많은데, 이는 천태종이 아미타신앙과 관계가 깊고 그가 송에서 천태종을 고려에 전할 것을 맹세했기 때문일 것이다. 한편 도작과 선도 등 순수하게 아미타불을 소리 내어 부름으로써(稱名念佛) 타방정토인 극락에 왕생할 수 있다고 한 승려들의 저술과 고려 초 큰 영향을 미친 연수의 저술은 포함되어 있지 않다. 의천은 『총록』이 편찬 간행된 후에도 정토 관련 저술을 계속 수집 간행하였는데, 혜일의 「정토집」 간행이 대표적 이다.

이러한 간행사업 등으로 미루어 본다면, 의천의 정토관은 범부가 왕 생해야 할 타방정토를 고취한 이들의 입장을 따르지 않고, 지엄·원효· 의상·지의 등의 입장을 계승하였다. 곧 극락은 일승의 입장에서 연화 장세계이지만 삼승의 입장에서는 중생을 교화하기 위한 수용토와 변화 토라고 여겼던 것으로 보인다. 이는 극락이란 사람들의 원에 따라 감응 하므로 근기에 따라 방위를 나타낼 수도 있다는 것이다. 이러한 사실은 『원각경』을 강의하면서 정토는 자수용토와 타수용토의 구별이 없다고 하고 화장세계에 태어나기를 기약하면서도, 여산 18현의 진영을 봉안 한 공덕으로 극락에 왕생하기를 기원한 것에서 알 수 있다.

그리고 의천은 선사들이 선정禪定만을 성불成佛의 정인正因이라 하 고, 염불·송경·지계 등의 다른 수행은 모두 유위법有爲法이므로 허망 하다고 하는 태도와 유심정토설을 비판한 혜일의 「정토집」에 깊이 공감 하였다. 이로 보아 의천의 사상도 여기에서 크게 벗어나지 않았다고 보 인다. 즉 수행자의 근기에 따른 수행을 통해 극락에 왕생할 수 있으며, 극락에 왕생함으로써 쉽게 성불할 수 있다고 여겼던 것이다.

지눌의 돈오점수 사상
/ 강건기

〈선정 이유〉

● 강건기, 「지눌의 돈오점수 사상」, 『인문논총』 제15집, 전북대 인문학연
　구소, 1985, pp.41~69.

선정 이유

이 논문은 인간이 가장 인간답게 살 수 있는 길을 스스로 걸었고, 또 모든 사람들을 위하여 천천히 그 길을 가리킨 영원한 스승으로서 명석한 논리로 철학하고 사색하면서도 실천을 생명으로 안 체험인이자 산 종교인이었던 지눌의 돈오점수 사상을 밝히고 있는 점에 주목하여 선정하였다.

저자는 지눌이 살았던 시대적 배경과 생애를 촘촘히 조명하면서 그의 대표적 사상으로 알려진 돈오점수 사상의 연원과 그의 돈오점수의 정의와 의미 그리고 점수의 내용으로서 정혜쌍수, 돈오점수를 택하는 이유, 돈오점수와 경절문의 관계에 대해 치밀하게 논구하고 있다.

지눌은 "범부가 미혹하여 헤매다가 갑자기 선지식의 지시를 받고 바른 길에 들어가 한 생각에 빛을 돌이켜 제 본성을 보면 번뇌 없는 지혜의 본성이 본래부터 갖추어져 있어 모든 부처님과 털끝만큼도 다르지 않음을 알기 때문에 '돈오'라고 하며, 비록 본래의 성품이 부처와 다르지 않음을 깨달았으나 오랫동안의 습기는 버리기 어려우므로 깨달음에 의해 차츰 공이 이루어져서 성인의 태胎를 길러 오랜 기간을 지나 성인이 되는 것이기에 '점수'"라고 하였다. 그러면서 "마치 어린애가 처음 태어났을 때 감추어진 모든 기관이 어른과 다를 것이 없지만 그 힘이 아직 충실하지 못하기 때문에 제법 세월이 지난 뒤에야 비로소 사람이 되는 것과 같다."고 보았다. 저자는, 지눌은 이러한 어린이 비유를 통해 돈오와 점수를 설명한 뒤 자성삼학自性三學을 지향하는 남종(頓)과 수상삼학隨相三學을 지향하는 북종(漸)의 엄밀한 비교를 통하여 지눌의 오후수悟後修가 적정寂靜에 떨어지는 안일安逸한 것이 아니라 세찬 이익중생의 보살행을 겸하는 자타겸제自他兼濟의 실천이라고 보았다.

저자는, 지눌은 선의 입장을 취하면서 교를 버리지 않고, 돈문에 서면서도 점문을 포용하며, 깨침(悟)을 강조하면서도 닦음(修)을 게을리하지 않는 묘합회통의 정신을 지니고 있다고 보았다. 그리하여 선오후수先悟後修의 지도 체계인 돈오점수는 묘합회통妙合會通이라는 구조적인 특성을 가진다는 전제 아래 첫째, 돈문과 점문의 원융한 회통, 둘째, 오와 수의 묘합, 셋째, 선과 교의 융회이자 묘합이라고 보는 지점에서 이 논문의 의미와 학문적 가치를 찾을 수 있다.

Ⅰ. 서언

보조국사普照國師 지눌知訥(1158~1210)은 인간이 가장 인간답게 살수 있는 길을 스스로 걸었고 또 모든 사람들을 위하여 친절히 그 길을 가리킨 영원한 스승이다. 그러므로 그는 명철한 논리로 철학하고 사색하였지만 단순한 철학을 위한 철학, 사상을 위한 사상이 아니라 실천을 생명으로 안 체험인이었으며 산종교인이었다.

그는 인간이 인간답게 살기 위하여 먼저 자기 존재의 실상에 눈뜨는 깨침이 앞서야 한다고 하였고, 그를 바탕으로 본래적인 생명의 물줄기가 생활 속에 살아 움직여서 모든 존재와 조화로운 공존을 가능케 하는 철저한 닦음이 뒤따라야 한다고 하였다. 즉 마음에 대한 철저한 깨침과 쉼 없는 닦음이야말로 지눌이 인간다운 삶을 살기 위해 없어서는 안 될 가장 중요한 것이라고 보았다. 이러한 깨침과 닦음에 관한 그의 이론이 돈오점수 사상인 것이다.

지눌은 모든 사람들이 마음에 즉한 깨침과 닦음에 철저할 때 그것이 바로 화해의 근본이라고 믿었다. 왜냐하면 참마음의 원천에서만 모든 대립된 이론과 쟁론이 스스로 쉬며 선禪·교敎의 대립 또한 근원적인 해결이 가능하다고 보았기 때문이다. 그에 의하면 선이란 그러한 참마음의 바탕 자체이며 교는 그 마음의 표현에 불과하다. 그러므로 그는 평생을 일관하여 수심인修心人의 나침반으로 깨침과 닦음에 관한 바르고 명확한 길을 바로잡는 일에 진력하였다. 지눌 사상의 근간을 이루는 돈오점수 사상은 바로 그의 깨침과 닦음에 관한 체계화인 것이다.

불교는 깨침의 종교이다. 불타의 모든 교설이 그의 큰 깨침(大覺: Great Enlighten-ment)을 근원으로 하며, 그것은 모든 사람들로 하여금 깨침에 이르게 하는 길로서의 의미를 가진다. 따라서 불교인의 모든 종교적 노력은 깨침을 향한 것이며, 이 노력은 밖으로 무엇을 기구祈求하는 것이 아니라 내심을 향한 자력적인 닦음이다. 불교에서 깨침과 닦음이 항상 중요한 이슈로 거론되는 것도 이러한 때문이다. 지눌이 깨침과 닦음을 수심인의 가장 요긴한 일로 삼는 것을 보더라도 이러한 불교 본연의 입장과 다르지 않다.

지눌이 한국불교에 미친 영향은 말할 수 없이 깊다. 그의 저술인『법집별행록절요병입사기』와『계초심학인문』이 지금까지도 한국불교 승려교육의 필수교재로 채택되고 있고, 그 밖에 그가 중요시하던 경전들이 승려교육의 기본이 되고 있음도 이를 잘 증명한다. 이러한 저술과 경론經論들을 통하여 선과 교를 융회融會하는 지눌적인 통불교通佛敎의 전통은 지금까지도 한국불교에 강하게 작용하고 있는 것이 사실이다.

그러나 지눌에 대한 평가가 꼭 긍정적이고 일치하는 것만은 아니다. 일반적으로 '독창적인 한국 선의 확립자',[1] '통불교사상의 완성자'[2]라는 긍정적인 평가 외에 근래 그를 오해悟解가 깊지 못한 '지해종도知解宗徒'라고 하는 부정적 평가도 없지 않다.[3] 이러한 비판은『불조원류佛祖源流』에서 그를 산성散聖으로 취급한 것과 통하는 것이라 하겠다. 우리는 이들 비판의 초점이 바로 지눌의 깨침과 닦음, 즉 돈오점수 사상에 있다

---

1 忽滑谷快天은『朝鮮禪敎史』에서 "신라의 道義 이래 조선의 祖道는 支那禪學의 연장임에 불과하였다. 그러나 神宗王代에 이르러서 지눌이 命世의 偉材로서 독립의 종을 創唱하였다."고 적고 있다. 忽滑谷快天,『朝鮮禪敎史』, 보련각, 1978, p.262.
2 이종익,「한국통불교 구현자인 보조국사의 전기와 사상개요」,『효정曉頂 채수한蔡洙翰박사 회갑기념논문집』, 1984, p.166.
3 이성철,『禪門正路』, 해인총림, 1981, p.29.

는 사실에 주목하지 않을 수 없다. 예를 들면 퇴옹 이성철 종정은『선문정로禪門正路』에서 ① 돈오頓悟는 견성見性이며 구경각究竟覺이요 성불成佛일 뿐 닦음이 더 필요한 깨침은 아니다. ② 따라서 보임保任이나 점수란 자재해탈自在解脫일 뿐 습기習氣를 제거하는 수修가 아니다. ③ 그러므로 돈오점수란 이단사설異端邪說에 불과하다고 돈오점수 사상을 비판하고 있다.[4]

이러한 비판의 옳고 그름을 따지기에 앞서 아무튼 돈오점수에 관한 이러한 엇갈린 견해는 아직도 깨침과 닦음에 관한 문제가 살아 있는 이슈임을 잘 보여 주고 있으며, 따라서 깨침과 닦음에 관한 지눌의 지론이 정확하게 무엇인지를 알아보는 일은 중요한 일이라 생각된다. 본 논문이 지눌의 돈오점수를 그 주제로 삼은 것도 이러한 까닭에서이다. 지눌의 돈오점수 사상을 고찰하는 본 논문은 그가 ① 무엇 때문에, 그리고 어떤 입장에서 돈오점수를 주장하였으며, ② 그 내용상의 특성과 의의는 어떠한 것인지를 알아보는 것을 목적으로 한다. 이를 위하여 돈오점수 사상 형성의 시대적 배경과 그의 생애, 돈오점수의 내용, 사상적 특성 및 의의의 순서로 고찰하고자 한다.

Ⅱ. 시대적 배경 및 생애

1. 시대적 배경

지눌이 살았던 12세기 고려불교는 내외로 큰 어려움에 봉착하고 있

---

4 위의 책.

었다. 밖으로는 계속되는 정변의 소용돌이 속에 불교가 함께 휩쓸리어 종교적 기강이 극도로 해이해졌으며, 안으로는 선과 교의 대립 갈등 또한 심하였다.

지눌은 의종 12년(1158)부터 희종 6년(1210)까지 4대에 걸쳐 53년의 길지 않은 생애를 살았지만 전 고려사를 통하여 이 기간은 극도의 변란과 불안의 시대로 특징지어진다.

예종까지의 융성기를 지나 고려를 변란의 와중으로 몰아넣기 시작한 인종조의 이자겸의 난과 묘청의 난은 지눌이 태어나기 각각 32년, 23년 전의 일이었으며, 이러한 변란은 왕권의 쇠퇴를 초래하여 더 큰 환란을 불러일으키는 원인이 된다.

의종 말 명종 초 문신에 대한 반감으로 일어난 정중부·이의방을 중심한 이른바 무신의 난은 국사의 나이 13세 때의 일이었다. 그 후 계속되는 무신들 간의 권력다툼으로 서로를 모략하고 살육하는 정변의 와중에서 지눌은 성장기의 대부분을 보냈다. 명종 26년 최충헌이 무신 상호간의 투쟁에서 승리하여 강력한 세습정치를 하기는 국사의 나이 38세 때의 일이다.

이러한 쿠데타의 소용돌이 속에서 정치 사회적인 질서는 파괴되고 하극상의 풍토 또한 만연되어 각지에서는 민란이 끊일 줄을 몰랐으니 서계西界의 민란(명종 2년, 1172), 남도南道의 민란(명종 6년, 1176), 전주 군인 관노의 난(명종 12년, 1182), 김사미 및 효심의 난(명종 23년, 1193), 만적의 난(신종神宗 원년, 1198), 명주 농민의 난(신종 2년, 1199), 진주의 노비 반란(신종 3년, 1200), 동경 민란(신종 5년, 1202) 등은 모두 지눌이 재세 시에 일어난 대표적 민란의 예인 것이다.[5]

---

5 이기백, 『韓國史新論』, 일조각, 1985, pp.173~175.

이런 와중에서 불교는 상구보리上求菩提 하화중생下化衆生하는 종교 본연의 위치를 잃어 갈 수밖에 없었다. 본래 고려불교는 출발 당시부터 왕실과 밀접한 관계 아래 있었다. 이는 "아我 국가의 대업은 정녕 제불의 호위하는 힘에 의지한 것이다. 그런고로 선·교의 사원을 세워 주지住持를 차견하여 분수焚修케 하고 각기 그 업을 닦게 하라."는 태조 십훈요十訓要의 제1조에 잘 나타난다.[6] 이러한 십훈요의 정신이 고려 역대 제왕에 그대로 전승되어 불교는 대대로 왕실과 밀접한 관계를 유지하였다. 그러므로 왕실이 정치적인 혼란 속에 휩쓸릴 때 불교가 초연할 수 없음은 넉넉히 짐작할 수 있는 일이다. 이러한 변란기를 통하여 승려들의 현실 정치에의 참여는 본분을 넘어 때로는 무력적인 행동을 불사하기도 하였다. 이자겸의 난 때에는 승 의장僧義莊이 현화사玄化寺의 스님 300여 인을 인솔하여 이자겸의 편에 서서 변란에 직접 참여하였는가 하면 명종 4년에는 왕실파의 입장에 서 있던 승려들이 정중부·이의방 토벌 운동에 앞장서기도 하였다. 이들 승려들의 무력적인 관여를 『고려사』는 이렇게 기록하고 있다.

이듬해에 귀법사歸法寺 승僧 백여 인이 성의 북문을 범하여 의유승록宜諭僧錄 언선彦宣을 죽이거늘 의방이 군사 천여 인을 거느리고 수십 승을 쳐죽이니 나머지는 다 산거散去하였으나 병졸의 사상자도 역시 많았다. 다음날 중광重光, 홍호弘護, 귀법歸法, 홍화弘化 등 제사諸寺의 승 2천여 인이 성의 동문에 모였는데 성문을 연소시키고 들어가 의방 형제를 죽이고자 하므로 의방이 이를 알고 부병府兵을 징집하여 이들을 쫓고 승 백여 명을 베었으나 부병도 역시 죽은

---

6 위의 책, p.161.

자가 많은지라 부병을 시켜 성문을 분수分守케 하고 승의 출입을 금하였다. 의방은 또 부병을 보내어 중광, 홍호, 귀법, 용흥龍興, 묘지妙智, 복흥福興 등을 불살랐다.[7]

귀법사 승려들이 이의방 토주討誅에 앞장섰던 이 사건은 쌍방 간의 살상자 수로 보나 2천여 명의 승려들이 출동한 점으로 보아 당시의 정치적인 변란에 승려들이 얼마나 깊이 관여하고 있었는가를 넉넉히 짐작하게 하는 예인 것이다. 이렇게 승려들이 현실정치의 소용돌이 속에 휩쓸리는 가운데 고려불교는 종교적 위치를 크게 벗어나 승려의 기강이 극도로 문란해질 수밖에 없었다. 뿐만 아니라 궁중의 옹호를 받는 불교는 납세의 의무를 면제받는 특혜를 이용, 토지와 농노를 겸병하고 노비를 사유하여 각종 식화사업殖貨事業을 일삼아 사원을 이굴화利窟化하는 폐단도 없지 않았다.[8] 이렇게 당시의 승려들이 세속적 이양의 길에 구구하고 정치적 틈바구니에서 승려의 본분을 잃고 있음을 지눌도 그의 저술 곳곳에서 지적하고 있다.

그러나 우리들이 날마다 하는 소행을 돌이켜 보면 어떠한가. 불법을 빙자하여 '나'와 '남'을 구별하여 이양의 길에서 허덕이고 풍진風塵 속의 일에 골몰하여 도덕은 닦지 않고 의식衣食만 허비하니, 비록 출가하였다 하나 무슨 덕이 있겠는가. … 나는 오래전부터 이런 일을 한심스레 여겼다.[9]

<hr>

7 『고려사열전』권41, 이의방조李義方條, 『역주 고려사』제10권, 동아대학교 고전연구실 편, 1982, pp.472~473.
8 이병도, 『국사대관國史大觀』, 보문각, 1972, p.196.
9 지눌, 「정혜결사문」(『보조법어』, 화엄학회편, 1973, 2A), "返觀我輩 朝暮所行之迹 則憑依佛法 裝飾我人 區區於利養之途 汨沒於風塵之際 道德未修 衣食斯費 雖復

이는 당시 고려불교의 타락상에 대한 지눌의 생생한 증언이다.

이렇게 궁중불교로 정치적 와중에 휩쓸리고 승려의 기강이 해이되어 정법正法과 멀어진 것이 지눌 당시 고려불교가 안고 있는 외적인 문제점이라면, 불교 내적으로도 또한 선과 교가 대립 갈등하고 있었으니 이는 고려불교가 안고 있는 또 다른 문제인 것이다.

"교 밖에 따로 전하는 것, 문자에 의지하지 않고 각자의 마음을 바로 가리켜 마음의 성품을 보아 부처를 이룬다(敎外別傳 不立文字 直指人心 見性成佛)."는 종지를 가진 선이 우리나라에 처음 전래된 것은 선덕왕善德王(632~646) 때 법랑法朗이 사조 도신道信(580~651)의 법을 전한 것이 처음이라고 한다. 그 뒤 신행神行(703~779)이 신수계神秀系의 북종선北宗禪을 전하였다고 하나 자세한 자취를 알 수 없다. 한국에 선이 흥륭하기는 9세기 초 도의道義에 의하여 남종선南宗禪이 전래되고 선문을 개창하면서부터이다.[10] 이때부터 여초 이엄利嚴(870~936)이 수미산문을 개창할 때까지 선은 구산선문을 형성하면서 발전하였다. 선이 한국에서 크게 발전하면서 전통적인 교불교와의 경쟁은 필연적인 것이었다. 교가 경전을 근본소의로 하는 데 반하여 선불교는 출발부터 교외별전 불립문자를 종지로 하는 상위점 때문이다. 특히 선문구산의 한국 선이 지선智詵의 희양산문曦陽山門을 제외한 거의 모두가 과격한 남종선 계통임을 우리는 간과할 수 없다.

선과 교의 대립 갈등이 선문구산 이래 한국불교의 중요한 문제로 부각되는 것은 불가피한 일이었는지도 모른다. 공민왕 때 진정국사眞靜國師 천책天頙이 지은『선문보장록禪門寶藏錄』은 이러한 갈등의 심각성을 잘 전한다. 천책은 그 서문에서 선에 대한 교학자들의 태도를 일컬어

出家 何德之有 … 知訥 以是長歎 其來久矣."
10 忽滑谷快天, 앞의 책, pp.133~142.

"교학자들이 교외별전이란 말을 들으면 얼굴빛이 달라지면서 '나쁜! 그런 말이 어디 있는가?'라 하여 선을 폄시하였다."[11]고 하였다. 그런가 하면 동서에 소개되는 범일 국사梵日國師의 진귀조사설眞歸祖師說이나 무염無染의 무설토론無舌土論 등은 교에 대하여 선의 우월성을 내세우는 전형적인 예이다. 진귀조사설이란 구산문 사굴산闍崛山의 개조인 범일이 진성왕眞聖王의 선교에 관한 물음에 답하는 내용으로 석가의 깨침이 미진하여 진귀조사를 찾아가서 가르침을 받았다는 것으로 그 가르침의 내용이 바로 교외별전의 선지禪旨라는 것이다. 이 말대로 하면 진귀조사는 석가의 미진한 깨침을 완성케 한 스승이며 조도祖道는 불도佛道보다 우위에 있는 것이다.

이러한 설들이 물론 역사적인 사실이 아닌 터무니없는 얘기인 것은 말할 것도 없으나 문제는 그런 설이 날조될 만큼 교에 대하여 선의 우위를 내세워야 하는 풍토를 미루어 선교 간의 대립이 얼마나 심각했던가를 알 수 있다. 또 무설토론이란 『보장록』에 의하면 구산선문 중 성주산문聖住山門의 개조인 무염의 소설所說로서 무설은 불佛의 정전正傳으로 선이요 유설有舌은 불의 응기문應機門으로 교를 가리킨다는 것이다. 그러므로 유설은 유적有跡이요 무설은 무적無跡으로 선의 우월성을 드러낸다. 아무튼 이러한 자료들은 모두 선의 우위성을 내세우는 것으로 그간의 선교 간의 대립적인 분위기를 충분히 짐작하게 한다.

지눌보다 백여 년 앞서 출세했던 대각국사 의천이 고민했던 것도 바로 선교 간의 갈등을 어떻게 하면 해소할 수 있을까 하는 문제였다. 그가 지적하는 선과 교의 문제점 역시 "교를 공부하는 사람은 내적인 것을 버리고 외적인 것을 구하는 일이 많고, 선을 익히는 사람들은 밖의

---

11 『禪門寶藏錄』序(『한불전』제6책), 동국대학교출판부, p.469. "而教職者 聞教外別傳之說 則面青眼白云惡 是何言歟."

연경緣境을 잊고 내적으로 밝히기를 좋아하는 것"이었다. 의천에 의하면 이러한 태도는 선교가 각기 극단에 치우침이며 편집偏執일 뿐 옳은 것이 아니다. 왜냐하면 "진리란 말을 여읜 것이지만 그렇다고 말을 떠난 것도 아니요, 말을 떠나면 어리석음에 떨어지고 말에 집착하면 혼미混迷하게 되기"[12] 때문이다. 따라서 의천은 선과 교가 내외겸전內外兼全해야 된다는 교관병수敎觀並修의 불교운동을 전개하였던 것이다.

이러한 의천의 노력에도 불구하고 선교 간의 대립, 갈등은 지눌 당시에도 여전하였다. 무의자無衣子 혜심慧諶이 지눌의『원돈성불론』과『간화결의론』을 합본하면서 쓴 발문에는 이러한 사실이 잘 나타난다.

아아, 슬프다. 머지않은 예(近古)부터 불법이 매우 쇠폐하였다. 혹은 선을 숭상하여 교를 배척하고 혹은 교를 숭상하여 선을 비방하면서, 선은 부처님의 마음이요 교는 부처님의 말씀이며, 교는 선의 그물이요 선은 교의 그물임을 알지 못하였다. 그리하여 드디어는 선교의 두 종이 길이 원수처럼 보게 되고 법의의 두 학문이 도리어 모순의 종이 되어 마침내 무쟁문無諍門에 들어가 일관의 도를 밟지 못하였다.[13]

이는 지눌의 저술 곳곳에서 선교의 갈등을 지적하고 있는 것과 궤를 같이하는 발문이다. 선교 간의 대립과 갈등의 해소는 지눌 당시 고려불교가 해결하지 않으면 아니 될 하나의 과제였던 것이다.

---

12 의천,『대각국사문집』권3, 講圓覺經發辭 제2(『한불전』권4), p.531. "夫法無言像 非離言像 離言則倒惑 執言像則迷眞."
13 혜심,『원돈성불론』과『간화결의론』초간 跋,『한글대장경』153권, 한국고승 3, p.485.

지금까지 우리는 지눌 당시 고려불교의 시대적 배경을 고찰하여 보았거니와 지눌은 불교가 외적으로 정치 사회적 혼란 속에 휩쓸리어 본궤를 벗어나 궁중불교와 이양의 길에 떨어지고 내적으로는 선교 간의 심한 갈등 속에 헤매는 시대에 살았다. 이런 상황에서 선교를 회통會通시키어 내적인 갈등을 극복하고 정법을 구현하는 일은 당시 고려불교의 시대적 과업이었다. 지눌은 이러한 시대적인 사명을 자각하고 깨침과 닦음의 정도正道를 바로 세우기 위하여 흔연히 일어나 한국불교의 일대 유신 작업에 헌신하게 된다. 이제 우리는 지눌이 이러한 고려불교의 문제를 어떻게 의식하였으며 그 해결을 위해 어떻게 실천하는가를 그의 생애를 통하여 알아볼 필요가 있다.

2. 지눌의 생애

한 사람의 삶이 어떠하였는가는 그 사람의 죽음의 장면을 보면 알 수 있다고 한다. 죽음이란 삶의 총결산이기 때문이다. 역사적으로 위대한 삶을 살았던 사람들의 죽음은 그들 삶의 질을 상징적으로 나타낸다. 불타와 소크라테스의 죽음이 그렇고 예수의 마지막이 또한 그랬다.

보조국사 지눌의 생의 마지막 장면 또한 그가 어떠한 삶을 살았는가를 잘 보여 준다. 「불일보조국사비명」에 의하면 그는 타계하던 날 새벽 목욕재계하고 법당에 올라 향을 사르고 큰북을 쳐 송광사 내 대중을 법당에 운집시켰다.[14] 그리고는 육환장六環杖을 들고 법상法床에 올라 제자들과 일문일답으로 자상하게 진리에 대한 대담을 계속하였다. 마지막으로 한 제자가 "옛날에는 유마거사가 병을 보이었고 오늘은 스님께

---

14 김군수 찬, 「불일보조국사비명」, 『보조법어』, 화엄학회 편, 1973, p.141.

서 병을 보이시니 같습니까 다릅니까."라고 물었다. 같은가(同) 다른가
(別) 하는 질문은 선가에서 진리를 시험해 보는 질문이다. 임종이 가까
운 스승께 이러한 날카로운 질문을 던질 수 있는 것은 오직 진리의 세
계에서만 있을 수 있는 일이다. 여기에 대하여 지눌은 육환장을 높이
들어 법상을 두어 번 내리친 다음 "일체의 모든 진리가 이 가운데 있느
니라." 하고는 법상에 앉은 채 조용히 숨을 거두었다. 이때가 1210년 3
월 27일 그의 나이 53세였다. 그의 생의 마지막 장면은 최후의 순간까
지 제자들과 진리에 대한 가르침으로 일관하신 불타의 입멸 장면을 연
상하게 한다. 그는 진리 속에 살다가 진리 속에 간 영원한 스승이다.

국사의 휘諱는 지눌知訥이며 자호自號는 목우자牧牛子이다. 황해도 서
흥군 사람이며 속성은 정鄭씨로 국학의 학정學正인 광우光遇의 아들이
다. 불일보조국사佛日普照國師는 입멸 후 희종이 내린 시호이다.

그의 생애는 41세 때(1198) 지리산 상무주암에서의 깨침을 중심으로
그 이전과 이후의 두 부분으로 나누어 볼 수 있다. 그 이전의 생애가
고려불교의 타락상에 대한 깊은 인식과 그를 바로잡으려는 정열이 깨침
을 향한 줄기찬 정진으로 승화된 기간이었다면 깨침 이후의 삶은 한국
불교의 정도正道를 모든 사람을 위하여 펼친 자비의 실천 기간이었다.
이제 우리는 그의 생애를 이 두 기간으로 나누어 고찰해 보기로 한다.

깨침을 향한 수학修學시대 : 국사는 어려서 선문구산의 사굴산계 종
휘 선사宗暉禪師로부터 축발수계祝髮受戒하였으나 어느 한 종파나 스승
에 맹종하기보다는 진리에 계합하는 이는 모두 스승으로 모시는 종파
에 초연한 입장으로 면학하였으니 '학무상사學無常師 유도지종惟道之從'
이란 말은 그에게 가장 걸맞은 표현이다.

전기에 의하면, 그는 25세에 승선僧選에 합격하였다고 한다. 승선이

란 승려의 과거제도로 승선의 합격은 바로 출세의 관문이었다. 승선에 합격하면 본사本寺의 주지는 물론 경륜이 쌓이면 왕사王師, 국사國師에 까지 오를 수 있는 길이기 때문이다. 그러나 승선에 합격한 젊은 지눌은 생의 일대 전환을 결심하기에 이른다. 즉 명리를 떠나 산중에 은둔할 것을 굳게 약속한 것이다. 승선 합격 직후 참석한 보제사普濟寺 담선법회談禪法會에서 그는 동료 10여 명과 더불어 굳은 결의를 한다.

> 이 모임이 파하거든 우리는 명리를 버리고 산속에 들어가 정혜定慧
> 를 균등히 닦아 예불하고 운력運力하는 데까지 맡은 일을 다하여
> 인연 따라 심성心性을 수양하여 한평생을 구속 없이 지내어 달사達
> 士와 진인眞人을 따르면 어찌 즐겁지 않겠는가?[15]

이러한 결의는 지눌로 하여금 당시 서울인 개경을 멀리하고 남하하여 깨침을 향한 정진에 몰두하게 한다. 그러면 무엇이 젊은 지눌로 하여금 '명리를 버리고 산속에' 들어가지 않으면 안 되게 하였을까? 물론 승려의 신분으로 산중에 묻혀 수심修心에 전력하는 일이 그리 특별한 일은 아닐지 모르나 지눌이 강력한 의지로 명리를 버리고 진인달사의 고행高行을 동경하기까지는 그 당시 고려불교의 상황을 주목하여 보지 않을 수 없다. 앞에서도 고찰한 바처럼 당시는 정중부의 난 이후 무신간의 권력싸움이 극에 달했을 때이며 그 혼란 속에 승려들이 휩쓸리어 '도덕은 미수未修하고 이양의 길에서 허덕이며 세상일에 골몰하던' 때였다. 이러한 통찰과 비판이 그로 하여금 정치의 와중인 개경을 등지

---

15 지눌, 『정혜결사문』, 앞의 책, 2A. "約日罷會後 當捨名利 隱遁山林 結爲同社 常
以習定均慧 爲務 禮佛轉經 以至於執勞運力 各隨 所任而經營之 隨緣養性 放曠
平生 遠追達士眞人之高行則豈不快哉."

고 산중으로 향하게 하는 하나의 동기가 충분히 되었음직하다. 그러나 그가 남향하여 산중에서 수심에 전력하는 것은 단순한 은거를 위한 소극적인 취지가 아니라 고려불교를 바로잡아 보려는 적극적인 뜻이 담겨 있음을 우리는 알아야 한다. 단순히 산속에 들어가 안주하는 것이 아니라 '결사하고 정혜를 균등히 닦는다'는 강한 의지를 엿볼 수 있기 때문이다. 그 기약은 8년 뒤 정혜결사라는 한국불교 초유의 유신운동으로 전개된다. 여기서 우리는 '명리'에 이끌리어 타락한 고려불교를 정법에 입각한 수심불교로 바로잡아 보려는 젊은 지눌의 종교적 열정을 볼 수 있는 것이다. 그 열정은 바로 깨침을 향한 정진으로 승화되어 갔다.

지눌은 남하하여 깨침을 향한 줄기찬 정진에 들어간다. 창평 청원사에서 정진하던 중 『육조단경六祖壇經』을 읽다가 "진여眞如의 자성이 생각을 일으킴에 비록 육근六根이 견문각지見聞覺知하더라도 만상에 물들지 않고 항상 자재自在하다."라는 구절에서 깨친 바 있어 기쁨에 넘쳐 불전을 돌며 그 구절을 음미하였다고 한다.[16] 이것이 국사 증입證入의 첫걸음이다. 이 체험은 지눌의 구도열을 더욱 굳게 하였다.

그 후 명종 15년(1185) 하가산 보문사에 옮겨 '부처님 말씀이 선에 계합'하는 것을 찾기 위해 3년간 대장경을 열람하였다. 선승인 그가 3년간이나 대장경을 열람하였다는 사실은 파격적인 일이 아닐 수 없다. 이는 그가 선교의 갈등과 대립의 해소를 위해 얼마나 고뇌하였으며 진지하였는가를 잘 보여 준다. 3년간의 대장경 열람이라는 긴 추구 끝에 드디어 그는 선교가 불이不二하다는 확신을 갖게 된다. 이통현 장자의 『화엄론』에서 "관심觀心과 사사무애事事無碍의 법이 따로 있는 것이 아니라 서로 상통하며, 관심 하나만의 자내증自內證을 통해서도 화엄 전 사

---

16 「불일보조국사비명」, 앞의 책, p.140A. "眞如自性起念 六根 雖見聞覺知 不染萬像 而眞性常自在."

상을 얻을 수 있다."는 구절에 접하게 된다. 그리하여 불어佛語는 불심종佛心宗에 계합한다는 확신을 얻고 "세존이 입으로 설한 것이 교요 조사가 마음에 전한 것이 선"이라는 결론에 이른다.[17] 이 3년이란 긴 탐구 끝에 얻은 결론은 선교융회禪敎融會라는 보조선의 한 특성을 이루는 기본으로서 그의 사상, 나아가서는 한국불교 사상사에서도 중요한 의미를 가지는 것이다.

이러한 수행과 탐구를 통한 체험과 확신을 바탕으로 명종 20년(33세)에는 팔공산 거조사에 옮겨 몇몇 동지와 함께 승선 후 기약했던 정혜결사를 실천에 옮긴다. 이는 당시의 타락된 고려불교를 일신하여 수심불교로서의 정법을 구현하려는 의지의 실천이며 한국불교 유신의 획기적인 횃불인 것이다. 이때 발표된 취지문이 「정혜결사문」으로 젊은 지눌의 개혁 의지에 찬 선언문이다.

거조사에서 정혜결사의 기치를 높이 들자 전국 각처에서 동지들이 운집하였다. 그는 '미진된 나에게 이토록 중인들이 모이니 본연을 잊기 쉽겠다'고 느껴 승려 수인과 함께 신종 원년(1198) 지리산 상무주암에서 일의일발一衣一鉢로 정진하였다. 이 상무주암에서의 은거와 정진은 투철한 깨침을 향한 마지막 관문이 된다. 『단경』과 통현의 『화엄론』을 통한 두 번에 걸친 종교체험이 있었으나 이때까지 기실 지눌의 깨침은 미진한 바가 없지 않았다. "내가 보문사에서부터 이미 10여 년이 되었다. 그러나 아직 정견情見을 버리지 못하여 어떤 물건이 가슴에 걸리어 마치 원수와 함께 있는 것 같았다."는 그의 진술을 통하여도 이를 짐작할 수 있다.[18] 그는 마침내 『대혜보각선사어록大慧普覺禪師語錄』을 읽다가

---

17 지눌, 『화엄론절요』 서문(김지견 편), p.2. "世尊說之於口 卽爲敎 祖師傳之於心 卽爲禪."
18 「불일보조국사비명」, 앞의 책, p.140B.

"선정은 고요한 곳에도 있지 않고 또 시끄러운 곳에도 있지 않으며 날마다 반연하여 응하는 곳에도 있지 않고 생각하고 분별하는 곳에도 있지 않다. 그러나 먼저 고요한 곳을 버리고 참구하지도 말아야 한다. 만일 갑자기 눈이 열리면 비로소 그것이 집안일임을 알 것이다." 하는 구절에 문득 크게 깨치어 "저절로 물건이 가슴에 걸리지 않고 원수도 한 자리에 있지 않아 당장에 편하고 즐거워졌다."고 한다.[19]

스승으로서의 생애 : 상무주암에서의 깨침은 그의 생애의 분기점이 되었다. 이제 남은 10여 년의 생은 깨침에 즉한 세찬 자비의 실천이 있을 뿐이다. 그는 신종 3년(1200)에 송광사로 옮기어 본격적인 교화에 전력하였다. 거조사에 있던 정혜결사도 그곳으로 옮기어 인근의 같은 이름의 절과 혼동을 피하여 수선사修禪社로 바꾸고 독특한 보조선풍을 진작시키니 세인들이 평하여 "禪學之盛 近古莫比"라 하였다.[20] 수선사의 선풍은 정과 혜를 고루 닦으며 교와 선을 함께하는 수심불교修心佛敎로 이는 고려불교를 일신하기 위한 국사의 처방이기도 하였다. 즉 타락한 궁중불교에서 수심의 불교로, 선교의 대립·갈등에서 선교융회로의 원융한 정법을 구현하기 위한 것이었다.

그는 "오직 스스로 도에 맡겨 남의 칭찬이나 비방에는 마음을 움직이지 않았고 그 성품은 인자하고 참을성이 있어 성질이 부랑한 사람이 뜻을 거스르더라도 잘 지도하였다."고 한다.[21] 사람들에게 읽기를 권할 때에는 언제나 『금강경』으로 하였으며, 이치를 연설할 때에는 『육조단

---

19 위의 책. "禪不在靜處 亦不在鬧處 不在日用應緣處 不在思量分別處 然第一不得捨却靜處鬧處 日用應緣處 思量分別處 衆 忽然眼開 方知是屋裡事 豫於此 契會 自然物不碍膺 讐不同所 當下安樂耳."
20 위의 책, p.141A.
21 위의 책.

경』을 기본으로 하였고, 통현의 『화엄론』과 『대혜어록』을 또한 중요하게 여겼다고 한다.

지눌의 교화는 그의 종교적 체험을 기본으로 하고 또 듣는 이의 능력과 소질을 중요시하는 특질을 가졌다. 선교를 융회함은 그가 『화엄론』을 통하여 선교가 각기 불심과 불어로 계합하는 것을 친증한 체험을 기본으로 하며 성적등지惺寂等持, 원돈신해圓頓信解, 경절徑截의 삼문으로 접화接化함도 각기 『단경』, 『화엄론』, 『대혜어록』을 계기로 증입한 체험을 바탕으로 한 것이다. 특히 삼종의 접화문은 듣는 이의 능력과 소질에 따라 각기 다른 길로서 이는 응기설법應機說法의 묘용을 잘 나타낸다. 여기에 모든 사람에게 고루 능력에 따라 불음佛音을 전하는 국사의 큰 자비가 있는 것이다. 그는 오직 깨침과 닦음으로 일관하였고 정과 혜, 선과 교가 일치하는 수심불교로의 한국불교의 방향을 정립하여 독특한 지눌 선풍을 확립하였다.

그가 남긴 중요 저술을 보면 다음과 같다.

上堂錄 一卷(失傳)　　　看話決疑論 一卷

法語歌頌 一卷(失傳)　　　眞心直說 一卷

禪覺銘 一卷(失傳)　　　誡初心學人文 一卷

定慧結社文 一卷　　　法集別行錄節要並入私記 一卷

修心訣 一卷　　　華嚴論節要 三卷

圓頓成佛論 一卷

Ⅲ. 돈오점수 사상

우리는 지눌이 불교가 밖으로 정치적 혼란에 휩쓸리어 본궤를 벗어나 궁중불교와 이양에 떨어지고, 안으로는 선·교가 대립, 갈등하는 시대에 살면서 선교를 회통하고 타락된 불교를 일신, 정법을 구현하기 위하여 평생을 일관하여 진력하였음을 보았다.

지눌은 정법의 구현을 위해서는 불교인 모두가 수심에 투철해야 한다고 믿었으며, 그러기 위하여 가장 중요한 것은 깨침과 닦음의 선후와 본말을 정확히 밝히는 일이라고 믿었다. 왜냐하면 깨침과 닦음의 바른 길은 수심인에게 나침반과 같이 중요하기 때문이며 그렇게 할 때 선교종의 갈등도 자연히 해소될 수 있겠기 때문이다. 돈오점수 사상은 이러한 입장에서 체계가 세워진 것이다.

1. 돈오점수설의 연원

지눌이 깨침과 닦음의 이론으로 선오후수先悟後修인 돈오점수를 주장하였거니와 돈오점수를 올바로 파악하기 위하여 우리는 먼저 돈점이란 말이 어떤 뜻으로 사용되고 있는지를 알아둘 필요가 있다. 깨침과 닦음의 종교인 불교에서는 일찍부터 깨침과 닦음이 시간과 단계를 거치는 점차적인 것인가(漸) 아니면 시간과 단계를 거치지 않고 바로(頓) 가능한 것인가 하는 논의가 있어 왔다. 특히 대승불교에서 그러한 논의가 활발하여 점차적이라고 보는 입장을 점문漸門 혹은 점교漸敎, 바로 가능하다는 입장을 돈문頓門 혹은 돈교頓敎라고 부른다. 그러나 돈점에 관한 논의는 쓰임에 따라 각기 다르니 그를 대략 나누어 보면 다음과 같다.

① 부처님의 설법 형식에 의한 구별 : 예를 들면 근기를 초월하여 바로 설하였다는 『화엄경』은 돈, 근기에 맞추어 점차로 설한 『아함』·『방등』·『반야경』 등의 여러 경은 점.

② 사상의 내용에 의한 분류 : 일정한 차례에 따르지 않고 단번에 해탈을 얻는 방법을 말한 것을 돈교, 원칙적으로 차례를 밟아서 해탈케 하는 가르침을 점교.

③ 수행의 과정에 따른 구별 : 사상상의 돈교에 의하여 일시에 깨침을 얻는 것을 돈, 점교에 의하여 수행하여 얕은 데서 점차로 깊은 데로 나아가는 것을 점. 이 경우 전자는 수행하는 점차와 경과하는 시간을 말하지 않으나 후자는 그 과정으로 칠현七賢, 칠성七聖, 52위位, 삼아승기겁三阿僧祇劫 등을 말한다.

④ 선종에서 깨침을 기준으로 한 분류 : 시간과 차제를 거치지 않고 일시에 바로 깨치는 것을 주장하는 것이 돈, 점차로 차제를 밟아 깨친다고 하는 것이 점.

물론 지눌이 논의하는 돈점은 선에서 깨침을 중심으로 논하는 입장, 즉 ④의 입장에서임은 말할 것도 없다.

그러면 선에서 돈점설의 배경은 어떠한 것인가? 선에서의 돈점설의 원형은 초조 달마의 『이입사행론二入四行論』에서도 찾아볼 수 있다. 즉 이입은 돈오로, 사행은 점수로 각기 대비해 볼 수 있을 것이다. 그러나 본격적인 돈점의 논의를 위하여 우리는 『육조단경六祖壇經』을 들지 않을 수 없다. 『단경』에서의 이른바 '남돈북점南頓北漸'이 혜능의 친설인가 하는 의문은 접어두고라도 적어도 거기서 우리는 선에서의 돈점 논의의 가장 구체적인 모습을 찾을 수 있기 때문이다. 남·북종이란 말은 육조 혜능과 그 문하인들이 영남 조계산에서, 또 신수는 장안 낙양에서 각기 교화하였으므로 지역을 따라 혜능을 남종, 신수를 북종이라 하였음은 주지의 일이다. 그러나 그들 간에는 지역적 차이 이전에 선에 대한 관점의 차이가 현저하였으니 근본적으로 남의 혜능이 돈오를 강조하였다면 북의 신수는 점수를 강조하였다. 혜능의 가풍을 남돈선南頓禪 혹은 남돈종南頓宗, 신수의 가풍을 북점선北漸禪 혹은 북점종北漸宗이라 부르는 것도 이 때문이다.

그러면 신수와 혜능의 근본적인 차이는 무엇일까? 이 질문은 바로 점문과 돈문, 점종과 돈종의 근본적인 차이가 무엇인가 하는 질문과 다르지 않다. 『육조단경』에는 이들의 차이를 드라마틱한 두 게송을 통하여 표현하고 있다. 즉 오조 홍인이 전법을 하기 위하여 각기 공부한 바를 한 수의 게송으로 보일 것을 요청하였을 때 신수는,

> 내 몸은 보리수(身是菩提樹)
> 내 마음은 명경대(心如明鏡臺)
> 항상 힘써 닦아(時時勤拂拭)
> 티끌을 묻게 해서는 안 된다(勿使惹塵埃)

라고 읊었다.

여기에 대하여 혜능은,

> 보리는 원래 나무가 아니며(菩提本無樹)
> 명경은 또한 대가 아니다(明鏡亦非臺)
> 본래 한 물건도 없는데(本來無一物)
> 어디에 티끌이 있을까 보냐(何處惹塵埃)

라고 하였다.[22]

이 역사적인 두 게송의 차이는 무엇일까? 신수의 게송에 의하면 사람은 누구나 본래 청정하다. 이것을 지키고 잃지 않겠다는 노력이 종교적 실천이며 닦음이다. 몸은 보리수며 마음은 명경대다. 티끌에 더럽히지 않도록 신구의身口意 삼업三業을 지키고 닦는 것이다. 그러므로 삼학이란 악을 짓지 않는 것이요(戒), 뜻을 맑히는 것(定)이며, 선을 받들어 행하는 것(慧)이다.[23] 신수에 있어서 마음은 거울과 같다. 따라서 그에게 필요한 것은 그 마음의 거울에 티끌이 묻지 않도록 열심히 털고 닦는 일이다. 즉 그의 선은 '거울 닦는' 작업이며 그것은 '닦음'에 중점이 있다. 이러한 신수선의 입장을 잘 나타내는 것이 돈황문서 중의 하나인『보리달마남종정시비론』이란 신회神會의 저술이다. 이 책은 8세기경 신회가 낙양의 북동에 위치한 대운사에서 북종을 이단으로 물리치며 남종을 선양한 기록으로, 북종의 신수의 가르침을 가리켜 "마음을 응집해서 명상하고, 마음을 가라 앉혀서 고요함을 유지하고, 마음을 가다듬어 밖을 제어하고, 마음을 닦아 안으로 깨달음을 구하게" 하는 것이라고 지적한다.[24] 물론 신회에게 이러한 가르침은 '우자愚者의 가르침'에 지나지 않는다. 이는『단경』남돈북점품에서 '마음을 머물러 고요함을 관(住心觀靜)'하는 것이라는 북종에 대한『단경』의 평과 일치하는 것이다.

여기에 비하여 혜능의 남종선은 '본래 한 물건도 없다(本來無一物)'는 사실에 대한 투철한 인식이요 깨침을 강조할 뿐인 것이다. 그야말로 직지인심直指人心 견성성불見性成佛의 소식이다. 그에 있어서 선은 산란한

---

22 혜능,『육조단경』종보본, 오법전의 제일.
23 위의 책, 남돈북점 제칠.
24 柳田聖山, 서경수 역,『禪思想』, 목탁신서 6, pp.64~65.

마음을 진정시키는 '거울 닦는' 일은 아니다. '마음을 머물러 고요함을 관'하는 것은 선이 아니라 '병'이다. 선은 혜능에 의하면 본래 산란하지 않은 자성에 눈뜨는 것일 뿐이다. 그러므로 자성자오自性自悟요 돈오돈수頓悟頓修며 역무점차亦無漸次인 것이다.[25] 여기서 우리는 '돈오돈수 역무점차'란 말에 주목할 필요가 있다. 깨침이란 점차적인 것이 아니라 돈오며 돈수라는 것이다. 그러므로 혜능의 삼학은 밖으로 무엇을 닦는 것이 아니라 자기의 성품으로부터 작용을 일으키는 것이다. 즉 자기의 성품으로부터 작용을 일으키는 것이 계요, 정이며, 혜인 것이다. 이는 바로 자성이 일상생활에 밝게 드러나는 일행삼매一行三昧요, 그러므로 돈수인 것이다. 『단경』은 남돈가풍은 대근지인大根之人을 위한 수승한 가르침이요, 신수의 북점가풍은 소근지인小根之人을 위한 열등한 가르침이라고 규정하고 있다. 지금까지 고찰한 남북종의 차이를 정리해 보자.

南 宗(頓)	北 宗(漸)
① 깨침의 강조(頓悟)	① 닦음의 강조(漸修)
② 깨침이란 '本來無一物'인 자성에 눈뜸이며 그것은 돈오이다.	② '거울 닦는' 닦음은 점차적인 것이다.
③ 닦음이란 자성의 펼침이며 돈수일 뿐이다(一行三昧).	③ 깨침이란 그러한 닦음을 통하여 가능하다.
④ 自性三學	④ 隨相三學
⑤ 大根之人을 위한 길	⑤ 小根之人을 위한 길
⑥ 중국적	⑥ 인도적

위의 표를 통해서 보면 결국 남종과 북종의 기본적인 차이는 각기 돈오와 점수의 강조에 있음을 알 수 있다.

이러한 선의 돈점 논의는 남북종 간의 많은 논란이 되어 오다가 징관澄觀(738~839)과 종밀宗密(780~841)에 이르러 이론적으로 체계를 지

---

25 혜능, 앞의 책, 남돈북점 제칠.

어 구분하였다. 지눌의 『절요』에는 이들 징관과 종밀의 돈점의 구분에 관하여 자세한 고찰을 하고 있다.[26] 이는 그가 자신의 돈오점수설을 확립하기 전에 기왕에 있어 왔던 돈점설을 얼마나 신중히 검토하였는가를 잘 보여 주는 것이다. 그것은 지눌이 그만큼 깨침과 닦음의 바른 길을 탐구하기 위하여 진지하게 노력하였다는 증거이기도 하다.

지눌에 의하면 징관과 종밀은 각기 7종 혹은 5종의 돈점을 분류하거니와 징관은 깨침(悟)을 닦음(修)에 종속시켜 점의 문을 세웠고 종밀은 닦음을 깨침에 종속시켜 돈의 문을 세웠다고 한다. 따라서 두 사람이 같은 돈오점수를 말하지만 실제로는 돈·점의 차이가 있음을 지적한다. 즉 징관은 점문의 입장에서 수를 강조하는가 하면 종밀은 돈문의 입장에서 오를 강조하는 돈오점수설이라는 것이다. 이렇게 징관과 종밀의 입장을 섭렵한 다음에 지눌은 그들의 돈과 점을 아울러 그 자신의 돈오점수설을 확립하고 있다.

2. 지눌의 돈오점수

이제 지눌이 지도 체계로 수립한 돈오점수의 내용을 알아보자. 먼저 돈오를 그는 이렇게 말하고 있다.

돈오란 범부가 미혹했을 때 사대四大를 몸이라 하고 망상을 마음이라 하여, 제 성품이 참 법신임을 모르고 자기의 신령스런 앎(靈知)이 참 부처인 줄 알지 못하여 마음 밖에서 부처를 찾아 허덕이며 헤매다가 갑자기 선지식의 지시를 받고 바른 길에 들어가 한 생각에 빛

---

26 지눌,『법집별행록절요병입사기』,『사집합본』, 법륜사, 1972, pp.45~63.

을 돌이켜 제 본성을 보면 번뇌 없는 지혜의 본성이 본래부터 갖추어져 있어 모든 부처님과 털끝만큼도 다르지 않음을 아나니 그 때문에 돈오라고 한다.[27]

돈오란 '심즉불心卽佛'이라는 사실에의 눈뜸이며 자기 존재의 실상에 대한 명확한 파악이다. 돈오가 있기 전에 '나'에 대한 인식은 '사대를 몸이라 하고 망상을 마음'이라 하는 잘못된 것이었다. 그것은 '나'라는 존재의 실상에 대한 미혹이다. 그 존재에 대한 미혹의 결과가 부처를 찾으면서 마음 밖으로 추구하는 이른바 '외구外求'이다.

그러던 것이 선지식의 가르침으로 일념회광一念廻光하여 마음을 반조返照했을 때 존재의 실상은 밝게 드러난다. 그 드러난 모습은 ① 본래 번뇌가 없으며(本無煩惱) ② 무한한 지혜가 본래부터 갖추어져서 모든 부처님과 조금도 다름이 없는 자리라는 것이다. 본래 번뇌가 없다는 사실의 발견은 중요하다. 왜냐하면 그러한 투철한 앎이 없을 때 번뇌는 끊어야 할 대상으로 알기 때문이다. 그러나 돈오는 본래 번뇌란 실체가 없고 따라서 끊어야 할 대상이 있음도 아니라는 사실에의 눈뜸인 것이다. 이 눈뜸은 일념회광으로 비로소 가능하다. 한 생각의 돌이킴으로 하여 견자본성見自本性은 가능하기 때문이다. 일념회광과 견자본성은 하나이며 동시이다. 그러므로 '돈頓'인 것이다. 지눌은 반조자심返照自心, 회광반조廻光返照 등의 표현을 함께 쓰기도 한다. 일념회광은 단순한 지적인 것이 아니라 마음의 실상을 확실히 아는 생생한 체험이며

---

27 지눌, 「수심결」, 『보조법어』, p.43. "頓悟者 凡夫迷時 四大爲身 妄想爲心 不知自性是眞法身 不知自己靈知是眞佛也. 心外覓佛 波波浪走 忽被善知識 指示入路 一念廻光 見自本性 而此性地 元無煩惱 無漏智性 本自具足 卽與諸佛 分毫不殊 故云頓悟也."

그것은 미迷에서 오悟로의 질적인 전환을 말한다. '내가 부처'라는 말은 바로 이때에 터지는 탄성이다.

이렇게 자성의 참모습을 분명히 깨쳐 아는 돈오는 수행의 구극이며 완성인가? 지눌은 그렇게 보지 않는다. 지눌에 의하면 돈오란 불과佛果를 증득한 최후의 완성이 아니라 처음으로 마음의 실상에 눈뜨는 체험이며 따라서 완성을 위해서는 점수가 필요하다고 한다. 마음의 성상性相을 확실히 아는 것이 구태여 완전한 실천을 의미하는 것은 아닐 수도 있기 때문이다. 따라서 돈오는 수행의 완성이 아니라 참다운 닦음의 출발이며 진정한 의미의 신信의 확립인 것이다. 조문의 신은 외적인 불·법·승 삼보에의 귀의라는 차원을 넘어 심즉불心卽佛의 확신에 이르러 완성되며 그러기에 이러한 신은 진리를 밖으로 찾는 일의 종식이기도 하다. 이러한 신은 자기 존재의 실상에 대한 확실한 눈뜸이 있을 때에 가능한 것이다.

점수란 무엇인가?

점수란 비록 본래의 성품이 부처와 다르지 않음을 깨달았으나 오랫동안의 습기習氣는 갑자기 버리기 어려우므로 깨달음에 의해 닦아 차츰 공이 이루어져서 성인의 태를 길러 오랜 동안을 지나 성인이 되는 것이므로 점수라 한다. 마치 어린애가 처음 낳았을 때 갖추어진 모든 기관이 어른과 다를 것이 없지만 그 힘이 아직 충실하지 못하기 때문에 제법 세월이 지난 뒤에 비로소 사람이 되는 것과 같다.[28]

---

28 위의 책, p.43. "漸修者 雖悟本性 與佛無殊 無始習氣 難卒頓除 故 依悟而修 漸熏功成 長養聖胎 久久成聖 故 云漸修也 比如孩子初生之日 諸根具足 與他無異 然其力未充 頗經歲月 方始成人."

깨침은 아는 것이며 닦음은 실천이다. 우리의 본래 성품이 부처와 다름이 없음을 분명히 깨치는 것이 돈오이다. 그러나 그 깨친 것을 그대로 생활 속에 구현할 수 있는가 하는 것은 닦음의 중요한 문제이다. 지눌에 의하면 깨친 즉시로 행동이 깨침과 일치하기는 어렵다고 본다. 그러므로 점수가 필요하다는 것이다. 무엇 때문에 깨친 것과 행하는 것이 일치하지 않는가? 지눌에 의하면 그것은 우리가 오랫동안 길들여진 습기習氣 때문이라고 한다. 미혹한 채 몸·입·생각(身口意)으로 익혀 온 습성이 돈오로 일시에 완전히 소멸되기는 어렵다는 것이다.

그러므로 깨친 대로 실천할 수 있게 하는 닦음이 필요한 것이다. 돈오가 미迷에서 오悟로의 전환이라면 점수는 범凡에서 성聖으로의 실천행이다. 돈오를 통하여 자성을 깨친 사람이 그대로 성인은 아니다. 그는 성인이 될 수 있는 자질을 갖춘 사람이다. 깨침과 성인의 차이는 이理와 사事, 가능성과 완성의 차이이다. 점수란 바로 이 가능성을 완성으로 구체화하는 과정이며 노력이다. 지눌은 돈오와 점수를 어린 아기와 어른에 비유하고 있다. 어린 아기가 막 태어났을 때 팔다리며 모든 기관이 어른과 다름없이 다 갖추어 있지만 세월이 가고 자라나야 어른처럼 팔다리를 움직이고 활동할 수 있는 것이다. 돈오가 아기의 탄생이라면 점수는 그 아이가 어른이 되기까지의 성숙이며 개발 과정이다. 그러므로 돈오만으로 모든 수행이 필요하지 않다고 하는 것은 마치 갓난아기가 어른 행세를 하는 것과 다름없는 일이다. 지눌은 또 점수의 필요성을 "바람은 그쳤으나 물결은 아직 출렁이고 이치는 나타났으나 망념은 아직도 침노한다."라고 인증한다.[29] 바람이 그치는 것은 일시에 될 수 있으나 출렁이는 물결이 자려면 시간이 필요하다. 이치로 뿐만이 아

---

29 위의 책, p.48B. "頓悟雖同佛 多生習氣深 風停波尙湧 理現念猶侵."

니라 침노하는 망념을 대치할 수 있는 실제의 노력도 필요한 것이다. 출렁이는 물결을 재우고 망념을 대치하는 공들임이 다름 아닌 점수이다. 그러나 이 닦음은 망념을 끊으려는 노력이 아니라 지혜로써 닦는 것이다. 망념이 일어나면 바로 그 정체를 비추어 알 수 있는 닦음이 필요하다. 비추는 밝음 앞에서 망념은 본래 공한 성품을 드러낼 수밖에 없다. 경계를 따라 망념이 일 적마다 지혜로 비추어 살피는 일을(照察) 꾸준히 계속하여 크게 쉰 완전한 경지에까지 이르게 하는 것이 깨친 후의 점차로 닦는 것이다. 크게 쉰 완전한 경지(大休歇之地)는 무위無爲의 경지며 그것은 덜고 또 덜어 나아갈 수 없는 구극을 말한다. 바로 여기서 덜고 또 덜어 쉬는 공부가 오후悟後에 필요한 닦음이다. 지눌은 이 오후의 닦음을 목우행牧牛行으로 비유한다. 스스로의 호를 목우자牧牛子라 한 것도 그가 소치는 공부인 점수를 얼마나 소중히 여겼는가를 가리키는 일이다. 지눌은 이렇게 오후의 닦음을 강조하고 있다. 지금까지 말한 지눌의 깨침과 닦음의 과정을 알기 쉽게 표시하면 다음과 같다.

3. 점수의 내용: 정혜쌍수定慧雙修

지금까지 보아 온 것처럼 지눌에 있어서 닦음은 깨침을 바탕으로 한다. 그러므로 그가 말하는 닦음은 항상 깨침을 전제로 하는 오후의 닦음이다. 그러면 깨친 후의 닦음의 원리는 무엇인가? 한마디로 선정과 지혜를 함께 닦는 정혜쌍수 혹은 정혜등지定慧等持이다. 선정禪定(Dhyana)과 지혜智慧(Prajna)는 본래 계·정·혜 삼학의 덕목으로 일반적으로 닦아 이루는 것이며 단계적인 것으로 이해되어 왔다. 계율은 신·구·의의 삼업을 잘 지키어 방비지악防非止惡하는 것이며, 선정은 산란한 마음을 한 경계에 머물게 하여 조용하게 하고, 지혜는 사물을 사물

대로 보는 것이다. 또한 이 셋은 단계적인 것으로 계에 의하여 선정을 얻고 선정에 의하여 지혜를 얻는다고 보았다. 이러한 이해가 삼학의 일반적인 이해이며 『단경』이 전하는 바에 의하면 신수의 북점종이 가르치는 삼학이다. 이러한 삼학은 악을 짓지 않고 선을 닦기 위한 노력이 필요하며 무엇보다도 마음을 깨끗이 하는 닦음이 필요한 것이다. 마치 거울에 앉은 먼지를 닦아 내듯이 마음의 때를 부지런히 없애는 것이다. 앞에서도 본 것처럼 이것이 신수 북점종의 마음공부의 요체이다. 지눌은 이러한 삼학을 수상삼학隨相三學 혹은 수상정혜隨相定慧라고 부른다. 상을 따라 닦기 때문이다.

여기에 반하여 지눌은 훨씬 다른 차원의 삼학을 말한다. 그것은 자성삼학自性三學 혹은 자성정혜自性定慧라 불리는 것으로, 지눌은 이렇게 말한다.

> 마음에 잘못 없음이 자성계自性戒요, 마음에 산란함 없음이 자성정自性定이며, 마음에 어리석음 없음이 자성혜自性慧이다.[30]

이는 혜능의 말을 인용한 것으로 여기서의 삼학은 외적인 것이 아니라 내적인 것이며, 점차적인 단계가 아니라 동시적인 것이며 하나인 마음 그 자체의 작용이다. 따라서 그들은 하나씩 분리될 수 있는 성질의 것도 아니다. 한마음의 다른 면이기 때문이다. 지눌이 보는 선정과 지혜도 혜능에서처럼 마음을 떠나서 생각할 수 없다. 선정과 지혜는 바로 마음의 성상性相, 즉 공적空寂하고 영지靈知한 두 바탕이기 때문이다. 선정은 마음의 공적한 본체를 말하고 지혜란 마음의 영지한 작용을 말

---

30 『수심결』, 앞의 책, p.50. "心地無非 自性戒 心地無亂 自性定 心地無痴 自性慧."

한다. 따라서 선정과 지혜는 마음의 본체와 작용으로 분리될 수 없는 하나이다. 본체가 있으면 작용이 있고 작용이 있으면 본체가 있듯이 선정이 있으면 지혜가 있고 지혜가 있는 곳에 선정 또한 있는 것이다. 분리될 수 없는 한마음이기 때문이다. 지눌이 말하는 정혜쌍수니 정혜등지니 하는 말은 바로 이러한 마음의 본래 성품을 기본으로 하여 나오는 자연스런 표현이다.

삼학에 관한 신수와 혜능, 점문과 돈문의 차이는 지눌의 표현대로 하면 바로 수상삼학과 자성삼학의 차이이다. 전자가 단계적이며 닦음이 있는 유위의 노력이라면 후자는 마음의 본래 모습을 가리킬 뿐이요 무위의 닦음인 것이다. 지눌은 혜능과 마찬가지로 수상삼학은 열등한 닦음으로 깨침이 없는 점문의 것이라 하고 자성삼학은 깨침이 있는 뒤의 삼학이라고 구분한다. 즉 깨침 이전의 정혜는 정과 혜가 쌍수가 못되고 선후가 있는 닦음이며 깨친 이후라야 비로소 쌍수는 가능하다는 것이다. 물론 그의 닦음은 깨침을 전제로 하기 때문에 그 닦음은 정과 혜가 등지요 쌍수인 닦음이다.

隨相定慧—漸門의 修: 有爲有心: 相을 따르는 禪定과 智慧: 선정과 지혜가 선후가 있음: 깨침을 통하지 않은 닦음.

自性定慧—頓門의 修: 無爲無心: 마음에 卽한 선정과 지혜: 선정과 지혜를 함께 닦음: 깨침을 통한 닦음.

지눌의 오후수인 점수는 따라서 엄밀히 말하면 자성정혜의 수라야 한다. 그는 돈문의 입장에 서 있고 점수가 오후의 수이기 때문이다. 그러나 그는 오후수인 점수에 자성정혜와 수상정혜를 함께 포용하는 원융성을 보인다. 그 까닭은 각인의 능력과 근기를 중시하기 때문이다. 오후에도 수승한 근기의 사람은 자성정혜로 닦을 것 없는 닦음(無修而修)이 있을 뿐이나 그렇지 못한 열등한 근기의 사람은 오후에도 대치하는 수상문 정혜의 원용을 허용하고 있는 것이다.

> 자성정혜를 닦는 사람은 돈문에서 노력 없는 노력으로 병운쌍적並運双寂하여 자기의 성품을 닦아 스스로 불도를 이루는 사람이다. 수상문 정혜를 닦는 사람은 깨치기 전의 점문의 열등한 근기가 대치하는 노력으로 마음마다 미혹을 끊고 고요함을 취하여 수행을 삼는 사람이다. 이 두 가지 수행은 돈과 점이 각기 다르니 혼동하면 안 된다. 그러나 깨친 후에 닦는 문에 수상문의 대치함을 아울러 논한 것은 점문의 열등한 근기가 닦는 것을 전적으로 취한 것이 아니라 그 방편을 취하여 임시로 쓸 뿐이다. 왜냐하면 돈문에도 근기가 수승한 사람과 근기가 열등한 사람이 있으므로 한가지로 그 닦는 길을 판단할 수 없기 때문이다.[31]

이렇게 각인의 능력과 근기를 중시하는 것이야말로 지눌의 원용한 자비방편문으로 원효 이래 통불교적인 전통의 한 특색이기도 하다.

그러면 어떤 사람이 수상정혜를 닦으며 또 어떤 사람이 자성정혜를 닦을 것인가? 먼저 수상정혜를 닦아야 할 경우를 보자.

> 그러나 업의 장애는 두텁고 번뇌의 습기는 무거워 관행觀行이 약하

---

31 위의 책, p.54. "修自性定慧者 此是頓門 用無功之功 並運雙寂 自修自性 自成佛道者也 修隨相門定慧者 此是未悟前 漸門劣機 用對治之功 心心斷或 取靜爲行者 而此二門所行 頓漸各異 不可參亂也 然 悟後修門中 兼 論隨相門對治者 非全取漸機所行也 取其方便 假道托宿而已 何故 於此頓門 亦有機勝者 亦有機劣者 不可一例 判其行李也."

고 마음은 들떠 무명의 힘은 크고 지혜의 힘은 적어 선악의 경계를 대하여 동요함과 고요함이 서로 엇갈림을 면하지 못하므로 마음이 담담하지 못한 사람은 반연을 잊고 번뇌를 버리는 수행을 하지 않으면 안 된다. 그러므로 이르기를 "육근이 대상세계를 거두어 마음이 반연을 따르지 않는 것을 선정이라 하고, 마음과 대상이 모두 공하여 비추어 보아도 미혹이 없음을 지혜라 한다. 이것이 비록 수상문의 정혜로써 점문의 하등한 근기의 수행이나 대치함에 있어서는 이들이 없을 수가 없다. 만약 들뜨는 마음이 심하면 먼저 선정으로 이치 그대로 산란함을 거두어 잡아 마음이 반연을 따르지 않고 본래의 고요함에 합하게 하며, 만약 혼침이 더욱 심하면 지혜로써 법을 선택하고 공을 관하고 비추어 보아 미혹이 없게 하여 본래의 지각에 합하게 해야 한다. 선정으로 어지러운 생각을 다스리고 지혜로 아무런 생각이 없는 무기無記를 다스려 동요하거나 고요한 상태가 없어지고 대치하는 노력도 없어지면 대상을 대하여도 생각 생각마다 근본으로 돌아가고 반연을 만나도 마음 마음이 합하여 그러한 대로 두 가지를 닦아야 비로소 모든 것을 깨달아 무사인無事人이 될 것이다. 만약 이렇게 하면 참으로 선정과 지혜를 고루 가져 밝게 불성을 본 사람이라 할 수 있다."고 하였다.[32]

즉 수상문의 정혜를 닦아야 할 사람은, 첫째 번뇌의 업장과 습기가

---

32 위의 책, p.52B. "然障濃習重 觀劣心浮 無明之力大 般若之力小 於善惡境界 未免被動靜互換 心不恬淡者 不無忘緣遣 蕩功夫矣 如云 六根攝境 心不隨緣 謂之定 心境俱空 照鑑無或 謂之慧 此雖隨相門 定慧漸門 劣機所行也 對治門中 不可無也. 若掉擧熾盛 則先以定門 稱理攝散 心不隨緣 契乎本寂 若昏沈尤多 則次以 慧門 擇法觀空 照鑑無或 契乎本知 以定治乎亂想 以慧治乎無記 動靜相亡 對治功終 則對境而念念歸 宗 遇緣而心心契道 任運雙修 方爲無事人 若如是 則眞可謂定慧等持 明見佛性者也."

두텁고 무거운 반면, 관행은 약하고 마음이 가라앉지 못하고 들떠 있는 사람, 둘째 무명은 깊고 지혜는 적어서 선하고 악한 경계를 당하여 마음이 담담하지 못하고 움직이는 사람, 즉 이러한 사람들은 수승한 근기가 못 되는 사람으로 반연을 잊고 마음을 쉬는 수상정혜의 공부가 필요하다는 것이다. 이러한 열등한 근기의 사람이 수승한 근기인 양 모든 노력을 하지 않는 일은 만용이며 과대망상으로 지눌은 특히 이러한 사람을 경계하고 있기 때문에 이들을 위한 닦음에 자상한 것이다. 실로 혜능은 돈오돈수頓悟頓修로 열등한 근기의 사람을 위한 길을 제시하지 않고 있으나 지눌이야말로 혜능의 돈문에 서면서도 열등한 근기의 사람들을 위하여 점문의 닦음까지도 차용하는 방편을 시설하고 있음은 주목할 일이 아닐 수 없다.

그러나 이 오후悟後의 수상문 정혜는 비록 점문의 수행을 차용하는 것이기는 하지만 오전悟前의 단순한 점문의 수행과는 전연 다른 것임을 알아야 한다. 이는 어디까지나 돈오 후의 닦음이므로 깨침을 즉한 수인 것이다. 그러므로 깨치기 이전의 수와는 달리 자성에 대한 의심이 없는 진수眞修이며 단지 점문의 수를 일시적인 방편으로 쓸 뿐인 것이다.

비록 대치하는 공부를 빌려서 잠깐 습기를 다스리지만 이미 마음의 성품이 본래 청정하고 번뇌가 본래 비었음을 깨쳤기 때문에 점문의 열등한 근기의 물들은 수행(汚染修)에 떨어지지 않는다. 왜냐하면 수행이 깨치기 전에 있으면 비록 잊지 않고 노력하여 생각 생각에 익히고 닦지만 곳곳에 의심을 일으키어 자유롭지 못함이 마치 한 물건이 가슴에 걸려 있는 것 같아서 불안한 모습이 언제나 앞에 나타난다. 오랜 세월이 지나서 대치하는 노력이 익으면 몸과 마음과 객관 대상이 편안한 것 같을 것이다. 그러나 비록 편안하다 하더라도 의심의 뿌리가 끊어지지 않은 것이 마치 돌로 풀을 눌러 놓은 것 같아서 오히려 생사의 세계에서 자유롭지 못하다. 그러므로 깨치기 전의 닦음은 참다운 닦음이 아니라고 한다.[33]

깨침 이전의 닦음과 이후의 닦음의 근본적인 차이는 무엇일까? 지눌에 의하면 깨침 이전의 닦음은 물들은 닦음, 즉 오염수라는 것이다. 오염수란 무엇보다도 깨침이 없으므로 근본적인 의심의 뿌리가 남아 있는 닦음이다. 그러므로 열심히 노력하여 닦지만 곳곳에서 의심에 빠져 자유로울 수 없다고 한다. 깨침은 마음의 근본 바탕을 투철히 보는 것이므로 그럴 때 의심은 사라질 수밖에 없다. 내가 바로 부처요, 번뇌란 본래 자성이 없는 것임을 보게 되기 때문이다. 그러나 그 깨침이 부재할 때 근원적인 의심은 계속 남아 있게 마련이고 이 의심의 뿌리가 남아 있는 채 닦는 것이 오염수이다. 잘못된 '나'라는 생각으로 물들었고 닦는다는 생각으로 물들었기 때문이다. 그러므로 무념無念 무심無心이 될 수 없고 항상 가슴에 무엇이 걸린 듯 불안한 채로의 닦음이다. 이러한 닦음은 마치 돌로 풀을 누르듯이 기껏해야 임시적인 치유에 불과하며 근본적인 치유가 못 된다. 그러므로 지눌은 이런 오염수는 참다운 닦음이 못된다고 힘주어 말한다.

그러나 깨친 후의 닦음은 비록 점문의 닦음을 빌려 쓰더라도 그것은 깨침을 기본으로 하기 때문에 물들지 않은 참다운 닦음(眞修)이다. 비록 산란과 혼침을 대치하는 노력의 방편으로 빌려 쓰지만 깨친 뒤의 닦음

---

33 위의 책, pp.54~55. "雖借對治功夫 暫調習氣 以先頓悟心性本淨 煩惱本空故 卽不落漸門劣機汚染修也 何者 修在悟前 則雖用功不忘 念念熏修 着生疑 未能無礙. 如有一物 礙在胸中不安之相 常現在前 日久月深 對治功熟 則身心客塵 怡似輕安 雖復輕安 疑根未斷 如石壓草 猶如生死界 不得自在 故云 修在悟前 非眞修也."

은 존재의 실상에 대한 깨침이 있으므로 의심이 없고 따라서 '나'라는 생각에도 물들음이 없다. 또한 이러한 닦음은 번뇌의 실체가 본래 없다는 사실을 분명히 깨쳤으므로 번뇌를 끊되 끊음이 없는(無斷而斷) 무위의 닦음인 것이다. 바로 이러한 까닭에 지눌은 오전의 수에 대하여 거의 침묵을 지키고 오후수를 강조하고 있다.

지금까지 오후의 닦음에서 열등한 근기의 사람을 위한 수상정혜를 살펴보았거니와 대근지인大根之人을 위한 자성정혜란 어떠한 것인가?

> 만약 번뇌가 엷고 몸과 마음이 편안하여 선악에 무심하고 여덟 가지 번뇌에도 동요하지 않으며 세 가지 느낌(三受)까지도 빈 사람이 자성정혜를 의지하여 자유롭게 함께 닦으면 천진하여 조작이 없으므로 움직이거나 고요하거나 항상 선정이어서 자연한 이치를 이룰 것이니 어찌 수상문 정혜의 대치하는 방법을 빌리겠는가? 병이 없으면 약을 구하지 않는다.[34]

깨친 후에 ① 번뇌가 엷고 몸과 마음이 편안하여 선악에 무심하며, ② 이로움과 이롭지 못함, 명예와 불명예, 칭찬과 꾸지람, 즐거움과 괴로움 등의 여덟 가지 사람의 마음을 흔드는 번뇌에도 동요하지 않고, ③ 괴로움과 즐거움 그리고 괴로움도 즐거움도 아닌 세 가지 느낌에도 마음이 조용한 사람은 수승한 근기로 자성정혜를 닦을 뿐이다. 자성정혜란 본래 마음이 행주좌와行住坐臥 어묵동정語黙動靜에 일여一如한 일행삼매一行三昧로 일상생활 그대로가 닦음일 뿐 특별한 시간과 장소,

---

34 위의 책, p.54B. "若煩惱淡薄 身心輕安 於善離善 於惡離惡 不動八風 寂然三受者 依自性定慧 任運雙修 天眞無作 動靜常禪 成就自然之理 何假隨相門對治之義也 無病不求藥."

노력이 필요한 닦음이 아니다. 이것은 바로 혜능이 말하는 돈수며 일행삼매와 다르지 않다. 혜능의 특성이 '돈오돈수頓悟頓修 역무점차亦無漸次'로 점문을 세우지 않는 것이라면 지눌의 특성은 오후수에도 각인의 근기에 따라 적합한 닦음의 길을 제시함에 있다.

지금까지 우리는 점수의 두 가지 형태인 수상정혜와 자성정혜, 그리고 어떠한 근기의 사람이 그들 수행을 각기 필요로 하는가를 고찰하여 보았다. 그렇다면 또 한 가지 의문은 과연 지눌이 말하는 점수가 자리행自利行에만 그치고 마는가 하는 것이다. 지눌은 오후의 닦음이 결코 자리행뿐만이 아니라 모든 사람을 위하여 자비를 실천하는 이타행利他行을 함께 겸해야 함을 강조하고 있다.

이 오후 점수의 문은 다만 더러움을 닦는 것만이 아니요 다시 만행을 겸해 닦아 자타를 아울러 구제하는 것인데, 지금의 참선하는 이들은 모두 "다만 불성만 밝게 보면 이타의 행원行願은 저절로 원만히 이루어진다."고 하였다. 그러나 목우자 나는 그렇지 않다고 생각한다. 불성을 밝게 본다는 것은 다만 중생과 부처가 평등하고 나와 남의 차별이 없음을 보는 것이니 거기서 다시 자비와 서원의 마음을 내지 않으면 한갓 고요함에만 머물러 있지 않을까 걱정하기 때문이다. …

화엄론에서도 "지혜의 성품은 다만 고요함이기 때문에 서원으로 지혜를 보호한다."고 하였다. 그러므로 깨닫기 전의 미혹한 자리에서는 비록 어떤 서원이 있어도 마음의 힘이 어둡고 약하기 때문에 그 서원을 성취시킬 수 없는 것이다. 그러나 한번 깨달은 뒤에는 차별지로 중생들의 괴로워하는 것을 보고 자비와 서원의 마음을 내어 제 힘과 분수를 따라 보살의 도를 행하면 각행覺行이 점점 원만해지리

니 어찌 기쁘고 유쾌하지 않겠는가.[35]

여기서 지눌의 오후수가 적정에 떨어지는 안일한 것이 아니라 세찬 이익중생利益衆生의 보살행을 겸하는 자타겸제自他兼濟의 실천임을 잘 알 수 있다. 이러한 점수의 두 가지 수행 즉 휴헐망심休歇妄心하는 자리행과 중선衆善을 실천하는 이타행을 수심의 정正과 조助로 함께 겸해야 완성에 이를 수 있음을 『진심직설』에서도 강조하고 있다.[36] 그러므로 이 오후 이타행은 모든 생명의 괴로움을 함께 나누며 건지려는 자비행이며, 이는 대·소 모든 근기의 사람에게 두루 통하는 실천이며 닦음이다. 지눌이 보는 닦음을 깨침을 중심으로 구분해 보면 다음과 같다.

이전의 修 : 점문	깨침	: 돈오 이후 : 돈문의 점수[眞修]	
隨相定慧[汚染修]	① 自利行	自性定慧—수승한 근기	
		隨相定慧—열등한 근기	
	② 利他行	모든 근기	

이렇게 볼 때 지눌의 돈오점수는 사실상 단순한 체계가 아니라 대·소근기의 모든 사람을 포용할 수 있는 융통성 있는 것임을 알 수 있다. 즉 돈오+자성정혜의 수승한 근기의 사람을 위한 체계는 사실상 혜능이 강조하는 돈오돈수와 다름이 없다. 이때의 돈오점수는 돈문이 가장 높은 길이며, 따라서 '돈오'는 단순한 해오解悟의 경지가 아니라 증오證悟의 차원에로까지 승화된다. 반면에 돈오+수상정혜 지도 체계는 열등한

---

35 『법집별행록절요병입사기』, 앞의 책, p.81. "此悟後修門 非唯不汚染 亦有萬行兼修 自他兼濟矣. 今時禪者 皆云 但明見佛性然後 利他行願 自然成滿 牧牛子 以謂非然也. 明見佛性 則但生佛平等 彼我無差 若不發悲願 恐滯寂靜 華嚴論云 智性寂靜 以願防知 是也 故知 悟前惑地 雖有志願 心力昧略 故 願不成立. 悟解後 以差別智 觀衆生苦 發悲願心 隨力隨分 行菩薩道 覺行漸圓 豈不慶快哉."
36 『진심직설』, 앞의 책, 진심정조.

근기의 사람을 접화하는 길로서 이때의 점수는 점문의 수행을 가차하고 있으며, 따라서 돈오 역시 해오에 가까운 평가를 면할 수 없다.[37] 이렇게 볼 때 지눌의 돈오점수에 있어서 돈오를 일괄해서 해오로 규정하는 것은 구체적 내용을 무시한 무리한 평가이다. 이 대목은 지눌의 돈오점수 사상을 이해하는 데 있어서 중요한 점이라 생각된다. 그러므로 지눌이 『절요』에서 징관과 종밀의 돈점문을 고찰하고 나서 "만일 그 깨침이 철저한 깨침이라면 어찌 점수에 걸리겠으며, 또 그 닦음이 진실한 닦음이라면 어찌 돈오를 떠나겠는가? 그러므로 문자를 떠나고 이치를 잡아 이름과 말에 걸리지 않는 것이 중요한 일임을 알아야 하느니라."라고 설파한 깊은 뜻을 음미할 수 있어야 한다. 지눌의 돈오점수는 돈문과 점문에 방해되지 않는 융통성을 가졌으며, 이는 어디까지나 각기 다른 근기의 사람들을 바른 길로 안내하려는 그의 위인문의 충정에서 체계화된 것임을 알 수 있다. 그러므로 돈오점수라는 문자 자체에 구애되기보다는 중인을 인도하기 위한 그의 산정신을 파악할 수 있을 때 그의 돈오점수 사상의 진면목을 이해할 수 있을 것이다.

4. 돈오점수를 택하는 이유

지눌은 깨침과 닦음의 바른 길로 선오후수先悟後修의 체계인 돈오점수를 채택하고 그것은 '천성궤철千聖軌轍'이라고까지 강조를 아끼지 않고 있다.[38] 그가 돈오점수를 자신의 지도 체계로 채택하고 그토록 강조

---

37 여기서의 해오와 증오의 구분은 징관의 분류를 지눌이 인용하고 있음을 기준하는데 "一者解悟 謂明了性相 二者證悟 謂心造玄極"에 근거한다. 『절요』, pp.45~46.
38 『수심결』, 앞의 책, p.43B.

하고 있는 까닭은 무엇일까? 이를 알아보는 일은 매우 중요하다. 왜냐하면 돈오점수 사상이 무엇을 위한 체계였던가를 밝힐 수 있기 때문이다. 그 이유를 지눌은『절요』에서 이렇게 분명히 하고 있다.

청컨대 마음을 닦는 여러 선비들은 깊이 생각하고 자세히 살펴보라. 내가 지금 먼저 깨닫고 그 뒤에 닦는(先悟後修) 본말의 이치를 구구히 분별하는 것은 공부하는 사람들로 하여금 스스로 비굴하지도 않고(不自屈) 교만하지도 않아(不自高) 스스로 그 곡절을 환히 보아서 마침내 혼란하지 않게 하려는 것이다.[39]

초심 공부인으로 하여금 부자굴不自屈 부자고不自高하도록 하기 위하여 깨침과 닦음의 본말을 밝힌다는 것이다. 부자굴 부자고란 무엇을 뜻하는가? 이는 지눌이『수심결』,『결사문』,『절요』등 주요 저술을 통하여 누누이 지적하고 있는 선·교가의 병통에 대한 그의 처방이다. 먼저 자고란 무엇인가? 이는 스스로를 턱없이 높게 평가하는 것으로 선학자에게 있기 쉬운 병이다. 그는 이 병을 이렇게 말한다.

말법시대의 사람들은 다분히 지혜는 깊으나 아직도 온전한 법성의 이치를 깨닫지 못하여 괴로운 윤회를 면하지 못하므로 마음만 내면 곧 허망한 것을 받들고 거짓에 의탁하며, 말을 내면 곧 그 분수에 넘치고 지식이나 견해가 편고하고 행과 앎이 고르지 못하다. 요즘 선문에서 공부하는 사람들은 흔히 이런 흠이 많아 모두 말하기를 "우리 마음은 본래 깨끗하여 유에도 무에도 속해 있지 않거늘 무엇

---

39 『절요』, 앞의 책, pp.120~121. "請諸修心高士 深細思看 吾今區區 揀辨先悟後修 本末之義者 要令初心 不自屈不自高 了然自見其曲折 終不混濫也."

때문에 몸을 수고로이 하여 억지로 수행할 필요가 있겠는가."라고 한다. 그러므로 걸림 없이 자유로운 행을 본받아 진정한 수행을 버리고 다만 몸과 입만이 단정하지 못할 뿐만 아니라 마음 또한 구부러져 전연 깨닫지 못한다.[40]

　이는 본래 청정한 마음에 대한 올바른 체험적 파악이 아니라 그저 지적인 알음알이로 참다운 닦음까지를 불필요한 것인 양하는 좋지 않은 병이며, 이러한 병은 특히 선학자에게 있기 쉬운 자고의 병인 것이다. 지눌은 이런 선학자의 병이야말로 닦음을 무시하는 만용이며 그 폐해는 스스로를 망칠 뿐만 아니라 모든 사람에게까지도 악영향을 주는 악성의 것이므로 강력한 어조로 비판하고 있다. 이러한 사람들이야말로 어쩌다가 조그마한 지견만 생겨도 마치 모든 것을 돈필頓畢한 양 닦음을 소홀히 하는 무리들로, 지눌이 "가끔 영리한 무리들은 별 힘 들이지 않고 이 이치를 깨치고는 쉽다는 생각을 내어 다시 닦지 않는다. 그대로 세월이 가면 전처럼 유랑하여 윤회를 면하지 못한다."고 염려하는 어려운 사람들인 것이다.[41] 이러한 자고의 병에 걸린 선학자에게 지눌은 돈오가 진정한 닦음의 시작일 뿐이라는 오후점수悟後漸修의 처방을 내리고 있고 부자고하라고 간곡히 당부한다.

　반면에 자굴의 병은 교학자에게 있기 쉬운 것으로 "나 같은 사람이 어떻게 견성성불見性成佛할 수 있겠는가." 하는 법에 대한 현애심懸碍心

---

40 『정혜결사문』, 앞의 책, p.10B. "末法時代 人多乾慧 未免苦輪 運意則承虛託假 出語則越分過頭 知見偏枯 行解不等. 近來禪門汎學輩 多有此病 皆云 旣自心本 淨 不屬有無 何假勞形 妄加行用. 是以 效無碍自在之行 放捨眞修 非唯身口不端 亦乃心行迂曲 都不覺知."

41 『수심결』, 앞의 책, p.48B. "往往利根之輩 不費多力 打發此事 便生容易之心 更 不修治 日久月深 依前流浪 未免輪廻."

을 내며 급기야는 퇴굴하고 마는 병이다. 자기를 수준 이상으로 과대평가하는 것이 병이라면 수준 이하로 과소평가하는 것 또한 큰 병이다. 이것은 자기가 본래부터 갖춘 가능성의 상실이며 따라서 상구보리上求菩提라는 불교 본연의 이상의 포기인 것이다. 이들에 관하여 지눌은 『절요』에서 이렇게 적고 있다.

> 나는 보건대 교학자들이 권교權敎의 말에 걸리어 진실과 허망을 따로따로 집착함으로써 스스로 물러날 마음을 내며, 혹은 입으로 '사사무애事事無碍'를 말하면서 관행을 닦지 않으며, 제 마음이 깨달아 들어가는 비밀한 법이 있음을 믿지 않고 참선하는 이들의 견성성불이란 말을 들으면 곧 말을 떠난 돈교의 이치에서 벗어나지 않았다 하면서, 그 가운데 뚜렷이 깨달은 본마음의 불변수연不變隨緣과 성상체용과 안락 부귀가 모두 부처님과 같다는 뜻을 알지 못하니 어찌 그들을 지혜 있는 사람이라 하겠는가… 만일 이 뜻을 안다면 부자굴不自屈 부자고不自高해야 비로소 뜻을 얻은 마음을 닦는 사람이라 할 것이다.[42]

즉 이 자굴병의 근원은 자기비하요 '심즉불心卽佛'이란 말에 대한 불신이며 그 결과는 퇴굴이다. 이러한 병에 걸린 교학자를 그는 담마기금擔麻棄金, 즉 금을 버리고 삼(麻)을 짊어지는 사람에 비유한다. 이러한 사람에게 지눌은, 깨침은 모든 사람이 이룰 수 있는 것이라는 돈오의

---

42 『절요』, 앞의 책, pp.31~32. "予見敎學者 滯於權敎所說 眞妄別執 自生退屈 或口談事事無碍 不修觀行 不信有自心悟入之秘訣 纔聞禪者 見性成佛 以謂不出頓敎離言之理 不知此中 圓悟本心 不變隨緣 性相體用 安樂富貴 同於諸佛之意 豈爲有智慧人也 … 若知此意 卽不自屈不自高 方爲得意修心者也."

처방을 내리고 있는 것이다.

이렇게 지눌은 '나는 못났다' 하는 자굴심에 떨어진 사람에게 '네가 바로 부처'라고 용기를 북돋아 주었고, '이만하면 됐다' 하고 자만심에 찬 사람에게는 수심은 이제부터라는 겸허한 자세를 가르치어 부자굴 부자고하도록 깨우치고 있다. 돈과 오만을 전부로 아는 선학자에게 점수의 용공用功을 권하며, 관행을 게을리하는 교학자에게는 마음의 성상을 먼저 분명히 보아야 한다고 권하는 응기설법應機說法의 지도 체계인 것이다. 여기에서 우리가 알 수 있는 것은 지눌이 해결하려고 일생 동안 진력한 선과 교의 융회정신이다. 즉 그의 돈오점수는 부자굴 부자고의 원리에 입각하여 각기 교학자와 선학자의 병을 치유하며 그렇게 함으로써 선교 간의 갈등을 근원적으로 해소하려 시도하고 있다.

5. 돈오점수와 경절문徑截門

「불일보조국사비명」에 의하면 지눌은 성적등지惺寂等持, 원돈신해圓頓信解, 경절勁截의 삼문을 시설하여 중인衆人을 제접提接하였다고 한다. 이 삼종문을 깨침과 닦음을 기준으로 하여 볼 때 첫 두 문은 돈오점수의 지도 체계에 포섭되는 것이라 볼 수 있다. 그러나 경절문은 다른 바가 있으니 그 내용은 무엇이며 지금까지 우리가 고찰해 온 돈오점수의 체계와는 어떠한 관계에 있는지를 알아보는 일은 돈오점수설을 보다 명확히 파악하기 위해 필요하다.

경절문이란 무엇인가? '경절'이란 '바로 질러간다'는 뜻으로, 경절문이란 소위 일초직입여래지一超直入如來地의 단도직입적인 길을 말한다. 즉 일체의 어로語路, 의리義理, 사량분별의 길을 거치지 않고 직접 마음의 본체에 계합함을 일컫는다. 지눌은 돈오점수를 일반적인 사람들을 위한 깨침과 닦음의 길로 제시하면서도 다시 경절문을 시설하여 특수한 근기의 사람들을 또한 포용하고 있으니 그의 저술 가운데 『간화결의론 看話決疑論』과 『절요』 등에 잘 나타나 있다. 그러면 경절문의 특성을 지눌의 말을 통하여 직접 들어보자.

원교圓敎에서 십현十玄의 무애한 법문을 말한 것은 비록 그것이 부사의不思議한 경지에 오른 보살을 두루 보는 진리의 경계이긴 하지만, 오늘의 범부들이 관행하는 문에는 듣고 아는 언어의 길과 이치의 길이 있어서, 분별없는 지혜를 얻지 못하고 모름지기 보고 듣는 것과 이해하고 행하는 과정을 지낸 뒤에야 증득해 들어가니, 증득해 들어가서는 선문의 무념으로 역시 상응하는 바이다. 그래서 논에 이르기를 "먼저 듣고 아는 것으로 믿어 들어가고 다음에 생각없는 마음으로써 계합해서 같게 된다." 하였거니와, 선문에 바로 뛰어들어 증득해 드는 이는 처음에 이치와 뜻을 듣고 아는 생각을 상대함이 없이 바로 자미 없는 화두를 붙들어 깨달을 따름이다. 그러므로 말길과 뜻길의 알음알이로 생각하는 경계가 없으며, 또한 보고 듣고 이해하고 수행하는 등의 과정도 없다가 홀연히 화두를 대번에 한번 깨치고 나면 앞에서 말한 바와 같은 일심의 법계가 훤하게 뚜렷이 밝아지는 것이다. 그러므로 원교의 관행하는 자와 선문의 한번 깨치는 자를 비교하면 교내敎內와 교외敎外가 뚜렷이 같지 않아서 시간적으로도 더디고 빠름이 또한 다름을 명백히 알 수 있다. 따라서 교외별전의 선문은 교종에 널리 뛰어났거나 얕게 아는 자가 능히 감당할 바가 아니다.[43]

---

43 지눌, 『간화결의론』(『보조법어』, pp.134~135). "圓敎 談十玄無碍法門 雖是不思議
    乘菩薩普眼境界 而於今時凡夫觀行門 以有聞解語路義路 故未得無分別智 須

즉 여기서 지눌은 두 가지 길을 상론하고 있으니 ① 먼저 듣고 아는 것으로 믿어 들어가고(先以聞慧信入) 다음에 무사無思로 계합(後以無思契同)하는 길과, ② 처음부터 이치와 뜻을 듣고 아는 어로, 의로 심식 사유함이 없이 바로 몰자미한 화두를 들어 깨치는 길의 두 가지가 그것이다. 전자가 교가 혹은 인교오심因敎悟心하는 관행자를 위한 것으로 교와의 융회를 기본으로 한다면, 후자는 경절득입徑截得入의 문으로 선의 본지풍광本地風光을 향한 그야말로 교외별전하는 길이다. 여기서 우리가 주목할 일은 지눌의 돈오점수의 체계는 전자, 즉 인교오심의 관행자를 위한 일반적인 지도 체계라는 점이다. 거기에 비해 경절문은 인교오심이 아니라 오히려 인교오심의 약점인 지해知解의 병을 파하기 위한 직접적인 길로써 시설하고 있으니 이는 선종의 과량지기過量之機를 위한 화두선이다. 이 단도직입적인 경절문의 시설이야말로 선이 교를 바탕으로 한 융선融禪의 입장뿐만 아니라 본분종사本分宗師의 면목 또한 잃지 않음을 잘 보여 준다.

IV. 결어

지금까지 우리는 지눌의 돈오점수 사상의 내용을 비교적 구체적으로

經見聞解行生然後 證入矣. 當於證入 亦如禪門無念相應. 故論云 先以聞解信入 後以無思契同. 禪門徑截得入者 初無法義 聞解當情 直以無滋味話頭 但提撕擧覺而已 故無語路義路心識思惟之處 亦無見聞解行生等 時分前後 忽然話頭噴地一發 則如前所論 一心法界 洞然圓明. 故 與圓敎觀行者 比於禪門一發者 敎內敎外 逈然不同 故時分遲速亦不同 居然可知矣. 故云 敎外別傳 逈出敎乘 非淺識者 所能堪任.”

고찰하여 보았다. 이제 지금까지 살펴본 바를 바탕으로 돈오점수 사상의 특성을 정리하여 보고 한국불교 사상사적 의의는 어떠한 것인지를 알아보는 것으로 결어에 대신하려고 한다.

먼저 선오후수의 지도 체계인 돈오점수는 묘합회통이라는 구조적인 특성을 가진다. 각기 다른 전통이나 흐름에 대하여 배타적이거나 획일적이기보다 조화로운 만남을 통하여 종합하고 있다. 이것은 신라의 원효가 여러 갈래의 불교를 무리 없이 회통, 하나로 통하게 한 한국불교의 통불교적 전통이라 할 것이다. 그러면 돈오점수 사상에 나타난 묘합회통의 구체적인 내용은 어떠한 것인가?

첫째 돈문과 점문의 원융한 회통이다. 깨침을 강조하는 돈문과 닦음을 강조하는 점문은『단경』이래 대립적인 위치에 있었다. "진리를 연설할 때에는 반드시『육조단경』에 뜻을 두었다(立法演義則意必六祖壇經)."라는 지눌은 혜능과 같이 돈문의 입장에 섰다. 이는 그가 창평 청원사에서 증입의 첫 종교적 체험을『단경』을 통하여 한 것과 통하는 것이다. 그러나 혜능이 돈오돈수, 역무점차를 내세워 점문을 용납하지 않은 것과는 달리 점문의 닦음을 오후수의 방편으로 포용하고 있음은 특기할 만한 일이다. 이러한 지눌의 입장은 징관과 종밀의 돈점설을 수용하면서도 독자적인 비판과 주체적인 자세를 잃지 않은 점을 통하여도 그대로 나타난다.

둘째 오와 수의 묘합이다. 돈점이 각기 대립, 분리될 때의 문제는 오와 수의 유리이다. 그러나 지눌에 있어서 오와 수는 분리될 수 없는 것으로 오를 통한 수, 수를 게을리하지 않는 오의 체계가 바로 돈오점수의 묘합이며 회통인 것이다.

셋째 선과 교의 융회요 묘합이다. 지눌에 있어서 '교는 불어요 선은 불심'으로 선교는 대립, 갈등이 아니라 표리를 이루는 입장이다. 그러므로 돈오점수는 선학자의 문제와 교학자의 문제를 함께 해소시키는 역할을 훌륭히 담당하는 체계이다. 즉 돈오를 강조하면서 열등감으로 관행을 게을리하는 교학자들에게 용기를 북돋아 주고, 점수를 강조하면서 스스로를 과대평가하는 자고병에 떨어진 선학자의 병을 근원적으로 치유하는 처방을 제공하고 있는 것이다.

넷째로 이러한 묘합회통을 기본으로 하는 돈오점수 사상의 근저에는 모든 사람의 능력과 소질을 최대한으로 살리려는 국사의 근기설법의 자비가 흐르고 있다. 오후수에서 각기 능력에 따라 수상, 자성의 두 가지 정혜를 시설하는 것이나 삼종문을 열어 과량기過量機의 선학자에게 단도직입의 경절문을 권하는 것도 위인문爲人門의 자비심 어린 방편의 소산이라 할 것이다. 『단경』의 혜능이 대근지인을 위한 돈문의 길만을 내세웠다면 대근지인은 물론이요 소근지인까지도 버리지 않는 원융한 위인문을 시설한 것이 지눌이었다. 자성정혜문이나 경절문에서부터 점문열기漸門劣機의 수인 수상정혜까지를 시설하고 있음은 생각할 수 있는 최상의 근기에서부터 최하근기의 사람까지를 포용하는 지눌의 폭 넓은 수기설법隨機說法의 가르침을 잘 보여 준다. 이는 대·소승의 모든 근기의 중생들을 위하여 각기 다른 입문과 수행의 길을 제시한 불타 본연의 가르침의 방법과 본질적으로 다르지 않다.

요즈음 지눌의 돈오돈수설에 대한 비판을 볼 때 과연 이렇게 중인의 근기를 존중하는 그의 가르침의 입장을 얼마나 정확히 파악하고 있는지 의심이 가지 않을 수 없다. 서언에서도 잠깐 언급한 것처럼 돈오점수를 주장하는 사람을 일률적으로 불타의 혜명을 단절하는 자로 몰아붙이는 것은 성급한 판단이 아닐 수 없다. 『선문정로』에서 이성철 종정이 밝히는 이른바 선문의 정로는 ① 돈오=견성=구경성불, ② 오후수란 따라서 자재해탈의 경지일 뿐이며, ③ 견성의 방법은 화두의 참구라고 하고 있다.[44] 이러한 견지에서 볼 때 돈오 후에 점수가 필요하다는 돈오점수는 이단사설이라는 것이다. 그러나 지눌의 깨침과 닦음의 체계로 볼 때 성철 종정의 입장은 경절문이나 자성정혜와 다를 것이 없고, 그 점 『단경』의 돈오돈수적 견해도 마찬가지이다. 그러나 이미 고찰한 것을 통하여 볼 때 지눌은 그러한 순선적純禪的 입장을 무시한 것이 아니라 별도의 문으로 잘 살리면서 또한 열등한 근기의 사람을 위한 방편의 문을 넓히고 있는 것이다. 따라서 지눌의 돈오점수에 대한 평가는 그가 돈오점수라는 지도 체계를 수립하게 되는 고려불교의 역사적인 배경과 지눌의 깨침과 닦음에 관한 입장에 대해 구체적이고도 심도 있는 통찰이 있은 연후에 내려질 성질의 것이라고 생각된다.

이상의 특성을 가진 돈오점수 사상의 한국불교 사상사적 의의는 어떠한 것일까? 첫째 탈중국적인 한국 선 전통의 확립이다. 선과 교, 돈과 점, 오와 수를 하나로 보는 회통적 선의 전통이 비로소 그에 의하여 이 땅에 수립된 것이다. 이는 외래사상의 주체적이고도 독창적인 수요의 한 훌륭한 예이다. 이러한 지눌의 회통적 전통은 원효 이래 한국불교가 가꾸고 꽃피워 온 전통의 재확인이며 지금까지도 면면히 계승되어 살아 숨 쉬고 있다. 둘째 돈오점수의 체계야말로 지눌이 타락된 고려불교를 정법불교로 바로잡기 위한 방법의 제시로 깨침과 닦음이라는 불교 본연의 이슈에 착안, 수심의 본말을 분명히 하고 있다는 점은 주목할 일이다. 셋째 수심인의 나침반으로서 돈오점수는 결국 가장 인간답게 살기 위한 길에 대한 명쾌한 제시이다. 진리가 먼 곳이 아니라 각각의 존재의 원천에 있으며 그 원천으로 돌이킴을 통한 눈뜸과 모든 사람들과 더불어 공존할 수 있는 삶의 길을 지눌은 수심의 길을 통하여 우

---

44 이성철, 앞의 책, 서언.

리에게 보여 준다. 오후수에서 모든 사람을 위한 이타행을 강조하고 있음도 바로 이러한 점을 보여 주고 있다.

지눌은 고려불교가 안으로 선교 간의 심한 대립, 갈등과 밖으로 정치적 혼란의 와중에서 형식화하는 시대에 살았다. 그의 생애는 이러한 고려불교의 문제점을 날카롭게 비판하고 정법을 구현하려는 그의 의지를 잘 보여 준다. 그는 정법을 바로 세우기 위하여 깨침과 닦음의 본말을 밝히는 일이 가장 중요하다고 생각하였다. 실로 그의 삶 자체가 그대로 깨침과 닦음을 향한 것이었다.

깨침과 닦음의 정로를 밝히기 위하여 그는 선사이면서도 그 당시까지의 모든 이론을 섭렵하였다. 그러나 그는 유도지종惟道之從하였을 뿐 어느 한 사를 맹종하지 않았다. 조계를 따르면서도 점수를 버리지 않았고 규봉 종밀을 가까이하면서도 대혜를 좋아하였으며 그러면서도 교를 멀리하지 않았다. 뿐만 아니라 그는 지해종도임을 알면서도 신회의 오해悟解 고명함을 높이 평가하였고 정통과 거리가 먼 이통현의 『화엄론』을 남달리 귀하게 여겼다. 이는 다 사람을 좇는 것이 아니라 법을 따를 뿐인 그의 진실됨을 말하는 것이다. 창조적 전통의 형성은 이러한 주체적인 자세에서만 가능한 것이다. 그의 돈오점수 사상은 탈중국적인 한국 선의 방향 제시였으며 동시에 타락한 고려불교를 일신하려는 그의 처방이기도 하였다.

돈오점수에서 우리는 독특한 지눌 사상 내지는 지도 체계의 모습을 볼 수 있으니 선의 입장을 취하면서도 교를 버리지 않고 돈문에 서면서도 점문을 포용하며, 오를 강조하면서도 수를 게을리하지 않는 묘합회통의 정신이 그것이다. 이 묘합회통 정신의 근저에는 각기 다른 근기의 사람들을 능력과 소질에 따라 제도하려는 이익중생의 자비가 살아 있음을 잘 볼 수 있다.

13

지눌의 심성론心性論
/ 길희성

〈선정 이유〉

● 길희성, 「지눌의 심성론心性論」, 『역사학보』 제93호, 역사학회, 1982.3, pp.1~20.

선정 이유

이 논문은 선의 존재론적 근원이 되는 진심을 중심으로 지눌의 심성론을 밝히고 있는 점에 주목하여 선정하였다. 저자는 선불교에서 '심'과 '성'의 개념을 분리하여 종밀이 말한 '선원禪源' 즉 선의 근원과 선리禪理를 실천을 통해 알게 되는 '선행禪行'으로 구분하고, 지눌이 말한 법法의 불변과 수연의 두 면(心의 性과 相) 및 인人의 돈오와 점수의 구도를 원용하여 해명하고 있다.

저자는 '적寂'과 '지知'의 개념을 불변(性, 體)과 수연(心, 用)의 구도로 설명하면서 종밀의 "지의 한 글자는 모든 묘함의 문이다(知之一字 衆妙之門)."라는 말로 이심전심의 전통을 깨고 처음으로 심의 본성을 말로써 분명히 표현했다고 보았다. 저자는 지눌이 말하는 진심은 체와 용의 양면을 다 가지고 있으며, 진심의 불변한 체의 세계가 고요한 가운데 앎이 있는 경지라면, 진심의 용의 세계는 여러 외적 조건에 따라 항시 변하는 수연의 동적인 세계로 보았다.

저자는, 성기는 상이 상을(사가 사를) 서로 의지하면서 일으킨다는 연기의 개념과 구별되어 성 그 자체가 상을(이가 사를) 일으킨다는 이론임과 동시에 상이 상인 한 그 상을 상되게 하는 성(이, 공, 진여 등)을 떠나서 존재할 수 없다는 관점에 근거한 이론이라며 지눌이 화엄에서 성기의 사상을 매우 중요시한 이유를 해명한다. 지눌은 홍주종에 대한 종밀의 평가를 그대로 받아들이지 않으며 진심의 여러 가지 면들을 명확하게 파악하고 조화 있게 이해하는 데 있어서 신회의 견해가 가장 훌륭하다고 인정한다.

그러면서 저자는 지눌의 "말법시대에 있어서 마음을 닦는 사람은 먼저 하택의 말과 가르침에 따라 자기 마음의 성과 상, 체와 용을 결택하여 공적空寂을 따르지 말며(우두종의 경향) 연을 따름에도 걸리지 말지라(홍주종의 위험)."라는 견해를 추천하고 있다.

　　저자는, 지눌은 선의 궁극적 실재인 진심과 눈에 보이는 세계(諸法) 관계를 전간문과 전수문으로 규정하고 있다고 보았다. 또 지눌은 진심의 체와 진심의 용 중에서 어느 것을 강조하는가라는 물음에 대해 모든 것을 부정하는 전간문과 모든 것을 긍정하는 전수문으로 답변하고 있다고 하였다. 저자는 지눌의 심성론은 실제에 있어서 각을 체험한 사람들이 타인을 가르치기 위하여 방편으로 설한 말에 근거하여 어디까지나 간접적인 이론으로 다룬 것에 지나지 않는다는 것을 잊어서는 안 되며, 지눌은 우리가 어떤 수행의 단계에 있든지 진심의 체상體上에 있는 적寂과 지知를 떠나지 않는다고 강조한다고 파악하는 지점에서 이 논문의 의미와 학문적 가치를 찾을 수 있다.

I. 서언序言

선불교禪佛敎를 이해함에 있어 '심心'과 '성性'의 개념처럼 중요한 것은 없다. 이 두 개념은 종종 함께 붙여서 '심성心性'이라는 단어로 사용되기도 한다. 이 개념들의 중요성은 선불교의 원리를 요약하여 말해 주는 '직지인심直指人心'이나 '견성성불見性成佛'과 같은 문구에 잘 나타나 있다. 선불교를 '심종心宗'이라 부르는 이유도 여기에 있는 것이다.

그러나 이 '심'의 개념은 중국불교에 있어서 여러 가지 의미로 사용되고 있으며 그 개념을 정확히 파악하기란 결코 쉬운 일이 아니다. 중국 화엄종의 조사祖師이기도 한 유명한 종밀宗密 선사는 이 점에 유의하여 '심' 개념을 네 가지 의미로 구별하고 있다.

첫째는 육체적인 마음, 즉 심장心藏(hṛdaya, 肉團心)의 뜻, 둘째는 여덟 가지 식識을 모두 일컫는 말로서 우리의 보통 생활에서 여러 가지 사물들을 인식하고 구별하는 마음(緣慮心), 셋째는 제8식 즉 모든 식識의 종자를 간직하고 있는 알라야식(ālayavijñāna, citta, 集起心), 그리고 마지막으로 진실심眞實心(hṛdaya, 堅實心 혹은 여래장 tathāgatagarbha)의 뜻이다.[1]

선불교에서 말하는 심이란 주로 이 네 번째의 마음, 즉 인간이 본래부터 가지고 있는 부처의 마음이나 불성을 의미하며 혹은 진여眞如라고 불리우기도 한다.

---

1 『대정장』 48, p.401하.

지눌知訥(1158~1210)은 이것을 그의 저서『진심직설眞心直說』에서 진심眞心이라 부르며, 종밀은 그의 명저『선원제전집도서禪源諸詮集都序』에서 이 마음을 '선禪의 근원(禪源)'이라 부르고 있다. 그는 말하기를 선원禪源이란 "모든 중생이 가지고 있는 본래적인 각覺의 참다운 성품"이라고 하였다.[2] 그는 더 나아가서 이 '선원'을 선의 원리(禪理)라 부르고 우리로 하여금 이 선리禪理를 실천을 통하여 깨달아 알게 하는 선행禪行과 구별하고 있다.[3] 다시 말하자면 '선원'은 선禪 그 자체를 가능하게 해주는 선의 객관적·존재론적 근거를 말하며, '선행'이란 선에서 이야기하는 궁극적 실재인 진심을 주관적으로 체득하게 하는 실천적인 과정을 말함이다.

우리가 여기서 고찰하고자 하는 것은 전자 즉 선의 존재론적 근거인 진심에 관한 지눌의 이론을 살펴봄에 있다. 선을 이러한 주관과 객관의 두 가지 측면에서 접근하여 이해하고 있는 것은 종밀 선사로부터 강한 사상적 영향을 맺은 지눌의 경우에도 분명하다. 지눌의 선불교 이해의 가장 이론적인 지침서인『법집별행록절요法集別行錄節要』에서 우리는 다음과 같은 중요한 구절을 찾아볼 수 있다.

지금까지 열거한 法門은 모두 말에 근거하여 이해를 일으킴으로써 깨달음에 들어가려는 사람들을 위한 것이다. 그것은 法은 不變과 隨緣의 두 면을 가지고 있고, 人은 頓悟와 漸修의 두 길이 있다는 것을 상세히 辨別하고 있다. '不變과 隨緣'의 두 면으로서 우리는 모든 經과 論들의 旨趣가 곧 자기 마음의 性과 相이라는 것을 알며, '頓悟와 漸修'의 두 길로서 우리는 모든 聖賢들이 따른 길이 다

2 위의 책, p.399상.
3 위의 책, p.399상.

름 아닌 우리 자신의 행위의 시작과 끝이라는 것을 알게 된다.[4]

이 구절은 지눌의 선리론禪理論의 구조를 단적으로 알려주는 말이다. 특히 우리는 '법法'과 '인人'이라는 두 글자에 유의하여야 한다. 왜냐하면 이 두 개념은 우리가 위에서 말한 선의 주관과 객관적인 면에 정확하게 들어맞는 개념이기 때문이다.

다시 정리해서 말할 것 같으면 법의 불변不變과 수연隨緣의 두 면(心의 性과 相)은 선의 존재론적인 측면을 말하는 것으로서 종밀의 '선원禪源'에 해당하는 것이며, 인人의 돈오와 점수는 인간이 선의 세계에 들어가기 위하여 따라야 하는 '선행禪行'을 의미하는 것이다. 이러한 지눌의 선사상의 전반적인 배경을 마음에 두고 이제부터 그의 심성론, 즉 선의 존재론적 기반에 관한 그의 이론을 자세히 살펴보자.

II. 적적寂과 지知

위에 인용한 구절에서 이미 우리가 알 수 있는 것은, 지눌에 의하면 법은 불변과 수연의 두 면을 가졌다는 것이다. 여기서 '법法'이라 함은 『대승기신론大乘起信論』에서 말하듯이 바로 중생의 마음(衆生心)을 가리키는 말로서 이 마음이 변하지 않는(不變) 성性과 여러 현상세계의 조건에 따라(隨緣) 변하는 상相의 두 면을 가지고 있다는 것이다. 『기신론起

---

4 安震湖 編, 『懸吐節要』, 法輪社, 1971, p.115. "上來所學法門 竝是爲依言生解悟入者 委辨法有隨緣不變二義 人有頓悟漸修兩門 以二義 知一藏經論之旨歸 是自心之性相 以兩門 見一切賢聖之軌轍 是自行之始終."

信論』에서는 이 두 면을 가리켜 심心이 '진여眞如'와 '생멸生滅'의 두 문門을 가지고 있다고 표현하고 있다. 혹은 심은 체體·상相·용用의 세 가지 면을 지니고 있다고 말한다.

지눌은 이러한『기신론』의 사상적 영향을 받아 그의『진심직설』에서 진심을 체와 용의 면에서 고찰하고 있다.(相은 用에 흡수됨)[5] 이상과 같은 점들에서 우리가 처음부터 분명히 기억할 것은 불변과 수연, 성과 상, 체와 용은 다같이 선禪에서 말하는 궁극적 실재인 바 진심眞心의 두 가지 면을 각기 다른 용어로 표현하고 있다는 것이다.

종밀 선사는 이 두 면을 알기 쉽게 비유로 표현하여서 불변(性, 體)이란 금金의 금 되는 변하지 않는 성질이며, 수연이란 금이 금으로 만든 여러 가지 물건들을 통하여 나타나게 되는 변하는 형태들이라고 비유하고 있다.

그러면 지눌은 이 금의 금성金性 즉 심의 변하지 않는 심성心性을 어떻게 이해하고 있는가? 이 문제의 핵심으로 들어가기 위하여 우리는 여기서 잠깐 지눌의 선 이해에 관한 선사상사적禪思想史的 위치를 고찰해 볼 필요가 있다. 지눌은 원래 그의 생에 있어서 대혜大慧 선사 (1089~1163)의 간화선을 접한 이후로는 선의 진리란 '불립문자不立文字' '교외별전敎外別傳'으로서 어떠한 지적인 이해도 초월한다는 것을 깊이 느꼈고, 또 그것을 그의『간화결의론看話決疑論』에서 역설하고 있다.

그러나 그는 동시에 화두선話頭禪이란 상근기의 사람들에게만 적합한 길이며 하근기의 사람들은 어디까지나 우선 선에 대한 분명한 지적 이해가 선행되어야 한다고 믿었다.

---

5 知訥의 저서들을 통하여 그가 이와 같은『起信論』의 사상에 깊이 젖어 있다는 것을 분명히 알 수 있다. 金呑虛 譯,『懸吐譯解 普照法語』, p.16, pp.103~104.;『節要』, 華嚴學會, 1973, p.107 참조.

그리고 이러한 선의 분명한 지적 이해에 관한 한 그는 종밀 선사와 또한 종밀이 숭앙하던 하택 신회荷澤神會(668~760)를 가장 높이 평가하였다. 그러기에 그는 선의 지적이고 이론적인 기초를 제공하기 위하여 저술한 『법집별행록절요』의 서두에서 다음과 같이 진술하고 있다.

> 하택 신회는 지적 이해(知解)를 하는 宗師이다. 비록 曹溪(육조 혜능)의 적자는 못되나 그의 깨달음과 이해가 고명하며 그의 [진리를] 결택함이 요연하다. 종밀은 그의 뜻을 이어 받았다. 따라서 이 錄(法集別行錄)에 그것을 펴고 밝히니 활연히 볼 수 있다. 지금 敎로 인하여 마음을 깨닫는 자들을 위하여 그 번거로운 말들을 빼고 그 綱要만을 뽑아서 觀行의 거울로 삼노라.[6]

그러면 왜 지눌은 그의 당시 이미 명성이 거의 사라져 버린 신회의 선 이해를 이토록 높이 평가했는가? 신회의 선사상의 어떤 면이 지눌의 마음을 끌었는가? 이것을 밝히는 것은 곧 『법집별행록절요』의 중심이 되는 내용을 건드리는 것이며, 지눌의 심성론의 핵심으로 들어가게 되는 것이다.

종밀의 선 전통에 관한 이해에 따를 것 같으면(知訥도 이것을 받아들임) 진심의 진리는 조사들에 의하여 마음에서부터 마음으로 전해져 오다가 하택 신회가 드디어 "지知라는 한 글자는 모든 묘妙함의 문이다(知之一字 衆妙之門)."라는 말로써 말 없는 이심전심의 전통을 깨고 처음으로 심의 본성을 말로써 분명히 표현했다고 한다. 종밀에 의하면 본래 불교의 발상지인 인도에서는 심법心法의 전수가 경론經論을 통하여 되었었

---

6 『節要』, p.1.

지만 중국에 와서는 사람들이 문자에 집착하는 경향이 있으므로 보리달마는 묵묵한 벽관壁觀을 통하여 제자들로 하여금 진리를 직접 스스로 깨닫게 하였지 결코 말로써 설명하지 않았다 한다. 그러던 것이 육조 혜능 대사 이후 신회에 와서 여러 종파들이 경쟁하여 이설異說들을 내는 가운데 신회 자신은 그의 법을 말없이 깨달아 얻을 만한 제자를 찾지 못한 고로 선의 진리가 세상에서 끊어질까 봐 두려워 드디어 '知之一字 衆妙之門'이라는 말로써 이심전심의 전통을 깰 수밖에 없었다는 것이다.[7]

종밀에 따르면 신회의 특별한 공헌은 종전의 '무위無爲' '무상無相' 등과 같은 부정적인 언사言辭(遮過之辭)들을 넘어서서 심의 체體(性不變)를 '지知'라는 한마디로 적극적으로 드러냈다는 데 있다(現示心體). 마치 물의 체가 그 습성濕性에 있는 것처럼 심의 체는 그 지知에 있다는 것이다.[8] 그러면 이 '지'란 무엇을 말함인가? 어째서 그것이 심의 본성을 단적으로 드러내는 개념인가가 문제이다. 신회의 지의 개념에 대하여 지눌은 종밀의 말을 빌려 다음과 같이 말하고 있다.

荷澤의 견해는 모든 성인들은 諸法이 꿈과 같다고 다같이 얘기한다. 고로 망념들은 본래 寂하고 티끌과 같은 세계는 본래 空하다. 이 空寂한 마음은 靈知가 있어 어둡지 않다. 이 空寂한 마음이 곧 전에 보리달마에 의하여 전해진 깨끗한 마음이다. 迷하거나 깨닫거나 마음은 본래 스스로 안다. 이 앎은 조건에 따라 생기지도 않으며 외적인 경계 때문에 일어나지도 않는다. 迷하면 번뇌가 있으나 앎은 번뇌가 아니며 깨달을 때는 신통한 변화가 있으나 앎은 神變이 아

---

7 위의 책, pp.122~123.
8 위의 책, pp.24~25.

니다. 그렇지만 '知'라는 한 글자는 모든 妙함의 근원이다.[9]

혹은 다른 곳에서 또 말하기를,

> 諸法이 모두 공한 곳에 어두워지지 않는 靈知가 있어 知覺이 없는
> 물건들과 같지 않다. 性이 스스로 신통한 解를 가지고 있다. 이것이
> 너의 空寂하고 靈知스러운 청정한 마음의 體이다. 그리고 이 청정
> 하고 공적한 마음이 삼세의 모든 부처의 뛰어난 깨끗하고 맑은 마
> 음이며, 그것이 중생의 본래적인 깨달음의 성품이다.[10]

이상과 같은 말들은 물론 모두 진심의 경지를 깨달은 자들의 경험의
세계를 표현하는 것으로서 우리들이 개념적으로 분명히 이해하기에는
어려운 점을 안고 있다.

그러나 이 말들을 자세히 분석하여 볼 것 같으면 우리는 다음과 같
은 결론을 얻을 수 있다. 즉 선의 궁극적 실재인 진심의 체體는 공空하
고 적寂할 뿐 아니라 그보다 더 적극적인 성격인 신비스런 지知(혹은 靈
知)의 면도 갖고 있다는 것이다.

다시 말하면 심의 체의 세계는 단지 모든 현상적 다양성이 다 사라져
없어진 조용한 공(sūnyatā)의 세계가 아니라 이 공한 경지와 동시에 스스
로 밝게 아는 앎(知)이 존재한다는 것이다. 그리하여 이 앎이야말로 진
심의 세계를 아무 감각과 사고도 없는 무정無情의 세계와 구별시켜 주

---

9 위의 책, p.4. "荷潭意者 塵境本空 空寂之心 靈知不昧 即此空寂之心 是前達磨所
傳清淨心也 任迷任悟 心本自知 不藉緣生 不因境起 迷時煩惱 知非煩惱 悟時神
變 知非神變 然知之一字 是衆妙之源."

10 『普照法語』, p.47. "諸法皆空之處 靈知不昧 不同無情 性自神解 此是汝 空寂靈
知清淨心體 而此清淨空寂之心 是三世諸佛 勝淨明心 亦是衆生 本源覺性."

는 결정적인 차이라는 것이다.

지눌은 이 앎을 『기신론』에 따라 중생에 본래적으로 존재하는 불성佛性 혹은 각성覺性이라고 말한다.[11] 기신론에서 구별하고 있는 본각本覺과 시각始覺 중에서 본각과 동일시해도 무방할 것이다.

그런데 여기서 우리의 특별한 주목을 끄는 것은 지눌은 이 심체의 양면(즉 空寂과 靈知)을 또 하나의 체와 용의 관계로 해석하고 있다는 사실이다. 우리는 이미 지눌이 진심을 체와 용, 성과 상, 불변과 수연으로 구분하여 이해한다고 말했거니와 지금은 진심의 체 자체 내에 또 하나의 체용體用의 구분을 짓고 있다는 것을 기억하여야 하며, 이 나중의 체용을 먼젓번의 체용으로부터 엄격히 구별하여야 한다. 즉 우리가 지금 고찰하고 있는 진심의 불변한 체 자체가 또 하나의 체용의 관계로 간주되는 두 개의 면을 가지고 있다는 것이다. 공적과 영지 혹은 단순히 적寂과 지知의 양면이다. 지눌은 이 적과 지를 우리의 자성自性(本性, 佛性)이 본래부터 갖고 있는 정定과 혜慧와 각각 동일시하고 있다. 지눌에 있어서 정혜定慧의 개념은 매우 중요한 것으로서 그는 인간이 본래 타고난 성품상 가지고 있는 자성정혜自性定慧와 후천적으로 오랫동안의 닦음으로 갖게 되는 수상정혜隨相定慧를 구별한다. 전자는 돈오에 의하여 문득 깨달아 알게 되는 우리의 심성이 본래부터 가지고 있는바 두

---

11 眞心의 體가 空한 면뿐만 아니라 知라는 어떤 적극적인 성격도 갖고 있다는 것은 『起信論』에도 분명하게 언급되어 있다. 즉 "眞如者 依言說分別 有二義 云何爲二 一者如實空 以能究竟顯實故 二者如實不空 以有自體具足 無漏性功德故"라 하여 眞如에 如實空과 如實不空의 두 면이 있음을 말하고 있다.(『대정장』 32권, p.576상) 이 如實不空의 뜻을 더 설명하여 "已顯法體空無妄故 即是眞心 常恒不變淨法滿足 故名不空"이라 한다.(『대정장』 32권, p.579) 그리고 이 不空이 밝게 아는 성격이 있음을 『기신론』은 "從體已來 性自滿足一切功德 所謂自體有 大智慧光明義故 遍照法界義故 自性淸淨心義故 常樂我淨義故"라 설명하고 있다.(『대정장』 12, p.51상)

가지 면이고, 후자는 점수에 의하여 점차적으로 달성하게 되는 두 가지의 덕이다.

이 문제에 관한 자세한 고찰은 본 논문의 범위를 벗어나 선행禪行에 관한 것이므로 여기서는 피한다. 여하튼 여기서 유의할 점은, 지눌은 진심의 체體의 양면인 적寂과 지知를 자성自性의 정定과 혜慧와 동일시하며 그 둘 다 체용體用의 관계를 지닌 것으로 규정하고 있다.

> 만일 法과 그 意를 세운다면 그 원리에 들어가는 천 가지의 길이라도 定과 慧 아님이 없다. 우리가 이들의 綱要를 취한다면 그 둘은 단지 體와 用이라는 자성의 양면이다. 우리가 전에 空寂靈知라 부른 것이 이것이다. 定은 體요, 慧는 用이다. 體에 卽한 用이기에 慧는 定으로부터 떨어져 있지 않다. 用에 즉한 體이므로 定은 慧에서부터 떨어져 있지 않다. 定이 慧이기에 寂하나 항상 知하고, 慧가 定이기에 知하나 항상 寂하다. 마치 曹溪(慧能)가 "혼란 없는 心地가 자성의 定이요 어리석음 없는 心地가 자성의 慧"라 함과 같다.[12]

이 인용문의 마지막 부분에 담긴 혜능의 말은 『육조단경六祖壇經』으로부터 온 것이며, 이 『육조단경』과 깊은 사상적 연관을 가진 신회[13]에

---

12 『普照法語』, p.51. "若設法義 入理千門 莫非定慧 取其綱要則但自性上 體用二義 前所謂空寂靈知 是也 定是體慧是用 卽體之用 慧不離定 卽用之體故 定不離慧 定則慧故 寂而常知 慧則定故 知而常寂 如曹溪云 心地無亂 自性定 心地無癡自性慧."

13 『神會語錄』과 『六祖壇經』 사이에 거의 동일한 문구들이 많이 발견되어 대부분의 학자들은 단경이 실제에 있어서 神會 자신이나 혹은 그의 禪 계열에 속한 그룹에 의해서 만들어진 것이라고 생각한다. 이 문제에 대하여 지금까지의 연구 성과를 잘 소개하여 주는 것으로서 P. Yampolsky의 *The Platform Sutra of the sixth Patriarch*(Columbia University Press, 1967)가 있다.

있어서도 우리는 이와 같은 생각을 찾아볼 수 있다.

無住는 寂이며 寂體는 定이라 부른다. 이 體上에 자연적 智慧가 생기어 본래부터 寂한 體를 안다. 이것을 慧라 부른다.[14]

本體는 寂하다. 이 寂한 體로부터 知가 생겨서 파랑, 노랑, 빨강, 하얀색 등과 같은 세상의 여러 가지 색깔들을 잘 분별한다. 이것을 慧라 부른다.[15]

이와 같은 인용문 등을 통하여 볼 때 지눌이『단경』이나 신회의 선사상에 나타나 있는 '지知'의 개념을 그대로 이어 받고 있음을 알 수 있고, 지知와 적寂의 관계를 정정과 혜慧와 같이 진심의 체상에 있는 체용體用의 관계로 보는 것도 또한 같은 사상적 배경에서 유래하고 있음을 알 수 있다.[16]

그러나 우리는 아직도 도대체 이 '지'라는 것이 무엇인지 분명히 이해했다고는 할 수 없을 것이다. 어찌하여 지눌은 지를 용用에 대비시켜 이

---

14 鎌田茂雄,『宗密教學の思想史的研究』(東京, 1975), p.376으로부터 인용.

15 위의 책, p.374. D.T. Suzuki는 그의 *The Zen Doctrine of No Mind*라는 책에서『壇經』을 중심으로 寂(定) 가운데서 知(慧)가 일어나는 신비를 설명하는 데 많은 노력을 경주하고 있다. 定의 상태를 무의식(Unconscious)으로 해석하여 다음과 같이 말한다. "In the same way, the rise of consciousness in the Unconscious is a matter of experience; no mystery is connected with it, but, logically stated, there is an apparent contradiction, which once started goes on contradicting itself eternally. Whatever this is, we have now a self-conscious Unconscious or a self-reflecting Mind. Thus transformed, Self-nature is known as *Prajñā*(慧)." *The Zen Doctrine of No Mind*(London, 1958), p.124.

16 『六祖壇經』에도 定과 慧가 體와 用의 나눌 수 없는 관계로 해석되고 있다. "善知識 我此法門 以定慧爲本 第一勿迷言慧定別 定慧體一不二 即定是慧體 即慧是定用 即慧之時定在慧 即定之時慧在定." P. Yampolsky, 앞의 책, p.5.

해하고 있는가? 공적空寂의 사상은 두말할 필요 없이 『반야경』 등에 나타난 공空(sūnyatā)사상에 입각해 있거니와 이렇게 비고 고요한 진심의 세계에 동시에 앎이 있다고 하는 것은 무엇을 말함인가?

여기서 우리는 지눌의 좀더 구체적인 설명을 들을 필요가 있다. 우리는 그의 저서 『수심결修心訣』에서 다음과 같은 흥미 있는 대화를 발견한다. 이 대화는 지눌이 진심의 실재를 설득하기 위하여 『능엄경』으로부터 인용한 것이다.

> 비록 진리에 들어가는 데에 많은 실마리가 있지만 그대를 위하여 그대가 [自身의 存在의] 근원으로 돌아가도록 한 길을 보여 주겠다. 그대는 까마귀가 울고 까치가 지저귀는 것을 듣고 있는가? "예, 듣습니다." 그대가 듣는 性을(聞性) 돌이켜 들어보아라. 그래도 여러 가지 소리들이 있는가? "그 안에 이르르니 모든 소리와 모든 구별이 다 없습니다." 좋도다 좋도다. 이것이 바로 觀音(소리를 觀함: 觀世音菩薩 Avalokitésvara의 문자적 의미)에 의하여 진리에 들어가는 길이다. 그러나 내가 더 나아가 묻노니, 그대가 그 경지에 이르면 모든 소리와 모든 구별이 없다고 하는데 이미 없다면 그러한 순간에 당하여 그것이 허공이 아닌가? "본래 空하지 않고 아주 맑아 어둡지 않습니다." 그렇다면 이 空하지 않은 體가 무엇이냐? "모양이 없는즉 말이 미치지 못합니다." 이것이 바로 다름 아닌 모든 부처님과 조사들의 生命이니 더 이상 의심을 품지 말라.[17]

이 대화는 우리로 하여금 반조返照의 행위를 통하여 우리의 본성本

---

17 『普照法語』, pp.45~46.

性인바 진심의 체體를 발견하게 하는 한 방법을 구체적으로 묘사한 것이다. 이것에 의하면 우리가 외부세계와의 감각을 통한 접촉을 끊고 자신의 마음을 비추어 보면 고요한 상태가 나타나며 이 상태는 결코 단순한 공空의 세계가 아니라 어떤 밝고 어둡지 않은 것, 즉 어떤 앎(知)이 거기에 있다는 것이다. 이 앎은 보통의 앎과는 달리 항시 고요함을 잃지 않고 다양한 현상세계의 여러 대상들에 의하여 조금도 동요됨이 없다. 이 앎은 망심妄心의 앎과는 전혀 다른 진심眞心의 체에 속한 앎이다. 지눌은 이러한 앎을 '앎이 없는 앎'이라고 역설적인 표현을 한다.

> 망령된 마음은 대상과 접할 때 앎을 가지고 안다. 마음에 들거나 거슬리는 대상을 대할 때 탐욕과 노여움의 마음을 내며, 그 중간적인 대상을 대할 때는 바보와 같은 마음을 낸다. 대상에 접하여 탐욕과 노여움과 무지의 마음이 일어나면 그것은 망령된 마음임에 틀림없다. 한 祖師가 이르기를 거슬리는 것과 마음에 드는 것이 서로 싸움은 마음의 병이라 했다. 그런 고로 可하고 可하지 못한 것을 대하는 것이 망령된 마음임을 알라. 眞心은 반면에 앎이 없이 안다. 생각이 평온한 가운데 둥글게 비춰 풀이나 나무와 다르고, 미움과 사랑을 내지 않아 망령된 마음과 다르다. 대상에 접할 때 비고 밝아 미움과 사랑이 없어 앎이 없이 아는 眞心이다.[18]

지눌은 『조론肇論』의 저자 승조僧肇의 말을 빌려 또 다른 표현을 한다.

> 대저 성인의 마음은 미묘하고 相이 없어 有로 간주될 수 없다. 그것

---

18 위의 책, p.85.

을 사용할수록 더욱 더 부지런하기에 無로 간주될 수도 없다. 有가 아님으로 알되 알지 않고, 無가 아니기에 알지 않으나 안다. 이러한 이유로 이 앎이 없이 앎은 성인의 마음과 다름이 있다고 할 수 없다.[19]

한마디로 말해서 지눌은 우리 진심의 체體는 고요하나 앎이 있어, 한편으로는 앎이 있으나 고요하지 않은 보통 사람들의 마음과 다르며 다른 한편으로는 고요하나 앎이 없는 무정無情의 세계와도 다르다는 것이다. 그렇다고 해서 깨달음을 깨닫는 지혜도 아니라고 지눌은 말한다.[20] 깨달음을 깨닫는 지혜는 자연상自然上의 혜慧, 즉 우리가 지금 고찰하고 있는 진심의 체體로서의 지知와 구별되어야 한다.

---

19 위의 책, pp.85~86. "夫聖心者 微妙無相 不可爲有 用之彌勤 不可爲無 乃至非有故 知而無知 非無故 無知而知 是以 無知即知無以言異 於聖人心也." 이 구절은 僧肇의 『般若無知論』으로부터 知訥이 인용한 것이다. W. Liebenthal의 *On Prajñā not cognizant, Chao Lun: The Treatises of Seng-chao*(Hong-Kong, 1968) 참조.

20 『節要』, p.89에 "非分別之識 亦非證悟之智"라 한다. 우리는 따라서 般若(prajñā)라는 말의 두 가지 의미를 구별해야 한다. 첫째는 自性의 慧(우리가 지금 고찰하고 있는 것)이고 다른 하나는 깨달음을 깨닫는 智慧(證悟之智)이다. 전자는 『기신론』에서 말하는 本覺에 해당하고 후자는 始覺에 해당한다고 볼 수 있다. 후자는 존재론적으로 전자에 근거한다. D.T. Suzuki는 이 양자를 구별하여 다음과 같이 말한다.
"Chih (知 knowing) is the absolute object of prajñā and at the same time prajñā itself. The Chinese Buddhist philosophers frequently call it, tauto logically, *panju chi chih-hui* 般若之智慧(*hannya no chiye* in Japanese), for they want to have *chih-hui*, as it is ordinarily understood, sharply distinguished from *prajñā*(pan-ju)." "Zen: A Reply to Hu Shih.", *Philosophy East and West* Ⅲ, 1953. p.33. 그러나 Suzuki도 때로는 이 구별을 명확하게 지키지 않아 이해에 혼선을 가져오기도 한다. 그의 *The Zen Docticne of No Mind*, pp.41~42 참조.

Ⅲ. 지知와 현상세계

그러나 지눌知訥에 의할 것 같으면 비록 이 지지가 보통의 의식과도 다르고 깨달음을 체험하는 지혜와도 다르지만 우리의 모든 사고와 지식의 근거가 된다고 한다. 여기서 우리는 진심眞心의 다른 면인 용用의 세계에 관한 지눌의 이론을 접하게 된다. 진심의 불변한 체體의 세계가 고요한 가운데 앎이 있는 경지라면 진심의 용用의 세계는 여러 외적 조건에 따라 항시 변하는 수연隨緣의 동적인 세계이다. 진심은 이 체體와 용用의 양면을 다 가지고 있다는 것이다. 우선 이 양자의 관계를 말해 주는 지눌의 말을 들어보자.

> 지금 밝힌바 空寂靈知는 비록 분별을 하는 識도 아니고 깨달음을 체험하는 智慧도 아니지만 識과 智慧를 산출해 낼 수 있다. 범부도 되고 성인도 되며 선도 짓고 악도 짓는다. 마음에 들거나 거슬리거나 하는 用의 힘이 만 가지로 변한다. 그 이유인즉 그 體가 知이기 때문이다. 여러 가지 緣에 대했을 때 모든 옳고 그름, 좋고 싫음 등을 구별한다.[21]

이 구절이 우리에게 말해 주는 것은 고요하고 불변한 진심의 체體가 동시에 우리 일상생활에서 경험하는 모든 특수성과 차별성을 되살려 내는 변하는 면을 가지고 있다는 것이며, 그 이유인즉 진심의 체가 지

---

21 위의 책, p.89. "今之所明 空寂靈知 雖非分別之識 亦非證悟之智 然亦能生 識之與智 或凡或聖 造善造惡 違順之用 勢變萬端 所以然者 以體知故 對諸緣時 能分別一切是非好惡等."

知이기 때문이라 한다. 여기서 우리는 왜 신회神會가 말한 '知之一字 衆妙之門'이라는 말이 그토록 중요한가라는 물음에 답을 발견하게 된다.

즉 진심이 그 체體에 있어서 밝고 투명한 지知의 면이 있기 때문에 때에 따라 항시 변하는 외적인 대상의 세계를 그 다양성에 있어서 그대로 알 수 있으며, 이 다양성의 세계가 진심의 체를 떠나서 따로 존재하지 않는다는 것이다. 아니 오히려 진심의 체가 지知를 갖고 있기 때문에 동적인 용用의 세계가 가능하다는 것이다. 우리는 이 진리를 나중에 지눌의 여러 가지 비유적인 설명을 통해서 좀 더 명확히 알 수 있게 될 것이다. 지금 우선 우리가 기억해야 할 것은 『기신론』의 용어를 빌려서 표현할 것 같으면 하나의 마음에 고요하고 변치 않는 진여眞如의 면과 수시로 변하는 생멸生滅의 면이 동시에 있으며, 이 두 면을 연결지어 주는 원리가 다름 아닌 심진여心眞如 자체상自體上의 지知인 것이다. 불교학상으로는 이 진리를 여래장연기如來藏緣起라 부른다. 생멸의 세계 자체가 다름 아닌 여래장, 즉 진여의 연기緣起(用)에 의하여 존재한다는 사상이다.

이러한 세계관은 중국의 화엄사상에서 극도로 발전되었으며 선불교의 핵심을 이루는 진리이다. 이 세계관의 실제적 종교적 의미는 진속眞俗의 대립을 극복하려는 데 있다. 즉 생멸의 현상세계가 진여 자체의 동적인 나타남에 지나지 않으며, 따로이 어떤 독립적인 존재를 갖고서 진여에 대립하여 있는 것이 아니라는 것이다. 선禪에서 말하는 절대적 실재인 진심을 바로 깨달으면 진眞의 세계와 속俗의 세계의 대립은 저절로 사라지며, 속俗의 세계는 부정되어질 것이 아니라 오히려 진심의 용用으로서 자유자재로 받아들여진다는 것이다. 이것을 진속원융관眞俗圓融觀이라고도 부른다. 화엄의 술어로 말하자면 사리무애事理無碍의 원리이다. 혹은 대승불교의 기본적 진리인 생사가 열반이요 열반이 생사이며, 중생이 불이요 불이 중생이라는 것이다. 이러한 진리를 지눌은 다음과 같이 표현한다.

> 眞心의 묘한 體는 본래 움직이지 않는다. 그것은 안락하고 조용하고 참되고 항구적이다. 그러나 이 참되고 항구적인 體 위에 묘한 用이 나타나서 우리로 하여금 흐름에 따라 묘함을 얻는 것을 방해하지 않는다. 한 祖師의 頌이 말하듯이, "마음이 수많은 대상을 따라 굴러간다. 그러나 어디로 굴러가든지 참으로 그윽할 수 있다. 흐름을 따르면서도 性을 인식하여 얻으면 기쁨도 슬픔도 없다."[22] 그런 고로 모든 때에 있어서 움직이거나 사용하거나 주거나 무엇을 할 때, 東으로 가거나 西로 가거나, 음식을 먹거나 옷을 입거나, 숟갈을 들 때나 젓가락을 놀릴 때나, 右를 보거나 左를 보거나, 이 모든 것이 眞心의 묘한 用의 나타남이다. 범부들은 迷하고 전도되어 옷을 입을 때 옷 입는 것만 생각하고 음식을 먹을 때 먹는 것만 생각한다. 모든 事業에 오로지 相만을 따라 움직인다. 이것이 왜 그들이(眞心이) 일상생활 속에 있음에도 깨닫지 못하며 목전에 있음에도 알지 못하는 까닭이나 그들이 만약 性을 아는 자들이라면 움직이고 사용하고 수고함에 있어서 결코 어둡지 않을 것이다.

여기서 지눌이 말하는 것은 만약 우리가 "흐름에 따라 성性을 인식한다면" 우리의 일상생활 그 자체가 진심의 용用이라는 것이다. 우리가 일상생활을 살되 상相에 정신을 팔아 집착하지 말고 그 성性을(즉 眞心의 體, 眞如, 空) 인지하여 살면 우리의 삶 그 자체가 새로운 차원에서 진여

---

22 『普照法語』, pp.67~68. "眞心妙體 本來不動 安靜眞常 眞常體上 妙用現前 不防隨流得妙 故祖師頌云 心隨萬境轉 轉處寔能幽 隨流認得性 無喜亦無憂."

의 용用으로서 자유롭게 전개된다는 것이다. 우리의 삶을 무비판적으로 수시로 변하는 주위 환경에 맡겨서 사는 것은 상相만을 따르는 삶이다. 그러나 상相을 따르되 성性을 아는 자는 진속의 구별을 초월하여 참 자유의 삶을 영위한다는 것이다. 『반야심경』의 말을 빌려서 표현할 것 같으면 색色을 따라 살되 색즉시공色卽是空을 인식하며 살아야 한다는 것이다. 그렇다고 해서 공空이 색色을 떠나서 따로이 어디에 존재하는 것이 아니다. 공즉시색空卽是色이기 때문이다. 혹은 진공眞空은 묘유妙有이기 때문이다. 진심의 체體를 떠난 용用이 없고, 용用이 없는 체體가 없기 때문이다. 상相을 따르되 그 상相을 성性에서부터 일어난 것으로 알면 상相에 붙잡히지 않고 상相을 따라 살 수 있다는 것이다.

지눌은 따라서 화엄에 있어서 성기性起의 사상을 매우 중요시한다. 성기性起란 상相이 상相을(事가 事를) 서로서로 의지하면서 일으킨다는(pratītya-samutpāda) 연기의 개념과 구별되어 성性 그 자체가 상相을(理가 事를) 일으킨다는 이론이다. 상相이 상相인 한 그 상相을 상相되게 하는 성性(理, 空, 眞如 등)을 떠나서 존재할 수 없다는 관점에 근거한 이론이다.[23] 이 성기性起의 사상은 지눌의 심성론의 중심이 되는 사상이다. 왜냐하면 진심의 체體가 용用을 일으킨다는 것은 바로 이 화엄의 성기사상性起思想에 입각한 것이기 때문이다. 화엄의 유명한 사리무애事理無

---

23 性起와 緣起의 구별에 대해서 龜川敎信, 『華嚴學』(京都, 1949), pp.103~127 참조. 禪佛敎에 있어서는 緣起보다는 性起의 사상이 더욱 중요한 영향을 미쳤다. 중국의 華嚴敎學 내에서도 禪의 영향으로 性起와 事理無碍의 사상이 澄觀이나 宗密에 와서 두드러지게 강조되었다. 이 점에 관하여 『華嚴學』, pp.51~59 및 鎌田茂雄, 『中國華嚴思想史の硏究』(東京, 1968), pp.501~574 참조. 그러나 知訥은 주지하는 바와 같이 화엄사상에 관한 한은 李通玄 長者의 영향을 가장 많이 받았으며 澄觀이나 宗密 이전에, 또한 선불교가 흥성하기 훨씬 전에 이미 이통현은 화엄사상을 실천적으로 性起思想을 강조하여 해석했고, 이 점이 知訥의 관심을 끈 것이다.

碍의 개념은 이것을 표현하는 말이다. 지눌의 전傳을 살펴볼 것 같으면 우리는 이 성기사상이 그의 종교적 체험에서 결정적인 역할을 했음을 찾아볼 수 있다. 즉 그가 수도 개경開京을 떠나 창평昌平 청원사淸源寺에서 『육조단경』을 읽다가 문득 다음과 같은 구절을 읽고서 크게 깨달음이 있었다고 전한다.

> 眞如의 自性이 생각들을 일으키니 비록 六根이 보고 듣고 지각하고 아나 萬像에 물들지 않고 眞性은 언제나 자재하다.[24]

다시 말해 우리의 보고 듣고 하는 일상적 경험이 진여자성의 나타남(用 혹은 性起)이므로 양자가 서로 방해함이 없다는 것이다. 진속의 대립을 초월한다는 말이다. 지눌은 말하기를 우리가 일단 성기性起 즉 진심의 묘용을 깨닫는다면 우리가 설사 상相과 용用을 따라 변하는 삶을 산다 할지라도 우리는 이미 생멸의 피안에 있는 것과 마찬가지라고 한다. 왜냐하면 용用은 영원한 체體의 용用이고, 기起는 변함없는 성性의 기起이기 때문이다.

> 우리가 지금 眞心에 도달하여 생멸이 없는 覺性에 계합한다면 우리는 생멸이 없는 妙用을 일으킨다. 妙體는 참되고 항구적이어서 생멸이 없지만 연을 따르는 妙用은 생멸이 있는 것같이 보인다. 그러나 體로부터 생긴 用이므로 그것은 곧 전체이니 어찌 生滅이 있을 수 있겠는가? [眞心에] 달한 자는 참된 體를 깨달으니 어찌 생멸이 그를 간섭할 수 있겠는가? 물과 같이 습성이 體요, 물결이 用이라

---

24 『普照法語』. p.140. "眞如自性起念 六根雖有見聞覺知 不染萬境而眞性常自在."

습성이 본래 생멸이 없으니 어찌 그것이 물결의 습성이라 한들 생멸이 있겠는가? 그러나 습성을 떠나 물결이 따로 없으니 물결도 또한 생멸이 없다.[25]

Ⅳ. 마니주珠의 비유

다시 문제의 핵심으로 돌아가야 할 때이다. 우리가 지금까지 고찰해온 바는 아직도 전에 제기했던 핵심적인 문제를 밝히지 못했다. 즉 지눌은 진심의 체體가 용用을 일으킬 수 있는 것은 그 체體 자체가 가지고 있는 용用의 면인 지知 때문이라고 하는 것을 우리는 이미 보았다. 진심에는 이 밝고 아는 성품이 있어 현상세계의 모든 차별과 다양성을 진심의 공적한 세계에 다시 나타나게 만든다. 문제는 어째서 그러한가이다. 이 '지知'라는 신비, 즉 선禪의 세계를 다이내믹하게 우리의 일상생활의 경험과 연결시켜 주는 이 지知의 성격에 대하여 더 분명한 인식이 가능한가? 우리는 여기서 지눌의 지知에 대한 비유적인 설명을 고찰할 필요가 있다. 그 이상의 더 분명한 설명을 우리는 찾아볼 수 없기 때문이다. 이 비유는 지눌 자신의 것이 아니라 종밀의 것으로서 진심을 마니주(mani)에 비유하여 설명하고 있다.

오로지 둥글고 깨끗하고 맑아서 여러 가지 색상을 전혀 가지지 않

---

25 위의 책. p.89. "今達眞心 契無生滅之覺性 起無生滅之妙用 妙體眞常 本無生滅之妙用 妙體眞常本無 生滅妙用隨緣 似有生滅 然從體生用 用即是體 何生滅之可有 達人即證眞體 其生滅何干涉耶."

은 마니주와 같이 하나의 영적인 심성이 비고 고요하고 항시 안다. 본래 아무런 분별도 없고 일체의 선악도 없다.

그 體가 맑기 때문에 바깥의 사물들과 대할 때 모든 차별적인 색상을 나타낼 수 있다. 그 體가 앎이므로 여러 가지 緣들과 대할 때 모든 종류의 옳고 그름, 좋고 싫음을 분별할 수 있으며 세간적이거나 출세간적이거나 모든 종류의 일들을 경영하고 만들어낼 수 있다. 이것이 緣을 따르는(변하는) 면이다.

비록 색상 자체는 차별이 있으나 맑은 구슬은 변하지 않았다. 비록 어리석음과 智慧, 善과 惡 자체들은 차별이 있고 걱정과 기쁨, 미움과 사랑 자체들은 생기고 사라지지만, 아는 마음은 그침이 없었다. 이것이 불변하는 면이다.[26]

이 비유의 핵심은 이 마니주가 깨끗할 뿐만 아니라 맑기도 하다(즉 眞心의 體가 寂할 뿐 아니라 知하기도 하다)는 사실이다. 왜냐하면 이 맑음의 면이 있기 때문에 그 구슬은 밖의 대상들과 접할 때 여러 가지 색상을 취하여 반영할 수 있기 때문이다. 그러나 물론 그 구슬 자체가 대상에 따라 변하는 것은 아니다. 우리가 이미 고찰한 바와 같이 지눌은 적寂과 지知(구슬의 깨끗함과 맑음) 혹은 자성의 정定과 혜慧를 진심의 체體 자체가 가지고 있는 체와 용의 관계로 해석하고 있다. 따라서 진심의 체 안에 있는 불변의 용用(구슬의 맑음)이 진심의 변하는 용用(구슬 위에 나타나는 여러 가지 色相들)을 일으키는 것이다. 즉 이 비유는 진심의 불변하

---

26 『節要』, p.16~17. "如摩尼珠 唯圓淨明 都無一切差別色相 一靈心性 空寂常知 本無一切分別 亦無一切善惡也 以體明故 對外物時 能現一切差別色相 以體知故 對諸緣時 能分別一切是非好惡 乃至經營造作 世間出世間 種種事數 此是隨緣義也 色相自有差別 明珠不曾變易 愚智善惡自有差別 憂喜憎愛 自有起滅 能知之心 不曾間斷 此是不變義也."

는 용用인 지知가 변하는 용用인 현상세계를 일으킨다는 사실을 분명하게 설명하고 있는 것이다. 그렇기 때문에 이 불변하는 용用으로서의 지知를 깨닫는 것이 결정적으로 중요한 것임을 알 수 있다. 신회가 "'지知'라는 한마디는 모든 묘함의 문(知之一字 衆妙之門)"이라고 말한 까닭이 여기에 있는 것이다. 신회는 지知라는 한마디로 진심의 체를 그 정곡을 찔러 적극적으로 표현했다는 것이다. 그런 고로 지눌은 종밀 선사와 더불어 예리하게 용用에 두 가지 종류가 있음을 지적하고 그 두 가지를 분명히 구별한다.

> 眞心의 본체는 두 가지의 用을 가지고 있다. 하나는 自性의 본래적 用이요, 다른 하나는 [외적] 緣에 따른 用이다. 이것을 銅鏡에 비유한다면 銅의 질은 자성의 體요 銅의 맑음은 자성의 用이고 그 맑음이 나타내는 영상들은 緣에 따르는 用이다. … 마찬가지로 마음의 常寂함은 자성의 體요, 마음의 常知는 자성의 用이고 이 知가 말을 하고 분별을 하는 [행위들은] 緣에 따른 用이다.[27]

종밀에 의할 것 같으면 홍주종洪州宗(馬祖道一)은 연緣에 따라 변하는 용用의 면을 잘 알고 있다. 그래서 홍주종은 우리 일상생활의 모든 활동들을 진眞으로 간주한다. 평상심이 도道라 한다. 진심의 용用이기 때문이다(맑은 구슬에 나타나는 色相들). 그러나 홍주종은 자성의 불변하는 용用 즉 진심의 체體 가운데 있는 지知의 면을 잘 모르고 있다고 평

---

27 위의 책, p.27. "眞心本體有二種用 一者自性本用 二者隨緣應用 猶如銅鏡 銅之質是自性體 銅之明是自性用 明所現影是隨緣用. 以喩心常寂是自性體 心常知是自性用 此知能語言能分別等是隨緣用." 眞心을 거울에 비유하는 것은 『起信論』에서도 발견된다.(『대정장』 32, p.576下 참조)

가한다. 따라서 그들은 색깔이 있는 구슬에만 친숙하기 때문에 색깔이 있는 구슬과 색깔이 없는 맑은 구슬을 잘 분별할 줄 모른다. 다시 말하면 평상심이 도道라고 해서 일상생활의 활동을 떠나서 따로이 진심을 구하지 않는 것은 좋으나 너무 진심의 변하는 용用에 치우치는 나머지 색상이 없는 맑은 구슬 자체(진심의 體)를 대하면 그것을 잘 알아보지 못하는 폐단이 있다고 지적한다.[28]

지눌은 종밀의 이러한 홍주종에 대한 평가를 그대로 받아들이지는 않는다. 지눌 당시에는 이미 하택종은 거의 자취를 감추고 임제와 조동종 등이 선계禪界를 풍미한 후이기에 지눌의 선禪 전통에 관한 역사적 관점은 하택 신회를 따르는 종밀과는 다를 수밖에 없었다.[29] 그러나 지눌도 신회가 진심의 체, 특히 그 지知의 면을 가장 명확히 이해하고 가르친다는 것에 대하여는 종밀과 견해를 같이한다. 다른 한편으로는 지눌은 종밀과 같이 신수神秀에 의하여 대표되는 북종을 가장 열등한 것으로 보고 있다. 북종의 결정적인 약점은 연緣에 따른 진심의 변하는 용用을 전혀 깨닫지 못하는 고로 진망이견眞妄二見에 사로잡혀 있다는 것이다.

---

28 위의 책, pp.19~20.

29 知訥은 따라서 宗密의 이러한 자못 편파적인 견해를 변명한다. 즉 종밀의 비판은 洪州나 牛頭 자신의 견해에 대한 것이 아니라 그들의 가르침을 올바로 깨닫지 못한 후학들에 대한 것이라고 한다. "私曰裵相國 上密禪師狀 云宗徒各異 互相詆訛 莫肯會同 師亦云言愚者 彼宗後學也 今辨明得失 皆爲錯承宗旨失意之徒明矣."(『절요』, p.28) 그리고 옛 선사들은 사람들을 가르침에 있어서 여러 가지 방편들을 각자의 역량에 맞게 썼으므로 이 점에 유의하여 쓸데없는 종파적 편견을 가져서는 안 된다고 경고하고 있다. "是乃古人對機門中 各有 善權不可如言妄生彼我之見."(『절요』, pp.29~30)
지눌은 또한 종밀이 그의 『禪源諸詮集都序』에서는 洪州宗을 荷澤宗과 같이 '直顯心性宗'에 분류하고 있음을 상기시켜 종밀은 결코 홍주종을 헐뜯으려는 의사가 없었음을 주장한다. 단지 학자가 隨緣之用에 너무 빠질까 봐 염려한 것으로 해석하고 있다.(『절요』, pp.12~15 참조)

그리하여 북종 사람들은 맑은 구슬 위에 비치는 여러 가지 색상色相들을 보고서 구슬이 정말로 그러한 색깔들을 가지고 있다고 생각하여 깨끗한 구슬을 찾아내기 위하여 열심히 구슬을 닦아 구슬 위의 때를 벗기고자 한다. 북종은 결정적으로 구슬의 깨끗함만 알았지 맑음을 보지 못하기 때문에 그 수행의 방법조차 올바를 수 없다고 지눌은 평한다.[30] 한마디로 말해 북종은 신회가 말하는 '知之一字 衆妙之門'을 전혀 깨닫지 못하는 고로 진심의 용用을 알 리 없고 성기性起의 진리도 모른다는 것이다.[31]

또 다른 한편으로 종밀은 법융法融에 의하여 대표되는 우두종牛頭宗을 평가한다. 우두종은 공空의 사상에 너무 집착하기 때문에 구슬 위에 나타나는 여러 색상을 공하다고 생각할 뿐 아니라 깨끗하고 맑은 구슬 자체까지도 공하다고 한다. 따라서 우두종의 견해는 북종과는 달리 색상의 공함을 깨닫고 있기는 하나 진심 자체를 부정하기 때문에 진리를 반쯤만 알고 있다고 평한다.[32] 지눌은 이 견해 역시 전적으로 받아들이지는 않는다.[33] 그러나 진심의 여러 가지 면들을 명확하게 파악하고 조화 있게 이해하는 데 있어서 신회의 견해가 가장 훌륭하다고 인정한다. 따라서 그의 견해를 추천한다.

그런고로 이 말법시대에 있어서 마음을 닦는 사람은 먼저 荷澤의 말과 가르침에 따라 자기 마음의 性과 相, 體와 用을 決擇하여 空

---

30 『節要』, p.6. "悟既未徹 修豈稱眞哉."라 비판하고 있다.
31 知訥은 말하기를 "冀修心人切須審詳不墮此見 不可離妄求眞 不可認忘爲眞 若了忘念從性而起 起卽無起 當處便寂豈有眞妄二見乎."라 하여 북종의 見을 따르지 말라고 경고한다.
32 『節要』, p.11.
33 牛頭宗에 대하여서도 洪州宗과 같이 宗密의 견해를 변명한다. 『節要』, pp.28~29 참조.

寂을 따르지 말며(牛頭宗의 경향) 緣을 따름에도 걸리지 말지라(洪州宗의 위험).[34]

V. 결어結語

지금까지 우리는 선禪의 존재론적 근원이 되는 진심에 관한 지눌의 견해를 살펴보았다. 지눌에 의할 것 같으면 진심의 체體와 용用의 두 면 중 어느 것을 강조하는가에 따라서 진심에 대하여 두 가지의 표현 방식이 있다고 한다. 즉 모든 것을 부정하는 전간문全揀門과 모든 것을 긍정하는 전수문全收門이다.

이 깨달은바 생각이 없는 마음의 體는 곧 諸法의 性이다. 그것은 많은 妙함을 포함하고 있으나 또한 言詞를 초월한다. 言詞를 초월하기 때문에 마음을 잊고 문득 깨닫는 것과 들어맞는다. 衆妙를 포함하고 있기 때문에 相과 用이 번창하여 일어나는 면을 갖고 있다. 그런 고로 이 心性에는 全揀門과 全收門이 있다. 마음을 닦는 자는 모름지기 잘 살펴야 한다. 宗密禪師가 말하는 것처럼 하나의 참된 心性이 깨끗하거나 더러운 諸法에 대치될 때에는 全揀門과 全收門이 있다. 全揀이란 오직 體를 가려서 靈知가 곧 마음의 性임을 지적하며 나머지 모든 것을 빈 妄想으로 여긴다. … 全收는 깨끗

---

34 『節要』, p.14. "是故 而今末法修心之人 先以荷澤所示言敎 決擇自心性相體用不隨空寂 不滯隨緣."

하거나 더러운 諸法이 곧 이 마음 아닌 것이 없다고 한다.[35]

위의 말은 선禪의 궁극적 실재인 진심과 눈에 보이는 세계와의(諸法) 관계를 전수全收와 전간全揀의 두 가지로 규정하고 있는 것이다. 다른 말로 바꿀 것 같으면 전수는 세계 긍정이고 전간은 세계 부정이라고 할 수 있다. 물론 이 세계의 부정과 긍정은 모두 진심을 깨닫고 그에 비추어 하는 것이지 단순한 긍정이나 부정을 말하는 것은 아니다. 현상의 세계(事)가 진심과의 관계에 있어서 진심의 용用으로서 긍정되는 것이다. 즉 성기性起의 사상에 입각하여 일상생활이 그대로 긍정되는 것이다.

그러기에 지눌은 말하기를 연기緣起(事와 事가 서로 의지하여 일어남)가 성기性起로서 이해되는 한 전수문이 가능하다고 한다.[36] 세계의 부정否定 또한 단순한 현실세계의 도피를 의미하는 것이 아니다. 진심의 비고 고요한 체體를 깨달음에 의하여 망상과 전도된 견해에 사로잡혔던 세계로부터 해방되는 것이기 때문이다. 법을 설하는 방식에 있어서 지눌은 종밀과 같이 선禪은 전간문에 가깝고 교敎(특히 華嚴)는 전수문에 가깝다고 말한다.[37]

그러나 두 개가 분리될 수 있는 것이 아니고 어느 것을 따르든지 방법 자체에 사로잡히지 않고 성性과 상相에 막힘이 없이 자유로이 진리

---

35 위의 책, pp.99~100. "此所悟離念心體 卽諸法之性 包含衆妙 亦超言詞 超言詞故 合忘心頓證之門 含衆妙故 有相用繁興之義 故此心性 有全揀門全收門 修心者切須審詳 如密禪師云 以一眞心性 對染淨諸法 全揀全收 全揀者 但剋體 直指靈知 卽是心性 餘皆虛妄…全收者 染淨諸法 無不是心." 이 구절은 지눌이 종밀의 『都序』로부터 인용하는 것으로서 종밀에 의할 것 같으면 全揀門에 의하여 '性宗'(宗密 자신이 起信論, 華嚴, 禪 등의 진리로 채택하는)은 '空宗'을 포용하며 전수문에 의하여 '相宗'을 포함한다고 한다.(『대정장』 48권, p.405 참조)

36 『節要』, p.103. "然但言緣起卽非全收 緣起卽性起乃名全收 此理至近而難識."

37 위의 책, p.105.

에 접근함이 중요하다고 한다. 그러기 위하여서는 진심을 지적으로만 이해하는 의해意解에 빠지지 말고 친히 자기의 마음을 반조返照하여 한 마음을 문득 깨닫는 체험이 필요하다고 지눌은 말한다.[38] 사실 우리가 지금까지 고찰한 지눌의 심성론心性論은 실제에 있어서 각覺을 체험한 사람들이 타인을 가르치기 위하여 방편으로 설한 말에 근거하여 어디까지나 간접적인 이론으로 다룬 것에 지나지 않는다는 것을 잊어서는 안 될 것이다.

우리는 본 논문의 초두에 선원禪源과 선행禪行에 관한 종밀 선사의 구분을 보았다. 다시 한 번 말하지만 선원은 선禪의 존재론인 원천이 되는 진심을 이름이며, 이것이 우리가 지눌의 심성론心性論이라는 제목 하에 본 논문에서 고찰해 본 것이다. 지눌의 선행에 관한 이론은 다른 기회에 취급되어질 문제로, 여기서는 단지 그것이 세 가지 길(門)로 구성되어 있음을 언급하여 둔다. 즉 '원돈신해문圓頓信解門(頓悟)', '성적등지문惺寂等持門(漸修)', 그리고 '경절문徑截門(話頭禪)'의 세 길이다. 이 세 가지의 선행을 통하여 지눌은 자기 자신이 진심의 세계를 증득하였을 뿐만 아니라 타인들도 그토록 가르쳤음을 그의 비문碑文은 말해 주고 있다.[39] 그러나 우리가 어떤 수행의 단계에 있든지 진심의 체상體上에 있는 적寂과 지知를 떠나지 않음을 지눌은 강조한다. 이 점을 인증함으로써 본 논문을 마치고자 한다.

『法集別行錄』에서 말한 바와 같이 [覺의] 마음을 낸 때부터 성불할 때까지 오직 寂과 知만 있을 뿐이다. 변함이 없고 그침이 없으나, 단 그 이름이 [修行의] 지위에 따라 약간 바뀔 뿐이다. 밝히 깨달음

---

38 위의 책, p.102.
39 『普照法語』, p.141.

의 순간에는 理와 智라 부르고, 처음 覺의 마음을 내어 닦을 때에
는 止(śamatha)와 觀(vipásyanā)이라 부르고, 修行이 자유로이 이루어
진 때에는 定과 慧라 부르며, 번뇌가 완전히 없어지고 功行이 가득
찬 佛이 이루어질 때에는 보리와 열반이라 이름한다. 그런 고로 初
發心의 순간부터 마지막까지 오직 寂과 知뿐임을 마땅히 알라.[40]

40 위의 책, p.19. "如法集別行錄云 始自發心乃至成佛 唯寂唯知 不變不斷 但隨
地位 名義稍殊 謂約了悟時名爲理智 約發心修時名爲止觀 約任運成行名爲定
慧 約煩惱都盡 功行圓滿成佛之時 名爲菩提涅槃 當知 始自發心乃至畢竟 唯
寂唯知."

14

원묘 요세의 백련결사와 그 사상적 동기
/ 고익진

〈선정 이유〉

1. 천태지관天台止觀의 발양發揚

2. 법화삼매참法華三昧懺의 정수精修

3. 미타정토彌陀淨土의 찬앙鑽仰

4. 맺는 말

● 고익진, 「원묘 요세의 백련결사와 그 사상적 동기」, 『불교학보』 제15
집, 동국대학교 불교문화연구원, 1978.10, pp.109~120.

선정 이유

이 논문은 고려 중기 보조 지눌과 함께 정혜쌍수의 기치를 내걸고 선교의 대립을 해소하고자 한 원묘 요세의 백련결사와 그 사상적 동기에 대해 천태지관과 법화삼매참 및 미타정토와의 관련성 속에서 살피고 있는 점을 주목하여 선정하였다. 저자는 지눌의 권유를 받고 정혜결사에 참여했던 요세가 왜 천태종으로 복귀하여 "만일 천태묘해를 발하지 못하면 영명 연수의 120가지 병을 어떻게 벗어날 수 있겠느냐?"라는 질문을 그의 사상적 전환점을 나타내는 것이라 하였는지, 백련사 결성의 근본 입장에 주목하고 있다.

저자는 영명 연수가 말하는 120가지 병은 『선종유심결』에서 보이는 것처럼 사종의 견해로 나열된 120가지를 말하며, 그것의 핵심은 한마디로 말해서 일진본심一眞本心(覺)을 가로막는 여러 가지의 분별취사를 가리킨다고 지적하고 있다. 저자는 이러한 120가지 병을 벗어나려면 천태종의 묘해에 의거하지 않으면 안 된다는 것이 요세의 견해라고 보고, 먼저 요세가 왜 하필이면 영명 연수의 120가지 병을 끌고 와서 천태묘해가 아니면 그 극복이 불가능하다고 말하느냐 하는 점과, 불가능하다고 볼 때 그 이유는 무엇이냐 하는 점을 살피고 있다.

저자는 그것을 당시 영명 연수가 속해 있는 법안종과 천태종의 관계로 파악하면서 조선 중기 청허의 『선가귀감』에 보이는 문구인 '현로진심顯露眞心 선양묘법宣揚妙法'에서 진심이 일진본심이라면 묘법은 천태묘법에 통하는 것으로 보고 법안종과 천태선의 사상적 배경에 주목하고 있다. 또 대승불교에서 대치의 대상으로 삼고 있는 120가지 병통, 즉 분별취사를 벗어나기 위해 요세가 추구한 참회행과 정토신앙 활동에 대해 살피고 있다. 그리하여 저자는 요세가 약사란야에서 천태종 중흥의 사명을 깨닫고 천태종을 강설하는 한편, 대중을 이끌고 맹렬한 참회행을 닦아 날마다 53불을 12편 정례하여 혹심한 추위와 더위(寒暑)에도 쉬는 일이 없었다는 것과 연관시켜 풀어 나가고 있다.

저자는 요세가 선관 송수에 틈이 있을 때마다 법화 1부를 송하고, 준제신주 1천 편을 염하고, 미타불로 1만 성을 하는 것으로 일과를 삼았다고 알려져 있듯이, 그가 맹렬하고 장기에 걸친 참회행의 강조와 실천으로 '서참회'라고 불렸던 것은 무시억겁의 생사겁에서 허덕이는 무력한 중생, 즉 자력으로는 어쩔 수 없는 중생을 교화의 대상으로 의식하고 있었던 것으로 보았다. 이 때문에 그는 성불에 이르는 불가결한 요소로서 맹렬한 참회를 행할 수밖에 없으며, 극악의 상황에 처한 죄의 업장이 두터운 '범부'를 위한 부처의 자비의 교설인 미타정토의 찬앙鑽仰으로 이어졌다고 주장하는 지점에서 이 논문의 의미와 학문적 가치를 찾을 수 있다.

1. 천태지관天台止觀의 발양發揚

대각국사大覺國師 의천義天(1055~1101)에 의해 개창된 고려 천태종天台宗은 왕실 귀족의 절대적인 후원 아래 국청사國淸寺를 중심으로 눈부신 발전을 기하였다. 그러나 원묘국사圓妙國師 요세了世(1163~1245)의 '백련사白蓮社' 결성으로 고려 천태종은 새로운 국면에 들어가 이후 그것은 이 백련사를 중심으로 전개된다. 이런 뜻에서 탐진현耽津縣(全南 長興郡) 만덕사萬德寺 구기舊基에 이룩된 가람(1211 착공~1216 낙성)에 본사本社를 둔 '백련사'는 고려 천태종사天台宗史에 있어서 중요한 위치를 차지한다고 하겠다. 동시에 우리들의 관심을 끄는 문제는, 백련사와 같은 그러한 법화결사法華結社가 13세기 초의 고려불교계에서 왜 일어나지 않으면 안 되었느냐 하는 점이다. '결사結社'라는 말은 어떤 종교적 이념을 강력하게 실천하기 위해 취해지는 동지 결속의 공동체이므로 결사가 행해졌다면 거기에는 반드시 그럴 만한 어떤 사상적 이유 또는 사회적 필연성의 개재가 예상되기 때문이다. 필자는 이 문제에 대해서 일찍이 요세의 백련사는 그보다도 조금 전에 이루어진 보조국사普照國師 지눌知訥(1158~1210)의 정혜결사定慧結社(1190년 結社文發表)[1]의 영향을 받아 그에 맞선 천태종의 법화결사로서 성립된 것이라는 관견管見을 간단히 제시한 일이 있다.[2]

---

1 明宗 12년(1182) 普濟寺 談禪法會에서 期約, 明宗 20년(1190) 公山 居祖社에서 定慧結社文 發表, 神宗 3년(1200) 曹溪山 修禪社로 자리를 옮김.
2 고익진, 「高麗佛教思想의 護國的 展開」(Ⅱ), 『佛教學報』 14집, p.41.

본고에서는 그러한 필자의 견해를 좀 더 자세히 논술해 보려는 것이다.

백련사가 정혜사定慧社의 영향 아래 성립되었다는 것은 우선 요세가 백련사를 결성하기 전에 보조普照의 권유로 정혜사에 가서 수선修禪에 힘썼다는 사실에서부터 지적된다. 요세는 12세에 출가하여 천태교관을 배우고 23세에 승선僧選에 합격, 36세(1198) 때에 동지同志 10여 인과 함께 영동산靈洞山 장연사長淵寺에 머물러 천태종의 개당연법開堂演法을 하고 있다.[3] 따라서 그는 정통적인 천태종장天台宗匠이라고 할 수가 있다. 그러한 요세가 보조로부터 수선을 권하는 시詩를[4] 받은 것은 장연사에서 그렇게 개당연법을 하던 때이고, 한편 보조는 공산公山 불갑사佛岬寺에서 법회를 설하고 있던 때로서, 당시 공산 거조사居祖寺에서 개시된(1190) 보조의 정혜결사 운동이 활발히 진행되고 있었을 것임은 물론이다. 요세는 곧 보조의 권유를 따랐으며, 보조가 정혜사를 송광산(뒤에 曹溪山으로 改稱) 길상사吉祥寺로 옮기자(1200) 요세 또한 그곳까지 따라가고 있다. 백련사를 결성하기 전에 요세는 정혜사의 수선법修禪法을 충분히 익히고 있는 것이다.

그런데 요세는 그 뒤(1208) 월생산月生山 약사란야藥師蘭若에서 천태종 중흥의 사명을 자각하게 되는데 그 자각이 다음과 같은 말로 표현되고 있다.

宴坐一室 陶神妙觀 忽自念言 若不發天台妙解 永明壽百二十病何由逃出 因自警悟.[5]

---

3 崔滋 撰, 「白蓮社圓妙國師碑」, 『조선금석총람』 권상, pp.590~593.
4 詩의 내용: 波亂月難顯 室深燈更光 勸君整心器 勿傾甘露漿.
5 崔滋 撰, 앞의 碑, p.591.

천태종의 묘해妙解를 발하지 못하면 영명 연수永明延壽의 120병病을 어떻게 벗어날 수가 있겠느냐는 것이다. 그런 뒤 천태종을 열강熱講하는 한편 대중을 이끌어 맹렬한 참회행懺悔行을 하여 날마다 53불佛을 12편遍 절하여 기한혹서祁寒酷暑에도 쉬는 일이 없었다고 한다. 요세의 법화결사는 만덕산萬德山 고기古基에 80여 칸의 가람이 개창됨으로써 (1211~1216) 이것을 중심으로 본격적인 운동에 들어가지만, 그 실질적인 종교적 행법行法은 이미 이때에 형성되고 있었음을 본다. 백련사의 실천 내용은 ① 천태지관天台止觀, ② 법화삼매참法華三昧懺, ③ 정토구생淨土求生의 3문門으로 요약할 수가 있는데, 그중에서 천태지관과 참회행이 이미 이때 이렇게 강력한 실천으로 옮겨지고 있기 때문이다.

월생산 약사란야에서의 이러한 천태종 부흥운동에서 우리들이 특히 주목해야 할 바는 "만일 천태묘해天台妙解를 발하지 못하면 영명 연수의 120병을 어떻게 벗어날 수가 있겠느냐?" 하는 요세의 말이다. 이 말에 대해서 필자는 요세가 보조의 조계선曹溪禪에서 천태종으로 복귀하는 사상적 전환점을 나타내는 것으로서, 또 백련사 결성의 근본 입장이 되는 것으로서 주목하고자 한다.

영명 연수(904~975)는 주지하는 바와 같이 법안 문익法眼文益의 법사法嗣인 천태 덕소天台德韶로부터 현지玄旨를 받아 법안종法眼宗의 선풍禪風을 크게 떨친 고승이다.[6] 그의 저술로『종경록宗鏡錄』100권,『만선동귀집萬善同歸集』3권,『선종유심결禪宗唯心訣』1권 등 무릇 60여 부가 알려져 있는데, 상기 '120병'은 이 중『선종유심결』[7]에서 여러 가지 사종

---

6 『景德傳燈錄』제26.
7 『대정장』48, 995c~996b. "或和神養氣而保自然 或苦質摧形而爲至道 或執無着而椿立前境 或求靜而伏捺妄心…或守眞詮而生語見 服甘露而早終 或敦圓理而起著心 飮醍醐而成毒 已上略標一百二十邪宗見解."

견해邪宗見解 120가지를 나열한 것을 가리킨다. 그 내용을 여기에서 일일이 소개하는 번거로움은 피하거니와, 한마디로 말해서 그것은 일진본심一眞本心(覺)을 가로막는 여러 가지 분별취사分別取捨를 가리키고 있다. 이러한 120병을 벗어나려면 천태종의 묘해妙解에 의하지 않으면 안 된다는 것이 요세의 견해이다. 이제 문제는 과연 그렇게 천태묘해가 아니고서는 120병의 도출逃出은 불가능한 것이냐 하는 것이다. 요세의 말 그대로는 불가능하다는 뜻임에 틀림없고, 그 불가능의 범위 속에는 보조선普照禪도 포함되는 것임은 물론이다.

그렇다면 이 문제를 생각함에 있어서 우리는 먼저 요세가 왜 하필이면 영명 연수의 120병을 끌고 와서 천태묘해가 아니면 그 극복이 불가능하다고 말하느냐 하는 점과, 불가능하다고 볼 그 이유는 무엇이냐 하는 점을 살펴야 할 것이다. 이러한 두 가지 문제점에 대해서 필자는 우선 첫째 문제를 다음과 같이 보고 싶다. 즉 그것은 영명 연수가 속해 있는 법안종은 천태종과 일찍부터 밀접한 관계가 있는 데에 연유한 것이 아닐까 하는 것이다.

영가 현각永嘉玄覺(647~713) 대사는 육조 혜능六祖慧能을 만나 금방 육조의 선지禪旨에 계합하였다고 하는데, 그에 앞서 그는 천태지관을 정수精修했던 고승임은 주지의 사실이다. 이것은 천태지관과 조계선曹溪禪이 일찍부터 상통점을 갖고 있음을 엿보게 하는데, 육조하의 오종가풍五宗家風(臨濟·潙仰·曹洞·法眼·雲門) 중에서 특히 법안종은 천태종과의 밀접한 관련을 보여 주고 있다. 법안 문익의 법사法嗣 천태 덕소는 오월吳越 충의왕忠懿王(錢弘俶)의 존숭을 받고 있는데, 이 오월 왕은 천태종의 전적을 고려에 구하였고, 고려에서는 제관諦觀이 그로 인해 도송渡宋하였던 것은[8]

---

8 『佛祖統紀』 권10 諦觀條, 『대정장』 49권, 206a~b.

주지의 사실이다. 영명 연수는 위에서 말한 바와 같이 이 천태 덕소의 법을 이었는데, 그도 또한 국청사國淸寺에서 법화참法華懺을 닦고 『법화경』 독송을 그의 108 일과日課 속에 넣고 있다.[9] 뿐만 아니라 그는 고려 광종光宗의 존숭을 받았으며 고려 승 36인이 그의 선풍禪風을 전해 받았다고 하는데,[10] 그중의 1인으로 생각되는 지종智宗은 영명 연수의 심인心印을 얻은 뒤 다시 국청사의 정광淨光 대사로부터 대정혜론大定慧論과 천태교를 받고 있는 것이다.[11] 한편 고려 승으로서 중국 천태종의 제13조가 된 보운 의통寶雲義通(931~988)은 처음에 천태 덕소의 선禪을 받았다가 뒤에 나계 의적螺溪義寂(천태종 제12조)의 문하에 들어갔다.

이와 같이 천태선天台禪과 법안종은 인적으로 밀접한 관련을 보여 주고 있는데, 선풍상으로도 그러한 점이 느껴진다. 선문오가禪門五家의 선풍을 전해 주는 『인천안목人天眼目』에 법안종은 "三界唯心 萬法唯識 此法眼所立綱宗也"[12]라고 소개되어 있다. 이 유심唯心의 입장은 『선종유심결禪宗唯心訣』을 비롯한 영명 연수의 저술을 볼 때 누구나 수긍이 가는 점인데, 그 '유심'은 법상종에서 뜻하는 '유심'이라기보다는 천태실상론天台實相論적인 '일심一心'에 가까운 것이리라. 한국 측의 문헌인 『선가귀감禪家龜鑑』에서는 법안종의 선풍을 "顯露眞心 宣揚妙法"이라 맺고 있다. 이곳의 '진심眞心'은 상기 일진본심一眞本心을 가리키겠지만, '묘법妙法'은 천태묘법天台妙法에 통하는 것이 아닐까. 선풍의 면에 있어서도 법안종은 선종오가의 다른 어떤 가풍보다도 이렇게 천태선에 근접한 인상을 주고 있는 것이다. 원묘국사 요세가 영명 연수의 120병을 끌

---

9 『新修往生傳』 권하.
10 『경덕전등록』 제26, 前揭處.
11 崔冲 撰, 「居頓寺圓空國師塔」, 『조선금석총람』 권상, p.256.
12 『人天眼目』 권4 法眼宗條.

어들인 것은 천태선과 법안종이 이렇게 밀접한 관련을 맺고 있는 사상적 배경에 의한 것으로 보인다는 말이다.

그렇다면 이제 두 번째 문제로 그러한 120병은 천태묘해가 아니고는 극복될 수 없느냐 하는 점이다. 예를 들면 보조가 정혜결사에서 제창하고 있는 선법과 같은 것으로는 120병의 타개가 곤란하냐 하는 것이다. 이에 대해서 필자는 선리상禪理上으로 볼 때는 그러한 주장은 성립될 수 없다고 보고 싶다. 주지하는 바와 같이 보조의 선禪 체계는 ① 성적등지문惺寂等持門, ② 원돈신해문圓頓信解門, ③ 간화경절문看話徑截門의 3문門으로 조직되어 있다. 성적등지문은 하택 신회荷澤神會와 규봉 종밀圭峰宗密의 결택요연決擇了然한 지해知解에 의해 자심自心(空寂靈知)을 돈오頓悟하여 그에 입각해서 정혜쌍수定慧雙修로 망념훈습妄念熏習을 점손漸損하는 돈오점수설을 내용으로 하고 있다. 원돈신해문은 이통현李通玄 장자의 화엄관華嚴觀에 입각해서 자심自心의 무명분별無明分別이 곧 제불諸佛의 부동명지不動明知임을 원돈신해圓頓信解하여 의성수선依性修禪하는 법을 가리킨다. 그리고 간화경절문은 대혜 종고大慧宗杲의 선사상에 입각해서 상기 2문의 지해분별知解分別을 마지막으로 탈각脫却하는 선문활구禪門活句를 간看하는 것을 가리킨다. 이러한 3문에서 최고의 경지로 제시된 것은 간화경절문이므로 보조선은 선문오가의 선풍으로 보자면 임제선臨濟禪적 경향을 지향하고 있다고 말할 수가 있다. 대혜 종고는 임제파에 속하고 있기 때문이다. 이런 점으로 해서, 다시 말하면 보조선은 법안선法眼禪과 계통이 다르므로 영명 연수의 120병을 도출逃出하는 데에는 부적당하다고 말할 수 있을지 모르지만, 필자는 이러한 추론은 허용될 수 없다고 보고 싶다는 말이다.

그 이유는, 영명 연수의 120병의 내용이 분별취사分別取捨이므로 그러한 분별취사의 극복은 천태묘해라야만 한다고는 도저히 말할 수가 없기 때문이다. 분별취사는 모든 대승불교에서 다같이 대치의 대상으로 치는 것이며, 보조선이라고 해서 그럴 능력이 없을 까닭은 없다. 아니, 분별취사를 탈각하기로 말한다면 보조선보다도 더 체계적이고 철저한 선법은 없을 것 같다. 성적등지문의 돈오점수설로부터 경절문에 이르는 3문의 대치 대상은 한결같이 분별지해分別知解이며, 그 미묘한 짜임새는 선문禪門으로서 추호도 부족함이 없기 때문이다. 따라서 영명 연수의 120병을 보조선과 같은 선법禪法으로는 극복하기 어렵다는 해석은 있을 수가 없다는 말이다.

그렇다면 무슨 이유로 요세는 "만일 천태묘해天台妙解를 발하지 않으면 영명 연수의 120병病을 어떻게 벗어날 수가 있을까?"라는 말을 하고 있을까? 이 문제는 백련사의 참회행·정토신앙과 같은 활동을 정혜결사의 그것과 비교하면서 좀 더 살펴본 다음 종합적인 판단을 내리기 전에는 해명하기 어려운 성질의 것이다. 따라서 그러한 문제에 고찰의 범위를 확대해 나가고자 한다. 그러나 우선 여기서는 원묘국사 요세가 영명 연수의 120병 극복은 천태묘해가 아니면 안 된다고 단정하고 백련사의 결성에 나아가게 된 것만을 지적해 두고 싶다. 다시 말하면 요세의 백련사는 보조의 정혜결사의 사상적 영향을 받아 그에 맞서 흥기한 것임을 우선 엿볼 수가 있다는 말이다.

요세는 이어 천태종의 기본 문헌인 천태삼대부天台三大部, 즉 천태 지의天台智顗의 『법화현의法華玄義』·『법화문구法華文句』·『마하지관摩訶止觀』 각 20권을 초록鈔錄하여 삼대부절요三大部節要를 만들고 있다.[13] 이 삼대부절요가 이루어진 시기와 장소는 미상이지만, 어떻든 이것은 천태삼대부가 너무 호한浩汗하여 학자들이 미진迷津하므로 그 문제를 해

---

13 崔滋 撰, 앞의 碑, p.592.

결하기 위한 것으로서 천태묘해 발양의 목적에 직결된 일련의 행동으로 볼 수가 있을 것이다. 그런데 이러한 절요節要의 활동 또한 보조의 활동에서 그 전철前轍을 볼 수가 있다. 보조의 돈오점수설은 하택 신회와 규봉 종밀의 설에 입각한 것인데, 보조는 규봉 종밀의『법집별행록法集別行錄』에 대해서『법집별행록절요병입사기法集別行錄節要并入私記』1권을 만들고 있으며(1209), 그의 원돈신해문의 사상적 바탕이 되고 있는 이통현 장자의『화엄론華嚴論』40권에 대해서도『화엄론절요華嚴論節要』3권을 만들고 있는 것이다(1207).

2. 법화삼매참法華三昧懺의 정수精修

요세는 약사란야에서 천태종 중흥의 사명使命을 깨닫고 천태종을 강설하는 한편, 대중을 이끌고 맹렬한 참회행을 닦아 날마다 53불을 12편 정례頂禮하여 혹심한 한서寒暑에도 쉬는 일이 없었다는 것은 앞에서 언급한 바가 있다. 그런데 그 '오십삼불'은 삼겁삼천불연기三劫三千佛緣起[14]에 의하면 삼겁삼천불이 성도成道 이전의 인행因行 시에 문지聞持했던 부처님의 이름들로서, 사중금죄四重禁罪·오역십악五逆十惡·정법비방正法誹謗 등의 중죄를 참회코자 할 때 그 대상이 되는 존불尊佛을 가리킨다. 다시 말하면 오십삼불은 부처님의 깨달음을 이루는 데에 필요한 참회행에 있어서의 주존불인 것이다.

요세의 이러한 참회행의 강조는 그의 보현도량普賢道場 개설로써(高宗

---

14 『대정장』권14, "過去莊嚴劫千佛名經(附 卷首三劫三千佛緣起)·現在賢劫千佛名經·未來星宿劫千佛名經."

19년, 1232) 더욱 두드러지게 나타난다. 요세는 고종高宗 19년(1232) 4월 8일 백련사에 보현도량을 개설하여 전통적인 법화삼매참의法華三昧懺儀에 의해서 법화삼매참을 닦고 있다.[15] 법화삼매참의는 천태종의 참회의식으로서, 영명 연수가 국청사에서 법화참을 닦았다는 것도 이 의식에 의했던 것으로 생각되며, 고려 선종宣宗 9년(1092) 왕태후王太后가 백주白州 견불사見佛寺에서 1만 일을 기약하고 천태종 예참법을 설했다는 것도[16] 이 의식에 의했던 것으로 생각된다. 요세는 약사란야에서의 참회행을 이제 이러한 전통적인 천태예참법에 의해 전수도량專修道場을 개설하는 데에까지 밀고 나갔음을 엿볼 수가 있다. 이 도량을 보현도량이라고 이름한 것은, 법화참의에 나타나는 참회주존懺悔主尊이 보현보살인[17] 데에 말미암은 것이다.

요세는 선관송수禪觀誦授에 틈이 있을 때마다 법화 1부를 송하고, 준제신주准提神呪 1천 편을 염하고, 미타불호彌陀佛號 1만 성聲을 하는 것으로써 일과를 삼았다고 하는데,[18] 이러한 그의 일과 속에서도 참회의 염念이 얼마나 끈덕지게 행해지고 있었는가를 엿볼 수가 있다. 준제 准提(cundī) 주呪는 오늘날 우리 주변에서도 흔히 지송持誦되고 있는 '나무 사다남 삼먁삼못다 구치남 다냐타 옴 자례주례 준제 사바하(南無颯哆喃三藐三勃陀俱胝南怛姪他 唵折隷主隷準提莎訶)'로서, 일체 죄장을 소멸하여 부처님의 깨달음을 신속하게 얻게 하는 힘을 갖고 있다고 설해지고 있는 것이다.[19]

---

15 崔滋 撰, 앞의 碑, p.591, "壬辰夏四月八日 始結普賢道場 修法華三昧 求生淨土 一依天台三昧儀 長年修法華懺."
16 『고려사』 권10, 宣宗壬申條.
17 『法華三昧懺儀』 『대정장』 권46, 952a, "一心敬禮 普賢菩薩摩訶薩 三唱此菩薩 是法華懺悔主."
18 崔滋 撰, 앞의 碑, p.591~592.
19 「七俱胝佛母准提大明陀羅尼經」, 『대정장』 권40.

요세의 이러한 참회행의 강조와 실천은 보조의 정혜결사와 비교할 때 백련사의 두드러진 특징이라고 하지 않을 수가 없다. 보조의 정혜결사도 강력한 실천을 제창하는 종교결사임은 물론이다. 정혜결사는 습정균혜習定均慧(定慧雙修)를 종교적 이념으로 내세운 결사인데,[20] 이 습정균혜는 보조의 돈오점수 사상에서 '점수漸修' 부분에 해당된다. 그러한 습정균혜를 갖고 결사명結社名으로 삼았다는 것은 그 본지本旨가 이론理論(頓悟)보다는 실천實踐(漸修)에 있음을 시사하고 있는 것이다. 그러나 보조의 이러한 실천운동에는 요세의 백련사에서 볼 수 있는 바와 같이 그렇게 맹렬한 참회행은 찾아볼 수가 없다.

더욱 주목되는 것은 약사란야에서의 요세의 참회행을 당시의 선류禪流들이 '서참회徐懺悔'라고 불렀다는 사실이다.[21] 백련사의 보현도량에서도 "장년長年에 법화참法華懺을 닦는다."[22]고 기록되어 있음을 보면 이 서참회라는 말은 요세의 참회법이 시간적으로 장시에 걸쳐 끈덕지게 행해지고 있었던 때문인 것으로 생각된다. 그런데 그것을 선가禪家들이 '서참회'라고 불렀다는 말 속에는 그에 대한 당시 선류들의 조소적인 뉘앙스가 있음이 느껴진다. 일반적으로 선가에서는 백겁적집百劫積集의 죄가 일념에 돈진頓盡한다는 소위 '돈참頓懺'의 견해가 행해지고 있다. 이런 견지에서 볼 때 요세의 맹렬하고 장기에 걸친 참회는 '서참회'라고 평해졌을 것임에 틀림없다.

요세의 참회행은 이와 같이 보조선을 포함한 당시의 선문과 비교할 때 매우 대조적인 특징으로 나타난다. 이것은 무엇을 의미하는가? 요

---

20 普照 撰, 「定慧結社文」, 1張左, "當捨名利 穩遁山林 結爲同社 常以習定均慧爲務."
21 崔滋 撰, 앞의 碑, p.591.
22 위의 碑.

세가 천태종 중흥의 뜻을 일으키기 전에 보조의 정혜사에서 그 선법禪法을 충분히 익혔던 사실을 감안할 필요가 있다. 그럴 경우 우리는 그것을 단순한 종교적 실천법이나 의식상의 행사로 행해진 것이라기보다는 보조선을 비롯한 당시의 선법에서 그러한 점이 결여되었기에 그것을 보완 강조할 필요성에서 의식적으로 여행勵行된 것이 아닐까 생각해 볼수가 있다. 다시 말하면 그것 또한 보조선을 비롯한 당시의 선법을 겪어 본 체험 위에서 취해진 행법行法이었으리라는 것이다.

이렇게 볼 경우, 우리는 한 걸음 더 들어가서 요세는 왜 그러한 참회의 필요성을 느꼈을까 하는 점에서 묻지 않을 수가 없다. 여기에는 중생의 근기에 대한 요세의 새로운 의식이 있었다고 필자는 보고 싶다. 보조의 돈오점수 사상에 나타나는 행자行者는 결택요연決擇了然한 지해력知解力을 갖고 돈오頓悟한 자심自心의 경지를 향해 정혜定慧를 등지等地할 수 있는 수승한 근기이다. 따라서 중생이라기보다는 보살에 가까운 인간상이다. 그러나 요세의 참회사상에 나타나는 근기는 어떤가. 무시억겁無始億劫의 생사죄生死罪에서 허덕이는 무력한 중생인 것이다. 다시 말하면 요세는 자력으로서는 어쩔 수 없는 중생을 교화의 대상으로 의식하고 있는 것이다. 그러기에 그는 성불에 이르는 불가결한 요소로서 맹렬한 참회를 행할 수밖에 없다고 보았을 것이다.

이렇게 생각해 볼 때 우리는 비로소, 요세가 영명 연수 120병을 극복하려면 천태묘해라야만 한다는 그의 주장이 무엇을 뜻하는가를 어느 정도 이해할 수가 있을 것 같다. 결택요연한 지해력을 가진 상근기를 전제로 할 경우, 120병의 극복은 법안종이나 보조선보다도 더 적절한 선법은 없을 것이다. 그러나 죄장심후罪障深厚한 중생을 의식하여 그것을 위주로 볼 때에는 법안종이나 보조선은 120병 극복의 길이 되지 못할 것이다. 천태묘해가 아니면 안 된다. 왜 그러냐면 그러한 하근기에게는 언설에 의해 구체적으로 제시된 천태선의 일심삼관一心三觀이 보다 유효할 것이다. 뿐만 아니라 천태선에는 묘하게도 맹렬한 참회행이 함께 설해지고 있지 않은가! 요세가 120병의 극복은 천태묘해라야만 한다고 한 것은 이러한 의식 때문이 아니었을까?

이렇게 볼 때 요세의 맹렬한 참회행 또한 보조의 정혜결사를 겪어 본 자신의 생생한 체험에 입각해서 그 필요성이 절감되어 의식적으로 여행勵行된 것이라고 보지 않을 수가 없는 것이다. 동시에 우리는 보조의 정혜결사에 이어 요세의 백련사가 흥기하지 않을 수 없었던 사상적 필연성을 짐작케 되는 것이다.

요세의 보현도량 개설과 관련해서 한 가지 부언하고 싶은 것은 고종 27년(1240), 다시 말하면 보현도량이 개설된 지 8년 뒤에, 송宋 온릉개원연사溫陵開元蓮社 계환戒環이 찬한 『묘법연화경요해妙法蓮華經要解』가 이 보현도량에서 연양演揚된다는 사실이다.[23] 보현도량에서의 참회는 "오로지 천태天台의 법화삼매참의法華三昧懺儀에 의했다."[24]고 하는데, 그 참의懺儀를 보면 『법화경』 독송이 그 행의行儀 중에 포함되어 있다. 『법화경계환해法華經戒環解』가 보현도량에서 연양되었다는 것은 이러한 때에 그것이 독송되었음을 의미할 것이다. 그런데 『계환해』가 이렇게 보현도량에서 연양되기에 이른 이유는 무엇일까? 이에 대해서 필자는 일찍이 『계환해』는 문지文旨가 간굉簡宏할 뿐만 아니라 『화엄경』과 『법화경』이 다 같이 문수보살에서 시작하여 보현보살에서 끝난다는 독특한 법화관을 제시하고 있음을 지적한 일이 있다.[25] 『계환해』가 보현도량에

---

23 『法華經戒環解』, 崔怡跋文, 高麗佛書展觀目錄(東國大 佛教文化研究所, 1963), p.14.
24 崔滋 撰, 앞의 碑, p.591.
25 고익진, 「法華經戒環解의 盛行來歷考」, 『佛教學報』 12집, p.186.

채택된 것은 그의 이러한 법화관이 보현도량의 주존主尊인 보현보살에 상통하였기 때문인 것으로 보인다.

그러나 여기에서 한 가지 문제되는 것은 계환은 '육왕심공育王諶公의 문인門人'[26]이라고 하는 바와 같이 선승인데, 어떻게 해서 그의『법화경요해法華經要解』가 백련사와 같은 천태종계에 수용될 수 있었느냐 하는 점이다. 그러나 이것 또한 그와 비슷한 전철을 보조의 선사상에서 발견할 수가 있다. 보조는 그의 돈오점수설에서 조계육조의 방계傍系라고할 수 있는 하택 신회의 지해知解를 과감하게 채택했던 것이며, 그의원돈신해문에서도 정통적인 현수賢首·청량계淸凉系가 아닌 이통현 장자의 화엄관을 채용했던 것이다. 보조나 요세와 같은 당시의 불교사상가들은 전통의 계승에 있어서 맹목적인 고수보다는 자유로운 독창성을추구했던 것 같다.

3. 미타정토彌陀淨土의 찬앙鑽仰

중생의 근기에 대한 의식에 있어서 보조와 요세의 상술한 바와 같은차이는 정토사상에 대한 양자의 수용 태도에 있어서 다시금 두드러지게 나타난다. 원시불교 이래 불교의 종교적 목적은 자력에 의한 전미개오轉迷開悟라고 말할 수가 있다. 그러나 극악한 상황에 처해서는 중생의 근기는 자기 힘만으로는 깨달음을 이룰 수가 없어 퇴전退轉하기 마련이다. 이런 경우에는 부처님의 자비로운 호념護念을 힘입지 않으면 안

---

26 普幻 撰,『楞嚴經環解冊補記』권상 1장, "溫陵環師 育王諶公之門人也."

되고, 그러한 호념을 힘입으려면 자신의 죄장罪障부터 참회하지 않으면 안 된다. 그리고 사후에는 보다 안락하고 청정한 타방불국토他方佛國土에 태어나 퇴전함이 없이 깨달음을 추구할 수 있기를 바라지 않을 수가 없다. 이리하여 대승경전에는 여러 가지 정토가 설해지고 그중에서 아미타불의 서방정토는 가장 수승한 정토로서 신앙되어, 정토사상이라면 으레 이 미타정토에의 왕생을 바탕으로 하게 된다. 따라서 정토사상을 수용하느냐 안 하느냐에 의해서, 또 수용한다고 하더라도 그것을 어떠한 방법으로 수용하느냐에 의해서 그 사상가의 중생 근기에 대한 의식은 크게 달라지는 것이다.

그런데 보조는 그의 정혜결사문에서 "정도正道가 침은沈隱한 말법시대에는 정혜定慧를 닦기 어려우므로 미타를 염하여 정업淨業을 닦음만 같지 못하다."[27]라는 견해에 대해서 신랄한 비판을 가하고 있다. 법도法道의 흥쇠興衰를 보는 것은 삼승권학三乘勸學의 견해요, '지혜 있는 사람'의 것이 아니며, 예토穢土·정토淨土를 구별하고 상법像法·말법末法을 구별함은 모두 불요의경不了義經이라는 입장을 취하고 있다.[28] 보조의 정혜결사는 분명히 '지혜 있는 자'를 전제로 하고 있는 것이다. 따라서 그의 『염불인유경念佛因由經』의 십종염불설十宗念佛說에서는[29] 말법사상 및 정토교를 받아들이되 자성미타自性彌陀, 유심정토唯心淨土의 입장에서 받아들이고 있음은 물론이다.

그러나 요세는 보조의 정토신앙에 대한 이러한 비판적인 입장과는 달리 적극적으로 그것을 수용하여 열렬한 찬양자가 되고 있다. 천태

---

27 普照 撰, 『定慧結社文』 1張左.
28 위의 책.
29 十宗念佛: ① 戒身 ② 戒口 ③ 戒意 ④ 動憶 ⑤ 精慮 ⑥ 語持 ⑦ 默持 ⑧ 觀相 ⑨ 無心 ⑩ 眞如念佛.

종 중흥의 사명使命을 자각한 약사란야에서 요세가 참회존불로 모셨던 '53불'은 전술한 바와 같이 삼겁삼천불연기 등에 의하면 삼겁삼천불이 그들의 성불 이전의 인행因行 시에 문지聞持했던 불명佛名들이지만, 『무량수경無量壽經』에 의하면 법장 비구法藏比丘(아미타불이 됨)의 스승인 세자재왕불世自在王佛 이전에 출현했던 부처님의 수를 가리키고 있다.[30] 만덕사萬德寺 보현도량에서 법화삼매참의에 의해 장년長年의 법화참을 닦았다는 것은 전술한 바가 있지만, 이때에도 그는 정토왕생을 함께 구하고 있다.[31] 그의 일과 속에는 '미타불호彌陀佛號 1만 성성聲을 송송誦하는 것'이 포함되어 있다. 그리고 만년 임종 때에도 오로지 서방왕생을 구하고 있다. 즉 원내불사院內佛事를 천인天因(백련사 제2세)에게 맡기고 별원에 퇴거한 뒤에(1245) '소연좌망蕭然坐忘 전구서매專求西邁'하고 있으며, 임종에 이르러서도 원효의 미타증성가彌陀澄性歌[32]를 부른 다음, 정토왕생의 확신을 보이고 서쪽을 향해 입적하고 있는 것이다.

요세의 이러한 정토 찬앙은 교화 대상으로서의 중생을 수승한 유지인有智人으로서가 아니라 극악의 상황에 처한 죄장罪障 두터운 '범부'로서 의식하고 있음을 의미한다. 정토신앙은 '본위범부本爲凡夫 겸위성인兼爲聖人'이라고 불리는 바와 같이 본래 범부를 위한 불자비佛慈悲의 교설敎說이기 때문이다. 그리고 요세의 이러한 범부에 대한 의식은 정토신앙에 대해 비판적인 태도를 취하고 있는 보조의 입장과는 뚜렷한 대

---

30 『無量壽經』 권상.
31 崔滋 撰, 앞의 碑, p.591. "壬辰夏始結普賢道場 修法華三昧求生淨土."
32 普照 撰, 『법집별행록절요』에 원효의 彌陀證性偈로서 다음과 같은 것이 인용되어 있다. "乃往過去久遠世 有一高土號法藏 初發無上菩提心 出欲入道破諸相 雖知一心無二相 而愍群生沒苦海 起六八大超誓願 其修淨業離諸機." 그러나 이곳의 元曉澄性歌는 그와 내용이 다른 듯하다. 偈文이 다음과 같이 일치하지 않기 때문이다. "法界身相難思議 寂然無爲無不爲…以順彼佛身心故 必不獲已生彼國."

조를 이루고 있는 점에서, 보조의 정혜결사를 실제로 겪어 보았던 그의 체험 위에서 발생한 것이라고 보는 것이 옳을 것이다.

보조선을 닦아 보았던 요세의 체험 속에 이렇게 절박한 '범부凡夫'의 의식이 발생하였다면 무엇보다도 먼저 부처님의 자비로운 호념護念을 우러러 자신의 죄장을 깊이 뉘우치는 종교적 행동이 수반되지 않을 수가 없다. 요세가 약사란야에서 대중과 함께 53불을 날마다 12편 예참하고 보현도량을 개설하여서는 법화삼매참을 닦았다는 것은 위에서 살펴본 바와 같다. 그리고 부처님의 호념을 힘입지 않으면 안 된다는 이러한 입장은 정토왕생의 염원으로까지 전개되지 않을 수가 없을 것이다. 그런데 천태종에는 예참과 함께 정토사상이 또한 본래부터 중시되고 있음을 다음과 같이 살펴볼 수가 있다.

천태 지의天台智顗는 미타를 응신應身, 정토를 범성동거凡聖同居의 정토로 보고 있으며,[33] 임종 때에도 서방정토를 향해 입적하고 있다. 정토를 범성동거토凡聖同居土로 보고 있다는 것은 유식가唯識家에서 미타정토를 보신보토報身報土로 보는 것과는 달리, 범부를 중심으로 정토를 보고 있음을 뜻한다. 그의 소설所說로 알려진 『아미타경의기阿彌陀經義記』 1권, 『관무량수경소觀無量壽經疏』 1권은 진위가 문제되는 책이지만,[34] 그러한 문헌이 만들어지고 있다는 사실은 천태종에서 일찍부터 정토사상이 크게 원용援用되고 있음을 가리킨다. 그 뒤 천태교가天台教家에서는 이 전통을 계승하여 끊임없이 정토원생자淨土願生者가 나오고 있다. 그리하여 사명 지례四明知禮(960~1028)의 『관무량수경묘종초觀無量壽經妙宗鈔』에 이르러 천태의 일심삼관一心三觀과 『관무량수경』의 십

---

33 『維摩經略疏』 제1에서 十界凡聖의 所居處를 ① 凡聖同居土(淨·穢) ② 方便有餘土 ③ 實報無障碍土 ④ 常寂光土의 넷으로 분류하고 있다.
34 望月信亨 著, 『支那淨土教理史』, pp.105~106.

육관十六觀을 회통하는 '약심관불설若心觀佛說'이 전개되어[35] 천태사상과 정토신앙의 결합이 이론적으로 완전히 성립되는 것이다.

정토왕생의 발원은 『천태법화삼매참의天台法華三昧懺儀』에도 나타나고 있다. 즉 참회懺悔·권청勸請·수희隨喜·회향廻向 후에 행해지는 발원을 보면 정토원생淨土願生을 그 내용으로 하고 있다.[36]

한편 요세에게 120병의 문제를 던져 주었던 영명 연수 또한 열렬한 정토 찬앙자이다. 그는 유심정토설을 제창하고 있지만, 그의 108 일과 속에는 일일日日 10만 성성聲의 미타칭명이 들어 있으며, 그의 『참선염불사료간參禪念佛四料簡』에는[37] 선禪·정淨 쌍수雙修의 필요성이 뚜렷하게 나타나 있다. 영명 연수의 이러한 정토 찬앙은 그의 천태선적 배경에서 오고 있는 것으로 생각된다.

천태종의 사상 계통에 이렇게 정토사상이 흐르고 있다는 것은 요세에게 무한한 감격을 안겨 주었을 것으로 보인다. 교화 대상으로서의 중생을 죄장 두터운 '범부'로서 의식하였다면, 그러한 의식에는 필연적으로 참회행懺悔行과 정토구생淨土求生이 수반되는 법인데, 천태종에는 맹렬한 참법懺法이 이미 설해져 있을 뿐만 아니라 거기에는 다시 상술한 바와 같이 정토사상이 깊숙이 자리잡고 있기 때문이다. 요세는 약사란야에서 "묘종妙宗을 강강講하다가 시심시불是心是佛 시심작불是心作佛에 이르러 불각파

---

35 知禮 述, 『觀無量壽佛經妙宗鈔』 권1, 『대정장』 37, 195a, "觀者總擧能觀 即十六觀也 無量壽佛者 擧所觀要 攝十五境也 且置能說 略明所說 能觀皆是一心三觀 所觀皆是三諦一境."

36 『法華三昧懺儀』, 『대정장』 46, 952b, "願命終時 神不亂. 正念直往生安養 面奉彌陀 値衆聖 修行十地勝常樂."

37 ① 有禪無淨土 十八九蹉路 陰境若現前 瞥爾隨他去 ② 無禪有淨土 萬修萬人去 但得見彌陀 何愁不開悟 ③ 有禪無淨土 猶如戴角虎 現世爲人師 來生爲佛祖 ④ 無禪無淨土 鐵床并銅柱 萬劫與千生 沒個人依怙.

안미소不覺破顔微笑하였다."[38]고 하는데, 이곳의 '묘종妙宗'은 상기 지례知禮의『관무량수경묘종초』에 해당되고, '시심시불是心是佛 시심작불是心作佛'은『관무량수경』16관의 제8관에 나오는 말이다. 지례는 그 경문經文을 성덕性德(是心是佛)과 수덕修德(是心作佛)의 상즉相卽에 의해 설명하고 있는데, 요세는『묘종초』를 읽다가 지례의 그러한 해석에 이르러 천태와 정토를 회통한 탁견에 탄복하여 그만 파안미소하였을 것이다.

　보조의 정혜결사를 체험했던 요세가 새삼스럽게 천태종의 묘미를 깨닫고 "천태묘해를 발하지 못한다면 영명 연수의 120병을 어떻게 벗어날 수 있을까?"라고 말한 것은 바로 이상과 같은 이유 때문인 것으로 생각된다. 이런 견지에서 필자는 요세의 천태종 중흥은 보조의 정혜결사의 영향을 받아, 그에 맞선 새로운 종교결사로 나타났던 것이라고 보고 싶은 것이다.

　요세의 이러한 종교결사를 '백련사白蓮社'라고 부르고 있음은 새삼 말할 필요가 없다. 그러나 언제부터 그 결사가 '백련사'라는 이름으로 확정되느냐에 대해서는 잠시 재고할 필요가 있다. 요세가 묘종중흥妙宗中興을 자각한 것은 약사란야에서인데(1208), 이때 비록 천태삼관天台三觀과 서참회徐懺悔가 정수精修되고 있긴 하지만, 아직 백련사라고는 부르지 않았을 것이다. 요세는 그 뒤 남해산南海山 옆의 만덕사 고기古基에 80여 칸의 가람을 개창하여(1211 착공~1216 낙성) 본사本社로 삼게 된다. 이때를 우리는 흔히 '백련사' 개창년으로 보기 쉽지만, 그것은 '백련사'라는 결사라기보다는 '만덕사'라는 사찰의 개창으로 보아야 하지 않을까 한다. 아직 백련사라고 불렀다는 확실한 증거는 안 보이기 때문이다. 요세는 그 뒤(1221) 대방수帶方守 복장한卜章漢의 청을 받아 그 관내의 백련산을 도량으로 하여 수년을 묵게 되는데,[39] 이 '백련산'은 백련사

38　崔滋 撰, 앞의 碑, p.591.
39　위의 碑, p.591.

와 명칭이 매우 비슷하지만 그것은 또한 산명山名이지 결사명結社名이
아님은 물론이다. 그 뒤 요세는 다시 본사本社(萬德寺)에 돌아가(1223)
도량을 크게 열고 보현도량을 개설하게 되는데(1232), 요세의 결사운동
은 이 보현도량 개설을 계기로 모든 체제가 정비된다고 볼 수가 있다.
'백련사'라는 결사명이 사용되는 것은 이 무렵부터가 아니었을까.[40] 그
리고 그 결사명은 그로부터 4년 뒤에 천책天頙(뒤에 白蓮社 제4세가 됨)이
「백련결사문白蓮結社文」을 찬함으로써(1236)[41] 공식적으로 알려지게 되었
을 것이다.[42] 이렇게 해서 그 이후로 만덕사는 백련사라는 결사명과 동
의어로 부르게 되었을 것으로 생각된다.

　그런데 '백련사'라는 결사명을 볼 때 우리는 다시금 그것이 요세의 범
부의식을 바탕으로 한, 천태지관·법화삼매참·정토구생의 세 가지 요
소로 구성된 결사운동을 빈틈없이 잘 표현한 것임을 수긍하지 않을 수
없다. 천태지관·법화삼매참은 모두 『법화경』을 소의로 하고 있는데, 그
경명의 '연화蓮華(puṇḍarīka)'는 연꽃 중에서도 백련을 가리키고 있는 것
이다. 그리고 '백련사'라는 결사명은 여산 혜원의 백련결사白蓮結社 이래
정토원생淨土願生의 결사로서 널리 알려져 있다. 보조의 '정혜사定慧社'
가 돈오점수설에 입각한 그의 정혜쌍수 운동에 적합한 이름인 것처럼,
요세의 '백련사白蓮社' 또한 천태사상에 입각한 그의 예참·정토구생의
결사운동을 잘 표현하고 있는 것이다.

40　丁茶山도 같은 見解를 제시하고 있다. "茶山云 今案崔滋碑 此寺本名萬德寺 至
　　圓妙國師設普賢道場 然後乃名曰白蓮社."(『萬德寺志』 권하)
41　『萬德寺志』 卷首年表.
42　普照의 定慧結社가 結社文의 유포(1190)로 널리 알려진 것을 상기할 필요가
　　있다.

4. 맺는 말

이상과 같이 살펴볼 때 이제 우리는 원묘국사 요세의 백련결사는 보조의 정혜결사의 영향 아래 그에 맞선 천태종의 법화결사로서 일어난 것이라는 결론을 내려도 좋을 것 같다. 정혜결사가 12세기경의 내우외환이 겹친 어지러운 사회에서 민족의 자주적 의지력을 일깨우고 교단을 쇄신하려는 강력한 선禪 부흥운동으로 일어난 것이라면,[43] 백련결사는 그러한 선 운동에서 다시금 문제되는 죄악중생罪惡衆生의 기근機根을 의식하고 천태묘종天台妙宗의 중흥에 나아갔던 결사운동이었다는 말이다. 성적등지惺寂等持·원돈신해圓頓信解·경절오입徑截悟入의 3문으로 조직된 보조의 선禪 체계가 정혜사의 종교적 이념을 실현하는 데에 놀라운 독창성을 발휘고 있는 것처럼, 천태지관天台止觀·법화삼매참法華三昧懺·정토구생淨土求生의 3문으로 이루어진 요세의 실천 강령 또한 백련사가 지향하는 종교적 이념을 구현하는 데에 놀라운 짜임새를 보여 주고 있다.

백련사의 출현으로 고려 천태종은 새로운 국면을 맞이한다고 볼 수가 있다. 주지하는 바와 같이 대각국사 의천이 개창한 천태종은 화엄의 영향을 깊이 받고 있으니, 의천이 본래 화엄종 출신임은 물론, 천태 오시교판五時敎判을 화엄 오교판五敎判과 대동大同한 것으로 그는 인정하고 있다.[44] 의천은 또 천태지관은 선禪에 통하는 것으로 보고 있었던 모양으로 그 뒤 선종의 법계명法階名을 갖다 천태종의 법계명으로 삼은

---

43 고익진,「高麗佛敎思想의 護國的 展開」(Ⅱ),『佛敎學報』제14집, p.40.
44 『大覺國師文集』권16 大宋天臺塔下親參發願疏, "吾祖華嚴疏主云 賢首五敎大同天台."

데에서 그것을 엿볼 수가 있다. 이것은 의천이 천태종을 개립한 진정한 뜻은 禪을 敎에 흡수하려는 데에 있었음을 짐작케 한다. 사실에 있어서 그는 교장敎藏(소위 義天續藏)에도 선서禪書는 1권도 수록하지 않았던 것이며, 구산선문九山禪門의 고행석류高行釋流를 뽑아 교관敎觀을 홍양弘揚하였던 것이다.[45] 이에 대해서 원묘의 백련사는 위에서 살펴온 바와 같이 禪에 대립되는 천태종 특유의 면목을 선양하는 방향으로 나아가고 있으니, 이러한 입장은 의천의 천태종과 크게 다른 점으로 지적될 수가 있는 것이다. 그리고 또 이 점은 원묘 이후 백련사의 사상 전통을 살피는 데에 있어서도 염두에 두어야 할 중요한 사항이 될 것이다.

---

45 「國淸寺妙應大禪師墓誌」, 『조선금석총람』 권상, p.558.

15

혜심의 선사상 연구
– 지눌의 선사상과 비교하면서 / 권기종

〈선정 이유〉

● 권기종, 「혜심의 선사상 연구 – 지눌의 선사상과 비교하면서」, 『불교학
보』 제19집, 1982.9, pp.201~217.

선정 이유

이 논문은 고려불교의 주요 사상가였던 지눌의 선사상과 비교하면서 그의 선교 일원의 지향을 선 일변도로 계승한 혜심의 선사상을 간화선으로 파악하고 있는 점을 주목하여 선정하였다. 저자는, 혜심은 지눌의 돈오점수, 정혜쌍수, 선교합일, 삼종법문 즉 성적등지문, 원돈신해문, [간화]경절문의 사상 중에서 정혜쌍수의 간화경절문 즉 간화일문看話一門에 의한 간화수행도를 실참할 것만을 강조하였다고 하였다.

저자는 지눌의 선사상이 담긴 『법집별행록절요병입사기』 편찬과 『원돈성불론』과 『간화결의론』 간행의 발문을 쓴 혜심의 선사상은 지눌의 원돈신해문, 성적등지문, 간화경절문의 삼문 중에서도 특히 간화일문과 간화수행도의 주축 아래 신信방편, 수묵守黙과 의통義通의 경계, 실참실오實參實悟를 강조하고 있다고 보았다.

저자는 『간화결의론』을 제외한 지눌의 전체 저술에서 간화선 사상이 거의 나타나지 않고 있다고 보았다. 뿐만 아니라 지눌의 일반적인 선사상을 『간화결의론』에 의한 간화선 사상과 비교해 보면 오히려 상충되는 점도 발견되고 있다고 하였다. 저자는 지눌의 입적 5년 뒤에 혜심에 의해 그 유고가 알려진 『간화경절론』의 사상은 지눌의 선사상보다 혜심의 선사상과 상통하고 있고, 간화선의 한국적 수용은 지눌이라고 하더라도 간화선의 전개에는 혜심의 역할이 컸다고 보았다.

저자는, 혜심은 간화일문이 실참실오이며, 간화看話에 의해서 망상을 치유하고, 무심無心도 간화참구가 수반되어야 하며, 다허가 소실만 못한 것이므로 오직 참수실참 오수실오의 중요성을 강조하였다고 주장하는 지점에서 이 논문의 의미와 학문적 가치를 찾을 수 있다.

I. 서序

　고려의 진각 혜심眞覺慧諶(1178~1234)은 보조 지눌普照知訥(1158~1210)의 뒤를 이은 전법제자傳法弟子요, 수선사修禪社 제2세로서 간화선을 대진大振했다는 것은 이미 주지의 사실들이다.[1] 그러나 혜심이 대진했다고 하는 간화선 사상이 과연 어떤 것인가는 밝혀진 바가 거의 없으며, 다만 혜심은 『선문염송禪門拈頌』을 편찬했고 「구자무불성화간병론狗子無佛性話揀病論」을 저술했으며, 그의 『어록語錄』의 내용이 간화선을 선양했다는 측면에서만 고찰되어졌을 뿐 혜심의 선사상에 대한 구체적인 연구는 극히 부분적인 한두 편의 논문에 불과하다.[2]

　그것은 그의 스승인 지눌의 그늘에 가려져 오직 지눌의 간화선 사상을 계승 진작시키는 데 공헌했다고만 논급되어지고, 더 이상 혜심 자신에 대한 진실한 모습을 볼 수 없었던 것은 아닌가 생각되기도 한다. 물론, 혜심은 그의 저술 경향이나 또한 논지가 간화선 사상의 주창을 일관하고 있음은 틀림없는 사실이다. 그러나 그의 스승인 지눌과는 많은 점에서 사상적 견해를 달리하고 있으며, 이렇게 상이한 견해를 가지고 있으면서도[3] 지

1　高翊晋,「高麗佛教思想의 호국적 전개」(Ⅱ),『佛教學報』제14집(東國大 佛教文化研究所 刊), p.38, 41.
2　高亨坤,『禪의 世界』, 大學社, 1971, p.307. 海東曹溪宗에서의 存在現前-知訥과 慧諶의 禪旨를 중심으로-.; 權奇悰,「看話禪과 ‘無字’公案考」,『東國大 大學院論文集』제20집, 1981, p.1.
3　慧諶의 선사상에는 知訥의 頓悟漸修, 定慧雙修, 三種法門(惺寂等持·圓頓信解·看話徑截) 등 중요 사상이 거론되지 않을 뿐만 아니라, 그 견해를 달리하고 있으며,

눌의 견해를 부정, 반대하려는 적극적인 의사나 표현은 거의 찾아볼 수 없으며, 다만 그 나름대로 자신의 논지를 전개하고 있음을 알 수 있다.

이처럼 혜심과 지눌의 사상적 관계는 불일치不一致의 일류一流, 상이相異의 조화라고나 이름할 수 있는 관계를 유지하면서도, 인간적 관계는 대단히 밀접하였다. 단순한 수선사 제1세와 제2세의 관계나 전법제자라는 의례적이며 형식적 관계를 넘어 지눌이 다하지 못한 일을 혜심이 종결을 맺는 일종의 지눌 사상의 결론적 역할을 하였음은 지눌과 혜심의 선사상을 논급함에 있어서 주목하지 않을 수 없는 일이며, 본 논문이 혜심의 선사상을 고찰코자 함이 주된 취지이기는 하지만 지눌과의 관계 속에서 살피지 않을 수 없는 이유가 또한 여기에 있다.

이미 졸고「간화선과 무자無字 공안고公案考」에서 혜심과 지눌의 관계에서 간화선경절문看話禪徑截門에 대한 의문을 제기한 바 있으나,[4] 본고에서는 역사적인 사실 위에 사상적인 접근을 시도하여 간화선 사상의 연원을 추구코자 하며, 아울러 지눌의 선사상 일단을 혜심의 선사상과 비교해 보며, 혜심의 주된 선사상이 어떤 것인가를 구명코자 한다.

II. 혜심과 지눌의 관계

혜심과 지눌의 관계는 시간적으로 그리 길지 않다. 혜심의 출가가 고려 신종神宗 5년 임술년(1202)[5]이고, 지눌의 입적은 희종熙宗 6년 경오년

오직 看話一門만이 강조되고 있기 때문이다. 이러한 분석은 본문 참조.
4 權奇悰, 앞의 논문, p.4.
5 李奎報 撰,「曹溪山第二世故斷俗寺住持修禪社主贈諡眞覺國師碑銘幷序」,『眞覺

(1210)이므로 최장의 기간으로 계산을 하더라도 8년 정도이다. 그러나 이 8년간을 같은 처소에서 동거 수행한 것은 결코 아니다. "을축년乙丑 年 가을, 보조국사께서 억보산億寶山에 계실 때 혜심은 선자禪者 몇 사 람과 함께 찾아뵈었다…"[6]고 한 것으로 보아 을축년, 즉 1205년 이전 에도 주처住處를 함께한 것은 아니며, 1208년에도 지리산을 떠나 수년 을 지냈다고 하였으니,[7] 혜심과 지눌의 시간적 유대 관계는 불과 수년에 불과할 뿐이다.

이러한 짧은 기간에 수선사 제1세와 2세의 사자師資 관계로 맺어진 것은 지눌이 혜심의 오처悟處를 간득看得한 데서 기인된 것이다. 진각眞 覺의 비명碑銘에 의하면 을축(1205) 가을(秋) 이후 무진년(1208) 사이에 이미 상계相契가 있었던 것으로 알 수 있다.

乙丑秋 國師在億寶山 師與禪者數人 方往謁憩山下 距庵千餘步 遙聞國師在庵中 嘆侍者聲作偈 其略云 呼兒響落松蘿霧 煮茗香 傳石逕風 及叅禮與此話 國師領之 以手中扇授之 師呈偈曰 昔在 師翁手裏 今來弟子掌中…[8]

이처럼 부채를 주고받으면서 오고간 게송이나 대혜大慧의 십종병十種 病에 대해 문답하는 가운데서,

國師語錄』, 第98張 後, "承安六年辛酉 擧司馬試…明年母卽世…師徑造叅禮 請營 齋薦母 因乞剃度 國師許之."
6 위의 책, 第99張 前, "乙丑秋 國師在億寶山 師與禪者數人方住謁…."
7 위의 책, 第99張 前~後, "泰和戊辰 欲命師嗣席 卽退安圭峰 師固辭遂去智異山 絶迹滅影者數載."
8 위의 책, 第99張 前.

國師曰 三種病人向什麼處出氣 師以手打窓一下 國師呵呵大笑
及歸方丈 更密召與活乃嘉曰 吾既得汝 死無恨矣 汝當以佛法自
任 不替本願也.[9]

라고 한 것은 지눌의 심중心中에 이미 혜심을 인가한 것이며, 수선사 제
2세의 책임자로 결심한 것이라고 보인다. 특히 '吾既得汝 死無恨矣'라
고 한 것은 모든 수선사의 책임을 혜심에게 넘기겠다는 강한 의지를 내
포한 전부가업적傳付家業的 표현이요, 단순한 오증悟證을 인가하는 수
행 점검의 태도를 넘어선 발언으로 보인다.

그러나 수행의 실제에 있어서 혜심은 스승인 지눌에게서 무엇을 배
웠는지, 또한 어떤 공안公案을 받았으며 어떻게 수행을 했는지는 기록
으로 전하는 바가 없으며, 다만 태화泰和 무진년(1208), 즉 지눌의 입적
2년 전에 사석嗣席코자 했으나 혜심이 극구 사양하여 지리산을 떠나 수
년을 자취를 감추기까지 했었고,[10] 그 후 대안大安 경오년(1210), 즉 지
눌의 입적 후 입원개당入院開堂했다.[11] 이때의 입원개당도 명을 받고 부
득이하여 자리에 오른 것으로, "承勅繼住 師不獲己 入院開堂"이라고
그의 비명碑銘에 기재되었으므로, 이에 의하면 혜심이 적극적인 자세로
수선사 제2세를 추구했던 것은 절대로 아님을 알 수 있다.

따라서 이러한 몇 가지 사례는 지눌과 혜심의 관계에 있어서 혜심의
접근도보다는 지눌 측이 더 가까이하고자 하였음을 알 수 있으며, 이는
제자가 스승을 구했다는 편보다 스승이 제자를 찾았으며, 또한 이 점

---

9 위의 책, 第99張 前.
10 위의 책, 第99張 前.
11 위의 책, 第99張 前, "大安庚午 國師入寂 門徒聞于上 承勅繼住 師不獲己 入院
　開堂."

은 혜심에게 남다른 장처長處가 있었음을 암시하기도 한다.

이상은 지눌의 생존 시 혜심과의 관계를, 주로 함께한 기간과 법사法嗣의 측면에서 본 것이며, 수학修學과 수행修行의 방면에서는 두 사람의 관계를 특기할 만한 현존 자료를 발견할 수 없다.

그러나 지눌의 입적 후에 혜심의 주선에 의해서 지눌의 비碑가 건립되고, 5년 후인 1215년에 그의 저술인 「원돈성불론圓頓成佛論」과 「간화결의론看話決疑論」의 유고遺稿가 발견되어 혜심의 「구자무불성화간병론狗子無佛性話揀病論」과 함께 합간본으로 출간되었다.[12]

이는 또한 혜심과 지눌의 생존 시의 관계가 아닌 사후의 관계이기도 하며, 이 양대 유고는 지눌의 선사상 체계에 있어서 없어서는 안 되는 결론적 저술이 된다. 따라서 최후의 저술이라고 할 수 있는 『법집별행록절요병입사기法集別行錄節要幷入私記』에서도 논급하지 못한 지눌의 선사상 체계가 이 유고를 통해서 성립되었으므로 지눌의 선사상을 이해하는 데 있어서 혜심은 간과할 수 없는 존재가 된다.

그러므로 혜심의 선사상이 어떠한 것인가를 고찰하면서, 지눌의 선사상과 비추어 볼 필요를 느끼게 되는 것이며, 지눌의 저술을 이분二分하여 생존 시의 출간본과 유고본의 사상을 비교함으로써 더 명확한 지눌의 선사상과 혜심의 선사상을 알 수 있을 것이다. 이는 지눌과 혜심의 선사상을 이해하는 데 중요한 관건이기 때문이다.

---

12 慧諶, 「看話決疑論跋」.

III. 지눌의 선사상과 혜심

지눌의 선사상에 대해서는 여러 학자들에 의해서 다각도로 연구된 바 있다. 물론 이 같은 연구 성과는 주로 지눌의 저술을 토대로 하여 얻어진 것이며, 또한 저술을 의지하지 않고, 그의 사상을 논한다는 것은 있을 수 없는 일이다.

그러므로 지눌의 사상을 이해함에 있어서 지눌의 저술은 절대적인 자료가 될 뿐 아니라, 자료의 잘못된 취급은 그의 사상을 오인케 할 것이다. 전 장에서 이미 언급한 바와 같이 지눌의 저술 중에는 그의 제자인 혜심과 밀접한 관계를 가진 저술이 있고 순수한 지눌의 저술도 있다. 따라서 순전한 지눌의 저술을 통해서 본 지눌의 사상과 혜심에 의해서 출간된 유고에 의한 지눌의 사상을 구분하여 비교 고찰한다면 또 다른 사상적 국면을 발견할 수 있을 것이다.

1. 지눌의 선사상

지눌의 사상을 논급한 대개의 논문은 앞에서 살핀 바와 같은 자료의 구분을 하지 않고 그 논지論旨가 전개되었다. 이러한 논문들의 논지에 의하면 지눌의 선사상은 다음과 같이 요약된다.[13]

(1) 돈오점수頓悟漸修와 정혜쌍수定慧雙修

① 頓悟漸修 ② 定慧雙修

---

13 金芿石, 「佛日普照國師」, 『佛教學報』 제2집, 1964, p.3.; 李鍾益, 「普照國師의 禪教觀」, 『佛教學報』 제9집, 1972, p.67.

(2) 삼종법문三種法門

    ① 惺寂等持門 ② 圓頓信解門 ③ 徑截門(無心合道)

(3) 선교관禪教觀

    ① 禪教一元

이에 대한 구체적인 의취義趣는 이미 선학先學들에 의해서 연구 발표된 바 있으며, 그 대개의 논지는 삼종법문을 높이 평가했고, 이 중에서도 경절문 사상은 지눌의 선사상을 대표하는 법문으로 논술되었다.[14]

또한 지눌에게는 삼전기三轉機의 오증悟證을 구분하기도 하였으니, 제1전기는 『육조단경六祖壇經』에서요, 제2전기는 이통현李通玄의 『화엄론華嚴論』에서이며, 제3전기를 『대혜어록大慧語錄』에 의해서라고 보았다.[15] 이러한 삼전기에 의해서 지눌은 자기수증自己修證과 이타행원利他行願의 지도 체계를 정립하였는데, 이 제1전기에 의해서 정혜결사定慧結社를 이룩하였고, 정혜쌍수定慧雙修와 성적등지惺寂等持의 일반적 수행문修行門을 열었다. 그리고 제2전기에 의해서 『원돈성불론圓頓成佛論』을 지어 원돈신해문圓頓信解門을 세웠고, 제3전기에 의해서 『간화결의론看話決疑論』을 지어 경절활구선徑截活句禪을 주창하였다[16]고 함은 지눌의 수행 과정이나 지도 체계의 핵심적 기초를 『원돈성불론』과 『간화결의론』에 두고 있음을 알 수 있다.

뿐만 아니라, 『정혜결사문定慧結社文』과 『수심결修心訣』은 성적등지문(行)을 구명하였고, 『원돈성불론』은 원돈신해문(信解)을 천명하였으며, 『간화결의론』은 경절직입문(證)을 거론하였고, 『별행록절요』는 이상의 3

---

14 金芿石, 위의 논문, p.34.

15 李鍾益, 위의 논문, p.80.

16 위의 논문, p.81.

문을 통론한 것으로 보아야 한다[17]는 견해 역시『원돈성불론』과『간화결의론』이 지눌 선사상의 기본이 되는 원돈신해문과 경절문의 소거논서所據論書라고 본 것이다.

그러나『원돈성불론』에 의거한 원돈신해문은 지눌의 선사상에 있어서 구경究竟의 법문이 되지 못하며, 한 걸음 더 나아가 경절문에 이르러야 한다고『간화결의론』에서는 설명되고 있다.[18] 다시 말해서 돈오점수는 천성千聖의 궤철軌轍이라고[19] 하면서도 이 돈오점수와 정혜쌍수를 보조선普照禪의 전체로 보지 않았고,[20] 다시 화엄사상에 입각한 원돈신해문을 세웠으나 원돈신해문도 어로語路·의로義路·문해聞解를 벗어나지 못한 것이라고 지적했으며,[21] 또한 원돈신해문은 "修行人, 自心의 無明·分別이 諸佛의 不動明智임을 信解한 후에 依性修禪하면 妙가 된다(今時修心之人 先以自心日用分別之種 便爲諸佛不動智 然後 依性修禪方爲妙角)."[22]고 함으로써 수선修禪의 한 과정으로 파악되었다. 그러나『화엄론절요』에서는 "화엄과 선禪이 결코 다른 것이 아니다."[23]라는 입장을 설명하고 있으나 결국은 원돈신해까지도 하나의 방편으로 간주되었고『간

---

17 金伖石, 앞의 논문, p.10.
18 『看話決疑論』(金呑虛 譯,『普照法語』, 回想社, 1973), 第122張 後~123張 前.; 앞의 책, 第134張 後. "禪門徑截得入者 初無法義聞解當情 直以無滋味話頭 但提撕擧覺而已故無語路義路 心識思唯之處 亦無見聞解行生等時分前後 忽然話頭 噴地一發則如前所論一心法界 洞然圓明故 與圓敎觀行者 此於禪門一發者 敎內敎外 逈然不同故 時分遲速亦不同 居然可知矣 故云 敎外別傳 逈出敎乘 非淺識者所能堪任."
19 『修心訣』(同上), 第41張 後.
20 高翊晋, 앞의 논문, p.37.
21 『看話決疑論』, 第122張 後~123張 前.
22 『圓頓成佛論』, 第91張 前.
23 「華嚴論節要序」(寶蓮閣, 1972), "於是置卷長歎曰 世尊說之語口卽爲敎 祖師傳之於心卽爲禪 佛祖心口 必不相違 豈不可窮根源 而各安所習 妄興諍論 虛喪天日耶."

화결의론』에 의한 경절문만이 선의 본래면목이며,[24] 화엄의 원돈관의
해애解碍까지도 극복되어야 하는 선의 극치이다.[25] 그러므로 『간화결의
론』에서는,

> 圓頓信解門에서 보면 十種知解病 역시 眞性緣起의 일환이므로
> 取捨가 없으나, 그러나 語路·義路·聞解思想이 있기 때문에 初心
> 學者가 身受奉持하지만, 만일 徑截門에 있어서는 語路·義路가
> 없으며, 聞解思想을 용납하지 않으므로 비록 法界의 無碍緣起의
> 도리마저 도리어 說解의 障碍를 이룸이니, 만일 上根大智가 아니
> 면, 어찌 능히 밝히며, 깨닫겠는가. 그러므로 泛學輩는 도리어 의심
> 과 비방을 하게 된다.[26]

라고 하였다.

다음은 선교일원禪敎一元에 대한 지눌의 사상으로 『화엄론절요』와 서
문에서,

> 世尊說之語口 卽爲敎 祖師傳之於心 卽爲禪 佛祖心口 必不相違
> 豈可不窮根源 而各安所習 妄興諍論 虛喪天日耶.[27]

라고 명백하게 밝힌 바 있다. 그러나 이러한 선교일원禪敎一元의 원리는
우연히 깨닫게 된 것이 아니라 상당한 기간과 많은 노력을 통해서 깨달

---

24 주 14 참조.
25 高翊晋, 앞의 논문, p.41.
26 『看話決疑論』, 第122張 後~123張 前.
27 주 23 참조.

게 되었음을 그의 「화엄론절요서」를 통해서 잘 알 수 있다. 대정大定 을
사년(1185) 가을 하가산下柯山 보문사普門寺에서 대장경을 열람하면서
불어佛語가 심종心宗(禪宗)에 계합하는 것을 구하기 3년이나 되어서[28]
『화엄경』「출현품」을 열람하는 중에,

> 擧一塵 含大千經卷之喩 後合之 如來智慧 亦復如是 具足在於衆
> 生身中 但諸凡愚 不知不覺.[29]

이라는 구절에 이르러 장경藏經을 머리에 이고 눈물을 흘렸다고(予頂戴
經卷 不覺殞涕) 자술하고 있기 때문이다. 따라서 지눌의 사상적 체계의
근본은 선교일원에 서서 선·교를 융합하므로, 서로가 이해하고 자조資
助하는 데 있으나, 결국은 회교명종會敎明宗이 그 근본임을 밝혔고 이
러한 일반적 지도 체계 위에 특수한 근기를 위하여 본분종사本分宗師의
출신활로出身活路로서 이로理路·어로語路·정식情識·사량思量을 뛰어난
교외별전의 활구선지活句禪旨를 수립했다고 보았다.[30]

2. 지눌 사상의 문제점

지눌의 선사상에 대한 이 같은 견해에는 몇 가지 문제가 수반된다.
우선 논리적으로 전후가 모순되고 있으니, 그것은 선교일원의 원리를
절실하게 추구하여 '擧一塵含大千經卷'에 이르러서 눈물을 흘릴 정도

---

28 「華嚴論節要序」, "大定乙巳秋…予如隱居下柯山普門寺…退歸山中 坐閱大藏經
   求佛語之契心宗者 凡三周寒暑."
29 위의 序.
30 李種益, 앞의 논문, p.87, 91.

로 감격한 것과는 반대로 교외별전의 경절문을 구경究竟의 지향으로 삼고 있기 때문이다. 선이 곧 교요, 교가 또한 선이므로 불조심구佛祖心口 필불상위必不相違를 주장했으면서 어찌하여 교외별전, 즉 교 밖에 별전의 선이 있다고 할 수 있겠는가? 이것은 전후가 뜻이 통하지 않는 모순이 아닐 수 없다.

그러나 선교일원을 주장한 「화엄론절요서」와 교외별전의 경절문활구를 강조한 『간화결의론』은 그 저술 연대가 동일하지 않다. 비록 동일인의 사상이라 하더라도 사상의 추이와 발전은 가능한 것이므로, 앞의 사상이 수정되고 새로운 다른 사상으로 발전할 수도 있을 것이다.

이렇게 생각해 보아도 확연치 못한 것은 「화엄론절요서」의 저술 연대는 지눌의 50세 시(丁卯正月八日, 1207)[31]이며, 사상적 흐름으로 미루어 『간화결의론』은 50세 이후의 저술이어야 옳을 것이다. 그러나 『간화결의론』의 저술 연대는 알 수 없고, 오직 제자 혜심에 의하여 유고로 발견되어 1215년에 상재된 것이며 지눌은 이에 앞서 이미 5년 전인 1210년에 입적하였다. 그러므로 본론本論의 저술 연대는 1207년 정월 이후 1210년 3월 20일 이전이 되어야 할 것이다. 그러나 이 기간 중인 1209년(大安元年 乙巳 夏)에 『법집별행록절요병입사기』가 저술되었으니, 즉 지눌의 입적 7·8개월 전이다. 따라서 이는 문헌을 통해서 알 수 있는 지눌의 최후 저술이 된다.

여기에서 지눌의 사상적 체계와 그의 저술을 연관해서 살핀다면 『간화결의론』은 또 『법집별행록절요병입사기』보다는 후기의 저술이라고 생각지 않을 수 없다. 만일 위의 가정을 받아들인다면 『간화결의론』은 1209년 8월 이후 1210년 3월 이전의 저술이 될 것이다. 그러나 또한

---

31 「華嚴論節要序」.

『원돈성불론』의 저술 연대가 미상이며, 이는 사상 체계상『간화결의론』이전의 저술이어야 할 것이므로, 앞에서 제기된 선교일원과 교외별전의 모순 속에 다시 유고의 저술에 대한 진위의 문제를 추가케 한다.

지눌의 저술과 관계 문헌을 저술 연대별로 정리하면 다음과 같다.

1190년(33세 시)	定慧結社文
1205년(48세 시)	誡初心學人文/眞心直說(?)
1207년(50세 시)	華嚴論節要 節錄
1209년(52세 시)	法集別行錄節要幷入私記
1210년(53세 시))	入寂
1211년	普照國師碑銘撰
1215년	看話決疑論 ⎫ =遺稿出刊 圓頓成佛論 ⎭

위에서『진심직설眞心直說』의 저술 연대를 48세 시라 하고 의문부호를 붙인 것과『간화결의론』은 ( ) 속에 말년末年 작作이라는 단서를 붙였으나[32] 본고에서는 확실한 저술 연대를 알 수 없기 때문에, '간화결의론'의 확실한 출간 연대인 1215년에 배당시켰다. 이상의 저술 외에도 「상당록上堂錄」·「법어가송法語歌頌」 등의 실전분失傳分과 「염불요문念佛要門」 등 많은 지눌의 저술 및 관계 문헌이 있지만[33] 본 논지와는 깊은 관계가 없으므로 취급하지 않았다.

이상의 지눌 저술과 그의 사상을 연결지어 살펴보면, 돈오점수와 정혜쌍수, 성적등지, 선교일원은 그의 생존 시 저술에 의거한 것임이 틀림

---

32 李種益, 앞의 논문, p.81.
33 『韓國佛敎撰述文獻總錄』, p.108~120.; 金芿石, 앞의 논문, p.9.

없으나, 3종법문 중에서 『원돈성불론』에 의한 원돈신해문과 『간화결의
론』에 의거한 경절문 사상은 그의 생존 시에 출간된 저술에 의해서는
설명되기 곤란한 점들이 많다. 물론 『법집별행록절요병입사기』에서 경절
문활구의 사상이 언급되고는 있지만, 지눌의 적극적인 의지가 아닌 인
용으로서 표현되고 있을 뿐이다.[34]

유고遺稿인 『간화결의론』과 『원돈성불론』과 혜심의 「구자무불성화간
병론」을 합간하면서 쓴 혜심의 발문에 의하면 "『원돈성불론』과 『간화결
의론』의 유초遺草가 상자 속에 있는 것을 근간近間에 찾았다."[35]라고 하
였으니, 이 발문에서 근간이란 하시何時를 의미함인지는 알 수 없지만
지눌의 생존 시에는 발견되지 않았음이 확실하다. 그렇다면 3종법문 중
원돈신해문과 경절문 사상인 2종법문은 유고의 발견을 통해서, 그 이
후에 완성된 법문이 될 것이며, 유고의 발견자인 혜심과는 무관한 법문
으로 생각할 수 없을 것이다. 더구나 3종법문이란 어휘가 지눌의 입적
후 혜심의 주선에 의해서[36] 쓰여진 김군완金君綏의 찬撰 「보조국사비명
普照國師碑銘」에서 나타나고 있다는 사실[37] 또한 간과할 수 없는 일이다.

더구나 혜심의 발문에는,

噫 近古以來 佛法衰發之甚 惑宗禪而斥教 惑崇教而毀禪 殊不知
禪是佛心 教是佛語教爲禪網 禪爲教綱 遂乃禪教兩家 永作怨讐
之見 法義二學 返爲矛盾之宗 終不入於無諍門 履一實道 所以先

---

34 『法集別行錄節要并入私記』, 法輪社, 1957, p.133~137.(이하 節要)
35 「看話決疑論跋文」, "乃著圓頓成佛論 看話決疑論 遺草在箱篋間 近乃得傳示大
   衆…."
36 『조선금석총람』 권하, p.951, "師 沒之明年 嗣法沙門慧諶等 具師之行狀 以聞曰
   願賜所以示後世者 上曰命 乃命小臣 文其碑…."
37 위의 책, p.950. "開門有三種 曰惺寂等持門 曰圓頓信解門 曰經截門 依而修行."

師哀之 乃著圓頓成佛論看話決疑論….[38]

라고 하였으니, 이는 '원돈성불론'과 '간화결의론'의 저술 의도가 마치 선교禪敎의 대립을 불식시키려는 데 있는 듯이 표현되고 있다. 그러나 혜심 자신의 저술이 아닌, 제삼자인 지눌의 저술 의도를 정확히 이해한다는 것은 대단히 어려운 점일지도 모른다. 엄밀한 의미에서『간화결의론』은 선교의 대립을 없애기 위한 내용이기보다는 오히려 교외별전의 간화경절문을 주장한 내용으로 교敎의 편에서 본다면, 선禪 우위가 강조된 것으로, 더욱 대립을 조장시키는 내용이 될 뿐, 선교의 시비 불식을 위해서 저술되었다고는 생각되지 않는다.

그럼에도 불구하고 혜심은 "法義二學 返爲矛盾之宗 終不入於無諍門 履一實道"를 애통히 여겨 저술된 것이라고 하였으니, 이는 혜심의 입장에서 지눌의 저술 의도를 쓰는 데서 오는 다소간의 모순이라고 생각하지 않을 수 없으며, 또한 이러한 모순은 지눌과 혜심 사이에서 이루어진 저술이 가지는 석연치 못한 점이기도 하다.

따라서 혜심과 관계가 있는 지눌의 저술, 즉『원돈성불론』·『간화결의론』·「보조국사비명」 등을 통해서 본 지눌의 사상과 순수한 지눌 생존시의 저술에 의한 지눌 사상 사이에는 많은 모순점을 발견할 수 있다. 그렇다고『원돈성불론』과『간화결의론』이 지눌의 저술이 아닌, 혜심의 저술이라고 단언할 수 있는 논거는 없지만 지눌 사상 속의 혜심적 요소라고는 추리할 수 있을 것이다.

그렇다면 과연 혜심의 선사상이 어떤 것인가를 고찰하고, 순수 지눌 사상과 혜심이 관계한 지눌의 저술을 통한 사상을 비교해 본다면 앞에

38「看話決疑論跋文」.

서 언급된 모순점은 다소라도 해결될 것이다.

IV. 혜심의 저술과 선사상

1. 혜심의 저술

혜심의 저술 경향을 지눌과 비교해 본다면 완연히 다르다는 것을 알수 있다. 우선 혜심의 저술에는 지눌에서 볼 수 있는 절요류節要類의 편찬이 없을 뿐만 아니라 선禪 일변에 관한 찬술만이 있다. 1226년(貞祐 14년 丙戌)에 편찬된 『선문염송禪門拈頌』 30권과 함께 그 저술 연대를 알 수 없는 「구자무불성화간병론」과 『조계진각국사어록曹溪眞覺國師語錄』과 『무의자시집無衣子詩集』[39]이 현존하고 있다.

이 중 『선문염송』은 무려 1125칙의 고화古話를 채집하고 제사諸師의 염송을 이끌어 성록成錄한 것으로 30권이나 되는 방대한 책이다. 후에 그의 제자로 알려진 각운覺雲은 다시 이 『선문염송』에서 요어要語를 뽑아 설화를 붙인 『선문염송설화禪門拈頌說話』 30권을 저술하였으니, 현존하고 있다. 혜심의 『선문염송』은 「구자무불성화간병론」과 함께 후대 한국불교 선종에 미친 영향이 대단히 컸다고 생각된다. 『염송』은 한국불교 교육의 교과 과정 중 수의과隨意科에 포함되고 있음은 말할 것도 없거니와, 『염송』을 읽지 않는 선사禪師는 거의 없을 정도로 선문필독禪

---

39 『無衣子詩集』은 일본 駒澤大學 圖書館에서 발견된 필사본으로 편집자나 편집 연대는 알 수 없다. 총 42장으로 權相老 編, 『曹溪眞覺國師語錄』의 부록 부분도 이 시집에 수록되었고, 이 외에 「常住實記」·「圓覺經讚」 등과 함께 元曉의 「法華經宗要序」(月坡本松廣寺板)를 끝에 싣고 있다.

門必讀의 서書로 유행했기 때문이다.

「구자무불성화간병론」 또한 한국 선사상에 큰 변화를 가져다 주었으니 그것은 곧 구자무불성화가 선문禪門 제일공안으로 대두되어, 공안하면 곧 구자무불성화인 것처럼 유행케 하는 데 큰 작용을 하였다.[40]

비록 혜심은 많은 저술을 남기지는 않았지만 그의 어록을 통해서 간화선 사상의 일관된 주장을 알 수 있으며, 이러한 혜심의 저술과 간화선 사상은 지눌의 저술 경향과는 서로 다른 점이 될 것이다.

2. 혜심의 선사상

1) 간화일문론看話一門論

혜심도 지눌과 같이[41] 수행의 요점은 일단 지止와 관觀, 정정과 혜慧라고 보았으며, 제법諸法의 공空함을 비추어 보는 것을 관觀이라 하고, 모든 분별을 쉬는 것을 지止라고 했다. 또 경계를 대해서 움직이지 않음(不動)이 정定이며, 성품을 보아 미迷함이 없음을 혜慧라고 했다. 그러나 억지로 마음을 써서(用心) 지止하려거나 관觀하려는 것은 옳지 않으며, 또한 정혜定慧에 있어서도 힘의 제지를 통해서 부동不動(定)한다거나, 불미不迷(慧)해서는 안 된다. 그러나 자신이 수행의 득력得力과 부득력不得力을 검토하여, 그 정도를 알 때에는 가능하다. 그러나 이 외에 간화일문이 있으니, 이것이 가장 빠른 길이며(最爲徑截), 지관止觀·정혜定慧도 모두 이 속에 포함된다고 했다.

修行之要 不出止觀定慧 照諸法空曰觀 息諸分別曰止 止者 悟妄

---

40 권기종, 앞의 논문, pp.9~17.
41 『定慧結社文』참조.

而止 不在用心仰絶 觀者 見妄而悟 不在用心考察 對境不動是定
非力制之 見性不迷是慧 非力求之 雖然 自檢工夫得力不得力消
息知時 乃可耳 此外 有看話一門 最爲徑截 止觀定慧 自然在其
中.[42]

이는 간화일문에 지관정혜止觀定慧가 다 포함되어 있다는 논지일 뿐
만 아니라, 정혜쌍수의 구체적 방법을 제시한 것이다. 정혜쌍수를 닦아
야 한다고 하지만 수행의 실제에 있어서 과연 어떻게 닦는 것인지는 잘
명시된 바 없다. 그러나 앞에서 살핀 바와 같이 정혜쌍수의 수행 방법
을 명백히 했다. 혜심이 정혜쌍수를 수행의 요要로 본 것은 지눌과 동
일한 견해이지만 지관정혜가 간화일문에 포함된다고 함은 혜심의 독특
한 견해이며, 이에 의해 지눌의 정혜쌍수는 혜심의 간화일문에서 그 의
미를 잃게 되고 오직 간화일문, 그 속에 정혜쌍수는 용해되고 만다.

또한 혜심은 선교일원이나 선교합일이 아닌 선禪 우위의 사상을 고취
했다. 그가 비록 『간화결의론』 발문에서,

殊不知禪是佛心 教是佛語教爲禪網 禪爲教綱⋯.

이라는 표현을 하고 있지만, 이 글은 지눌의 입장을 대변하는 말이며,
이 글은 그 내용 자체가 전후의 모순을 빚고 있으므로 표현대로 이해하
기에는 다소의 문제가 있다고 전 장章에서 논급한 바 있다. 만일 이 발
문의 내용을 그대로 받아들인다면 『원돈성불론』과 『간화결의론』이 선교
의 대립을 무마키 위한 논술이어야 할 것이나, 사실은 그 내용이 선교

---

42 李種郁 編, 『曹溪眞覺國師語錄』, 1940, 第72張 後, 孫持郎求語(이하 語錄).

합일과는 무관하기 때문이다.

실제로 혜심을 전후한 시대에 있어서 불교계의 선교禪敎 대립은 심했으며, 이 대립의 모순을 극복하기 위한 지눌의 노력 또한 컸다는 것은 주지의 사실이다. 그러나 혜심은 지눌과는 달리 한결같이 간화선만을 주장했고, 선문일변禪門一邊의 저술과 법어를 설했을 뿐이다.

혜심이 최 상서崔尙書 우뢰에게 답하는 글에는,

夫敎外別傳直截根源一着子 只要當機覰面 言下便薦 豁然心開 則 一大藏敎 盡是注脚亦乃熱椀鳴聲 若於一言下不薦 更廻頭轉腦 擧目揚眉 擬議思量 開口動舌則 便是生死根本也.[43]

라고 함으로써 선교합일과는 거리가 먼 교외별전이니, 일대장교一大藏敎가 다 주각注脚이며, 뜨거운 그릇 속의 벌레 우는 소리라고 혹평하면서 '直截根源一着子'를 내세웠다.

이러한 혜심의 입장은 비단 선禪과 교敎라는 상대적 의미에서 교를 배제시킬 뿐만 아니라, 선 안에서도 이론적인 선론은 옳지 못한 것이라고 힐척詰斥했다. 만약 수행자가 분지일발噴地一發하지 못하고 일대장교一大藏敎를 병에서 물 붓듯이 외운다거나, 강경강론講經講論과 설선설도說禪說道를 통하여 많은 감명을 준다 해도 이것은 자기 본분사에는 아무런 도움 되는 일이 아니며, 또한 이는 의통선義通禪이므로 삼가할 것을 주장하였다.[44] 또한 "竪拂拈槌 猶是醉中之作論佛論祖 還他夢裡

<hr>

43 위의 책, 第38張 後.
44 위의 책, 第57張 前~後, 市中正上座. "…若向者裏 噴地一發 許你參學事畢 其或未然 直饒誦得一大藏敎如瓶瀉水 有甚用處 假使講經講論 說禪說道 直得天花落地 群石點頭 也是咬蚤之義 於自己本分事上 了沒交涉 聽吾偈曰 莫學義通禪 義通非道眼 猶如水母兒 求食借蝦眼…'

之談 去此二途"[45]라고 함으로써, 언설로 논불론조論佛論祖하는 것이나 행위로 수불염퇴堅拂拈槌하는 것조차 몽리지담夢裡之談이요 취중지작醉中之作이라 했으니, 오직 간화일문의 실수實修만이 요긴한 것으로 주장되었다. 또,

> 현묘한 道는 意識을 통해서 찾으려고 하면, 이미 목전을 지나가 버린 것이니, 무엇을 왈가왈부할 것인가라는 뜻으로, 두견새가 목에서 피가 나도록 운들 무슨 用處가 있으며, 차라리 입을 다물고 남은 봄을 지내는 것만 같지 못하다.[46]

라고 비유로 설명하였으니, 혜심의 선사상은 오직 간화일문에 입각하고 있음을 알 수 있다. 그러므로 이 간화일문의 입장은 지눌의 돈오점수, 정혜쌍수나 선교일원의 사상과는 전혀 그 관점을 달리하고 있다.

혜심이 종민 상인宗敏上人에게 보내는 글에 의하면,

> 禪要經에 이르기를, 棄諸蓋菩薩이 부처님께 여쭙기를, 禪門의 秘要가 一門입니까, 多門입니까. 만약 多門이라면 法이 둘이요, 一門이라면 무량중생을 어떻게 수용할 수 있겠는가고 물었다. 이 질문에 부처님께서 답하시기를, 이 禪要門은 一門도 多門도 아니다. 일체 중생의 성품은 허공과 같다. 비록 허공과 같으나 그 각각의 身心이 다 禪門인데 그것을 닦지 않는구나. 그 이유는 息口不言하면 理에 冥合하니 입(口)이 禪門이요, 眼分別을 攝하면 混合無異하여 眼

---

45 위의 책, 第22張 後, 孤山庵慶讚.
46 위의 책, 第23張 前, 孤山庵慶讚.

이 禪門…乃至 身意도 또한 그와 같다.[47]

라고 한 경문을 인용하고, 이어서 혜심 자신의 견해를 다음과 같이 밝혔다.

> 無衣子曰 此是釋迦老子 指出老婆禪底說話也 然若善得意則可
> 惑若錯承此意 一向凝心歛念 攝事歸空 才有念起 旋旋破除 細想
> 才生 卽便遏捺 冥冥漠漠 無覺無知則 便是魂不散底死人 落空
> 亡底外道.[48]

이 얼마나 명확한 간화일문에 대한 소신인가. 전술한 선요경禪要經의 교설은 석가 노자의 노파심에서 온 화설話說이니 잘 이해하면 가可하지만, 잘못 이해한다면 혼魂이 나가지 않은 죽은 사람(살아 있어도 죽은 것과 다름없다는 뜻)이며, 외도外道에 떨어진다고까지 하였다.

이어서 자신의 견해를 밝히기를 과거 지리산 상무주암上無住庵에서 지은 게송과 함께 귀종 선사歸宗禪師의 사례를 들었다.

> 山僧 往年 在智異山上無住庵 作坐禪偈曰 坐坐坐非坐 禪禪禪不
> 禪 欲知坐禪旨 看取火中蓮 只此意也 若假寄名言 緩緩指陳則
> 不妨如此 若也當機直指則 遠之遠之 如有僧辭歸宗 宗云 往甚處
> 去 僧云 諸方學五味禪去 宗云 諸方有五味禪 我者裏 只是一味
> 禪僧云 如何是一味禪 宗便打 僧云 會也會也 宗云 速道速道 僧
> 擬開口 宗又打 黃蘗聞云 馬師門下 出八十四人善知識 問着 个个

---

47 위의 책, 第48張 後, 示宗敏上人.
48 위와 같음.

屙漉漉地 唯有歸宗 較些子 者箇便是本宗師 當機覷面 倒腸傾
腸 徹困爲人底樣子也 宗敏道人 但依此參 若也於此不契則 更
向十二時中四威儀內 看箇話頭 僧問趙州狗子還有佛性也無…．[49]

위의 글에서 보는 바와 같이 혜심의 선관禪觀은 선禪은 어쩔 수 없
이 설명을 하지만 설명으로 밝혀지는 것이 아니며, 여러 가지 선이란 있
을 수 없는 것으로 간화일문만이 핵심이며 절실히 요구되는 것임을 거
듭 강조했다. 따라서 선수행의 실제에 있어서도 이 간화일문에 의거하
여 각종 수행 방법이 전개되고 있다.

2) 간화수행도看話修行道

(1) 신방편信方便

혜심의 선수행이란 오직 간화선 수행을 의미한다. 따라서 간화선 수
행도에는 간화참구看話參究만이 최선의 수행 방법이다. 그러나 혜심은
간화선 수행에 필요한 몇 가지 방안과 주의해야 할 점들을 분명하게 밝
혔으니, 먼저 갈학사葛學士 남성南城에게 한 법문에서,

一念의 청정한 믿음(信)을 일으키는 자는 百千無量恒河沙劫의 일
체 고난을 뛰어넘어 惡趣에 태어나지도 않으며 未久에 곧 無上菩
提를 얻는다. 그러므로 了心은 無作하여 곧 業의 空함을 깨닫고
業의 空함을 깨달을 때를 得道라고 이름하며, 道가 나타나면 지혜
가 밝아지고 心智가 밝아질 때, 行住坐臥 四威儀가 자연히 自利
利他의 行이 된다.

---

49 위의 책, 第49張 前, 示宗敏上人.

라고 한 『인왕경仁王經』의 말씀을 인용하고는 이러한 것도 간화看話 앞에서는 불필요한 것이니 버려야 한다고 하였다.[50] 이것은 오직 청정신淸淨信을 일으키는 것만으로 수행이 될 수 없다는 혜심의 입장을 밝힌 적절한 예증이며, 간화가 수반되지 않은 신信은 신의 의미를 잃은 것이며, 신은 반드시 간화와 연결되어야 함을 밝혔다.

依上古敎 深信上聖下凡 同一眞心 同一正位 然後 看个話頭.[51]

이처럼, 신심은 간화의 방편이며 간화의 전제로서 요구된다. 「안찰사중랑선대유청按察使中郎鮮大有請」에서는 "오직 신심信心만이 필요하며 별다른 방편은 없다."[52]고 하였으며, 「답정상서방보答鄭尙書邦甫」에서는 "이 도를 배우고자 하면 신信이 처음이 된다."[53]고 하였다. 또 요연불요연了然不了然을 징사심사澄思深思한 후에 견문응연처見聞應緣處에서 안배하지 말고 조작하지도 말며, 사량思量·분별分別·계교計較하지도 말고, 태연하게 무주무의無住無依하며, 자긍자도自肯自到하면 자연히 변지遍知가 응용되고 시방을 명통冥通하게 되니 이것이 일체 시에 있어서 심주心珠를 불매不昧케 하는 선교방편善巧方便이 된다. 그러나 이러한 심신深信의 선교방편善巧方便 외에 덕산德山이 '방봉放棒'한 이유나 임제의 '할喝'한 이유를 참구參究하면 반드시 일조활로一條活路가 있음을 알게 될 것이니 믿어 달라고 하였다.[54]

---

50 위의 책, 第68張 後, 示葛學士南城. "仁王經云 能起一念淸淨信者 是人超過百劫千劫…, 知是般事 拈放一邊 轉頭回來看个話頭….'
51 위의 책, 第65張 前, 示善安道人.
52 위의 책, 第22張 前, "唯在信心 別無方便."
53 위의 책, 第43張 後, "夫欲學此道 以信爲初."
54 위의 책, 第37張 後~38張 前, 答襄陽公.

이것은 지눌의 원돈신해문이 혜심에 있어서는 독립된 일법문一法門이 기보다는 반드시 간화의 대전제로서 취급되었으며, 간화가 따르지 않는 신해信解는 수행상 조도助道의 역할을 할 수 없는 것으로 간주했다. 그러므로 혜심의 선수행은 간화일문의 실참실오實參實悟를 한결같이 강조하였고[55] 신信은 간화를 위한 방편이며 신 자체로서는 큰 의미를 갖지 못한다.

(2) 수묵守默·의통義通의 경계警戒

수묵지치선守默之痴禪과 심문지광혜尋文之狂慧를 경계한 문구는 규봉圭峯의 『선원제전집도서』에서 언급되었고 지눌의 『정혜결사문』에도 인용되고 있다. 그러나 지눌의 논지는 수묵守默은 교敎를 알지 못하는 선자禪者를 가리켰고, 심문尋文은 선禪을 알지 못하는 교자敎者를 뜻하며, 선교의 편견을 없애고 선교합일의 이론으로 수묵치선守默痴禪과 심문광혜尋文狂慧를 힐책했다.[56]

그러나 혜심에 있어서는 공안을 갖지 않고 참구하는 것을 수묵치선이라고 보았으며, 문자에만 끌려다니는 것은 심문광혜라 지적하고, 이 두 가지를 함께 배격했다.[57] 따라서 혜심이 본 수묵·광혜는 선교禪敎의 관계이기보다는 묵조선黙照禪과 의통선義通禪을 가리킨 것이다. 설사 심문지광혜라는 문구는 선禪을 모르는 교가敎家를 지적한 것이라 하더라도 수묵지치선은 교敎를 이해하지 못하는 선가禪家를 가리킨 것으로 볼 수 없다. 왜냐하면 수묵이 교敎에 대한 이해부족에서 오는 침묵이

---

55 위의 책, 第42張 後, 答盧尙書.
56 李鍾益, 앞의 논문, p.90.
57 『진각어록』第28張 後, 太守侍郎請於法林寺. "悲夫 空守默之痴禪 磨甎作鏡 但尋文之狂慧 入海算沙 殊不知活脫眞機 縱橫妙用."

아니라 공안을 갖지 않은 묵조선을 가리키고 있음이 분명하기 때문이다.[58] 이러한 그의 일관된 논지는 교敎를 알고 수선修禪을 해야 한다는 입장이기보다는 공안을 간구看究해야 한다는 간화선의 주장에 있음을 알 수 있다. 따라서 혜심의 선사상에는 사교입선捨敎入禪이나 회교귀선會敎歸禪적인 논지는 거의 나타나지 않는다.

그러므로 혜심의 법어에는 수묵守默을 배격함과 동시에 광심狂心도 쉬라고 경계하였으니, "광심狂心을 쉬는 것이 곧 보리菩提"[59]라고 하면서 문자와 의리에 의지한 의통선義通禪까지도 경계했다.[60]

이러한 점에서 보면 혜심은 지눌에 비해 선리禪理를 논한 저술이 거의 없으며, 오직 선수행禪修行 실제에 필요한 「구자무불성화간병론」만을 저술한 것도 혜심적 선관禪觀, 즉 묵조默照와 의리義理를 함께 배격하고 간화에 의한 수선修禪을 주장한 그의 의도와 일치하는 점이라고 하겠다.

(3) 실참실오實參實悟

간화수행도看話修行道에 있어서 실참실오實參實悟란 최선의 방법과 최고의 오처悟處를 뜻한다. 그러므로 혜심은 무엇이 실참실오인가를 밝힘과 동시에 수행자는 반드시 실참실오할 것을 당부했다. 물론 실참실오를 위해서는 십종병十種病을 여의는 일이 우선일 수 있으나 「구자무불성화간병론」에서 설한 십종병에 대한 '혜심의 선병론禪病論'에 관한 연구는 논고를 달리하여 밝히고자 하므로 본론에서는 오직 십종병

---

58 위의 책, 第52張 前, 示淸遠道人. "亦莫見伊麽道 一向閉眉合眼 空空寂寂 向黑山下鬼窟裏 坐地待悟."
59 위의 책, 第16張 後, 上堂三則; 第18張 前, 四月西原府思惱寺夏安居. "狂心歇處 卽是菩提 一切智通 無障碍."
60 주 3, 示中正上座 참조.

을 피해야 한다는 전제만을 언급하고 십종병의 구체적인 항목을 생략한다.

수선자修禪者가 모든 망념을 버리고 순일한 마음으로 간화 참구할 수 있다면, 최선의 수선修禪 방법이 될 수 있을 것이다. 만일 이렇게 일체 망념을 제한 상태라면 구태여 간화수선看話修禪을 해야 할 필요도 없을 것이다. 그러나 간화참구는 망념을 버리고 일념의 상태에서 참구하는 것이 아니라 망념을 버리기 위해서 간화참구를 하게 되는 것이다. 그러므로 혜심은 "망상을 버리고자 하면, 간화만 한 것이 없다(欲離妄想莫如看話)."[61]고 하였다. 이는 모든 망상을 버리고 화두를 간구하는 것이 아니라, 간화를 통해서 망상은 제해지는 것이므로 "欲離妄想 莫如看話"라고 밝힌 것이다.

그러므로 간화선은 간화의 실수實修가 최요最要 관문이 되지만, 굳이 간화 이전에 선결되어야 할 문제는 "부처와 중생이 동일한 진심眞心이며, 동일한 정위正位임을 확신한 후에 간화看話해야 한다.(주 51 참고)"는 철저한 믿음이 요구된다. 만일 상성하범上聖下凡이 동일진심同一眞心이요, 동일정위同一正位임을 확신하지 않고 간화선을 실수實修한다면 이는 실참실오의 결과를 얻을 수 없다고 본 것이다.

또한 지눌의 사상에서는 무심합도無心合道가 곧 경절문이라고 이해되어[62] 경절문에 들어 밀계密契를 친증親證하니 어로의로語路義路가 있을 수 없고 문해사상聞解思想도 용납하지 않는 무심합도無心合道며 이심전심以心傳心이며 지지단전指單傳이라 했다.[63]

---

61 『진각어록』第66張 前, 示正見道人.
62 『節要』, p.44~45, "…更有一門 最爲當要 所謂無心…此無心合道 亦示徑截門得入也…."
63 金侊石, 앞의 논문, p.28.

그러나 혜심의 경우는 "무심無心이 최위성요最爲省要며 무심이 진심
이다. 그러나 무심이라는 생각까지도 없어져야 진무심眞無心"[64]이라고
한 덕산德山의 법어를 인용하면서, 마음에 조금이라도 명구지의名句之
義에 걸림이 있으면 도리어 연려緣慮가 되므로 이런 것은 알아서 한쪽
에 버리고 12시十二時 중 사위의내四威儀內에 간개화두看箇話頭할 것이
며, 이것이 실참실오의 모습이니 이같이 참구할 것을 가르쳤다.

> 然若以此名句文義 掛在心頭 又却不是 所以道 微言滯於心首 飜
> 爲緣慮之場 實際居於目前 盡是名相之境 知是般事 撥置一邊 但
> 向十二時四威儀內 看箇話頭…, 此是古今實參實悟底樣子也, 請
> 陛下 依此樣子參.[65]

이는 무심한 후에도 간화를 해야 하며 또한 간화를 통하지 않고는
무심할 수 없다. 그러므로 실참실오란 곧 간화일문임을 알 수 있다. 즉
실참실오란 과거 좌선을 통해서 얻은 것이나, 경전을 통해서 또는 고인
어록古人語錄에서 종사宗師의 법어를 통해서 얻은 요긴한 것이라고 생각
되는 모든 것을 다 버리고 간화에 열중하는 것이다. 따라서 다허多虛가
소실小實만 같지 못하여 본분에 의지해 참상參詳할 것을 가르쳤으니,

> 若要實參實悟 須是從前坐禪處得底 經教上得底 古人語錄上得
> 底 宗師口頭下得底 有滋味寶惜處 一時掃向他方世界 好好細看
> 雪竇示衆云 喝下承當 崖州萬里 棒下薦 別有條章 作麼生 是衲
> 僧本分事 自代云 啞, 但參此話 休於言下覓 莫向意中求 想公 讀

---

64 『진각어록』, 第47張 前, 上康宗大王心要.
65 위의 책, 第47張 前~後, 上康宗大王心要.

至此 必發一笑…, 多虛不如少實 請依本分參詳.[66]

라고 했다.

이러한 점에서 본다면 망념은 간화를 통해서 제멸除滅되고 무심無心도 간화참구看話參究가 따라야 한다. 뿐만 아니라 여타의 방법으로 얻어진 모든 귀중한 것들도 다 버리고, 오직 간화수행에만 열중하는 것이 실참실오이며, 혜심의 선수행도이다. 그러므로 혜심은 '참수실참 오수실오參須實參悟須實悟'[67]를 적극 주장했던 것이다.

V. 결론

혜심의 선사상을 구명함에 있어서 지눌의 선사상과 비교하게 된 것은 지눌의 저술인 『간화결의론』과 『원돈성불론』의 유고가 혜심에 의해서 출간되었으며, 이 중 『간화결의론』의 요지는 간화선 사상을 주장한 것이다. 그러나 『간화결의론』을 제외한 지눌의 전 저술에서는 간화선 사상이 거의 나타나지 않고 있다. 뿐만 아니라 지눌의 일반적인 선사상을 『간화결의론』에 의한 간화선 사상과 비교해 보면 오히려 상충되는 점도 발견되고 있기 때문이다.

지눌의 사상을 돈오점수, 정혜쌍수, 선교합일과 3종법문, 즉 성적등지·원돈신해·경절문이라고 요약한다면, 『간화결의론』의 요지는 오직 간화경절문만이 강조되고 있다. 따라서 『간화결의론』의 논지에 의하면

---

66 위의 책, 第42張 後, 答廬尙書.
67 위와 같음.

정혜쌍수는 간화일문에 포함되고 교외별전의 간화경절문은 선교합일과는 그 뜻이 일치하지 않으며, 원돈신해문까지도 버려야 간화경절문에 득입得入함으로 원돈신해까지도 부정된다.

이와 같이 혜심의 선사상 또한 그 전반적인 요지가 간화일문을 주장하고 간화일문에 의한 간화수행도를 실수實修할 것을 제시했다. 교외敎外의 선禪이요, 정혜定慧를 포함한 간화이며, 신信은 오직 방편이라고 하였다. 또한 수묵치선守默痴禪의 묵조默照와 심문광혜尋文狂慧의 의통義通을 경계하였으니, 이는 수묵守默을 선禪, 심문尋文을 교敎로 본 것이 아니며, 오직 선수행에 있어서 묵조와 의리義理를 배격하고 간화선 수행을 강조한 것이다.

이렇게 볼 때 『간화결의론』의 사상은 지눌의 일반적인 선사상보다 혜심의 선사상과 상통하고 있음을 알 수 있다. 따라서 『간화결의론』이 비록 지눌의 저술이라 하더라도 혜심에 의해서 지눌의 입적 5년 후 그 유고가 세상에 알려졌다. 그러므로 간화선의 한국적 수용은 지눌이라고 하더라도 간화선의 전개에는 혜심의 역할이 컸음을 알 수 있다.

또한 혜심은 간화일문이 실참실오實參實悟이며, 간화에 의해서 망상을 치유하고, 무심無心도 간화참구가 수반되어야 하며, 다허多虛가 소실小實만 못한 것이므로 오직 참수실참 오수실오의 중요성을 강조하였다. 따라서 간화선의 주장이 지눌에 의해서라고만 생각되었던 일부의 견해와는 달리 혜심의 간화선적 입장을 재인식해야 할 것이다.

16

여말 삼사(태고 보우·나옹 혜근·백운 경한)의 간화선 사상과 그 성격
/ 김방룡

〈선정 이유〉

I. 서론

II. '인가印可'와 '법통설'의 문제

III. 석옥 청공의 간화선 사상과 그 영향

IV. 보조 지눌과 진각 혜심의 간화선 사상의 계승

V. 만항에 의한 몽산 선풍의 주체적 수용과 그 계승

VI. 결론 : 여말 삼사의 간화선 사상의 성격

● 김방룡, 「여말 삼사(태고 보우·나옹 혜근·백운 경한)의 간화선 사상과 그 성격」, 『보조사상』 제23집, 보조사상연구원, 2005.2, pp.179~223.

선정 이유

이 논문은 백운 경한, 태고 보우, 나옹 혜근으로 대표되는 여말 삼사의 간화선 사상과 그 성격을 석옥 청공과 평산 처림, 지공 선현과의 관련성 속에서 살피고 있는 점을 주목하여 선정하였다.

저자는 남송 대의 대혜 종고(1089~1163)에 의해 체계화된 간화선이 고려시대 즉 첫째, 보조 지눌과 진각 혜심에 의한 대혜의 간화선 수용, 둘째, 원나라 간섭기 충렬왕 대의 만항을 중심으로 한 수선사계 몽산 덕이의 간화선 수용, 셋째, 백운 경한·태고 보우·나옹 혜근 등 여말 삼사에 의한 원나라 조선祖先계의 간화선 수용의 세 단계를 거쳤다는 것을 전제하여 논의를 전개하고 있다. 그러면서도 우리 불교계에서 지나치게 강조하는 '인가'와 '법통설'의 문제를 비판적으로 고찰하고 있다.

저자는 간화선이 조사들의 선문답인 '화두'를 '간看하여 본래 성품 자리를 곧장 깨닫게 하는' 수행법이며, 간화선의 특징은 조사들의 선문답을 공안公案화하여 이들 공안 중에서 화두를 선택한다는 것과, 조사들의 선문답 중 핵심적인 일구에 대한 의심을 통하여 공부하게 한다는 점으로 파악하고, 화두를 반드시 타파해야 할 하나의 관문으로 만들어 이를 통하여 본래면목을 곧장 깨닫게 하는 것이라고 하였다. 이런 간화선은 남송 대 대혜 종고에 의해 체계화되었고 1) 깨달은 스승, 2) 발심한 제자, 3) 화두의 세 가지 요소가 '인가'의 중요한 문제로 대두되어 왔으며, 조사선 또한 참문參問→참구參究→감변勘辨→인가印可의 과정이 제시되어 있다고 보았다.

그런데 저자는 첫째, 여말 삼사의 간화선 사상은 석옥 청공과 평산 처림의 사상적 영향을 받아서 원나라에 들어간 것이 아니라, 이미 형성된 토대 위에서 점검을 받으러 간 것이고, 둘째, 고려의 간화선은 보조 지눌과 진각 혜심 대에 형성된 것이며, 셋째, 만항 대의 몽산 선풍의 수용 역시 주체적이며, 보조와 혜심의 계승의식이 뚜렷함을 볼 수 있다고 하였다. 저자는 여러 논거에 근거하여 한국 간화선의 주체적인 흐름은 보조 지눌·진각 혜심·만항을 통하여 여말 삼사로 이어졌으며, 그중 나옹 혜근에게서 계승의식과 주체의식이 두드러짐을 발견할 수 있다고 본다는 지점에서 이 논문의 의미와 학문적 가치를 찾을 수 있다.

I. 서론

2000년을 전후하여 불교계에 수행에 대한 구체적인 관심이 고조되고 있다. 한국불교계는 해방 이후 기복불교적인 형태에서, 1980년대 후반부터 불교대학을 중심으로 하여 '알고 믿자'는 움직임 속에 교학에 관한 관심이 고조되다가, 2000년을 전후하여 체험과 수행을 중시하는 경향이 두드러지게 나타나고 있다. 이러한 흐름에서 볼 때 불자들이 체험과 수행을 중시하는 현상은 자연스러운 시대의 흐름이라 할 수 있다.

2004년은 유독 우리 불교계에 간화선看話禪에 대한 논의가 활발한 해였다. 이는 한국불교의 대표적인 수행법으로 알려진 간화선을 통하여 한국불교의 정체성을 찾기 위한 몸부림이라 할 수 있다. 조계사·봉은사·동화사·해인사 등이 주축이 되어 선원 수좌와 선학자들을 끌어내어 간화선 수행에 대한 다각적인 논의의 장을 마련한 것은 큰 의의가 있는 일이라 생각한다.

물론 이러한 논의가 이루어지고 있는 데에는 한국불교계, 특히 간화선을 수행해 왔던 선원 수좌들을 중심으로 한 위기의식이 반영되어 있다. 불교계 내부에서 위빠사나 수행에 대한 불자들의 관심 증대와 불교 외적으로 이른바 '제3 수행법'이라 불리는 다양한 수행법이 유행처럼 번지고 있는 현상을 더 이상 간과할 수 없기 때문이다. "간화선이 정통이고 위빠사나는 비정통이다."라든가, "간화선은 대승이고 위빠사나는 소승이다."라는 주장이 불자들에게 통하지 않고 있다. 오히려 "간화선 수행은 구체적으로 어떻게 하는 것인지 내놓아 봐라. 그러면 우리 스스로 체험을 통하여 어느 수행법이 더 좋은지 선택할 것이다."라고 요구하고 있다.

'간화선 수용과 한국 간화선의 정체성'이란 주제는 이러한 요구에 대한 학문적인 대응이라 할 수 있다. 남송 대의 대혜 종고大慧宗杲(1089~1163)에 의하여 체계화된 간화선이 고려에 수용된 것은 크게 다음의 세 단계를 거치게 된다.

첫째, 보조 지눌普照知訥(1158~1210)과 진각 혜심眞覺慧諶(1178~1234)에 의한 대혜의 간화선 수용.

둘째, 원나라 간섭기 충렬왕 대에 만항萬恒(1249~1319)을 중심으로 한 수선사계 몽산 덕이夢山德異(1231~1308?)의 간화선 수용.

셋째, 태고 보우太古普愚(1301~1382), 나옹 혜근懶翁慧勤(1320~1377), 백운 경한白雲景閑(1299~1375) 등 여말 삼사三師에 의한 원나라 조선祖先계의 간화선 수용.

이 중 본고에서 다루고자 하는 것은 여말 삼사의 간화선 사상과 그 성격이다. 여말 삼사의 간화선 사상의 가장 큰 특징으로는 이들 모두 원元나라로 들어가서 임제종의 법맥을 잇고 있는 석옥 청공石屋淸珙(1270~1352)과 평산 처림平山處林(1278~1361) 등으로부터 직접 인가印可를 받아 왔다는 사실을 들고 있다. 그런데 그동안 우리 불교계에서는 이러한 '임제종의 법맥을 계승해 온 사실'을 지나치게 강조함으로써, 이들 삼사의 간화선과 이전 고려의 간화선 사상 간에 근본적인 차이가 있는 것처럼 인식되어 왔다. 아울러 "조선시대의 선사상 또한 여말 삼사에 의하여 수용된 간화선풍 영향하에 있는 것으로서, 그 성격 또한 여말 삼사 이전의 고려의 선사상과 차이가 난다."고 보고 있다. 그렇다면 이러한 인식은 타당한 것인가?

그렇지 않다고 생각한다. 이러한 인식의 가장 큰 결점은 나말여초 구산선문의 형성 이래 고려 말까지 내려온 한국불교의 조사선과 간화선의 전통이 면면히 이어지고 있다는 점을 간과하고 있는 것이다. 과거한국불교 아니 한국 사상 대부분이 중국 사상계의 변화와 밀접한 관련이 있다는 것은 부인할 수 없는 사실이지만, 그것을 수용하는 주체가 없이 맹목적으로 수용한 것은 분명 아니다. 한국의 사상은 한국적인 토양 위에서 중국의 것을 주체적으로 수용하고, 나아가 중국과의 상호작용을 통하여 동아시아의 사상 형성에 일정한 영향을 미쳐 왔다. 여말 삼사의 간화선 사상의 성격을 밝힘에 있어서 중국으로부터의 영향뿐만 아니라, 한국불교계의 내적 흐름, 즉 주체성의 흐름을 파악하는것이 반드시 필요한 것이다.

여말 삼사의 간화선 사상과 그 성격을 밝히려는 본고의 주된 관심은여말 삼사의 사상이 이전의 한국의 선사상을 어떻게 계승하고 있는가하는 점을 규명하려는 데 있다. 즉 "여말 삼사의 간화선 사상이 보조지눌과 진각 혜심에 의하여 정착되었고, 수선사 만항에 의하여 유입된몽산 덕이의 선사상의 영향 속에서 형성된 것으로서 이는 고려의 선사상의 흐름을 계승하고 있다."는 점을 분명히 하고자 한다.

이를 위하여 간화선에 있어서 '인가印可'와 '법통설法統說'의 문제를다루어 보고, 특히 '태고 법통설'의 핵심적인 내용인 '석옥 청공과 태고보우 간에 사상적 연계성이 있는가' 하는 문제를 살펴보고자 한다. 다음으로 보조 지눌과 진각 혜심의 간화선 사상의 계승적 측면과 몽산덕이의 간화선 사상의 계승 문제를 다루고자 한다. 마지막으로 여말 삼사의 간화선 사상의 성격[1]에 대하여 언급하고자 한다.

---

1 본고는 여말 삼사의 간화선 사상에 대한 미시적이고 구체적인 접근을 시도하고 있는 것은 아니다. 본고는 2004년 보조사상연구회 학술대회에서 발표한 글로 '한국

II. '인가印可'와 '법통설'의 문제

간화선이란 조사들의 선문답인 '화두話頭'를 간看하여 본래 성품자리를 곧장 깨닫게 하는 수행법이다. 간화선의 특징은 조사들의 선문답을 공안公案화하여 이들 공안 중에서 화두를 선택한다는 것과, 조사들의 선문답 중 핵심적인 일구一句에 대한 의심을 통하여 공부하게 한다는 점이다. 즉 '화두'를 반드시 타파해야 할 하나의 관문關門으로 만들어 이를 통하여 본래면목을 곧장 깨닫게 하는 것이다.

이러한 간화선은 남송 대 대혜 종고에 의하여 체계화되었다. 대혜 종고는 임제종의 양기파楊岐派에 속하는 인물이며, 양기파는 양기 방회楊岐方會(992~1049)→백운 수단白雲守端(1025~1072)→오조 법연五祖法演(1024~1104)→원오 극근圜悟克勤(1063~1135)→대혜 종고大慧宗杲(1089~1163)로 계승된 법맥이다. 이들 중 공안화된 화두를 의심의 대상으로 삼아 반드시 뚫어야 할 관문으로 제시한 것은 오조 법연부터이다.[2] 따라서 송 대의 간화선은 오조 법연을 시원으로 하고 원오 극근

의 간화선 수용이 언제 이루어진 것이며, 한국 간화선의 정체성이 어디에 있는 것인가 하는 문제를 다루고 있다. 따라서 종합적이고 통시적인 안목에서 '여말 삼사의 간화선 사상을 韓國禪의 역사 속에서 어떻게 이해해야 하는가' 하는 문제에 대한 논자의 견해를 밝히는 글이다. 따라서 '성격'이란 의미는 사상적 성격이라기보다 중국 임제종의 석옥 청공과 평산 처림의 사상을 계승하고 있는 것인가, 아니면 보조 지눌 이후 고려 간화선의 흐름을 계승하고 있는가 하는 사상사적 흐름의 성격을 말하고 있는 것이다.

2 참선에서 조사관을 뚫어야 함을 강조하기 시작한 것이 오조 법연이다. 『法演禪師語錄』에는 조사의 관문을 통하여 참선을 지도하고 있는 구체적인 실례가 다음과 같이 나오고 있다.

① "上堂云. 幸然無一事. 行脚要參禪 卻被禪相惱 不透祖師關. 如何是祖師關 把火入牛欄."(『대정장』 47권, 654c.)

② "上堂云. 但知喫果子 莫管樹曲彔 不識曲彔樹. 爭解喫果子 不過祖師關 爭會

을 거쳐 대혜 종고에 의하여 완성된 수행법이라고 볼 수 있다. 물론 간화선은 마조 도일馬祖道一(709~788)을 전후하여 풍미했던 조사선의 전통을 계승하고 있기 때문에 조사들의 기연과 문답 속에서 간화선의 방법적 단서들을 발견할 수 있는 것이다. 그러나 공안화된 화두를 공부의 방법으로 사용하여 간화선을 본격적으로 정형화·체계화한 것은 대혜 종고부터이다.

그렇다면 간화선의 전통에서 '인가印可'의 문제는 왜 중요하게 대두되는가?

간화선은 세 가지의 요소가 있다. ① 깨달은 스승 ② 발심한 제자 ③ '화두'라는 매개가 그것이다. 언어도단言語道斷 심행처멸心行處滅의 선禪의 세계에 곧장 들어가기 위하여 창안한 방법론이 바로 '화두'라는 매개이다. 화두는 말의 길과 생각의 길이 끊어진 것이다. 즉 사량과 분별을 통하여 접근하려는 모든 통로를 막아 버리는 것이 바로 화두이다. 발심한 제자가 깨달음의 세계에 들기 위하여 스승을 찾아가 도道를 묻지만, 스승이 제시하는 것은 바로 이러한 '화두'이다. 화두란 스승과 제자 사이를 연결하는 유일한 매개이다. 제자는 스승으로부터 받은 화두를 이해하려고 접근하지만 논리적인 사유를 통해서는 접근할 길이 없다. 깎아지른 절벽 위에 서 있는 것과 같은 심정으로 의심이 걸리는 것

敵生死. 如何是祖師關 拈卻大案山."(『대정장』47권, 655c.)

③ "上堂云. 未透祖師關 莫問大雪山. 一步一萬里 千難與萬難. 上堂擧. 僧問趙州 狗子還有佛性也無. 州云 無. 僧云 一切衆生皆有佛性. 狗子爲什麼卻無. 州云. 爲伊有業識在. 師云. 大衆爾諸人 尋常作麼生會. 老僧尋常只擧無字便休. 爾若透得這一箇字. 天下人不柰爾何. 爾諸人作麼生透. 還有透得徹底麼. 有則出來道看. 我也不要爾道有 也不要爾道無. 也不要爾道不有不無. 爾作麼生道."(『대정장』47권, 665b~c.)

④ "又道. 我空手去空手迴. 爾諸人還會伊恁麼說話也無. 若要會他恁麼說話. 須是透祖師關始得."(『대정장』47권, 665c.)

이다. 스승은 제자에게 화두를 통하여 관문 즉 빗장을 걸어 놓은 것이며, 제자는 그 빗장을 뚫어야만 깨달음의 세계에 들어갈 수 있다. 화두를 매개로 한 스승과 제자 간의 촌철살인寸鐵殺人의 긴장감이 간화선 속에 존재하고 있는 것이다.

이러한 간화선의 성격 때문에 '인가'란 반드시 필요한 것이다. '스승이 화두를 통하여 걸어 놓은 빗장을 제자가 제대로 뚫었는가 그렇지 못했는가'를 확인하여 깨달음을 '인가'해 주는 절차를 거치지 않는다면 간화선 자체가 성립할 수 없는 것이다.

태고 보우가 "참선하려면 모름지기 조사의 관문을 뚫어야 하고, 도를 배우려면 마음 길이 끊긴 데까지 가야 한다. 마음 길이 끊어질 때 바탕이 그대로 나타나니, 물을 마시는 사람만이 차고 따뜻함을 스스로 안다. 그 경지에 이르거든 아무에게나 묻지 말고, 바로 본색종사를 찾아 기연을 다 털어내 보여라."[3]라고 하여, 깨달음 이후 반드시 본색종사本色宗師를 만나보고 은밀히 결택決擇할 것을 강조한 것은 이러한 '인가'의 중요성을 말한 것이다. 아울러 "만약 이러한 인가의 과정을 거치지 않게 되면 열이면 열이 다 마구니에 떨어지게 된다."고 언급하고 있다.

이러한 인가의 문제는 간화선뿐만 아니라, 이미 조사선의 공부 방법에도 꼭 필요한 것이다. 마조 이후 조사들의 어록과 『경덕전등록』 등을 통하여 볼 때 조사선의 공부는 발심發心→참문參問→참구參究→감변勘辨→인가印可의 과정을 겪게 된다.[4] 즉 발심한 제자가 스승을 찾아가 선문답을 하는 것을 참문이라 한다. 스승과의 문답을 통하여 제자는 언

---

3 "參禪須透祖師關. 學道要窮心路斷 心路斷時全體現. 如人飮水知冷暖 到此田地 莫問人. 須參本色呈機看."(『太古和尙語錄』,『한불전』 제6책, p.682a.)
4 이에 대하여는 김태완의 『조사선의 실천과 사상』(장경각, 2001, 제5장 수증관)에 자세히 나와 있다.

하믈下에 바로 깨닫는 경우도 있지만, 대개의 경우 의문을 가지고 참구하는 과정을 거치게 된다. 제자가 참구의 과정을 거쳐 깨달음을 얻으면 스승을 찾아가 깨달음의 여부를 감변하게 되는데, 만약 깨달았으면 스승은 인가를 내려주고 그렇지 못한 경우 다시 참구의 과정을 반복하는 것이 조사선의 방법이다. 즉 '인가'는 선禪사상 일반에서 반드시 필요한 절차라는 것을 알 수 있다.

문제는 '법통설'이다. 스승과 제자 간의 깨달음에 대한 '인가'를 통하여 석가모니 부처님으로부터 지속적으로 법法이 계승되어 왔다는 법통설은 한 종파의 종지를 드러내고 타 종파와의 차별성 내지 우월성을 강조하기 위한 좋은 수단이 될 수는 있지만, 역사적인 진실성을 확보하기란 쉬운 일이 아니다.

최근 박해당의 「성철의 법맥론에 대한 비판적 검토」와 이에 대한 최연식의 논평문[5]에서 잘 정리되었듯이, 성철이 주장하고 있는 '태고종조설'은 역사적 사실에 입각한 것이 아닌 허구적인 법맥설임이 밝혀지고 있다.[6] 이에 대한 논의 끝에 나온 박해당의 다음의 결론은 주목할 필요가 있다.

---

5 박해당, 「성철의 법맥론에 대한 비판적 검토」(고려대 민족문화연구원 한국사상연구소 발표 초록), 『근현대 한국불교사상의 재조명-퇴옹 성철의 불교관과 현실인식을 중심으로-』, 2004.11.5, pp.117~136.

6 논자는 여기에서 재삼 이 문제를 거론하고 싶지 않다. 성철이 주장하고 있는 태고법통설의 핵심적인 문제점에 대하여 박해당은 다음의 몇 가지를 지적하고 있다. 첫째, 임제 의현…석옥 청공(중국)→태고 보우→환암 혼수→구곡 각운→벽계 정심→벽송 지엄→부용 영관→청허 휴정으로 이어지는 법맥의 계보 중 환암 혼수는 나옹의 제자인데 태고의 제자로 둔갑시킨 것이란 점. 둘째, 嗣法師의 원칙으로 볼 때 정심이 지엄의 스승이 아니란 점. 셋째, 청허 휴정의 문도들에 의하여 그들의 입장에 따라 인위적이며 허구적으로 만들어진 것이 태고법통설이란 점. 넷째, 해방 후 다시 태고법통설이 필요에 따라 등장한 것이란 점.

이제 남은 문제는 성철의 이러한 법맥론에 대한 우리의 태도이다. 비록 성철의 법맥론이 자기모순을 벗어나지 못한 불완전한 주장이라는 것은 부정할 수가 없지만, 올바른 법맥을 세우고자 하였던 그의 의도까지 잘못된 것이라고 볼 수는 없을 것이다. 더욱이 그가 한국불교의 전통이 극히 위태로웠던 시대에 이를 지키고 되살리고자 노력하였던 삶을 살았다는 사실을 생각해 볼 때, 그의 이러한 의도는 임제선풍을 통하여 한국 선불교의 수행 전통을 다시 세우고자 한 간절한 서원이었던 것으로도 이해할 수 있을 것이다. 만약 이러한 관점에 동의하고, 그의 의도가 존중할 것이라고 인정한다면, 남은 문제는 성철의 법맥론에 대한 맹목적인 추종이나 매도가 아니라, 그의 의도를 살려 나가면서도 한국불교의 역사적 사실과 어긋나지 않게 한국 선불교의 전통을 담아낼 수 있는 새로운 법맥론의 정립일 것이다.[7]

간화선에 있어 '인가'의 문제가 중요하다는 데에는 이의가 있을 수 없다. 그러나 법통설의 경우는 다르다. 청허 휴정의 법맥 문제가 아니더라도 당장 근대 선의 중흥조인 경허와 용성의 경우조차 직접적으로 스승으로부터 인가받지 않았다. 엄밀한 의미에서 단절된 법맥을 원사遠嗣하여 잇고 있는 것이 근대의 한국 선이다. 따라서 1대도 빠지지 않고 전해져 내려왔다고 주장하는 모든 '법통설'에서 역사적인 진실성을 찾을 수는 없을 것이다. 오늘날의 선지식은 인위적이고 역사성이 없는 법맥의 계보를 통하여 정통성을 인정받으려 하기보다는 철저한 수행을 통한 깨달음과 법法에 대한 정확한 안목을 가지고 제자들을 지도하는 데서

---

7 박해당, 앞의 책, p.131.

진정한 권위를 찾아야 할 것이다.

III. 석옥 청공의 간화선 사상과 그 영향

여말 삼사의 간화선의 성격을 논함에 있어 '고려의 간화선 전통의 흐름 속에서 이해하는 것이 자연스러운가', 아니면 '중국 임제선의 전통을 잇는 새로운 흐름으로 파악하는 것이 더 자연스러운가' 하는 문제는 여말 삼사가 인가를 받아 온 간화선 사상의 내용과 그 영향 관계를 파악해야 한다.

이 중 태고 보우와 백운 경한은 석옥 청공의 법을 이어 왔고, 나옹 혜근은 지공指空과 평산 처림의 법을 이어 왔다. 그런데 나옹 혜근이 법을 이은 지공 화상은 인도인으로 간화선과는 직접적인 관련이 없다. 따라서 석옥 청공과 평산 처림의 간화선 사상의 특징과 그 영향에 대해 살펴보고자 한다.

석옥 청공과 평산 처림은 임제 의현臨濟義玄(787~866)의 18대 법손[8]으로, 원오 극근의 법맥을 잇고 있다. 그러나 원오 극근의 제자로 간화선을 정착시킨 대혜 종고의 법손이 아니라, 호구 소융虎丘紹隆의 법손이다. 간화선의 직계가 아닌 방계인 것이다. 석옥 청공과 평산 처림은 사형사제 간으로 그들의 스승이 급암 종신及庵宗信이다. 급암 종신은 설암

---

8 菩提達磨→二祖慧可→三祖僧璨→四祖道信→五祖弘忍→曹溪慧能→南嶽懷讓
→馬祖道一→百丈懷海→黃檗希運→臨濟義玄→興化存獎→南院慧顒→風穴延
紹→首山省念→汾陽善昭→慈明楚圓→楊岐方會→白雲守端→五祖法演→圜悟
克勤→虎丘紹隆→應庵曇華→密庵咸傑→破庵祖先→無準師範→雪庵祖欽→及
庵宗信→石屋淸珙→平山處林.

조흠雪庵祖欽의 제자인데, 조흠의 제자로 고봉 원묘高峰原妙(1238~1295)[9]가 우리에게 더 잘 알려져 있으며 중국에서의 영향력도 컸다.

이 중 석옥 청공의 선풍의 특징은 무엇이고, 태고 보우에게 어떠한 선풍을 계승한 것인지를 중심으로 하여 논의를 전개해 보자.[10]

급암 종신으로부터 인가를 받은 석옥 청공[11]은 하무산霞霧山에 올라가 천호암天湖菴이란 암자를 짓고 자연을 벗 삼아 참선하며, 틈틈이 시詩를 짓고, 때로는 땔나무를 직접 하며, 채소를 길러서 먹고 살았다. 이와 같이 석옥 청공은 현실 정치와 거리를 두고 은둔적인 삶을 살았는데, 이는 석옥뿐만이 아니라 그가 속해 있던 조선계祖先系[12]의 공통적

---

9 고봉 원묘는 속성은 徐씨이며, 江蘇城蘇州府 吳江縣 출신으로 15세에 삭발하고, 嘉禾의 密印寺 法住 문하에서 수학하여 天台를 배웠다. 斷橋妙倫에게 참구하고, 다시 雪庵祖欽에게 참구하여 법을 얻었다. 남송 咸淳 2년(1266)에 臨安의 龍鬚에서 은둔생활을 하여 5년 후에 확철대오하였다. 함순 10년(1274)에 武康의 雙髻峰에 머물렀고, 至元 16년(1279)에 天目山 西峰으로 들어가 사자암에서 홍법에 힘썼다. 제자들이 수만 명에 이르고 우리나라에도 많은 영향을 끼쳤다. 우리나라 승려 교육의 사집과의 교재로서 『禪要』로 잘 알려진 『고봉대사어록』 2권이 있다. 시호는 普明廣濟, 之巽이 탑명을 짓고, 直翁洪喬가 행장을 썼다.
10 '석옥 청공의 선사상', '평산 처림의 선사상' 자체가 하나의 논문거리이다. 따라서 본고에서 이를 모두 다루는 것은 무리일 뿐만 아니라 논지를 전개하는 데 있어 산만할 뿐이다. 한국 간화선의 성격을 규정짓는 데 있어서 핵심적인 문제는 석옥 청공과 태고 보우의 법맥 계승의 문제이기 때문에 논의를 단일화한 것이다.
11 석옥 청공의 선사상에 대한 연구 논문으로는 공종원의 「석옥 청공 선사의 선풍과 한국선」(대륜불교문화연구원, 1998, pp.214~224.); 차차석의 「석옥 청공과 태고 보우의 선사상 비교」(한국선학회, 『한국선학』 제3호, 2001, pp.203~234)를 들 수 있다. 이 외에는 일제시대 김태흡 스님의 「석옥 청공 선사에 관한 연구」(『佛敎』 57, 佛敎社, 1929.03, pp.46~54.)가 있으며, 남동신이 『선사신론』의 책 속에 「석옥 청공」(『禪師新論』, 우리출판사, 1989, pp.321~326.)에 대하여 발표한 글이 있다. 그리고 『만속장경』 122권에 수록된 지유 편, 『복원석옥청공선사어록』을 통하여 살펴볼 수 있다. 이에 관한 원문은 불교사의 『佛敎』에 부록(『佛敎』, 佛敎社, 67, 68, 69, 70, 71, 72권.)으로 여섯 차례에 걸쳐 실린 바 있으며, 단행본 형태로 번역된 것으로는 이영무가 번역한 『석옥청공선사어록』(불교춘추사, 2000)을 들 수 있다.
12 祖先系는 破庵祖先의 제자들을 말한다. 이들 조선계는 元代의 禪宗 중에서 가장 영향력이 있는 一派였다. 이 시기 조선계의 대표적인 승려로는 高峰原妙, 及庵宗信, 中峰明本, 天如惟則, 千巖元長 등이 있다.

인 경향성이었다. 이 시기 조선계 선사의 공통점에 대하여 두계문杜繼文은 『중국선종통사中國禪宗通史』에서 다음과 같이 언급하고 있다.

그들 모두는 원나라 조정과 소원한 관계를 지니며, 산에 거주하여 수십 년씩 밖으로 나가지 않았다. 초암을 짓고 떠돌아다니며 걸식을 하거나 암자를 짓고 거주하였다. 당시 승려들이 권문세족과 교류하면서 큰 사찰의 주지를 맡아 권력에 동참하는 것과는 선명한 대조를 보이고 있다.[13]

이러한 석옥의 은둔적 삶의 태도는 간화선을 정착시킨 대혜 종고가 현실정치에 깊은 관심을 가졌던 것과는 다소 차이가 나는 모습이다. 대혜 종고의 생애를 살펴보면, 남송이 금과 굴욕적인 화친을 했을 때 이를 거부하는 주전파의 일원으로 화전파의 일원인 진회 일파에게 정치적 모함을 받아 호남성 형주와 광동성 매주에서 10여 년의 유배 생활을 했을 정도로 현실정치에 적극적인 관심을 가지고 있었다. 그가 조동종의 묵조선을 강하게 비판한 이유 중에는 금나라의 침입으로 인하여 북송이 멸망해 가는 상황 속에서도 묵조선 수행자들이 침묵만을 지키고 있던 것에 대한 불만이 들어 있었다.

물론 표면적으로 보이는 대혜와 석옥의 현실정치에 대한 상반된 태도만을 가지고 이들 간의 선사상이 차이가 난다고 단정지을 수는 없다. 남송 시대의 대혜의 입장과 원나라 지배기에 들어간 이후 석옥의 입장과는 차이가 날 수밖에 없었을 것이다. 표면적으로 현실정치에 대한 적

---

13 杜繼文・魏道儒 저, 『中國禪宗通史』, 江蘇古蹟出版社, 1993, p.491.: 이 점에 대하여 차차석이 앞의 논문인 「石屋淸珙과 太古普愚의 禪思想 比較」에서 거론한 바 있다.

극적인 표현과 철저한 은둔의 모습이란 차이 속에 흐르는 내적 심정은 이민족에 대한 저항 내지 무시의 한족漢族 중심주의가 흐르고 있다고도 해석할 수 있다. 그러나 분명한 것은 임제의 무위진인無位眞人·수처작주隨處作主 등의 사상에서 보이는 적극적인 현실 긍정의 모습이나 현실정치에 강하게 대항한 대혜의 모습 등과 석옥의 은둔적 삶의 모습 사이에서는 차이를 느낄 수 있다는 것이다.

그렇다면 석옥의 간화선 사상의 특징은 무엇인가?

석옥 청공은 송나라 함순咸淳 8년(1271)에 태어났다. 20세에 소주의 흥교興教 숭복사崇福寺 영유永惟 스님을 의지하여 출가하였으며, 3년 뒤에 구족계를 받았다. 구족계를 받은 이후 스님은 고봉 원묘와 급암 종신을 찾아 참문參問하고, 화두를 받아 스스로 참구參究하는 과정을 거쳐, 결국 화두를 타파하고 급암으로부터 감변勘辨을 통하여 인가印可를 받았으며, 그의 법을 잇게 된다.

석옥이 고봉 원묘를 떠나 다시 급암 종신을 참문하여 화두를 받고, 그 화두를 참구하면서 감변을 받는 내용을 소개하면 다음과 같다.

급암 스님이 석옥에게 물었다.

(급암) "어느 곳에서 왔는가?"

(석옥) "천목산의 고봉 화상 처소에서 왔습니다."

(급암) "고봉 화상이 무엇을 가리켜 보였는가?"

(석옥) "만법귀일의 화두였습니다."

(급암) "그것을 그대는 무엇이라고 알았는가?"

석옥이 대답을 못하였다.

급암이 말하였다. "이것은 사구死句이다. 어찌하여 그렇게 해로운 열병熱病을 그대에게 주었던가."

이에 석옥이 절을 올리고 다시 가르침을 구하였다.

(급암) "부처가 있는 곳에도 주住하지 말고, 부처가 없는 곳에도 급히 달려 지나가라는 뜻을 그대는 어떻게 보는가?"

석옥이 대답을 하였으나, 맞지 않았다.

급암이 말하였다. "이 말도 역시 사구이다."

이에 석옥이 땀을 비 오듯 흘렸다.

그 뒤에 급암의 장실丈室에 들어갔을 적에 급암이 다시 전전의 화두를 들어 물으니, 석옥이 대답하였다.

"말에 오르니 길이 보입니다."

그러자 급암이 꾸짖었다. "그대가 이 회상會上에 6년 동안 있었으면서도 아직 그 따위 견해見解뿐인가."

그러자 석옥이 분憤한 마음이 나서 급암 화상을 떠나가다가 길 가던 중에 문득 머리를 들어 풍정風亭을 보고서 활연히 깨달음이 있어서, 다시 급암에게 돌아와서 말하였다.

(석옥) "부처가 있는 곳에 주하지 말라는 것은 사구이고, 부처가 없는 곳을 급히 달려 지나가라는 것도 사구였습니다. 저는 오늘에야 활구活句를 알았습니다."

(급암) "그대는 그것을 어떻게 알았는가?"

(석옥) "청명淸明의 시절時節에 비가 처음 개었을 때 누런 꾀꼬리가 가지 위에서 이를 분명하게 말하고 있습니다."

급암 스님이 이를 인정하였다. 석옥이 그 회상에 오래 있다가 하직하고 갈 적에 급암이 산문까지 나와 전송하면서 부촉하였다.[14]

---

14 "見及菴 菴問何來. 師曰天目. 菴曰有何指示. 師曰萬法歸一. 菴曰汝作麼生會. 師曰無言. 菴曰此是死句. 什麼害熱病底教汝與麼. 師拜求指的. 庵曰有佛處不得住 無佛處急走過 意旨如何. 師答不契. 菴曰者個亦是死句. 師不覺汗下. 後入室再理

위의 급암과 석옥의 대화에서 가장 중요하게 대두되고 있는 것은 사구死句와 활구活句의 문제이다. 사구를 벗어나 활구를 참구하라는 것이 급암의 가르침이며, 석옥이 알음알이를 벗어나 깨침에 이르는 길이기도 한 것이다. 분별 사량이 조금이라도 남아 있는 말은 사구이다. 설사 활구라 하더라도 남의 말을 무작정 따라하면 사구가 되어 버린다. 이 같은 활구를 강조한 것은 대혜의 스승인 원오 극근이다. 원오는 "활구 아래서 깨치면 영겁토록 잊지 않고, 사구 아래서 깨치면 자기마저도 구제하지 못한다. 만약 조사와 부처의 스승이 되고자 할진대 반드시 활구를 취하여 밝혀야 한다."[15]고 말했던 것이며, 이러한 활구를 급암과 석옥이 강조하고 있음을 볼 수 있다.

다음으로 태고 보우가 국내에서가 아니라 굳이 중국에까지 건너가 석옥 청공을 찾아 인가를 받은 이유는 무엇일까?

이는 유창維昌이 찬한 태고 보우 행장을 통하여 알 수 있다. 보우가 38세에 '무자화두'를 타파하고 난 다음 해, 중국의 승려 무극無極과 이야기를 나누는 도중 무극이 태고에게 승복하고서 중국으로 건너가 인가를 받을 것을 다음과 같이 권하였던 것으로 기록되어 있다.

남조南朝에는 임제臨濟 정맥正脈이 끊어지지 않았으니 가서 인가를 받는 것이 좋겠다. 아무(某) 아무는 창도사唱導師라 하고 아무 아무는 본분작자라 하니 다 아무 산에 있으면서 사람을 기다린 지 오래

前話詰之 師答曰上馬見路. 菴呵曰見在此六年猶作者個見解. 師發憤弃去. 途中忽擧首見風亭 豁然有省 回語菴曰. 有佛處不得住也是死句 無佛處急走過 也是死句 某今日會得活句了也. 菴曰汝作麼生會. 師曰淸明時節雨初晴黃鶯枝上分明語. 菴領之. 久乃辭去 菴送之門囑." (前四明延壽禪師沙門 元旭 撰, 「福源石屋珙禪師塔碑銘」.)

15 "活句下薦得 永劫不忘 死句下薦得 自救不了. 若要如祖佛爲師 須明取活句." (『圜悟佛果禪師語錄』, 『대정장』 47권, p.765b.)

다. 임제의 직접 제자로 설암雪巖의 적손嫡孫인 석옥 청공石屋淸珙 등 여러 사람이 있다. 태고가 이 말을 듣고 기뻐하며, 다음 해 지정 至正 원년 신사(1341)년에 남방으로 가고자 하였다.[16]

이 시기 중국 북쪽 지역의 불교계는 라마교가 유행하였다. 당시 한족이 주류를 형성하고 있는 남쪽 지역은 원나라의 영향이 강하게 미치지 못하고 있었으며, 임제종의 간화선 전통이 유지되고 있었음을 엿볼 수 있다.[17]

태고 보우가 원元나라에 들어가게 된 직접적인 동기가 된 것은 중국의 승려 무극의 권유에 의한 것이지만, 보우 스스로 무자화두의 타파 이후에 인가를 받으려는 의지가 있었음을 볼 수 있다. 또한 자신이 인가를 받아야 할 스승의 조건으로 '임제의 정맥을 잇고 있는 본분사本分師'임을 강조하고 있음도 알 수 있다.

보우가 중국으로 건너간 것은 1346년이며, 여러 곳을 들러 석옥 청공을 만난 것은 1347년의 일이다. 간화선에서 스승은 제자가 화두에 담긴 조사의 관문을 제대로 뚫은 것인가를 판단하여 인가를 내린다. 그리고 그 형식은 선문답의 형식을 통하여 이루어지며, 때로는 양구良久, 할喝 등의 방법이 동원되기도 한다. 석옥 청공과 태고 보우의 만남 또한 이러한 형식을 통하여 이루어지고 있다.

---

16 "南朝有臨濟正脈不斷 可往印可 其某與某爲唱道師 其某與某爲本分作家 在某山 待其人久矣. 其所謂作家者 盖指臨濟直下雪巖嫡孫 石屋珙等數人也. 師聞而悅之 越至正元年辛巳 欲往南也."(維昌撰,「高麗國國師 大曹溪嗣祖 傳佛心印 行解妙嚴 悲智圓融 贊理王化 扶宗樹敎 大願普濟 一國大宗師 摩訶悉多羅利雄尊者 謚圓證 行狀(이하 太古 行狀),『한불전』제6책, p.696.)

17 원나라 불교계의 상황에 대하여 조명제, 인경 등이 밝힌 바 있다. 본고에서 이에 관한 언급은 타 논문 주제와 중복을 피하기 위하여 생략하고자 한다.

석옥 화상이 말했다. "어떤 것이 일상생활에서 함양해야 할 일이며, 어떤 것이 향상向上의 수단(巴鼻)인가?"

태고는 병의 물을 쏟아붓고서 앞으로 가서 물었다. "이 밖에 또 다른 도리가 있습니까?"

석옥 화상은 깜짝 놀라면서 말하였다. "노승도 그랬고 3세의 부처님과 조사들도 그러했다. 장로에게 혹 다른 도리가 있다면 왜 말하지 않겠는가."[18]

'일상생활에서 함양해야 할 일'과 '향상向上의 수단(巴鼻)'을 묻고 있는 석옥의 질문은 언뜻 일상적인 물음 같지만, 태고 보우의 깨달음을 시험하는 빗장이 걸려 있다. 만약 '이렇다' '저렇다' 하고 설명하려 한다거나 자신의 견해를 피력하는 순간 분별 사량에 떨어지고 만다. 태고 보우는 병의 물을 쏟아붓는 행위를 통하여 자칫 분별 사량에 떨어질 수 있는 함정을 피해 자신의 본래면목을 드러내고 있다. 결국 태고 보우는 석옥 청공이 제시하는 모든 관문을 뚫고 인가를 받아 오게 된다. 이에 대하여 유창은 다음과 같이 기술하고 있다.

석옥 화상이 「태고암가」의 발문을 써 주면서 물었다.

"우두牛頭 스님이 사조四祖를 만나기 전에는 무엇 때문에 온갖 새들이 꽃을 입에 물고 왔던가?"

"부귀하면 사람들이 다 우러러보기 때문입니다."

"사조를 만난 뒤에는 무엇 때문에 입에 꽃을 문 새들을 찾아볼 수

---

18 "屋申之以問 云何是日用涵養事 云何是向上巴鼻. 師答瓶瀉趨而前曰 未審此外還更有事否. 屋愕然曰 老僧亦如是 三世佛祖亦如是. 長老脫別有道理 烏得無說."(『한불전』 제6책, p.697b.)

없었던가?"

"가난하면 아들도 멀어지기 때문입니다."

"공겁空劫 이전에도 태고太古가 있었던가, 없었던가?"

"허공이 태고 가운데서 생겼습니다."

석옥 화상은 미소를 지으며 "불법이 동방東邦으로 가는구나." 하고, 다시 가사를 주어 믿음(信)을 표하고 말하였다.

"이 가사는 오늘 전하지만 법은 영산靈山으로부터 지금까지 내려온 것이오. 이제 그대에게 전해 주니 잘 보호하여 가져서 끊어지지 않게 하시오."

또 주장자를 집어 들면서 다음과 같이 부탁하였다.

"이것은 노승이 평생 지녔던 것이오. 오늘 그대에게 주니 그대는 이것으로 길잡이를 삼으시오."[19]

이와 같이 태고 보우가 중국 임제종 계통의 석옥 청공으로부터 인가를 받아 온 과정을 살펴보면, 보우가 국내에서 깨친 후 석옥과의 대등한 선문답을 통하여 자신의 경지를 확인한 것으로 보인다. 이러한 점은 나옹의 경우 더욱더 두드러진다. 주지하다시피 나옹이 평산 처림을 찾아갔을 때 "지공의 천검千劍은 그만두고 그대의 일검을 가져오라."는 평산의 말에, 좌복을 들어 평산을 후려친 것과 "내 칼은 사람을 죽이기도 하고 살리기도 한다."고 한 나옹의 대답은 잘 알려져 있다. 이 선문답을 통하여 나옹이 평산에게 법을 받아 온 것이 아니라, 오히려 법을 가르

---

19 "屋跋 所獻歌以授乃問. 牛頭未見四祖時 因甚百鳥啣花. 曰富貴人皆仰. 曰見後 因 甚百鳥啣花覓不得. 曰淸貧子亦踈屋. 又問 空劫已前 有太古耶 無太古耶. 曰 空生太古中. 屋微笑云 佛法東矣. 遂以袈裟表信曰 衣雖今日 法自靈山 流傳至今 今附於汝 汝善護持 毋令斷絶. 拈拄杖囑云 是老僧平生用不盡的 今附你 你將 這箇 善爲途路."(『한불전』 제6책, p.697c.)

쳐 주고 있다는 인상마저 갖게 한다.

이상과 같이 석옥 청공·평산 처럼 등이 당시 중국의 남조를 중심으로 간화선의 종풍을 드날린 선사임은 틀림없으며, 여말 삼사가 이들을 찾아가 선문답을 통하여 법기를 드러내고 자신의 깨달음의 경지를 확인한 것은 사실이다.

그러나 여말 삼사가 석옥 청공과 평산 처럼에게 간화선의 수행법 자체를 배워 온 것은 아니다. 또 그들에게 화두를 받아 참구한 것도 아니다. 이미 국내에 소개되고 전해 온 간화선 수행법을 통하여 깨달음을 얻었고, 임제의 법맥을 찾아 인가를 받으려는 의도 속에서 이들을 찾아 간 것이며, 깨달음의 경지에 있어서도 일방적인 전수라기보다는 오히려 대등한 경지에 가까움을 볼 수 있다.

Ⅳ. 보조 지눌과 진각 혜심의 간화선 사상의 계승

대혜의 간화선을 우리나라에 최초로 소개하고 정착시킨 인물은 보조 국사 지눌이다. 김군수가 찬한 「보조국사비명」에 의하면 지눌이 대혜의 어록(書狀)을 통하여 깨닫게 되었음을 다음과 같이 밝히고 있다.

> 지리산에 머무르면서 『대혜보각선사어록大慧普覺禪師語錄』의 "선禪은 고요한 곳에 있지 않고 또한 소란한 곳에 있지도 않다. 일상의 인연에 따르는 곳에 있지도 않고 생각하고 분별하는 곳에도 있지 않다. 그러나 먼저 고요한 곳, 소란한 곳, 일상의 인연에 따르는 곳, 생각하고 분별하는 곳을 버리지 않고 참선參禪해야 홀연히 눈이 열리

고 모든 것이 집안의 일임을 알게 되리라."라는 구절을 보았는데 나는 여기에서 마음을 깨닫게 되었다.[20]

이때가 지눌이 41세 되던 해였다. 지눌은 『대혜어록』을 통하여 마지막 깨달음을 얻게 된 것이다. 지눌의 이 경험은 한국불교에 있어 간화선이 뿌리내릴 수 있게 하는 결정적인 사건이 된다. 지눌은 이미 『육조단경』과 이통현 장자의 『화엄론』을 통하여 마음에 대한 이해와 선교일치에 대한 확신을 얻었지만, 마지막 의심을 떨쳐버리지 못한 상태였다. 대혜의 어록을 통한 깨달음이 있고 난 후에야 지눌은 본격적인 정혜결사의 삶을 펼치게 된다.[21] 대혜의 간화선 사상이 우리나라에 소개되고 전파되는 과정에 있어서 중국에 유학하고 있던 유학승들에 의하여 들어와 국내에 전파된 것이 아니라, 지눌 스스로의 구도 과정 속에서 절박한 필요에 의하여 요청되었다는 사실에 주목할 필요가 있다.

선종과 교종이 심각하게 대립하고 있고, 승려 집단이 명예와 이익을 탐하고 있던 당시의 불교계가 처한 문제점을 근원적으로 해결하기 위하여 지눌은 출세의 길을 등지고 스스로 산속에 들어가 경전의 열람과 선수행에 전념해 왔다. 그리고 그 대안으로 성적등지문, 원돈신해문과 더불어 '간화경절문'을 주창하였다는 점이 한국 사회에 간화선이 힘 있

---

20 "至居智異 得大慧普覺禪師語錄云. 禪不在靜處 亦不在鬧處 不在日用應緣處不在思量分別處. 然第一不得 捨却靜處鬧處 日用應緣處 思量分別處叅. 忽然眼開."(김군수 찬, 「普照國師碑銘」, 普照全書, 불일출판사, p.420.): 이 글은 『大慧普覺禪師語錄』卷十九 '示妙證居士(聶寺丞)'(『대정장』 47, pp.893c~894a.)에 실린 글로서, 세간에 알려진 것처럼 『書狀』에 수록된 내용은 아니다.

21 지눌이 정혜결사를 제창한 것은 지리산 상무주암 때의 일로서 대혜의 어록을 본 이후로 보는 것이 타당하다. 이후 송광사로 이전한 것은 1200년으로 그의 나이 43세 때의 일이다. 『권수정혜결사문』을 제외한 지눌의 저술은 모두 이 시기에 송광사에서 이루어진 것이다. 따라서 지눌의 사상이 후기에 가서 변화되었다는 일부의 주장은 재고해야 한다.

게 뿌리를 내리게 되는 원동력이 되었던 것이다.[22]

지눌은 간화선 수행에 나타나는 의문을 해결하기 위한 『간화결의론』을 직접 지었는데, 화두 참구의 필요성에 대하여 다음과 같이 밝히고 있다.

[화엄에서 말하는] 이 뜻과 이치가 비록 가장 완전하고 오묘한 것이지만, 결국은 의식과 감정에 의해서 듣고 이해하여 헤아리는 것이므로, 선문禪門의 화두話頭를 참구하여 깨달아 들어가는 경절문徑截門에서 하나하나 불법佛法을 헤아려 알려는(知解) 병을 모두 버리게 하는 것이다. 무자無字화두는 하나의 불덩어리와 같아 가까이 가면 얼굴을 태워 버리는 까닭에, 불법佛法에 관한 알음알이(知解)를 둘 곳이 없다. 그래서 [大慧禪師는] "이 무자無字는 잘못된 지적인 이해(惡知惡解)를 깨뜨리는 무기이다."라고 말했다. 만일 깨뜨리는 주체와 깨뜨려지는 대상을 구별하고 취하고 버리는 견해가 있다면, 이것은 여전히 말의 자취에 집착하여 자기의 마음을 어지럽히는 것이다. 어찌 뜻을 얻어(得意參詳) 다만 화두를 드는(提撕) 사람이라고 이름할 수 있겠는가.[23]

---

22 지눌이 성적등지문과 원돈신해문을 주장하고 있기 때문에 진정한 간화선 수행자가 아니라는 관점에 대하여 반대한다. 오히려 간화선의 도입자이자 소개자로서 일방적인 도입이 아니라, 성적등지문과 원돈신해문을 주장하는 토대 위에서 간화선 수행을 권했던 점 때문에 한국불교계에 간화선을 깊이 뿌리내리게 되었다고 생각한다. 보조가 이처럼 간화선을 주체적으로 받아들이고 기존의 수행 체계와 이론적인 회통을 꾀하였기 때문에 한국불교에 간화선이 뿌리내릴 수 있었던 것이다. 따라서 한국불교의 간화선의 시원은 보조로부터 보아야 한다. 그리고 보조의 三門이 있었기에 혜심이 看話一門으로 변화할 수 있었으며, 보조와 혜심 간의 사상적인 차이는 단절이라기보다는 자연스러운 계승으로 보아야 한다.

23 "然此義理雖最圓妙 摠是識情聞解思想邊量故 於禪門話頭參詳徑截悟入之門 一一全揀佛法知解之病也. 然話頭無字 如一團火 近之則燎却面門故 無佛法知解措着之處 所以云此無字 破惡知惡解底器仗也. 若有能破所破 取捨揀擇之見

지눌은 화두 참구의 필요성에 대하여, 교가敎家에서 빠져 있는 '지해知解의 병' 즉 알음알이의 병통을 모두 없애게 하는 데 있음을 밝히고 있다. 비록 화엄의 원돈문이 가장 완전하고 오묘한 것이지만 그것도 결국 지적 이해인 알음알이의 한계를 벗어날 수 없다고 한다. 따라서 대혜가 중시한 '무자無字화두'를 들 것을 지눌은 강조한다. 이 '무자화두'야 말로 알음알이의 병통을 쳐부수는 가장 요긴한 무기라는 것이다. 지눌의 뒤를 이은 진각국사 혜심 역시 지눌이 강조한 무자화두를 가장 중시한다. 그는 지눌과 '무자화두'에 대한 선문답을 통하여 깨닫게 되었을 뿐만 아니라,[24] 「구자무불성화간병론拘子無佛性話看病論」을 통하여 '무자화두'의 구체적인 공부 요령 및 병통과 그 치유법을 제시하였다.

혜심은 한국에 간화선을 확고히 뿌리 내리게 한 장본인이다. 그는 공안을 모아 거기에 송頌을 붙인 『선문염송禪門拈頌』30권을 편찬하여 구체적으로 화두를 참구할 수 있는 교재를 제시하였다. 그리고 『진각국사어록眞覺國師語錄』과 『무의자시집無衣子詩集』 등을 통하여 간화선사로서의 풍모를 드러내고 있다. 특히 『진각국사어록』은 현존하는 간화선 최고의 어록[25]으로 평가되고 있다. 그 구성은 상당上堂·시중示衆·소참小參·실중대기室中對機·수대垂代·하화下火·법어法語로 되어 있어, 혜심이 수선사의 일상 속에서 간화선을 지도한 모습에 대하여 생생히 알 수 있

則宛是執認言迹 自擾其心 何名得意參詳但提撕者也."(『看話決疑論』, 『보조전서』, p.91.)

24 이규보, 「진각국사비명」, 『조선금석총람』권上, p.460.

25 김군수가 찬한 『보조국사비명』에 의하면, "生平所著 如結社文 上堂錄 法語歌頌 各一卷 發揚宗旨 咸有可觀."이라 하여, 보조 지눌의 상당록·법어·가송 등이 있었던 것으로 기록되어 있지만 애석하게 전해지지 않고 있다. 만약 이러한 책이 전해져 내려왔다면 간화선사로서 지눌의 활발발한 모습이 드러났을 것이다. 또한 수선사 청규라 할 수 있는 『계초심학인문』을 제정하여, 총림의 모습을 갖추어 간 것도 중요한 사항으로 볼 수 있다.

다.

그렇다면 여말 삼사의 사상 속에 미친 지눌과 혜심의 영향은 무엇인
가?

첫째, 무자화두의 강조[26]를 들 수 있다. 지눌과 혜심에 의하여 강조된
무자화두는 비록 수많은 공안이 있지만, 이후 한국 간화선 수행자가
가장 중시하는 화두가 되었다. 이러한 점은 고려 말까지 그대로 이어져
여말 삼사에 중시됨을 볼 수 있다. 태고 보우의 경우 37세에 '무자화두'
참구를 통하여 오매일여寤寐一如를 경험하였으며,[27] 백운 경한 또한 석
옥 청공을 찾아갔을 때 '무자화두'에 대한 문답을 통하여 점검을 받았
음을 볼 수 있다. 또한 태고와 나옹의 어록에는 무자화두에 대한 언급
이 종종 나오고 있다. 이에 대하여 구체적인 내용을 제시하면 다음과
같다.

〈태고법어 중 '無能居士 相公 朴成亮에게 주는 글'〉
어떤 스님이 조주에게 묻기를 "개에게도 불성佛性이 있습니까?" 함
에 "없다(無)"고 하였다. 그러나 이 '없다(無)'란 말은 있고 없다는 없
음이 아니며 참으로 없다는 없음도 아니다. 그렇다면 말해 보아라,
그것은 결국 무슨 도리인가? 참구해서 의심이 깨뜨려지지 않을 때

---

26 물론 이 '무자화두'는 대혜 종고와 몽산 덕이 등 중국의 간화선사들도 가장 중시
    한 화두이다. 그러나 한국의 간화선은 지눌과 혜심 이후 초기에는 수선사(송광
    사)를 중심으로 전개되어 왔다. 특히 진각 혜심의 무자화두를 공부하는 구체적
    인 단계를 밝힌 「구자무불성화간병론」의 영향을 간화선자들은 받았다. 따라서
    국내의 무자화두의 중시는 일차적으로 보조와 혜심의 영향을 받고 있다고 할 수
    있다.
27 "後忽擧趙州無字話下口不得 如嚼鐵團 驀向鐵團處擬去. 冬十月 蔡中菴以第北
    栴檀園爲儲靈蓄異 可以助道之地. 請結冬師於是到寤寐一如之境 尙猶無字上破
    疑不得 如大死人焉."(『한불전』제6책, p.696a~b.)

에는 다만 '무'자화두를 들되, 거닐거나 섰거나 앉거나 눕거나 언제나 잊지 않아야 한다. 그리하여 아무것도 모르는 경지에 이르게 되면 갑자기 마음 갈 곳이 없어지게 된다. 그렇더라도 공空에 떨어질까 두려워하지 말라. 이것이 참으로 좋은 기회이니 '이럴까 저럴까'하고 걱정하지 말라. 그리하여 만일 조주의 관문을 뚫고 지나면, 마치 물을 마시는 사람이 차고 따뜻함을 저절로 알 듯, 천하 사람들의 말을 의심하지 않게 될 것이다. 그때에 지혜 없는 사람에게는 말하지 말고 바로 깨달은 본색종사를 찾아보아야 한다.[28]

〈나옹화상어록 중의 '이제현에게 답하는 글'〉

어떤 스님이 조주에게 묻기를 "개에게도 불성佛性이 있습니까?" 함에 "없다(無)"고 했다는 이 마지막 한마디를 힘을 다해 들어라. 부디 언제나 깨달을까 깨닫지 못할까를 기다리지 말고, 재미가 있을까 없을까에 관계하지 말며, 또한 힘을 얻을까 얻지 못할까에 관계하지 말라. 다만 그 무자화두만을 오로지 들어 바로 나아가면 화두는 들지 않아도 자연히 들리고 의심은 의심하지 않아도 저절로 의심될 것이다. 그리하여 마음과 생각이 미치지 않고 의식이 작용하지 말고 온갖 재미도 없어져서 마치 모기가 쇠로 된 소 등에 올라간 것 같더라도 공空에 떨어질까 두려워하지 말라. 거기는 과거의 모든 부처와 조사의 위에 오른 자들이 몸을 던진 곳이니라.[29]

---

28 "僧問趙州. 狗子還有佛性也無 州云無. 只這箇無字 不是有無之無 亦不是眞無之無. 且道 畢竟什麼道理. 參詳去旣疑情未破時 但單單提個無 行住坐臥時 千萬不昧不昧 參到百不知百不會. 忽然心無所之時 莫怕落空 這裏便是好處 切忌如何若何. 若透得趙州關 則如人飮水 冷暖自知 不疑天下人舌頭去在. 到此時節 千萬無智人前莫說 宜見本色宗師."(『태고법어』, 『한불전』 제6책, p.680a.)

29 "擧起僧問趙州 狗子還有佛性也無 州云無 末後一箇無字 盡力提起. 切莫待幾時悟不悟 莫管有滋味無滋味 亦莫得力不得力 只單單提箇無字 驀然拶到話頭 不

〈백운화상어록 중의 '석옥 청공에게 올린 글'〉

백운이 또 물었다. 어떤 스님이 조주에게 묻기를 "개에게도 불성佛性이 있습니까?" 함에 "없다(無)"고 했습니다. 모든 것은 자신의 성품이 없고 오직 한 가지 성품, 곧 인연이 성품뿐이라서 없다고 하신 것입니까. 이 불성이라는 것이 바닷물 속의 소금 맛 같거나 단청 빛깔 속의 아교 기운과 같아서, 분명 있기는 하나 그 모양을 볼 수 없기에 없다고 한 것입니까? 그렇다면 조주 스님의 무無란 있고 없음의 무無가 아니고, 허망하다는 무無도 아닌, 참으로 생각의 숨통을 끊어 버린 무無일 것입니다. 저의 의심을 풀어 주십시오.

석옥은 잠자코 말하지 않고 있음으로써 백운의 의심을 풀어 주었다.[30]

둘째, 간화선 수행 풍토의 진작이다. 지눌과 혜심 이후 수선사계는 고려불교를 이끈 중심세력이었다. 간화선과 관련하여 혜심의 『선문염송』의 발간은 중요한 것이었으며 간화선을 구체적으로 실수實修할 수 있는 원동력이 되었다.

또한 『진각국사어록』은 한국의 조사어록에 대한 정형으로 평가될 만큼 조사선을 정착시키는 데 중요한 역할을 하였다. 중국에서 조사어록의 정형은 1066년경에 편찬된 마조·백장·황벽·임제 선사禪師의 어록을 모아 만든 『사가어록四家語錄』[31]이다. 이러한 조사어록의 구성은 상

學自學 疑情不疑自疑 心思不及 意識不行 百無滋味 如蚊子上鐵牛時 莫怕落空. 此是從上諸佛 諸位祖師 放身捨命處."(『나옹화상어록』, 『한불전』 제6책, p.726.)

30 "師見云 莫着相好. 又僧問趙州. 狗子還有佛性也無. 州云無 者一切諸法 各無自性 唯是一性故 州云無邪, 若是此事 如水中鹽味 色裏膠精 決定是有 不見其形 故云無邪. 若然則趙州無字 不是有無之無 不是虛無之無 正是一介活無字也. 願師決疑. 師默決."(『백운화상어록』 권하, 『한불전』 6책, pp.656c~657a.)

31 『四家語錄』은 『卍續藏經』 권119에 실려 있다.

당上堂·시중示衆·감변勘辨·행록行錄 등으로 되어 있다. 보조의 저술 중에 상당록과 법어 가송 등이 있었다고 하고, 또한 혜심의 어록에서 상당과 시중·소참·법어 등이 보이고 있다. 이러한 어록의 발간은 조사선의 정착을 나타내는 중요한 기준이 되는 것이며, 태고·나옹·백운 화상의 어록 발간 또한 지눌과 혜심의 어록 발간 이후의 일로서 그의 영향을 받았다고 볼 수 있다.

마지막으로 화엄과 선사상의 일치라는 사상을 기초로 하고, 다시 지해의 병통을 극복하기 위하여 간화선 수행으로 들어가게 된 보조선의 특징을 여말 삼사 또한 이어받고 있다.

태고 보우의 생애를 살펴보면 13세 때 양주 회암사 광지廣智 선사를 스승으로 하여 득도하였다가 19세 때에 가지산迦智山 총림叢林에서 '만법귀일萬法歸一'의 화두를 참구하였다. 그러다가 화엄에 심취되어 26세 때에는 화엄선華嚴選에 합격하게 된다. 그러다가 다시 37세 때에 무자화두에 들게 되는 것이다. 보우가 '무자화두'에 들게 되는 이유 또한 알음알이의 병통을 벗어나기 위함으로 이는 지눌의 삶의 궤적과 비슷함을 볼 수 있다.

지눌의 영향을 가장 많이 받고 있는 것은 나옹 혜근으로 볼 수 있을 것 같다. 나옹은 송광사 주지를 역임했을 뿐만 아니라 사굴산문 출신으로서 보조의 선풍을 계승하려는 의지가 있었음을 유추할 수 있다. 특히 나옹의 경우 입문삼구入門三句, 공부십절목工夫十節目과 삼전어三轉語 등을 통하여 선공부의 방법을 구체적으로 제시하였다. 그러한 직접적인 영향은 몽산 덕이 선풍의 영향이라 설명하는 것이 더 타당하겠지만, 무작정 몽산의 선풍을 수용하는 것이 아닌 철저히 자기의 주체화를 통하여 제시하고 있다는 측면에 있어서 지눌과 혜심의 전통을 잇고 있는 것으로 볼 수 있다.

특히 나옹의 '공부십절목'은 보조의 돈오점수 체계를 계승하고 있는 것으로 해석할 수도 있다.

① 세상 사람들은 모양을 보면 그 모양에서 벗어나지 못하고, 소리를 들으면 그 소리에서 벗어나지 못한다. 어떻게 하면 모양과 소리를 벗어날 수 있는가.

② 이미 소리와 모양에서 벗어났으면 반드시 공부를 시작해야 한다. 어떻게 그 바른 공부를 시작할 것인가.

③ 이미 공부를 시작했으면 그 공부를 익혀야 하는데 공부가 익은 때는 어떤가.

④ 공부가 익었으면 나아가 자취를 없애야 한다. 자취를 없앤 때는 어떠한가.

⑤ 자취가 없어지면 담담하고 냉랭하여 아무 맛도 없고 기력도 전혀 없다. 의식이 닿지 않고 마음이 활동하지 않으며, 또 그때에는 허깨비 몸이 인간 세상에 있는 줄 모른다. 이쯤 되면 그것은 어떤 경계인가.

⑥ 공부가 지극해지면 동정動靜에 틈이 없고 자나 깨나 한결같아서 부딪쳐도 흩어지지 않고 움직여도 잃어지지 않는다. 마치 개가 기름이 끓는 솥을 보고 핥으려 해도 핥을 수 없고 포기하려 해도 포기할 수 없는 것 같나니, 그때에는 어떻게 해야 합당한가.

⑦ 갑자기 120근 되는 짐을 내려놓는 것 같아서 단박 꺾이고 단박 끊긴다. 그때는 어떤 것이 그대의 자성自性인가.

⑧ 이미 자성을 깨쳤으면 자성의 본래 작용은 인연을 따라 맞게 쓰인다는 것을 알아야 한다. 무엇이 본래의 작용에 맞게 쓰이는 것인가.

⑨이미 자성의 작용을 알았으면 생사를 벗어나야 하는데, 안광이
　　땅에 떨어질 때에 어떻게 벗어날 것인가.
⑩이미 생사를 벗어났으면 가는 곳을 알아야 한다. 4대는 각각 흩
　　어지니 어디를 향해 가는가.[32]

　이 중 ①에서 ⑥까지는 점수漸修 과정으로 볼 수 있으며, ⑦은 돈오
頓悟로, 그리고 ⑧과 ⑨는 돈오 후의 점수漸修 과정으로 볼 수 있으며,
⑩은 증오證悟로 볼 수 있다. 또한 지눌의 『진심직설眞心直說』을 염두에
둔 인상을 받게 되는데, ⑧은 진심묘용眞心妙用 ⑨는 진심출사眞心出死
⑩은 진심소왕眞心所往과 비슷함을 볼 수 있다.
　백운 경한에 있어서도 지눌의 영향을 발견할 수 있는데, 예를 들어
지눌이 제시한 선교일치禪敎一致의 관점을 경한이 유지하고 있는 것이
다. 경한의 「선교통론禪敎通論」에서는 다음과 같이 밝히고 있다.

　　부처님의 말씀은 마음으로 으뜸을 삼고, 문이 없음으로써 법의 문
　　을 삼았으니, 교는 바로 부처님의 말씀이요 선은 바로 부처님의 마
　　음이다. 그리고 부처님의 마음과 말씀은 결코 어긋난 것이 아니다.
　　그러므로 부처님들은 손수 이 뜻을 주고받았으며, 조사들은 서로
　　마음을 전한 것으로서, 각기 그 이름과 글귀에 따라 차이가 있는 듯

32　① 盡大地人 見色不超色 聞聲不越聲 作魔生超聲越色去. ② 旣超聲色 要須下
　　功 作魔生下个正功. ③ 旣得下功 須要熟功 正熟功時如何. ④ 旣能熟功 更加打
　　失鼻孔 打失鼻孔時如何. ⑤ 孔打失 冷冷淡淡 全無滋味 全無氣力 意識不及 心
　　路不行時 亦不知有幻身在人間 到這裏 是甚時節. ⑥ 動靜無間 寤寐恒一 獨不
　　散蕩不失 如狗子見熱油鐺相似 要舐又舐不得 要捨又捨不得時 作麼生合殺. ⑦
　　驀然到得如放百二十斤擔子相似 啐地更折 曝地便斷時 那个是你自性. ⑧ 旣悟
　　自性 須知自性本用 隨緣應用 作麼生 是本用應用. ⑨ 旣知性用 要脫生死 眼光
　　落之時 作麼生脫. ⑩ 旣脫生死 須知去處 四大各分 向甚處去.

하지만, 선과 교의 이름은 다르나 그 본체는 같아서 본래 평등함을 알아야 한다.[33]

위의 글을 통하여 볼 수 있듯이 '교는 부처님의 말씀이요, 선은 부처님의 마음'이라 하여 선과 교의 특징과 둘이 서로 떨어져 있지 않음을 밝히고 있는데, 이는 이미 보조가 강조한 내용이다.

V. 만항에 의한 몽산 선풍의 주체적 수용과 그 계승

기록상에 나타난 임제선臨濟禪의 한국 최초 전래는 『경덕전등록』에 나타난 임제의 사법嗣法 제자 지리산 화상智異山和尙이다. 그런데 '지리산 화상'이란 이름만 보일 뿐 자세한 활동 사항은 파악되지 않으며 귀국 여부조차 알 수 없다. 다음으로 고려 중기 혜소慧炤 국사와 그의 제자인 탄연坦然을 들 수 있다. 혜소와 탄연은 사굴산문 출신으로 이후 보조 지눌의 선사상에 영향을 끼치고 있는 것으로 보인다.[34] 이들이 임제선의 영향을 받은 것은 사실이지만, 이때는 대혜 이전으로 간화선이 아닌 조사선이었다.

지눌과 혜심 대에 정착된 한국의 간화선은 여말 삼사가 중국에 들어가 조선계의 석옥 청공과 평산 처림에게 인가를 받아 오기 이전까지,

---

33 "佛語心爲宗無門爲法門 則敎是佛語禪是佛意 然諸不心口必不相違則 佛佛授受斯旨 祖祖相傳此心 各隨名句似有差殊 當知禪敎名異體同本來平等."(釋璨錄,『白雲和尙語錄』卷上,「禪敎通論」.)

34 이에 관한 자세한 내용은 종호의 『임제선 연구』(경서원, 1996), pp.546~560을 참조할 것.

중국과의 지속적인 교류를 통하여 더욱 체계화되고 정교화된다. 이 시기 간화선의 선풍을 주도적으로 전개한 것은 역시 수선사이며, 가장 주목해야 할 인물은 수선사 10세인 만항萬恒이다. 만항에 의하여 몽산 덕이의 선풍이 중국으로부터 유입되고, 이후 여말 삼사의 선사상에 큰 영향을 미치게 된다.[35]

이제현이 찬한 만항의 비명에는 "해인海印의 마음과 사자의 음성으로 조계를 맡아서 보조普照의 묘리를 높였고, 원오圓悟의 목탁을 울리며 몽이蒙異의 벽을 뚫었다."[36]라고 기록되어 있다. 이는 만항이 보조지눌과 그의 스승인 원오 국사의 수선사 선풍을 계승하고 있을 뿐만 아니라, 그를 토대로 하여 몽산 덕이의 새로운 선풍을 받아들여 주체적인 경지를 이루었음을 말하고 있는 것이다.

지눌과 혜심에게 주로 영향을 미친 것이 대혜의 간화선풍이라면, 만항 이후에는 몽산의 선풍이 크게 영향을 미치게 된다. 몽산 선풍의 영향이 고려와 조선시대에 지대했음을 알 수 있는 단적인 증거는 국내에 간행된 중국 선사의 어록 중 몽산의 것이 가장 많다는 데에서 알 수 있다. 몽산 덕이에 의하여 편집된 덕이본『단경』이 17회,『몽산화상법어약록』이 임진왜란 이전까지 14회,『몽산육도보설』이 20회로 총 51회 간행되었다. 이는 대혜의『서장』이 21회, 고봉의『선요』가 24회 간행된 사실

---

35 몽산 덕이 선풍과 그것이 한국의 간화선에 끼친 영향에 대한 종합적인 연구물로는 인경의『몽산 덕이와 고려 후기 선사상연구』(불일출판사, 2000)가 있다. 이 저작은 지눌과 혜심의 간화선 정착과 여말 삼사의 간화선 사상 사이에 보이는 간극을 메꿔 주었다는 데서 큰 의의가 있다. 뿐만 아니라, 몽산 덕이의 간화선 사상에 나타난 특징을 분명히 밝히고 있으며, 특히 덕이본『육조단경』과 염불화두선 등의 문제를 깊이 있게 조망하고 있어서, 고려 후기 간화선의 흐름을 이해하는 데 많은 학적 기여를 하고 있다.

36 "海印其心 獅子其音 曹溪其任 挺普照之鑰 振圓悟之鐸 斲蒙異之壁."(李齊賢,『益齋亂藁』卷第七,「海東曹溪山修禪社第十世別傳宗主重續祖燈妙明尊者 贈謚慧鑑國師碑銘幷序」.)

과 비교해 보아도 대단한 횟수임을 알 수 있다.[37]

그렇다면 몽산의 선사상의 특징은 무엇인가? 간화선에 있어서 몽산 사상의 특징은 '대혜의 사상과 어떤 차이점이 나타나고 있는가'에서 찾아야 할 것이다. 그런데 '무자無字화두'를 강조하는 것은 대혜 종고나 보조 지눌, 진각 혜심에게서 공통적으로 나타나고 있는 현상인데, 몽산 덕이 역시 '무자화두'를 강조하고 있다. 따라서 '무자화두'라든가 '만법귀일 일귀하처'의 화두라든가 하는 '화두'의 종류를 통하여 사상적 동이同異점을 찾으려는 시도는 한계가 있다.

대혜 종고에게 있어서는 '왜 화두를 타파해야만 하는가' 그리고 '어떻게 화두를 타파해야 하는가' 하는 문제에 강조점을 두고 있다면, 몽산 덕이에 와서는 '화두를 들고, 또 동정일여와 오매일여 등의 단계를 거치고, 화두를 타파하고, 점검하여 인가를 받고, 인가를 받고 난 후 보림을 하는' 등 간화선 수행의 전 과정에 대한 문제로 관심이 옮아가 있음을 볼 수 있다. 이는 사상사의 흐름에 있어서 지극히 자연스러운 것으로 보인다.

지눌과 혜심에 의하여 정착된 한국의 간화선 수행이 만항 대에 와서 간화선의 '수증론修證論' 전반으로 관심이 옮겨지게 됨 역시 자연스러운 현상이다. 이는 간화선 초기인 보조와 혜심 대에 관심을 보인 것이 '무자화두 참구 시 나타나는 병통과 그 대처법' 등이라면, 간화선이 보편화된 여말 삼사의 경우에는 '화두를 들어 어느 상태에 들어야 깨달음에 가까이 온 것이냐' '만약 깨쳤다면 누구에게 인가를 받아야 하는가' 등의 문제로 관심이 옮아갈 수밖에 없는 것이다. 간화선에 있어 '누가 임제의 정맥을 받았는가, 그렇지 않은가'의 문제가 중심 문제가 아니라,

---

37 인경, 앞의 책, pp.17~18.

간화선이 도입되고 정착되고 보편화되는 시간적인 흐름에 따라 그 관심 문제가 달리 나타날 수밖에 없는 것이다. 인경은 몽산 어록을 분석하여, 그의 간화선 수증론에 대하여 다음과 요약하고 있다.

몽산의 『어록』에 나타난 간화선의 수증론修證論으로서 참구 과정은 외형적으로는 '화두 제기→회광자간→삼정절투과→오후 종사친견→보림'이라는 다섯 단계를 설정한다. 화두 제기는 삶의 문제에 대하여 의심을 일으키는 단계로 몽산은 이때 조주의 '무자화두無字話頭'와 법연의 '타시아수他是阿誰'를 제시한다. 탐색 방법으로서의 '회광자간廻光自看'은 혼침, 도거 혹은 사량분별을 버린 반야직관을 의미한다. 세 번째의 '삼정절투과三程節透過'는 동정일여動靜一如, 화두일여話頭一如, 오매일여寤寐一如를 투과하는 수행의 내적 과정을 말한다. 대혜는 동정일여·몽각일여·오매일여를 제시하지만, 몽산은 몽각일여 대신 화두일여를 말한 점에서 다르다. '오후 종사친견悟後宗師親見'은 몽산이 가장 강조한 것인데, 자신의 생애에서 보여 주듯이 일단 깨달았다 하여도 다시금 장애를 만나거나 막히는 공안에 대하여, 자신의 공부가 확철한지를 종사를 통하여 점검하고 검증하는 단계이다. 마지막으로 '오후보림悟後保任'에 대하여 몽산은 "유불도의 모든 경전을 읽어서" 안목을 넓히되 "옛 습관을 바꾸어서 앎과 행동이 서로 상응해야 한다."고 한다.[38]

그렇다면 만항의 간화선 사상은 무엇인가? 그의 사상은 『몽산화상법어약록』[39]에 수록된 「고담화상법어古潭和尙法語」를 통하여 볼 수 있다.

---

38 위의 책, pp.405~406.
39 이에 대한 자세한 내용은 인경의 위의 책, pp.337~338을 참조하기 바란다. 『몽산

이 법어의 내용을 토대로 하여 만항의 수증론을 정리하면 다음과 같다.

① 만약 참선하고자 한다면 조주 무자화두를 끊이지 않게 하라.

② 회광반조廻光返照하여 살피고 다시금 관觀해 보라. 혼침과 산란이 오거든 더욱 단련하여 나아가면, 마음이 비고 경계에 고요하게 될 것이다.

③ 선악善惡, 증애심憎愛心에 초연하게 된다.

④ 조사의 공안을 타파하고 부처님의 진리가 원만하게 된다.

⑤ 고현高玄(덕 높은 선지식)을 찾아 기미를 완전히 돌려서 바름(正)도 치우침(偏)도 없게 하라.

⑥ 눈 밝은 선지식을 찾아가 함께 기거하며 보림하라.

⑦ 시절이 되거든 묘함을 얻어 널리 인천人天을 제도하라.[40]

여기에서 볼 수 있는 바와 같이 만항의 수증론은 전체적인 과정에 있어 몽산의 수증론과 유사함을 볼 수 있다. 그러나 그 내용에 있어 ①에서 ④까지의 요소는 지눌과 혜심의 전통을 계승하려는 의지가 담겨 있음을 볼 수 있다. '무자화두'의 참구는 지눌과 혜심이 강조했던 화두

법어약록』은 '몽산 화상 법어'와 나머지 네 분의 법어로 되어 있는데, 보제존자 법어·환산 정응 선사·동산숭장 주·고담 화상 법어 등이 포함되어 있다. 이 중 보제존자는 나옹을 말하고, 고담 화상은 만항을 말한다.

40 "若欲參禪 不用多言 趙州無字 念念相連 行住坐臥 商大目前 奮金剛志 一念萬年 迴光返照 察而復觀 昏沈散亂盡加鞭 千磨萬鍊 轉轉新鮮 日久月深 密密綿綿 不擧自擧 亦如流泉 心空廓寂 快樂安然 善惡魔來 英懼莫懼 心生憎愛 失正成顚 立志如山 安心似海 大智如日 普照三千 迷雲散盡 萬里青天 中秋寶月 湛徹澄源 虛空發焰 海底生烟 驀然磕著 打破重玄 祖師公案 一串部穿 諸佛妙理 無不周圓 到伊麼時 早訪高玄 機味完轉 無正無偏 明師許爾 再入林巒 茅庵土洞 苦樂隨緣 無爲蕩蕩 性若白蓮 時至出山 駕無底船 隨流得妙 廣度人天 俱登覺岸 同證金仙."(『蒙山和尙法語略錄』.)

이고, 특히 '회광반조'의 용어는 보조의 저서 여러 곳에서 볼 수 있다.[41]
잘 알려진 것이『수심결』에서 돈오頓悟에 대하여 설명할 때 나오는 일념
회광一念廻光의 개념이다.

돈오頓悟란 평범한 사람이 미혹의 상태에 있을 때 사대四大를 몸이
라 하고 망상妄想을 자기의 마음이라고 여겨, 자기의 성품이 부처가
깨달았던 그 참된 진리임을 알지 못하고 자기의 신령스런 앎(靈知)이
참 부처임을 몰라서 마음을 놔두고 다른 데에서 부처를 찾고 물결
치는 대로 왔다 갔다 하다가 홀연히 선지식에게서 [깨달아] 들어갈
길을 지시받아 일순간(一念)에 [자신의 마음을 향하여] 빛을 돌이켜
(廻光) 스스로 본래의 성품(本性)을 보는 것이다. 그런데 이 성품은
원래 번뇌가 없고 완전한 지혜의 성품(無漏智性)이 본래부터 스스로
다 갖추어져 있어 모든 부처와 더불어 털끝만큼도 다르지 않다. 그
러므로 돈오라고 한다.[42]

---

41 몇 가지 예를 들어 보면 다음과 같다. "答頓悟者 凡夫迷時 四大爲身 妄想爲心
不知自性是眞法身 不知自己靈知是眞佛 心外覓佛 波波浪走 忽被善知識 指示入
路 一念廻光 見自本性 而此性地 元無煩惱 無漏智性 本自具足 卽與諸佛 分毫
不殊 故云頓悟也."(『수심결』) "問 據吾分上 何者 是空寂靈知之心耶 答 汝今問
我者 是汝空寂靈知之心 何不返照 猶爲外覓 我今據汝分上 直指本心 令汝便悟
汝須淨心 聽我言說."(『수심결』) "況今時大心凡夫 遇善友開示 能廻光返照 則曠
劫已來無明住地煩惱 便爲諸佛普光明智 以衆生煩惱無明種種幻化 皆從如來普
光明 智之所生起故 今日返照 全是自體 本非外物 如湛水生波 波全是水 花生空
界 花全是空 曉公所謂寂照 無明無不明 詎滅痴闇得 慧明是也 如是開悟自心 根
本普光明智 則是謂初心正覺佛也 論云以 菩提妙智普印 邪思妄行自無生處 名爲
正覺也."(『원돈성불론』) "私曰 於此 不生怯弱 的信自心 略借廻光 親嘗法味者 是
謂修心人解悟處也. 若無親切返照之功 徒自點頭道 現今了了能知 是佛心者 甚
非得意者也."(『절요사기』) "故若能虛懷 略借廻光 只在一念 不費多力矣 雖然般
若力大 亦有無明力不思議 故後後長養 保任不忘 爲難爾 若返照得意後 信根堅
固 發勇猛心 長時保任 有何不成."(『절요사기』) 등.
42 "答頓悟者 凡夫迷時 四大爲身 妄想爲心 不知自性是眞法身 不知自己靈知是眞
佛 心外覓佛 波波浪走 忽被善知識 指示入路 一念廻光 見自本性 而此性地 元

이와 같이 만항의 수증론에 있어서 보조 지눌의 수선사 전통을 계승하려는 의지가 보이고 있다. 물론 ⑤에서 ⑦까지는 몽산 덕이의 선풍을 수용한 것이다. 만항에 있어서 수선사의 전통을 계승하는 토대 위에서 간화선의 확산에 따라 몽산 덕이의 선풍을 주체적으로 수용하고 있음을 알 수 있다.

Ⅵ. 결론 : 여말 삼사의 간화선 사상의 성격

여말 삼사의 간화선 사상은 이들이 중국에 들어가 여러 선지식을 찾아가 법을 묻고 임제종의 법맥을 통하여 인가印可를 받아 왔다는 사실 때문에 석옥 청공과 평산 처림의 선사상의 영향을 일방적으로 받았을 것이라고 생각하기 쉽다. 그러나 여말 삼사의 간화선 사상의 특징을 면밀하게 분석해 보면 의외로 석옥 청공과 평산 처림의 직접적인 영향은 생각처럼 절대적이지 않음을 발견할 수 있다. 오히려 한국의 간화선이 중국으로부터 받은 영향은 대혜 종고·몽산 덕이·고봉 원묘 등에서 더 크게 나타난다. 그것은 대혜의『서장』, 고봉의『선요』, 몽산의『덕이본 단경』과『휴휴암좌선문』등의 저서가 현재까지 한국불교에 미치고 있는 영향만 보아도 쉽게 알 수 있는 사실이다.

씨줄과 날줄이 만나서 옷감이 이루어지듯, 한국의 선사상은 한국의 내적으로 흐르고 있는 도도한 사상적 흐름과 끊임없이 중국으로부터 흘러들어 오는 흐름의 두 가지 요소가 만나서 이루어져 왔다. 중요한

無煩惱 無漏智性 本自具足 卽與諸佛 分毫不殊 故云頓悟也.”(『修心訣』,『보조전서』, p.34.)

것은 '수용 주체가 어떠한 사상적 토대 위해서 그것을 받아들이고 있는 가' 하는 점과, 수용의 방식이 '주체적 방식인가', '일방적 방식인가' 하는 것이 문제가 된다.

나말여초 구산선문을 개산한 개산조들은 중국에 들어가 평균 20여 년을 유학하고 귀국한 유학승들이었다. 이들이 20여 년의 긴 시간 동안 중국에서 유학을 하고 그곳으로부터 들여온 것이 바로 마조계의 조사 선이었는데, 그들이 신라에서 소속되었던 종파는 화엄종과 미륵법상종 계통이었다. 실상산문과 가지산문 등 각 산문의 주요 사찰을 통하여 알 수 있듯이 대개 선종의 사원에 화엄의 전각인 대적광전을 조성하고, 화 엄의 주불인 비로자나불을 조성하여 모시고 있다. 화엄적 토대 위에서 선을 수용하게 된 한국불교의 내적 흐름을 볼 수 있는 대목이다.

그렇다면 여말 삼사의 간화선 사상 속에 흐르고 있는 한국 [선]불교 의 내적 흐름은 무엇일까? 본고에서는 이 문제에 주목하였고 또한 이 문제에 더 가치를 두었다. 중국의 대혜 종고·고봉 원묘·몽산 덕이·석옥 청공·평산 처림 등의 선사상의 특징을 논하고, '그들 중 누구의 영향을 받은 것인가' 하는 접근만이 아니라, 보조 지눌과 진각 혜심 그리고 만 항 등이 '어떠한 필요에 의하여 어떠한 방식으로 그것을 받아들이고 있 는가' 하는 문제를 드러내고자 하였다. 그러나 한 편의 논문에 이 큰 주 제를 다 다룰 수는 없을뿐더러 단편적인 논거를 통하여 논지가 제대로 드러나지도 않았다고 생각한다.

논문을 구성하는 논거와 논지를 펴는 주장에 있어 무리한 부분도 적 지 않다. 우선 논거 하나하나에 학계에서 이견의 소지가 있는 부분들 이 있음에도 구체적으로 언급하지 않은 점이다. 예를 들면 '보조 지눌 의 경우 간화선을 주장하면서 동시에 선교일치를 주장하고 있는데, 이 러한 지눌을 대혜의 간화선을 제대로 이해하고 실수實修한 수행자로 볼 수 있는 것인가' 하는 문제도 이견이 존재한다. 또한 '지눌과 혜심의 간화선의 성격은 같은 것인가, 다른 것인가' 하는 문제에도 이견이 있다. 고려 후기 지눌, 혜심, 만항 등의 수선사계 이외 선사들의 경향과 흐름에 대해서도 논의가 있었어야 한다는 반론이 있을 수 있다.

그럼에도 불구하고 여말 삼사의 간화선의 성격에 대하여 밝힌 본고의 내용을 요약하면 다음과 같다.

① 여말 삼사의 간화선 사상은 석옥 청공과 평산 처림의 사상적 영향을 받아서 이루어진 것이 아니라, 이미 형성된 토대 위에서 점검과 인가를 받으러 원元으로 간 것이다. 그들의 사상 형성의 토대는 고려 후기 간화선 사상의 흐름을 계승하고 있는 것이며, 인가 이후에도 석옥과 평산의 사상적 영향은 미비하였다.

② 고려의 간화선은 보조 지눌과 진각 혜심 대에 형성된 것이다. 이들은 이전의 고려불교계에 대한 계승 의식이 깔려 있으며, 수행상의 체험적 필요에 의하여 간화선을 받아들인 것이다. 수행의 방법에 있어서 보조의 삼문三門 체계가 혜심에 의하여 간화일문看話一門으로 나타나지만, 이는 고려불교계의 비판적 계승과 주체적 수용의 정신 속에서 나온 것이다. 보조는 한국 간화선의 시원이며, 그의 계승자 혜심이야말로 한국 간화선의 완성자라 할 수 있다. 그리고 고려의 간화선에는 이러한 흐름이 이어지고 있다.

③ 만항 대 몽산 선풍의 수용 역시 주체적이며, 보조와 혜심의 계승 의식이 뚜렷함을 볼 수 있다. 몽산선의 수용을 통하여, 간화선의 수증론은 대혜의 의심의 강조에서, 화두 제기로부터 오후인가와 보림의 과정까지의 전체적인 체계를 확립하였다고 할 수 있다. 이렇게 만항에 의하여 주체적으로 수용된 몽산 덕이 선풍이 여말 삼사의 간화선 사상에 많은 영향을 주었다. 이에 대하여 인경은 다음과 같이 요약하고 있다.

만항에 의하여 수용된 몽산 덕이의 간화선을 조망하여 볼 때, 고려 후기의 간화선 사상은 덕이본 단경에 의한 일물一物 사상에서 철학적 기초를 다지고, 방법론으로서 무자화두와 면목인가 절차를 강조, 그런 다음 다시 대중적인 정토사상과 염불화두의 방식으로 융합하는 방향으로 나아가는 사상적인 변모를 거쳤다.[43]

다만 여말 삼사의 경우 이러한 고려 간화선 사상의 흐름을 계승하고 있는 것은 공통적이지만, 그들이 강조하고 있는 점은 표면적으로 다르게 나타난다. 태고와 나옹의 경우를 비교해 보면 그 차이점[44]을 분명히 알 수 있다.

태고 보우의 경우 몽산 덕이의 사상에 충실하다가 수증론[45]에 있어

---

43 인경, 앞의 책, p.411.
44 태고와 나옹 간의 차이점이 드러나는 이유에는 산문의식, 즉 오늘날의 문중의식이 작용하고 있는 측면이 있다. 즉 지눌·혜심 이후 고려의 선종계는 수선사계의 사굴산문들이 주도를 하였는데, 원나라가 들어서면서 가지산문의 일연이 득세하게 되고, 이를 만회하기 위하여 만항이 몽산 선풍을 유입했으며, 다시 가지산문의 태고 보우가 등장하면서 가지산문의 득세를 위하여 직접 중국으로 들어가 인가를 받아온 것이라고 본다. 실제로 태고 보우는 원융부의 설치 「칙수백장청규」의 도입 등 중국의 제도에 의존하려는 태도를 지니고 있었다. 이에 대하여 나옹은 수선사계와 대결의식이 없었고 오히려 계승하려는 입장에 서 있었기 때문에 주체적인 태도를 지닌 것으로 설명하기도 한다.
45 참고로 태고 보우의 수증론을 볼 수 있는 화두참구법을 소개하면 다음과 같다. ① 몸과 마음과 話頭가 한 덩어리가 되어 조금도 의지할 데가 없고, 마음이 갈 데가 없게 해야 한다. ② 한번 화두와 한 덩어리가 되면, 그 화두는 行住坐臥 어느 때나 또 어느 곳에서나 계속되어야 한다. ③ 화두를 들 때 의심을 깨치지 못했다 하더라도 계속해서 화두를 놓지 않으면 忽然히 마음이 더 갈 곳이 없어지는데, 이때에도 空에 떨어진다고 염려하지 말고 계속해서 화두를 들어야 한다. ④ 이렇게 계속해서 話頭를 들게 되면, 움직이거나 가만히 있을 때에도 한결같고(動靜一如), 말하거나 침묵할 때에도 한결같고(語黙一如), 자나 깨나 한결같은(寤寐一如) 경지에 다다르게 되는데, 이때는 크게 깨칠 때가 가까워진 것이라 한다. ⑤ 몸과 마음을 모두 놓아 버려 죽은 사람같이 하여, 안에서도 내놓지 말고 밖에서도 들여놓지 말아야 한다. 물론 이 상태에서도 화두를 놓지 말아야 한다. 이러한 상태가 되면 無明이 깨어지고 瞥然히 깨치게 되는 것이다. ⑥ 깨달음의 소식이

서 몽산의 것을 답습하고 있을 뿐만 아니라, 몽산이 주장한 염불화두선을 주장하고 있다. 원나라 왕실과의 관계를 강조하고 중국으로부터 인가를 받아 온 사실을 의식적으로 강조하고 있는 것이다.

반면 나옹 혜근의 경우 몽산의 수증론의 전체적인 체계는 수용하되, 그 내용에 있어서는 보조 지눌과 진각 혜심의 흐름을 잇고 있다. 또한 입문삼구, 공부십절목, 삼관어 등을 통하여 볼 때 주체적이고 독자적인 주장을 볼 수 있다. 염불·정토에 관련해서도 지눌이 주장하였던 자심미타·자성미타를 주장할 뿐 몽산이 주장한 '염불화두선'에 대한 언급이 없다.

또 다른 점도 있다. 보우의 경우 몽산의 선풍을 답습하면서 중국에 가서 몽산이 살았던 휴휴암에 들르지 않은 반면, 나옹은 휴휴암에 들러 몽산의 선풍을 체험했을 뿐만 아니라 『휴휴암좌선문』을 가지고 와서 국내에 소개시키기도 하였다.

이러한 사실에 비추어 볼 때, 한국 간화선의 주체적인 흐름은 보조 지눌, 진각 혜심, 만항을 통하여 여말 삼사로 이어졌으며, 그중 나옹 혜근에게서 계승의식과 주체의식이 두드러짐을 발견할 수 있다.

이상으로 여말 삼사의 간화선 사상과 그 성격에 대하여 고찰하였다.

현재 한국불교의 대표적인 수행법은 간화선이다. 한국의 간화선은 전통적인 선풍을 유지하고 있는 면에 있어서 중국과 일본의 경우와 비교가 되지 않을 정도로 우수하며, 이는 국제적인 경쟁력이 있다는 말이 된다. 그런데 아직도 산속의 선승禪僧들만의 것일 뿐 대중화되어 있거나 체계화되어 있지 않다.

이제 '한국 간화성의 정체성이 무엇인지를 정립해야 한다'. 또한 누구

있게 되면 智慧 없는 사람 앞에서 함부로 말하지 말고 반드시 本色宗師를 만나보고 은밀히 決擇해야 한다는 것이다.

나가 간화선 수행을 할 수 있는 '간화선 수행의 지침'을 내놓아야 할 것이다. 그리고 무엇보다도 간화선을 지도하고 인가할 수 있는 명안종사가 나와야 한다.

아울러 한국불교의 성격을 회통적이라고 한다. 이는 수행에 있어서도 간화선만이 우월하고 나머지 수행은 필요 없다는 배타성을 지양해야 한다는 것이다. 간화선의 우수성을 충분히 입증하는 데 주력할 뿐만 아니라, 타 수행법의 장점을 인정하여 아우를 수 있는 관점과 태도를 지녀야 한다. 또한 근기에 따른 수행방법론도 내놓아야 한다.

학자들의 몫이란 포수가 아닌 새 몰이꾼과 같은 것이다. 문제를 제기하고 쟁점을 만들고 새로운 학설을 정립해 나가는 과정을 통하여 간화선에 대한 관심을 불러일으키고, 많은 사람들이 간화선 수행에 들어가게끔 유도하는 역할을 담당할 뿐이다. 포수의 몫은 선지식이다. 그러기에 많은 명안종사의 출현을 진정으로 기대하는 것이다.

17

청허 휴정의 선교관과 수증관
/ 김호귀

〈선정 이유〉

● 김호귀, 「청허 휴정의 선교관과 수증관」, 『범한철학』 제79집, 2015.12, pp.113~134.

선정 이유

이 논문은 조선 중기의 대표적 선사였던 청허 휴정의 선교관과 수증관을 보조 지눌과 진각 혜심과의 관련 속에서 파악하여 선주교종, 즉 선을 주로 하고 교를 종으로 하는 견해와 사교입선, 즉 교를 버리고 선에 들어가는 선교차별의 입장을 보이고 있는 점을 주목하여 선정하였다.

저자는 선종사에서 선과 교는 달마 이래 상호 보완의 입장을 보여 왔지만 이것은 선종에서 선 수행에 대한 교학의 중요성을 담보해 준 것이기도 하다고 보고 있다. 그러나 한국 선에서 신라시대에 선법이 처음 전래되었던 특수한 상황에서는 선과 교학이 보완의 모습뿐만 아니라 선교차별의 모습으로 나타나기도 했다고 지적한다.

저자는 조선시대에는 선과 교의 관계가 선교융합의 모습으로 변용되었지만 정작 선교융합은 그 이면에 선교차별이라는 모습을 내세움으로써 교학에 근거한 선법의 우월성을 강조하는 입장으로 전개되었다고 하였다. 이러한 모습은 교학이야말로 선법을 깨치기 위한 도구로써 활용된 일례였을 뿐만 아니라 갖가지 교학을 바탕으로 선법의 우월성을 강조하는 방식으로 진행되었다고 보았다.

저자는, 청허 휴정은 선주교종의 견해와 사교입선의 입장에서 선교차별의 전통을 보여 주었으며, 이것은 기존의 수증관을 착실하게 계승해 왔다는 것을 보여 준다고 보았다. 청허는 이치상으로는 진여의 돈오가 가능하지만 실제상으로는 번뇌의 돈제가 없다고 보았으며 돈오점수의 방식을 천명하면서도 지눌의 수증 방식을 계승하였다. 저자는 청허가 교학을 통한 화두의 참구 자세 및 신해信解의 자세를 통한 안목의 구비와, 계·정·혜 등 삼무루학三無漏學의 중요성을 강조하고 납자의 본분을 잊지 말고 불법을 전승해야 할 것을 역설하고 있음을 보았는데, 바로 이 지점에서 논문의 의미와 학문적 가치를 찾을 수 있다.

〈요약문〉

선종사에서 선과 교학의 관계는 보리달마 시대부터 상호 보완의 입장이었다. 이와 같은 선과 교학의 보완적인 관계는 선종에서 선 수행에 대한 교학의 중요성을 담보해 주었다. 그러나 한국 선에서 신라시대 선법이 처음으로 한국에 전래되었던 특수한 상황에서는 의도적인 차별의 모습으로 나타나기도 하였다.

조선시대에는 선과 교의 관계가 선교융합이라는 모습으로 변용되었다. 그러나 정작 선교융합은 그 이면에 선교차별이라는 모습을 내세움으로써 교학에 근거한 선법의 우월성을 강조하는 입장으로 전개되었다. 이러한 모습은 교학이야말로 선법을 깨치기 위한 도구로써 활용되고 있는 일례였을 뿐만 아니라, 나아가서 갖가지 교학이 바탕이 되어 선법의 우월성을 강조하였다.

조선 중기 청허 휴정의 『선가귀감』에 이르러서는 선주교종의 견해 및 사교입선의 입장에서 선교차별 전통이 엿보인다. 이러한 가운데서도 청허는 기존의 수증관을 착실하게 계승하고 있다. 수증의 자세에 대해서는 이치상으로는 진여의 돈오가 가능하지만 실제상으로는 번뇌의 돈제가 없다는 것으로 돈오점수頓悟漸修의 방식을 천명하였음도 청허가 지눌의 수증 방식을 계승했음을 보여 주고 있다. 화두의 참구하는 자세 및 신해信解의 자세에 대해서 청허는 교학을 통하여 안목의 구비를 강조했음을 볼 수가 있다.

한편 청허가 계·정·혜 등 삼무루학三無漏學의 중요성을 강조한 것은 납자의 본분을 잊지 말고 불법을 전승해야 할 것을 납자들에게 강조한 것이었다. 또한 기타 수행의 방편으로서 온갖 불교 수행을 인정하고 제시하면서도 선주교종, 나아가서 선교차별의 모습으로 강조되었다.

1. 서언

한국 선법의 시작은 그 법맥을 기준으로 할 경우 8세기 중반에 동산 법문東山法門의 선법을 계승한 법랑法朗-신행信行으로부터 간주된다. 그러나 9세기 초반부터 입당구법승들에 의하여 다양한 선법이 수입되면서 그 와중에서 선법의 수입자들은 선이 교학과 다르다는 주장을 내세우기 시작하였는데, 그것은 선법이 뿌리를 내리려는 과정에서 등장한 것으로 의도적인 선교차별의 모습이었다.

고려시대에는 선교일치 내지 선교융합의 주장이 보이기도 하였지만, 원나라로부터 다시 수입된 선법의 영향으로 다수의 선자들에 의하여 선과 교의 차별적인 모습이 나타나기도 하였다. 이러한 모습은 조선시대에도 예외는 아니었다. 청허 휴정은 선교융합 내지 선교차별의 입장을 보여 주었는데, 그러한 모습은 수증관과 무관하지 않다. 청허의 선교에 대한 입장 및 수증관은 어느 정도 지눌의 견해에 바탕하여 전개되었지만, 나름대로 선교관 및 수증관에 대한 견해를 보여 주고 있다. 여기에서는 청허의 저술을 중심으로 선교관 및 수증관에 대하여 고찰해 보고자 한다.

2. 한국 선법과 선교관의 전통

8세기 중반부터 전래된 중국 선종 가운데 도신 및 홍인의 동산법문은 이후 9세기 중반부터 10세기 중반에 걸쳐 소위 구산문이 형성되면서 몇 가지 특색을 갖춘 선풍으로 전개되었다. 이러한 가운데 선법의 측면에서 교학과는 차별되는 입장에서 선법의 우월성을 주장한 점이 나타났다. '무설토론無舌土論', '진귀조사설眞歸祖師說' 및 도의 국사와 지원 승통의 문답 등은 비근한 일례에 속한다. 이와 같은 모습은 일찍이 중국 선종사의 경우 달마가 도래하여 정법안장의 심법을 강조했던 시기에도 그 일단을 살펴볼 수가 있다.[1] 이들 내용은 모두 선과 교의 차별을 논한 것이라는 점에서 공통의 특색을 보여 준다. 이와 같은 모습이 한국 선에서는 비교적 소극적인 모습으로 나타나기도 하였다.[2]

도의 대사가 서당 지장에게서 심인을 받고 귀국하여 선리를 설하였지만, 당시 사람들은 經敎를 숭상하고 存神의 법을 習觀하고 있었다. 때문에 도의가 설하는 無爲任運의 종지를 알아듣지 못하고 도리어 虛說이라 하여 소중히 숭상하지 않았다.[3]

---

1 가령 달마와 양 무제의 만남에서 의기투합되지 못했던 까닭은 교학과 선법의 괴리를 보여 주는 경우에 해당한다.
2 신라불교의 교학은 선법이 초전된 8세기 중반 및 9세기 초반 무렵에는 이미 상당한 발전을 구가하고 있었지만 당시에 전래된 선법은 아직 선에 대한 기초적인 인식이 부족했던 당시의 신라 사회에서는 크게 빛을 보지 못하였다. 때문에 도의 선사의 경우 교학자들로부터 魔說이라고 비판받은 것은 중국에서 달마가 독살의 위협을 받은 것에 비교하면 현저하게 소극적인 모습으로 보인다. 이와 같은 내용은 아직 시절인연이 도래하지 못한 것에서 그 원인을 찾아볼 수가 있다.
3 金穎, 『長興寶林寺普照禪師彰聖塔碑』(『朝鮮金石總覽』卷上, 아세아문화사, 1976, p.62.) "我道義義大師者 受心印於西堂 後歸我國 說其神「禪」理 時人雅尙經敎 與

또한 초전의 선법 전래자들은 의도적으로 당시의 교학보다 선법이 우월하다는 주장을 강조하였다. 곧 그것은 아직 선법에 대한 몰이해의 사회에서 당시로서는 비교적 새로운 불법이었던 선법의 전승을 성취하기 위한 제스처이기도 하였다. 이에 당시의 교학불교와는 다른 측면으로 선법을 홍통하고 전승하려는 것에 노력하였다. 그것은 곧 선법이 교학불교와는 다르다는 차별화된 모습으로서 당시에 화엄학을 비롯한 교학자들 가운데서 새로운 불교교학과 문물을 접촉하고 추구하려는 입당구법승들의 열망에 부합되었다.[4]

특히 선과 교학의 차이점을 의도적으로 부각시키려는 사람들이 등장하였는데, 그것은 아직까지 접해 보지 못했던 새로운 불법 곧 선법을 전승한다는 자긍심과 더불어 그 목적을 성취하기 위한 교의적인 장치의 주장으로 나타났다. 그 일환으로 등장한 것이 곧 당시 유행하던 화엄교학과 조사선법을 비교하는 것이었다. 우선 도의와 관련된 내용에서 몰종적沒蹤跡의 선법은 "그 종취를 살펴보면, 수행은 있지만 그 수행은 수행의 상이 없는 몰수沒修이고, 깨침은 있지만 그 깨침은 깨침의 상이 없는 몰증沒證이다."[5]라는 대목에서도 발견된다.

이처럼 조사선법의 몰종적한 내용은 서당과 백장의 선법을 수용한 것이었는데, 입당유학승들에 의하여 전승되면서 초기 선법의 전래부터 신라 선의 한 특징이 되었다.[6] 이에 조사선의 사상적 근거로 제시되었던

智觀存神之法 未臻其無爲任運之宗 以爲虛誕 不之崇重."
4 구산문의 형성 시기에 입당유학승들의 경우는 국내에서 이미 화엄학을 공부한 사람들이 대다수를 구성하고 있었다. 김방룡, 「신라 諸山門의 선사상」, 『한국선학』 제2호, pp.118~129.
5 天頙, 『禪門寶藏錄』 卷中(『한불전』 제6책, pp.478下~479上).
6 이러한 선사상의 기본 자료는 靜·筠, 『祖堂集』 卷17 및 卷20.; 天頙, 『禪門寶藏錄』의 道義와 智遠僧統과의 문답, 無染의 無舌土論, 梵日의 禪敎敎判 등을 통한 선교차별의 주장에도 나타나 있다.

본래성불本來成佛의 선법과 무념무수無念無修의 몰종적한 선법[7]이야말로 당시 교학의 주류를 이루고 있었던 소위 5교五敎 이외에 따로 전승된 조사의 심인법으로 주장되었다.

이와 같은 초기 선법의 전래 시기에 드러난 선과 교학의 차별은 천책의 『선문보장록禪門寶藏錄』을 통하여 그 절정에 이른다.[8] 이들은 모두 교학을 공부하고 난 이후에 비로소 궁극적인 선법을 통하여 깨침을 추구할 수 있다는 것을 노골적으로 드러내는 내용들이다. 또한 선과 교학의 관계는 선교차별을 넘어서 선법 내에서도 접화 방식의 경우에 조사선祖師禪의 방식이 여래선如來禪의 방식보다 우월하다는 모습도 전개되었다.[9] 곧 도의 시대 이후에 중국 선종의 경우 소위 남종의 돈오적인 전통 방식을 계승한 임제종의 흥륭으로 인하여 의리선義理禪의 전통보다 격외선格外禪의 전통을 강조하는 모습으로 전개되었다.[10]

선과 교학의 이와 같은 관계는 고려 중기를 거쳐 고려 말기에도 지속되었는데, 교학에 대한 올바른 이해가 두드러지게 나타났다. 특히 원나라를 통해서 수입된 임제선 법맥에 근거한 정통성의 의식은 달마 선법의 정전正傳이라는 우월의식으로 다져졌는데, 백운 및 태고 등을 통한 선주교종의 입장에서 전개된 선교융합적인 전통이 그것이었다.

---

7 無念無修는 분별념이 없고 조작이 없는 妙修로서 이와 같은 本來成佛의 전통은 보리달마의 深信咸生同一眞性, 『열반경』과 『능가경』에 근거한 혜가의 심법의 覺性, 승찬의 信과 心, 도신의 守一不移, 홍인의 修心, 혜능의 但用此心, 남악의 但莫染汚, 마조의 道不用修, 백장의 體露眞常, 황벽의 大機大用, 임제의 隨處作主立處皆眞으로 계승되는 조사선의 일반적인 전개였다.

8 天頙, 『禪門寶藏錄』(『한불전』 제4책, p.474上 이하).

9 이 경우는 선종이 주류를 형성하던 조선시대에 특히 선법의 내부에서 자주 보이는 모습이다.

10 중국 선의 전통을 강하게 수용했던 한국 선의 경우에 臨濟宗旨만을 정통으로 간주하고 나머지는 방계로 간주하는 주장은 태고 보우 및 나옹 혜근의 어록을 비롯하여 청허 휴정을 거쳐 환성 지안과 백파 긍선 등의 저술에서도 지속되었을 뿐만 아니라 오늘에 이르기까지도 그 연장선상에 놓여 있다.

백운 경한(1299~1374)은 진정한 설법이란 교학 곧 경전에 있는 그대로를 설하는 것이 아니라 경전의 내용을 터득하는 것으로부터 시작하여 교학 곧 경전을 자유롭게 활용하는 것으로 간주하였다.[11] 곧 백운은 삼보에 대한 교학의 입장에 의거한 설명으로서 교학의 불법에 대하여 설법하고 드러내는 데 있어 이사구절백비離四句絶百非하는 정신으로 분별심을 벗어난 직관의 방식을 강조하였다.

태고 보우(1301~1382)의 선관은 화두를 궁극까지 참구함으로써 깨침을 추구하고 경험하였다. 그는 깨침의 경험을 바탕으로 하여 다시 눈밝은 선사에게 참문하여 구경의 인가를 받지 않으면 가치가 없는 것으로 간주하였다. 이 경우 인가의 강조는 교학적인 언설을 초월하여 선법의 방식에 근거한 이심전심의 심법이었다. 보우에게 있어서 경전의 이해는 선과의 대립관계이거나 또는 일여라는 입장이 아니다. 오직 교는 중하 근기를 위한 방편이며, 나아가서는 미묘한 심지를 터득하기 위한 하나의 예비 단계였다. 교학에 대한 이해가 깊었음에도 불구하고 방편으로 간주한 사교입선捨敎入禪의 입장이었다.[12]

이와 같은 그의 태도는 화엄을 비롯한 갖가지 경전에 의거하여 선풍을 진작시켰던 모습으로 구현되었다. 곧 화엄선을 조사선의 입장에서 수용한 것으로 화엄삼매를 일종의 공안이라는 차원에서 원용하고 있음을 보여 주었다.[13] 이로써 태고는 교학을 선법의 보조적인 입장으로 간주하여 충분히 그것을 활용하고 또한 접화의 수단으로 널리 활용할 수가 있었다.

---

11 景閑,『白雲和尙語錄』卷上(『한불전』세6책, p.657下).
12 『조계종사-고중세 편』, 대한불교조계종교육원, 2004, pp.246~247.
13 普愚,『太古和尙語錄』卷上(『한불전』제6책, p.683下) "三昧三昧 明遮那法 體現 圓成 好也好也 三昧多好 好也三昧 三昧三昧 成頓現華藏世界海 華藏世界重重 無盡."

환암 혼수(1320~1392)는 나옹 혜근이 공부선工夫選의 감독관으로 있으면서 제시한 입문구入門句와 당문구當門句와 문내구門內句의 삼구법문에 대하여 명쾌한 답변을 하여 인정을 받았다.[14] 그때 나옹이 제시한 입문삼구의 질문에 대하여 입문삼구에 대한 혼수의 입장은 분별의 삼구를 부정하는 것에 의하여 비로소 삼구를 명확하게 인식하는 방법이다.

조선 초기의 벽송 지엄(1464~1534)은『화엄경』을 통하여 교학을 다졌고,『대혜어록』을 탐독하여 구자무불성화狗子無佛性話를 통하여 의심을 해결하였으며,『고봉원묘선사어록』을 읽고 깨쳤다. 이후에『선원제전집도서』,『법집별행록절요』,『서장』과『선요』등을 통해 교학을 다지고 또한 선법을 다져 갔다. 나아가서 당시에 초학자들에게 불법에 대한 올바른 이해를 심어 주기 위하여 기본적인 개념을 비롯하여 벽송 자신의 견해를 곁들여 짤막하게『훈몽요초訓蒙要鈔』라는 강요서를 저술하였는데, 특히 유식에 관한 기본적인 개념을 비롯하여 불교의 우주관 및 십이연기, 나아가서 교상판석에 대한 기초적인 설명을 가하였다.[15]

3. 청허의 선교관

1) 선과 교의 관계

한국 선법에서 선교융합의 모습은 12세기 및 13세기 고려 중기에도

---

14 慧勤,『懶翁和尙語錄』(『한불전』제6책, p.722上) "行到說不到 未是能行 說到行不到 未是能說 直饒說到行到 摠是門外事 入門一句作麽生 學者皆無語而退 入門三句 入門句分明道 當門句作麽生 門裏句作麽生."

15 김호귀,『인물 한국선종사』, 한국학술정보, 2010, pp.210~248.

엿보인다. 선의 입장에서는 문자의 가르침을 무시하고, 교의 입장에서는 문자에만 집착하여 선의 가르침을 경시하였다. 일찍이 지눌은 문자에 집착하여 경전을 열람한다면 대장경을 모두 읽더라도 헛수고라는 말로써 교가의 잘못을 지적하고, 언제나 눕지 않고서 참선하더라도 마음을 관찰하지 않으면 헛수고라는 말로써 선가의 잘못을 지적하였다.[16] 또한 지눌은 선과 교를 회통할 수 있는 방법을 추구한 끝에 이통현의 『신화엄경론』을 통해서 선교불이禪敎不二를 주장하였다.

> 부처가 입으로 설한 것은 곧 교가 되었고, 조사가 마음으로 전승한 것은 곧 선이 되었다. 불조의 마음과 입은 결코 어긋나지 않는데 어찌 근원을 궁구하지 않고서 각각 배운 것을 통하여 함부로 논쟁을 일으켜서 세월을 헛되게 보내는가.[17]

이처럼 지눌은 당시의 선과 교가 각각의 소견으로만 배척하는 모습에 통탄하고, 그 회통을 위하여 이론적 가능성을 제시하는 데 노력을 기울였다. 그렇지만 결국 지눌의 경우도 선과 교의 회통을 완수하지 못하였다. 곧 지눌은 선과 교학의 관계에 대하여 근본적으로 교학을 통한 선의 완성으로 지향하고 있다. 그것이 바로 돈오점수頓悟漸修였다. 왜냐하면 주지하다시피 지눌이 돈오점수에서 강조했던 돈오는 경론을 통한 깨침이었기 때문이고, 또한 지눌이 말한 점수는 돈오점수의 점수로서 진정한 선 수행의 행위였기 때문이다. 이것이 바로 교학을 통한

---

16 김방룡, 『보조지눌의 사상과 영향』, 보고사, 2006, pp.23~24.
17 知訥, 『華嚴論節要』(『普照全書』, 보조사상연구원, 1989, p.174.) "尊說之於口 卽爲敎 祖師傳之於心 卽爲禪 佛祖心口 必不相違 豈可不窮根源 而各安所習 妄興諍論 虛喪天日耶."

선의 완성으로 향하는 사교입선捨教入禪의 모습이었다. 이러한 모습은 청허 휴정의 『선가귀감』에도 잘 드러나 있다. 청허 휴정이 말한 다음의 대목은 선과 교의 입장을 가장 극명하게 보여 주고 있다.

> 세존의 삼처전심은 선지가 되었고, 평생의 설법은 교문이 되었다. 때문에 선은 부처님의 마음이고 교는 부처님의 말씀이라 말한다.[18]

때문에 청허는 일심법과 견성법이라는 용어를 통해서 "교문에서는 오직 일심법을 전하고 선문에서는 오직 견성법을 전한다."[19]고 말하였다. 그러나 청허가 기존부터 전승되어 오던 지눌의 입장으로서 돈오점수에 대하여 고스란히 수용하고 있는 대목이 보인다.

> 제불의 설법인 경전의 경우는 먼저 제법을 분별하고 나중에 필경공을 설하였다. 그러나 조사가 내보인 삼구의 경우는 의지에서 자취를 제거하고 심원에서 도리를 드러냈다.[20]

이 대목은 선과 교의 차별이라는 점을 보여 주고 있는데 진정한 선주교종禪主教從의 주장이 아니라 단순한 선과 교의 입장의 차이점을 피력한 것으로서 지눌의 선교차별적인 선교융합의 입장을 계승한 것에 해당한다. 따라서 이 경우는 선교차별이 전제된 선교융합이라는 점에서

---

18 如卺,『緇門警訓』卷8(『대정장』제48권, p.1040中); 圭峯宗密,『禪源諸詮集都序』卷上之一(『대정장』제48권, p.400中) "世尊三處傳心者 爲禪旨 一代所說者爲教門 故曰 禪是佛心 教是佛語."
19 "教門惟傳一心法 禪門惟傳見性法."
20 圭峯宗密,『大方廣圓覺修多羅了義經略疏註』卷上之一(『대정장』제39권, p.533上) "然諸佛說經 先分別諸法 後說畢竟空 祖師示句 迹絶於意地 理顯於心源."

넓은 의미의 선교차별에 해당한다. 이에 대하여 청허의 견해는 다음과 같다.

수행납자는 먼저 여실한 언교를 통하여 불변과 수연의 두 가지 뜻이야말로 자기 마음의 성과 상인 줄을 자세하게 판별하고, 돈오와 점수의 두 가지 수행문이야말로 자기 수행의 처음과 끝인 줄을 판별해야 한다. 그런 다음에 언교의 뜻을 초월하여 자기 마음을 가지고 화두일념을 현전하여 선지를 자세하게 참구해야 한다. 그러면 반드시 터득하는 바가 있으니 그것이 소위 출신활로이다.[21]

이 내용은 돈오를 수행의 처음으로 간주하고 점수를 수행의 끝으로 간주하는 입장을 보여 준 것이다. 처음과 끝은 과정과 결과의 의미이기도 하지만 처음이 없이는 결과가 없다는 의미이기도 하다. 따라서 처음의 돈오와 끝의 점수는 상호보완이라는 점에서는 선교융합이지만 궁극적으로 점수로 향한다는 점에서는 선교의 차별에 해당한다. 때문에 여기에서 말하고 있는 수행이란 오후悟後의 수행으로서 소위 본수本修 내지 묘수妙修에 해당한다. 마치 세존의 경우에 성도한 이후 열반에 이르기까지 수행으로 일관한 경우라든가, 달마가 면벽구년面壁九年했던 경우에 비견된다. 바로 그 수행이야말로 조사선의 본래성불本來成佛의 가풍을 드러내 주는 수행으로서 돈오 이후의 점수라는 의미가 제대로 드러난 수행에 해당한다.[22]

---

21 『禪家龜鑑』(『한불전』 제7책, p.636中) "故學者 先以如實言教 委辨不變隨緣二義 是自心之性相 頓悟漸修兩門 是自行之始終 然後放下教義 但將自心 現前一念 叅詳禪旨 則必有所得 所謂出身活路."

22 『선교결』의 경우에는 마찬가지로 청허의 나이 70대 후반에 저술된 것으로서 선과 교의 차별을 비교하여 설명하는 점에서는 『선교석』의 경우와 같은 입장이지

2) 선과 교의 차별

청허 휴정은 『능엄경』의 대목을 인용하여 "이치상으로는 진여의 돈오가 가능하지만 실제상으로는 번뇌의 돈제가 없다."[23]라고 말한다. 왜냐하면 실로 말법의 열악한 시대로 말미암아 사람들이 대부분 건혜지乾慧智를 지니고 있으므로 비록 마음을 깨쳤다 할지라도 진실로 깨침의 경지를 늘상 청정하게 유지하는 상태인 염지심念持心에 의지할 수가 없어서 미세한 번뇌의 습기를 속히 정제하기가 어렵기 때문이다. 이것은 곧 돈오는 반드시 점수를 필요로 하는데, 돈오한 이후의 점수를 가리킨다.

이 경우에 돈오와 점수의 성격은 분명하다. 곧 돈오는 돈오하는 찰나에 생겨나는 것이 아니라 이미 돈오의 상태임을 확인하는 작업이고, 점수는 그 돈오를 바탕으로 하여 지속적으로 수행해 나아가는 일체의 행위를 가리킨다. 때문에 돈오라 하더라도 새로운 돈오가 아니고 점수라 하더라도 새로운 점수가 아니다. 돈오는 점수의 자각에 근거한 돈오이고, 점수는 돈오의 행위에 근거한 점수이다. 따라서 이 경우에 돈오와 점수는 선·후가 없다. 왜냐하면 정작 돈오란 점수의 결과 도달하는 돈오이고 점수는 돈오의 결과 도달하는 점수이기 때문이다.

이런 점에서 돈오와 점수는 다르지 않지만 돈오를 벗어나지 못하는

만, 선과 교의 각각에 대하여 올바른 이해를 전제로 하고 있다는 점에서는 다르다. 따라서 禪旨를 잘못 이해하여 돈점문을 正脈이라 간주하고 원돈문을 宗乘으로 간주하는 자세를 질책하면서 교외별전의 바른 도리를 터득해야 한다고 설명한다. 이에 선과 교의 각각의 특징에 대하여 선은 부처님의 마음이고 교는 부처님의 말씀으로서, 말 없음으로부터 말 없음에 이르는 것은 선이고 말 있음으로부터 말 없음에 이르는 것은 교라는 말로 대변하고 있다.

23 『禪家龜鑑』(『한불전』 제7책, p.639上); 般剌蜜帝 譯, 『大佛頂如來密因修證了義諸菩薩萬行首楞嚴經』 卷10(『대정장』 제19권, p.155上) "理雖頓悟 事非頓除."

점수는 올바른 결과에 도달할 수가 없고, 점수를 벗어나지 못한 돈오는 올바른 시작일 수가 없다. 이런 점에서 "이치상으로는 진여의 돈오가 가능하다."는 말은 사실 실제의 수행에서 아무런 도움이 되지 않는다. 그것은 경론을 통한 교학적인 이해만으로도 가능한 돈오로서 일체중생 실유불성一切衆生悉有佛性의 범주를 벗어나지 못한다. 실유불성悉有佛性의 세 가지 의미 가운데 여래의 종성을 지니고 있다는 점에 국한되기 때문이다.

또한 "실제상으로는 번뇌의 돈제가 없다."는 것은 점수가 없는 돈오는 경론을 통한 이해만으로는 진정한 수행일 수가 없다는 것으로서, 이 경우의 점수야말로 진정한 수행을 의미한다. 때문에 돈오는 반드시 점수를 수반해야 하고 점수는 반드시 돈오를 근거로 완성되는 것임을 보여준 것이다. 이것은 실유불성의 세 가지 의미 가운데 법신편만法身遍滿 및 평등무차별平等無差別이라는 두 가지 의미가 실현된 모습이다. 말하자면 자리自利의 성취가 돈오로서 자내증의 입장이라면 밖으로 드러나는 이타利他의 실현은 점수에 해당한다.

이 대목에 대하여 청허는 다음과 같이 주석을 붙였다.

> 문수는 천연도리를 깨쳤고 보현은 연기도리를 설명하였다. 이해는 번개와 같이 빠를지라도 실행은 어린이처럼 더디다.[24]

이것이 청허 휴정에게 있어서 먼저 돈오가 필요한 까닭이고 이후에 점수가 필요한 이유였다. 여기에서 천연의 도리란 조작적인 수행을 말미암지 않은 수행이고, 연기의 도리란 부득불 수행을 말미암지 않을 수

---

24 『禪家龜鑑』(『한불전』 제7책, p.639上~中) "文殊達天眞 普賢明緣起 解似電光 行同窮子 此下論修證."

없는 수행으로서 각각 돈오와 점수의 의미를 잘 표현해 주고 있다.

돈과 점은 무엇을 수행하고 깨치는가 하는 대상의 문제보다는 누가 어떤 마음으로 수행을 하고 깨치는가 하는 주체의 문제라는 것이다. 때문에 수·증에 대하여 감당할 수 있는 근기의 여하가 제기된다. 이와 관련하여 청허 휴정은 "이런 까닭에 어떤 사람이 언설에 집착하면 염화미소도 모두 교의 자취가 되고, 마음을 깨치면 세간에서 미주알고주알 떠드는 말이 모두 교외별전의 선지가 된다."[25]는 말에 대하여 다음과 같이 주석을 가하였다.

> 법은 명칭이 없으므로 언설로 어찌할 수가 없고, 법은 형상이 없으므로 마음으로 어찌할 수가 없다. 언설로 말하려고 하면 본심으로부터 멀어지고, 본심에서 멀어지면 세존의 염화와 가섭의 미소도 다 진부한 말이 되어 끝내 쓸모조차 없게 된다. 그러나 마음을 깨치면 가담항설이 좋은 법문일 뿐만 아니라 지저귀는 새 소리마저 실상의 깊은 도리가 된다. … 이것은 선과 교의 깊고 얕음을 설명한 것이다.[26]

법을 깨친 사람인가 아닌가에 따라서 옥석玉石이 구별된다는 것을 보여 주고 있다. 그것은 돈오·점수야말로 각각 교학에 얽매여 있는 경우와 교학을 초월해 있는 경우를 가리킨 말로서 이 경우에 돈오는 사교捨敎이고 그 이후에 해당하는 입선入禪은 실제의 수행이기 때문에 여기에

---

25 『禪家龜鑑』(『한불전』 제7책, p.635中~下) "是故若人失之於口 則拈花微笑 皆是敎迹 得之於心 則世間麤言細語 皆是敎外別傳禪旨."

26 『禪家龜鑑』(『한불전』 제7책, p.635下) "法無名故 言不及也 法無相故 心不及也 擬之於口者 失本心王也 失本心王 則世尊拈花 迦葉微笑 盡落陳言 終是死物也 得之於心者 非但街談 善說法要 至於鷰語 深談實相也…此明禪敎深淺."

서 돈오·점수가 실제로는 사교입선의 구조에 해당한다.

또한 청허에게서 선과 교의 차별에 대하여 대조시키면서 분별하여 설명한 내용은『선교석禪敎釋』에 잘 드러나 있다. 청허는 옛적의 글을 인용하여 선과 교의 차별을 17가지 주제로 설명하면서 간혹 주제에 대한 문답 형식을 취하여 구체적인 해설을 가하였고,[27] 선교차별의 전승을 수용하고 있다. 가령 위에서 언급한 것에 대해서만 보더라도 '진귀조사설'의 경우[28]가 그렇고, 성주 화상이『능가경』을 읽은 이후에 유학했던 경우가 그러하며, 도윤 화상이『화엄경』을 읽고서 유학하여 선법을 공부했던 경우가 그렇고,[29] 무염 국사와 문성대왕 사이에 주고받은 문답[30]이 그러했다.

청허는『선교결』에서 상당 부분의 내용을 기존의『선문보장록』에서 그대로 인용하면서 그것에 근거해서 선문의 특징으로 교외별전의 도리를 언급하고 그 증거로 삼처전심三處傳心을 비롯하여 달마의 확연무성廓然無聖, 그리고 중국 선종에서 전승되어 온 다양한 공안을 제시하고 있다.

결국 선문에서 귀중하게 간주하는 것은 경절문의 활구를 통하여 남을 가르쳐서 깨우치고 자신도 스스로 깨우쳐서 본분종사本分宗師의 안목을 구비하는 것이라고 말한다. 이러한 점은 이전에 청허 휴정이『선가귀감』을 통해서 주장했던 선교일치의 주장도 결국은 명목상으로는 융합을 주장한 것이었지만, 실제로는 선교차별의 다른 표현이었음을 보여 주고 있다.

---

27 淸虛休靜,『禪敎釋』(『한불전』제7책, pp.654中~656中).
28 淸虛休靜,『禪敎釋』(『한불전』제7책, p.654下).
29 淸虛休靜,『禪敎釋』(『한불전』제7책, p.656上).
30 淸虛休靜,『禪敎釋』(『한불전』제7책, p.656上).『선문보장록』의 무염과 법성의 대화가『선교석』에서는 무염과 문성대왕의 문답으로 바뀌어 있다.

4. 청허의 수증관

일찍이 보조 지눌은 한국의 선종사에서 처음으로 간화선을 수입한 이래로 『간화결의론』을 통하여 화두참구의 방식에 대하여 다양한 가르침을 제시해 주고 있다. 십종병十種病에 대한 필요성을 말하면서 다시 "이른바 십종병이란 것도 깨달음(證悟)을 구하는 마음이 근본을 이룬다."[31]라고 하여, 그것도 증오證悟를 추구하는 마음이 근본임을 강조한다. 청허는 『선가귀감』에서 다음과 같이 말한다.

> 화두 10종병은 다음과 같다. 생각으로 헤아리는 것, 눈썹을 치켜세우거나 눈동자를 깜박이는 것으로 제시하는 것, 말장난으로 활계하는 것, 문자를 인용하는 것, 들고 있는 화두를 가지고 이해하는 것, 우두커니 앉아만 있는 것으로 능사를 삼는 것, 유무로써 이해하는 것, 진무로써 이해하는 것, 도리를 통해서 이해하는 것, 어리석게도 깨침을 기다리는 것 등이다. 이 10종의 잘못을 벗어나는 길은 다만 화두를 참구할 때에 간절한 마음으로 '이것이 무엇인가'를 의심하는 것이다.[32]

---

31 『看話決疑論』(『한불전』제7책, p.732下) "所言十種病 以求證悟之心爲本."

32 "話頭有十種病 曰意根下卜度 曰揚眉瞬目處垛根 曰語路上作活計 曰文字中引證 曰擧起處承當 曰颺在無事匣裏 曰作有無會 曰作眞無會 曰作道理會 曰將迷待悟也. 離此十種病者 但擧話時 略抖擻精神 只疑是個甚麼." 화두참구에서 주의해야 할 사항에 대하여 일찍이 대혜는 『書狀』의 張舍人과 富樞密에게 답하는 편지에서 처음 언급하고 있다. "단지 提撕하고 擧覺할 뿐이지 ① 이렇다 해도 안 되고 저렇다 해도 안 되며, ② 또 의도적인 마음으로 깨달음을 기다리지 말고, ③ 또 [종사들이] 들어 보이는 곳을 향해 납득하려고 하지도 말고, ④ 또 현묘한 앎을 짓지도 말며, ⑤ 또 유다 무다 하면서 헤아리지도 말고, ⑥ 또 진무의 무라고 사량하지도 말고, ⑦ 또 그냥 우두커니 앉아만 있지도 말고, ⑧ 또 부싯돌을 쳐

이 대목은 직접적으로는 진각 혜심의 『간병론看病論』[33]을 계승한 것이지만, 그 연원은 대혜의 가르침을 수용한 지눌의 『간화결의론』에서 우선 엿볼 수 있음을 추론할 수가 있다. 또한 청허에게 있어서 화두를 참구參究하는 두 가지 방식 가운데 참구문參句門이 아닌 참의문參意門에 대해서는 특히 언설의 이해와 해석에 근거한 방식으로 간주하고 그것을 지해분별로 간주하여 지양해야 할 것을 말하였는데, 이것은 경전의 가르침에 의거하면서도 거기에 얽매이지 말 것을 말하는 것이기도 하다. 일찍이 지눌은 화두를 참구參究하는 방식에 대하여 다음과 같이 말하였다.

그러므로 고덕은 "조사의 도를 깨달아 반야를 발휘할 수 있는 사람은 말세에는 있지 않다."고 말하였다. 이 뜻에 의거하면 화두에는 參意와 參句의 두 가지 의미가 있다. 요즘의 화두를 참구하는 사람은 대부분 참의를 살필 뿐 참구를 얻지 못하므로, 원돈문에 의거하여 바른 이해를 밝혀낸 사람과 마찬가지이다. 이와 같은 사람은 관행과

서 번갯불이 번뜩이는 곳을 향하듯 이해하지도 말아야 한다." 蘊聞 編, 『大慧普覺禪師語錄』 卷30(『대정장』 제47권, p.941中) "如僧問趙州 狗子還有佛性也無 州云 無 只管提撕擧覺 左來也不是 右來也不是 又不得將心待悟 又不得向擧起處承當 又不得作玄妙領略 又不得作有無商量 又不得作眞無之無卜度 又不得坐在無事甲裏 又不得向擊石火閃電光處會"; ① 有다 無다 하는 것으로 이해하려고 하지 말고, ② 도리를 통해서 이해하려고 하지 말며, ③ 생각으로 분별하지도 말고, ④ 눈썹을 치켜세우거나 눈동자를 깜박이는 곳을 향하여 뿌리박지 않아야 하며, ⑤ 글귀를 가지고 이러쿵저러쿵 하지도 말고, ⑥ 우두커니 있는 것으로 능사를 삼지도 말며, ⑦ 화두를 들고 있는 바로 그것을 가지고 이해하려 하지 말고, ⑧ 문자로 인용하여 답변하려고 하지 말아야 한다. 蘊聞 編, 『大慧普覺禪師語錄』 卷26(『대정장』 제47권, p.921下) "僧問趙州 狗子還有佛性也無 州云 無 此一字子 乃是摧許多惡知惡覺底器仗也 不得作有無會 不得作道理會 不得向意根下思量卜度 不得向揚眉瞬目處垜根 不得向語路上作活計 不得颺在無事甲裏 不得向擧起處承當 不得向文字中引證."

33 『狗子無佛性話看病論』(『한불전』 제6책, pp.69~70).

용심에 여전히 보고 들음으로써 이해하고 실천하려는 노력이 있다. 물론 이것은 다만 지금의 문자법사들이 관행문에서 안으로는 마음 있음을 헤아리고 바깥으로는 여러 이치를 구하고, 더욱 이치를 구함이 자세하여 도리어 바깥의 형상에 집착하는 병을 얻는 것보다 조금 나을 뿐이다. 어찌 참구로서 의심을 깨뜨려 직접 일심을 깨달아 반야를 발휘하고 널리 유통하게 하는 사람과 같게 논할 수 있겠는가. 하지만 이와 같이 깨달음의 지혜를 드러낸 사람이 지금 시대에는 보기 힘들고 듣기 어렵다. 그러므로 단지 화두의 뜻을 살피는 참의에 의지하여 올바른 지견을 밝히는 것만을 귀중하게 여기고 있을 뿐이다. 이런 사람의 見處도 교학에 의지하여 관행하면서 정식을 떠나지 못한 사람과는 하늘과 땅처럼 현격한 차이가 있다.[34]

이 경우는 경절문의 방식에 해당하는 가르침인 "무릇 참선납자라면 반드시 활구를 참구해야지 사구를 참구해서는 안 된다."[35]는 말처럼 참구문參句門를 통하여 참구할 것을 제시한 것으로서 청허는 이와 같은 방식을 수용한 것으로 보인다. 이에 청허는 임제의 말을 인용하여 "활구에서 깨치면 부처와 조사의 스승이 되지만 사구에서 깨치면 자신도 건지지 못한다."[36]는 말로써 특별히 활구를 들어 스스로 깨치게끔 하고

---

34 『看話決疑論』(『한불전』 제4책, p.737上~中);『普照全書』, p.102. "然古德云 能悟祖道 發揮般若者 末季未之有也 據此義則話頭 有叅意叅句二義 今時疑破者 多分叅意 未得叅句故 與圓頓門正解發明者一般矣. 如是之人 觀行用心 亦有見聞解行之功 但不如今時文字法師 於觀行門中 內計有心 外求諸理 求理彌細 轉取外相之病耳 豈可與叅句門 疑破 親證一心 發揮般若 廣大流通者 同論耶. 此證智現前者 今時罕見罕聞故 今時但貴依話頭叅意門 發明正知見耳 以此人見處比於依敎觀行 未離情識者 天地懸隔故也."
35 『禪家龜鑑』(『한불전』 제7책, p.636中) "大抵學者 須叅活句 莫叅死句."
36 慧然 集,『鎭州臨濟慧照禪師語錄』(『대정장』 제47권, p.502上) "活句下薦得 堪與佛祖爲師 死句下薦得 自救不了."

있다. 따라서 청허는 다음과 같이 주석을 붙여 두고 있다.

화두에는 참구문과 참의문의 두 가지가 있다. 참구문이란 경절문으로 활구를 말한다. 그것은 마음의 작용과 언설의 작용을 초월해 있어서 모색할 수조차 없기 때문이다. 참의문이란 원돈문으로 사구를 말한다. 그것은 이치와 언설을 통해 있어서 듣고 이해하며 헤아릴 수가 있기 때문이다.[37]

경절문의 방식에 해당하는 참구문과는 달리 참의문은 곧 원돈문을 비롯한 일체의 사구死句를 지칭하는 것으로 설명하고 있다. 이 점은 화두를 참구함에 있어서 참구문뿐만 아니라 부득이하게 참의문이 필요함을 말한 것인데, 그것이 궁극적인 것이 아님은 물론이다. 이 점에 대하여 청허는 화두를 참구하는 길 이외에 각자의 근기에 따라서 다양한 수행 방식을 권장하고 있다. 청허는『선가귀감』을 통하여 예배와 주력과 간경과 정토 등에 대하여 설명하면서, 선자이면서도 기타의 수행법에 대하여 긍정하는 태도를 보여 주고 있다.

또한 청허는 일찍이 조사선의 참구문에 해당하는 경절문을 통하여 화두참구의 방식을 제시하고 있다.[38] 곧 청허는『심법요초心法要抄』에서 "생사를 벗어나고자 하면 모름지기 조사선을 투과해야 한다."[39]고 말한다. 이에 대해서『선가귀감』에서는 구체적으로는 우선 "생사를 벗어나고

---

37 『禪家龜鑑』(『한불전』제6책, p.636中) "話頭有句意二門 叅句者 徑截門活句也 沒心路 沒語路 無摸索故也 叅意者 圓頓門死句也 有理路 有語路 有聞解思想 故也."
38 『禪家龜鑑』(『한불전』제7책, p.639中) "話頭有句意二門 叅句者 徑截門活句也 沒心路 沒語路 無摸索故也 叅意者 圓頓門死句也 有理路 有語路 有聞解思想 故也."
39 『心法要抄』(『한불전』제7책, p.649下) "欲脫生死 須叅祖師禪."

자 하면 먼저 탐욕과 모든 갈애를 제거해야 한다."[40]고 하여 가장 근본
적인 삼독심의 타파를 말하고 있다. 왜냐하면 애욕은 윤회의 근본이고
욕망은 전생轉生의 반연이 되기 때문이다. 따라서 음심을 제거하지 못
하면 속세를 벗어날 수 없고 은애에 한번 휘말리면 그 사람에 이끌려
죄업의 문에 들어가는 까닭에 간절하게 경계하고 있다.

청허는 일상의 화두 수행에 대해서도 보다 세련된 방식으로 제시해
주고 있다. 또한 일상에서 조사선법의 경절문을 실천하기 위하여 참선
납자가 일상에서 점검해야 할 도리라고 지적하면서 구체적이고 지속적
으로 끊임없이 16심心에 대해 철저하게 점검할 것을 말한다.

> 무릇 참선납자라면 다음과 같은 것을 점검해야 한다. 네 가지 은혜
> 가 두터운 줄을 알고 있는가, 사대의 더러운 육신이 찰나찰나 썩어
> 가는 줄을 알고 있는가, 인명이 호흡지간에 있는 줄을 알고 있는가,
> 평생에 불조를 만났는가, 무상법을 듣고 희유심을 냈는가, 선방을
> 벗어나지 않고 절개를 지켰는가, 옆 사람과 잡담만 나누지 않았는
> 가, 시비를 두지 않으려고 간절하게 노력했는가, 하루 종일 화두가
> 분명하여 떠나지 않았는가, 사람을 대할 때도 화두가 끊임이 없었는
> 가, 보고 듣고 느끼고 아는 경우에도 타성일편이 되었는가, 자기를
> 관조하여 불조의 허물을 발견했는가, 금생에 결정코 불조의 혜명을
> 이을 수 있겠는가, 앉고 일어서는 모든 경우에도 지옥고를 생각했는
> 가, 현재의 이 육신으로 결정코 윤회를 벗어날 수 있겠는가, 팔풍을

---

40 『禪家龜鑑』(『한불전』 제7책, p.639下) "欲脫生死 先斷貪欲及諸愛渴.": 佛陀多羅
譯, 『大方廣佛圓覺修多羅了義經』(『대정장』 제17권, p.916中): 圭峯宗密, 『大方廣圓
覺修多羅了義經略疏註』 卷下之一(『대정장』 제39권, pp.541上~552上).

당해서도 마음이 동요하지 않았는가.[41]

　일상생활의 모든 행위에서 화두수행을 강조했던 청허의 이와 같은 가르침은 곧 지눌의 화두점검의 방식에 대한 계승이었고, 납자 자신에 대하여 보다 철저하고 구체적인 방식으로 출현한 모습이었다. 이것은 납자에게 화두참구야말로 가장 일상적이면서 청허가 제시한 가장 근본적인 수행의 모습으로 등장해 있음을 말해 주는 것이기도 하였다.

5. 결어

　청허 휴정은 그의 나이 40대 시절에 『선가귀감』을 저술하였고, 60대 시절에는 『선교석』을 저술하였으며, 70대 시절에는 『선교결』을 저술하였다. 이러한 일련의 과정에 비추어 보면 선과 교학에 대한 청허의 입장은 후기로 갈수록 기존의 선교융합으로부터 선주교종으로 강조되었고, 다시 선주교종에서 선교차별로 강조되는 모습을 보여 주고 있다. 그러나 기본적으로 불법에서 선과 교학은 분리되어 전승될 수가 없다. 달마는 『이입사행론』에서 선과 교학의 입장을 분명하게 보여 주고 있다.[42] 곧

---

41 『禪家龜鑑』(『한불전』 제7책, p.637下) "大抵參禪者 還知四恩深厚麽 還知四大醜身 念念衰朽麽 還知人命在呼吸麽 生來値遇佛祖麽 及聞無上法 生希有心麽 不離僧堂守節麽 不與隣單雜話麽 切忌鼓扇是非麽 話頭十二時中 明明不昧麽 對人接話時 無間斷麽 見聞覺知時 打成一片麽 返觀自己 捉敗佛祖麽 今生決定 續佛慧命麽 起坐便宜時 還思地獄苦麽 此一報身 定脫輪廻麽 當八風境 心不動麽."

42 『少室六門: 二種入』(『대정장』 제48권, p.369下) "理入者 謂藉敎悟宗 深信含生凡聖同一眞性 但爲客塵妄覆 不能顯了 若也捨妄歸眞 凝住壁觀 自他凡聖等一 堅住

반드시 교학에 해당하는 경전의 가르침을 통하여 깨달음에 나아간다는 것을 말한다. 달마로부터 시작된 이와 같은 선과 교학의 관계는 이후 선종에서 선 수행에 대한 교학의 의미가 어떤 것인가를 말해 주고 있다.

그럼에도 불구하고 이후에 선과 교학은 각자 자파의 입장에서 그 특수성과 고유성을 강조하면서 발전시키려는 입장을 보이고 있다. 한국 선법의 태동 시기에 해당하는 나말여초의 시기에 구산문의 개창자들을 중심으로 노골적인 선교차별이 등장했던 것은 선법의 수입 시기에 나타난 것으로 수입된 선법이 뿌리내리기 위한 부득이한 입장이었다. 이와 같은 선교차별의 전통은 이후로 선법의 발전 시기에 이르러서도 지속되어 선과 교에 대한 하나의 입장으로 굳어져 버렸다. 이후에 지눌은 선과 교의 회통을 시도하였지만 미완성에 그치고 말았으며, 혜심은 교학의 측면을 지해知解로 간주하고 의통선義通禪의 입장을 배격하였다.

그러나 선법의 전승 시기에 해당하는 조선시대에는 선교차별의 주장이 선주교종의 융합이라는 모습으로 변용되었다. 그 까닭은 선법이 토착화되고 발전된 상황에서는 더 이상 교학을 의식할 필요가 없었을 뿐만 아니라 교학과 대결할 필요가 없었기 때문이었다. 때문에 선주교종의 입장은 선교차별이면서도 선교융합이라는 명분을 내세움으로써 교학에 근거한 선법의 우월성을 강조하는 입장으로 전개되었다.

이러한 모습은 조선 중기 청허 휴정의 『선가귀감』에 이르러서는 선주교종의 견해가 농후하게 나타난다. 그러나 청허의 만년에 출현한 『선교석』 및 『선교결』에서는 다시 이전의 철저한 사교입선의 선교차별 전통이 엿보인다. 그렇지만 항상 교학을 바탕으로 한 좌선 수행으로 일관했

不移 更不墮於文敎 此卽與理冥符 無有分別 寂然無爲 名之理入."

던 부휴 선수의 선교겸수를 비롯하여, 선종오가의 교의를 집대성하여 선종의 종지를 내세웠던 환성 지안과 임제종지의 정통의식으로 무장한 백파 긍선의 선과 교학의 차별의식은 어디까지나 선주교종에 입각한 주장으로서 전개되었다.

이러한 가운데서 청허는 선법의 수증관에 있어서는 간화선의 수행을 특히 강조하였다. 화두의 참구에 대해서는 사구가 아닌 활구를 참구하되 반드시 천칠백의 화두 가운데서도 오직 본참공안을 들고 간절한 마음으로 해야 한다고 하였고, 간절한 마음으로 대신근과 대분지와 대의정이 필요함을 말하여, 성불에는 믿음이 근본이고,[43] 납자라면 먼저 뜻을 세워야 하며,[44] 활구를 의심하되 크게 의심하면 반드시 크게 깨친다[45]는 것을 강조하였다. 무자화두無字話頭를 본참화두本參話頭로 삼아서 참구하되 일상에서는 중도를 실천하여 분별이 없는 마음으로써 성성역력하고 밀밀면면하게 해야 한다.

신해信解의 자세로는 화두를 타파한 연후에 반드시 명안종사를 참문하여 올바른 안목의 구비에 대하여 인가를 받아야 할 것을 강조하였다. 때문에 청허는 위산이 앙산에게 말한 "다만 그대의 안목이 바른 것을 중요시할지언정 겉으로 드러난 그대의 행위를 중요시하지 말라."[46]라는 대목을 들어서 바른 안목의 중요성을 말하였다. 그 안목이란 곧 납자라면 반드시 명심해야 할 것으로 수행의 요체는 다만 범부라는 생각을 없애는 것뿐이지 별도로 부처의 견해를 추구할 것이 없다[47]는 것임

---

43 佛馱跋陀羅 譯, 『大方廣佛華嚴經』 卷6(『대정장』 제9권, p.433上); 眞諦 譯, 『大乘起信論』 卷上(『대정장』 제32권, p.581下).

44 永嘉玄覺, 『禪宗永嘉集』(『대정장』 제48권, p.387下).

45 雲棲袾宏, 『禪關策進』(『대정장』 제48권, p.1100中).

46 道原 纂, 『景德傳燈錄』 卷9(『대정장』 제51권, p.265上) "只貴子眼正 不貴汝行履處."

47 道原 纂, 『景德傳燈錄』 卷14(『대정장』 제51권, p.313中) "乃復問如何保任 悟曰 任

을 이해하도록 당부하였다.

　수증의 자세에 대해서는 이치상으로는 진여의 돈오가 가능하지만 실제상으로는 번뇌의 돈제가 없다는 것으로 돈오점수의 방식을 천명하였음도 잘 드러나 있다. 한편 청허가 계·정·혜 등 삼무루학三無漏學의 중요성을 강조한 것은 납자의 본분을 잊지 말고 불법을 전승해야 할 것을 납자들에게 강조한 것이었다. 또한 기타 수행의 방편으로서 온갖 불교수행을 인정하고 제시하면서도 청허의 선교관에서는 선주교종 나아가서 선교차별의 모습으로 드러나 있음을 볼 수가 있다.

性逍遙隨緣放曠 但盡凡心無別勝解.”; 大川普濟 集,『五燈會元』卷7(『만속장경』제138권, p.229上)“復問 如何保任 皇曰 任性逍遙 隨緣放曠 但盡凡心 別無聖解.”

참고문헌

靜·筠, 『祖堂集』, 高麗大藏經 제45권.

景閑, 『白雲和尙語錄』, 『한불전』 제6책.

普愚, 『太古和尙語錄』, 『한불전』 제6책.

慧勤, 『懶翁和尙語錄』, 『한불전』 제6책.

圭峯宗密, 『禪源諸詮集都序』, 『대정장』 제48권.

圭峯宗密, 『大方廣圓覺修多羅了義經略疏註』, 『대정장』 제39권.

『禪家龜鑑』, 『한불전』 제7책.

淸虛休靜, 『禪敎釋』, 『한불전』 제7책.

『看話決疑論』, 『한불전』 제7책.

蘊聞 編, 『大慧普覺禪師語錄』, 『대정장』 제47권.

『狗子無佛性話看病論』, 『한불전』 제6책.

慧然 集, 『鎭州臨濟慧照禪師語錄』, 『대정장』 제47권.

『心法要抄』, 『한불전』 제7책.

『少室六門: 二種入』, 『대정장』 제48권.

眞諦 譯, 『大乘起信論』, 『대정장』 제32권.

永嘉玄覺, 『禪宗永嘉集』, 『대정장』 제48권.

雲棲袾宏, 『禪關策進』, 『대정장』 제48권.

道原 纂, 『景德傳燈錄』, 『대정장』 제51권.

『조계종사―고중세 편』, 대한불교조계종교육원, 2004.

18

조선 후기 불교의 심성 인식과 그 사상사적 의미
/ 김용태

〈선정 이유〉

1. 머리말

2. 조선시대 불교 심성 인식의 전개와 양상

    1) 심성 인식의 추이와 조선 전기 심성 이해

    2) 운봉雲峰의 『심성론』을 통해 본 조선 후기 심성 인식

3. 조선 후기 불교 수행론과 심성 논쟁 분석

    1) 조선 후기의 '돈오점수' 수행 전통 계승

    2) 연담과 묵암의 심성 논쟁과 그 사상사적 의미

4. 맺음말

● 김용태, 「조선 후기 불교의 심성 인식과 그 사상사적 의미」, 『한국사상사학』 제32집, 한국사상사학회, 2009.12, pp.403~434.

선정 이유

이 논문은 조선시대 불교 심성 인식의 전개와 양상과 조선시대 불교 수행론과 심성론 논쟁을 분석하여 조선 후기 불교의 심성 인식과 그 사상적 의미를 밝히고 있는 점을 주목하여 선정하였다.

저자는 심성 인식의 추이와 조선 전기의 심성 이해, 운봉의 『심성론』을 통해 조선 후기의 심성 인식을 살펴보고, 조선 후기의 '돈오점수' 수행 전통 계승과 연담과 묵암의 심성 논쟁과 그 사상적 의미를 통하여 조선 후기 불교의 심성 인식과 그 사상사적 의미를 드러내고 있다.

저자는 동아시아 심식 인식의 실마리는 유교와 도교와도 연관되지만 특히 불교의 심성 인식의 전개 양상이 가장 큰 영향을 미쳤음을 전제하고 있다. 삼봉 정도전의 『불씨잡변』, 『심기리편』, 작자 미상의 『유석질의론』 등에 나타난 조선 전기의 유불 심성 이해를 정리한 뒤 17세기 운봉 대지의 『심성론』을 중심으로 조선 후기의 심성 인식을 소개하였다. 이어서 종밀에서 지눌로 이어진 돈오점수의 수행 전통이 조선 후기에도 일관되게 계승되었음을 확인하였고, 18세기에 연담 유일과 묵암 최눌 사이에 펼쳐진 심성 논쟁을 화엄의 성기와 연기, 이와 사의 법계관으로 분석하고 유학의 호락논쟁과 비교하여 사상사적 의미를 부여해 보았다.

저자는 임제 법통의 승계를 표명한 조선 후기 불교의 사상 및 수행의 방향성은 '간화선 우위의 선교겸수'로 집약할 수 있으며, 17세기 후반 이후 18세기에는 화엄을 중심으로 하는 강학과 경론에 대한 주석이 매우 성행하였다고 보았다. 그 결과 시대사조인 성리학의 이기심성론에 대응되는 불교 심성 논쟁이 펼쳐진 것은 심성 이해를 둘러싼 유불의 접점 모색이라는 점에서 중요한 사상사적 의미를 가진다고 파악하는 지점에서 이 논문의 의미와 학문적 가치를 찾을 수 있다.

〈요약문〉

본고에서는 먼저 동아시아에서 전개된 심성心性 인식의 추이와 성리학性理學의 불교비판론을 소개하고 『불씨잡변佛氏雜辨』, 『심기리편心氣理篇』, 『유석질의론儒釋質疑論』 등에 나타난 조선 전기 유불儒佛 인식과 심성 이해를 정리하였다. 이어 17세기 운봉 대지雲峯大智의 『심성론心性論』을 분석한 후 선교겸수禪教兼修와 돈오점수頓悟漸修의 통합적 수행 전통이 후기에도 지속되었음을 확인하였다. 또 18세기 후반 연담 유일蓮潭有一과 묵암 최눌黙庵最訥 사이에 일어난 심성 논쟁을 화엄華嚴의 성기性起와 연기緣起, 법계관法界觀을 기준으로 고찰하였고 유학의 호락논쟁湖洛論爭과 비교하여 그 사상사적 의미를 검토해 보았다.

성즉리性卽理를 표방한 성리학의 입장에서 천리天理의 절대성을 인정하지 않는 불교의 상대주의적 마음 이해는 주된 비판의 표적이었다. 이에 조선 후기 불교는 마음의 본체와 작용 양자를 포섭할 수 있는 논리를 추구하였고 그 결과 심心과 이理, 성性과 이理의 불가분성을 전제로 한 일심과 천리의 접목을 시도하기도 하였다. 또 유학의 이기심성理氣心性 논쟁에 대응되는 불교 심성 및 이사理事 문제의 쟁론도 펼쳐졌는데 이는 일심一心의 본원성을 인정하는 '심즉리心卽理(知)'의 구도하에서 일원적 절대성과 다원적 상대성을 논란한 것이었다. 이학理學과 심학心學의 대결과 융합이라는 동아시아 사상사의 전개 과정에서 볼 때 조선 후기 불교의 심성 인식과 논쟁은 중요한 의미를 가진다.

1. 머리말

심성心性에 대한 인식은 성리학性理學 이론 체계의 근간으로 성리학이 사상계의 주류를 차지했던 조선시대에도 사단칠정론四端七情論, 호락논쟁湖洛論爭 등 이기理氣 심성心性에 대한 논의가 활발히 펼쳐졌다. 그런데 성리학의 심성 인식은 수隋·당唐 대에 개화한 불교 교학의 심心과 불성佛性 이해, 마음을 깨쳐 불성을 직관하는 선 수행 등의 불교적 사유와 실천을 사상적 배경으로 하여 그것을 극복하려는 인식론적·존재론적 모색 속에서 배태된 것이었다. 이후 사상사의 전개 과정을 보면 성리학에 대한 불교의 논리적인 반격이나 대립을 뛰어넘는 이론 체계의 수립은 기대하기 어려운 상황이었다. 송대 이후 '불교에서 성리학으로' 주류 사상의 대체가 이루어졌고, 양명학陽明學과 같은 심학心學이 대두하여 사상사의 흐름을 바꾸기는 했지만 최소한 불교와 성리학의 대론은 성리학 측의 완승으로 결말이 났다. 이러한 경향은 성리학이 도입된 고려 말 이후 조선시대 사상사에서도 두드러진 특성이었다.

성리학과 불교, 특히 주된 표적이 되었던 선종의 심성 이해는 입론과 지향점에서 양립 불가능한 것이었다. 성리학이 인성人性과 자연自然에 내재한 이理의 존재론적 당위성을 절대화한 사유체계라면, 불교의 공관空觀이나 마음의 작용을 성性으로 보는 선종의 입장은 성리학적 관점에서 보면 도덕의 존재론적 근거를 세우지 못한 상대주의적 이해였다. 실제로 양자의 이론적 결합이나 논리적 절충은 이루어지지 않았고 유불의 회통이나 심心을 매개로 한 유불일치론은 통합적 사고의 발양이거나 생존 모색을 위한 타협책에 불과하였다. 그런데 성리학이 시대사조로서 확고한 위상을 가졌던 조선 후기에 불교 측에서도 심성에 관한 논의가 활발히 전개되었다. 이는 성리학의 이기 심성 이해가 시대담론으로 뿌리를 내린 것과 관련이 있을 것으로 보이는데, 본고에서는 이 '시대성時代性'을 고려하면서 불교의 심성 인식의 내용과 논쟁점에 대해 검토해 보고자 한다.

조선시대 불교, 특히 사상에 대한 연구는 아직 본 궤도에 오르지 못하고 있다. 이는 성리학 시대에 불교가 갖는 역할 및 비중의 축소와 현저한 위상 저하에서 기인한 것으로 볼 수 있다. 그렇지만 조선 후기에는 강학講學과 주석학註釋學 중심의 교학 전통 계승이 이루어졌고 성리학적 소양을 매개로 한 유불 조화의 추구와 상호 대론 또한 많은 불교 관련 자료에서 확인된다. 지금까지 조선시대 유불 관계에 대한 연구는 배불론排佛論, 호불론護佛論, 유학자의 불교 이해를 중심으로 이루어졌지만,[1] 조선시대 불교의 사상적 정체성과 시대적 함의에 대한 규명은 아직 요원한 상황이다. 본고에서는 동아시아 심성 인식의 추이와 조선 전·후기의 심성 이해 양상을 개관한 후 조선 후기에 벌어진 심성 논쟁과 그와 관련된 수행론을 분석, 검토해 본다. 이를 통해 조선시대 불교 심성론의 내용과 지향, 동아시아와 조선시대 사상사의 전개 과정 속에서 그것이 갖는 의미를 추구해 볼 것이다.

---

1 排佛論과 護佛論 연구는 여말선초 유학자의 불교 비판과 조선 전기에 나온 호불 논서를 주요 대상으로 하고 있는데 『佛氏雜辨』, 『顯正論』, 『儒釋質疑論』 분석이 주종을 이룬다. 조선시대 유학자들의 불교인식에 대해서는 金容祚, 유호선의 일련의 연구가 있으며 己和를 중심으로 한 호불론에 관해서는 朴海鐺, 『己和의 佛教思想 研究』, 서울대 철학과 박사학위논문, 1996을 참고할 만하다.

2. 조선시대 불교 심성 인식의 전개와 양상

1) 심성 인식의 추이와 조선 전기 심성 이해

동아시아 세계에서 심성心性에 대한 인식론적 이해는 불교가 들어오면서 본격화되었는데, 수·당 대에 교학불교의 이론 체계가 정립되면서 불교 심성 이해는 일차 완결되었다. 남북조 시대 이후 섭론攝論·지론학파地論學派, 삼론종三論宗, 천태종天台宗, 법상종法相宗, 화엄종華嚴宗 등 주요 교종 학파에서 심식心識과 여래장如來藏·불성佛性에 대한 이론을 심화시켰고, 동아시아에 큰 영향을 미친 『대승기신론大乘起信論』의 핵심 주제 또한 일심一心에 대한 해석 문제였다. 동아시아 불교에서 성性은 모든 중생에게 내재되어 있는 불성을 의미하며, 심心은 만법萬法을 생성하는 근원적 주체였다. 수행론의 관점에서 심성은 무명無明에 의한 번뇌를 씻어내고 잠재된 불성을 완전히 깨우쳐 체득하는 당위적 실천의 문제이기도 하였다. 특히 8세기 이후 선종禪宗이 불교의 주류로 대두하면서 심성 이해는 인식론과 존재론의 영역에서 실천 수행의 장으로 급속히 전환되었다.

불교가 유입된 이후 토착 사상과의 접목을 통한 '불교의 중국화 과정'은 송대에 이르러 신유학新儒學의 대두라는 거대한 도전에 직면하였다. 불교가 천년 가까이 중국 사상계를 풍미하면서 이질적 사유의 토착화와 융합이 이루어졌는데 그 결과물로 등장한 것이 바로 주자성리학朱子性理學이었다. 성리학은 좁게는 인간의 본성과 도덕을 논하는 성명의 리학性命義理學이며, 크게는 인간 심성과 우주 자연에 대한 총체적 사유 체계라 할 수 있는데, 인간과 자연의 세계는 공히 천리天理에 의해 관통되는 것이었다. 성리학의 심성론은 이 '성즉리性卽理'를 대전제로 하여 이理가 내재되어 있는 본연本然의 성性을 말한 것으로, 이의 내재성에 의해 심心은 지각의 주체이자 몸을 주재하는 것이 될 수 있었다. 즉 심은 성정性情을 통괄하며 대상 세계에 갖추어진 이를 지각할 수 있는데, 그것은 천리가 성으로서 마음에 내재되어 있기 때문이었고 심 자체는 본성(이)을 담는 그릇(수단)에 비유되었다.[2]

주희朱熹를 필두로 한 성리학자들은 불교에 대해 '허무적멸虛無寂滅의 교'라고 비판하고 천리의 궁극적 절대성을 인정하지 않는 불교의 상대주의적 속성을 공격하였다. 주요한 비판 대상이 된 것은 선종의 주류였던 홍주종洪州宗 계통의 마음 이해였다. 마조 도일馬祖道一은 '평상심시도平常心是道'를 말하였고 임제 의현臨濟義玄은 "중생의 마음이 그대로 부처의 마음이므로 작용作用이 곧 성性"이라고 하여 일상의 마음 작용에서 바로 불성을 깨칠 것을 설하였다.[3] 이처럼 마음의 지각작용 자체를 성으로 간주한 것은 성리학의 입장에서 볼 때 이의 절대성을 부정한 명백한 오류이자 상대주의적 가치에 함몰될 수 있는 것이었다.

그런데 홍주종 계통의 이 '작용시성作用是性'설을 불교 일반의 심성 이해로 보는 것은 문제가 있다. 『기신론』의 일심一心과 진여眞如(不變)·생멸生滅(隨緣)의 이문二門이 대표적인 예인데, 불교 교학에서는 마음의 본체와 작용 양자가 서로 같지 않고 또 떨어질 수도 없는 '불일불이不一不二'의 관계로 파악하였다. 또 '지知'를 내세워 마음의 본체적 측면을 중시하는 경향도 존재하였다. 중국 화엄종 4조 청량 징관淸凉澄觀(738~839)은 앞서 법장法藏이 말한 이성理性을 심성心性으로 대치하여

---

2 성리학과 불교 양자의 비교와 이해는 荒木見悟, 심경호 역, 『佛敎와 儒敎─성리학, 유교의 옷을 입은 불교』(예문서원, 2000)와 윤영해, 『주자의 선불교 비판 연구』(민족사, 2000)를 주로 참조하였다.
3 윤영해, 위의 책, pp.263~267.

마음의 절대성과 자재성을 강조하면서 사물 및 현상의 '상즉상입相卽相入'을 설하였는데, '영지靈知'를 마음의 본체로 상정하여(心卽知) 식별 작용과는 구분하였다.[4]

이어 규봉 종밀圭峰宗密(780~841) 또한 선종 계열인 하택종荷澤宗의 '공적지空寂知' 개념을 차용하여 마음의 본체를 '영지靈知(眞知)'라 하고 이를 이理와 유사한 것으로 비정하였다. 종밀은『선원제전집도서禪源諸詮集都序(이하 도서)』에서 마음의 성性과 상相을 지知와 지각작용의 '불일불이'로 설명하였고, '선원禪源'을 '선리禪理'라고 하여 이理의 근원적 본원성을 강조하였다. 종밀은 당시 홍주종의 논리에 대해 "일상의 작용을 성 자체로 보는 것은 작용의 근거를 세우지 못한다."고 비판하였는데 이는 후대 주희의 선종 비판과 유사한 논리였다. 그는 북종北宗 계통 선종에 대해서도 '마음에 의해 마음을 보는 것(看心)'이라 하여 주체와 객체를 동일시하는 오류를 지적하였다.[5] 이처럼 종밀은 마음의 본체로 지를 내세워 이를 지각의 성립 근거로 보았고 마음의 작용을 본체시하는 선종의 논리를 비판하였다. 하지만 송 대 이후 그 또한 '지를 마음의 작용으로 보았다'는 오해를 받고 성리학자들에게 비난받는 대상이 되었다.[6]

원 대元代에는 성리학이 국교國教로 표방되어 관학화官學化되었으며 고려에서도 1340년대에 원과 마찬가지로 주희의『사서집주四書集註』가

---

4 木村清孝, 정병삼 역,『中國華嚴思想史』, 민족사, 2005, pp.235~238.

5 荒木見悟, 앞의 책, 2000, pp.146~149,『禪源諸詮集都序』권상2(『대정장』48, 405a)에서 北宗의 看心說에 대한 비판 내용을 확인할 수 있다.

6 위의 책, pp.179~183. 주희를 비롯한 성리학자들은 종밀의 圓覺, 靈知를 지각(작용)으로 해석하였지만 종밀의 원각은 見聞知覺이 아닌 自心과 영지로서, 주자의 '허령불매하여 온갖 理를 다 갖추고 만사에 응접한다'는 明德心性説과 마찬가지로 영명한 본성을 추구한 것이었다.

과거시험의 정식 교재로 채택되었다.[7] 이후 성리학적 소양을 가진 신진 유학자들은 주희와 같은 논리로 이전과는 달리 벽불闢佛의 기치를 높이 들었다. 여말선초에 행해진 불교 비판의 논리는 첫째 사회경제적 폐단과 모순, 둘째 윤리적 흠결과 정교政敎의 손상, 셋째 윤회輪廻나 인과응보因果應報 등의 비합리적 내세관, 넷째 화이론華夷論적 입장에서 시공時空이 다른 '오랑캐의 교'라는 점에 초점이 맞추어졌다. 이와 함께 철학적 문제에 대한 비판도 제기되었는데 그것이 바로 심성 이해를 둘러싼 공박이었다. 성리학과 불교 사이의 인식차는 좁혀지기 어려운 것이었는데, '성즉리'를 전제로 한 성리학에서는 불교가 도덕과 존재의 근거인 이理의 절대성을 인정하지 않고 마음의 작용을 성으로 착각하여 쉽게 허무와 공적에 빠진다고 공격하였다.

조선 초의 대표적 배불논서인 정도전鄭道傳(1342~1398)의 『불씨잡변佛氏雜辯』에는 심성 인식을 둘러싼 양자 사이의 간극이 잘 드러나 있다.[8] 그 내용을 요약하면, 유교에서 심은 성性과 정情을 통섭하는 '허령불매虛靈不昧'한 것이고 지각 행위의 작용을 가지지만 그 본질은 기氣이며 이理를 담는 그릇(수단)일 뿐이었다. 다만 심에는 성의 이, 즉 온갖 이치가 갖추어져 있기(心具衆理) 때문에 '마음을 다하여 본연의 성에 담긴 이치를 궁구해 아는 것(盡心知性)'이 가능하였다.[9] 이러한 '성=리, 심=기'의 구도에서 심과 이(성)는 등치개념이 될 수 없었다.[10] 성리학에서는

7 도현철, 「〈특집: 원간섭기 유교지식인의 사상적 지형〉 원간섭기 『사서집주』 이해와 성리학 수용」, 『역사와 현실』 49, 한국역사연구회, 2003.
8 尹起畎이 쓴 「佛氏雜辯」 「跋」(『三峯集』 권9, 『韓國文集叢刊』 5, p.463)에서 세조 대인 1456년(세조 2) 족손인 韓奕에 의해 책이 초간되었음을 알 수 있다.
9 『불씨잡변』 「佛氏心性之辯」(『삼봉집』 권9, 『한국문집총간』 5, p.449). 『불씨잡변』의 불교비판 논리는 『朱子語類』 권126, 「釋氏篇」에 있는 주희의 설을 거의 그대로 채용한 것이었다.
10 윤영해, 「성리학의 심성론과 불교비판」, 『불교와 문화』 3, 대한불교진흥원, 1997.

이理야말로 심과 기의 근본으로서 성 또한 보편적인 천리가 내재되어 있으므로 그 완결성을 보장받는 것이었다. 이에 비해 불교는 심과 성을 동일한 것으로 간주해 '마음으로 마음의 불성을 본다(觀心見性)'고 하여 주객의 구분을 두지 않을 뿐 아니라, 나아가 심의 작용을 바로 성이라고 하여 지각작용을 '성리'의 영역으로까지 끌어올린 것이었다. 이는 '심의心意'에 의한 자유로운 행위를 본성으로 긍정하게 되어 비록 악을 행하더라도 용인해야 하는 위험성이 있었다.[11]

또한 불교는 '마음이 만법을 낳는다(心生萬法/一切唯心造)'고 하면서 현상 사물을 거짓 환영인 가합假合으로 여겨 현상세계의 존재론적 근거(所以然)를 설명하지 못한다고 보았다.[12] 성리학에서는 마땅히 그래야 하는 '소당연所當然'을 사事로 보고 반드시 그럴 수밖에 없는 '소이연所以然'을 자연세계의 이치인 이理로 설명하였는데, 이는 행위와 도덕이 준거하는 '인사지리人事之理'이기도 했다. 이러한 입장에서 볼 때 불교는 우주 만물의 생성 원리인 이理의 존재를 도외시하고 본연의 법칙인 이理와 작용으로서의 심, 현상세계의 기를 혼동하여 자연과 본성, 나아가 도덕과 같은 당연한 준칙을 세우지 못하는 허무공적한 결말에 이를 뿐이었다.[13]

이와 함께 정도전은 「심기리편心氣理篇」에서 유교의 의리義理를 강조하고 불교와 도교의 잘못된 점을 지적하였다. 「심기리편」은 〈심난기心

---

11 『불씨잡변』 「佛氏作用是性之辨」(『삼봉집』 권9, 『한국문집총간』 5, p.450). "만약 작용을 성이라 한다면 사람이 칼을 함부로 휘둘러 사람을 죽이는 것도 성이라 할수 있는가?"라는 주희의 말을 인용하고 있다.
12 『불씨잡변』 「佛氏眞假之辨」(『삼봉집』 권9, 『한국문집총간』 5, p.452).
13 금장태, 『한국유학의 心說―심성론과 영혼론의 쟁점』, 서울대학교출판부, 2002, p.38에서는 심의 체용 구조를 제시한 점에서 유불의 공통점이 있지만 유교는 도덕규범의 근거와 실현 방법 확립에 치중한 반면 불교는 완전함의 각성과 자유로움 확보에 관심을 두는 차이가 있다고 지적하였다.

難氣〉, 〈기난심氣難心〉, 〈이유심기理諭心氣〉의 세 항목으로 되어 있는데 심은 불교, 기는 도교, 이理는 유교의 핵심 개념으로 상정하였다. 먼저 〈심난기〉에서는 심을 '이와 기를 합한 신명神明의 집'으로 규정하고 "허령하여 어둡지 않고 모든 이치가 갖추어져 만 가지 일에 응한다."라는 주희의 말을 인용하여 "심을 말하고 이理를 말하지 않으면 집만 알고 주인은 알지 못하는 것"이라 촌평하였다. 다만 "심의 본체가 적연하여 인연을 따르면서도 변하지 않고 변화에 응하여 다함이 없다."는 경구를 인용하여 "심 이해는 불교의 핵심 의리"라고 평가하였다. 다음 〈기난심〉에서는 기가 음양오행陰陽五行으로 만물을 화생化生하지만 반드시 이가 있은 후에 기가 있다고 하여 재차 이의 궁극적 가치를 강조하였다. 마지막 〈이유심기〉에서는 이가 심과 기의 본원이며 천지의 이와 기를 온전히 얻은 사람은 의리를 가지고 있으므로 만물 가운데 가장 존귀하다고 주장하였다. 또 사람에게 이는 본성이 되고 기는 형태가 되며 심은 양자를 겸하여 몸을 주재하는 것이라고 부연하였다.

한편 불교와 도교는 적멸寂滅과 청정淸淨을 숭상하지만 이륜彝倫과 예악禮樂을 없애는 것으로, 불교에서 생사生死를 벗어나려는 것은 죽음을 두려워하기 때문이고 도교에서 장생長生을 구하는 것은 삶을 탐하기 때문으로 이는 이해利害일 뿐이라고 지적하였다. 마지막으로 이단인 도교와 불교는 기로 도道를 삼고 마음으로 종宗을 삼아 이理의 존재를 간과하였는데, 성리학의 의리로써 심과 기를 간직하고 길러야 한다고 역설하였다.[14] 『불씨잡변』과 마찬가지로 「심기리편」 또한 불교가 본연의 이理에 기반하고 있는 성명性命과 도덕의 당위성마저 부정할 수 있는 매우 위험한 이단임을 지적하고 경계한 것이다.[15]

---

14 『心氣理篇』(『삼봉집』 권10, 『한국문집총간』 5, pp.465~467).
15 高橋亨, 『李朝佛教』, 寶文館, 1929, pp.56~71.

이러한 성리학적 입장에서의 비판에 대해 조선 전기에 나온 불교 측의 논리적 반박은 찾아보기 힘들다. 대표적인 호불護佛 논서인 함허 기화涵虛己和(1376~1433)의 『현정론顯正論』이나 작자 미상의 『유석질의론儒釋質疑論』에서도 불교의 입장을 변론하고 유불 조화를 모색하였지만 심성 인식에 대한 본격적 대응 논리는 나오지 않는다. 예를 들어 『유석질의론』에서는 유불도의 삼교가 모두 마음에 근본하고 있지만 유교는 닦고 다스리는 자취(迹)를 전공하고 불교는 밝히고 깨치는 참(眞)에 계합하는 것으로서 자취는 형이하의 정情이고 참은 형이상의 성性이라고 하였다. 또 유교는 심, 도교는 기를 위주로 한 것이지만 불교는 성을 위주로 한 것이라 하면서,[16] 유교에서는 천명天命의 성性과 '육단생멸심肉團生滅心'을 말한 것뿐이지만 불교에서는 근원적 실재로서 '원만대각성圓滿大覺性'과 본체적인 '진여청정심眞如淸淨心'을 설한다고 주장하였다.[17] 이처럼 성리학 우위의 일반론을 뒤집어 유교에 대한 불교의 우월성을 과시하기는 했지만 타당한 근거나 입론은 제시되어 있지 않으며 불교와 성리학이 서 있는 상이한 토대와 지향점으로 인해 사실상 양자의 논리적 절충을 기대하기 어려웠다.

2) 운봉雲峰의 『심성론』을 통해 본 조선 후기 심성 인식

청허 휴정淸虛休靜(1520~1604)의 문손 운봉 대지雲峯大智의 『심성론』에는 17세기 불교계의 심성 이해와 문제의식이 잘 드러나 있다.[18] 1686

---

16 『儒釋質疑論』 권상(『한불전』 7, p.252, 255).
17 『儒釋質疑論』 권하(『한불전』 7, p.270).
18 『心性論』에 대한 기존의 연구로는 宋天恩, 「朝鮮朝後期 雲峰의 佛敎心性論」, 『朝鮮朝의 哲學思想과 時代精神』, 韓國東洋哲學會, 1990.; 박해당, 「조선 후기 불교의 심성론—大智의 '雲峰禪師心性論'을 중심으로」, 『불교와 문화』 3, 대한

년에 쓴 저자 대지의 「자서自序」에는 "일체의 중생신衆生身 안에 여래의 덕상德相이 구족되어 있어 나(我)와 다르지 않다."고 한 종밀의 여래장如來藏 해석을 인용하고 있다. 또 중생이 여래장의 체를 가지지만 그것이 가려져 있다는 은복의隱覆義, 여래의 법신이 일체중생을 포섭하고 있다는 함섭의含攝義, 법신을 깨달아 증입證入하면 온갖 덕을 드러낼 수 있다는 출생의出生義를 소개하였다. 또 종밀이 여래장과 『기신론』의 일심一心을 동일한 것으로 보았다고 하면서 "전일全一한 여래장의 체가 업을 따라 정淨과 염染의 연기緣起에 의해 발현하는데 이는 사람뿐 아니라 영령靈을 가지는 미물도 마찬가지이다."라는 경전 문구를 인용해 모든 중생에게 여래장 불성이 내재되어 있음을 강조하였다.[19]

자장自章이 쓴 『심성론』 「서序」에는 "사람마다 각각 영심靈心의 이理를 구족한다."고 하는 '심즉리心卽理'의 견해가 표명되었고, 또 「자서」에는 "사람에게는 원만한 공적空寂의 심체心體가 있고 광대한 영통靈通의 성용性用이 있으며… [심]체는 무한한 성덕性德과 묘용妙用을 원래부터 스스로 구족한다."고 하여 '심체성용心體性用'과 그 '불이不二'적 관계를 강조하였다.[20] 한편 종밀의 『도서』에 나오는 "범부와 현성賢聖의 근본은 모두 영명청정 일법계심靈明淸淨一法界心이며 성각보광性覺寶光이 각각 원

불교진흥원, 1997.; 이종수, 「조선 후기 불교계의 心性 논쟁—雲峰의 『心性論』을 중심으로」, 『普照思想』 29, 2008이 있다. 이종수는 대지의 생몰년을 1606년 무렵에서 1690년 전후로 추정하였는데 『심성론』에는 "淸虛後裔 雨花上足"이라고 표기되어 있고, 『海東佛祖源流』에 楓潭義諶(1592~1665)의 제자로 이름을 올리고 있어 17세기에 활동한 淸虛系 鞭羊派 승려임을 알 수 있다. 한편 『朝鮮禪教史』(忽滑谷快天, 春秋社, 1930)에 의하면 대지가 편양파 月渚道安의 동문으로 묘향산에 비석이 세워졌고 傳記가 전해지고 있다고 한다.

19 『심성론』 「自序」(『한불전』 9, p.1~2), 경전 문구는 『首楞嚴經』(『대정장』 19, 117c·147b)에서 인용한 것이다.

20 『심성론』 「序」; 「自序」(『한불전』 9, p.1), 휴정의 『禪家龜鑑』(『한불전』 7, p.636)에서도 "心如鏡之體 性如鏡之光"이라고 하여 심체성용의 전통설을 따랐다.

만하다."는 구절을 인용하여 중생과 부처 모두 동일한 일심의 체를 가지며 각각 원만하다고 보았다. 이어 화엄의 "일체중생이 모두 공적진심空寂眞心을 가지지만 망상이 그것을 가리고 있다. 이에 [중생의] 마음이 부처와 동일함을 보인다."는 내용과, 『기신론』의 "법法이 곧 중생심"이라는 말을 소개하여 [중생]심心=불佛=법法의 도식을 표명하였다. 이는 모든 중생이 부처의 종자를 가진다는 여래장 사상에 입각하여 진심眞心이 곧 자성自性이며 중생의 마음이 본래의 성을 원만히 이루고 있으므로 바로 부처이자 법임을 말한 것이다. 이러한 '진심즉성眞心卽性'의 불교 심성론은 성리학의 심성 이해와는 확실히 다른 것이다.

그런데 『심성론』에는 마음의 본체로 상정된 법신法身에 대한 상반된 논의가 나와 주목된다. 즉 '사람들 각각의 법신은 결국 하나'라는 당시의 주장에 대해 대지는 업상業相인 명각明覺(太極)을 본각本覺인 성각性覺(一心/無極)과 혼동한 것이라고 비판하였다. 대신 "사람들마다[의 법신은] 각각 원만하다."고 하여 사람마다 법신의 완결성을 갖는 것으로 이해하였다.[21] 이는 법신의 일원성이 아닌 개체의 다원성을 인정한 것으로 볼 수 있다. 이 법신의 일원성과 다원성이라는 구도와 관련하여 무경 자수無竟子秀(1664~1737)의 여래선如來禪과 조사선祖師禪의 일심 해석을 살펴볼 필요가 있다.

如來禪과 祖師禪은 모두 선종의 格外禪이지만 그 풍격과 취지는 다르다. 여래선은 萬法은 一心이 만든 것으로 일심은 개개의 自證이며 佛도 法도 인정하지 않고 오로지 唯心의 독존을 세우는 경지이고 조사

---

21 이종수, 앞의 논문에서는 전자를 '사람마다의 법신은 전체적으로 합하면 하나(人人法身摠爲一者)'라고 해석하여 一法身(一性說)설로 보고 대지의 '人人各各圓滿'은 多法身(多性說)설로 구분하였다.

선은 만법이 眞如에 卽如하므로 일심의 독존을 불식 배제하고 人人
개개 物物이 각기 그러하여 천하와 함께 태평을 즐기는 선경이다.[22]

여기서 개개의 마음이 각각 원만하다는 것은 공통 전제이지만 여래
선은 일원적 원리로서 일심의 궁극성에 무게를 둔 것이고, 조사선은 일
심이 만법에 투영되어 개체 각각의 완결성이 보장되는 다원적 세계를
상정한 것이다. 자수는 또 『기신론』의 진여眞如 · 생멸生滅 이문二門을 들
어 진여문은 법法의 측면에서 상망相望과 불상망不相望의 피차 횡수橫
竪이며, 생멸문은 방편 교화의 측면에서 시時와 처處를 구분한 것이라
고 설명하고 여래선의 불조佛祖는 융통차조融通遮照하며 조사선의 조
의祖意는 쌍조적조雙照寂照하다고 보아 양자의 불이不二적 관계를 강조
하였다. 그는 일심의 명적名迹을 세워 말하면 여래선이고 흔적을 없애고
말하면 조사선이며 여래선은 선자禪者의 존귀두각尊貴頭角이 있고 조사
선은 혼연하여 일점도 나타나지 않는 경지라고 규정하였는데,[23] 결국 다
원적 개체성에 부합하는 조사선의 우위를 인정하면서도 조사선과 여래
선이 일심의 진여문과 생멸문과 같은 불가분의 관계임을 설파한 것이다.
  다음 장에서 다룰 연담 유일蓮潭有一과 묵암 최눌黙庵最訥의 논쟁에서
도 불변不變의 진여로서 일심의 자재성을 추구하는 입장과 수연隨緣의 작
용으로 발양되는 일심의 개체적 현현을 중시하는 견해가 상충하고 있다.
유일은 조사선과 여래선의 구분에 대해 심心과 이理를 판별기준으로 삼
아 조사선=선종=심, 여래선=화엄교학=이의 구도를 설정하였고,[24] 화엄의

---

22 『無竟室中語錄』 권2 「問答決疑」(『한불전』 9, pp.439~440)에 대한 高橋亨, 앞의
  책, pp.677~678의 해석에 근거하였다.
23 『無竟室中語錄』 권2 「示學人橫竪法」(『한불전』 9, p.436).
24 『林下錄』 권4 「佛像點眼法語」(『한불전』 10, pp.274~275). 한편 高橋亨, 앞의 책,
  pp.659~660에서는 여래선은 개개 사물이 全眞임을 뜻하는 것, 조사선은 화엄의

법계관法界觀을 도용해 심을 이사理事와 사사事事로 구분하여 여래선은 이사무애理事無礙, 조사선은 사사무애事事無礙의 단계에 비정하였다.[25] 그는 한편 마음의 본성과 작용 두 측면을 모두 윤회의 주체로 보았는데, "마음의 본성인 진여眞知의 성性과 마음의 작용인 식심識心은 불일불이不一不二의 관계이며 사후에 몸은 없어져도 진성과 함께 심의 작용 또한 없어지지 않고 심이 식으로 전환되어 유전한다."는 유식학적 논리를 개진하기도 하였다.[26]

『심성론』에서는 또 '중생심은 태극과 일체'라는 당시의 주장에 대해 '법신은 태극의 체인 무극과 같다'고 반박하였다. 즉 "역易은 연기緣起이며 성각性覺에 근원을 둔 것이고 역의 도가 근원하고 있는 태극은 무극을 근본으로 한 것"이라고 하여 업상業相으로서의 명각明覺과 태극의 근원을 성각과 무극으로 보고 이를 부처의 법신이라 주장하였다. 이어 부처의 보신報身은 기氣의 청탁淸濁인 음양의 양의兩儀이며 화신化身은 기맥氣脈이 혼재한 조화의 용用이라고 규정하였다.[27] 성리학에서 태극과 무극이 차등적 개념은 아니지만 불교의 삼신설三身說과 유교의 음양-태극-무극을 배대시켜 이해하고 근원으로서 법신과 무극을 등치시킨 것은 불교와 성리학의 조화를 추구한 것으로 평가할 수 있다.

이처럼 삼신설을 음양오행으로 설명하거나 불교의 심과 유교의 이理

의 '一卽多'와 같은 '現象卽實在'를 설한 것으로 이해하였다.

25 『林下錄』권3 「心性論序」(『한불전』 10, pp.262~263)에서 유일은 理와 事에 통하지 못하였음을 자책했지만 그는 事事無礙의 입장에 서 있었다.

26 『林下錄』권4 「上韓綾州必壽長書」(『한불전』 10, pp.281~282). 이후 白坡亘璇도 肉團心은 몸과 함께 사라지지만 堅實心은 불생불멸의 眞明이라고 하여 심 본체의 영속성을 주장하였다. 종밀의 『도서』에 의하면 견실심은 견고하고 진실한 진심이며 육단심은 意根이 의탁한 것인데, 앞서 『顯正論』(『한불전』 7, p.221)에서는 육단심을 魂魄의 精氣, 견실심을 眞明이라고 규정하였다.

27 『心性論』(『한불전』 9, pp.4~5).

를 대비시키는 논리는 『유석질의론』을 비롯한 조선시대 불교 서적에서 쉽게 볼 수 있다. 일례로 16세기의 허응 보우虛應普雨는 불신佛身을 음양사시陰陽四時의 활동에 비유하였고, 18세기의 상월 새봉霜月璽篈은 "유가의 미발기상未發氣像은 불가의 여여리如如理이며 소위 태극은 불가의 일물一物이고 이일분수理一分殊는 일심만법一心萬法이다."라고 하여 태극=일물, 이=일심의 논리로 유불의 융합 가능성을 모색하였다.[28] 새봉은 또한 '반관返觀'의 공부가 없으면 자기심성自己心性에 무익하며 전기專己의 공부를 해야 한다고 주장하였다.[29] 한편 해붕 전령海鵬展翎은 성性을 공통분모로 하여 유교는 '궁리진성窮理盡性', 도교는 '수진간성修眞鍊性', 불교는 '명심견성明心見性'이라고 정의하고 태극을 구비한 개개 사람의 본원을 '자성천진불自性天眞佛'로 보아 '즉심즉불卽心卽佛'의 논리를 개진하였다. 또 유심정토와 자성미타를 말하면서 남녀와 우마牛馬를 모두 부처로 간주하여 불성을 가진 모든 유정물의 성불 가능성을 인정하였다.[30] 18세기 영남의 교학종장 인악 의첨仁嶽義沾은 일심이 만법의 근원이므로 각각의 법(현상/개체)마다 일심을 갖추고 있으며 몸을 주관하는 심과 유학의 이는 불가분의 관계라고 주장하였다. 또한 불교에서는 이기理氣를 말하지 않고 오로지 마음만을 말한다고 하면서도 유학의 심성이기론을 차용하여 "인人과 물物이 같이 성性을 얻었지만 본연本然과 기품氣稟의 차이가 있다."고 말하였다.[31] 이처럼 심과 이, 성과 이의 불가분성을 통해 조선 후기 불교의 심성 이해는 성리학적 인식에

---

28 『霜月大師詩集』「霜月先師行蹟」(『한불전』 9, p.599).

29 1782년에 蔡濟恭이 찬한 大芚寺의 「霜月大師碑銘」(智冠 편, 『韓國高僧碑文總集: 朝鮮朝·近現代』, 伽山佛敎文化硏究院, 2000, p.444)에 의하면, 새봉은 '明眞解心 踐智證'을 법문으로 삼았고 空寂함에 빠지지 말고 반드시 자신의 마음으로 佛心을 증득하라고 가르쳤다 한다.

30 『海鵬集』「自題壯游大方家序」(『한불전』 12, pp.235~237).

31 『仁嶽集』 권3 「答訥村書」(『한불전』 10, pp.416~417).

상당히 근접해 간 모습을 보여 준다.

3. 조선 후기 불교 수행론과 심성 논쟁 분석

1) 조선 후기의 '돈오점수' 수행 전통 계승

『불씨잡변』에서는 유교의 수행론이 "만물의 이치가 마음에 갖추어 있음을 알고 그 이치를 따라 행하여 어긋남이 없다."는 '지행知行'임에 비해 불교의 '오수悟修'는 "마음이 본래 비어 있어 한 가지도 없음을 깨닫고 만물을 끊어 마음에 걸림이 없도록 하는 것"으로 정의하였다.[32] 불교가 허무공적한 것임을 비판하기 위한 논지이지만 불교 수행론의 핵심인 오悟와 수修를 적시한 것이어서 주목된다.

불교의 '즉심견성卽心見性'을 위한 수행론 중 대표적인 것은 종밀이 주창한 '돈오점수頓悟漸修'론이다.[33] 돈오점수는 지눌도 수용하였고 조선후기까지 중시되었는데 승려 이력과정의 사집과四集科에 들어간 종밀의 『도서』와 지눌의 『법집별행록절요병입사기法集別行錄節要并入私記(이하 절요)』에 그 요체가 명시되어 있다. 청허 휴정 이후 조선 후기 불교는 선교겸수禪教兼修의 방향으로 전개되었는데 돈오점수는 선교겸수와 표리관계에 있는 수행론이었다. 사명 유정四溟惟政(1544~1610)이 쓴 휴정의 『선가귀감禪家龜鑑』 발문에는 선과 교가 뒤섞여 있던 당시 상황을 다음

---

32 『불씨잡변』「儒釋同異之辨」(『삼봉집』 권9, 『한국문집총간』 5책 p.455).
33 박해당, 앞의 논문, 1997, p.37에 의하면 기화 또한 理는 단박에 깨달았다 해도 事는 한 번에 없애기 어려우며 수행을 일으키지 않으면 결국 증오에 도달할 수 없다는 돈오점수론을 피력하였다고 한다.

과 같이 묘사하고 있다.

> 200년간 법이 쇠퇴하여 禪·敎의 무리가 각각 상이한 견해를 가지
> 게 되어 五敎의 위에 바로 마음을 가리켜 깨우침을 모르고 頓悟한
> 후에 發心 수행함을 몰라서 선과 교가 뒤섞이고 옥석이 구별되지
> 못한다.[34]

이는 선교겸수의 필요성과 돈오 후 점수의 과정이 요구됨을 강조한
것으로 대지의 『심성론』 말미에도 지눌의 『수심결修心訣』을 인용하여 다
음과 같이 돈오점수의 중요성을 말하고 있다.

> 道에 들어가는 데에는 많은 門이 있지만 요체를 말하면 頓悟와 漸
> 修의 두 문을 벗어나지 않는다. … 모든 성인들은 먼저 頓悟한 후에
> 漸修하며 점수로 인해 결국 證悟하지 않음이 없다.[35]

조선 후기에는 상근기를 위주로 한 간화선 수행의 우위가 인정되면서
도 이처럼 선교겸수와 돈오점수의 수행론이 주종을 이루었다.[36] 이러한
경향은 18세기 연담 유일의 사기류私記類 이해에서도 확인할 수 있다.
유일은 『도서』와 『절요』에 대한 기존 주석서 가운데 부휴계浮休系 회암
정혜晦庵定慧(1685~1741)의 해석이 가장 뛰어나다고 평가하였다.[37] 그 이
유로는 정혜가 『도서』의 뜻을 '이량二量'으로 해석하고 『절요』는 '이현二

---

34 『禪家龜鑑』 「跋」(『한불전』 7, p.646).
35 『심성론』(『한불전』 9, p.11).
36 金龍泰, 『朝鮮後期 佛敎의 臨濟法統과 敎學傳統』, 서울대 국사학과 박사학위논
　문, 2008.
37 『禪源集都序科記』 「刊集錄科解序」(『한불전』 9, pp.528~529).

玄'을 세워 판별한 사실을 들었다.[38] 여기서 주목되는 것은 '현량現量과 비량比量'을 뜻하는 이량을 언급한 점이다.

종밀은 선교일치의 입장에서 "경經(교)과 심心(선)의 합일을 위해서는 경전의 권위가 필요하며 따라서 현량과 비량에 더해 불언량佛言量(聖言量)이 요구된다."고 하였고, 또한 "선종에는 자심증오自心證悟의 현량과 체험의 비량이 다 있지만 이를 부처의 말씀인 경론에 의지해 인증해야 한다."고 주장한 바 있다.[39] 즉 선과 교의 일치를 위해 준거 틀인 경전적 근거가 필요하며 현량, 비량에 불언량(경전)을 포함한 '삼량三量'이 갖춰져야 한다는 논리이다.

그러나 이후 선종의 주류로 부상한 홍주종 계통에서는 일상의 작용을 중시하여 '마음이 곧 부처이며 평상심이 곧 도'임을 표명하였는데, 이는 점수를 배제한 돈오주의에 가까운 것이었다. 이 계통에서는 자기의 마음 외에 삼량을 세워서 경전의 권위에 기대거나 중생衆生과 범凡에 대비되는 불佛과 성聖을 상정하는 것 자체를 거부하였다.[40] 간화선을 주창한 송의 대혜 종고大慧宗杲는 "자기의 무시시래無始時來의 현량은 본래부터 구족하지만 다른 생각을 일으키면 즉시 비량에 떨어진다. 비량은 외경外境의 장엄함에서 얻은 법이다. 하지만 현량에서 얻는 것은 기력이 조잡하고 비량 안에서 얻는 것은 기력이 약하여 둘 다 문제가 있다. 따라서 기근의 예둔銳鈍이나 지식의 심천深淺이 아닌 다

---

38 앞의 「刊集錄科解序」. 종밀은 『都序』에서 "현량은 직접 스스로 나타나서 보는 것이고 비량은 원인으로 추측, 비유하여 헤아리는 것"이라 규정하였다(『大正藏』 48, 401a). 한편 臨濟 三玄이 아닌 二玄의 용례는 찾기 어려운데 뒤의 내용을 보면 理智(根本智)와 事智(後得智)를 二玄으로 지칭한 것으로 추측된다.

39 『都序』 권상1(『대정장』 48, 401a). 이는 선교일치설을 계승한 永明延壽의 『宗鏡錄』 권2(『대정장』 48, 423c)에서 '比知, 現知, 約敎而知'의 3知로 나눈 것에서도 보인다.

40 荒木見悟, 앞의 책, 2000, pp.190~191.

만 분지일발噴地一發로 기준을 삼을 뿐이다."라고 하여,[41] 비량을 부정하는 한편 현량 자체에도 큰 의미를 두지 않았다. 한편 지눌은『간화결의론看話決疑論』에서 심체의 현시라는 관점에서 비량과 불언량을 부정하고 현량을 중시하였는데,[42] 삼량 중에서 현량에 비중을 두는 것은 선종의 기본 입장이었다.

앞서 살펴보았듯이 종밀은 마음의 본체로 '공적空寂의 영지靈知'를 내세운 하택종의 우월함을 인정하고 당시 주류로 부상하고 있던 홍주종을 평가절하하였다. 그는 "홍주종의 용用은 자성自性의 용이 아니라 수연隨緣의 용이어서 심체를 현시하지 않는다. 심체에 대해 물어본다면 아마도 '그것은 지시할 수 없고 다만 언어와 동작 등을 통해 징험하여 불성의 존재를 추측할 수 있을 뿐'이라 답할 것이다. 이는 비량比量으로 나타낸 것이지 현량現量이 드러난 것이 아니다. 하지만 하택종은 심체를 그대로 지知라고 하여 그에 의해 마음을 현시하는데 이는 바로 현량이 드러난 것이다."라고 주장하였다.[43] 즉 삼량 중 현량의 우위를 인정하고 홍주종의 '작용시성'이 심체를 직접 드러내지 못하며 비량에 해당된다는 비판적 평가를 한 것이다. 정혜가 현량과 비량을 함께 고려하여『도서』를 해석한 것은, 이러한 다양한 입장을 포괄하여 선교겸수에 맞는 통합적 수행 방안을 모색하는 한편 심의 체와 작용 양자를 포섭할 수 있는 논리를 추구한 것으로 이해된다.

한편 종밀은 홍주종이 돈오문頓悟門에 가깝지만 점수문漸修門을 밝

---

41 『大慧法語』「示曾機宜」(『대정장』 47, 523d).
42 인경, 『화엄교학과 간화선의 만남–보조의 『원돈성불론』과 『간화결의론』 연구』, 명상상담연구원, 2006, p.171에서는 지눌의 『看話決疑論』에서 비량과 성언량을 부정하고 현량만을 인정하였다고 보았는데, 이는 간화선을 현량에 입각해 이해한 것이다.
43 『禪門師資承襲圖』(『만속장경』 110, 437d).

히고 있지 않아서, 돈오점수를 함께 강조하는 하택종과 구별된다고 보았다.[44] 유일 또한 돈오점수의 중요성을 설파하면서『절요』해석에서 자신과 정혜 사이에 차이가 있음을 지적하였다. 즉 돈오점수의 해석에서 서로의 차별성을 인식한 것인데, 그는 "『도서』와『절요』의 대관절大關節은 돈오점수이다. 회암(정혜)은 이를 '이지理智'로 판별하여 그 본의를 잃었고 '전의全依'에서 같지 않으므로 스승인 호암 체정虎巖體淨의 설에 따라 '사지事智의 현전現前'으로 분별한다."고 하였다.[45] 즉 돈오점수를 이해할 때 정혜처럼 이지로 보는 것은 잘못이며 사지의 현전으로 파악해야 한다는 주장이다. '이지'는 완전한 근본지로서 본체론적 성격을 띠며 '사지'는 현상 작용에서 일어나는 불완전한 후득지後得智의 수연隨緣적 측면을 말하는데,[46] 유일이 기준으로 삼은 '사지의 현전'은 돈오점수에서 '점수'의 필요성을 강조하는 이론적 기제가 될 수 있었다. 다시 말하면 돈오하기 위한 방편적 측면에서 그 의미를 가지는 것이다.[47]

종밀은 절대 지知의 영성靈性을 원각圓覺에 적용하여『원각경圓覺經』이 이지理智를 종宗으로 삼는다고 하였고, 구경적 실재인 원각은 공空에 치우친 것도 작용적인 것도 아니며 본각本覺의 이理와 시각始覺의 지智가 둘이 아닌 것을 궁극의 원각으로 삼는다고 주장하였다.[48] 또 본

---

44 『禪門師資承襲圖』(『만속장경』110, 438b).
45 『都序科目并入私記』「序要私記叙」(『한불전』10, p.178).
46 理智는 진리를 증득하여 모든 번뇌를 여읜 청정한 지혜인 無漏智를 말하며, 事智는 有爲와 無爲의 모든 법을 대상으로 하는 世俗智인 有漏智를 뜻한다(『岩波佛教辭典(二版)』해당 항목).
47 『鏡巖集』「碧松社答淨土說」(『한불전』10, pp.452~454)에서는 "業淨見佛 豈非事智現前而克就圓功"과 "一切方便 皆念佛之方便"이라고 하여 염불 또한 방편으로서의 '事智의 現前'이라고 보았고 화엄과 함께 圓頓敎에 위치시켰다.
48 『圓覺經大疏』권중4(『만속장경』14, 167b);『圓覺經大疏鈔』권10하(『만속장경』14, 438c~d). 本覺은 眞如를 깨닫는 것 그 자체이고 중생에 내재하는 깨달음의 원리이며 始覺은 깨달음을 목표로 해서 나아가는 것을 뜻한다.

성에는 이미 무루無漏의 지성智性인 이지理智가 구족되어 있지만 그것만 믿고 체體에서 멀어진 망妄까지 진眞으로 인정하는 오류에 빠질 수 있음을 경계하기도 하였다.[49] 그렇기에 이理를 점진적으로 확인하는 방법으로 '돈신해頓信解와 점수증漸修證'이라고 하는 돈오점수의 방향성을 제시한 것이다.[50] 이러한 입장에서 정혜와 유일의 견해를 구분하면, 전자는 본체적 관점에서 이지에 입각해 해석한 것이었고, 후자는 방편으로서 돈오점수의 방향에 보다 초점을 맞추어 사지의 현전을 내세운 것이 된다.

돈오점수는 선교를 겸수하는 수행론의 핵심이자 이론적 토대였다. 『능엄경楞嚴經』에서는 "이치(理)는 돈오해야 하며 깨달음에 의해 모두 없어지지만 일(事)은 갑자기 없어지지 않으며 순서에 따라 없애야 한다."고 하여[51] 이理의 돈오와 사事의 점수를 말하는 경전적 근거를 제시한 바 있다. 돈오점수론을 정립한 종밀은 오悟(解)와 수修(行)에 대해 "원돈圓頓으로 오해悟解한다 해도 다겁에 걸친 습習이 성성으로 내재화되었기에 갑자기 다 없애기는 어렵고 반드시 수행으로 이 습을 없애고 본성에 계합해야 증오證悟에 이를 수 있다."고 주장하였다.[52] 즉 '해오解悟―점수漸修―증오證悟'의 단계론적 돈오점수론을 제창한 것이었다. 선교일치의 색채가 강한 법안종法眼宗의 법안 문익法眼文益 또한 "이理는 돈속하게 밝힌다 해도 사事는 반드시 점차적으로 증오證悟해야 하며 교론敎論을 거치지 않으면 식정識情을 깨기 어렵다."고 하여[53] 종밀의 입장을

---

49 『圓覺經略疏鈔』권11(『만속장경』 15, 209c).
50 荒木見悟, 앞의 책, 2000, pp.133~154 참조.
51 『楞嚴經』의 "理則頓悟 乘悟倂銷 事不頓除 因次第盡"(荒木見悟 저·김석근 역, 『불교와 양명학』, 서광사, 1993, p.147에서 재인용).
52 『都序』 권상1(『대정장』 48, 335d).
53 荒木見悟, 앞의 책, 2000, p.214에서 法眼文益의 『十規論』 「序」 재인용.

계승, 발전시켰다. 이러한 돈오점수의 수행론은 지눌에게도 나타나며 선교겸수 전통이 유지된 조선 후기에도 지속되었다. 돈오점수에 대비되는 '돈오돈수頓悟頓修' 개념은 돈오 자체의 완전무결함을 강조하여 교학 경전의 권위나 단계적 수행의 필요성조차 인정하지 않는 논리인데, 조선 후기 불교 전통에서는 돈오돈수의 입장이 거의 확인되지 않는다.

성리학의 '격물치지格物致知'적 관점에서 본다면, 돈오점수의 돈오는 천리天理가 품부되어 있는 인성과 '자연自然'의 원리를 체득하는 것이고, 점수는 사물을 통해 본연지성으로서의 이理를 궁구하여 계합하는 '당연當然'한 수행 과정으로 해석할 수 있다. 송시열宋時烈은 본연지성의 본래적 선함보다 기질지성의 제한성을 염두에 두고 기질을 변화시키는 공부에 힘써야 함을 강조하였는데,[54] 이 또한 점수의 측면에 해당한다. 또 16세기의 김인후金麟厚는 당대에 심학心學의 종주로 일컬어진 서경덕徐敬德에 대해 '돈오첩경頓悟捷徑'의 폐단으로 흘렀다고 비판하였는데, 이 돈오첩경은 돈오돈수와 같은 맥락으로 이해된다.[55] 이학이 심학을 압도했던 조선 후기 사상계의 분위기를 고려하면, 불교의 돈오점수 수행론이 돈오돈수에 비해 시대적 조류에 더욱 부합하는 것이었고 그만큼 비판의 소지도 줄어들었다고 볼 수 있다.

2) 연담과 묵암의 심성 논쟁과 그 사상사적 의미

18세기에는 선교겸수의 전통이 확립되고 화엄을 중심으로 한 교학 논의가 활발히 전개되면서 주목할 만한 불교 심성 논쟁이 펼쳐졌다. 대둔사大芚寺의 편양파鞭羊派 교학종장 연담 유일蓮潭有一(1720~1799)

---

54 조성산, 『조선 후기 낙론계 학풍의 형성과 전개』, 지식산업사, 2007, p.150.
55 위의 책, p.71.

과 송광사松廣寺의 부휴계浮休系 적전 묵암 최눌黙庵最訥(1717~1790) 사이에 오간 심성 대론이 그것인데, 1775년(영조 51) 양자의 논쟁 내용을 수록한『심성론心性論』3권이 최눌에 의해 나왔다. 그러나 10년 후인 1785년에 최눌의 법손인 화일華日과 경현敬賢 등이 쟁송爭訟을 없앤다는 이유로 구례 천은사泉隱寺 암자에 있던 책을 불태워버렸다.[56] 분서焚書를 행한 직접적 원인은 알 수 없지만 그 내용이 교계의 분쟁을 일으킬 소지가 있었거나 성리학적 가치나 시대사조에 저해되는 부분이 있었을 가능성도 배제할 수 없다. 논쟁의 상세한 내용은 전하지 않지만 다행히 유일이 기록한 짧은 분량의 서문이 남아 있어 논쟁 주제와 양자의 입장차는 대략 확인된다.

유일의 서문에 의하면 최눌은 "부처와 중생의 마음은 각각 따로 원만하며 원래부터 하나가 아니다."라는 의견을 개진하였고, 유일은 "부처와 중생의 마음은 각각 원만하게 있지만 본래는 하나"라는 입장을 취하였다.[57] 앞서 살펴본 대지의『심성론』에서 '사람들 각각의 법신은 결국 하나'라는 당시의 주장을 비판하며 '사람들 각각은 원만하다'는 입장을 보였는데, 유일과 최눌은 중생심뿐 아니라 부처의 마음까지 포괄하여 각각의 원만함을 전제로 논의를 이어간 것이다. 하지만 법신이나 일심의 다원성과 일원성에 대한 해석차는 여전히 존재하였다. 먼저 최눌의 견해는 부처와 중생의 마음이 각각 그 자체의 완결성을 갖추고 있으므로 각 개체에 내재된 본성 자체를 중시하는 입장이었다. 반면 유일의 주장은 부처나 중생의 마음이 모두 일심의 현전으로서 일심이 현상세계

---

56 최눌은 1766년부터 1775년까지『心性論』3권을 집필하였는데 1785년 지리산 上仙庵에서 문도 華日과 敬賢이 그 책을 불태웠다고 한다(李能和, 1918,『朝鮮佛教通史』하편, 1918, pp.896~897).

57 『林下錄』권3「心性論序」(『한불전』10, pp.262~263). 최눌은 "諸佛衆生之心 各各圓滿 未曾一箇者", 유일은 "各各圓滿者 元是一箇者"를 주장하였다.

의 각 개체에 현현하여 각기 원만함을 이룬다는 것으로 이해된다. 유일의 다른 글에서도 현세의 모든 것을 일불신一佛身(一心)의 현현으로 보았고,[58] 유일의 숙부격인 함월 해원涵月海源의 문손 삼봉 지탁三峰知濯(1750~1839)도 중생심과 제불諸佛의 정각심正覺心이 일체이며 일체법은 별도의 자성이 없이 하나의 법성法性을 같이한다고 보아 심불心佛과 중생의 무차별성을 강조하고 있다.[59] 이처럼 부처와 중생의 마음을 하나의 원리에 의해 동일하게 파악하는 것이 이들 편양파의 공통점이었다.

그런데 유일의 서문 말미에는 "양자 간의 입장차가 끝내 좁혀지지 않았는데 이는 화엄법계華嚴法界의 이理와 사事에 통달하지 못하였기 때문"이라고 자탄하고 있다. 자세한 정황은 알 수 없지만 당시 화엄교학이 성행하였고 유일과 최눌도 대표적 화엄교학자였던 만큼 이들의 심성 논의를 화엄교학의 개념을 가지고 검토해 볼 필요가 있다. 먼저 화엄의 '성기性起와 연기緣起', '법계관法界觀'을 기준으로 분석해 보고 시대사조와의 관련 속에서 성리학의 논변과 개략적 비교를 해 본다.

첫째, 성기性起와 연기緣起를 적용할 때, 먼저 '본래는 하나'라는 유일의 견해는 '이치(理)와 현상(事)의 상즉, 체體와 용用의 불이不二에 근거하여 이치로서의 불성佛性과 각각의 현상·개체(諸法)가 일체를 이룬다'는 측면에서 성기론이라 할 수 있다.[60] 이에 비해 '각각 원만하며 원래부

---

58 『임하록』 권4 「佛像點眼法語」(『한불전』 10, pp.274~275), "娑婆世界都盧一佛身", 그의 법명이 有一, 자가 無二인 것도 이와 관련하여 의미심장하다.

59 『三峯集』 「金剛山長安寺四聖殿引燈施主祝願冊序」(『한불전』 10, pp.473~474).

60 『華嚴經』 「性起品」의 "生生自由 當果自有 他果我在"에 대해 澄觀은 衆生마다 본래적 佛性이 있어서 衆生心이 그대로 부처라는 性起論的 의미에서 '自他交撤'로 해석하였다. 성기론은 중생마다 불성이 스스로 존재하며 청정한 一心에서 世界가 전개된다는 논리이다. 鎌田茂雄, 『中國華嚴思想史の研究』, 東京大學出版會, 1965, pp.565~574에서는 성기론을 性(理)이 相(事)을 일으키는 것, 연기는 相(事)이 相에 의지하여 일어나는 상대적 관계성으로 보았다.

터 하나가 아니다'라는 최눌의 입장은 '현상과 개체의 상대적 관계'에 중점을 둔 연기론에 입각한 것으로 볼 수 있다. 지눌은 『원돈성불론圓頓成佛論』에서 현상과 불성을 구분하는 연기문의 이원론적 측면을 비판하고 부처와 중생, 이치와 현상이 다르지 않다는 성기문性起門에 의한 법계연기法界緣起를 수용한 바 있다.[61] 그런데 성기론과 연기론은 대립적 차원에서 이해될 문제는 아니며 부처와 중생의 관계처럼 '불일不一'과 불이不二'의 이중성과 상대성이 동시에 고려되는 상보적 개념이므로, 양측면을 함께 파악해야 한다. 덧붙여 조선시대 성리학 이해에서도 같은 맥락에서 이와 기가 하나이면서 둘이고(不相雜), 둘이면서 하나(不相離)의 관계임이 전제되어 있었다.[62]

둘째, 화엄의 법계관에서 보면 유일의 견해는 현상에 내재된 원리(理)의 본래적 측면을 강조한 것이고, 최눌은 개체(事)의 원만성을 중시한 입장으로 이해된다. 이는 각기 화엄법계의 '이사무애理事無碍'와 '사사무애事事無碍'로 대별되는 것 같지만, 이사무애를 전제로 하여 사사무애가 성립하기 때문에 사사무애의 두 측면에 해당한다고 볼 수 있다. 징관澄觀은 "사사무애이기 때문에 일체 중생에게 불성이 있다."고 선언한 바 있는데,[63] 이는 역으로 일심(불성)이 현상과 개체에 내재되어 주객을 아우르는 이사무애를 전제로 하여 사사무애가 성립한다는 논리가 된다. 지눌도 『원돈신해문』에서 중생과 부처가 모두 '근본보광명지根本普光明智'를 가진 동질적 존재임을 사사무애로 해석하고, 같은 근원에서 부처와 중생이 나왔다는 성기론적 관점을 표명하였다. 원래 법장法藏을 비롯한 정통 화엄교학의 십현문十玄門에서는 사사무애에 대해 부처와

---

61 인경, 앞의 책, pp.185~187.
62 조성산, 앞의 책, pp.146~147에 인용된 金長生 논설에서 이 점을 강조하고 있다.
63 『演義鈔』 권12(『대정장』 36, 89b).

중생을 별개의 존재로 파악하는 연기론적 관점을 취하였지만 지눌에게 영향을 준 이통현李通玄의 화엄 이해는 부처와 중생의 본래적 동질성을 드러내는 성기론적 입장이야말로 완전한 사사무애라고 평가하였다.[64] 결국 최눌은 정통 화엄교학의 연기론, 유일은 이통현-지눌 계통의 성기론에 기반하고 있지만 모두 화엄법계관의 사사무애적 입장에서 부처와 중생의 마음에 접근하였다고 평가할 수 있다.

화엄은 "개개원성個個圓成 시시성불時時成佛의 구경究竟적 일승교一乘敎를 표방하여 본래성불本來成佛의 일원성과 사사절대事事絶對의 다원성을 포섭하는 사상 체계"로서[65] 이를 상징적으로 나타낸 것이 '일즉다一卽多 다즉일多卽一'의 논리이다. 화엄종 5조로 추앙되는 종밀은 이 개個(凡)와 불佛(聖)의 관계를 지智와 지知로 나누어 설명하였는데, 지智의 작용은 성인聖人에 국한되며 이理와 주객 관계를 이룬다고 보았고, 반면 지知의 본체는 범과 성에 통하고 이理와 지智에 통하는 근원적 영성靈性으로 규정하여 양자를 구분하였다.[66] 유일이 정혜의 『도서』이해를 이지理智라고 비판하고 사지事智의 현전現前을 내세웠음을 상기하면, 그가 부처에 한정되는 지智가 아니라 중생과 부처를 아우르는 근원적 본체인 지知의 측면에 주목하였다고 볼 수 있다. 또 최눌이 비록 부처와 중생이 근원적으로 같지 않음을 말하였지만 이는 양자의 우열을 논한 것이 아니라 부처와 중생을 포괄하는 개체(事)의 현상적 완전성에 주목한 것이므로 결코 이지理智에 국한된 이해가 아니었다.

종밀은 『원각경』에 대한 주석에서 "정지견正知見의 장애인 이장理障이

---

64 최연식, 「知訥 禪思想의 思想史的 검토」, 『東方學志』 144, 연세대 國學硏究院, 2008. 화엄교학의 오랜 전통에서 性起와 緣起는 대립적이 아닌 조화적 관점에서 추구되었다.

65 荒木見悟, 앞의 책, 2000, pp.62~76.

66 『都序』 권상2(『대정장』 48, 404c~405a).

이理와 사事에 두루 통하여 제법이 소지所知의 대상이 되어 이理를 장애한다."라는 '이장설理障說'을 말하였는데 이는 근원적 이가 아니라 이를 장애하는 현실적 요인의 문제점을 지적한 것이다.[67] 유일이나 최눌도 이理 자체를 문제 삼은 것은 아니며 이의 일원적 본래성(一心=靈知)과 사의 다원적 개체성, 원리와 현상의 상호관계에 대한 입장차를 보인 것이었고, 이는 성리학의 '이일분수理一分殊'와 유사한 논쟁 구도였다. 즉 이의 보편성과 균등성에 무게를 둔 '이일'과 현상세계와 개체의 기질적 차별성에 중점을 두는 '분수'의 측면에 각각 대응된다.

셋째, 18세기 유학의 호락논쟁湖洛論爭과 관련시켜 양측의 주장을 다시 검토해 보자. 이들의 논쟁은 중생심=일심=법신=불성을 전제로 하여 부처와 중생의 마음, 성과 범의 관계를 어떻게 볼 것인가에 관한 문제였는데, 유일이 법신의 원리성과 본래성을 강조하는 일원적 입장에 서 있다면 최눌은 각 개체의 원만함을 중시하는 다원적 이해를 가졌다고 할 수 있다. 그런데 이들이 논쟁을 펼쳤던 당시에 인물성 동이론人物性同異論, 성범인심 동이론聖凡人心同異論을 중심으로 한 호락논쟁이 전개되고 있었다. 인물성 동이론 등은 성즉리性卽理, 즉 본성에 내재된 천리天理의 궁극성을 전제로 하되 이기理氣의 관계성을 다르게 인식한 것이었다.[68] 심체心體에 중점을 둔 낙론洛論은 보편적 천리를 바탕으로 한 본연지성本然之性을 전제로, '이통理通'의 관점에서 인성과 물성의 동질

---

67 荒木見悟, 앞의 책, 2000, pp.160~162.
68 人·物性의 同異 문제는 인간의 心性을 이해할 때 聖·凡과 人·物에 동일하게 내재된 理의 本然之性, 아니면 氣의 淸濁이 개재된 氣質之性 어느 쪽에 중점을 둘 것인가의 문제였다. 문석윤(『湖洛論爭 형성과 전개』, 동과 서, 2006)은 조선 후기 湖洛論爭의 성립 과정과 배경을 밝히고 本體論, 知覺論, 未發論, 人物性同異論 등을 분석하였고, 유봉학(『조선후기 학계와 지식인』, 신구문화사, 1998)은 호락논쟁이 사상계뿐 아니라 정계의 재편으로 이어졌고 京華士族의 京學과 北學의 흥기로 귀결되었다고 보았다.

성, 성인과 범인의 동심同心을 주장하였다. 반면 기질의 영향을 받는 성性의 측면에 주목한 호론湖論은 '기국氣局'의 관점에서 인성과 물성이 다르며 성인과 범인의 마음도 같지 않다고 보았다.[69]

유일과 최눌이 논쟁한 마음(불성)의 동일성과 각각 원만한 개체로서의 상대적 개별성은 이러한 낙론과 호론의 입장에 각각 대비시킬 수 있다. 즉 부처의 마음과 중생의 마음의 근원적 동이, 그리고 이理의 일원적 본래성과 사事의 다원적 개체성은 성범인심 동이론, 인물성 동이론의 문제로 환원될 수 있다. 유일은 궁극적 이가 본성으로 내재한 마음의 전일함에 초점을 둔 동론의 입장에 해당하며, 최눌은 각 개체의 마음에 이가 구현되었지만 기질지성의 차이에 의해 개체의 차별성을 강조하는 이론에 각기 부합되는 것이다.[70]

이처럼 18세기 불교 심성 논쟁은 당시의 사상사적 과제에 대한 불교 측의 대응으로 의미를 부여할 수 있으며, 양자의 논의를 담은 『심성론』을 문도들이 불태운 이유 또한 시대적 상황 속에서 유추해 볼 소지가 있다. 나아가 시야를 보다 확대하여 동아시아 사상사의 흐름 속에서 18세기 조선에서 펼쳐진 불교 심성 논쟁의 의미를 추구할 필요가 있다.

---

69 조성산, 앞의 책, pp.268~272 참조. 한편 김호, 「정조의 俗學 비판과 正學論」, 『韓國史硏究』 139, 2007에서는 正祖가 洛論의 本然之性의 확고함에 바탕을 두고 理氣의 조화와 '心卽氣' 차원의 배려를 통해 호락논쟁을 회통하였으며 '心卽理'가 초래하는 가치 상대주의를 배격하였다고 평가한다.

70 본 논문의 논평을 맡아 준 조성산 씨는 事의 다원적 개체성을 기질지성으로 환원하여 설명하는 것에 의문을 제기하였다. 즉 양자가 연관되기는 하지만 기질지성이 설정된 근본 목적은 본원지성과 대조되는, 그것을 가로막는 의미가 더 큰 것이며 따라서 유일과 최눌의 의견은 洛論의 지향점을 다른 방식으로 함께 설명한 것으로 볼 수 있다는 것이다. 본고에서는 불교 심성 인식이 동 시기 호락논쟁의 구도와 유사한 점이 있음을 지적하는 데 의미를 두고 논쟁의 구체적 내용과 성격 검토, 유불 비교는 향후의 과제로 삼는다.

중국에서 화엄교학의 이론적 체계를 세운 법장은 이성理性을 강조하였는데 징관은 이를 심성心性으로 대체하였고 심의 본체이자 근본 원리로서 [영靈]지知를 상정하여 마음의 식별 작용과 구분하였다. 이는 마음의 절대성과 자재성을 부각시켜 사물과 현상의 상즉상입을 설한 화엄 일승사상의 궁극성과 우월성을 강조하려는 의도였다.[71] 하택종의 지知 개념을 수용한 이 '심즉지心卽知' 사상은 궁극의 원리를 성性이 아닌 본체와 작용이 융합된 일심으로 보고 부처와 중생의 체성體性을 무진無盡한 것으로 규정하였다.[72] 종밀도 이를 계승하였는데, 당시까지 유교나 도교 측에서 도道나 기氣 외의 궁극적 실재나 근본 원리를 제시하지 못했던 상황을 고려하면 불교의 심과 지 이해는 본원에 대한 인식론적 추구라는 점에서 사상사를 획기한 것으로 평가된다.[73] 이후 송 대에 근원적 원리인 이를 전면에 내세운 성리학이 등장하면서 주도권은 넘어갔지만 불교 심성 인식이 동아시아 사상사에 미친 영향은 매우 크다.

그런데 성리학에서 주로 비판한 것은 마음의 작용을 절대화하여 '작용이 곧 성'임을 내세운 주류 선종이었고,[74] 하택종과 징관–종밀 계통의 '지'는 성리학의 허령불매한 마음의 본체와 사실상 상통하는 면이 있었다. 또 주희가 불교의 논리로는 본연지성에 궁구되어 있는 이理를 체득할 수 없다고 단언하였지만 화엄교학에서는 이미 본원과 현상으로서 이와 사를 규정하고 이의 원리성과 절대성을 강조해 왔다. 동아시아 불교에 막대한 영향을 미친 『기신론』에서도 일심을 불변의 진여문과 수연의 생멸문, 양자의 '불일불이' 관계로 설정하고 마음의 체와 용, 두 측면

---

71 木村淸孝, 앞의 책, pp.233~236.
72 위의 책, pp.236~239.
73 위의 책, pp.249~259.
74 荒木見悟, 앞의 책, 2000, pp.180~183.

을 함께 고려하였는데, 이처럼 절대와 상대의 상보적 결합 구도는 불교 교학에서 먼저 제기된 바 있다.

동아시아에서 마음의 본체, 원리와 현상에 대한 추구는 불교와 성리학에서 공통적으로 나타났고, 심성 이해를 둘러싼 논의는 심학과 이학의 대립 구도를 형성하였다.[75] 조선 후기에 시대담론으로서 성리학의 이기심성 논의가 펼쳐졌고 그와 함께 불교에서 심성과 이사理事에 관한 쟁론이 벌어진 것은 동아시아 사상사의 흐름에서 볼 때 예정된 결과이면서도 한편 주목할 만한 사건이다. 성리학의 불교 비판이 선종의 마음 이해를 주된 표적으로 하였고, 이理의 절대성을 내세워 불교의 상대주의적 입장을 배척하였음을 고려하면, 불교 측에서 일심의 본원성을 내세운 '심즉리心卽理(知)'의 구도하에서 일원적 절대성과 다원적 상대성이 논의된 것은 중요한 의미를 지닌다.[76] 이는 '성즉리性卽理'를 전제로 한 본연지성의 절대성과 기질지성의 차별성 논의에 대응되는 불교적 논리의 개진으로서 일심(靈知)과 천리의 접목 가능성을 엿볼 수 있다.

---

75 위의 책, pp.49~56에서는 心學과 理學이 상호작용을 통해 발전하면서 불교와 성리학, 양명학과 성리학의 대결 구도를 낳았으며 한편 불교 안에서도 심학과 이학을 절충한 선교일치, 선교겸수의 흐름이 나타났다고 보았다.

76 조선 후기 사상사에서 '심즉리'적 인식과 '성즉리'로 대변되는 절대적 가치 사이의 긴장과 교감에 대한 본격적 논의가 필요한 실정이다. 이 점에서 陽明學과 老佛의 상대주의적 관점을 포착한 심경호의 논문(「조선 후기 지성사에서 상대주의적 관점의 대두에 대하여」, 『民族文化』 28, 2005)과 길러진 본성을 비판하고 욕망이 대두하면서 성즉리에 균열이 발생한 것이 조선 후기적 조건이라고 본 김호의 연구(「'조선 후기적 조건'의 탄생과 性卽理의 균열」, 『人文科學硏究』 12, 가톨릭대 인문과학연구소, 2007)가 주목된다. 마음의 지각작용과 본체에 대한 논의는 智와 知를 매개로 유불 양측에서 대론할 만한 주제이다.

4. 맺음말

지금까지 조선 후기 불교 심성 인식의 전개 양상을 살펴보고 그 사상사적 의미를 검토해 보았다. 먼저 동아시아 심성 인식의 추이와 성리학의 불교 비판론을 개관하고 『불씨잡변』, 『심기리편』, 『유석질의론』 등에 나타난 조선 전기의 유불 심성 이해를 정리하였다. 이어 17세기 운봉 대지의 『심성론』을 중심으로 조선 후기의 심성 인식을 소개하였다.

다음에는 종밀에서 지눌로 이어진 돈오점수의 수행 전통이 조선 후기에도 일관되게 계승되었음을 확인하였고, 18세기에 연담 유일과 묵암 최눌 사이에 펼쳐진 심성 논쟁을 화엄의 성기와 연기, 이와 사의 법계관으로 분석하고 유학의 호락논쟁과 비교하여 사상사적 의미를 부여해 보았다.

조선 후기 불교는 계·문파를 형성하여 자립의 토대를 다졌고 법맥과 강학의 전수, 교학 연마와 선 수행, 신앙 활동 및 사회적 기여를 통해 전통의 계승과 창출이 이루어졌다. 임제臨濟 법통의 승계를 표명한 조선 후기 불교의 사상 및 수행의 방향성은 '간화선 우위의 선교겸수'로 집약할 수 있다. 그런데 17세기 후반 이후 18세기에는 화엄을 중심으로 한 강학과 경론에 대한 주석이 매우 성행하였다. 교학은 성리학에 대응할 수 있는 학문적 능력을 갖추고 시대 담론을 이해·논의하고자 할 때 반드시 필요한 것이었다. 성리학 측의 불교 비판에 대해 조선 전기까지는 원론적 유불일치론을 표방하거나 유학 개념을 차용하여 불교의 우위를 강변하는 정도였다. 하지만 후기에는 불교 심성에 관한 깊이 있는 논의가 전개되었는데, 이는 교학 이해의 심화 및 질적 수준의 향상과 관련이 있다.

결론적으로 시대사조인 성리학의 이기심성론에 대응되는 불교 심성 논쟁이 펼쳐진 것은 심성 이해를 둘러싼 유불의 접점 모색이라는 점에서 중요한 사상사적 의미를 가진다. 지금까지 사상사의 비주류로서 지분이 거의 없었던 조선시대 불교이지만, 불교 사상과 유불관계에 대한 심도 깊은 연구가 축적된다면 조선시대 사상의 다층을 규명하고 인식의 지평을 보다 넓히는 계기가 될 수 있을 것이다.

참고 문헌

1. 자 료

1) 전집·총서

『韓國高僧碑文總集: 朝鮮朝·近現代』(智冠 편, 伽山佛教文化研究院, 2000).

『韓國文集叢刊』(民族文化推進會).

『韓國佛教全書』(東國大學校).

『大日本續藏經(卍續藏)』/『大正新修大藏經(대정장)』.

2) 주요 자료

『佛氏雜辨』(『三峯集』 권9, 『韓國文集叢刊』 5).

『心氣理篇』(『三峯集』 권10, 『韓國文集叢刊』 5).

『儒釋質疑論』(『한불전』 7).

『心性論』(『한불전』 9).

『林下錄』(『한불전』 10).

2. 단행본

鎌田茂雄, 『中國華嚴思想史の研究』, 東京大學出版會, 1965.

高橋亨, 『李朝佛教』, 寶文館, 1929.

금장태, 『한국 유학의 心說－심성론과 영혼론의 쟁점』, 서울대출판부, 2002.

木村淸孝, 정병삼 역, 『中國華嚴思想史』, 민족사, 2005.

문석윤, 『湖洛論爭 형성과 전개』, 동과 서, 2006.

유봉학, 『조선 후기 학계와 지식인』, 신구문화사, 1998.

윤영해, 『주자의 선불교 비판 연구』, 민족사, 2000.

인　경, 『화엄교학과 간화선의 만남—보조의 『원돈성불론』과 『간화결의론』 연구』, 명상상담연구원, 2006.

조성산, 『조선 후기 낙론계 학풍의 형성과 전개』, 지식산업사, 2007.

홍정근, 『호락논쟁의 본질과 임성주의 철학사상』, 한국연구원, 2007.

荒木見悟, 김석근 역, 『불교와 양명학』, 서광사, 1993.

荒木見悟, 심경호 역, 『佛敎와 儒敎—성리학, 유교의 옷을 입은 불교』, 예문서원, 2000.

3. 논 문

金龍泰, 「朝鮮後期 佛敎의 臨濟法統과 敎學傳統」, 서울대 국사학과 박사논문, 2008.

김용태, 「조선시대 불교의 유불공존 모색과 시대성의 추구」, 『朝鮮時代史學報』 49, 朝鮮時代史學會, 2009.

김　호, 「정조의 俗學 비판과 正學論」, 『韓國史硏究』 139, 한국사연구회, 2007.

_____, 「조선 후기적 조건'의 탄생과 性卽理의 균열」, 『人文科學硏究』 12, 가톨릭대 인문과학연구소, 2007.

도현철, 「〈특집: 원간섭기 유교지식인의 사상적 지형〉 원간섭기 『사서집주』 이해와 성리학 수용」, 『역사와 현실』 49, 한국역사연구회, 2003.

박해당, 「己和의 佛敎思想 硏究」, 서울대 철학과 박사논문, 1996.

_____, 「조선 후기 불교의 심성론—大智의 '雲峰禪師心性論'을 중심으로」, 『불교와 문화』 3, 大韓佛敎振興院, 1997.

宋天恩, 「朝鮮朝後期 雲峰의 佛敎心性論」, 『朝鮮朝의 哲學思想과 時代精神』, 韓國東洋哲學會, 1990.

심경호, 「조선 후기 지성사에서 상대주의적 관점의 대두에 대하여」, 『民族文

化』28, 民族文化推進會, 2005.

윤영해, 「성리학의 심성론과 불교비판」, 『불교와 문화』 3, 대한불교진흥원,
    1997.

이종수, 「조선 후기 불교계의 心性 논쟁─雲峰의 『心性論』을 중심으로」, 『普照
    思想』 29, 普照思想硏究院, 2008.

최연식, 「知訥 禪思想의 思想史的 검토」, 『東方學志』 144, 연세대 國學硏究
    院, 2008.

19

조선 후기 삼문수행과 선 논쟁의 전개
/ 이종수

〈선정 이유〉

● 이종수, 「조선 후기 삼문수행과 선 논쟁의 전개」, 『한국불교학』 제63
집, 한국불교학회, 2012.8, pp.209~233.

선정 이유

이 논문은 18세기 찬술 선서에 보이는 선 논쟁의 단초와 19세기 선 논쟁의 논점 및 선 논쟁의 배경으로서 삼문수행에 대해 종합적으로 구명한 뒤 조선 후기 삼문수행과 선 논쟁의 전개에 대해 밝히고 있는 점에 주목하여 선정하였다.

저자는 조선 후기 불교의 역동성을 대변하는 세 가지 현상으로서 임제종의 간화선 수행에 의거한 경절문 전통의 확립을 의미하는 임제법통의 정립, 화엄학을 중심으로 한 원돈문의 교학 전통의 계승을 의미하는 강원교육의 활성화, 염불문의 격상을 의미하는 염불수행의 보편화를 들고 있다. 이러한 일련의 현상이 곧 경절문, 원돈문, 염불문을 통해 깨달음으로 들어가는 삼문수행이라고 보았다.

저자는 청허 휴정이 후학들에게 경절문의 활구를 참구하는 참선문과 유심정토와 서방정토를 함께 언급하며 염불문을 수행법으로 권장하면서 유심정토가 강조되었다. 그리하여 원돈문의 사구死句를 참구해서는 안 된다고 역설하면서 삼문수행을 처음 제시하였다고 보았다. 그의 하대 제자였던 편양 언기는 조사의 공안을 참구하는 경절문, 분별을 일으키지 않는 원돈문, 서방을 향해 자성미타를 염불하는 염불문 공부를 언급하여 삼문수행 체계를 수립하였다고 하였다. 이후에는 진허 팔관의 『삼문직지』에서 원돈문과 염불문의 위상을 경절과 똑같이 둠으로써 삼문수행의 체계가 본격적으로 완성되었다고 보았다.

저자는 18세기 환성 지안의 『선문오종강요』와 무경 자수의 『불조진심선격초』·『무경실중어록』과 함월 혜원의 『이선경위록』 등에 긍선과 의순의 논쟁 이전에 이종선과 삼종선, 임제종의 우월성 주장의 근거, 격외선과 의리선의 개념, 사람에 의거한 조사선과 여래선 및 법에 의거한 격외선과 의리선의 내용이 있음을 밝히고 있다. 이러한 전 시대의 저술로부터 19세기 및 20세기 초의 저술에 실린 선 논쟁의 양상까지 연결되고 있는 주요 논점들을 살펴보고, 삼문수행의 시대적 분위기가 선 논쟁에 어떻게 투영되어 있는지를 밝히고 있다는 점에서 이 논문의 의미와 학문적 가치를 찾을 수 있다.

1. 머리말

조선 후기 불교의 역동성을 대변하는 세 가지 현상으로서 임제 법통의 정립, 강원교육의 활성화, 염불수행의 보편화를 들 수 있다. 임제 법통의 정립은 임제종의 간화선 수행에 의거한 경절문徑截門 전통의 확립을 의미하고, 강원교육의 활성화는 화엄학을 중심으로 한 원돈문圓頓門 교학 전통의 계승을 의미하며, 염불수행의 보편화는 염불문念佛門의 격상을 의미한다. 이것이 소위 말하는 경절문·원돈문·염불문을 통해 깨달음으로 들어가는 삼문수행三門修行이다. 이 세 가지 수행의 문을 향해 가는 과정에서 불교계는 경쟁과 갈등을 겪게 된다.

그 첫 번째는 17세기 후반부터 전개되어 18세기 후반까지 이어진 심성 논쟁으로서 운봉 대지의『심성론心性論』과 연담 유일의「심성론서心性論序」에 그 대략적인 내용이 소개되어 있다.[1] 두 번째는 염불문의 종파적 경향으로서 18세기 후반 기성 쾌선(1693~1764)이『청택법보은문請擇法報恩文』에서 다른 어떤 수행의 문보다 염불문이 가장 수승한 수행법이라 주장하였던 것이다.[2] 그리고 세 번째는 19세기 전반 백파 긍

---

1 박해당,「조선 후기 불교의 심성론: 대지의 '운봉선사심성론'을 중심으로」,『불교와 문화』통권 제23호, 대한불교진흥원, 1997, pp.28~38.; 이종수,「조선 후기 불교계의 심성 논쟁-운봉의『심성론』을 중심으로」,『보조사상』29, 보조사상연구원, 2008, pp.257~281.; 김용태,『조선 후기 불교사 연구-임제법통과 교학전통』, 신구문화사, 2010, pp.327~349.
2 고익진,「청택법보은문의 저자와 그 사상」,『불교학보』17, 동국대 불교문화연구원, 1980, pp.290~306.; 강동균,「기성 쾌선의 정토사상」,『석당논총』28, 동아대

선(1767~1852)과 초의 의순(1786~1866) 사이에 벌어졌던 선禪 논쟁이다. 긍선과 의순 사이의 선 논쟁은 그 제자들에 의해 지속되어 근대에 이르기까지 불교계 안팎으로부터 주목을 받았으며 이에 대한 연구도 활발하게 이루어졌다.[3]

19세기 선 논쟁은 긍선이 60세 무렵에『선문수경禪文手鏡』을 발표하여 조사선祖師禪·여래선如來禪·의리선義理禪의 삼종선三種禪을 주장하고, 의순이『선문사변만어禪門四辨漫語』에서 사람(人)으로 조사선과 여래선으로 나누고, 수행법(法)으로 격외선格外禪과 의리선으로 나누어 긍선의 삼종선을 비판하면서 시작되었다. 더구나 추사 김정희가 선 논쟁에 참여했기 때문에 그동안 불교학자뿐만 아니라 유학자와 역사학자들도 많은 관심을 가져 왔다. 그래서 이 논쟁의 내용과 논점에 대해서는 거의 연구되었다고 할 수 있다. 그런데 19세기에 선 논쟁이 발발하게 된 배경에 대해서는 비교적 근래에 논의되었다. 당시의 선 논쟁을 임제선의 위상을 두고 벌어진 논쟁이었다고 평가하기도 하고, 긍선의 선종 우월주의와 의순의 선교겸수주의의 대립 속에서 일어난 논쟁이었다

석당전통문화연구원, 1999, pp.175~188.; 이종수, 「18세기 기성 쾌선의 염불문 연구-염불문의 선교 껴안기」,『보조사상』 30, 보조사상연구원, 2008, pp.146~172.

3 김약슬, 「추사의 선학변」,『백성욱박사송수기념 불교학논문집』, 백성욱박사송수기념사업위원회, 1959, pp.83~97.; 고형곤, 「추사의 〈백파망증 십오조〉에 대하여」,『학술원논문집』 14, 학술원, 1975, pp.173~221.; 이종익, 「증답백파서를 통해 본 김추사의 불교관」,『불교학보』 12, 동국대 불교문화연구원, 1975, pp.11~32.; 한기두, 「백파와 초의시대 선의 논쟁점」,『숭산박길진박사화갑기념 한국불교사상사』, 숭산박길진박사화갑기념사업회, 1975, pp.2~20.; 정병삼, 「추사의 불교학」,『간송문화』 24, 한국민족미술연구소, 1990.; 이상현, 「추사의 불교관」,『민족문화』 13, 민족문화추진회, 1990, pp.170~195.; 정성본, 「조선 후기의 선 논쟁」,『한국불교사의 재조명』, 불교시대사, 1994, pp.334~344.; 김종명, 「이종선과 삼종선 논쟁」,『논쟁으로 보는 불교철학』, 예문서원, 1998, pp.227~247.; 김용태, 「추사와 백파 논쟁에 대한 청송의 이해」,『청송의 선과 철학-선사상과 서양철학의 회통』, 운주사, 2011, pp.273~311.

고 평가하기도 하였으며, 선교통합의 경향에서 새로운 접근을 시도하려는 입장과 정통을 고수하려는 입장의 충돌이었다고 보기도 하였다.[4] 이러한 연구 성과에 힘입어 조선 후기 불교에 대한 이해도 한층 깊어질 수 있었다. 하지만 필자는 아직 선 논쟁의 배경에 대해 학계에서 논의되지 못한 점이 있다고 보고 또 다른 배경으로서 17~18세기에 보편적 수행법이었던 삼문수행과 18세기 저술에 보이는 선 논쟁의 단초에 대해 언급하고자 한다.[5]

삼문수행을 처음 제시했던 청허 휴정(1520~1604)은 후학들에게 참선문과 염불문을 수행법으로서 제시하였다. 참선문에서 경절문의 활구活句를 참구해야지 원돈문의 사구死句를 참구해서는 안 된다고 하였고, 유심정토와 서방정토를 동시에 언급하며 염불을 권장하면서도 유심정토가 강조되었다.[6] 그러므로 엄격히 말하자면, 휴정이 제시한 수행문은 삼문수행이라기보다 경절문과 염불문의 이문수행二門修行이었다. 원돈문은 사구로 배척되었기 때문이다. 하지만 휴정은 당나라 청량 징관 (738~839)이 『화엄경소華嚴經疏』에서 "원돈圓頓보다 위에 별도의 한 종

4　박재현, 「조선 후기의 선 논쟁에 내포된 원형지향성」, 『불교학연구』 7, 불교학연구회, 2003, pp.149~179.; 김용태, 「조선 후기 불교의 임제법통과 불교전통」, 서울대 박사학위 논문, 2008, pp.167~184.; 하미경(희철), 「백파와 초의의 선리논쟁 연구」, 동국대 박사학위 논문, 2009, pp.13~19.

5　본 논문은 필자의 동국대 박사학위 논문인 「조선 후기 불교의 수행 체계 연구-삼문수학을 중심으로」(pp.201~218, 2010) 가운데 일부분을 수정 보완한 것이다. 박사논문에서는 19세기 선 논쟁을 소개하고 삼문수행과의 관련성에 대해 간략하게 서술하였다면, 본고에서는 백파 긍선이 비판했던 古來通談의 근거에 천착하여 설명하고, 아울러 선 논쟁의 배경으로서 삼문수행을 논리적으로 설명하고자 하였다.

6　『청허당집』(『한불전』 7, p.711上~中), "서방정토의 멀고 가까움은 사람에게 달려 있지 법에 달려 있지 않다. 서방정토의 顯과 密은 말에 달려 있지 뜻에 달려 있지 않다. 만약 一念을 일으키지 않아 전후의 때가 끊어지면 자성미타가 홀로 드러나 자심정토가 현전할 것이다(西方遠近 在於人而不在於法也 西方顯密 在於語而不在於意也 若人不生一念前後際斷則自性彌陀獨露 而自心淨土現前矣)."

宗이 있다."고 했던 그것이 바로 선문禪門[7]이라고 하여 선문 아래의 원돈문이 교학으로 인식될 수 있는 여지를 남겨 놓았다. 그 후 삼문수행에 대해 구체적인 언급을 한 이는 휴정의 제자 편양 언기(1581~1644)였다. 그는 경절문·원돈문·염불문 공부를 언급하여 삼문수행 체계를 정립하였는데, 경절문 공부는 조사의 공안을 참구하는 것이고, 원돈문 공부는 분별을 일으키지 않는 수행이며, 염불문 공부는 서방을 향해 자성미타를 염불하는 것이라고 하였다.[8] 원돈문과 염불문이 선 수행 속에서 융회되어 설명되었지만 원돈문에서는 화엄학이 그대로 인정되고 염불문에서는 서방정토도 인정되었다. 이로써 선의 경절문이 교학과 염불을 포용할 수 있게 되었고, 경절문 중심의 삼문수행은 17세기에 보편적인 수행법으로 정착되어 갔다.

그런데 18세기에 강원교육이 활발하게 이루어지고 화엄학이 전국적으로 유행하면서 원돈문은 더 이상 경절문의 하위로 인식되지 않게 되었다. 게다가 염불계念佛契와 염불가사念佛歌詞 등이 유행하여 서방정토의 관념이 일반화되면서 염불문도 경절문과 대등한 수행법으로 인식되어 갔다. 이러한 점은 1769년에 간행된 진허 팔관(생몰년 미상)의 『삼문직지三門直指』에서 원돈문과 염불문의 위상을 경절문과 똑같이 두었던 데서 잘 드러난다.[9] 원돈문과 염불문의 위상이 높아지고 상대적으로 경절문 수학이 등한시되던 시대적 분위기를 반영하여 18세기에 새로 찬술된 선서禪書들 속에서 긍선과 의순 사이에 벌어졌던 선 논쟁의 단초가 발견된다. 그 대표적인 저술이 환성 지안(1664~1729)의 『선문오종강

---

7 『선교석』(『한불전』 7, p.655下), "圓頓之上 別有一宗 此禪門之謂也."
8 이종수, 「조선 후기 불교의 수행체계 연구-삼문수학을 중심으로」, 동국대 박사학위 논문, 2010, pp.53~59.
9 『삼문직지』(『한불전』 10, 139中), "삼문이 서로 앞서거나 뒤서거나 할 수 있는 것이요 말의 우열로써 차등을 두어서는 안 된다(三門 互爲先後 不可以言勝劣爲次)."

요禪門五宗綱要』와 무경 자수(1664~1737)의 『불조진심선격초佛祖眞心禪格抄』·『무경실중어록無竟室中語錄』과 함월 해원(1691~1770)의 「이선경위록二禪逕渭錄」 등이다. 17~18세기 불교계의 보편적 수행 방식이었던 삼문수행이 정착되었던 시기에 저술된 책들에서 선 논쟁의 단초를 발견할 수 있다는 것은 어떤 형태로든 삼문수행이 선 논쟁에 영향을 끼쳤을 것이라는 추정이 가능하다.

이에 본고에서는 18세기 환성 지안, 무경 자수, 함월 해원의 글로부터 출발하여 19세기 선 논쟁의 양상까지 연결되고 있는 주요 논점들을 살펴보고, 삼문수행의 시대적 분위기가 선 논쟁에 어떻게 투영되고 있는지 살펴보고자 한다.

2. 18세기 찬술 선서禪書에 보이는 선 논쟁의 단초

임진왜란과 병자호란의 큰 전쟁을 치른 조선 사회는 17세기 중반 이후 점차 안정을 찾게 되고, 양란에서 큰 공을 세웠던 불교계는 국가로부터 암묵적인 인정을 받으며 사원을 중수하는 등 지방민의 정신적 의지처로서 역할을 다져 갔다. 승군의 군사적 기능 이외에도 전쟁에서 죽은 망자亡者의 극락왕생을 기원하고 수행자로서 면모를 지키기 위해 선원과 강원이 점차 활성화되었다. 특히 17세기 말 전라도 지역에서 활동하였던 백암 성총(1631~1700)의 불서 간행 이후 화엄법회가 성행하여 선사로서 화엄학에 정통한 이들이 대두하였다. 그 대표적인 인물인 환성 지안은 상봉 정원(1627~1709)에게 구족계를 받고 월담 설제(1632~1704)에게 법을 전수받았으며, 모운 진언(1622~1703)의 화엄법회에서 명성을 떨쳤고 화엄강사로 유명하였다. 환성 지안이 1725년 금산사에서 개최한 화엄강회에 1,400여 명이 운집할 정도였다. 하지만 이때 화엄강회의 집회에 몰려든 인파를 역도라고 모함한 자가 있어서 지안은 제주도로 유배되었다가 그곳에서 입적하였다.[10]

환성 지안은 화엄강사로 그 이름을 떨쳤지만 『선문오종강요』와 『시집』을 남겨 선사禪師로서의 면모도 보여 준다. 『선문오종강요』는 백파 긍선도 선禪 입문서로서 제시한 바 있거니와[11] 18~19세기에 널리 읽혔던 것으로 보인다. 이 책은 선가禪家 5종宗의 차이점을 각각 해석하여 임제종을 명기용明機用(기용을 밝힘), 운문종을 명절단明截斷(절단을 밝힘), 조동종을 명향상明向上(향상을 밝힘), 위앙종을 명체용明體用(체용을 밝힘), 법안종을 명유심明唯心(오직 마음을 밝힘)이라고 하였다. 그리고 임제종을 설명하면서 삼구三句, 삼현三玄, 삼요三要, 사료간四料揀, 사빈주四賓主, 사조요四照用, 사대식四大式, 사할四喝, 팔방八棒의 항목을 두어 그에 대해 해설하고 그 마지막에 다음과 같이 언급하였다.

앞에서 설한 三句, 三玄 및 八棒 등의 법은 임제종풍일 뿐만 아니라, 위로 모든 부처님으로부터 아래로 중생에 이르기까지 모든 分上의 일이니, 만약 이 설법을 떠난다면 모두 妄語이다.[12]

지안은 다른 종宗을 설명하는 가운데에는 이러한 언급을 하지 않고

---

10 지관 편,『한국고승비문총집』, 가산불교문화연구원, 2000, p.365.

11 백파 긍선이 지침서로 삼았던 책은 송나라 회암 지소의 『인천안목』(『대정장』48), 작자 미상의 『선문강요집』(『한불전』6), 환성 지안의 『선문오종강요』(『한불전』9)였다. 『선문수경』(『한불전』10, p.515上), "凡欲尋究禪門語句者 必須先求人天眼目 五宗綱要 禪門綱要 爲先究此三句義相 昭然無疑然後 當於拈頌傳燈四集等語句."

12 『선문오종강요』(『한불전』9, 461下), "上三句三玄 乃至八棒等法 非特臨濟宗風 上自諸佛 下至衆生 皆分上事 若離此說法 皆是妄語."

오직 임제종에서만 위와 같이 언급하였는데, 이는 아마도 임제종의 가르침이 위로부터 아래에 이르기까지 가장 보편적인 수행임을 주장하기 위해서였던 것 같다. 그런데 지안이 해설한 삼구, 삼현, 삼요는 19세기 긍선과 의순 사이에 벌어진 선 논쟁의 주요 논점이었고, 또 선가 5종에 대한 해석은 그 우열을 논했던 선 논쟁에 하나의 동기를 제공하고 있는 것만은 틀림없어 보인다. 그렇지만 이러한 내용이 19세기의 선 논쟁에 직접적인 영향을 주었다고 볼 만한 근거로는 충분하지 않다.

다음으로 무경 자수의 『불조진심선격초』와 『무경실중어록』은 19세기 선 논쟁에 보다 직접적인 영향을 미쳤던 글로 생각된다. 그는 『불조진심선격초』에서 여래선如來禪·조사선祖師禪·불조융통선佛祖融通禪으로 구분하여 그에 대해 해석을 가하였고, 또 『무경실중어록』에서도 여래선·조사선, 격외선·의리선에 대해 언급하였다.

A-① 여래선은 먼저 心地를 밝히고 萬法을 요달하게 하여 法이 모두 원만해진 후에 곧장 眞際에 이르러 서로 流通하기 때문에 妙心의 圓明함으로써 妙理의 圓寂함을 증득하고, 妙性의 圓寂함으로써 妙心의 圓明으로 돌아가서 일체에 밝게 응하면서 非圓非明으로 되돌아가 융합하고 究竟에 이른다.[13]

② 조사선은 먼저 그 마음을 바르게 하여 모든 번뇌를 없애고 마음에 찌꺼기를 없애 한 점의 티끌도 없이 깨끗하게 한 후에 오묘한 작용을 마음대로 설하고 일마다 집착이 없다. 그러므로 妙性의 圓寂으로써 妙心의 圓明을 증득하고 妙心의 圓明으로써 妙性의 圓寂

---

13 「여래선격 제13」, 『불조진심선격초』(『한불전』 9, p.448上~中), "如來禪者 先明心地 了達萬法 法無不圓然後 直到眞際 廻互流通故 以妙心之圓明 證妙理之圓寂 以妙性之圓寂 廻妙心之圓明 明應一切而廻融非圓非明 以至究竟也."

에 돌아가서 寂이 항상 妙에 응결되면서 非圓非寂으로 되돌아가 융합하고 融通에 이른다.[14]

③ 여래는 삼계의 大慈父이고 조사는 여래의 大法子이다. … 아버지는 이미 현묘한 관문에 이르러 스스로의 깨달음이 원만하므로 온전히 이타를 행하여 밝고 밝은 敎로써 宗을 삼지만 스스로의 증득을 원만히 아울러야 하므로 일체법에 나아가서 일체상을 벗어나고, 일체상을 벗어나서 일체법에 나아간다. 이것이 방편을 통해 실제를 펼쳐내고 실제를 가지고 방편을 드러낸다는 뜻이다. 아들은 때때로 고요한 곳에 들어가 수행하지만 스스로의 깨달음이 원만하지 못하고 온전히 자리만을 행하여 여여한 禪으로써 宗을 삼지만, 다시 이타를 아울러야 하므로 일체상을 벗어나서 일체법에 나아가고, 일체법에 나아가서 일체상을 벗어난다. 이것이 실제를 가지고 방편을 드러내고 방편을 통하여 실제를 증득한다는 뜻이다. 아버지와 아들이 서로 대면하면 같은 마음으로 함께 응하니 禪敎不二로써 宗을 삼는다. 그러므로 나아가지도 않고 벗어나지도 않으며 일체에 밝게 융합하여 피차가 없다. 이것이 방편과 실제가 함께 실현되는 뜻이다.[15]

B-① 부처와 조사가 융통하고 막음과 비춤이 둘이 아니니 곧 一心

---

14 「조사선격 제14」, 『불조진심선격초』(『한불전』 9, p.449上), "祖師禪者 先正其心 蕩盡諸漏 胷中洒落 絶點純淸然後 橫陳妙用 事事無着故 以妙性之圓寂 證妙心之圓明 以妙心之圓明 廻妙性之圓寂 寂常凝妙而廻融非圓非寂 以至融通也."

15 「불조융통선격 제15」, 『불조진심선격초』(『한불전』 9, p.450上~中), "夫如來三界之大慈父 祖師如來之大法子…父則旣到玄關 自覺已圓 全爲利他 以昭昭之敎爲宗而兼圓自證故 卽一切法 離一切相 離一切相 卽一切法 此開權布實執實揚權之義也 子則時入寂場 自覺未圓 全爲自利 以如如之禪爲宗 而兼復利他故 離一切相 卽一切法 卽一切法 離一切相 此執實揚權行權證實之意也 父子相對則同心同應 以禪敎不二爲宗故 不卽不離 照融一切而無彼此 此權實雙行之義也."

이다. 이 일심의 명적을 세운 것을 여래선이라 하고, 이 일심의 흔적을 제거한 것을 조사선이라고 한다.[16]

② 참선은 옛날의 조사들이 사람들에게 격외에서 곧장 [번뇌를] 끊도록 가르친 것이다. 그러나 만약 곧장 끊는다는 망념을 잠깐이라도 일으킨다면 순식간에 의리의 굴집에 떨어질 것이다.[17]

자수는 인용문 A에서 조사선과 여래선을 대비하고 두 선을 융합한 불조융통선을 주장하였다. 여래선으로는 비원비명非圓非明으로 되돌아가 구경에 이르고, 조사선으로는 비원비적非圓非寂으로 되돌아가 융통에 이른다고 하였다. 그리고 불조융통선에서는 피차가 없어서 방편과 실제가 하나로 된다고 하였다. 이것은 조사선과 여래선으로 구분할 수 있지만 이 둘이 하나되는 경지에서 완성되는 것이라고 주장한 것이다. 생각건대, 당시에 조사선과 여래선으로 구분하여 대립하고 있던 주장들을 불조융통선을 통해 극복하고자 하는 노력이 이 글 속에 반영되어 있는 것으로 보인다. 또한 인용문 B에서 자수는 부처와 조사에게 차이가 있는 것이 아니라 일심一心에 자취가 있는 것이 여래선이고 자취가 없는 것이 조사선이라고 하였다. 그리고 참선할 때는 격외에서 곧장 나아가고 의리의 굴집에 떨어지지 말라고 하였다.

무경 자수의 이러한 주장은 백파 긍선이 비판했던 고래통담古來通談(예로부터 내려오는 공통된 담론)으로서 "법으로는 의리선과 격외선이 있고, 사람으로는 여래선과 조사선이 있다."[18]고 말했던 것과 연관지어 이

---

16 「시학인횡수법」, 『무경실중어록』(『한불전』 9, p.436中), "佛祖融通 遮照不二 即惟一心 立此一心之名迹 曰如來禪 去此一心之痕朕 曰祖師禪也."
17 「시격외참선」, 『무경실중어록』(『한불전』 9, p.437上), "叅禪 古之祖庭 教人直截於格外 而若有纔起直截之念 則早墮於義理窠窟也."
18 「의리선격외선변」, 『선문수경』(『한불전』 10, p.519中), "古來通談曰 約法名義理禪

해해 볼 필요가 있다. 즉 긍선이 말했던 고래통담이 누구의 주장이었는 가 하는 근거와 관련된 것이다. 법과 사람으로 나누어 의리선·격외선, 여래선·조사선으로 나눈 고래통담이라는 것이 만약 자수의 주장과 일 치한다면 긍선이 비판했던 고래통담의 근거가 바로 자수의 주장을 의 미하는 것이기 때문이다. 후술하겠지만, 긍선이 고래통담이라고 말했 던 내용은 '여래선=의리선, 조사선=격외선'을 의미하는 것인데, 인용문 B-②를 통해 볼 때 자수의 견해는 조사선과 격외선은 일치시키고 있 는 것으로 보이지만 여래선과 의리선은 다르게 보고 있는 것 같다. 인 용문 A에서 여래선으로도 구경에 이른다고 한 점에서 생각해 보면 의 리의 굴집에 떨어지는 것으로 여래선을 설정하였다고 보기는 어렵기 때 문이다. 만약 이러한 논리가 가능하다면, 무경 자수보다 100년 후에 살았던 긍선이 비판한 고래통담이라고 한 말의 근거를 자수의 글에서 찾기는 어렵다는 결론에 이르게 된다.

마지막으로 함월 해원의 「이선경위록二禪涇渭錄」을 살펴보자. 해원은 환성 지안의 제자로서 대흥사 제11대 종사로 추대된 인물이다. 그는 「이 선경위록」에서 여래선과 조사선, 격외선과 의리선에 대해 다음과 같이 논하였다.

> 二禪은 여래선과 조사선이다. 옛날 이조가 달마에게 나아가 因緣 문답으로 여래선을 깨닫고 法印 문답으로 조사선을 깨달았다. 또 방공은 석두에게서 여래선을 깨닫고, 마조에게서 조사선을 깨달았 다. 지금 총림에서는 이것에 의거해 의론하기를 "격외선 가운데 여 래선과 조사선이 있고, 원돈문은 의리선이다."라고 말한다. 이 설은

格外禪 約人名如來禪祖師禪."

비록 의거한 바가 있지만 의미에 마땅한 바가 없다. 선의 이름에 이미 네 가지가 있다면 선의 체에도 반드시 네 가지가 있어야 하니, 의리선과 격외선의 체는 실로 알 수 있겠지만 여래선과 조사선은 무엇으로 체를 삼을 것인가. 생각건대, 이것은 절대 그렇지 않다. 여래선과 조사선은 설하는 주체인 사람에 의거하여 세운 이름이고 의리선과 격외선은 설하는 대상인 법에 의거하여 세운 이름이다. … 격외선 가운데에는 여래선이 없다는 것을 알아야 한다.[19]

위의 내용은 사람과 법에 의거하여 조사선과 여래선, 격외선과 의리선을 구분한 최초의 기록이고 백파 긍선이 말한 고래통담의 근거이기도 하다. 어쩌면 긍선은 해원의 「이선경위록」을 보고 고래통담 운운하며 비판하였던 것인지도 모른다. 이 글을 통해 18세기 중반에 이미 총림에는 여래선과 조사선을 격외선으로 분류한 시각이 있었고, 19세기 선 논쟁의 논점이었던 삼종선과 이종선의 문제가 이미 18세기 선가에서도 논쟁의 대상이었음을 알 수 있다. 다만 이 글 이외에 구체적인 기록이 남아 있지 않아서 자세히 알 수 없을 뿐이다. 그러므로 긍선의 주장이나 의순의 논쟁이 그들의 독창적인 것도 아니고 그들로부터 시작된 것도 아니었다고 할 수 있을 것이다. 다음 장에서 보다 구체적으로 19세기 선 논쟁의 논점들을 살펴보자.

---

19 「이선경위록」, 『천경집』(『한불전』 9, p.625上~下), "二禪者 如來禪 祖師禪也 昔二祖 亲達摩 因緣問答 會得如來禪 法印問答 會得祖師禪 又龐公 石頭處 會如來禪 馬祖處 會祖師禪 今叢林家 據此而議曰 格外禪中 有如來禪祖師禪 圓頓門即是 義理禪 此說雖有所據 義無依當 禪名既然有四 禪體亦必有四 義理禪格外禪 體 固可知矣 如來禪祖師禪 以何爲體乎 以愚料之 是大不然 夫如來禪祖師禪者 約 能說之人而立名也 義理禪格外禪者 約所說之法而立名也…固知格外禪中 不有 如來禪也."

3. 19세기 선 논쟁의 논점

백파 긍선이 1820년대에『선문수경禪文手鏡』을 집필하여 백양사와 구암사 등지에서 조사선을 현창하고 있던 즈음에 긍선의 글을 접한 초의의순은 즉시『선문사변만어禪門四辨漫語』를 저술하여 긍선의 삼종선설三種禪說을 비판하였다. 긍선과 의순의 선 논쟁은 직접적인 대면에 의해 이루어진 것이 아니라『선문수경』과『선문사변만어』를 통해 이루어졌는데, 두 선사는 제자들에게 강의하는 과정에서 상대방의 논리에 대해 변론하였을 것이고 그 제자들 사이에 논쟁이 벌어졌을 것이다.

긍선이『선문수경』에서 주장했던 삼종선이란 임제삼구臨濟三句를 조사선, 여래선, 의리선에 배대하고 조사선과 여래선을 격외선이라 하여 의리선과 구별한 것을 말한다. 임제삼구란 당나라 임제 의현(?~867)이 제자의 질문에 답변한 내용이다.[20]

"무엇이 제1구입니까?"	僧問 如何是第一句
"삼요의 도장이 열리자 붉은 점이 분명하고, 빗대어 의론하거나 주인과 손님의 분별을 용납하지 않는다."	師云 三要印開朱點窄 未容擬議主賓分
"무엇이 제2구입니까?"	問 如何是第二句
"묘해가 어찌 무저의 물음을 용납하겠으며, 방편이 어찌 뛰어난 근기를 저버리겠는가."	師云 妙解豈容無著問 漚和爭負截流機

---

20 『진주임제혜조선사어록』권1(『대정장』47, p.497a), "僧問 如何是第一句 師云 三要印開朱點窄 未容擬議主賓分 問 如何是第二句 師云 妙解豈容無著問 漚和爭負截流機 問 如何是第三句 師云 看取棚頭弄傀儡 抽牽都來裏有人."

"무엇이 제3구입니까?"　　　　　　　　問 如何是第三句

"무대 위의 꼭두각시 노는 것을 보라. 밀　師云 看取棚頭弄傀儡 抽

고 당기는 것은 모두 그 뒤에 사람이 있어　　牽都來裏有人

서이다."

　의현은 제자에게 3구를 설명하고 나서 "제1구에서 깨달으면 부처와
조사의 스승이 되고, 제2구에서 깨달으면 인간계와 천상계의 스승이 되
고, 제3구에서 깨달으면 자기 자신도 구제하지 못한다."[21]라고 하였다.
　이러한 임제삼구에 대해 긍선은 "일대선교一代禪敎의 온전한 뜻을 다
포함하고 있다. … 이것을 떠나 설법하는 것은 모두 망설"[22]이라는 전제
하에 임제삼구로써 불교를 해석하고자 하였다. 이는 앞에서 언급했듯
이 환성 지안이 『선문오종강요』에서 "삼구三句, 삼현三玄 및 팔방八棒 등
의 법은 임제종풍일 뿐만 아니라, 위로 모든 부처님으로부터 아래로 중
생에 이르기까지 모든 분상分上의 일이니, 만약 이 설법을 떠난다면 모
두 망어妄語"라고 했던 견해를 그대로 수용한 것이기도 하다. 그래서 그
는 임제삼구를 온총삼구蘊總三句(모든 것을 담고 있는 3구)라 표현하고, 그
제1구는 "상사上士가 조사선을 얻는 것", 제2구는 "중사中士가 여래선을
얻는 것", 제3구는 "하사下士가 의리선을 얻는 것"이라고 하였다.[23] 지안
의 『선문오종강요』에서 분명하지 않았던 임제종의 위상을 한껏 높이고
그 임제삼구를 가장 보편적인 수행의 단계로 설정하였던 것이다. 이와

21　『진주임제혜조선사어록』 권1(『대정장』 47, p.502a), "若第一句中得 與祖佛爲師 若
　　第二句中得 與人天爲師 若第三句中得 自救不了."
22　「임제삼구도설」, 『선문수경』(『한불전』 10, pp.514下~515上), "臨濟三句者 一代禪敎
　　詮旨 無不該攝 故名曰蘊摠三句 是故法海惟精禪師曰 佛祖受用 不出此三句 喚
　　惺師翁曰 臨濟三句 非特臨濟宗風 上自諸佛 下至衆生 皆分上事 若離此說法 皆
　　是妄說 是知三世諸佛 歷代祖師 乃至天下善知識所留言句 必不離此三句也."
23　「향하본신훈삼선」, 『선문수경』(『한불전』 10, pp.515下~516上).

함께 조사선과 여래선을 격외선格外禪이라 하면서 고래통담古來通談을
비판하였다.

> 예로부터 내려오는 공통된 담론에서 "法에 의거하여 의리선과 격외
> 선으로 나누고, 人에 의거하여 여래선과 조사선으로 나눈다."고 하
> 였다. 이것은 의리선이 곧 여래선이고 격외선이 곧 조사선이라는 말
> 이다. 따라서 分半座를 여래선이라고 한다면 이는 의리선이라는 말
> 이 되는 것이니, 어떻게 三處傳心을 모두 격외라고 할 수 있겠는가.
> 이는 의리선이 格外라는 지나친 이름을 얻은 것이고 여래선이 도리
> 어 義理라는 누명을 쓴 것이다. 이치는 본래 그렇지 않다.[24]

당시 선가禪家에서는 일반적으로 수행법(法)에 의거하여 격외선과 의
리선으로 나누고, 사람(人)에 의거하여 조사선과 여래선으로 나누었는
데, 이를 인정하게 되면 분반좌分半座, 염화미소拈花微笑, 곽시쌍부槨示
雙趺의 삼처전심三處傳心 가운데 분반좌가 여래선이 된다는 것이다. 이
에 대해 긍선은 분반좌가 여래선이라는 전제하에 이를 여래선=의리선
이라는 등식에 적용하면 분반좌가 의리선이 되어서 삼처전심에 의리선
이 있게 되므로 부당하다는 것이다. 즉 여래선은 의리선이 될 수 없다
고 보았다. 그래서 긍선은 조사선과 여래선을 격외선에 배대하고 별도
의 의리선을 두었던 것이다. 이러한 긍선의 삼종선설에 대해 초의 의순
은 긍선의 주요 논점을 세 가지로 나누어 조목조목 비판하였는데, 삼처

---

24 「의리선격외선변」, 『선문수경』(『한불전』 10, p.519中), "古來通談曰 約法 名義理禪
格外禪 約人 名如來禪祖師禪 此則義理禪即如來禪 格外禪即祖師禪也 旣以分
座如來禪 亦名義理禪 何云三處皆是格外耶 且義理禪 得格外之濫名 如來禪還
得義理之累名 理自不然."

전심에 대한 문제, 임제삼구에 삼종선을 배대한 문제, 선문 5종의 우열을 논한 점 등이다.

먼저 의순은 긍선이 삼처전심 중에서 분반좌에 대해 "다만 불변진여만을 전하여 오직 살殺만 있고 활活이 없다."[25]라고 하고, 염화미소에 대해 "살과 활을 다 구족하여 둘 다 어둡고 둘 다 밝다."[26]라고 한 것을 비판하면서 다음과 같이 서술하였다.

> 삼처전심 가운데 "분반좌는 殺을 전하고 염화미소는 活을 전하고, 곽시쌍부는 殺活을 다 보였다."는 말은 구곡 노스님의 말이다. 지금 분반좌는 다만 살일 뿐이고, 염화미소는 활이 살을 겸한다고 말하는데 이는 구곡의 말 가운데에 없다. … 살과 활은 서로 의지하여 분리될 수 없는 것도 이와 같다. 그러므로 살을 전하되 반드시 활을 겸하는 것이고 활을 전하되 반드시 살을 겸하는 줄을 알아야 한다. 이것은 반드시 그러한 이치이다. 지금 말한 분반좌의 살은 다만 살만 있고 활이 없는 것이고, 염화미소의 활은 활이 살을 겸하는 것인데, 결단코 이러한 이치는 없다. 單이면 모두 單이고 具이면 모두 具이지, 어째서 살은 활을 겸하지 못했는데 활만 살을 겸하겠는가.[27]

긍선이 분반좌에는 살殺만 있고, 염화미소에는 살활殺活이 다 있다고 했던 것은 분반좌를 여래선에 배대하고, 염화미소를 조사선에 배대하

---

25 「살활변」, 『선문수경』(『한불전』 10, p.520中), "但傳不變眞如 唯殺無活."

26 「살활변」, 『선문수경』(『한불전』 10, p.520中), "具足殺活(三要) 雙暗雙明(向上)."

27 『선문사변만어』(『한불전』 10, pp.820下~821上), "三處傳心中 分座傳殺 拈花傳活 示趺殺活齊示 此龜谷老之言 今分座之但殺 拈花活之兼殺 龜谷說中無之…殺活之相資不離 亦復如是也 故知傳殺必兼於活 傳活必兼於殺 此必然之理也 今言分座之殺 但殺無活 拈花之活 活兼於殺 斷無是理 單則俱單 具則同具 其何以殺不兼活 活獨兼殺."

기 위한 것이었다. 즉 여래선=의리선에 동의할 경우 삼처전심에 의리선이 있게 되므로 여래선=의리선의 고래통담이 잘못되었다고 주장한 것이다. 이에 대해 의순은 살활은 체용體用과 같아서 분반좌가 살殺을 전한다고 하더라도 거기에는 활活이 포함되어 있는 것이고 염화미소만이 활活에 살殺을 겸하고 있는 것은 아니라고 하여 어느 한쪽이 살殺과 활活을 겸하고 있다면 다른 쪽도 살殺과 활活을 겸하는 것으로 보아야 한다고 주장함으로써 긍선의 주장을 근본적으로 비판하고 고래통담을 지지하였다.

두 번째로 의순은 긍선이 임제삼구에 삼종선을 배대한 문제, 즉 임제삼구를 조사선·여래선·의리선으로 나누고 또 조사선과 여래선을 격외선으로 설명한 것에 대해 비판하였다. 긍선은 제1구를 향하삼요向下三要(大機圓應·大用直截·機用齊施)에 의거하여 설명하였고, 제2구를 삼현三玄(體中玄·句中玄·玄中玄)에 의거하여 설명하였으며, 제3구를 격별삼구隔別三句(有句·無句·中句)에 의거하여 설명하였는데,[28] 이에 대해 의순은 다음과 같이 비판하였다.

> 만일 玄과 要의 의리를 풀어내었기 때문에 의리선이라고 한다면 옛
> 사람과 비슷하여(옛 사람은 제2구 여래선을 의리선으로 삼았다.) 반드시
> 잘못된 것은 아니다. 그러나 만약 제2구 여래선만을 따로 빼서 격외
> 선으로 삼고, 또 '但新無本'으로 제3구를 삼아 이것을 별도로 의리
> 선이라고 이름 한다면 크게 잘못된 것이다.[29]

---

28 『선문수경』(『한불전』10, pp.515中~516下).
29 『선문사변만어』(『한불전』10, p.823下), "若以演暢玄要之義理 謂之義理禪 則近古
古人以第二句如來禪 爲義理禪) 而未必不可矣 若第二句如來禪 獨拔之 爲格外
禪 又以但新無本 爲第三句 以此別立義理禪之名 則最大不可."

의순은 제1구를 조사선, 제2구를 여래선으로 배대했던 긍선의 견해에 대해서는 동의하면서도 여래선을 격외선에 둔 것에 대해서는 반대하고, 고래통담의 '격외선=조사선' '여래선=의리선'이라는 견해를 지지하였던 것이다. 또한 긍선이 제3구를 의리선이라 한 것에 대해서도 비판하고 제3구는 제1구와 제2구를 합하여 말한 것이라고 하여 그 가운데 삼요·삼현·삼구가 다 있다고 보았다.[30] 즉, 제3구는 의리선이 아니라 격외선과 여래선이 함께 있다고 본 것이다. 이는 무경 자수가 조사선과 여래선을 대비하고 두 선을 융합한 불조융통선을 설했던 것과 유사한 면이라 할 수 있다.

세 번째로 의순은 긍선이 선문 5종의 우열을 논한 것에 대해 비판하였다. 긍선은 환성 지안의『선문오종강요』에서 설명한 선가의 5종을 각 구句에 배대하여 임제삼구 가운데 제1구를 임제종·운문종, 제2구를 조동종·위앙종·법안종에 대비하여 환성 지안이 설명한 종파의 순서대로 우월성을 부여하여 임제종과 운문종을 조사선으로 보고, 조동종·위앙종·법안종을 여래선으로 보았다. 이에 대해 의순은 다음과 같이 비판하였다.

[백파 스님은] "二禪(조사선과 여래선)을 5종에 배대한다면 임제종은 機用을 구족하였기 때문에 조사선의 정맥이 되고, 운문종은 截斷을 밝혔을 뿐 機用을 드러내 설하지 못했기 때문에 임제종에 미치지 못한다."고 하였다. 그렇다면 機用을 떠나 별도로 截斷과 隨波

---

30 『선문사변만어』(『한불전』10, 827下), "由其二句(第一句 第二句) 合說於此句(第三句) 故轉名此句(第三句) 謂三句玄要 在其中矣(風法師言也) 二句旣詮於此句 則配二句之二禪(如來祖師) 亦不可謂不詮於此句矣 然謂之詮焉則姑可 將以配之則不可也."

가 있으며 截斷과 隨波를 떠나 별도로 機用이 있는가. 이것은 실로 말에 집착하여 뜻을 알지 못한 것이다. … 또 "위앙종은 단지 體用만을 밝혔을 뿐 向上의 眞金鋪를 밝히지 못했으므로 조동종이 向上을 분명히 밝혀 眞金鋪를 다한 것에 미치지 못한다."고 했는데 그 向上의 분명하고 분명하지 못함과 眞金鋪의 다하고 다하지 못함을 어떻게 알아서 그 층계가 이처럼 상세한 것인가. … 단지 『인천안목』의 한 가지 책만을 보고서 二宗(조동종과 위앙종)의 우열을 함부로 판단함이 이와 같으니 황당무계함이 심한 것이다.[31]

  긍선이 선禪 입문의 지침서로 삼았던 『인천안목人天眼目』에 의거하여 임제삼구를 삼현과 삼요로 풀이한 것에 대해 의순은 긍선의 주장이 말에 집착한 데서 비롯되었다고 불평하였다. 선문의 5종을 구별할 수 있을지는 몰라도 우열을 나누어 차례를 매기는 것에 대해서는 강력하게 반대했던 것이다. 이로써 의순이 긍선의 선관禪觀에 대해 근본적으로 부정하였음을 알 수 있다. 다음 장에서는 이상의 선 논쟁이 가지는 시대적 의미를 삼문수행의 눈으로 다시 재조명해 보자.

---

31 『선문사변만어』(『한불전』 10, p.824上~中), "言以二禪配五宗 則臨濟宗具足機用故 爲祖師禪正脉 雲門但明截斷 而未能現說機用故 未及臨濟宗 然則離機用外 別有截斷隨波 離截斷隨波外 別有機用乎 是誠執言而迷義者也…又言潙仰宗 但明體用 而未明向上眞金鋪 尚不及於曹洞宗之洞明向上 而窮盡眞金鋪 其向上之明不明 眞金鋪之窮不窮 何從而知其層隔之如此詳細耶…但看人天眼目一書 妄判二宗之優劣如此 倒置無稽之甚也."

4. 선 논쟁의 배경으로서 삼문수행三門修行

앞서 언급했던 것처럼 삼문수행이란 경절문·원돈문·염불문을 통해 깨달음으로 들어가는 수행으로서 17~18세기에 보편화된 불교 수행 체계이다. 따라서 삼문수행이 선 논쟁의 형성 과정에서 시대적 배경이 되었을 것이라는 추정은 자연스럽다. 종래의 연구에서는 선 논쟁의 배경으로서 긍선의 삼종선설이 조사선의 우월성을 선양하려는 의도가 숨어 있었던 반면에 의순의 이종선설은 선교통합의 경향에서 조사선과 여래선을 동등하게 바라본 데서 발현된 것이라고 보았다.[32] 필자는 이러한 연구에 기초하여 삼문수행이 그 배경으로 작용했을 것이라는 점을 강조하고자 한다.

경절문의 경우, 조사선의 격외선으로서, 불교수행의 최고 경지로 인정되었지만 18세기 이후 여래선을 격외선에 포함시키느냐 마느냐에 따라 경절문의 위상이 달라질 처지에 놓였다. 여래선은 언어의 자취가 있는 것이고 교학과 연결되는 지점이므로, 격외선에 포함시킬 경우 경절문의 지평이 확장되지만, 격외선에 포함시키지 않을 경우 원돈문에 포함됨으로써 상대적으로 원돈문의 범위가 확대되고 더욱 중시되어 경절문과 동등하게 인식될 수 있었기 때문이다. 그래서 긍선은 원돈문이 강조되는 시대적 분위기에서 경절문의 우월성을 선양하기 위해 여래선을 격외선에 포함시켰던 것으로 보인다. 그런데 「이선경위록」에서 보았던 것처럼, 18세기에 이미 해원은 격외선 가운데 조사선과 여래선이 있다는

---

32 김용태, 「조선 후기 불교의 임제법통과 불교전통」, 서울대 박사학위 논문, 2008, pp.167~184.; 하미경(희철), 「백파와 초의의 선이논쟁 연구」, 동국대 박사학위 논문, 2009, pp.13~19.

당시의 주장에 대해 비판하고[33] 여래선을 원돈문에 포함시킴으로써 원돈문을 강조하고자 했던 것 같다. 또한 의순도 해원의 주장을 이어서 여래선을 원돈문에 포함시키며 긍선의 주장을 비판했던 것으로 생각된다. 이렇게 보면 해원과 의순이 비판했던 사람들, 즉 여래선을 격외선에 포함시키려 했던 사람들은 경절문을 선양하려는 스님들이었다고 할 수 있을 것이고, 이에 상대하여 긍선이 비판했던 사람들, 소위 고래통담을 주장했던 사람들은 원돈문을 선양하려는 스님들의 주장이었다고 할 수 있을 것이다. 다시 말해 19세기 선 논쟁은 긍선으로 대변되는 경절문을 중시하는 스님들과 의순으로 대변되는 원돈문의 위상을 높이려는 스님 사이의 논쟁이었다고도 볼 수 있는 것이다. 원돈문에 대한 18~19세기 인식을 좀 더 자세히 살펴보자.

　원돈문의 경우, 청허 휴정 이후 원돈문이 교학으로 인식되어 편양 언기는 원돈문을 의리선이라 하면서 사구死句라고 비하하였지만,[34] 화엄학의 유행으로 원돈문은 더 이상 경절문보다 낮은 수준의 수행법으로 인식되지 않았다. 많은 선사들로부터 원돈문 역시 경절문과 동등한 수행법으로 인정되었던 것이다. 그러므로 18세기에 이미 의리선이라고 해서 잘못된 수행이 아니라 또 하나의 수행 방편으로 인식되고 있었다. 가령 함월 해원은 「이선경위록」에서 다음과 같이 말하였다.

　　여래선과 조사선은 설하는 사람에 의거하여 세운 이름이고 의리선과 격외선은 설한 법에 의거하여 세운 이름이다. 여래가 현세하신 것은 다만 진여를 드러내기 위해서이니 일심의 현묘한 화로를 가지고 온갖 상을 만들어내듯이 하나의 비로자나 면목을 드러내기 위

---

33 「이선경위록」, 『천경집』(『한불전』 9, p.625上).
34 「선교원류심검설」, 『편양당집』(『한불전』 8, p.257上), "圓頓門死句 此義理禪也."

해서이다. 이것이 바로 원돈문의 의리이다. 조사가 서쪽으로부터 와서 활인검으로 비로자나의 굴집을 타파하여 본지풍광을 드러낸 것은 이른바 '법이 법위에 머무니 세간상이 항상 머문다'고 하는 것이며, 이것이 바로 격외선이다. 그 뒤로 하택과 홍주 등 백여 가의 설법은 모두 원돈문의 요의를 근본으로 하였는데, 규봉 종밀이 『선원제전집도서』와 『법집별행록』을 서술하여 격외선에 상대하여 비로소 의리선의 이름을 세웠다. 대개 선과 교의 事體가 다른 점으로 말한다면 얼음과 숯처럼 다르고, 선과 교의 法體가 같은 점으로 말하면 파도와 물처럼 같다.[35]

해원은 사람과 법에 따라 선이 나뉜다고 하면서 비로자나의 면목을 드러내기 위한 것이 원돈문의 의리선이라고 하였고, 또 교학에 근본하여 세워진 선을 의리선이라고 하였다. 그러므로 해원에게 있어서 원돈문은 의리선의 이론적 근거가 되는 교학이고, 교학의 이론을 선으로 흡수한 것이 의리선이 된다. 말하자면, 긍선이 비판했던 고래통담에서 '여래선=의리선'의 구조는 원돈문의 격상에 따른 시대적 변화의 반영이었던 것이다. 18세기 해원에게서 보이는 의리선에 대한 인식은 19세기 의순에게서도 발견된다.

세존과 가섭의 삼처전심은 모두 언어적인 가르침의 격식 안에 있지

---

35 「이선경위록」, 『천경집』(『한불전』 9, p.625上~下), "夫如來禪祖師禪者 約能說之人而立名也 義理禪格外禪者 約所說之法而立名也 盖如來現世 但爲顯如 以一心之玄爐陶於群像 顯一毘盧面目 此乃圓頓門之義理也 祖師西來 以活人劒 打破毘盧窠窟 現出本地風光 則所謂是法住法位 世間相常住 此乃格外禪也 後來荷澤洪州等百餘家說法 皆本乎圓頓門要義 圭山述禪源集別行錄 而對於格外禪 始立義理禪之名也 盖禪敎事體之別 則氷炭之不同 禪敎法體之同 則波水之無異."

않으므로 격외라고 하는데 이는 실로 당연하다. 하지만 여래선은 그렇지 않아서 세존이 먼저 스스로 명칭을 세우고 또 이어서 그 명칭을 해석하여 말하기를 "부처의 지위에 들어가서 스스로 성인의 지혜 삼종락을 증득하고 모든 중생을 위해 부사의한 일을 짓는다."고 하였는데, 이것을 여래선이라 한다. … 영가 대사는 "여래선을 몰록 깨닫고 나면 육도만행이 본체 가운데 원만하다."고 하였고, 또 고덕은 "보신의 주인과 법신의 손님이 함께 설하고 듣는 것이 여래선이다."라고 하였다. 이와 같이 부처와 조사가 명칭을 가지고 뜻을 풀이한 데 보면 결코 격외를 말하지 않았다. 이미 명칭이 이해되고 난 이후에 의리를 부연하였던 것이니 또한 의리선이라 한들 무슨 불가한 점이 있겠는가.[36]

의순은 언어적인 격식 밖에 있는 격외선과 달리 여래선은 언어를 통해 가르침이 이루어지므로 의리선이라고 하였다. 그렇다고 해서 격외선인 조사선보다 여래선을 하열한 것으로 보아서는 안 된다고 하였다. "예로부터 누가 감히 여래를 폄하하여 여래선이라 이름 하였는가?"[37]라며 반문하기도 하였던 것이다. 그러므로 해원이 의리선을 원돈문으로 인식하였듯이 의순 역시 의리선을 원돈문으로 인식하였다고 볼 수 있다.

한편, 경절문과 원돈문의 수행법을 선양하는 가운데 발생한 선 논쟁에서 염불문은 어떻게 인식되고 있었던 것일까? 이에 대한 단서는 경암

---

36 『선문사변만어』(『한불전』 10, p.828中), "夫世尊迦葉 三處授受 皆不在於言語敎格之內 則謂之格外 固其當然 若如來禪則不然 世尊先自立名 又從而釋名曰 入佛地位 自證聖智三種樂 爲諸衆生 作不思議事 是名如來禪…永嘉曰 頓覺了如來禪 六度萬行體中圓 又古德以報身主法身賓之所共說聽 爲如來禪 如上佛祖之指名演義 斷不可言格外也 旣安名字 從演義理 亦名義理禪 有何不可."
37 『선문사변만어』(『한불전』 10, p.821下), "孰敢貶之如來以立此名乎."

응운(1743~1804)이 「벽송사답정토설碧松社答淨土說」에서 자문자답의 형식을 취하여 『아미타경』은 오교五敎 가운데 어디에 속하는가라는 물음을 던지고 원돈교에 해당한다고 답한 내용[38]에서 찾을 수 있다. 염불문의 소의경전이 원돈교에 해당한다고 하였으므로 이는 염불문을 교학의 원돈문 속에서 이해하려 했던 것으로 보인다. 이렇게 보면 의리선은 자연스럽게 염불문과 연결된다. 실제로 긍선의 『수선결사문修禪結社文』에서도 이러한 인식을 확인할 수 있다. 긍선 스스로 말했듯이, 『수선결사문』은 총 19개의 장으로 구성되어 있는데 3~6장은 격외선을 밝혔고 그 나머지 15장은 여실언교인 원돈지해의 의리선을 밝힌 글이다.[39] 그 가운데 제8장의 제목이 「요간염불결권수심料揀念佛結勸修心」(염불을 살펴 가려내고 수심을 권함)이다. 그 내용의 일부를 보면 아래와 같다.

구품에 오르내리고 삼계에 부침하는 것은 모두 자기 마음의 크고 작은 어리석음으로부터 발현된 것이다. 어찌 산을 놔두고 재배하겠으며 바다 없이 거품이 있겠는가. 또 자기의 靈을 버려두고 집안의 보배를 묻어둘 수 있겠는가. 그러므로 예나 지금이나 통달한 자들은 비록 정토를 구하지만 깊이 唯心을 믿기 때문에 저 색상을 장엄하는 등의 일에 가고 옴이 없고 오직 마음에 의거해 나타남을 알아서 범부들이 唯心을 알지 못하는 것과 같지 않다.[40]

---

38 「벽송사답정토설」, 『경암집』(『한불전』 10, p.453上), "僧問 阿彌陀經 五敎中何敎所攝 日 智旭疏云 圓頓中之圓頓敎."
39 『수선결사문』(『한불전』 10, p.530上), "文中十九章內 第三四五六四章 或涉義理而多分發明沒滋味格外禪旨 故與禪要書狀正同也 千七百則 更無異轍也 其餘十五章 則間有格外禪旨 而多分發明如實言敎圓頓知解義理禪 故與都序節要正同也."
40 『수선결사문』(『한불전』 10, p.539下), "九品昇降 三界浮沉 皆由自心大小明昧而發現也 何得遺山認培 棄海存漚 辜負己靈 埋沒家寶 故古今達者 雖求淨土 以深信

위의 글에서 보듯이, 긍선에게 있어서 정토를 향한 염불은 마음 수행에 다름 아니었다. 아미타불의 명호를 염불하는 것은 무의미하므로 마음을 닦아야 한다고 하였다. 선사禪師로서 자성미타 유심정토를 이야기하여 선가禪家 전통의 견해를 계승하였다. 그런데 여기서 중요한 것은 긍선 스스로가 의리선이라고 분류한 부분에 염불과 관련한 내용을 배치했다는 점이다. 이것은 정토를 구하되 유심정토를 닦아야 한다는 그 내용이 의리선의 영역에 포함된다는 의미다. 즉 염불선을 의리선의 영역에서 이해하고 있는 것이다. 긍선의 삼종선에 등장하는 의리선은 원돈문의 화엄교학뿐만 아니라 유심정토의 염불선도 그 이론적 근거로 삼고 있었다고 보아야 할 것이다. 따라서 긍선에게 있어서 경절문은 격외선에 연계되고, 원돈문과 염불문은 의리선에 연계된다고 할 수 있다.

긍선의 삼종선에 반대했던 의순의 경우는 염불문을 삼문수행과 관련하여 이해할 수 있는 직접적인 자료가 보이지 않는다. 다만 여러 저술들 속에서 의순 역시 서방정토의 실재를 인정하기보다 마음에 정토가 있다는 유심정토의 견해를 가지고 있었음을 확인할 수 있을 뿐이다. 가령 「미황사만일회기美黃寺萬日會記」에서 "한 발짝도 옮기지 않고 곧 왕생하니 인연이 어찌 이와 같은가. 갈 곳이 없는 줄을 안 연후에야 참다운 왕생이다. 그러므로 마음과 땅이 같이 청정하고 가고 오는 것도 없고 가고 머무름도 없는 것이 극락이다."[41]라고 한 내용에서 명확하게 나타난다. 의순은 격외格外의 격格을 '언교의리言教義理의 격식格式'[42]이라고 정의하였기 때문에 마음의 자취를 인정하는 한 유심정토 역시 의리

唯心故 知彼色相莊嚴等事 無來無去 唯依心現 不同凡小不知唯心."

41 「미황사만일회기」, 『초의시고』(『한불전』 10, p.864上), "不移跬步 即往生 緣何如此 知無所往然後 是眞往生 故云心土同淨 沒去來沒去處 是安養."

42 「격외의리변」, 『선문사변만어』(『한불전』 10, p.828中), "格者 非言教義理之格式耶."

선의 범주에서 이해할 수 있을 것이다. 그렇다면 의순에게 있어서도 염불문은 의리선의 이론적 근거의 일부라고 해야 할 것이다.

이처럼 긍선과 의순에게 있어서 염불문이 의리선의 일부로 이해되고 있었다면 적어도 이 두 스님은 염불문을 중시하지 않았다는 것을 알 수 있다. 다만 염불이 보편적인 수행법이었기 때문에 이에 대해 인식하지 않을 수 없었을 것이다. 그래서 긍선은 「수선결사문」에서 염불에 대해 언급하지 않을 수 없었고 의리선에 배치함으로써 가장 낮은 수행법으로 설정했던 것이 아닐까 생각된다. 이에 비해 의순은 염불문을 의리선에 배치하여 원돈문과 동등한 수준의 수행법으로서 다루었던 것 같다. 이러한 논의들은 근거를 가진 것이라기보다 다소 추정이긴 하지만, 긍선이 삼문을 차등적으로 배치하려 했다면 의순은 서로 다른 수행법으로서 동등하게 인정하려 했던 것으로 보인다. 이런 이유로 이 두 스님의 선 논쟁 이면에 삼문수행이 그 배경으로 자리하고 있었음을 간과할 수 없다고 말하는 것이다.

5. 맺음말

19세기 백파 긍선과 초의 의순으로부터 본격화된 선 논쟁은 20세기 초까지 불교계의 이슈였다. 이 선 논쟁은 18세기 승려 저술에서 이미 그 단초가 보이고 있는데, 환성 지안의 『선문오종강요』와 무경 자수의 『불조진심선격초』·『무경실중어록』과 함월 해원의 「이선경위록」 등에서 긍선과 의순의 논쟁 이전에 소위 말하는 이종선과 삼종선에 관한 논의들이 있었던 것을 확인할 수 있다. 환성 지안의 글에서는 선을 다섯 종파로 나누어 각각의 특징을 서술함으로써 긍선이 임제종의 우월성을 주장하는 계기를 제공하였음을 알 수 있고, 무경 자수의 글에서는 격외선과 의리선의 개념을 발견할 수 있으며, 함월 해원의 글에는 긍선이 고래통담古來通談이라고 비판하였던 사람에 의거하여 조사선과 여래선으로 나누고 법에 의거하여 격외선과 의리선으로 나눈 내용이 있다.

　이러한 저술의 시대적 배경으로서 삼문수행을 언급하지 않을 수 없다. 17세기에 정착한 삼문수행은 18세기 화엄학의 유행과 염불의 보편화로 점차 원돈문과 염불문이 중시되고 상대적으로 경절문의 위상이 하락하였다. 이는 선가禪家에서 경절문의 격외선을 최고 가치로 여기면서도 원돈문과 염불문의 의리선을 중시하는 경향으로 나타났다. 그래서 18세기 불교 저술에서 격외선과 의리선의 개념들이 설명되고 있었지만 이를 이해하는 방식은 선사들마다 차이가 있었고, 결국 19세기 긍선과 의순에 이르러 논쟁의 주제로 발전한 것으로 생각된다. 긍선이 고래통담을 비판하며 여래선을 격외선에 포함시킴으로써 경절문의 위상을 강화하고자 했다면, 의순은 원돈문과 염불문의 위상 강화를 반영하여 여래선을 의리선에 배치함으로써 선·교·염불의 겸수를 강조하였다고 생각된다. 그러므로 의순이 고래통담을 지지하며 긍선의 삼종선설을 비판했던 시대적 배경에는 18세기 원돈문과 염불문의 성장에 따른 삼문수행의 새로운 전개가 작용하였다고 볼 수 있을 것이다.

참고 문헌

『鎮州臨濟慧照禪師語錄』(『대정장』 47).

『人天眼目』(『대정장』 48).

『禪門綱要集』(『한불전』 6).

『淸虛堂集』(『한불전』 7).

『禪敎釋』(『한불전』 7).

『鞭羊堂集』(『한불전』 8).

『無竟室中語錄』(『한불전』 9).

『佛祖眞心禪格抄』(『한불전』 9).

『禪門五宗綱要』(『한불전』 9).

『天鏡集』(『한불전』 9).

『三門直指』(『한불전』 10).

『鏡巖集』(『한불전』 10).

『禪文手鏡』(『한불전』 10).

『禪門四辨漫語』(『한불전』 10).

『艸衣詩藁』(『한불전』 10).

강동균, 「기성 쾌선의 정토사상」, 『석당논총』 28, 동아대 석당전통문화연구원,
        1999.

고익진, 「청택법보은문의 저자와 그 사상」, 『불교학보』 17, 동국대 불교문화연
        구원, 1980.

고형곤, 「추사의 〈백파망증 십오조〉에 대하여」, 『학술원논문집』 14, 학술원,
        1975.

김약슬, 「추사의 선학변」, 『백성욱박사송수기념 불교학논문집』, 백성욱박사송수기념사업위원회, 1959.

김용태, 「조선 후기 불교의 임제법통과 불교전통」, 서울대 박사학위논문, 2008.

_____, 「추사와 백파 논쟁에 대한 청송의 이해」, 『청송의 선과 철학-선사상과 서양철학의 회통』, 운주사, 2011.

_____, 『조선 후기 불교사 연구-임제법통과 교학전통』, 신구문화사, 2010.

김종명, 「이종선과 삼종선 논쟁」, 『논쟁으로 보는 불교철학』, 예문서원, 1998.

박재현, 「조선 후기의 선논쟁에 내포된 원형지향성」, 『불교학연구』 7, 불교학연구회, 2003.

박해당, 「조선 후기 불교의 심성론 : 대지의 '운봉선사심성론'을 중심으로」, 『불교와 문화』 통권 제23호, 대한불교진흥원, 1997.

이상현, 「추사의 불교관」, 『민족문화』 13, 민족문화추진회, 1990.

이종수, 「18세기 기성 쾌선의 염불문 연구-염불문의 선교 껴안기」, 『보조사상』 30, 보조사상연구원, 2008.

_____, 「조선 후기 불교계의 심성 논쟁-운봉의 『심성론』을 중심으로」, 『보조사상』 29, 보조사상연구원, 2008.

_____, 「조선 후기 불교의 수행 체계 연구-삼문수학을 중심으로」, 동국대 박사학위논문, 2010.

이종익, 「증답백파서를 통해 본 김추사의 불교관」, 『불교학보』 12, 동국대 불교문화연구원, 1975.

정병삼, 「추사의 불교학」, 『간송문화』 24, 한국민족미술연구소, 1990.

정성본, 「조선 후기의 선 논쟁」, 『한국불교사의 재조명』, 불교시대사, 1994.

지관 편, 『한국고승비문총집』, 가산불교문화연구원, 2000.

하미경(희철), 「백파와 초의의 선이논쟁 연구」, 동국대 박사학위논문, 2009.

한기두, 「백파와 초의시대 선의 논쟁점」, 『숭산박길진박사화갑기념 한국불교사상사』, 숭산박길진박사화갑기념사업회, 1975.

20

구한말 한국 선불교의 간화선에 대한 한 이해
– 송경허의 선사상을 중심으로 / 박재현

〈선정 이유〉

● 박재현, 「구한말 한국 선불교의 간화선에 대한 한 이해 – 송경허의 선사상을 중심으로」, 『철학』 제89집, 한국철학회, 2006.11, pp.1~24.

선정 이유

이 논문은 구한말의 대표 선사인 송경허(1946~1912)가 지녔던 문제의식과 그에게 간화선은 어떤 의미를 갖는 것인지를 그의 선사상을 중심으로 검토하여, 구한말 한국 선불교의 간화선에 대한 한 이해를 시도하고 있는 점에 주목하여 선정하였다.

저자는 '죽음'이라는 실존적인 문제의식이 경허의 선사상 형성에 주요한 기조가 되었으며, 경허는 선禪이 시대적 문제의식보다는 인간이 당면한 실존적이고 보편적인 문제 상황을 직시해야 한다고 보았다고 하였다. 저자는 경허가 자발성을 충분히 고양하는 간화선 수행은 생사라는 실존적 문제 자체를 해소할 수 있는 방안이라는 판단 아래 그러한 문제의 해결책이 될 수 있다는 사실을 간파하였다고 보았다.

그러므로 경허는 선불교의 정통성 역시 수행자의 자발성에 비중을 두어 유지되어야 한다고 보았으며, 이러한 측면에서 저자는 경허의 선사상은 구한말 불교의 세속화에 대한 전면적 문제의식을 깔고 있었다고 보았다. 이것은 종래의 한국 선불교에서 지향해 왔던 법통法統 중심의 정통성 의식과는 사뭇 다르며, 이 때문에 경허의 실존적 문제의식과 해결이라는 맥락에서 이해되어야 한다고 하였다.

경허는 시간과 공간을 초월하여 중생으로서의 인간이 당면하게 되는 보편적 문제 상황을 직시하게 하는 데 불교가 세상에 존재하는 이유가 있다고 보았다. 경허가 발견한 인간의 보편적 문제 상황은 '죽음'이었고, 이 문제 상황을 타개해 나갈 수 있는 방법으로 그는 선을 선택했고 끝을 보았던 것이다. 저자가 이렇듯 구한말 한국 선불교의 간화선에 대해 자발성과 함께 인간이 당면한 문제 상황의 직시라고 보는 경허의 관점을 주장하는 지점에서 이 논문의 의미와 학문적 가치를 찾을 수 있다.

〈요약문〉

이 논문은 구한말의 대표 선사인 송경허宋鏡虛(1846~1912)의 선사상을 그가 지녔던 문제의식을 중심으로 살펴보고, 그에게 간화선은 어떤 의미를 갖는 것인지 검토하기 위한 것이다. 경허의 선사상에 대한 기존의 연구는 근대 한국불교의 중흥조라는 호교적 맥락에서 진행되었거나, '근대'라는 시대연구의 일환으로 진행되었다. 이로 인해 경허 개인의 선사상에 대한 연구는 본격적으로 이루어지지 못했다. 이 논문에서는 '죽음'이라는 실존적인 문제의식이 경허의 선사상 형성에 중요한 기조가 되었음을 밝히고자 한다. 경허는 선禪이 시대적 문제의식보다는 인간이 당면한 실존적이고 보편적인 문제 상황을 직시해야 한다고 봤다. 그가 이러한 통찰을 얻은 것은 전염병으로 인한 떼죽음에 직면한 뒤였다. 그리고 그는 간화선 수행이 그 해결책이 될 수 있다는 사실을 간파했다. 그가 보기에 간화선 수행은 자발성을 충분히 고양한다는 점에서 큰 의의가 있었다. 자발성의 충분한 고양은 생사生死라는 실존적 문제 자체를 해소할 수 있는 방안이라는 것이 그의 판단이었던 것으로 보인다.

경허는 선불교의 정통성 역시 법맥과 법통이라는 외형적 요건이나 근거보다는 이 수행자의 자발성에 비중을 두어 유지되어야 한다고 보았다. 이는 종래의 한국 선불교에서 지향해 왔던 법통法統 중심의 정통성 의식과는 사뭇 다르다. 경허의 선사상과 그의 이력이 내포하는 의미는 당시의 시대적 배경이나 민족의식 혹은 사명감보다는 그 자신의 실존적 문제의식과 그 해결이라는 맥락에서 이해되어야 할 것이다.

I. 들어가는 말

이 논문은 구한말의 대표 선사인 송경허宋鏡虛(1846~1912)의 선사상을 그가 지녔던 문제의식을 중심으로 살펴보고, 그에게 간화선은 어떤 의미를 갖는 것인지 검토하기 위한 것이다. 이 연구를 통해 근현대 한국 선불교를 상징하는 경허라는 인물과 관련된 갖가지 오해가 불식되고 그의 선사상에 대한 좀 더 학문적인 이해가 가능하리라 기대하며, 또 이 속에서 간화선 수행법이 함축하는 철학적 특징까지 파악할 수 있으리라 생각한다.

경허의 선사상과 관련한 기존의 접근 방식은 두어 가지로 정리할 수 있다. 먼저, 돈점頓漸이나 오수悟修와 같은 수행이론을 중심으로 검토하려는 시도가 있었다.[1] 이러한 연구 방법은 대개 경허의 사상에 양쪽 측면이 다 있으며 이는 정혜쌍수의 회통적 전통을 계승한 것이라는 다소 무의미해 보이는 발언으로 결론을 대신할 뿐 뚜렷한 성과를 내지는 못하고 있다. 이렇게 될 수밖에 없는 이유는, 돈점과 관련한 이론적 논쟁이 나름대로 분명한 역사적 내력을 가지고 있는 것은 사실이어서 어떤 수행이론의 특징을 규명해 내거나 혹은 둘 이상의 상이한 수행이론

---

1 한중광, 「경허의 선사상」, 『백련불교논집』 5·6, 백련불교문화재단, 1996, pp.7~29.; 김호성, 「결사의 근대적 전개양상: 정혜결사의 계승을 중심으로」, 『보조사상』 8, 1995.; 최현각, 「경허의 禪淨 사상」, 『덕숭선학』, 한국불교선학연구원·무불선원, 2000, pp.27~59.

을 비교 분석하는 데는 유용하지만, 특정 인물의 선사상을 전체적으로 조감하는 데는 무력하기 때문이다.

경허의 선사상과 관련한 또 하나의 대표적인 접근 방법은, 한국불교사에서 그가 차지하는 법통상의 위상에 주목하여 그가 '한국 선불교의 중흥조'라는 측면에 착안한 불교학적 연구방법론이다.[2] 그런데 이는 많은 경우 중흥조로서 손색이 없는 경허의 기이한 행적이나 구한말의 불교계에 미친 그의 공헌에 초점을 맞춤으로써 '큰스님' 만들기[3]의 일환으로는 충실히 작동했을지언정, 그의 선사상이 갖는 철학적 맥락과 의의를 학문적으로 규명하는 데는 한계를 보일 수밖에 없었다. 그간 경허에 대한 연구성과가 적지 않았으나 많은 경우 연구자의 호교적 태도가 눈에 거슬려 온 이유도 바로 여기에 있다.

그리고 마지막으로 '근대불교'라는 큰 틀을 놓고 사상사적 이해를 도모하는 과정에서 '개화'를 비롯해 당시 불교계의 여러 경향에 대한 포괄적인 연구 가운데 하나로 경허와 그의 선사상을 연구하기도 했다.[4] 이는 호교적 태도를 지양하고 경허에 대한 객관적 접근을 시도한 것이지만, 애초부터 경허 개인보다는 '근대'라는 시대적 특수성에 초점을 맞춘

---

2 경허를 주제로 한 대부분의 연구 결과물들이 여기에 해당한다. 김영태, 「경허의 한국불교사적 위치」, 『덕숭선학』, pp.137~172.; 최동호, 「경허의 선적 계보와 화두의 시적 해석」, 『덕숭선학』, pp.100~136.; 성타, 「경허의 선사상」, (숭산박길진박사 화갑기념) 『한국불교사상사』, 1975, pp.1103~1120.; 고영섭, 「경허의 尾塗禪」, 『불교학보』 40, 2004, pp.125~152.

3 현대 한국불교에서 경허에 대해 논의하는 것 자체가 사실 큰스님 만들기 작업에 일조하는 것을 뜻한다. 그만큼 현대 한국불교는 경허로부터 자유롭지 못하다고 할 수 있다. 이러한 문제는 경허선사 열반 87주년 추모 학술회의에 발표된 한 논평에서 제기되었다. 심재룡, 「경허 선사를 또 다시 생각함」, 『덕숭선학』, pp.173~179.

4 정광호, 「근대 한일불교 관계사 연구」, 경희대학교 박사학위논문, 1989.; 허우성, 「불조혜명의 계승과 만행: 경허 불교 이해에 대한 한 시론」, 『인문학연구』 3, 2004.; 심재룡, 「근대 한국불교의 네 가지 반응 유형에 대하여」, 서울대학교 철학사상연구소 편, 『철학사상』 16, 2003.

관계로 경허의 선사상이 함축하는 철학적 특징을 드러내는 데는 일정한 한계를 내포할 수밖에 없었다.

Ⅱ. 죽음, 경허의 문제의식

경허의 선사상 형성 과정에 작동한 중요한 요인들로, 조선 후기 불교계의 지리멸렬했던 정치 사회적 위상과 선수행 전통의 단절, 그리고 일제강점기라는 정치적 특수성 등이 그동안 주로 지적되어 왔다. 이러한 요인이 배경이 되어 경허가 근대불교 중흥조로 자리매김될 수 있었다는 점에 대해서는 관련 분야 연구자들이 의견 일치를 보고 있는 듯하다.[5] 이렇게 정치 사회적 맥락을 중심으로 경허의 선사상을 이해하려 하기 때문에, 일제의 식민정책은 시급한 사회문제에 대해 둔감하게 하면서 종교 본연의 구도자적 수행에 정진하도록 요구했으며, 경허는 선의 경절문에만 너무 치우친 나머지 사회질서나 윤리를 헌신짝 버리듯이 했다는 혹독한 평가가 내려지는 것 또한 당연하다.[6]

그런데 필자는 경허의 선사상과 행적을 학문적으로 규명하기 위해서는 그가 직면했던 '죽음'이라는 실존적 문제의식에 초점을 맞추어야 한다고 생각한다. 경허가 전염병으로 인한 떼죽음을 목도한 사실은, 그와

---

5 "경허의 불교 형성에 있어서 가장 크게 기여했던 요소로는 기진맥진한 불교의 모습이었을 것이다. 이 모습 이외에 암울한 시대가 경허의 마음속에 빚어낸 염세주의 내지 비관주의 또한 그의 불교 형성에 큰 역할을 했을 것이다." 허우성, 「불조혜명의 계승과 만행: 경허 불교 이해에 대한 한 시론」, p.442.
6 성타, 「경허의 선사상」, p.1120.; 김두진, 「한국의 근대화에서 불교의 역할」, 『아세아연구』 106, 2000, p.37.

관련한 수많은 일화 가운데 하나로 흔히 소개되곤 하지만, 단순히 일화로 듣고 넘길 것이 아니라 그의 선사상 전체의 향방을 결정짓는 핵심 요소로 봐야 한다. 경허에게 '죽음'은 섬뜩했던 추억이나 사교입선의 계기에 그치는 것이 아니라, 그가 구현한 깨침의 내용과 이후 이력을 무리 없이 설명해 낼 수 있는 핵심 코드이다.

경허는 나이 아홉에 출가하여 열네 살에 동학사에서 경학經學을 시작하고 23세에 강사에 추대되었으며 대강사로 이름을 날렸다. 34세 무렵에 문득 동학사를 뒤로하고 옛 스승을 찾아 길을 떠난다. 그런데 그해(1879년, 고종 16년) 6월에 마침, 경상·전라·경기 일원에 석 달 동안 홍수가 지고 신종 전염병인 호열자가 창궐했다.[7] 경허는 자신이 사지死地로 들어선 것을 모르고 있다가, 어느 초토화된 마을에서 떼죽음과 정면으로 마주했다.

경허는, "당신은 누군데 이 사지로 들어왔는가."라는 한마디를 듣고 뒤도 돌아보지 않고 달려 나왔다. 그저 사지에서 벗어나야 한다는 생각뿐이었다. 하지만 그는 명색이 생사를 초월하겠다고 출가한 사문이었다. 경허는 동학사로 되돌아왔다. 죽음은 생각보다 가까이 있었고, 그때까지 삶의 교두보로 삼았던 경학經學적 지식은 죽음 앞에서 죄다 무용지물이었다. 죽음은 유예될 뿐 결코 사면될 수 없다는 사실이 절벽처럼 막아섰을 때, 그는 난감했을 것이다.

얼마 후 경허는 당대 조선 제일의 강원을 일거에 폐쇄했다. 죽음은 보편화될 수 없는 보편적 사실이다. 죽음은 예외 없이 곤혹스럽고 또 절박한데, 바로 이 '절박함(大憤心)'이 선수행의 출발점이 되었다. 경허에 대한 기존의 연구자들은 대개 그의 선사상 형성 과정에서 떼죽음 목격

---

7 민영규, 「경허당의 北歸辭」, 『민족과 문화』 12, 2003, pp.7~22.

사건을 단지 사교입선의 계기 정도로 봤을 뿐 그 이상 의미를 부여하지 않았다. 하지만 필자가 보기에 죽음은 경허에게 평생의 화두와 같은 것이었다. 그의 법문에 대부분 허무의 색채가 짙게 배어 있는 것은 결코 우연이 아니다.

떼죽음을 목격하고 동학사로 돌아온 경허가 화두를 들게 되는 과정을 면밀히 살펴볼 필요가 있다. 그의 제자였던 방한암方漢岩(1876~1951)은 당시 경허의 심정을 다음과 같이 전하고 있다.

> 이에 [경허는] 스스로 생각하고 말하되, "금생에 차라리 바보가 될지언정 문자에 구속되지 않고 조도祖道를 찾아 삼계를 벗어나리라." 발원하고 평소의 읽은바 공안을 헤아려 생각해 보니, 의리로써 배우던 습성 때문에 모두 알음알이가 생겨나서 참구할 분分이 없고 오직 영운 선사께서 들어 보이신, "나귀의 일이 끝나지 않았는데 말의 일이 닥쳐왔다(驢事未去 馬事到來)."라는 화두는 알 수도 없고 은산철벽에 부딪친 듯하여 곧바로 "이것이 무슨 도리인가?" 하고 참구하였다.[8]

여기서 '의리로써 배우던 습성'을 운운하는 것으로 봐서 공안을 의리義理 즉 알음알이로 학습하는 것이 당시 선가의 보편화된 공부 방법이었다는 것을 알 수 있다. 경허는 떼죽음을 목격함으로써 그러한 공부의 문제점을 간파한 것이다. 그래서 공안 가운데서도 의리의 접근을 원천적으로 허용치 않는 지극히 난해한 공안인 '여사미거 마사도래驢事未去 馬事到來'를 화두로 택한 것이다.

---

8 한암대종사문집편집위원회 편, 『한암일발록』, 민족사, 1996, p.300.

경허가 알음알이를 일으키지 않는다는 지극히 단순하고 실용적인 관점에서 이 공안을 선택했다는 사실은 무척 중요하다. 이는 공안에 감춰진 진리를 찾으려는 주지주의적인 공안선 공부전통과는 달리, 공안을 단순히 깨침을 위한 도약대로 자리매김한 간화선의 취지에 부합하는 태도이다. 그리고 이러한 수행법으로 깨침을 얻었다. 깨친 이후에도 그는 '죽음'이라는 화두를 놓지 않았다. 죽음이라는 문제는 선수행이 필요 불가결하며 유일한 선택지라는 것을 보여 줄 수 있었기 때문이다.

경허는 늘 죽음의 절박함을 역설하는 것으로 참선 수행의 필요성을 제기했다.

> 사람의 한 살이가 마치 문틈으로 천리마가 지나가는 것을 내다보는 것과 같고, 풀잎에 맺힌 아침이슬과 같고, 풍전등화와 같은지라 온갖 짓을 다해 봐도 결국 이르는 곳은 마른 뼈 한줌이로다. 이렇듯 덧없음을 생각해 보건대 생사의 일을 중대하고 급하게 여기기를 머리에 붙은 불을 끄는 것과 같이 해야 할 것이다. 태어나도 온 곳을 모르고 죽어도 갈 곳을 모르지만, 업식은 아득하고 육신은 어지러이 얽혀 섶에 붙은 불길처럼 치솟아 사생과 육취가 가슴속에서 잉태되니 어찌 두려워하지 않을 수 있겠는가. 만약 옳고 바른 참선 수행이 아니면 어떻게 생사의 업력을 대적하겠는가.[9]

경허에 따르면 생사에 대한 전면적 문제의식은 수행자가 늘 견지하

---

9 "人生一世, 如驥駒過隙, 倏如草露, 危如風燈, 用盡百計, 艱辛到頭, 一堆枯骨. 念此無常迅速, 生死事大, 急急如救頭燃, 生不知來處, 死不知去處, 而業識茫茫, 機關紛綸, 薪火蕩搖, 四生六趣, 胎孕于胷中, 豈不可畏哉. 若未有眞正參學, 如何抵敵生死業力."「與藤菴和尙」,『경허집』(『한불전』11), 594b.

고 있어야 할 본령이다. 이것 말고는 사문의 자기정체성을 규정할 수 있는 것은 아무것도 없다. 그래서 경허는 '중노릇'으로 표현되는 수행의 본질적 목적 혹은 이유 역시 죽음의 문제를 해결하는 것이라고 역설했다. 그가 "대저 중노릇 하는 것이 적은 일이리요"로 시작하는 「중노릇하는 법」이라는 문건에서 역설하는 기조 역시 '죽음'이라는 화두로 철저히 일관하고 있다.

> 잘 먹고 잘 입기 위하야 중노릇 하는 것이 아니라 부쳐 되여 살고 죽는 것을 면하자고 하는 것이니 부쳐 되려면 내 몸에 있는 내 마음을 찾아보아야 하는 것이니 내 마음을 찾으려면 몸뚱이는 송장으로 알고 세상일이 좋으나 좋지 안으나 다 꿈으로 알고, 사람 죽는 것이 아침에 있다가 저녁에 죽는 줄로 알고, 죽으면 지옥에도 가고 즘생도 되고 귀신도 되여 한없는 고통을 받는 줄을 생각하야 세상만사를 다 잊어버리고 항상 내 마음을 궁구하되 보고 듯고 일체 일을 생각하는 놈이 모양이 어떻게 생겼는고, 모양이 있는 것인가 모양이 없는 것인가, 큰가 작은가, 누른가 푸른가, 밝은가 어두운가 의심을 내여 궁구하되 고양이가 쥐잡듯하며 닭이 알 안듯하며 늙은 쥐가 쌀든 궤ㅅ작 좃듯하야 항상 마음을 한 군데 두어 궁구하야 잊어버리지 말고 의심하야, 일을 하더라도 의심을 놓지 말고 그저 있을 때라도 의심하야 지성으로 하여가면 필경에 내 마음을 깨다를 때가 있을 것이니 부대 신심을 내여 공부할지니라.[10]

위에서 보는 것처럼 경허는 선수행자뿐만 아니라 모든 인간에게 가

10 「중노릇 하는 법」, 『경허집』(『한불전』 11), 597a~b.

장 절박한 문제는 죽음이라는 사실을 적시하고 있다. 삶의 문제는 죽음의 문제를 해결함으로써 풀릴 수 있는데, 삶의 많은 문제들은 사실 죽음의 문제를 해결하지 못한 데서 빚어지기 때문이다.

그런데 이러한 태도는 한편 세상사에 대한 지나친 무관심으로도 나타난다. 세상의 허망한 것들은 모질게도 실해서 죽음을 앞에 두고 나서야 비로소 제 허망함을 드러내니, 그때 드러난 실은 실답지 못하여 결국 삶이 허무한 까닭이 되고 만다. 그래서 경허는 세상사에서 늘 몇 걸음 물러나 있었고, 차라리 방외方外에 서고자 했다.

이러한 태도를 두고 보수적 혹은 근본주의적 태도라고 평가할 수도 있고,[11] 단순히 세상물정에 어둡거나 그것을 애써 무시해 온 선사들의 늘 그렇고 그런 태도를 답습한 것으로 읽을 수도 있다. 하지만 경허의 경우, 이러한 태도의 저변에는 '죽음'이라는 절박한 문제 상황이 있었다는 것을 간과해서는 안 된다. 다시 말해서 그에게 죽음을 해결하는 것과 관련되지 않은 사안들은, 그것이 정치 사회적으로 아무리 중요한 이슈라 하더라도 모두 다 부수적이고 지엽적인 것들에 불과했다. 그가 보기에 죽음이라는 문제를 본질적으로 다루고 있는 것은 선禪뿐이었다. 그래서 경허는 세상일을 잘하려고 덤비는 것은 올바른 중노릇이 아니라고 설득한다.

> 설사 세상일을 똑똑히 분별하더라도 비유하건대 똥덩이 가지고 음식 만들려는 것과 같고 진흙 가지고 흰 옥 만들려는 것과 같애여 성

---

11 심재룡은 경허가 철저한 전통 보수주의자로서, 철저한 수행 중심의 전통 묵수적 불교 유형에 해당된다고 보고 있다. 그리고 "경허의 시들은 속세에 대한 그의 혐오와 인간의 노력에 대한 비관을 우리에게 전하고 있다."라고 적고 있다. 심재룡, 「근대 한국 불교의 네 가지 반응 유형에 대하여」, pp.105~112 참조.

불하여 마음닦는대 도시 쓸대없는 것이니 부대 세상일을 잘 할려고 말지니라. 다른 사람 죽는 것을 내 몸과 같이 생각하여 내 몸을 튼 튼히 믿지 말고 때때로 깨우쳐 마음 찾기를 놓지 말지니라. 이 마음 이 어떻게 생겼는고 의심하여 오고 의심하여 가고 간절히 생각하기 를 배고픈 사람이 밥 생각하듯 하여 잊지 말고 할지니라.[12]

죽음의 문제의식 앞에서 경허가 행했다는 파격과 기행奇行의 진위 를 밝히는 일은 무의미하다. 어쩌면 소문만 무성했을 뿐 기행도, 일탈 도 없었는지 모른다. 분명한 것은, 죽음을 목하에 두고 있었고 그래서 그 앞에서 삶의 논리와 세상의 논리는 한없이 무기력하기만 했던, 한 고집스러운 수행자가 있었다는 사실뿐이다. 이렇게 파격적 행위와 오 롯한 수행 정신을 모순 없이 읽어 낼 수 있는 코드가 바로 '죽음'인 것 이다.

경허는 늘 "참선하는 이가 제일로 두려워할 것은 덧없는 세월의 빠름 이요, 살고 죽는 것이 실로 큰일"[13]이라는 사실을 힘주어 말하곤 했지 만, 죽음은 끝내 수행자들에게 문제 상황으로 납득되지 않았다. 그것 은 애당초 설득하거나 강요할 수 있는 성질의 것이 아니었다. 그렇다고 해서 그 역시 동시대의 다른 사문들처럼 세속화된 출가수행자의 길을 받아들일 수도 없었다. 결국 경허는 세속으로 은둔하는 환속의 길을 선택함으로써 자신의 살림살이를 보존하고자 했다.

경허는 죽음이라는 실존적인 문제의식을 지님으로써 교학공부와 공 안공부에 내포된 주지주의적 문제점을 간파하였다. 그것은 누군가 정

---

12 「중노릇 하는 법」, 『경허집』(『한불전』11), 598b.
13 "夫叅禪者, 第一怕怖着, 無常迅速, 生死事大." 「泥牛吼」, 『鏡虛集』(『한불전』11), 590c.

해 놓은 '원형'을 지향하거나 발굴하려는 의도를 담고 있어서, 끝내 '내 살림'이 될 수 없었다. 그래서 마침내 지적인 의식작용을 배제한 간화를 최종적인 공부 방법으로 택했다. 경허는 간화선을 통해 자발적 정통성 의식에 기초하여 선의 깨달음을 구현한 인물로 평가받을 수 있을 것이다. 결사와 같은 체제지향적 성격이 강한 그의 행위와, 파격적 만행과 환속으로 나타나는 반체제적 행위, 이 모든 것이 이와 같은 그의 문제의식에 근거하여 논의되어야 마땅하다.

Ⅲ. 경허의 자발적 정통성 의식

경허를 한국 선불교의 중흥조로 치는 주장에는 대개 그가 한국 선맥과 법통에서 핵심적인 위치를 차지할 뿐만 아니라 그 자신이 이 문제를 진지하게 의식하고 있었으리라는 선입견이 내포되어 있다. 특히 경허의「오도가悟道歌」는 이러한 그의 의식을 극명하게 드러내는 대표적인 사례로 흔히 소개되곤 하는데, 그 내용 가운데 게송 부분만 살펴보자.

四顧無人
사방을 돌아보아도 사람이 없어   [사방을 둘러봐도 아무도 없으니]
衣鉢誰傳
의발을 누구에게 전하랴   [의발을 누구에게 전해 받으랴]
衣鉢誰傳
의발을 누구에게 전하랴   [의발을 누구에게 전해 받으랴]
四顧無人

사방을 돌아보아도 사람이 없네 ［사방을 둘러봐도 아무도 없는데］¹⁴

위에서 '의발수전衣鉢誰傳'은 대개 "의발을 누구에게 전하랴"로 번역되어 왔는데, "의발을 누구에게 전해 받으랴"로 해석해야 한다는 의견이 강하게 개진되고 있다. 이 두 가지 해석이 얼마만 한 해석학적 차이가 있는지 필자의 안목으로는 알기 어렵다. 두 번째 해석의 근거가 되는 것이 「선사경허화상행장」에 실린 방한암의 발언이라고 적시되어 있는데,¹⁵ 이렇게 해석하면 수수관계의 주체는 분명히 달라진다. 하지만 두 번역 모두 법통의 단절에 대한 경허의 위기의식을 전제하고 있다는 점에서 오히려 부합하는 것으로 보인다. 첫 번째 번역의 경우도 적시하지는 않았지만 한암의 의견을 반영하지 않았을 리 없으며, 결국 두 번역 모두 한암의 시각에 근거하여 경허의 「오도가」를 해석하고 있다는 점에서 부합한다.

그런데 한암의 선사상에서 발견되는 중요한 특징 가운데 하나가 법통의 단절에 대한 일종의 위기의식이다. 이러한 의식은 경허의 「오도가」를 보는 시각에도 반영되어 있다. 위의 게송을 소개한 후에 이어지는 한암의 발언을 보면 이러한 사실이 분명해진다.

---

14 경허의 「오도가」에 대한 기존의 번역은 두 가지가 있다. 인용문의 첫 번째와 같이 번역되어 있는 곳은 다음과 같다. 김진성 역, 『경허법어』, 인물연구소, 1981.; 석명정 역주, 『경허집』, 극락선원, 1990. 이에 비해 ［ ］ 속의 번역은 김호성이 처음 제기했다.(김호성, 「결사의 근대적 전개 양상」, p.142.) 김호성의 번역에 공감을 표시한 문건은 다음과 같다. 최병헌, 「근대 선종의 부흥과 경허의 수선결사」, 『덕숭선학』, 2000.; 고영섭, 「경허의 尾塗禪」, 『불교학보』 40, 2004. 「오도가」의 해당 한문 원문은 「悟道歌」, 『鏡虛集』(『한불전』 11), 628c에서 확인할 수 있다.

15 "此深嘆其師友淵源已絶 無印證相受處也." 방한암, 「경허화상행장」, 『한암일발록』, p.317. 김호성, 「결사의 근대적 전개 양상」, p.142의 각주 28번 참조.

무릇 조종祖宗 문하의 마음법을 전수함에 표본이 있고 증거가 있으니 가히 이를 잘못되게 해서는 안 된다. 예전에 황벽은 백장이 마조의 '할' 하던 것을 듣고 도를 깨달아 백장의 법을 잇고, 흥화는 대각의 방망이 아래서 임제의 방망이 맞던 소식을 깨달아 임제가 입멸한 뒤지만 임제의 법을 이었고, 우리 동국에는 벽계가 중국에 들어가 법을 총통에게 얻어 와서 멀리 구곡을 계승하였고 … 이제 [경허]화상의 유교遺敎를 받들어 법의 원류를 거슬러 올라간즉, 화상은 용암 혜언을 잇고, 언은 금허 법첨을 잇고, 첨은 율봉 청고를 잇고, … 경허 화상은 청허에게 12세손이 되고 환성에게 7세손이 된다.[16]

여기서 소개된 한암의 발언을 통해, 한암이 법통의식을 경허의 「오도가」 해석 과정에 주입하고 있음을 알 수 있다. 경허의 「오도가」는 방한암이 「행장」을 짓는 과정에서 그의 미필적 고의에 의해 적절히 자리매김되었다고 보는 것이 타당하다. 다시 말해서 방한암의 「오도가」 해석이 있고 난 다음에야 비로소 경허는 법통의 단절에 대한 위기의식을 지녔던 인물로 성격 지어진바, 경허 자신이 강렬한 법통의식을 지니고 있었는지에 대해서는 단언할 수 없다. 결국 분명한 것은, 「오도가」에 대한 한암의 이해와 해석이 경허 자신의 의사와 부합한다는 보장은 어디에도 없다는 것이다.

그렇다면 우리는 한암의 시각에서 벗어나 「오도가」를 해석할 수 있는 여지는 없는지 생각해 봐야 한다. 이것은 「오도가」를 발설했을 당시 경허의 심정과 의도에 대한 또 다른 가능성을 타진해 보는 일이다. 필자는 오도가의 게송 부분을 다음과 같이 번역할 것을 제안한다.

---

16 방한암, 「경허화상행장」, 『한암일발록』, pp.303~304.

사방을 둘러봐도 사람이 없는데
의발을 누가 전하겠다는 것인가.
의발을 전하겠다는 자 누구인가
사방을 둘러봐도 사람이 없는데.

위의 번역은 법통의 단절에 대한 위기의식을 배제한 것이며, 경허가
깨달음을 얻겠다는 마음을 일으켜서 화두참구에 몰두하고 깨달음을
얻을 때까지 누구의 가르침도 받지 않았으며, 오로지 혼자만의 힘으로
전 과정을 수행하였다[17]는 사실도 반영한 것이다.

경허에게 깨침은 철저히 자발적이고 주관적인 사건이어서, 그것은 어
떤 경우에도 공유되거나 전달되거나 복제될 수 있는 것이 아니다. 그래
서 의발에 목을 맨 선禪은 회의주의자를 양산할 뿐 결코 깨달은 자를
만들어낼 수 없으며, 수행자 자신이 온전히 부처가 되는 것만이 선의
지향점이라고 그는 판단했다. 이는 '부처를 섬기는 나'가 아니라 '부처인
나'를 공언한 것으로, 나의 깨침은 그 자체로 온전하다는 뜻을 함축하
고 있다.

필자는 「오도가」의 게송 부분을 법통의 단절에 대한 위기의식보다는
'자발적 깨침의 중요성에 대한 확신'이라는 맥락에서 읽는 것이 게송의
바로 다음에 이어지는 경허의 발언에도 훨씬 잘 부합한다고 생각한다.

봄 산에는 꽃 피고 새 울며, 가을저녁 달은 맑고 바람은 소슬한데,
태어남이 없는 한 곡조의 노래를 얼마나 불렀던가. 하지만 한 곡조
의 노래도 알아듣는 이가 없으니 시절의 수상함인가 운명의 장난인

---

17 박해당, 「滿空의 法脈에 대한 비판적 검토」, 『덕숭선학』 3, 한국불교선학연구원·
무불선원, 2001.

가, 그것도 아니면 무엇 때문일까. 산 빛은 문수의 눈이요 물소리는 관음의 귀이며, 시정의 평범한 사람들이 모두 보현보살이요 비로자나불인데, 불조佛祖라는 이름과 선교禪敎의 말들이 무에 다를 것이 있다고 구별할 것인가. … 범부들은 자성을 알지 못해 성인의 경지는 자기의 경지가 아니라고만 하고 있으니 안타깝지만 이런 이들은 지옥의 찌꺼기로다.[18]

여기서 소개된 내용은 흔히 경허가 선맥과 법통의 단절을 어이없어 하고 한탄하는 마음을 내비친 것으로 읽히곤 하는데, 좀 성급한 해석이다. 이것이 만일 편지글의 일부라면 그렇게 읽을 수도 있겠다. 또 언뜻 그런 느낌이 드는 것도 사실이다. 하지만 좀 더 심도 있게 이해해 볼 필요가 있다. 왜냐하면 이것은 「오도가」이기 때문이다. 다시 말해서 삶과 죽음, 윤회와 해탈이라는 불교의 본질적인 문제를 통찰한 순간의 일성一聲인 것이다.

한 곡조의 노래는 깨침의 경지를 표현한 선가의 상투어로서 깨친 자가 감내해야만 하는 절대고독을 상징하며, 깨침의 절대적 가치와 공유 불가능성을 함축하고 있다. 『벽암록』에서도 그랬고, 『운문록』에서도 그랬다.[19] 선이 아무리 성했던 시절이라도, 깨침은 늘 나눌 수 없는 경험이었다.

---

18 "春山花笑鳥歌, 秋夜月白風淸, 正恁麽時, 幾唱無生一曲歌. 一曲歌無人識, 時耶命耶且奈何. 山色文殊眼, 水聲觀音耳, 呼牛喚馬是普賢, 張三李四本毘盧, 名佛祖說禪敎何殊, 特地生分別.…凡人不識自性, 謂言聖境非我分, 可憐此人地獄滓." 「悟道歌」, 『경허집』(『한불전』 11), 628c~629a.

19 벽암록 제37칙에서 설두는 다음과 같이 송고했다. "삼계에 법이 없는데, 어디에서 마음을 찾을까. 흰구름은 일산이요, 흐르는 물소리 비파소리라. 한두 곡조도 아는 이 없나니, 비 개인 밤 못엔 가을 물이 깊다." 백련선서간행회 역, 『벽암록(中)』, 장경각, 1993, p.63.; 守堅 集, 『雲門匡眞禪師廣錄』(『大正藏』 47), 545b.

이러한 이해는 이어지는 내용과 함께 분석해 보면 더욱 분명해진다. "산 빛은 문수의 눈이요"에서부터 "범부들은 자성을 알지 못해 성인의 경지는 자기의 경지가 아니라고만 하고 있으니 안타깝지만 이런 이들은 지옥의 찌꺼기로다."까지의 내용은, 만일 법통의식을 중심으로 「오도가」를 이해한다면 전체적인 맥락에서 많이 동떨어져 있다. 이것저것이 다 부처고 조사며, 범부와 성인에 경계가 없다는 말이 어떻게 법통의식을 증거하는 발언일 수 있겠는가.

이것은 법통의식을 함축하는 발언이 아니라 오히려 그것과 상충한다. 「오도가」는 범부가 불조佛祖와 다를 것이 없는데도 지레 주눅들어 다만 부처를 섬기는 처지에 만족하고 있는 전도된 의식을 문제삼는 것이며, 깨닫고 보니 내가 처음부터 부처였음을 알게 된 것일 뿐 따로 새롭게 부처가 된 것은 아니라는 뜻을 함축한다. 내 부처를 내가 이룬 것이지 남의 부처를 가져온 것이 아니라는 얘기이다.

경허는 자신이 성취한 깨달음의 진정성에 대해 추호의 의심도 지니지 않았다. 그래서 그간 깨침의 인준처럼 애지중지해 왔던 법통과 법맥이라는 외형적 조건은 원천무효가 된다. 경허는 오히려 이렇게 얘기하고 있는 듯하다. "나는 혼자서 깨쳤고, 나의 깨침은 그 자체로 온전하다. 나에게 의발을 전하겠는 자 있으면, 한번 나와 보라."

경허는 법맥과 법통이라는 객관적 조건이나 근거보다는 수행자의 '자발성'을 중심에 둔 정통성 의식을 견지했다. 이러한 사실은 다른 문건들을 통해서도 여러 곳에서 확인된다. 경허가 1899년경에 지은 한 결사문에서 그는 다음과 같이 적고 있다.

간혹 말하기를, '영산회상에서 부처님이 꽃을 들었을 때 당시의 대중들은 모두 어리둥절하고 오직 가섭 한 사람만 알아차리고 미소를 지었을 뿐인데, [요즘] 말세의 중생들은 지들의 깜냥도 가늠치 못하고 너도나도 조사의 안뜰을 찾아들겠다고 나서고 있으니 어찌 성공할 수 있겠는가'라고 하는데, 이따위 삿된 말들은 낱낱이 다 들어서 말할 수조차 없다. 이런 [잘못된 견해는] 모두 지혜로운 안목이 없는 데다가 눈 밝은 선의 대가조차 만나지 못해 마침내 멍청한 지경에 이른 것이니 따지고 보면 사실 이상할 것도 없다. 하지만 만약 이렇게만 생각하고 지나가 그 오류를 반성하지 않는다면 제 앞길만 그르치는 게 아니라 다른 사람들의 눈조차 멀게 할 것이다.

[이 자리에서] 한번 물어보자. 부처님께서 법을 전할 당시에 여러 제자들이 모습을 드러내어 도착하였으니, [그 가운데는] 가섭迦葉이나 아난阿難만 한 [근기의] 제자들도 수없이 많았을 텐데, [그들을 두고] 어찌 불도佛道에 참여할 만한 근기가 되지 않았다고 하겠는가. [부처님이] 한 사람에게만 도를 전한 까닭은 부처님이 열반한 이후에 그로 하여금 첫 번째 교주敎主를 담당케 하고자 했기 때문이다. 이는 하늘에 두 개의 태양이 없고, 한 나라에 두 사람의 임금이 없는 것과 같은 이치인 것이지, 그 한 사람 말고 다른 사람들은 모두 도를 얻지 못했기 때문은 아니다. …

그리고 만약 수많은 대중들이 어리둥절해 있었고 가섭 혼자만 알아차리고 미소를 지었다는 잘못된 견해만을 고집하여 말세의 사람들이 조사의 안뜰을 찾아드는 것이 분수도 모르는 짓이라고 한다면, [가섭을 제외한 역대의] 여러 스승들이 교화한 허다한 사람들이 몽땅 잘못 전해 받았다는 얘기란 말인가. 또 [그들이 모두] 밑도 끝도 없는 허망한 말들을 날조하여 전했다는 말인가. … 또 만약 말세에 깨달은 바가 영산회상에서 [가섭이] 부촉받은 바에 미치지 못한다고 한다면, 이는 더욱 큰 잘못이다. 그러하다면 어떻게 저절로 태어

난 미륵이나 스스로 생긴 부처는 있겠는가.[20]

가섭은 선가의 원형이다. 초기 선불교의 주요한 과제 가운데 하나는, 한역 경전을 밑천으로 한 교학불교와 그것의 원형인 아난의 자리를 불립문자와 가섭으로 바꿔 앉히는 일이었다. 이러한 과정에서 교학불교 시절에 문자와 경전이 가지고 있었던 원형성은 이심전심以心傳心 혹은 직지인심直旨人心의 형태로 발설되어 '마음(心)'으로 대치되었고 그 마음의 담지자인 조사祖師의 이름으로 더욱 견고해졌다.[21]

그런데 여기서 경허는 바로 이와 같은 원형지향적 종교의식을 문제 삼고 있다. 원형지향적 종교의식에서 원형은 시원始原에 있다. 그것은 반복되고 복제되거나 혹은 재생되는 형태로 그 정통성을 이어 가며, 재생된 것들의 존재론적 근거는 결정적으로 그 시원에 있다. 그래서 늘 과거는 막급하고 현재는 미진하여, '불초不肖'는 지금 것들의 태생적 한계가 된다.

경허는 원형지향적 종교행위만을 무비판적으로 반복하게 되면 결국 패배주의로 귀착하고 만다고 경고한다. 이러한 판단이 있었기 때문에 그는 승려의 존재론적 위상을 '부처 모시는 사람'에서 '부처 되려는 사

---

20 "或者曰靈山會上, 佛擧拈花, 百萬大衆皆罔措, 唯迦葉尊者一人, 領解微笑, 而末葉衆生, 不能量其機小, 皆曰籹尋祖庭 是豈有成功之理哉. 如此邪說, 不可枚擧. 此盖生無慧目, 又不籹明眼宗匠, 致得如此鹵莽, 未足爲恠也. 然若如是念過, 不省其非, 則非特自誤前程, 亦乃瞎却, 他人眼目. 請質之, 盖當佛傳法之時, 諸弟子應化重來, 如迦葉阿難者, 其數不億, 豈可無能籹此道之機者哉 所以人傳一人者, 以佛滅度之後, 擧一人爲一代敎主, 如天無二日, 國無二王也, 非謂其無餘外得道者也, … 若也執認百萬大衆皆罔措, 唯迦葉尊者, 領解微笑之錯見, 沮毁末葉人之籹尋祖庭者, 以爲分外者, 如上諸導師之所敎化許多人也, 皆是誤着其傳授者耶, 抑皆是捏造誕妄無根之說而傳之耶."「結同修定慧同生兜率同成佛果禊社文」, 『경허집』(『한불전』 11), 601c~602a.; 석명정, 『경허집』, 극락선원, 1991, pp.97~99 참조.
21 박재현,「선불교의 정통성에 대한 의지」,『철학연구』 55, 2004.

람'으로 바꾸는 일에 평생토록 진력하였다. 수행자는 부처를 사숙私淑해야 한다. 수행자는 석가모니가 당면했던 삶과 죽음, 윤회전생의 문제를 그이처럼 느끼고 그이가 했던 것처럼 타파하여 부처가 되어야 하며, 그것이 경허가 말하는 올바른 중노릇이다.

경허에게도 물론 해동선문에 대한 법통의식이 발견된다. 하지만 경허의 법통의식은 종파적 성격을 내포하기보다는 선수행 전통 그 자체에 대한 정통성 의식이다. 다시 말해서 그의 법통의식은 자발적 정통성 의식을 전제로 한 선수행 전통의 복원과 계승 차원에서 피력되었지, 특정한 인물이나 문파門派를 중심으로 정통성을 개진하려는 의도를 담고 있지 않았다. 이러한 특징은 그의 제자였던 한암의 법통의식과 비교해 보면 더욱 뚜렷이 드러난다. 한암의 경우는 대표적으로 「해동초조海東初祖에 대하여」[22]라는 글에서 알 수 있듯이 인맥을 중심으로 하는 법통의 정립이 절실했으며, 바로 이 부분이 경허가 한암과 끝내 함께할 수 없는 지점이었을 것이라고 필자는 생각하고 있다.

IV. 경허의 결사와 환속

1879년 11월 15일, 경허는 나이 34세 되던 해에 대오했다. 이제 아무 남은 일이 없는 사람(無事人)이 되었다. 그리고 58세 되던 1903년까지 그는 영호남을 오가며 선풍 확립에 애를 썼다. 해인사, 범어사, 송광사, 화엄사 등지를 돌며 선방을 들이고 납자들을 불러들여 안거로 철

---

22 『불교』 70, 불교사, 1930.4.

을 보내는 한편 지눌의 『수심결』을 강의하고 『선문촬요』를 펴내면서 정신없이 살았다.

그러는 사이 1895년, 국모가 죽었다. 자연사하지 못한 볼썽사나운 죽음이었다. 그해 4월에 승려들의 성안(城內) 출입금지령이 해제되었다. 일본인 승려들의 활동영역을 확보하기 위한 포석이었다. 조선의 머리 깎은 이라면 너나 할 것 없이 무주공산의 주인이 될 요량으로 성내의 각황사覺皇寺로, 원흥사元興寺로 모여들었고, 개중 발 빠르고 목소리 큰 자 몇몇은 31대본산의 주지 자리를 꿰찼다.

이즈음에 경허는 짐을 꾸렸다. 1904년 늦봄, 그는 금강산으로 향했고, 이후 머리를 기르고 잠적했다. 그가 선문을 떠난 이유는 분명치 않다. 대개 친일적 사판승들의 견제가 도를 넘었기 때문이었을 것으로 짐작하는데,[23] 이것 역시 당시의 역사적 사실관계를 통한 정황적 설명일 뿐 경허 자신의 철학적·수행론적 문제의식까지 설명하고 있지는 못하다. 다만 그가 떠나면서, "세상은 시비와 명예와 이익에 미쳐 날뛰고, 잘나간다는 이들의 마음이 오히려 성난 범과 같아 사악함이 하늘을 뚫을 지경인데, 나는 누구와 더불어 돌아갈까."[24]라고 탄식했다는 얘기만 전한다.

경허가 깨친 이후에 남도 지역을 중심으로 결사를 추진했던 이유 역시 그가 선수행을 통해 깨달음을 체득하기까지의 전반적인 과정을 공시하고 다른 수행자들을 깨달음으로 안내하기 위한 것으로 짐작된다. 그런데 이러한 의도에서 추진된 결사가 4년여의 짧은 기간밖에 지속되

---

23 최병헌, 「근대 선종의 부흥과 경허의 수선결사」, 『덕숭선학』, 한국불교선학연구원·무불선원, 2000, pp.94~96 참조. 최병헌은 경허가 떠난 지 얼마 되지 않아 대표적 친일승인 이회광이 해인사 주지로 취임한 사실을 그 근거로 들고 있다.
24 『경허집』(『한불전』 11), 615c.

지 못했고 그 대표자조차 은둔 환속하게 되는 참담한 결과를 낳은 이유는 무엇인가.

오도 후의 경허를 보는 심정은 착잡하다. 결사結社, 만행, 환속이 뒤섞여 있는 그의 행적은 예사롭지 않다. 단순한 후대의 찬사성 평가가 아니라 당대 최고 선사로서의 역할을 실제 행했던 인물이 불현듯 환속하는 일이 도대체 어떻게 일어날 수 있는가. 결사라는 지극히 종교 체제 지향적인 행위와 온갖 일화로 전해 오는 파격적인 행각이 어떻게 한 인물 속에서 동시에 구현될 수 있는가. 또 이런 행적들이 그의 선사상과는 어떤 상호관련성 속에서 규명되고 자리매김될 수 있는가.

당시엔 이른바 의식 있고 깨어 있다는 승려일수록 일본에 드나든 횟수를 선방에서 안거 보낸 횟수보다 자랑스럽게 여겼다. 그들은 바다 건너에서 희귀한 물건들을 가져왔고, 조선 땅에서 보지 못한 색다른 경험을 무용담처럼 늘어놓았으며, 일본 어느 종파의 대법주를 알현하고 돌아왔다고 떠벌였다. 또 일본 어느 종파의 종지를 적은 종이를 신도들에게 선물로 나눠 주면 그것을 받아든 이들은 가보처럼 여겼고, 법회에는 조선 말을 하지도 듣지도 못하는 일본인 승려가 고문처럼 참석하여 자리를 빛냈다. 조선 사찰들은 일본의 종파에 관리청원을 넣어 편입되려고 애를 썼고, 일본 측은 기각 횟수를 적당히 조절하여 품위를 유지하면서 그들을 우아하게 말사로 받아들였다.[25] 구한말의 승려들에게 죽음의 문제와 같은 인간의 보편적 문제 상황은 영 눈에 보이지도 손에 잡히지도 않았고, 번번이 무력했다.

---

25 일제시대 조선 불교계의 일본 불교에 대한 인식과 반응에 대해서는 많은 연구 결과물들이 있다. 정광호, 「개항기 불교계의 현실인식」, 『불교평론』 8, 2001.; 「근대 한일불교 관계사 연구」, 경희대학교 박사학위논문.; 표창진, 「구한말 일본불교의 사상적 침투와 조선 불교계의 동향」, 『외대사학』 12-1, 2000.

이러한 상황 속에서 경허는 선문의 결사를 추진해 나갔는데, 결사의 목적은 대개 두 가지 정도이다. 하나는 선수행의 효과를 극대화하기 위한 순수하게 수행론적인 목적에서 비롯되는 것이다. 석가모니가 조직했던 승가(僧伽) 이래로 개별적인 수행보다는 모둠수행 형태가 올바르고 높은 수행 효과를 가져온다는 것은 공인된 사실이고, 스승과 제자 사이의 게이트오프닝(Gate-opening)을 핵심적인 수행 과정으로 삼는 선가의 경우에는 모둠수행은 사실 수행의 필수 조건이다. 결사의 목적으로 상정할 수 있는 두 번째 것은, 종교의 조직력을 배가함으로써 내부를 단속하고 밖으로 모종의 영향력을 행사할 수 있는 기반을 마련하기 위한 다분히 정치 사회적인 의식을 그 배경으로 한다. 이는 내부의 이론적이고 실제적인 역량 강화를 통해 사회적 영향력을 확보하려는 것인 한편, 불교계 내부의 세력 확보 문제와도 긴밀히 연관되어 있다.

결사는 대부분 이 두 동기 가운데 하나에서 촉발되지만, 결사가 점점 조직화되고 규모가 커질수록 대체로 두 번째 성격이 중심을 이루게 된다. 결사와 관련한 대부분의 연구가 수행론적 맥락보다는 주로 정치 사회적 맥락에서 이루어지는 것도 이 때문이다. 그러나 결사를 추진한 주체의 철학적·수행론적 문제의식과 배경을 면밀히 분석해 보는 것이 필요하다.

경허가 오도한 후에 남도 지역을 중심으로 결사를 통한 선문 부흥에 진력한 이유는 무엇이었을까. 그간 경허의 선문 부흥 운동을 주제로 한 연구 성과들은 정도의 차이는 있지만 대체로 선문 부흥의 사명감과 민족의식 같은 요소들을 지목하고 있다.[26] 결사와 선원 복원을 통한 선풍

---

26 김경집은 경허의 결사 목적 혹은 그 배경으로 인생무상의 극복, 자력문의 권고, 정법의 교화가 후대에 계승되기를 바람 등 세 가지를 지목함으로써, 떼죽음을 목격한 것이 경허 결사운동의 배경이었다고 짐작하고 있다. 그러나 여전히 뒤의 두

진작의 노력을 들어, 경허가 마치 한국의 선수행 전통을 복원하려는 사명감으로 똘똘 뭉친 사람이었던 양 설명해 왔다. 특히 그가 보조 지눌 이후 쇠약해진 선수행 전통을 되살린 인물이라는 점을 높이 사, 그를 근대 한국 선불교의 중흥조라는 시각에서 보고 자리매김하려는 경우는 더욱 그러하다. 그런데 이러한 관점은 지눌로부터 이어지는 '한국 선불교의 어떤 전통'이라는 가상의 끈을 설정하고 있다.[27]

엄격한 선수행 몰입의 일화와 지치지 않는 결사結社 행위 그리고 비장한 파격에 이르기까지, 경허는 한국 선불교의 중흥조로서 손색이 없다. 그런데 이 모든 일이 '선수행 전통 복원의 사명감'에서 비롯했다고 보는 것은, 역사적 사실관계에 근거함으로써 그럴듯한 인상을 주기는 하지만, 경허 자신이 연구자와 동일한 역사의식을 가지고 있었다는 것을 전제하므로 조심스러운 이해가 필요하다.[28]

이렇게 경허의 결사운동을 종교 사회학적 맥락에서 접근하는 것도 의미 있는 일이기는 하지만, 그보다는 그의 철학적·수행론적 문제의식을 중심으로 해서 설명을 해야 하지 않을까 한다. 이렇게 설명해야 하

가지를 주된 이유로 보고 있다. 김경집, 「경허의 정혜결사와 그 사상적 의의」, 『한국불교학』 21, 1996, pp.359~389.

27 이 끈의 길이가 최근에는 더욱 길어져 성철의 봉암사결사와 선우도량결사까지 이어진다.(김경집, 「근현대 불교와 보조의 영향」, 보조사상연구원 편, 『제71차 월례학술대회자료집』, 2006.) 다소의 차이는 있지만 경허와 관련한 기존의 논문들이 대체로 경허를 보조선의 계승자로 보는 시각을 공유하고 있다. 김경집, 「경허의 정혜결사와 그 사상적 의의」; 「경허의 선교관 연구」, 『한국사상사학』 9, 2004.; 이성타, 앞의 논문.; 김호성, 앞의 논문.

28 최근(2006년 9월 16일) 보조사상연구원에서는 '보조 사상이 현대불교에 미친 영향'이라는 주제로 학술발표회를 개최하였다. 이 자리에 논평자로 참여했던 박해당(규장각한국학연구원 책임연구원)은 논평을 통해 "지눌의 결사가 우리 불교사에 빛나는 개혁운동으로서 뒷시대의 모범이 된 것은 분명하지만, 이후 결사들을 지눌의 영향력 아래 생겨난 것으로 규정하는 것은 일반적인 관계를 지나치게 특수화시켰다는 비판에서 자유로울 수 없다."고 지적했다. 보조사상연구원 편, 『제71차 월례학술대회자료집』, 2006 참조.

는 이유는, 만일 경허가 결사와 선문 부흥을 통한 불교세력의 결집과 조직화에 무게를 두고 있었다면, 그의 파격적인 만행과 환속을 설명하기가 어렵기 때문이다. 그는 불교세력의 중심부로 더욱 깊숙이 진입했어야 하고, 입지를 더욱 견고히 하고 있다가, 억지로라도 앉아서 입적하여 만인의 오열과 추도를 자아냈어야 맞다. 그런데 경허는 이미 굳게 다져진 자리조차 던져 버리고 잠적하였다.

경허의 파격과 환속은 사명감과 민족의식만으로는 설명할 수 없는 부분이다. 경허의 결사행위를 선문 부흥의 사명감이나 민족의식의 발로가 아닌 죽음이라는 실존적 문제의식을 근간으로 하는 선수행적 사무침의 결과로 파악할 수 있다면, 그의 기행과 은둔 역시 죽음이라는 실존적 문제의식에 결부된 순수한 선수행이 조선 선문에서 유지될 수 없는 시대적 상황에 대한 경책과 회의 그리고 좌절에서 비롯한 것으로 이해할 수 있다.

우리는 경허와 관련한 갖가지 파격적 기행의 일화들이 대개 그가 오도한 후부터 은둔하기 직전까지 불과 몇 년 사이에 집중되어 있다는 사실에 주목해야 한다. 언뜻 생각하기에 선문에서 발을 빼고 은둔하면서 자유로운 상태에서 기행을 했으리라 생각하기 쉽지만 전혀 그렇지가 않다. 은둔 후의 경허는 오히려 그 어떤 사회인보다 더 착실한 사회인으로 살았던 것으로 짐작된다.[29] 이러한 사실을 바탕으로 할 때, 그의 파격적 기행이 모종의 의도를 가지고 있었고, 그 의도는 당시 조선 선문의 수행자를 염두에 두고 있었다는 것을 알 수 있다. 그의 기행은 먹물

---

29 경허가 말년에 작은 마을에서 서당 훈장으로 종사한 모습이 근거가 될 수 있을 지도 모르겠다. 하지만 이 모습을 두고 전통의 상징적 몰락과 그 권위의 실추로 평가하는 의견도 있다. 심재룡, 「근대 한국불교의 네 가지 반응 유형에 대하여」, p.127.

옷 입은 사회인들의 집단과 다름없었던 당시의 사문들을 향해, 선수행의 출발점과 지향점이 어디여야 하는지를 선명히 보여 주기 위한 것으로 짐작된다. 그리고 그 출발점과 지향점은 '지금 여기의 나'라는 실존을 향하고 있었으며, 경허는 간화선 수행을 통해 그것을 통찰했다.

V. 나가는 말

　구한말의 승려들이 일본불교 및 일본인 승려에 우호적인 자세를 취했었다는 사실을 가지고 '친일'이라고 비판하는 것은 너무 일방적이다. 이들의 행위에는 분명 조선 후기 이후로 피폐한 불교를 일으켜 세우고 근대화하고자 했던 종교적 열정에서 기인하는 부분이 있었다는 점이 충분히 인정된다.[30] 하지만 그렇다 해도 불교 부흥과 발전의 역량을 그 내부에서 도출해 내지 못하고, 사회진화론이나 근대화 같은 세속의 논리에 편승했다는 비판을 면하기는 어렵다.

　친일주의자의 모습을 보여 주었든 민족주의자의 모습을 보여 주었든 간에 구한말의 승려들은 대부분 불교를 사회 시스템의 한 부분으로만 파악하고 있었다는 점에서 동일하며, 이로 인해 불교의 탈역사적인 문제의식과 담론조차 간과함으로써 결국 스스로 사회 논리에 종속되는 결과를 초래하였다. 경허의 선사상은 이와 같은 구한말 불교의 세속화에 대한 전면적 문제의식을 깔고 있었다.

　경허는 불교가 시간과 공간을 초월하여 중생으로서의 인간이 당면하

---

30 표창진, 「구한말 일본불교의 사상적 침투와 조선 불교계의 동향」, p.326.

게 되는 보편적 문제 상황을 직시해야 한다고 봤다. 그것이 불교가 세상에 존재해 온 이유였기 때문이다. 따라서 이를 간과하거나 도외시하는 불교는 그저 사회 체제로서의 종교집단에 불과하고, 그렇다면 굳이 승려일 이유도 불교일 필요도 없었다. 그가 이러한 통찰에 도달한 것은 전염병으로 인한 떼죽음을 직면한 뒤였다. 이때 그가 발견한 인간의 보편적 문제 상황은 바로 '죽음'이었다. 이 문제 상황을 타개해 나갈 수 있는 방법으로 그는 선禪을 선택했고 끝을 보았던 것이다.

경허 선사상의 근간을 이루었던 핵심적 사안은 '죽음'이었다. 그가 최종적으로 간화선 수행을 통해 깨달음을 얻고 선문의 결사운동을 주도하다가 끝내는 은둔 환속하기까지, 그 저변을 관통하는 핵심적인 사안은 모두 '죽음'으로 대표되는 인간의 절박하고 보편적인 문제 상황이었다. 이것은 그를 둘러싼 정치 사회적 상황이나 불교계의 역학관계보다 훨씬 본질적인 문제였다. 이를 도외시한 채 경허의 선사상과 그의 불교사적 위상을 논한다면, 본말이 전도될 가능성이 높다.

참고문헌

방한암, 「海東初祖에 대하여」, 『불교』 70, 불교사, 1930.4.

백련선서간행회 역, 『벽암록 (中)』, 장경각, 1993.

송경허, 『鏡虛集』(『한불전』 11책).

_____, 김진성 역, 『경허법어』, 인물연구소, 1981.

_____, 석명정 역, 『경허집』, 극락선원, 1990.

한암대종사문집편집위원회 편, (증보수정판)『한암일발록』, 민족사, 1996.

守堅 集, 『雲門匡眞禪師廣錄』(『대정장』 47).

고영섭, 「경허의 尾塗禪」, 『불교학보』 40, 2004.

김경집, 「경허의 정혜결사와 그 사상적 의의」, 『한국불교학』 21, 1996.

_____, 「경허의 선교관 연구」, 『한국사상사학』 9, 2004.

_____, 「근현대 불교와 보조의 영향」, 보조사상연구원 편, 『제71차 월례학술
　　　대회자료집』, 2006.

김두진, 「한국의 근대화에서 불교의 역할」, 『아세아연구』 106, 2000.

김영태, 「경허의 한국불교사적 위치」, 『덕숭선학』, 한국불교선학연구원·무불
　　　선원, 2000.

김호성, 「결사의 근대적 전개양상: 정혜결사의 계승을 중심으로」, 『보조사상』
　　　8, 1995.

민영규, 「경허당의 北歸辭」, 『민족과 문화』 12, 2003.

박재현, 「선불교의 정통성에 대한 의지」, 철학연구회 편, 『철학연구』 55, 2004.

박해당, 「滿空의 法脈에 대한 비판적 검토」, 『덕숭선학』 3, 한국불교선학연구
　　　원·무불선원, 2001.

심재룡, 「경허 선사를 또 다시 생각함」, 『덕숭선학』, 2000.

_____, 「근대 한국불교의 네 가지 반응 유형에 대하여」, 서울대학교 철학사상
연구소편, 『철학사상』 16, 2003.

이성타, 「경허의 선사상」, (숭산박길진박사 화갑기념)『한국불교사상사』, 1975.

정광호, 「근대 한일불교 관계사 연구」, 경희대학교 박사학위논문, 1989.

_____, 「개항기 불교계의 현실인식」, 『불교평론』 8, 2001.

최동호, 「경허의 선적 계보와 화두의 시적 해석」, 『덕숭선학』, 2000.

최병헌, 「근대 선종의 부흥과 경허의 수선결사」, 『덕숭선학』, 2000.

최현각, 「경허의 禪淨 사상」, 『덕숭선학』, 2000.

표창진, 「구한말 일본불교의 사상적 침투와 조선 불교계의 동향」, 한국외국어
대 역사문화연구소 편, 『외대사학』 12-1, 2000.

한중광, 「경허의 선사상」, 『백련불교논집』 5·6, 백련불교문화재단, 1996.

허우성, 「불조혜명의 계승과 만행: 경허 불교 이해에 대한 한 시론」, 『인문학연
구』 3, 2004.

21

일제의 불교정책과 친일불교의 양상
/ 류승주

〈선정 이유〉

I. 들어가는 말

II. 일본불교의 침투와 조선불교의 친일화

III. 일제강점 초기의 불교정책과 친일불교의 고착화

IV. 심전개발心田開發 정책과 불교계의 대응

V. 맺음말

● 류승주, 「일제의 불교정책과 친일불교의 양상」, 『불교학보』 제48집, 동국대학교 불교문화연구원, 2008.2, pp.155~177.

선정 이유

이 논문은 메이지유신 이후 일본의 불교가 천황제를 기반으로 군국주의 국가로 나아가는 과정에서 국가의 탄압과 회유를 이겨내지 못하고 정치권력에 영합함으로써 종교의 사회적 역할을 왜곡하고 국가주의적 어용불교로 변모하게 된 과정과 일제의 한반도 병탄 이후 이러한 어용불교의 한반도 침투와 일제의 불교정책 및 한국불교를 친일불교화하는 과정에 대해 촘촘히 밝히고 있는 점에 주목하여 선정하였다.

저자는 일본불교의 침투와 한국불교의 친일화가 일제 강점 초기의 불교정책과 맞물려 친일불교의 고착화로 이어졌으며, 일제의 심전개발 정책에 대응하여 한국불교계는 이를 불교의 중흥과 대중화의 계기로 삼고자 하였다고 보았다. 하지만 저자는 한국불교계가 심전개발 운동에 적극적으로 참여함으로써 불교의 대중화와 교세의 확장이라는 측면에서는 자체적인 성과를 거두었지만 이러한 대응 방식은 전시체제 아래에서 전쟁 이데올로기를 대변하는 황도불교皇道佛敎의 변질을 담보로 하는 것이었으며, 일제의 군국주의를 위해 종교적 진리를 희생시킨 결과로 파악하였다.

또 조선왕조라는 국가권력에 대한 불교계의 인식이 기본적으로 적대적인 정서에 기반을 두었기에 불교계는 제국주의의 본질에 대해 이해하지 못했으며 민족의식으로부터의 이탈을 합리화하는 조건으로 치달았다. 그 결과 식민지 시기의 한국불교가 친일적 성향을 탈피하지 못한 주요 원인이 되었다고 보았다. 이 때문에 친일불교는 일본의 국가주의적 불교에 동화된 불교, 제국주의 권력에 영합하여 불교의 본래 면목을 상실한 식민지 이데올로기로 작동하였으며, 그러한 모습은 여전히 현재적 의미를 갖는다고 보았다.

저자는 불교의 궁극적 본질은 근대성이라는 역사적 환경을 초월하며 민족의식의 한계를 넘어선 세계만민주의를 지향한다고 전제하고, 식민지 치하의 근대화 과정에서 떠안은 친일불교라는 역사적 질곡을 진지한 반성 속에서 풀어냄으로써 한국불교의 정체성을 명확히 인식할 때 이러한 초월이 가능할 수 있을 것으로 파악하는 지점에서 이 논문의 의미와 학문적 가치를 찾을 수 있다.

〈요약문〉

일본의 불교계는 천황제를 기반으로 하여 군국주의 국가로 나아가는 과정에서 탄압과 회유를 극복하지 못하고 정치권력에 영합함으로써 종교의 사회적 역할을 왜곡시킨 국가주의적 어용불교로 변모하게 되었다. 1905년 한반도를 둘러싸고 벌어졌던 러일전쟁에서 승리한 일본은 같은 해 11월 17일 2차 한일협상조약을 강제로 체결하고 이토 히로부미를 초대 통감으로 세운 통감부를 설치함으로써 대한제국의 주권을 침탈하고 실질적인 식민통치를 시작하였다. 이를 기점으로 정부의 요청과 후원하에 민간의 주도로 이루어진 포교의 성격을 지녔던 일본불교의 침투는, 이제 일제의 식민지 지배 권력이 뚜렷한 목적의식하에 불교 정책을 입안하고 이에 의거하여 직접적으로 한국의 불교계를 통제·관리하는 양상으로 전환된다. 식민통치가 본격화되자 일제는 조선인들을 순량한 인민으로 교화하는 역할을 한국불교에 부여함으로써 일본불교와 같은 국가주의적인 어용불교로 변화시키고자 하였고, 이를 위하여 한국불교계를 통제·장악하는 수단으로서 '사찰령寺刹令'을 비롯한 '사찰령시행규칙寺刹令施行規則'과 각 본·말사의 사법寺法, '포교규칙' 등의 불교 관계 법령들을 제정하였다.

한반도 민중들의 절대다수를 차지했던 농민 계급을 주요 대상으로 정신교화精神敎化를 추구했던 일제의 이데올로기 정책은 1930년대 침략전쟁을 준비하는 과정에서 본격적으로 시작되었다. 중일전쟁 이후 전시체제로 돌입하면서 조선에서 추진된 '황민화정책皇民化政策'은, 넓게는 정치·경제·사회·문화 등 모든 분야에 걸쳐 일제가 침략전쟁에 조선 민중을 동원하기 위해 실시한 정책의 총체적 표현이며, 좁게는 '민족말살'을 위한 폭력적 이데올로기 정책을 지칭한다. 이러한 폭력적 이데올로기 정책을 본격 추진하기에 앞서 종교, 사상 및 교육 분야에서 입안되었던 것이 이른바 '심전개발心

田開發'운동이었다. 심전개발 운동은 일제가 조선인들을 황국신민으로 육성하려는 의도로 기획된 이데올로기 정책으로 시발된 것이었으나 조선불교계는 이를 불교의 중흥과 대중화의 계기로 삼고자 하였다. 조선불교계가 심전개발 운동에 적극적으로 참여함으로써 불교의 대중화와 교세의 확장이라는 측면에서는 자체적인 성과를 거두었으나, 그것은 곧 전시체제하에서 전쟁 이데올로기를 대변하는 황도불교皇道佛敎로의 변질을 담보로 한 것이었으며 일제의 군국주의를 위해 종교적 진리를 희생시킨 결과였다.

조선왕조라는 국가권력에 대한 불교계의 인식은 기본적으로 적대적인 정서에 기반을 두었고 이에 따라 제국주의의 본질에 대한 몰이해와 민족의식으로부터의 이탈이 합리화될 수 있는 조건을 내재하고 있었다. 바로 이러한 조건이 식민지 시기의 한국불교가 친일적 성향을 탈피하지 못한 주요 요인으로 작용하였다. 친일불교는 단지 일본불교의 풍습을 따른 불교를 지칭하는 것이 아니라 일본의 국가주의적 불교에 동화된 불교, 제국주의 권력에 영합하여 불교의 본래 면목을 상실한 식민지 이데올로기를 지칭하며, 여전히 현재적 의미를 갖는 것이다.

불교의 궁극적 본질은 근대성이라는 역사적 한정을 초월하며 민족의식의 한계를 넘어선 세계만민주의(cosmopolitanism)를 지향한다. 식민지 치하의 근대화 과정에서 떠안은 친일불교라는 역사적 질곡을 진지한 반성 속에서 풀어냄으로써 한국불교의 정체성을 명확하게 인식할 때 그러한 초월이 가능할 수 있을 것이다.

I. 들어가는 말

한국 근대불교사는 근대국가로의 발전 과정에서 가장 중요한 원동력으로 작용했던 근대화와 민족주의가 서로 상반된 가치로서 충돌해야만 했던 식민지 사회의 역사적 모순을 보다 첨예하게 드러내 보여 준다. 제국주의, 식민주의, 민족주의, 근대성이라는 서로 모순된 개념틀로써 풀어야 하는 식민지 시기 한국 근대의 성격을 둘러싼 학계의 논쟁을 압축해 보면, 1980년대까지 주류를 이루었던 민족주의적 논리에 기반을 둔 식민지 수탈론 및 내재적 발전론에 대해 1990년대에 들어 식민지 근대화론이 제기되어 자못 치열한 논쟁이 전개되다가, 세기가 바뀐 후에는 근대성 자체에 대한 반성과 비판적 인식이 '식민지 근대성'으로 수렴되어 가는 과정으로 정리될 듯하다.

근대 시기 한국불교에 대한 연구는 1990년대에 들어 본격적으로 시작되어 그동안 적지 않은 연구의 결과물들이 축적되었고, 최근에 들어서는 이에 대한 정리와 평가, 더불어 한국불교의 근대를 해석하는 기존의 관점에 대한 반성이 시도되고 있다.[1] 김광식은 임혜봉의『친일불교론』이 발간된 1993년을 기점으로 그 이전을 근대불교 연구의 개척기로,

---

1 최근 이루어진 한국 근대불교사 연구에 대한 정리와 반성들은 다음과 같다. 김광식, 「근대 불교사 연구의 성찰―회고와 전망」,『민족문화연구』45, 2006.; 조성택, 「근대불교학과 한국 근대불교」,『민족문화연구』45, 2006.; 최혜경, 「일제의 불교정책에 관한 연구 성과와 과제」,『선문화연구』창간호, 2006.12.; 임혜봉, 「친일불교에 관한 연구성과의 동향과 과제」,『선문화연구』창간호, 2006.12.

그 이후를 연구의 심화기로 구분하고, '항일/친일, 일제의 불교정책/종
단설립, 전통불교의 수호/불교대중화'라는 세 쌍의 해석 틀을 통해 기
존 연구들을 분석·정리하고 있다. 또한 그는 '왜색불교, 친일불교라는
과도한 수식어'를 예로 들어, 학술적 접근 이전에 존재하는 '과도한 이
해'가 근대불교 연구의 객관적이고 학술적인 접근에 장애물로 작용한
다고 지적하였다. 그는 '항일/친일'을 근대불교의 성격을 가늠하는 핵심
적 초점으로 보고, 친일 문제에 대한 이해에 있어 현재적 관점이 장애
물로 작용하는 것을 경계하면서 친일의 논리와 범위에 대한 설정과 정
리의 필요성을 제기하고 있다.[2] 최혜경은 일제의 불교정책을 중심으로
시기별·주제별로 구분하고 연구 현황을 정리·평가하고 일제의 불교정
책과 친일불교의 연관성에 대한 보다 구체적인 규명을 과제로 제시하
고 있다.[3] 조성택은 한국불교사에서 '근대성'의 개념 자체에 대한 근본
적 반성을 제기하면서 '근대 시기의 불교'와 '근대불교'를 구분하고, '근대
불교'는 '근대성'을 내용으로 해야만 하며, 근대라는 새로운 공간에 대한
의식적인 자각의 여부를 근대불교에 대한 최소한의 기준이라고 보았다.
또한 그는 항일—친일의 이분법적 연구 패러다임과 민족주의적 관점에
서만 식민지 불교를 해석하는 것은 지나친 단순화의 오류이며 목적론적
인 역사해석이라고 비판하였다.[4]

　이러한 논의들은 식민지 시기의 한국 근대불교사에 대한 해석의 관
점에 있어 반성과 변화가 요구된다는 점에서 인식을 공유하는 것으로
보인다. 그럼에도 불구하고 한국불교의 근대는 어떤 식으로든 식민지성
을 떠나 생각될 수 없으며, 따라서 제국주의와 친일의 문제는 단지 덮

2　김광식, 위의 논문 참조.
3　최혜경, 위의 논문 참조.
4　조성택, 위의 논문 참조.

어 버리거나 외면하는 것으로 무화될 수 없다. 위의 논자들이 지적한 대로 '과도한 이해'의 장애물로 인한 이분법적 시각과 민족주의적 관점에서 벗어나 근대불교의 식민지성과 친일 문제에 대해 보다 객관적으로 접근해야 할 것이다.

지난 몇 년간 친일인사 명단 발표와 '일제강점하 친일반민족행위 진상규명에 관한 특별법안'이 제정되는 등 일제의 식민지 잔재 청산이 정치·사회적 문제로 대두되면서 불교계에서도 친일 행적에 대한 논란이 계속되었다. 해방 이후 50년이 넘었음에도 우리 사회는 아직도 '친일'의 문제로부터 자유롭지 못하다. '친일'은 우리의 시각을 바꾼다고 해서 사라지는 것이 아니며, 실정적으로 현존하는 개념이다. 감성적인 민족주의에 기초한 제국주의와 식민지성의 반민족성에 대한 비판을 지양한다 해도 그것의 반인륜성과 비진리성을 용인할 수는 없으며, 특히 종교로서의 불교의 영역에서는 더욱 그러하다.

조선왕조 동안 정책적 차원에서 억압당했던 역사적 특수성으로 인하여 일본제국주의의 국권침탈을 도리어 불교 중흥의 계기로 받아들이는 것이 당시 조선불교의 전반적인 현실 인식이었고, 이는 일제하 친일불교의 인식론적 기반이 되었다. 일제의 불교정책과 이에 영합한 친일불교는 한국불교의 근대화를 왜곡시키고 민족불교 형성을 억압하였다. 그리고 그 영향력은 해방 이후 현재까지도 한국불교가 근대를 완성하지 못하는 주요한 장애요인으로 작용하고 있다.

본 연구는 이와 같은 문제의식을 바탕으로 일제의 불교정책과 친일불교의 전개 과정을 살펴봄으로써 한국 근대불교사에 대한 반성적 인식의 계기로 삼고자 하며, 선행 연구를 토대로 일제 식민지 불교정책의 전개와 친일불교의 변화 양상을 고찰하고자 한다.

II. 일본불교의 침투와 조선불교의 친일화

일본은 전통적으로 불교와 신도神道가 융합된 신불습합神佛習合의 종교적 양상을 유지해 왔으나, 메이지유신(明治維新)을 통해 천황제 국가 체제를 수립한 이후 일본 정부는 메이지 원년(1868)에 '신불판연령神佛判然令'을 공포함으로써 신도神道를 불교로부터 분리하여 국교화하고 도쿠가와 막부(德川幕府)와 유착관계에 있던 불교에 대해 이른바 '폐불훼석廢佛毁釋'의 종교적 탄압 정책을 시행하였다.[5] 일본의 불교계는 이러한 위기에 대처하여 교단의 체제 정비와 교육기관의 설립, 서양의 근대적 종교제도와 학문적 연구방법론의 도입 등 체제 혁신과 근대화를 추구해 나가면서, 정부의 정책에 대해서도 적극적으로 협력하고자 하였다. 이러한 태도는 불교의 종교적 교리와 사회적 역할을 천황국가의 통치권에 자발적으로 예속시키려는 국가주의적 호국불교론으로 전개되었고, 일본불교계는 종파를 초월하여 '왕법불법불리지론王法佛法不離之論'과 '존황봉불尊皇奉佛', '근왕호법勤王護法' 등의 이념을 전면에 내세우게 되었다.[6] 일본 정부 측에서도 신불분리 정책을 통해 신도를 보급해 가는 과정에서 사상적 기반과 민중적 지지도에 있어서 신도의 한계를 인식하게 되었다. 또한 제국주의 팽창과 식민지 개척에 있어서 동아시아의 보편 종교인 불교가 지닌 문화적 잠재력에 대한 정치적 유용성을 무시할 수 없었다. 이처럼 일본이 천황제를 기반으로 하여 군국주의 국가로 나아가는 과정에서 일본의 불교계는 탄압과 회유를 극복하지 못하

---

5 메이지 정부의 神佛分離 정책의 성격과 전개 과정에 대해서는, 윤기엽, 「廢佛毁釋과 메이지정부(明治政府)」, 『불교학보』 45집, 2006.8, pp.133~156 참조.
6 정광호, 『일본침략 시기의 한·일 불교 관계사』, 도서출판 아름다운세상, 2001. p.67.

고 정치권력에 영합함으로써 종교의 사회적 역할을 왜곡시킨 국가주의
적 어용 불교로 변모하게 되었다.[7] 1877년 일본의 내무경內務卿 오쿠보
도시미치(大久保利通)와 외무경 데라지마 무네노리(寺島宗則)는 중국과
조선에 대한 본격적인 식민화를 대비한 종교적·문화적 침투 정책의 일
환으로 진종 본원사本願寺의 겐뇨(嚴如)에게 중국과 조선에 일본불교를
전파시킬 것을 사주하였다.

> 우리 본원사本願寺는 '종교는 정치와 서로 상부상조하며 국운의 진
> 전발양進展發揚을 도모해야 한다'는 것을 신조로 삼아 왔다. 메이지
> 정부가 유신維新의 대업을 완성한 뒤로부터 점차 중국과 조선을 향
> 하여 발전을 도모함에 따라, 우리 본원사도 또한 홋카이도(北海島)
> 의 개척을 비롯하여 중국과 조선의 개교開教를 계획하였다. 메이지
> 10년(1877) 내무경內務卿 오쿠보(大久保)씨는 외무경 데라지마(寺島)
> 씨와 함께 본원사 관장 겐뇨 상인(嚴如上人)에게 조선 개교에 관한
> 일을 종용, 의뢰하였다. 이에 본원사는 곧바로 제1차 개교에 공로가
> 있는 오쿠무라 엔싱(奧村圓心)과 히라노 게이스이(平野惠粹) 두 사람
> 을 발탁하여 부산에 별원別院을 설치할 것을 명하였다.[8]

이에 따라 1876년 강화도조약 이후 진종 대곡파眞宗大谷派와 일련종

---

7 일본의 국가주의 불교의 형성 과정에 대해서는 다음 문헌 참조. 정광호, 위의 책
「제3장 메이지불교의 내셔널리즘과 조선 침략(1)」, pp.43~72.; 吉田久一, 『日本近
代佛教史研究』, 川島書店, 1992.; 조승미, 「근대 일본불교의 전쟁지원-정토진종의
역할을 중심으로」, 『불교학보』 46집, 2007.2, pp.183~207.; 원영상, 「日蓮主義의
불법호국론과 國體論-다나카 치가쿠(田中智學)의 논리를 중심으로」, 『불교학보』
47집, 2007.8, pp.255~282.
8 大谷派本願寺 朝鮮開教監督府, 『朝鮮開教五十年誌』, 1927, p.18~19; 『韓國近現
代佛教資料全集』 vol.62, 민족사, 1996, pp.188~189.

日蓮宗을 필두로 일본불교의 주요 종파들이 적극적으로 조선 침투에 앞장서게 되었다. 본원사는 그해 8월에 오쿠무라 엔싱(奧村圓心)과 히라노 게이스이(平野惠粹)를 조선에 파견하여 부산에 별원別院을 세우고 포교활동을 펼침으로써 본격적인 조선 침략에 앞서 일본에 대한 적대감을 무마시키고자 하는 일제의 식민화 전략에 일익을 담당하게 되었다.

한편 일련종에서는 1881년 와타나베 이치웅(渡邊日蓮)이 부산에 일종회당日宗會堂을 세우고 조선 포교를 개시하였으며, 이후 정토종淨土宗·조동종曹洞宗·임제종臨濟宗·진언종眞言宗 등이 가세하였다. 1911년 일제의 사찰령이 공포될 때까지 조선에 진출한 일본불교는 모두 6개 종단 11개 종파로서 일본의 주요 종단 거의 모두가 경쟁적으로 조선 포교에 나서게 된다.

이와 같은 일본불교의 조선 침투가 지닌 정략적 의도는 오쿠무라가 조선 진출 20주년이 되던 1898년 대곡파 본원사 본산本山에 제출한 「광주 개교光州開敎에 관한 보고서」에 명백하게 드러난다.

> 국가와 법은 피부와 털과 같고 일본과 조선은 입술과 이처럼 서로 불가분의 관계에 있다. 생각건대, 동방의 형세가 날로 악화되고 한국은 형언하기도 어려운 상태에 놓여 있다. 이러한 시기에 우리의 왕법위본王法爲本과 충군애국忠君愛國의 가르침으로 저 나라의 국민들을 유도誘導하고 계발啓發시키는 것이 실로 우리 교단의 본지本旨이니, 이로써 국가에 보답하고 법法을 수호하고자 함이다.[9]

오쿠무라는 여기서, 불교의 종교적 법(dharma)은 제국의 정치적 법을

---

9 大谷派本願寺 朝鮮開敎監督府, 위의 책, p.75; 『韓國近現代佛敎資料全集』 vol.62, pp.245~247.

떠나 존재할 수 없으며 그것에 적극 협력하고 봉사해야만 한다는 '왕법 불법불리론王法佛法不離論'을 제국주의적 이데올로기로 확장시키고, 나아가 식민지 국민들을 그들의 국가주의적 불교에 동화시키는 것이 소속 종파의 책무라고 역설하고 있다.

일련종의 조선 포교에 앞장섰던 가토 분쿄(加藤文教)는 조선개교론朝鮮開教論에서 동양 평화의 유지라는 명분을 내세워 일본식 국가주의적 불교의 확장·보급의 당위성을 다음과 같이 주장하였다.

> 대체로 일본·조선·청 삼국은 온전한 일대 독립국가로서 영원한 동양평화를 유지하고 안위安危와 존망存亡에 있어 그 운명을 함께하지 않을 수 없는 것인데, 하물며 동일한 불교국인 조선을 위해 포교하는 것이 일본 불교도의 보은적報恩的 의무가 어찌 아니겠는가. 정청군征淸軍[10]의 목적으로 보나, 장래 일조日朝 간의 관계로 보나 이것이 최대의 급선무이다.[11]

이와 같은 가토의 주장을 다른 관점에서 해석해 보면, 이는 청일전쟁 당시의 정치적 격변기를 틈타 조선의 독립과 동양 평화를 유지한다는 명목을 내걸고 일본 제국주의의 식민지 침탈을 불교라는 문화적 위무 수단으로 위장하려는 논지로 볼 수 있다. 그는 또한 조선에 기독교가 급격히 팽창하여 머지않아 기독교화될 우려가 있다는 점을 내세워 이를 조선의 정치적 위기론으로 탈바꿈시킴으로써 조선에 대한 적극적인 포교를 정당화시키고 있다.

---

10 청일전쟁(1894~95) 당시 종군했던 일본 군대를 말함.
11 加藤文教, 『韓國開教論』, 1900, p.23.

근래 불교의 쇠퇴와 함께 기독교의 침입이 날로 번성하여 국내의 요지에는 어김없이 교회당이 설치되어 … 회당 수가 3백여 개소이고 신도 수도 54만을 확보하고 있는 실정이다. … 이렇게 10년만 지난다면 한국 종교가 기독교로 변해 버릴 것이 필연적 추세이다. 이것은 비단 불교를 위해 통탄스러운 일일 뿐 아니라 한국의 독립과 안위安危, 소장消長에 더욱 깊은 관계가 있는 일이다. … 우리 종교가들이 비록 국가외교에 관한 일을 언급할 필요가 없다 하나, … 한국의 독립을 공고히 함이 어찌 정치가들만의 본령本領이겠는가.[12]

일본불교의 주요 종파들이 조선 포교를 시작하게 된 것은 앞서 살펴본 바와 같이 정치적인 계기가 주된 요인이었다. 개항 초기에 조선에 진출했던 일본불교는 '좌담, 물질공여, 교유, 후대' 등과 같은 포교활동의 방법을 통하여 한국의 불교인들을 포섭하고자 하였다.[13] 대곡파 본원사의 오쿠무라는 1898년 다음과 같은 포교 방법을 본산에 상신하였다.[14]

① 각종 기술, 예컨대 제면製麵·제지製紙·양잠養蠶 등을 가르쳐 물질적인 편의를 준다.
② 승·속을 불문하고 저명인사들에게 일본 시찰을 알선하여 호감을 갖게 한다.
③ 한국인 교사를 채용하는 학교를 설립하여 청년들을 계발한다.

한편 일련종의 가토가 제시한 조선에 대한 포교의 방법은 다음과

---

12 위의 책, pp.20~21.
13 大谷派本願寺 朝鮮開敎監督府, 앞의 책, p.31.
14 위의 책, p.71~73.(정광호, 『일본침략 시기의 한·일 불교 관계사』, 2001, p.79에서 재인용.)

같다.[15]

① 학교를 설치하여 포교사를 양성할 것.
② 한국 내에 30여 개소의 교회 지부를 설치할 것.
③ 일·한 간에 서로 유학생을 파견시킬 것.
④ 경성에 대규모 회당을 지을 수 있도록 할 것.
⑤ 출판 사업을 일으킬 것.
⑥ 의식儀式에 대한 규정을 조직할 것.

오쿠무라와 가토가 내세운 포교의 방법은 일면 조선불교의 근대화를 위한 것으로 볼 수 있으나, 이들이 목표하는 근대화의 본질적 속성은 한국을 '야만미개野蠻未開의 나라'[16]로 보는 제국주의적 인식에 기반을 둔 식민지 근대화라는 근본적 한계를 벗어날 수 없는 것이다. 또한 일련종에서는 '저락低落된 한국 승려의 지위를 향상시켜야 한다'는 것을 주요한 포교 방법으로 채택하였는데, 이러한 포교 전략의 가장 대표적인 사례가 조선왕조의 대표적인 억불정책이었던 승려의 도성 출입금지를 해제하는 것이었다. 1895년 일본 일련종의 승려인 사노 젠레이(佐野前勵)는 승려들의 '도성 해금'을 요청하는 건백서建白書를 김홍집 내각에 제출하였고, 김홍집이 이를 고종에게 주청함으로써 '승니의 입성 금지를 완화하라'는 칙령을 내리게 된 것이다.[17] 다카하시 도루(高橋亨)[18]는

---

15 加藤文教, 앞의 책, p.29.
16 위의 책, p.33, 498.
17 『日省錄』, 고종 32년 을미 3월 29일 경자조. 승려의 도성 출입 해금의 과정과 근대 한국불교사에서의 그 역사적 의미에 대해서는, 서재영, 「승려의 입성금지 해제와 근대불교의 전개」, 『불교학보』 45집, 2006, pp.37~65 참조.
18 다카하시 도루(高橋亨, 1877~1966)는 1902년에 동경대 漢學科를 졸업하고, 1904년에 대한제국 정부 초빙으로 한국에 건너와 조선총독부 촉탁위원 등을 역임한

『이조불교李朝佛教』에서 사노가 건백서를 제출하게 된 경위를 다음과 같이 서술하고 있다.

> 승려 사노(佐野)는 경성에 머문 지 얼마 되지 않아 조선불교가 이미 생기를 잃고 승려들에게 종승宗乘도 없고 종지宗旨의 신조도 없음을 간파하고 방편만 잘 쓴다면 그들을 일본불교 종지로 개종시키고 나아가 일련종으로써 조선불교계를 통일하는 것도 그다지 어려운 일이 아니라고 생각했다. 이에 사노는 조선 승려를 위해 파천황破天荒의 은혜를 베풀어 주고, 또 그렇게 함으로써 그들을 일련종으로 끌어들이는 계기를 만들고자 하였다. 그리하여 기재奇才 사노가 착안한 것이 바로 조선 승려의 입성 해금 문제 그것이었다.[19]

최취허崔就虛가 해금 직후에 사노에게 "존사尊師께서 5백 년래의 억울한 사정을 해결해 주시었다."[20]는 내용의 감사 편지를 보냈던 사례에서 볼 수 있듯이, 일본불교를 억압으로부터 해방시켜 준 은인으로 여기는 당시 조선불교계의 정서는 을사늑약 이후 친일불교의 전개 과정에 있어 중요한 요소로 작용한다.

'도성 해금' 이후 대한제국 정부는 전국의 사찰을 총괄할 기관으로 1902년 원흥사 내에 궁내부 소속의 사사관리서寺社管理署를 설치하고, '국내사찰현행세칙' 36조를 공포하여 원흥사元興寺를 대법산大法山인 수사찰首寺刹로서 총 종무소로 삼고, 각 도에 중법산中法山 16개소를

후 1926년부터 경성제국대학 교수로 재직하면서 불교를 중심으로 한국 사상 전반에 관해 연구하였다.

19 高橋亨, 『李朝佛教』, 1929, pp.894~896.
20 위의 책, p.838.

두어 사찰 사무를 관장하게 함으로써 자율권을 부여하였다.[21] 대한제국의 불교정책은 조선왕조 기간 지속되었던 억불정책에서 벗어나 승가에 자율권을 부여함으로써 자체적인 발전이 가능할 수 있는 길을 터주었으나 이는 일제의 국권침탈로 말미암아 실현되지 못하였다.

Ⅲ. 일제강점 초기의 불교정책과 친일불교의 고착화

1905년 한반도를 둘러싸고 벌어졌던 러일전쟁에서 승리한 일본은 같은 해 11월 17일 2차 한일협상조약을 강제로 체결하고 이토 히로부미를 초대 통감으로 세운 통감부를 설치함으로써 대한제국의 주권을 침탈하고 실질적인 식민 통치를 시작하였다. 이를 기점으로 정부의 요청과 후원하에 민간의 주도로 이루어진 포교의 성격을 지녔던 일본불교의 침투는, 이제 일제의 식민지 지배 권력이 뚜렷한 목적의식하에 불교정책을 입안하고 이에 의거하여 직접적으로 한국의 불교계를 통제·관리하는 양상으로 전환된다.

통감부가 1906년 11월에 발령, 12월부터 시행한 '종교의 선포에 관한 규칙' 6개조[22]는 명목상으로 모든 종교단체의 포교활동에 관한 법령이지만, 실질적으로는 일본불교의 포교활동에 관한 사항들로 구성되어 있다.

이 규칙의 제1조는 "제국의 신도, 불교, 기타 종교에 관한 교·종파로서 포교에 종사하고자 할 때는 해당 관장 또는 그에 준하는 자가 한국

---

21 삼보학회, 『한국근세불교백년사』 제4권 '각종법령', 민족사, p.2~9.
22 「宗敎의 宣布에 관한 規則」, 明治39年 11月 17日 統監府令 第45號.

의 관리자를 선정하고 … 통감의 인가를 받아야 한다."는 것이며, 제4조는 "교·종파의 관리자 또는 제2조의 포교자 또는 기타 제국 신민으로서 한국 사원의 관리의 위촉에 응하고자 할 때는 필요한 서류를 첨부하고 그 사원 소재지의 관할 이사관을 경유하여 통감의 인가를 받아야 한다."는 것이다.

통감부가 이 규칙을 제정한 의도는 일본불교의 한국 내 활동 전반에 대한 법적인 근거를 보장해 주는 동시에 다양한 종파들이 각자의 이익에 따라 개별적으로 활동함으로써 발생하는 혼란과 분열을 방지하고, 일제의 식민지 정책이 지향하는 목표에 부합하도록 일본불교의 포교 활동을 통제·관리하려는 것이었다. 이 규칙이 발령되자 일본불교의 여러 종파들은 제4조에 근거, 경쟁적으로 한국 사원에 대한 관리신청을 통감부에 제출하였다. 일본 조동종의 승려 다케다(武田範之)는 당시 상황을 다음과 같이 보고하고 있다.

지난번 통감부 초기에 종교선포령을 발령하였는데, 그 조목 중에 "일본 승려가 한국의 사찰을 관리하기 위해서는 양측이 연서連署한 신청서를 올려 통감부의 허락을 받아야 한다."고 하였다. 이에 일본의 각 종파에서 파견한 포교승들이 모두가 다투어 그 관리권을 획득하려고 하였는데, 그들은 [한국 승려들의] 우매함을 이용하여 몰래 사사로이 계약을 맺음으로써 자신들의 이익만을 챙겼다. 그때 나는 경성에 있었는데 우리 일본 승려들의 비루함을 한탄하였다. "우리 포교승들이 조선 민족을 불쌍히 여겨 조선에 왔는가 아니면 조선의 가람을 약탈하고자 노리고 온 것인가!"[23]

---

23 정광호, 앞의 책, p.85의 원문 번역을 수정하여 재인용하였음.

이 과정에서 한국의 불교인들이 자발적으로 일본의 불교종파와 연합하여 그 말사末寺로 가입하기를 원하는 '관리청원管理淸願'이 잇달아 오히려 통감부에서 이를 규제할 정도였다. 진종 대곡파 본원사가 신청하여 인가를 얻은 것만 해도 15개 사찰이며, 한일합병 이후 사찰령이 시행되는 1911년까지 약 120여 개의 사찰이 이른바 관리청원을 신청하게 되었다.[24] 다카하시는 한국 사찰의 자발적인 관리청원의 배경을 다음과 같이 설명하고 있다.

① 조선 승려들은 천시 받던 환경에서 벗어나고, 관가나 선비들의 학대를 모면하기 위해서는 일본 사원의 보호를 받는 것이 최선의 방편이라고 생각하였다.

② 당시 사방에서 봉기한 의병義兵들 때문에 산중에 위치한 조선의 사원은 적지 않은 피해를 입고 있었기에 유력한 일본 사원의 말사가 되면 일본 군대의 보호를 받을 수 있다고 생각하였다.

③ 그리하여 조선 사찰의 승려들은 일본 각 종파에 청원하여 그 말사의 증문證文을 얻어 '日本 某寺 別院' 또는 '末寺'라고 쓴 간판을 사찰 문에 달았다.[25]

통감부에 관리청원을 신청하여 승인을 받은 사찰로는 경북 김천 직지사直指寺, 강원 철원 사신암四神庵, 평북 박천 심원사深源寺, 경기 과천 연주암戀主庵 등이 있었고, 관리청원을 하였으나 승인을 받지 못한 사찰 중에는 평남 안주 대불사大佛寺·법흥사法興寺, 평북 영변 보현사普賢寺, 충북 영동 영국사寧國寺, 전북 고산 화암사花巖寺, 경남 합천 해

24 김광식, 『한국근대불교사 연구』, 민족사, 1996, p.29.
25 高橋亨, 앞의 책, p.919.

인사海印寺, 동소문 밖 화계사華溪寺, 동래 범어사梵魚寺, 구례 화엄사華嚴寺, 하동 쌍계사雙磎寺 등의 대찰들도 있었다.[26]

한국불교계의 친일 양상은 식민지 시기 초기부터 나타나고 있었다. 1911년 홍월초洪月初·김포응金抱應 등이 승려 30인과 함께 일본의 진종眞宗 본원사에 귀의하였고, 이보다 앞서 1910년 10월 당시 원종圓宗의 대종정이던 이회광李晦光은 일본 조동종과 연합을 시도하였으나, 박한영·진진응·한용운과 같은 민족주의 계열의 승려들이 임제종 설립운동을 전개함으로써 좌절되었다. 이회광은 1920년에도 또 한 차례 일본 임제종에 조선불교를 연합시키려는 책동을 벌이기도 하였다.

1910년 한일합병 이후 일제는 식민통치의 목적에 부합할 수 있도록 한국의 불교계를 재편성하는 불교정책을 펴나가기 시작하였다. 일제의 불교정책이 지향하는 목표는 다음과 같은 총독부 당국자들의 발언을 통해 드러난다.[27]

"주지는 사찰을 대표하는 자이니 법령을 준봉하여 사찰을 보관하고 승려들을 지도하여…, 불교의 진리를 일반 국민에게 보급하여 순량한 인족人族을 화성化成토록 함으로써 정부로 하여금 인민에 대한 근로를 제감하고 형조刑措[28]의 풍속을 행하게 함을 바라노라."[29]

"신년을 맞아 본 총독은 … 30본산 주지들이 불교를 진흥시킴에 마음을 다하며 아무쪼록 인민을 교화함으로써 정치상의 원조가 있게

---

26 大谷派本願寺 朝鮮開敎監督府, 앞의 책, p.18~19.;『韓國近現代佛敎資料全集』 vol.62, 민족사, 1996, pp.188~189.
27 이하 인용문은 정광호, 앞의 책, pp.250~251에서 재인용.
28 형조불용刑措不用. 형벌을 폐지하여 쓰지 않음. 곧 나라가 잘 다스려져 죄를 짓는 사람이 없어짐.
29 1912년 1월 4일 각 본산 주지들에게 행한 총독의 훈유.『조선불교월보』제2호 (1912).

하기를 희망하노라."[30]

"생각건대 장래 세계의 대세에 비추어 조선불교가 제국帝國을 위하고 동양을 위하여 대대적으로 분투 노력지 아니치 못할지로다. 실로 제위의 책임이 중차대하도다."[31]

"소위 호법자치護法自治를 궁극의 도달점으로 삼자면 국체國體의 본의本義에 입각하여 항상 시세와 시운에 순응한 교화를 보급함에 노력지 아니치 못할지로다."[32]

이와 같이 일제는 식민통치에 순응하도록 조선인들을 순량한 인민으로 교화하는 역할을 한국불교에 부여함으로써 일본불교와 같은 국가주의적인 어용불교로 변화시키고자 하였고, 이를 위하여 한국불교계를 통제·장악하는 수단으로서 '사찰령寺刹令'을 비롯한 '사찰령시행규칙寺刹令施行規則'과 각 본·말사의 사법寺法, '포교규칙' 등의 불교관계 법령들을 제정했던 것이다.

일제는 1911년 6월 3일 '사찰령'과 7월 8일 '사찰령시행규칙'을 공포하여 전국의 사찰을 30본사 체제로 재편성하고 불교계를 장악해 나갔다. 30본사 체제는 1924년 11월 20일자로 사찰령시행규칙 2조를 개정하여 전남 구례 화엄사를 본사로 승격시킴으로써 이후는 31본사 체제가 되었다. 조선총독부는 사찰령을 통하여 조선불교의 괴멸을 구할 수 있었으며,[33] 사찰의 재산을 보호할 수 있다고 주장하였다.

---

30 1916년 각 본산 주지들에게 행한 총독의 신년인사.『조선불교계』제1호(1916).
31 1919년 30본산 주지회의에서 행한 내무국장의 훈유.『조선불교총보』제14호 (1919).
32 1920년 30본산 주지회의에서 행한 학무국장의 연설.『조선불교총보』제19호 (1920).
33 朝鮮總督府,『施政三十年史』, 1940, p.84.

사찰령시행규칙은 30본사의 주지를 선출하는 방법과 임기 그리고 30본사 주지의 취임은 조선총독의 인가를 받아야 하며, 말사 주지는 지방장관의 인가를 받을 것을 명시하는 등 사찰령을 시행하는 구체적인 세칙들로 구성되어 있다. 그러나 대한제국 조선불교계에서 수사찰로 지정하였던 원흥사를 부정하였고, 경성에는 본사를 두지 않았다. 또한 총독부에서 지정한 30본사는 조선의 전통 사격寺格을 무시함으로써 이후 본·말사 지정 및 주지 임명을 둘러싸고 쌍계사 대 해인사, 선암사 대 화엄사 등 사찰 간의 분쟁이 끊이지 않았다. 사찰령의 주요한 내용은 30본사의 주지 임면권을 총독이 행사한다는 것과 재산을 매각할 때 조선총독의 승인을 받아야 한다는 것이다. 이로써 조선불교의 인사권과 재정권은 총독부가 장악하게 되었다. 본말사 체제는 중앙에서 각 본사들을 통괄할 수 있는 불교계 자체의 중앙기관을 갖지 못하였으므로 각기 분할되어 오직 총독부만이 본사들을 통제할 수 있었다. 각 본사의 주지들을 비롯한 지도층 승려들은 자신들의 권력과 지위를 보장받는 대가로 일제의 식민정책에 적극적인 협조를 제공해야만 했으며, 조선불교의 대중화와 근대화 역시 친일불교적 노선을 통해서만이 가능하다는 왜곡된 역사의식으로 기울 수밖에 없었다.

1919년 3·1운동에서 천도교·기독교·불교 등 종교단체가 대중 결집의 중요 매체로서 역할을 하였고, 이후에도 여전히 커다란 잠재력을 가지고 있다고 판단한 일제는 이들 종교단체의 분열과 재편성을 통한 어용화를 종교정책의 기조로 삼게 된다. 이로써 1922년 불교청년회와 불교유신회의 활동을 배경으로 조직된 자주적·민족적 성향의 조선불교총무원이 일제의 분열정책에 의하여 와해되고, 뒤늦게 출발하여 조선총독부의 적극적인 후원을 받은 친일적 성향의 조선불교교무원이 총무원 세력을 흡수·통합하여 1924년 4월에 재단법인 조선불교중앙교무원

으로 성립하게 되었다.[34]

당시 청년 승려들이 중심이 되어 관권과 결탁된 일부 주지 계층의 권위적인 행태를 시정하고, 불교계가 당면한 현실을 자주적·민주적·민족적인 관점에서 개혁하려는 움직임이 나타나고 있었다. 이러한 움직임은 불교청년회와 불교유신회의 조직으로 나타났다. 중앙학림 학생들이 중심이 된 불교청년회는 6월 6일 중앙학림에서 전국불교청년회 발기인총회를 개최하여, 청년조직에 대하여 협의한 후 임시실행위원을 구성함으로써 시작되었다.[35] 불교유신회는 1922년 4월과 1923년 1월, 1926년 5월에 걸쳐 사찰령 폐지와 정政·교敎 분리를 요구하는 건백서를 조선총독부에 제출하였다.

총독부 학무국이 개입하여 해인사 주지 이회광·용주사 주지 강대련·위봉사 주지 곽법경·유점사 주지 김일운·대흥사 주지 신경허 등 5명의 친일 승려들이 중심이 된 조선불교중앙교무원은 "조선불교의 발전을 도모하기 위해서 종교 및 교육사업을 시행하고, 조선 사찰 각 본말사의 연합을 도모한다."는 목적으로 출범하였으나, 30본산 모두가 참여한 것은 아니었다. 그러나 총무원은 총독부의 압력과, 천도교 측으로부터 인수한 보성고등보통학교의 운영난 등 중첩된 압박감에서 벗어나지 못하고 1924년 4월 3일 교무원과 타협하고 이로써 30본산이 조선불교중앙교무원으로 통합된다. 통합이 이루어진 직후 총무원 측의 통도사 주지 김구하와 범어사 주지 오성월이 새로운 이사로 영입되어 모두 7명의 이사로 증원되었다.[36] 이로써 불교계의 개혁과 유신을 목적으로 출범했던 총무원은 2년 3개월 만에 폐쇄되고 만다.

34 『東亞日報』, 1924.4.3, 「통일적 중앙기관」.
35 『東亞日報』, 1920.5.24, 「불교계의 서광」.
36 『동아일보』, 1924.4.3.

IV. 심전개발心田開發 정책과 불교계의 대응

제국주의 국가가 자국의 정치·경제적 이익을 확보하기 위한 목적으로 채택하는 이데올로기 정책은 체제 순응적인 인민들을 양성함으로써 저항과 반발을 무마하고, 필요에 따라 식민지 대중을 동원할 수 있도록 심리적 토대를 구축하는 중요한 수단이다. 이러한 이데올로기 정책의 영향력은 단기적인 기대 효과보다는 대중의 집단무의식(collective unconscious)에 훈습薰習됨으로써 지속적으로 잔존하게 된다. 그렇기에 일제가 1930년대에 들어 군국주의를 강화하고 극단적인 파시즘으로 치달으면서 '황민화皇民化'와 '내선일체內鮮一體'의 구호를 내걸고 추진했던 정책들이 대중의 의식과 문화 형성에 미친 영향은 한국의 근·현대사에 대한 해석에서 중요한 요소로 고려되어야 할 것이다.

식민지 시기 한반도 민중들의 절대다수를 차지했던 농민 계급을 주요 대상으로 정신교화精神敎化를 추구했던 일제의 이데올로기 정책은 1930년대 침략전쟁을 준비하는 과정에서 본격적으로 시작되었다. 중일전쟁 이후 전시체제로 돌입하면서 조선에서 추진된 '황민화정책'은, 넓게는 정치·경제·사회·문화 등 모든 분야에 걸쳐 일제가 침략전쟁에 조선 민중을 동원하기 위해 실시한 정책의 총체적 표현이며, 좁게는 '민족말살'을 위한 폭력적 이데올로기 정책을 지칭한다.[37] 이러한 폭력적 이데올로기 정책을 본격 추진하기에 앞서 종교, 사상 및 교육 분야에서 입안되었던 것이 이른바 '심전개발心田開發'[38] 운동이었다.

---

37 한긍희, 「1935~37년 일제의 심전개발 정책과 그 성격」, 『한국사론』 35, 1996, p.134.
38 '心田'의 의미와 어원에 관해서 김태흡은(『心田開發並時局에 관한 巡廻講演集』 제1

1931년 7월 조선의 제6대 총독으로 부임한 우가키 가즈시게(宇垣一成)는 1934년 3월에 31본사 주지들로 구성된 조선불교중앙교무원 평의원회의 구성원들에게 다음과 같은 훈시를 했던 것으로 기록되어 있다.

반도 민중의 정신작흥 즉 심전이 젖을 수 있도록 당국이 의도하는 것을 양해하시고 일심으로 협력하여 주시기 바랍니다. 특히 조선불교를 부흥시켜 정신계를 진전시키는 데 공헌해 줄 것을 바라마지 않습니다.[39]

이후 1935년 1월 10일에 총독부 국장회의에서 우가키는 심전개발 정책을 제기하였고, 곧이은 각도참여관회의各道參與官會議에서 '신앙 및

호, 춘천: 1938, pp.2~6.) "心田이란 말은 佛經에서 나온 것"으로 "『雜阿含經』 제4권에 '心田耕作'이라는 言句가 있다."고 하면서, '信心爲種子 苦行爲時雨 智慧爲時軛 慚愧心爲轅(믿음은 씨앗 / 고행은 때맞춰 내리는 단비 / 지혜는 쟁기를 끄는 멍에 / 부끄러워하는 마음 끌채가 되네)'라는 게송을 들어, "心田開發이란 즉 信心을 일으키고자 함"이며 "비단 佛敎뿐만아니라 儒敎에서도 信心으로 爲主한다."라고 설명하고 있다. 김태흡이 인용한 『잡아함경』 제4권의 제98경(『대정장』 vol.2, no.99, p.27, a10~b28)에는 부처님이 耕田婆羅豆婆遮(Kasibhāradvājas) 婆羅門에게 깨달음과 수행을 농사(耕田)에 비유하여 설하신 법문이 실려 있는데, 여기에 '心田'이라는 용어로 직접 표현되지는 않았지만, 김태흡은 '耕田'을 '耕作心田'으로 해석한 것이다. 물론 '心田'은 불교 문헌에서 많은 용례가 있지만 漢譯 『아함경』에는 보이지 않는다. 安龍伯은 梁 簡文帝가 태자 시절 梁 武帝에게 올린 「上大法頌表」 중 '澤雨無偏 心田受潤'과, 唐 白居易의 시 「狂吟七言十四韻」 중 '性海澄淳平少浪 心田灑掃淨無塵'을 예로 들어 심전을 설명하고 있는데(「心田開發指導原理の再吟味」, 『朝鮮』 제254호, 1936.7.1., pp.86~87), 「상대법송표」는 당의 승려 道宣이 편찬한 『廣弘明集』 권20(『대정장』 vol.52, no.2103, p.240, a4~19)에 실려 있고, 백거이 역시 불교 사상에 기반한 시를 많이 남겼다. 평소 종교와 신앙에 대해 깊은 관심을 갖고 있던 우가키 총독이 '心田'이라는 말에 착안한 것은 그것이 불교적 사유에 바탕한 것이긴 하나 마음을 밭에 비유하는 것은 모든 종교·사상에서 보편적일 수 있기 때문인 것으로 보인다.

39 宇垣一成, 「精神界のために貢獻せよ」, 『朝鮮佛敎』 99호, pp.2~3.(김순석, 『일제시대 조선총독부의 불교정책과 불교계의 대응』, 2003, p.161에서 재인용.)

의례에 관한 건'을 협의함으로써 본격적으로 정책의 입안에 들어갔다.[40] '신앙심을 배양하자', '종교를 부흥하자'는 등의 초기의 구호에서 보이듯이 초기의 심전개발 정책은 종교·신앙의 문제에 주안점을 두었으나 당시 일본에서 일어난 '국체명징國體明徵 운동'에 부응하여 총체적 이데올로기의 의미로 확대된 것이다. 1936년 1월 총독부는 「심전개발 시설施設에 관한 건」이라는 실행안을 마련하여, ① 국체 관념의 명징, ② 경신숭조敬神崇祖의 사상 및 신앙심을 함양, ③ 보은報恩·감사·자립정신의 양성이라는 심전개발의 세 가지 목표를 제시하였다.[41]

일본이 중국대륙 진출을 눈앞에 둔 시점에서 조선인들을 천황에게 순종하는 신민으로 만들기 위한 심전개발 운동은 불교·유교뿐만 아니라 기독교까지도 포함한 종교계를 주요 선전기관으로 활용하여 전개되었다. 총독부는 특히 불교를 중흥시켜 활용하려는 계획을 수립하고 있었다. 총독부가 심전개발 운동에서 불교가 중심이 되어야 한다고 판단했던 근거는 다음과 같다.[42]

첫째, 불교는 오랜 전통을 가지고 있음에도 불구하고 조선시대를 거치면서 국가로부터 가혹한 탄압을 받아 피폐되어 있는 상황이었지만 부녀자층을 비롯해서 많은 신도들을 가지고 있는 잠재력이 큰 종교이다.

둘째로 조선 승려들의 자질이 저하되어 있었기 때문에 승려들의 지위를 상승시켜 주고, 정책적으로 불교의 부흥운동을 지원해 준다면 심전개발 운동에서 지향하고 있는 목적을 달성하는 데 가장 무난한 종교이다.

---

40 宇垣一成, 『宇垣一成日記』, 1935.1.16일자.(한긍희, 앞의 논문, p.151에서 재인용.)
41 「心田開發施設に關ける件」, 『朝鮮總督府官報』, 1936.1.30일자 政務摠監通牒.
42 김순석, 『일제시대 조선총독부의 불교정책과 불교계의 대응』, 2003, pp.162~163.; 大西良慶, 「心田開發と佛教」, 『心田開發に關する講演集』, 朝鮮總督府中樞院, 1936.2, p.100 참조.

셋째로 불교는 일본에서 명치유신 이전에 가장 유력한 종교였으며, 조선에서 궁극적으로 전파하고자 하는 신도神道와 모순 없이 수용될 수 있는 종교이다.

넷째, 일본이 장차 점령하고자 하는 중국을 비롯한 동양에서 불교는 거부감을 최소화할 수 있다.

한편, 총독부 중추원中樞院에서는 심전개발 운동을 이론적으로 뒷받침하기 위해 학계와 종교계의 권위자들을 위촉하여 심전개발에 관한 강연집을 간행하였다.[43]

이 강연집을 편찬한 중추원 서기관장 우시지마 쇼조(牛島省三)는 간행사에서 우가키 총독이 1935년 4월 중추원회의에서 "반도의 현 상황에 비추어 민중에게 안심입명安心立命을 줄 수 있는 가장 적당한 신앙심의 부흥책이 무엇인가"를 자문하였기에 중추원에 각계의 전문가들로 구성된 '신앙심사위원회'를 설치하고 의견을 구하였다고 한다.

총독부는 심전개발 정책을 민간 차원의 운동으로 전개하고자 하였으며, 불교계는 자발적이며 적극적으로 이에 참여하였다. 당시 한국의 불교계가 일제 식민정권에 영합하려는 태도는 김태흡金泰洽이 창간한 『불

---

43 朝鮮總督府中樞院, 『心田開發に關する講演集』, 1936.2. 이 강연집에는 조선사편수위원 최남선과 이능화, 조선총독부 촉탁 村山智順, 경성제국대학 교수 秋葉隆·佐藤泰舜·赤松智城·高橋亨·白井成允 등 민속·종교·사상 분야에서 당대 최고의 지식인들과, 불교계에서 오대산 상원사 주지 方漢巖, 妙心寺別院 주지 華山大義, 春畝山博文寺 주지 上野舜穎, 기독교에서 중앙기독교청년회 회장 尹致昊와 조선기독교장로회 총무 鄭仁果, 儒教에서 經學院大提學 鄭萬朝와 부제학 鄭鳳時, 神道에서 朝鮮神宮宮司 阿知和安彦 등이 참여하였다. 방한암의 경우에는 중추원의 신앙심사위원 일행이 직접 오대산 상원사에 방문하여 청강했던 강연을 수록하였다고 한다. 이 강연집은 학계와 불교·유교·개신교·천주교·신도 등 모든 종교를 포괄하고 있으나 주로 조선의 전통신앙과 불교에 초점을 두었으며, 일본 학자들의 저술에서 조선의 고유신앙과 일본의 신도를, 불교를 매개로 하여 동화시키려는 경향이 보이는 점이 주목된다. 이와 같이 총독부는 심전개발의 학문적·이념적 기반을 조성하기 위해 상당한 노력을 기울였던 것 같다.

교시보佛教時報』의 다음과 같은 논설에서 단적으로 나타난다.

朝鮮佛教에 대해서 볼지라도 總督政治와 佛教와는 미묘한 관계에 있는지라 우리 불교도로서는 총독이 경질할 때마다 관심을 갖지 아니할 수가 없는 것이다. 오래도록 이조학정에 눌려 있던 조선불교는 역대 총독의 비호하에 이만큼 향상과 발전을 보게 된 것이다. 조선불교에 관하여는 어떤 총독 시대에 더 나아지고 못함을 논할 바가 아니다. 그러나 前總督 宇垣總督閣下 시대에는 더욱 조선불교에 끼쳐 준 영향이 적지 않았다.[44]

『불교시보』의 논조만으로 당시 한국불교계 전체를 판단하는 것은 무리이지만, 일제 식민지 정권과 유착관계에 있었던 불교 지도부의 친일 성향이 이를 통해 단적으로 드러나고 있다. 김태흡은『불교시보』의 창간사에서 "심전개발 운동의 팔다리가 되어 적극 참여"할 것을 선언하였다. 이처럼 당시 불교계의 유일한 신문이었던『불교시보』는 심전개발 운동의 선전지를 자처하고 나섰다. 1935년 말에 이르러 총독부는 심전개발 정책에서 불교가 차지하는 비중을 축소시키려는 경향을 보이는데, 이는 일제의 황민화 정책이 가속화되면서 일본의 신도神道가 보다 중심적 위치로 자리 잡게 되는 상황에 따른 것이었다. 당시『조선일보』는 "불교 중심의 심전개발心田開發은 낙제"이며 "신도神道 중심의 경신사상敬神思想 주입에 심전개발의 초점이 놓이게 될 것"이라고 보도하였다.[45]
　그러나 오히려 이 시기부터 조선불교계는 식민정부의 압력이나 권유에 의해서가 아니라 자체적으로 심전개발 운동을 활발히 전개해 나갔

---

44 『佛教時報』제15호, 1936.10.1, 사설.
45 『朝鮮日報』1935.12.8, 기사.

고, 권상로·김태흡·이능화를 비롯하여 수십 명의 불교계 지도자들이 전국을 순회하며 심전개발 운동을 적극 권장하는 강연을 개최하였다. 1935년에서 1937년간 전국에 걸친 심전개발 공개 강연의 횟수는 572회였고, 동원된 청중 수는 149,787명에 달한다.[46]

비록 심전개발 운동이 총독부가 조선인들을 황국신민으로 육성하려는 의도로 기획된 이데올로기 정책으로 시발된 것이었으나 조선불교계는 이를 불교의 중흥과 대중화의 계기로 삼고자 하였다. 이처럼 불교계가 심전개발 운동을 매개로 삼아 포교에 노력을 기울인 결과, 1932년 말에 10만에 못 미쳤던 조선의 불교신도 수는 꾸준한 증가세를 보여 1935년 말에는 13만, 1937년 말에는 17만 명을 넘어서게 되었다.[47]

1937년 중일전쟁 이후 전시체제로 들어가자 총독부가 심전개발 운동의 차원을 넘어 적극적인 황민화 이념에 입각한 '국민정신총동원 운동'으로 전환하였음에도, 불교계에서는 1940년까지도 심전개발 운동을 포기하지 않았다. 1938년 3월 4일에 조선인 지원병제도를 뒷받침하기 위해서 칙령 제103호로 제3차 조선교육령이 공포된 이후에 조선총독부에서 실시하였던 황민화정책의 본질은 전쟁 지원 사업이었다.

1941년 12월에 태평양전쟁의 발발 후 지원병제와 징병제가 실시되자 조선불교계에서는 이를 환영하는 성명을 발표하였으며, 권상로는 청년 승려들의 지원병 참여를 격려하였다.[48] 또한 승려들은 탁발을 통해서도 국방헌금을 납부하기도 하였다.[49] 1941년 11월 17일 총본사 태고사 太古寺 대웅전에서 개최된 중앙종회에서는 군용기 헌납을 결의하였고,

---

46 김순석, 앞의 책, p.176.
47 朝鮮總督府 警務局, 『最近に於ける朝鮮治安狀況』, 1933, 1936, 1938년판.(한긍희, 앞의 논문, p.182에서 재인용.)
48 권상로, 『臨戰의 朝鮮佛敎』, 만상회, 1943, p.85.
49 『佛敎時報』 제51호, 1939.10.1, 「홍남불교포교당의 탁발국방헌금」.

1944년에도 태고사가 중심이 되어 국내 사찰에서 모금한 8만 원을 7월 20일 총본사 종무총장 이하 4명의 부장들이 경성부 주재 해군 무관부를 방문하여 헌납하였다.[50] 이외에 해인사, 통도사, 보현사에서 각기 독자적으로 1대씩 군용기를 헌납함으로써 조선불교계는 5대의 전투기를 일본제국주의의 전쟁무기로 헌납하였다.[51]

조선불교계는 심전개발 운동에 적극적으로 참여함으로써 불교의 대중화와 교세 확장이라는 측면에서는 자체적인 성과를 거두었으나, 그것은 곧 전시체제하에서 전쟁 이데올로기를 대변하는 황도불교皇道佛敎로의 변질을 담보로 한 것이었으며, 일제의 군국주의를 위해 종교적 진리를 희생시킨 결과였다.

V. 맺음말

조선왕조라는 국가권력에 대한 불교계의 인식은 기본적으로 적대적인 정서에 기반을 두었고, 이에 따라 제국주의의 본질에 대한 몰이해와 민족의식으로부터의 이탈이 합리화될 수 있는 조건을 내재하고 있었다. 바로 이러한 조건이 식민지 시기의 한국불교가 친일적 성향을 탈피하지 못한 주요 요인으로 작용하였다. 그러나 물론 불교계 전체가 그와 같은 제약을 숙명적인 것으로 받아들인 것은 아니었다. 한용운이나 백

---

50 『佛敎』 신제64호, 1944.9.1, 합본 『朝鮮佛敎曹溪宗報』 제32호, 「愛國機獻納運動ニ關スル件」, p.5.
51 『佛敎』 신제60호, 1944.5.1, 합본 『朝鮮佛敎曹溪宗報』, 「愛國機獻納運動ニ關スル件」, p.5.

용성처럼 식민지 정권의 근대화 논리가 지닌 근본적 한계를 파악한 이들은 현실적으로 불가능해 보이기만 했던 민족불교 정립과 불교 근대화라는 모순의 종합을 끊임없이 모색하고 투쟁하였다.

친일불교는 단지 일본불교의 풍습을 따른 불교를 지칭하는 것이 아니라 일본의 국가주의적 불교에 동화된 불교, 제국주의 권력에 영합하여 불교의 본래 면목을 상실한 식민지 이데올로기를 지칭하며, 여전히 현재적 의미를 갖는 것이다. 왜냐하면 권력은 사라지지 않으며, 여러 가지 형태로 분산되고 이동할 뿐 여전히 살아 있기 때문이다. 권력 그 자체의 본성은 선도 악도 아닌 무기無記의 것이지만 시대와 상황에 따라 선으로도 악으로도 전변된다. 종교의 사회적 역할은 그러한 권력이 악으로 행사되지 않도록 경계하는 데 있다.

불교의 궁극적 본질은 근대성이라는 역사적 한정을 초월하며 민족의식의 한계를 넘어선 세계만민주의(cosmopolitanism)를 지향한다. 식민지 치하의 근대화 과정에서 떠안은 친일불교라는 역사적 질곡을 진지한 반성 속에서 풀어냄으로써 한국불교의 정체성을 명확하게 인식할 때 그러한 초월이 가능할 수 있을 것이다.

참고문헌

『韓國近現代佛敎資料全集』, 민족사, 1996.

강내희, 「근대성의 충격과 한국 근대성 논의의 문제」, 『문화과학』 25호, 2001.3.

_____, 「한국의 식민지 근대성과 충격의 번역」, 『문화과학』 31호, 2002.9.

김경집, 「都城出入禁止의 解除와 그 推移」, 『韓國佛敎學』 23, 1998.

김광식, 『韓國近代佛敎史硏究』, 민족사, 1996.

_____, 「근대 불교사 연구의 성찰-회고와 전망」, 『민족문화연구』 45, 2006.

김순석, 『日帝時代 朝鮮總督府의 佛敎政策과 佛敎界의 對應』, 경인문화사, 2003.

_____, 「1920년대 초반 조선총독부朝鮮總督府의 불교정책」, 『불교평론』 8호, 2001.

_____, 「개항기 불교계의 변화와 〈국내사찰현행세칙國內寺刹現行細則〉의 성격」, 『동국사학』 37, 2002.

_____, 「불교계 친일 문제 어떻게 볼 것인가」, 『불교평론』 22호, 2005.

_____, 「일제의 불교정책과 친일문제의 검토」, 『불교평론』 8호, 2001.

_____, 「조선총독부의 사찰령 공포와 30본사 체제의 성립」, 『한국사상사학』 18, 2002.

_____, 「중일전쟁 이후 조선총독부의 불교정책과 불교계의 대응」, 『한국근현대사연구』 17, 2001.6.

스에키 후미히코, 「일본의 근대화는 왜 불교를 필요로 했는가」, 『불교평론』 22호, 2005.

심재룡, 「근대 한국불교의 네 가지 반응 유형에 대하여」, 『철학사상』 16,

2003.

이재형, 「불교계 친일행적 어떻게 볼 것인가」, 『불교평론』 제11·12호, 2002.

임혜봉, 「친일불교에 관한 연구성과의 동향과 과제」, 『선문화연구』 창간호, 2006.12.

_____, 『親日佛敎論』上·下, 민족사, 1993.

_____, 『日帝下 佛敎界의 抗日運動』, 민족사, 2001.

_____, 「불교계의 친일인맥」, 『역사비평』 1993년 가을호(통권 24호).

원영상, 「日蓮主義의 불법호국론과 國體論−다나카 치가쿠(田中智學)의 논리를 중심으로」, 『불교학보』 47집, 2007.8.

윤기엽, 「廢佛毁釋과 메이지정부(明治政府)」, 『불교학보』 45집, 2006.8.

정광호, 『日本侵略時期의 韓·日 佛敎 關係史』, 아름다운세상, 2001.

_____, 「개항기 불교계의 현실인식」, 『불교평론』 8호, 2001.

조성택, 「근대불교학과 한국 근대불교」, 『민족문화연구』 45, 2006.

조승미, 「근대 일본불교의 전쟁 지원−정토진종의 역할을 중심으로」, 『불교학보』 46집, 2007.2.

조형근, 「근대성의 내재하는 외부로서 식민지성」, 『사회와역사』 제73집, 2007.

최혜경, 「일제의 불교정책에 관한 연구 성과와 과제」, 『선문화연구』 창간호, 2006.12.

표창진, 「구한말 일본불교의 사상적 침투와 조선불교계의 동향」, 『外大史學』 12, 2000.

한긍희, 「1935−37년 일제의 심전개발 정책과 그 성격」, 『한국사론』 35, 1996.

吉田久一, 『日本近代佛敎史硏究』, 川島書店, 1992.

편자 : 고영섭

한국불교사 및 동아시아불교사상사 전공. 동국대학교 석사, 박사. 동국대 불교학과 교수. 사단법인 한국불교학회 회장 겸 이사장. 한국불교사학회 한국불교사연구소 소장. 동국대학교 세계불교학연구소 소장. 저서로는 『한국불학사』(1~3책), 『한국사상사』, 『한국불교사연구』, 『한국불교사탐구』, 『한국불교사궁구』(1~2책), 『분황 원효』, 『원효, 한국불교의 새벽』, 『한국의 사상가 10인, 원효』, 『삼국유사 인문학 유행』 등 다수의 논저가 있다.

〈저자 소개〉

김성철 : 동국대 불교학부 교수
조윤경 : 안동대 동양철학과 교수
안성두 : 서울대 철학과 교수
이종철 : 한국정신문화연구원 철학과 교수
권오민 : 경상대 철학과 교수
고영섭 : 동국대 불교학과 교수
전호련(해주) : 동국대 불교학과 명예교수
장진영(진수) : 원광대 마음인문학연구소 HK교수
이수미 : 덕성여대 철학과 교수
이병욱 : 고려대 철학과 강사
김영미 : 이화여대 사학과 교수
강건기 : 전북대 철학과 명예교수
길희성 : 서강대 종교학과 명예교수
고익진 : 전 동국대 불교학과 교수
권기종 : 동국대 불교학과 명예교수
김방룡 : 충남대 철학과 교수
김호귀 : 동국대 불교학술원 교수
김용태 : 동국대 불교학술원 교수
이종수 : 순천대 사학과 교수
박재현 : 동명대 선명상학과 교수
류승주 : 연세대 철학연구소

세존학술총서 7

한국불교연구 100년 논문선

한국불교학연구

초판 1쇄 인쇄 | 2022년 5월 10일
초판 1쇄 발행 | 2022년 5월 20일

지은이 | 김성철·조윤경·안성두·이종철·권오민·고영섭·전호련(해주)
　　　　장진영(진수)·이수미·이병욱·김영미·강건기·길희성·고익진
　　　　권기종·김방룡·김호귀·김용태·이종수·박재현·류승주
엮은이 | 고영섭

펴낸이 | 윤재승
펴낸곳 | 민족사

주간 | 사기순
기획편집팀 | 사기순, 최윤영
영업관리팀 | 김세정

출판등록 | 1980년 5월 9일 제1-149호
주소 | 서울 종로구 삼봉로 81 두산위브파빌리온 1131호
전화 | 02)732-2403, 2404 팩스 | 02)739-7565
홈페이지 | www.minjoksa.org
페이스북 | www.facebook.com/minjoksa
이메일 | minjoksabook@naver.com

ISBN 979-11-6869-006-6 94220
ISBN 978-89-98742-96-6 (세트)

값 57,000원

※ 이 책은 세존학술연구원에서 원고비(선정료, 수록료)를 지원받아 출판되었습니다.